Siegfried Fränznick

Falltraining Besteuerung der Personengesellschaften
Fälle und Lösungen zum Steuerrecht
Band 4

2018
HDS-Verlag
Weil im Schönbuch

HDS
Verlag

Bibliografische Information der Deutschen Nationalbibliothek
Die Deutsche Nationalbibliothek verzeichnet diese Publikation
in der Deutschen Nationalbibliografie; detaillierte bibliografische Daten
sind im Internet über http://dnb.de abrufbar

Gedruckt auf säure- und chlorfreiem, alterungsbeständigem Papier

ISBN: 978-3-941480-98-8

Dieses Werk einschließlich aller seiner Teile ist urheberrechtlich geschützt. Jede Verwertung außerhalb der engen Grenzen des Urheberrechtsgesetzes ist ohne Zustimmung des Verlages unzulässig und strafbar. Das gilt insbesondere für Vervielfältigungen, Übersetzungen, Mikroverfilmungen und die Einspeicherung und Verarbeitung in elektronischen Systemen.

© 2018 HDS-Verlag
www.hds-verlag.de
info@hds-verlag.de

Einbandgestaltung: Constantin Burkhardt-Ene
Layout: Peter Marwitz – etherial.de
Druck und Bindung: Books on Demand GmbH

Printed in Germany
2018

HDS-Verlag Weil im Schönbuch

Der Autor

Siegfried Fränznick, Oberamtsrat, Sachgebietsleiter für Umsatzsteuer, Ertragsteuer (Personengesellschaften und Auslandssachverhalte), Lohnsteuerarbeitgeberfragen. Ständiger Lehrbeauftragter der Hochschule Rheinland-Pfalz, Dozent an der Dualen Hochschule Baden-Württemberg, Mannheim. Der Autor führt seit ca. 30 Jahren für verschiedene Institute Lehrgänge (Fachgebiet Bilanzsteuerrecht und Personengesellschaften) zur Vorbereitung auf die Steuerberaterprüfung durch.

Vorwort

Das Buch bietet eine gute Hilfe zur Vorbereitung von Examina in Hochschulen und insbesondere zur Vorbereitung auf die Steuerberaterprüfung im Bereich der Bilanzierung und Besteuerung von Personengesellschaften aber auch für Lösungen in der Steuerberaterpraxis.

Es werden die klausurrelevanten Themen fallorientiert behandelt und die Falllösungen examensrelevant dargestellt. Ausgehend von den verschiedenen Gesellschaftsformen deren Besonderheiten bei der Besteuerung, die Gewinnermittlung, deren handels- und steuerrechtliche Gewinnverteilung einschließlich Sonder- und Ergänzungsbilanzen werden die relevanten Fragen in Fällen gelöst.

Besondere Themen wie die Gründung, Einbringungsfälle einschließlich Einbringungen nach dem Umwandlungssteuergesetz, Übertragung von Mitunternehmeranteilen sowie die Auflösung von Personengesellschaften (inklusive Realteilung) werden ebenfalls anhand klausurrelevanter Fälle erarbeitet.

Insoweit ist das Buch eine hervorragende Hilfe zur Examensvorbereitung im Bereich der Personengesellschaften.

Bürstadt **Siegfried Fränznick**

Inhaltsverzeichnis

Der Autor	V
Vorwort	VI
Abkürzungsverzeichnis	XV

I. Grundsätzliches ... 1
1. Vorbemerkung ... 1
2. Klausurtechnik ... 1
   - Fall 1 ... 2
   - Fall 2 ... 3
3. Themen der Bilanzklausuren Personengesellschaften ... 17
   - 3.1 Allgemeines ... 17
   - 3.2 § 6b EStG bei Personengesellschaften ... 19
   - 3.3 Prüfungssystematik nach HGB ... 20

II. Zivil- und handelsrechtliche Grundlagen ... 23
1. Personengesellschaften ... 23
2. Arten von Personengesellschaften bzw. -gemeinschaften ... 23
   - 2.1 Allgemeines ... 23
   - 2.2 Abgrenzung zwischen Außen- und Innengesellschaften ... 24
   - 2.3 GbRmbH ... 29
   - 2.4 EWIV ... 29
   - 2.5 Arten von Partnerschaften ... 30
   - 2.6 Stille Gesellschaft ... 30
   - Fall 3 ... 31
   - 2.7 Abgrenzung partiarisches Darlehen – stille Gesellschaft ... 32
   - 2.8 Abgeltungssteuer ... 32

III. Mitunternehmerschaft ... 36
1. Allgemeines (§ 15 Abs. 1 Nr. 2 EStG) ... 36
2. Die Voraussetzungen der Mitunternehmerschaft ... 36
   - 2.1 Gesellschaftsverhältnis ... 36
   - 2.2 Mitunternehmerinitiative ... 36
   - 2.3 Mitunternehmerrisiko ... 37
   - 2.4 Verdeckte Mitunternehmerschaft ... 37
   - Fall 4 ... 37
3. Abgrenzung der gewerblichen Mitunternehmerschaft ... 39
   - 3.1 Allgemeines ... 39
   - 3.2 Abgrenzung Gewerbebetrieb zur Land- und Forstwirtschaft ... 40
   - 3.3 Abgrenzung Gewerbebetrieb zur selbständigen Arbeit ... 40
   - Fall 5 ... 40
   - 3.4 Abgrenzung Gewerbebetrieb zur Vermögensverwaltung ... 40
4. Die Sonderregelung des § 15 Abs. 3 Nr. 1 EStG („Abfärbe-" oder „Infektionstheorie") ... 41
5. Sonderregelung in § 15 Abs. 3 Nr. 2 EStG („Gewerblich geprägte Personengesellschaft") ... 42
   - Fall 6: Die kapitalistischen Steuerberater ... 43

IV.	**Behandlung der Personengesellschaft und ihrer Gesellschafter**	44
V.	**Die laufende Besteuerung von Mitunternehmerschaften**	45
1.	Betriebsvermögen einer Personengesellschaft	45
	1.1 Handelsrechtliches Vermögen/Abgrenzung zum steuerlichen Vermögen	45
	1.2 Steuerliches „Privatvermögen"	46
	Fall 7	47
	1.3 Sonderbetriebsvermögen	47
	1.4 Buchführungspflicht und Gewinnermittlung für Sonderbetriebsvermögen	53
	Fall 8	54
	1.5 Bilanzierungskonkurrenz	54
	Fall 9	56
2.	Ergänzungsbilanzen	58
	Fall 10	59
	Fall 11: Der neue Gesellschafter und seine AfA	59
3.	Gewinnermittlung	59
	3.1 Aufstellung einer Handelsbilanz	59
	Fall 12: Gewinnermittlung bei Personengesellschaften	60
	Fall 13	62
	3.2 Aufstellung einer Steuerbilanz	62
	Fall 14	64
	Fall 15	65
	3.3 Verträge zwischen Personengesellschaft und Angehörigen des Gesellschafters	66
4.	Kapitalkonten	67
	Fall 16: Die leichtsinnige XYZ GmbH & Co. KG	68
VI.	**Die gewerblichen Einkünfte eines Mitunternehmers**	71
1.	Umfänge der gewerblichen Einkünfte eines Mitunternehmers	71
2.	Die Regelung des § 15 Abs. 1 Nr. 2 EStG	71
3.	Sondervergütungen	72
	3.1 Vergütungen für Arbeitsleistungen	73
	3.2 Buchungsmäßige Behandlung	74
	Fall 17: Die vielen Nebentätigkeiten des Mitunternehmers	75
4.	Pensionszusagen an einen Gesellschafter	76
	Fall 18	76
5.	Dienstleistungen	77
	Fall 19	77
	Fall 20: Die Gewinnverteilung der VW-KG	78
6.	Vergütungen für die Überlassung von Wirtschaftsgütern	79
7.	Vergütungen für die Hingabe von Darlehen	81
	7.1 Darlehen vom Gesellschafter an seine Gesellschaft	81
	7.2 Darlehen der Gesellschaft an den Gesellschafter	82
	7.3 Rechtsfolgen bei fehlender betrieblicher Veranlassung	83
	7.4 Abzinsungsfragen	83
	7.5 Forderungsverzicht durch Personengesellschafter	84
	7.6 Bürgschaftszahlungen eines Mitunternehmers	85
	Fall 21	85

Inhaltsverzeichnis IX

- 8. Abgrenzungsfälle von § 15 Abs. 1 Nr. 2 EStG 86
- 9. Sonderbetriebsausgaben 86
- 10. Zivilrechtliche Gewinnverteilung 87
  - 10.1 Vertragliche Gewinnverteilung 88
  - 10.2 Steuerliche Gewinnverteilung 89
  - Fall 22: Gewinnverteilung 89
  - Fall 23 90
  - Fall 24 92
- 11. Bilanzierung von Beteiligungen und Dividenden bei Personengesellschaften ... 93
  - 11.1 Allgemeines 93
  - 11.2 Veräußerung von Beteiligungen (§ 8b Abs. 2 KStG) 94
- 12. Gewerbesteuerliche Fragen 94
  - 12.1 Steuerermäßigung für gewerbliche Einkünfte, § 35 EStG, BMF-Schreiben vom 24.02.2009, BStBl I 2009, 440, Rz. 19 ff. 94
  - 12.2 Verlustabzug bei Personengesellschaften (§ 10a GewStG) 95

VII. Übertragung von Wirtschaftsgütern zwischen Gesellschaft und Gesellschaftern 96
- 1. Übersicht 96
  - 1.1 Entgeltliche Übertragung von Einzelwirtschaftsgütern 96
  - 1.2 Übertragung von Privatvermögen ins Gesamthandsvermögen 98
  - Fall 25 99
  - Fall 26 99
  - Fall 27 101
  - 1.3 Überführung und Übertragung von Einzelwirtschaftsgütern des Betriebsvermögens (§ 6 Abs. 5 EStG) 102
  - 1.4 Unentgeltliche Übertragungen nach § 6 Abs. 5 S. 3 EStG 105
  - 1.5 Tatbestandsmerkmal Unentgeltlichkeit 106
  - 1.6 Gewährung oder Minderung von Gesellschaftsrechten 107
  - 1.7 Behaltefrist (§ 6 Abs. 5 Satz 4 EStG) 108
  - 1.8 Kein Übergang stiller Reserven auf Kapitalgesellschaften 109
- 2. Doppelstöckige Personengesellschaft 112
- 3. Mitunternehmerschaften und Grunderwerbsteuer 112
  - Fall 28 113
  - Fall 29 113

VIII. Bilanzierung der Beteiligung an einer Personengesellschaft 115
- 1. Einzelunternehmer ist Mitunternehmer 115
  - 1.1 Handelsbilanz 115
  - 1.2 Steuerbilanz 115
- 2. Kapitalgesellschaft ist Mitunternehmer 116
  - Fall 30 116
  - Fall 31 117
  - Fall 32 117

IX. Gründung einer Personengesellschaft 118
- 1. Eröffnungsbilanz 118
  - 1.1 Bilanzierung des Gesellschaftsvermögens 118

	1.2 Korrektur der Gesellschafts-Eröffnungsbilanz durch Ergänzungsbilanzen	118
	1.3 Bilanzierung des Sonderbetriebsvermögens	118
2.	Bargründung einer Personengesellschaft	119
	2.1 Volleinzahlung der Hafteinlage (Pflichteinlage)	119
	2.2 Ausstehende Pflichteinlage	119
3.	Sach- und Mischgründung	120
	3.1 Handelsrechtliche Bewertungsgrundsätze	120
	3.2 Einbringung von Wirtschaftsgütern des Privatvermögens	120
	3.3 Einbringung einzelner Wirtschaftsgüter aus dem Betriebsvermögen eines Gesellschafters gegen Gewährung von Gesellschaftsrechten	121
4.	Einbringung von Betriebsvermögen in eine Personengesellschaft nach § 24 UmwStG (BStBl I 2011, 1314 ff.; Beck-Texte Erlass 130)	122
	4.1 Allgemeines	122
	4.2 Einbringender	124
	4.3 Einbringung mit Zuzahlung	124
	4.4 Freiberufliche Praxis	124
	4.5 Gegenstand der Einbringung	124
	4.6 Ansatz des eingebrachten Betriebsvermögens	125
	4.7 Bewertungsgrundsätze	125
	Fall 33: Die Einbringungsspiele	128
	Fall 34	128
	Fall 35: Gründung einer Personengesellschaft; Bilanzierungsmöglichkeiten bei Einbringung eines Einzelunternehmens	129
	Fall 36	129
	4.8 Vermeidung des Einbringungsgewinns durch negative Ergänzungsbilanz	132
	4.9 Gesellschaftsrechte	134
	Fall 37	135
	4.10 Einbringungszeitpunkt	135
	4.11 Anwendung des § 6b EStG auf den Einbringungsgewinn	135
	4.12 Steuerfreie Rücklagen	136
	4.13 Pensionsrückstellungen	136
	4.14 Verteilung des Aufstockungsbetrags bei Zwischenwertansatz	136
	4.15 Verlustabzug	136
	4.16 Einschränkungen der Steuerbegünstigungen bei Veräußerungsgewinnen	136
	4.17 Einbringungsgewinn II für Veräußerung mit eingebrachter Anteile an Kapitalgesellschaften	137
	Fall 38	137

X. Eintritt eines Gesellschafters in eine bestehende Personengesellschaft ... 138

XI. Gesellschafterwechsel ... 141

1.	Allgemeines	141
2.	Kaufpreis = Buchwert Kapitalkonto	141
3.	Kaufpreis > Buchwert Kapitalkonto	141
4.	Kaufpreis < Buchwert Kapitalkonto	142
5.	Schenkung	143
6.	Auswirkungen des Gesellschafterwechsels auf die AfA	144

Inhaltsverzeichnis

XII. Ausscheiden eines Gesellschafters aus einer bestehenden Personengesellschaft ... 147
1. Allgemeines ... 147
   - 1.1 Begriff des Ausscheidens ... 147
   - 1.2 Zivilrechtliche (handelsrechtliche) Folgen ... 147
   - 1.3 Steuerliche Folgen für den ausscheidenden Gesellschafter ... 147
   - 1.4 Verbleibende Gesellschafter ... 148
   - 1.5 Buchmäßige Darstellung ... 148
   - 1.6 Forderungsausfall ... 148
   - 1.7 Wertlosigkeit des Gesellschafterdarlehens ... 148
   - 1.8 Nachträgliche Änderung des Veräußerungspreises ... 149
   - 1.9 Zeitpunkt des Ausscheidens ... 149
   - 1.10 Art und Weise der Abfindung ... 149
2. Ausscheiden zum Buchwert ... 149
3. Ausscheiden über Buchwert ... 150
   - 3.1 Gründe ... 150
   - 3.2 Ausscheidender Gesellschafter ... 150
   - 3.3 Verbleibende Gesellschafter ... 151
   - 3.4 Steuerliche Folgen aus Anschaffungskosten ... 151
   - Fall 39 ... 152
   - Fall 40 ... 152
   - Fall 41: Ausscheiden eines Gesellschafters aus einer Personengesellschaft ... 153
   - Fall 42: Ausscheiden eines Gesellschafters mit negativem Kapitalkonto ... 156
   - Fall 43: Eintritt und Ausscheiden von Gesellschaftern einer Personengesellschaft – Gesellschafterwechsel ... 156
4. Übertragung von Mitunternehmeranteilen ... 157
   - 4.1 Sonderbetriebsvermögen ... 157
   - 4.2 Tatbestände des § 6 Abs. 3 EStG Überblick ... 158
   - 4.3 Unentgeltliche Übertragung des gesamten Mitunternehmeranteils ... 159
   - Fall 44 ... 160
   - 4.4 Übertragung eines Bruchteils eines Mitunternehmeranteils ... 163
   - 4.5 Unentgeltliche Übertragung eines Bruchteils am Mitunternehmeranteil mit quotengleichem Sonderbetriebsvermögen ... 163
   - Fall 45 ... 165
   - Fall 46 ... 166
   - Fall 47 ... 166
   - 4.6 Unentgeltliche Aufnahme einer natürlichen Person in ein Einzelunternehmen ... 167
   - 4.7 Veräußerung von Mitunternehmeranteilen ... 170
   - Fall 48 ... 173
5. Verschmelzung von Personengesellschaften ... 176

XIII. Realteilung einer Mitunternehmerschaft ... 177
1. Realteilung nach Handelsrecht ... 177
2. Realteilung nach Steuerrecht (BMF vom 20.12.2016, BStBl I 2017, 36, Beck § 16.3) ... 177
   - 2.1 Definition der Realteilung ... 177
   - 2.2 Steuerliche Grundsätze ... 178
   - Fall 49 ... 196
   - Fall 50: Realteilung einer Personengesellschaft mit Spitzenausgleich ... 196

	Fall 51	197

XIV. § 6b EStG bei Personengesellschaften 198
1. Allgemeines 198
   Fall 52 200
2. Veräußerung von Anteilen an Kapitalgesellschaften (§ 6b Abs. 10 EStG) 201
   - 2.1 Inhalt 201
   - 2.2 Begünstigte Übertragungsvorgänge – Überblick 201
   - 2.3 Reinvestitionsfrist 202
   - 2.4 Übertragung des Veräußerungsgewinns 202
   - Fall 53 203
   - 2.5 Übertragungsfähige Personen 203
   - 2.6 Begünstigte Veräußerungsgewinne 203
   - 2.7 Obergrenze des übertragbaren Veräußerungsgewinns 204
   - 2.8 Übertragung auf neu angeschaffte Anteile an Kapitalgesellschaften 204
   - 2.9 Übertragung auf Gebäude oder abnutzbare bewegliche Wirtschaftsgüter 205
   - 2.10 Rücklagenbildung und -auflösung 206
   - Fall 54 207

XV. Mitunternehmeranteile im Erbfall 208
1. Grundsätze zur steuerlichen Behandlung von Erbfall und Erbauseinandersetzung mit Betriebsvermögen 208
2. Rechtsfolgen bei Tod eines Gesellschafters 209
   - 2.1 Fortsetzungsklausel (Tz. 69 BMF-Schreiben vom 14.03.2006, BStBl I 2006, 253) 209
   - 2.2 Eintrittsklausel (Tz. 70 BMF-Schreiben) 211
   - 2.3 Einfache Nachfolgeklausel (Tz. 71 BMF-Schreiben, a.a.O.) 212
   - 2.4 Qualifizierte Nachfolgeklausel (Tz. 72 BMF-Schreiben) 213

XVI. Besonderheiten bei Familiengesellschaften 215
1. Begriff 215
2. Voraussetzungen für die steuerliche Anerkennung 215
3. Zivilrechtliche Voraussetzungen 215
4. Schenkung der Beteiligung 216
5. Steuerliche Wirksamkeitsvoraussetzungen 216
6. Tatsächliche Durchführung des Gesellschaftsvertrages 216
7. Prüfungsschema 216
8. Angemessenheit der Gewinnverteilung 217
   - 8.1 Höhe des angemessenen Gewinnanteils 217
   - Fall 55 218
   - 8.2 Veränderung der Gewinnverteilung 219

XVII. Besonderheiten bei der GmbH & Co. KG 220
1. Allgemeines 220
   - 1.1 Begriff 220
   - 1.2 Geschäftsführung 220
   - 1.3 Vertretung 220
   - 1.4 Haftung 220

		1.5 Mitunternehmerschaft bei einer GmbH & Co. KG	220
2.	Betriebsvermögen		221
	2.1	Steuerliches Betriebsvermögen	221
	2.2	Sonderbetriebsvermögen	221
	2.3	Gewinnausschüttungen	223
3.	Gewinnermittlung		224
	3.1	Geschäftsführergehälter	224
	Fall 56		224
	3.2	Pensionszusage	224
4.	Gewinnverteilung		225
	Fall 57		226

XVIII. Doppelstöckige Personengesellschaft 228
Fall 58 239

XIX. Lösungen zu den Fällen 240
Lösung Fall 1 240
Lösung Fall 2 248
Lösung Fall 3 250
Lösung Fall 4 253
Lösung Fall 5 256
Lösung Fall 6 258
Lösung Fall 7 259
Lösung Fall 8 261
Lösung Fall 9 261
Lösung Fall 10 262
Lösung Fall 11 263
Lösung Fall 12 265
Lösung Fall 13 266
Lösung Fall 14 267
Lösung Fall 15 268
Lösung Fall 16: Die leichtsinnige XYZ-GmbH & Co. KG 269
Lösung Fall 17: Nebentätigkeiten 271
Lösung Fall 18 272
Lösung Fall 19 275
Lösung Fall 20: Die Gewinnverteilung der VW-AG 277
Lösung Fall 21 280
Lösung Fall 22 281
Lösung Fall 23 282
Lösung Fall 24 283
Lösung Fall 25 285
Lösung Fall 26 285
Lösung Fall 27 286
Lösung Fall 28 287
Lösung Fall 29 288
Lösung Fall 30 291
Lösung Fall 31 291

Lösung Fall 32 ... 293
Lösung Fall 33 ... 294
Lösung Fall 34 ... 298
Lösung Fall 35 ... 299
Lösung Fall 36 ... 303
Lösung Fall 37 ... 307
Lösung Fall 38 ... 308
Lösung Fall 39 ... 309
Lösung Fall 40 ... 312
Lösung Fall 41 ... 313
Lösung Fall 42 ... 320
Lösung Fall 43 ... 323
Lösung Fall 44 ... 328
Lösung Fall 45 ... 328
Lösung Fall 46 ... 329
Lösung Fall 47 ... 330
Lösung Fall 48 ... 332
Lösung Fall 49 ... 335
Lösung Fall 50 ... 336
Lösung Fall 51 ... 337
Lösung Fall 52 ... 338
Lösung Fall 53 ... 340
Lösung Fall 54 ... 341
Lösung Fall 55 ... 343
Lösung Fall 56 ... 344
Lösung Fall 57 ... 344
Lösung Fall 58 ... 345

Stichwortverzeichnis ... 349

Abkürzungsverzeichnis

A	Abschnitt
a.A.	anderer Ansicht
a.a.O.	am angegebenen Ort
Abs.	Absatz
a.F.	alte(r) Fassung
AfA	Absetzung für Abnutzung
AG	Aktiengesellschaft
AK	Anschaffungskosten
a.o.	außerordentlicher
AO	Abgabenordnung
Aufl.	Auflage
BA	Betriebsausgabe
BBK	Buchführung, Bilanzierung, Kostenrechnung
BE	Betriebseinnahme
BewG	Bewertungsgesetz
BFH	Bundesfinanzhof
BFH/NV	Sammlung der Entscheidungen des Bundesfinanzhofs (Zeitschrift)
BGB	Bürgerliches Gesetzbuch
BGBl	Bundesgesetzblatt
BMF	Bundesfinanzministerium
BMG	Bemessungsgrundlage
BStBl	Bundessteuerblatt
Buchst.	Buchstabe
BV	Betriebsvermögen
BW	Buchwert
bzw.	beziehungsweise
DB	Der Betrieb (Zeitschrift)
DBA	Doppelbesteuerungsabkommen
d.h.	das heißt
DStR	Deutsches Steuerrecht (Zeitschrift)
DStRE	Deutsches Steuerrecht – Entscheidungsdienst
EFG	Entscheidungen der Finanzgerichte (Zeitschrift)
ESt	Einkommensteuer
EStDV	Einkommensteuerdurchführungsverordnung
EStG	Einkommensteuergesetz
EStH	Einkommensteuerhinweise
EStR	Einkommensteuerrichtlinien
EU	Einzelunternehmen/Europäische Union
EWIV	Europäische wirtschaftliche Interessenvereinigung
ff.	fortfolgende
FG	Finanzgericht
GbR	Gesellschaft bürgerlichen Rechts
gem.	gemäß

gem. W.	Gemeiner Wert
GewSt	Gewerbesteuer
GewStG	Gewerbesteuergesetz
GF	Geschäftsführer
ggf.	gegebenenfalls
GHV	Gesamthandsvermögen
GmbH	Gesellschaft mit beschränkter Haftung
GmbHR	GmbH-Rundschau
Grdst.	Grundstück
GrESt	Grunderwerbsteuer
GrEStG	Grunderwerbsteuergesetz
GrS	Großer Senat
GruBo	Grund und Boden
GuV	Gewinn- und Verlustrechnung
GWG	Geringwertige Wirtschaftsgüter
H	Hinweis
HB	Handelsbilanz
HGB	Handelsgesetzbuch
HK	Herstellungskosten
HS	Halbsatz
i.d.F.	in der Fassung
i.d.R.	in der Regel
i.H.d.	in Höher der/des
i.H.v.	in Höhe von
INF	Information über Steuer und Wirtschaft
InvZulG	Investitionszulagegesetz
i.S.d.	im Sinne des
i.S.v.	im Sinne von
i.V.m.	in Verbindung mit
Kap-Ges	Kapitalgesellschaft
KG	Kommanditgesellschaft
KGaA	Kommanditgesellschaft auf Aktien
KSt	Körperschaftsteuer
KStG	Körperschaftsteuergesetz
lt.	laut
LuL	Lieferung und Leistung
Mio.	Millionen
MU	Mitunternehmer
m.w.N.	mit weiterem Nachweis/mit weiteren Nachweisen
ND	Nutzungsdauer
n.F.	(neue(r)) Fassung
Nr.	Nummer
OFD	Oberfinanzdirektion
OHG	Offene Handelsgesellschaft

PartG	Partnerschaftsgesellschaft	
Pers-Ges	Personengesellschaft	
PV	Privatvermögen	
R	Richtlinie	
RAP	Rechnungsabgrenzungsposten	
Rev.	Revision	
Rn.	Randnummer	
Rz.	Randziffer	
S./s.	Satz/Seite/siehe	
SB	Sonderbilanz	
SBV	Sonderbetriebsvermögen	
s.o.	siehe oben	
sog.	sogenannt(e)	
StB	Steuerbilanz	
s.u.	siehe unten	
Tz.	Textziffer	
TW	Teilwert	
u.a.	unter anderem	
UmwG	Umwandlungsgesetz	
UmwStE	Umwandlungsteuererlass	
UmwStG	Umwandlungsteuergesetz	
USt	Umsatzsteuer	
UStAE	Umsatzsteuer-Anwendungserlass	
UStG	Umsatzsteuergesetz	
u.U.	unter Umständen	
vGA	verdeckte Gewinnausschüttung	
vgl.	vergleiche	
VKW	Verkehrswert	
VuV	Vermietung und Verpachtung	
VZ	Veranlagungszeitraum	
WG	Wirtschaftsgut	
Wj.	Wirtschaftsjahr	
z.B.	zum Beispiel	
zzgl.	zuzüglich	
z.T.	zum Teil	

I. Grundsätzliches
1. Vorbemerkung

Das Buch beinhaltet eine Gesamtdarstellung der für das erfolgreiche Bestehen der Steuerberaterprüfung erforderlichen Vorbereitung im Bereich Personengesellschaften.

Dabei werden sowohl klausurtaktische Maßnahmen als auch die prüfungsrelevanten Klausurthemen in systematischer und leicht verständlicher Weise aufbereitet und in der Regel mit optischen Darstellungen untermauert.

Teilweise werden Abhandlungen nur Stichwort weise wiedergegeben, um den Leseaufwand zu verringern.

Die Bilanzklausur Teil Personengesellschaften fordert in starkem Maße einen **Gesamtüberblick** über nahezu das gesamte Bilanzrecht und Steuerrecht.

Sowohl zivilrechtliche und handelsrechtliche Vorschriften (BGB, HGB, Umwandlungsgesetz) als auch fast die **gesamte Palette des Steuerrechts** (EStG, UStG, KStG, GewStG, GrEStG, UmwStG) müssen abrufbar sein.

> **Beispiel 1: Ausscheiden eines Gesellschafters aus einer Personengesellschaft**
>
> § 105 Abs. 3 HGB, § 738 BGB:
> - keine Auflösung sondern Fortführung,
> - Anspruch auf Abfindung einschließlich Gewinnanteil, § 122 Abs. 1 HGB,
> - Abgrenzung zur Realteilung.

> **Beispiel 2: Eintritt eines weiteren Gesellschafters**
>
> § 105 Abs. 3 HGB, § 738 BGB: Fortführung der erweiterten Gesellschaft, § 24 UmwStG

> **Abschließender Hinweis!**
> Erfolg und Misserfolg einer Klausurbearbeitung liegt in der Regel in der Intensität der Vorbereitung. Die beste Vorbereitung bei Bilanzklausuren ist üben, üben und üben.
> Die Erfolgsaussichten im Fach Bilanzsteuerrecht steigen analog zu der Anzahl unter Prüfungsbedingungen geschriebener Übungsklausuren.
> Mit jeder weiteren Klausur wird die persönliche Zeiteinteilung professioneller und die „big points" werden frühzeitig erkannt.

2. Klausurtechnik

Beginn der Klausur

Der Beginn jeder Klausur vollzieht sich in vier Schritten:
1. Vollständiges Erfassen des Sachverhaltes,
2. Erfassen der Aufgabenstellung,
3. Erstellen eines Lösungskonzeptes,
4. Ausarbeitung der Lösung.

Zu 1.: Vollständiges (und richtiges) Erfassen des Sachverhaltes
- Zuerst Aufgabenstellung lesen → grobe Orientierung, wo geht's hin?
- Wichtige Aspekte bereits beim ersten Lesen notieren, am Rand des Sachverhaltes oder auf einem gesonderten Blatt (erster Durchgang dient der Erfassung und evtl. dem Erkennen erster Probleme), wichtige Aussagen markieren, Arbeitsweise danach richten (Zeiteinteilung).
- Keine Verunstaltung des gesamten Klausurtextes mit farbigen Textmarkern.

- Sachverhalt 2-mal vollständig lesen.
- **vollumfängliche Auswertung** (auch wenn Angaben nicht für die Lösung benötigt werden, Klausursteller erwartet das **Auseinandersetzen mit Argumenten → i.d.R. Punkte.**
- ggf. Sachverhalt grafisch aufbereiten **(Schaubild)**.

Häufige Fehler:
- Unrichtiges oder unvollständiges Erfassen,
- Zweifel an der Vollständigkeit des Klausursachverhalts,
- Lösung anderer Sachverhalte führen zwangsläufig zur falschen Lösung, beste Kenntnisse bringen keine Punkte.

Fall 1:

Die Bau-OHG (OHG) in Mannheim besteht aus den Gesellschaftern Adam Aufmaß (A), Bernd Beton (B) mit jeweils 40 % und Carsten Cleber (C) mit 20 % (Beteiligungsverhältnis entspricht der Gewinnverteilung).

Gegenstand des Unternehmens ist der Bau von Industriegebäuden.

Die OHG ist beteiligt an der Baustoffhandel-KG (KG), von der sie regelmäßig ihre Baustoffe bezieht. An der KG ist die OHG zu 50 %, die Gesellschafter A und Manfred Müller (M) mit jeweils 25 % beteiligt. Die Steuerfestsetzungen bis einschließlich 08 sind endgültig und bestandskräftig.

Der vorläufige Gewinn 09 der KG beträgt 400.000 €, der Gewinn der OHG ohne den Gewinnanteil an der KG 600.000 €.

Die nachfolgenden Geschäftsvorfälle sind dabei noch nicht berücksichtigt.

A ist Geschäftsführer der KG und erhält dafür eine monatliche Tätigkeitsvergütung von 10.000 €, die die KG als Lohnaufwand erfasst. Lohnsteuer und Sozialversicherung wurde nicht abgeführt.

Seine unstrittigen Aufwendungen für Arbeitsmittel in Höhe von 2.000 € hat A selbst getragen.

Der für die Baugeräte der OHG erforderliche Lagerplatz steht im Eigentum der KG und wird der OHG für monatliche angemessene 2.000 € vermietet. Die Miete wurde entsprechend den Zahlungen bei der KG als Ertrag und bei der OHG als Aufwand gebucht.

Lediglich die Dezembermiete, die am 31.12.09 noch ausstand, wurde nicht erfasst, da noch keine Zahlung erfolgt war.

Da die KG wegen der Verschärfung der Kreditvergabe der Banken höhere Zinsen zahlen sollte, hat sie die OHG am 01.07.09 durch ein Darlehen i.H.v. 200.000 € zu 8 % Zinsen unterstützt. Die weiteren Bedingungen entsprechen den fremdüblichen Konditionen. Die Zinsen wurden erst am 10.01.10 gezahlt. Daher hat diese die KG in 10 als Aufwand gebucht, während die OHG den Zinsertrag schon in 09 (betragsmäßig korrekt) erfasst hat.

Die Verwaltung ihrer Geschäfte betreibt die OHG seit 20 Jahren (siehe Folgendes) in einem 2-stöckigen Gebäude in der Hauptstr. 23.

Eigentümer ist A, der das Objekt der OHG für monatliche angemessene 3.000 € vermietet hat.

Die Mietzahlungen erfolgten stets pünktlich, sodass die gesamte Jahresmiete für 09 bei der OHG als Mietaufwand und bei A als Einkünfte aus Vermietung für 09 nach § 21 EStG erfasst wurden.

Im Rahmen seiner Einkünfte hat auch A stets die AfA in Höhe von 2 % als Werbungskosten abgezogen (Herstellungskosten durch A vor genau 20 Jahren bezogen auf den 31.12.09 500.000 €, Anschaffungskosten Grund und Boden 200.000 €; Teilwerte zum 01.01.09: Grund und Boden 250.000 € (zum 31.12.09 300.000 €), Gebäude 01.01.09 450.000 € (zum 31.12.09 500.000 €).

B überließ seit der Anschaffung in 05 (200.000 € Anschaffungskosten) das unbebaute Grundstück an den Weiden der KG unentgeltlich. B hatte den Erwerb und teilweise die Zinsen finanziert, sodass zum 31.12.09 immer noch eine Darlehensverbindlichkeit von 200.000 € bestand.

Bisher hat B, da keine Miete geflossen ist, keine Einnahmen erfasst, aber auch die Zinsen (für 09 12.000 €) „privat" getragen.

Zum 31.12.09 (Übergang Nutzen und Lasten) hat er dieses Grundstück (Verkehrswert 200.000 €) unentgeltlich auf die KG übertragen. Das Anschaffungsdarlehen übernahm die KG nicht. Gesellschaftsrechte soll aber B nicht zusätzlich bekommen.

B und die KG haben bis jetzt aus der Übertragung keine Folgerungen gezogen.

Aufgabe: Beurteilen Sie nachfolgende Sachverhalte in bilanzsteuerrechtlicher Hinsicht unter Angabe von gesetzlichen Fundstellen.

Weitergehende Aufgabenstellung zur Klausur (hier nicht weiter erörtert bzw. ermittelt):
- Zu handelsrechtlichen Bilanzierungsvorschriften ist nicht Stellung zu nehmen, ebenfalls nicht zu Steuerrückstellungen.
- Die OHG und die KG möchten in der Handelsbilanz einen hohen Gewinn ausweisen, sofern dies keine Steuernachteile hat.
- Das steuerliche Betriebsvermögen ist zusammenfassend zu beschreiben.
- Soweit erforderlich sind zusätzliche Bilanzen (keine Gesamthandsbilanz und ohne Gewinn- und Verlustrechnung) zum 31.12.09 mit Begründung aufzustellen.
- Die steuerliche Gewinnermittlung und -verteilung ist mit Erläuterung für 09 durchzuführen.

Fall 2:

Die KG ist seit Jahren Eigentümerin des Grundstücks Weststr. 1 in Hannover. Am 30.06.14 hat die KG einen Seitenflügel ihres Anfang Januar 05 fertiggestellten, selbst genutzten Bürogebäudes, der 25 % des Gesamtgebäudes ausmachte, abbrechen lassen. An gleicher Stelle errichtete sie einen neuen Gebäudeteil (Anbau). Die angefallenen Abbruchkosten lt. Rechnung vom 12.08.14, die die KG erst in 15 bezahlte, buchte sie:

a.o. Aufwand   20.000 €

Vorsteuer   3.800 €   an Gebäude   23.800 €

Die Architektenrechnung über den Neubauteil beinhaltet auch ein Entgelt für eine gutachtliche Stellungnahme über die Zweckmäßigkeit des Abbruchs des Seitenflügels. Die Rechnung setzt sich wie folgt zusammen:

Architektenhonorar	20.000 €
gutachtliche Stellungnahme	10.000 €
=	30.000 €
Umsatzsteuer	5.700 €
Gesamtbetrag	**35.700 €**

Die KG buchte:

a.o. Aufwand   10.000 €   an Bank   35.700 €

Gebäude Weststr. 1   20.000 €

Vorsteuer   5.700 €

Aus dem Abbruchmaterial waren noch einige Materialien im Restbuchwert von 10.000 € verwendbar, die im Sommer 14 beim Neubau verwendet wurden. Der Buchhalter der KG sah keine Veranlassung, aufgrund dieses Vorgangs eine Buchung vorzunehmen.

> Der neue Gebäudeteil wurde am 01.10.14 fertiggestellt und sofort nach Bezugsfertigkeit auf die Dauer von 10 Jahren fest an einen Rechtsanwalt vermietet. Dieser zahlte am 01.10.14 neben der ersten Jahresmiete in Höhe von 7.140 € (einschl. USt) einen verlorenen Zuschuss von 11.900 € (einschl. USt), über den die KG folgende Rechnung ausgestellt hat:
>
> | Zuschuss für Neubauteil | 10.000 € |
> |---|---|
> | Umsatzsteuer | 1.900 € |
> | **Gesamtbetrag** | **11.900 €** |
>
> Die KG buchte:
> Bank 7.140 € an Miete 7.140 €
> Bank 11.900 € an Gebäude 10.000 €
>   Umsatzsteuer 1.900 €
>
> Die Baukosten in Höhe von 300.000 € zzgl. 57.000 € Umsatzsteuer bezahlte die KG am 30.09.14, wobei sie 5 % des Rechnungsbetrages wegen der Garantieleistungen einbehielt, jedoch am 10.05.15 auf Drängen des Bauunternehmers zahlte.
> Die KG buchte:
> Gebäude Weststr. 1 285.000 € an Bank 339.150 €
> Vorsteuer   54.150 €
>
> Die ursprünglichen Herstellungskosten des Gebäudes Weststr. 1 haben 500.000 € betragen. Die Gebäudeherstellungskosten wurden gem. § 7 Abs. 4 Nr. 2 EStG zutreffend mit jährlich 2 % abgeschrieben. Für 14 ist noch keine AfA gebucht worden.
>
> **Aufgabe:** Beurteilen Sie den Sachverhalt bilanzrechtlich mit Fundstellen und Umbuchungen.

Zu 2.: Erfassen der Aufgabenstellung
Allgemein

In der Regel ist nach der Aufgabenstellung ein **niederer (StB-)Gewinn** zu ermitteln.

> **Beispiel:**
>
> „Gehen Sie bei Ihrer Stellungnahme davon aus, dass bei handelsrechtlichen Bilanzierungswahlrechten auf der Aktivseite die niedrigstmöglichen und auf der Passivseite die höchstmöglichen Wertansätze gewählt werden. Sollte sich dadurch die Notwendigkeit abweichender Steuerbilanzwerte ergeben, so sind diese anzugeben".

Lesen Sie aber bitte genau die Aufgabenstellung durch und verlassen Sie sich nicht auf bisherigen Aufgabenstellungen.

Denkbar wäre auch folgende Aufgabenstellung:

> **Beispiel:**
>
> „Die GmbH möchte einen hohen Handelsbilanzgewinn (hohes Vermögen), jedoch möglichst wenig Steuern zahlen. Im Zweifel soll die geringe Steuerlast (Alternative: hohes Vermögen in der Handelsbilanz) vorgehen".

In diesem Fall, ist entscheidend, die handelsrechtlichen und steuerrechtlichen Bilanzierungsvorschriften und deren Wechselwirkungen zu beherrschen.

Häufig enthält die Bilanzklausur bis zu **3 selbstständige Teile**, die dann unterschiedliche Aufgabenstellungen haben können.

2. Klausurtechnik

Einzelaufgaben:
- Wie ausführlich müssen die **Begründungen** sein?
- Werden Berechnungen und **Entwicklungen einzelner Bilanzposten** verlangt (nahezu immer Bestandteil einer Bilanzsteuerrechtsklausur)?
- Müssen gesonderte **Klausuranlagen** ausgefüllt werden?
- Welche **Wahlrechte** sollen hinsichtlich des Gewinns ausgeübt werden? (Beachte Verzeichnis: § 5 Abs. 1 S. 1 2. HS und S. 2 EStG!)
- Wird ein möglichst hoher oder möglichst niedriger Gewinn gewünscht? (Wahlrechte können in jedem Aufgabenteil unterschiedlich ausgeübt werden!)
- Gewinnermittlung: Für Gewinnermittlung des Sonderbetriebsvermögens gelten die Gewinnermittlungsvorschriften der Gesellschaft.
- **Beachte!** Sind einzelne Sachverhalte miteinander verbunden?

Beispiel:
Übertragung § 6b Rücklage bzw. Veräußerungsgewinn
Ist BV angegeben: → § 7g EStG (Gesamthands-/Sonderbetriebsvermögen?

Ausführungen zu **Aufbewahrungsvorschriften**, zur Buchführungs-, Umsatzsteuer- Gewerbesteuer- und Körperschaftsteuerpflicht treffen **keine klausurrelevanten Entscheidungen**, vielmehr wiederholen Sie einfach die allgemeinen Sachverhaltsangaben.

- Aber auch bei Bilanzklausuren ist häufig ein „Fußgängerpunkt" für einleitende Beurteilung der Gewinnermittlungsvorschriften zu erreichen.

Beispiel:
Gewinnermittlung nach §§ 4 Abs. 1, 5 Abs. 1 EStG i.V.m. § 8 Abs. 1 KStG;
§§ 6, 238 ff., 264 ff. HGB; Wirtschaftsjahr nach § 4a EStG.

- Darauf achten, ob insgesamt oder nur für Teilbereiche umsatzsteuerliche oder gewerbesteuerliche Aspekte zu beurteilen oder gänzlich zu unterlassen sind, z.B. Umsatzsteuer und Haftungsvergütung an Komplementär.
- Häufig ist eine Anpassung der Gewerbe- und Körperschaftsteuerrückstellung nicht erforderlich.
- Ausführungen zu **Zu- und Abrechnungen außerhalb der Bilanz** werden regelmäßig gepunktet.

Beispiele:	
• § 4 Abs. 4a EStG:	Gewinnzuschlag bei Überentnahmen
• § 4 Abs. 5 EStG:	Nichtabzugsfähige Betriebsausgaben
• § 4 Abs. 5b EStG:	Gewerbesteuer ist keine Betriebsausgabe
• § 10 KStG:	Nicht abzugsfähige Betriebsausgaben
• §§ 3 Nr. 40, 3c Abs. 2 EStG:	Teileinkünfteverfahren
• § 8b KStG:	Steuerbefreiung für Beteiligungserträge
• § 7g Abs. 1 EStG:	Investitionsabzugsbetrag (Hinzurechnungsbetrag)
• § 6b Abs. 7 EStG:	Gewinnzuschlag
• § 8 Abs. 1, 3 KStG:	Verdeckte Gewinnausschüttung, verdeckte Einlagen
• DBA:	Steuerbefreiung
• § 13 InvZulG:	Investitionszulage ist steuerfrei

Primäres Ziel einer Bilanzklausur ist **nicht** die abschließende Erstellung einer Bilanz mit Gewinn- und Verlustrechnung.

Vielmehr steht die **Lösung von komplexen Einzelproblemen** im Vordergrund, die zu einem umfangreichen Klausursachverhalt zusammengefasst werden.

Erst **am Ende** sämtlicher Einzelprobleme **kann** (!) eine berichtigte Bilanz und Gewinn- und Verlustrechnung verlangt und erstellt werden (eher selten).

Vor diesem Hintergrund sollte jedem Teilnehmer klar sein, dass eine **zahlenmäßig aufgehende Bilanz am Klausurende niemals besonders hoch ausgepunktet wird** und somit kein konkreter Anhaltspunkt für den Erfolg einer Bilanzsteuerrechtsklausur ist.

Zu 3.: Erstellung eines Lösungskonzepts allgemein
Prüfungsschema
1. Ansatz dem Grunde nach
→ §§ 240, 242, 246, 248 Abs. 2 HGB, § 5 Abs. 1 S. 1 1. HS EStG, ggf. § 8 Abs. 1 KStG.
Ggf. sind die Einschränkungen nach §§ 5 Abs. 6, 5 Abs. 2, 2a, 3, 4, 4a, 4b, 6 EStG zu beachten.

2. Ansatz der Höhe nach
→ §§ 253 Abs. 1, Abs. 2-5, 255 Abs. 1, 2 HGB, §§ 5 Abs. 1 S. 1 1. HS, Abs. 6, 6 Abs. 1 Nr. 1-3, 7 Abs. 5 EStG.

Handelt es sich bei dem Bilanzposten um ein Wirtschaftsgut?
Vermögensgegenstand = Wirtschaftsgut
- Sachen, Rechte, tatsächliche Zustände, konkrete Möglichkeiten, wirtschaftliche Vorteile,
- deren Erlangung der Kaufmann sich etwas kosten lässt und
- die nach der Verkehrsauffassung einer besonderen Bewertung zugänglich (bewertungsfähig) und
- einzeln (oder mit dem Betrieb) übertragbar sind (verkehrsfähig),
- sofern die Aufwendungen (i.d.R.) einen über das Geschäftsjahr hinausgehenden Nutzen für das Unternehmen haben (H 4.2 Abs. 1 EStH).

Wer ist wirtschaftlicher Eigentümer des Wirtschaftgutes?
- Erwerb unter Eigentumsvorbehalt
  → Erwerber (§ 449 BGB, § 246 Abs. 1 S. 2 HGB).
- Sicherungsübereignung
  → Sicherungsgeber (§§ 930, 870 BGB, § 246 Abs. 1 S. 2 HGB, § 39 AO).
- Treuhandverhältnisse
  → Treugeber (§ 39 Abs. 2 AO).
- Rollende Ware
  → unmittelbarer oder mittelbarer Besitz Gefahrübergang reicht nicht (§§ 447, 644 BGB).
- Kommissionsgeschäfte
  → Kommittent (§§ 383 ff. HGB, § 39 AO).
- Leasing (Erlasse Beck, § 6.1-6.4).

Gehört das Wirtschaftsgut zum Betriebsvermögen?
Gemischt-genutzte Wirtschaftsgüter (keine Gebäude)

Betriebliche Nutzung	§ 5 EStG	§ 4 Abs. 1 EStG	§ 4 Abs. 3 EStG
über 50 %	Notwendiges BV	Notwendiges BV	Notwendiges BV
10-50 %	Gewillkürtes BV	Gewillkürtes BV	Gewillkürtes BV evtl. geduldetes BV
unter 10 %	Notwendiges PV	Notwendiges PV	Notwendiges PV

(Gewillkürtes BV im Sonderbetriebsbereich, notwendiges PV auch bei Gesamthandsvermögen möglich.)

2. Klausurtechnik

Unabhängig der Zuordnung des Wirtschaftsguts erfolgt die Aufteilung der **Aufwendungen einschließlich AfA** in Betriebsausgaben oder Kosten der privaten Lebensführung, ggf. durch Schätzung (R 4.7 EStR, H 4.7 Abs. 1 „Gemischt genutzte" EStH). Ein Wirtschaftsgut wird aber nicht ohne Entnahme zum Privatvermögen, wenn die betriebliche Nutzung 10 % unterschreitet.

Gemischt genutzte Gebäude (Gebäudeteile) als selbständige Wirtschaftsgüter

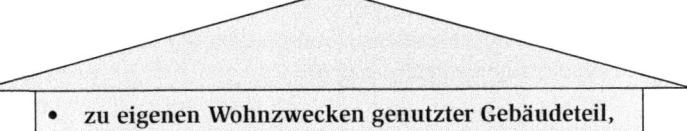

- zu eigenen Wohnzwecken genutzter Gebäudeteil,
- zu fremden Wohnzwecken genutzter Gebäudeteil,
- fremdbetrieblich genutzter Gebäudeteil,
- eigenbetrieblich genutzter Gebäudeteil.

Jeder der vier **unterschiedlich genutzten Gebäudeteile** ist ein **selbständiges Wirtschaftsgut,** weil das Gebäude in verschiedenen Nutzungs- und Funktionszusammenhängen steht.

Jeder Teil kann nur in vollem Umfang Privatvermögen oder in vollem Umfang Betriebsvermögen sein (R 4.2 Abs. 3 EStR).

Hinweis! Zuordnung zum gewillkürten BV ist bereits im Klausursachverhalt durch entsprechende Buchung getroffen. Wenn dies zulässig war, kann danach **keine andere Zuordnung** getroffen werden (Einlage = tatsächlicher Vorgang).

Muss das Wirtschaftsgut in der Bilanz angesetzt werden?
Grundsatz: Ansatzpflicht.
Ausnahmen:
- Ansatzverbot
  § 248 Abs. 1, 2 S. 2 HGB = § 5 Abs. 2, 3, 4 EStG oder
- Ansatzwahlrecht
  HGB: § 248 Abs. 2 S. 1, § 250 Abs. 3
  Steuerlich: Nur bei Rücklagen, vgl. § 6b EStG, R 6.5, 6.6 EStR.

Grundsatz:

HB	StB
Aktivierungsgebot	Aktivierungsgebot
Aktivierungswahl	Aktivierungsgebot
Aktivierungsverbot	Aktivierungsverbot
Passivierungsgebot	Passivierungsgebot
Passivierungswahl	Passivierungsverbot
Passivierungsverbot	Passivierungsverbot

Achtung: Evtl. Durchbrechung der Maßgeblichkeit z.B. § 5 Abs. 2, 3, 4a EStG, § 5 Abs. 6 EStG (siehe oben), latente Steuern, § 6 Abs. 1 Nr. 1, 2, 3 EStG.

Hinweis! Wie ausführlich der Ansatz dem Grunde nach zu erörtern ist, hängt vom Sachverhalt ab.

Beispiele:	
• Bei **immateriellen WG** sollte stets umfänglich erörtert werden: liegt überhaupt WG vor? Wenn ja, ist dies entgeltlich erworben? • Ist eine Maschine bilanziert und (unzutreffend?) abgeschrieben, muss auf die Frage des Ansatzgebotes nicht erörternd eingegangen werden; zu empfehlen ist aber eine **kurze Aussage zum Ansatz** mit Gesetzesstellen (§§ 240, 242, 246 HGB, § 5 Abs. 1 S. 1 1. HS EStG). • Erwerb eines Gebäudes des Anlagevermögens mit Kaufvertrag vom 12.10.09, **Übergang Nutzen und Lasten** 02.02.10 und Grundbucheintrag 10.03.10. Hier ist die Zurechnung nach dem wirtschaftlichen Eigentum (§ 246 Abs. 1 S. 2 HGB) zu treffen (Kaufmannsvermögen bzw. notwendiges Betriebsvermögen) zum 02.02.10 (Übergang Nutzen und Lasten = Zeitpunkt der Aktivierung, AfA). Das Datum muss dann genannt werden. Aussagen zum Wirtschaftsgut selbst sind überflüssig, es sei denn, es liegen unterschiedliche Nutzungen vor.	

Zu 4.: Ausarbeitung der Lösung (Fall 1)

	Punkte
A. Allgemeines **Nach den vorliegenden Beteiligungsverhältnissen liegt eine sog. Doppelgesellschaft i.S.d. § 15 Abs. 1 Satz 1 Nr. 2 Satz 2 EStG vor.** Die **Voraussetzungen** hierzu sind wie folgt erfüllt: Die **Obergesellschaft Bau-OHG (OHG)** ist **Mitunternehmer der Untergesellschaft Baustoffhandel KG (KG)**. Sie erfüllt gegenüber der Untergesellschaft (KG) alle Merkmale, die an eine Mitunternehmerschaft gestellt sind, erfüllen (H 15.8 EStH). Die **Untergesellschaft (KG)** ist eine **Außengesellschaft**. Es spielt keine Rolle, ob an der Obergesellschaft oder Untergesellschaft die selben Personen beteiligt sind.	1
Folge: Die **Gesellschafter der Obergesellschaft (OHG) gelten als** mittelbar an der Untergesellschaft Beteiligte zugleich als **Mitunternehmer der Untergesellschaft (KG)**. Daraus ergibt sich: • Die **Gesellschafter der Obergesellschaft** beziehen nach dem Grundgedanken des § 15 Abs. 1 Satz 1 Nr. 2 EStG sowohl **von der Obergesellschaft als auch** über diese mittelbar **von der Untergesellschaft** mit allen Vergütungen für ihre Gesellschaftsbeiträge **einheitlich und in vollem Umfang Gewinnanteile aus Gewerbebetrieb** gem. § 15 EStG (R 15.8 Abs. 2 EStR). • Sämtliche Regelungen für Sonderbetriebsvermögen (I und II) gelten sinngemäß. • Die **Gewinnermittlung und Gewinnverteilung** der Obergesellschaft bleibt von der Wirkung bei der Untergesellschaft **unberührt**. Die OHG muss ihre Beteilgung an der KG steuerlich nach der Spiegelbildmethode erfassen. • Bei der Untergesellschaft (KG) ist die (mittelbare) Mitunternehmerschaft der Gesellschafter der Obergesellschaft (OHG) in der gesonderten und einheitlichen **Gewinnfeststellung der Untergesellschaft zu erfassen**. • Alle **Gewinnanteile und Sonderbetriebsausgaben** der (mittelbaren) Mitunternehmer sind bei **der Untergesellschaft** den (mittelbaren) Mitunternehmern unmittelbar (also nicht der Obergesellschaft) **zuzurechnen**.	2

	Punkte
B. Beurteilung im Einzelnen **1. Geschäftsführervergütungen der KG an A** (Verhältnis Obergesellschafter – Untergesellschaft) Die von der Untergesellschaft entrichteten Vergütungen stellen bei ihr im Rahmen ihrer handels- und steuerrechtlichen Gewinnermittlung Aufwand dar. **Die KG hat das Geschäftsführergehalt an A richtig behandelt.** A ist sowohl Mitunternehmer der OHG (Obergesellschaft) als auch Mitunternehmer der KG (Untergesellschaft). Fraglich ist, ob die **Vergütungen für diese Tätigkeit könnte unter § 15 Abs. 1 Satz 1 Nr. 2 Satz 1 oder Satz 2** EStG fallen.	3
Ist ein Gesellschafter **sowohl Mitunternehmer bei der Obergesellschaft (OHG) als auch – unmittelbar – Mitunternehmer bei der Untergesellschaft (KG), greift § 15 Abs. 1 Satz 1 Nr. 2 Satz 2 EStG** deshalb **nicht** ein, weil der Gesellschafter **bereits unmittelbar** an der Untergesellschaft beteiligt ist und Rechtsbeziehungen zwischen der Obergesellschaft und dem Gesellschafter sowie der Untergesellschaft und dem Gesellschafter **jeweils für sich gesehen unter § 15 Abs. 1 Satz 1 Nr. 2 Satz 1 EStG fallen.** Die **Tätigkeitsvergütung erhöht** den steuerlichen Gesamtgewinn der KG (**Untergesellschaft**) und den **Gewinn des A bei der KG (12 × 10.000 € = 120.000 €).** Stehen mit den Vergütungen Aufwendungen in einem unmittelbaren oder mittelbaren Zusammenhang, stellen diese **Sonderbetriebsausgaben** dar und sind bei der Gewinnermittlung **der Untergesellschaft (KG)** zu berücksichtigen, hier 2.000 €. Gesamtergebnis für A: 120.000 € ./. 2.000 € = 118.000 €.	4
2. Vermietung Lagerplatz KG an OHG Erbringt die **Untergesellschaft** ihrerseits eine **Leistung an einen ihrer Gesellschafter**, gilt **weder § 15 Abs. 1 Satz 1 Nr. 2 Satz 1 noch Satz 2** EStG. Es sind vielmehr die **allgemeinen Vorschriften** anzuwenden. Danach hat die **KG (Untergesellschaft) zum 31.12.11 eine Mietforderung** in Höhe von zu aktivieren (Gewinn + 2.000 €), während die **OHG** (Obergesellschaft) eine entsprechende **Mietverpflichtung** zu passivieren hat (Gewinn ./. 2.000 €).	5
3. Darlehen OHG an KG **Die Darlehensgewährung wird als gewerbliche Leistung der OHG an die KG und damit als** Fremdleistung **behandelt.** **Nach Handelsrecht bucht die** OHG Zinserträge von ⁶/₁₂ von 8 % × 200.000 € = 8.000 €, **die KG bucht gleich hohen** Zinsaufwand. Bei der KG gehört die Verbindlichkeit zu ihrem **negativen Gesamthandsvermögen**, die Zinsaufwendungen von 8.000 € mindern ihren Gewinn und entsprechend der Beteiligung den Gewinnanteil der Gesellschafter der KG.	6

	Punkte
Bei der OHG gehört die **Darlehensforderung steuerlich zu ihrem notwendigen Sonderbetriebsvermögen I bei der KG** und ist korrespondierend in ihrer **Sonderbilanz** zu aktivieren. Die **Zinsen** stellen **Sonderbetriebseinnahmen** i.S.d. § 15 Abs. 1 Satz 1 Nr. 2 Satz 1 2. Halbsatz EStG dar mit der Folge, dass sich der steuerliche Gesamtgewinn der KG wieder um 8.000 € erhöht. **Von der KG sind die** Zinsen unabhängig der Zahlung auch steuerlich als Aufwand **in 11 zu erfassen, sie stellen** nach § 15 Abs. 1 Nr. 2 EStG eine **Vorwegvergütung dar und werden dem Gewinnanteil der OHG zugerechnet.** Diese 8.000 € kommen damit wiederum deren Gesellschaftern (hier A und B) zugute; der Gesamtgewinn der OHG ändert sich aber nicht, da die Zinserträge jetzt Gewinnanteil der OHG von der KG darstellen.	7
Sonderbilanz OHG bei KG 31.12.11 	Aktiva		Passiva	
---	---	---	---
Ausleihung	200.000	Kapital	208.000
Zinsforderung	8.000				8
4. Vermietung Verwaltungsgebäude von A an OHG Die handelsrechtliche Behandlung als **Mietaufwand** ist **nicht zu beanstanden**. Steuerlich liegen jedoch (Sonder-)**Vergütungen** i.S.d. § 15 Abs. 1 Nr. 2 S. 1 EStG vor. Bei A ist das Objekt als **Sondertriebsvermögen I bei der OHG** zu erfassen (R 4.2 Abs. 12 EStR). Die Mieterträge und -aufwendungen sind Bestandteil der gewerblichen Einkünfte des A aus seiner Beteiligung an der OHG.	9
A hätte bereits **ab Erwerb** das Grundstück in der **Sonderbilanz aktivieren** müssen, denn für das Sonderbetriebsvermögen gilt die **Gewinnermittlungsart der Gesellschaft**. Somit war die Bilanzierung (Nichtbilanzierung) falsch. Da die Steuerfestsetzungen bis 10 bestandskräftig sind, kann die Richtigstellung analog einer **Bilanzberichtigung grundsätzlich erst in 11** vollzogen werden.	10
GruBo Die irrtümlich **unterlassene Aktivierung** der Anschaffungskosten des Grund und Bodens hatte **keine Auswirkung** auf das Ergebnis der Vorjahre. Die Korrektur des Bilanzansatzes Grund und Boden von 200.000 € kann daher durch **Rückwärtsberichtigung bis zur Fehlerquelle** vorgenommen werden (H 4.4 (Berichtigung ... 1. Strich) EStH). (Aus Vereinfachungsgründen ist **die Anfangsbilanz** 01.01.11 zu korrigieren (nur scheinbare Durchbrechung des Bilanzzusammenhangs).) **Buchung:** Grund und Boden 200.000 € an Kapital 200.000 €	11

	Punkte
Gebäude Auch das **Gebäudes** ist unzutreffend nicht **erfasst**. Die **Bilanzierungen ab Erwerb sind insoweit unzutreffend**, als sie das zum notwendigen **Sonder-Betriebsvermögen I** gehörenden Gebäudes nicht ausweisen (R 4.2 Abs. 12 EStR). Die unzutreffende Bilanzierung hatte für diese Jahre infolge der **unterlassenen AfA Auswirkungen auf die Höhe der Steuer**. Die **erfolgsneutrale Einbuchung** in 11 hat mit dem Wert zu erfolgen, mit dem das Gebäude bei zutreffender Bilanzierung zu Buche stehen würde (H 4.4 (Bilanzberichtigung ... 3. Strich) EStH). Da eine Schlussbilanz nicht vorliegt, kann quasi als erster Geschäftsvorfall der zutreffende Wert über Kapital eingebucht werden.	12
Wurde bisher in der Bilanz nichts erfasst, geht damit die **AfA der zurückliegenden Jahre verloren** (vgl. H 4.4 (Richtigstellung ..., unterlassene Bianzierung), H 7.4 (unterlassene ..., Betriebsvermögen) EStH), soweit nicht – wie hier – eine AfA bei den Vermietungseinkünften berücksichtigt wurde. H 7.4 EStH und die zugrundeliegende Rechtsprechung des BFH greifen hier nicht.	13

Herstellungskosten	500.000 €	14
./. AfA bis 31.12.10 (bei VuV)	380.000 €	
Ansatz zum 31.12.10 = 01.01.11	120.000 €	
./. AfA 11 (offenes Jahr)	**20.000 €**	
31.12.11	100.000 €	

Sonderbilanz A bei der OHG 31.12.11				15
Aktiva			Passiva	
Grund und Boden	200.000	Kapital AB	320.000	
Gebäude	100.000	Gewinn	16.000	
		Entnahme Miete	36.000	
		Kapital SB	300.000	
	300.000		300.000	

Mietertrag 36.000 ./. AfA 20.000 = Gewinn 16.000	
5. Grundstücksübertragung von B auf die KG Das Grundstück gehörte zum notwendigen **Sonderbetriebsvermögen I** des **mittelbar an der KG beteiligten B** und war mit den Anschaffungskosten von 200.000 € in einer Sonderbilanz des B **bei der KG** zu aktivieren (§ 15 Abs. 1 Nr. 2 EStG). Die **Darlehensschuld war negatives Sonderbetriebsvermögen**. Das Grundstück ist **mit Ablauf des 31.12.11 nicht mehr im SBV des B** zu erfassen.	16

	Punkte
Die **KG** war bis zum **31.12.11 weder zivilrechtlich noch wirtschaftlich Eigentümer** (§ 39 AO, § 246 Abs. 1 S. 2 HGB). Die unentgeltliche Überlassung führt nicht zu einem Bilanzposten. Unentgeltliche **Nutzungsrechte** sind **nicht einlagefähig** (H 4.2 < Nutzungsrechte > EStH). Mit der Übertragung zum **31.12.11** (Übergang von Nutzen und Lasten) hat die **KG** das **Grundstück mit dem Buchwert** von B **zu erfassen**. Es handelt sich nämlich um eine **unentgeltliche Grundstücksübertragung, ohne dass B Gesellschaftsrechte gewährt werden.** Der Vorgang fällt unter § 6 Abs. 5 Satz 3 Nr. 2 erste Variante (unentgeltlich). **Die KG hat den** Buchwert **des B zu** übernehmen.	17
Die bilanzielle Abwicklung könnte die KG über eine **gesamthänderisch gebundene Rücklage** vornehmen. Dann hat sie aber ihrem Ziel nach **hohem Handelsbilanzgewinn nicht** Rechnung getragen. Daher ist die **Buchung über außerordentlicher Ertrag** (200.000 €) zu empfehlen, der **steuerlich** bei der Einkommensbesteuerung wieder nach **Einlagegrundsätzen neutralisiert** wird. **Die bei B** zurückgebliebene Verbindlichkeit **bleibt** negatives Sonderbetriebsvermögen **des B, da keine Entnahme gegeben ist.** **Die von B für 11** geschuldeten Zinsen **sind noch als** Sonderbetriebsausgaben **zu erfassen**.	18
Sonderbilanz B bei KG 31.12.11	19
Aktiva			Passiva	
Minderkapital	200.000	Darlehen	200.000	
Verlust aus Zinsen	+ 12.000			
+ Einlagen	./. 12.000			
Minderkapital SB	200.000			
	200.000		200.000	

6. Mitunternehmeranteile und Gewinnverteilung
Die Mitunternehmeranteile setzen sich wie folgt zusammen:
- **Bei der OHG (Obergesellschaft)**
  1. Gesellschaftsanteil der OHG an der KG (Untergesellschaft)
  2. Sonderbetriebsvermögen der OHG bei der KG (Untergesellschaft)
- **Bei A (sowohl an der OHG – Obergesellschaft – als auch an der KG – Untergesellschaft – beteiligt)**
  – bei der OHG (Obergesellschaft)
    1. Gesellschaftsanteil an der OHG (Obergesellschaft)
    2. Sonderbetriebsvermögen A bei der OHG (Obergesellschaft)
  – bei der KG (Untergesellschaft)
    1. Gesellschaftsanteil an der KG (Untergesellschaft)
    2. Sonderbetriebsvermögen bei der KG (Untergesellschaft)
	20

	Punkte

• **Bei B und C (nur an der OHG – Obergesellschaft – beteiligt)**
   – bei der OHG (Obergesellschaft)
      1. Gesellschaftsanteil an der OHG (Obergesellschaft)
      2. Sonderbetriebsvermögen bei der OHG (Obergesellschaft)
   – bei der KG (Untergesellschaft)
      1. Sonderbetriebsvermögen bei der KG (Untergesellschaft)	

7. Ermittlung des Gesamtgewinns **Gesamtgewinn der Untergesellschaft** Der steuerliche Gesamtgewinn der KG (Untergesellschaft) ist wie folgt zu ermitteln: 	Gewinn/Verlust lt. Handelsbilanz/Steuerbilanz der KG (Untergesellschaft)
• Gewinn/Verlust lt. Ergänzungsbilanz der OHG (Obergesellschaft)
• Gewinn/Verlust lt. Ergänzungsbilanzen der übrigen KG-Gesellschafter
• Gewinn/Verlust lt. Sonderbilanz der OHG
• **Gewinn/Verlust lt. Sonderbilanzen der übrigen KG-Gesellschafter**
Zwischensumme
• Gewinn/Verlust lt. Sonderbilanzen der (Nur-)OHG(Ober)-gesellschafter
Steuerlicher Gesamtgewinn der KG | Der (eigentliche) Gewinn/Verlust lt. Handelsbilanz/Steuerbilanz der KG ist nach dem Gewinnverteilungsschlüssel auf die Gesellschafter der KG (einschließlich der OHG) zu verteilen. An dieser Gewinnverteilung nehmen die (Nur-)Gesellschafter der OHG selbst dann nicht teil, wenn sie Sonderbetriebsvermögen bei der KG haben, denn diese Gesellschafter sind zwar neben der OHG ebenfalls (Sonder-)Mitunternehmer der KG, nicht aber zivilrechtlich deren Gesellschafter. Der auf die OHG entfallende Anteil am Gewinn/Verlust der KG geht in den Gewinn/Verlust der OHG ein und ist von den Gesellschaftern der OHG als Teil ihres Anteils am Gesamtgewinn der OHG zu versteuern. Der Gewinn/Verlust lt. Sonderbilanz der OHG ist bei der Gewinnverteilung ausschließlich der OHG zuzurechnen. Die zum steuerlichen Gesamtgewinn der KG gehörenden Gewinn-/Verlustanteile des OHG-Gesellschafters, der entweder nur oder auch an der Untergesellschaft beteiligt ist, gehen grundsätzlich nicht in die steuerliche Gewinnermittlung der OHG ein. (**Hinweis!** Eine Ausnahme gilt nur dann, wenn der Gesellschafter, der sowohl an der Obergesellschaft als auch an der Untergesellschaft beteiligt ist, seinen Anteil an der Untergesellschaft (ausnahmsweise!) in der Sonderbilanz bei der Obergesellschaft aktiviert. In diesem Fall ist der Gewinnanteil dieses Obergesellschafters bei der Untergesellschaft in die Gewinnermittlung der Obergesellschaft einzubeziehen und ihm vorab zuzurechnen.)	21

	Punkte
Gesamtgewinn der OHG (Obergesellschaft) Der steuerliche Gesamtgewinn der OHG ist wie folgt zu ermitteln: Gewinn/Verlust aus der eigenen gewerblichen Tätigkeit • Gewinn-/Verlustanteil lt. Gewinnverteilung aus der KG = Gewinn/Verlust lt. Handelsbilanz/Steuerbilanz der OHG (Obergesellschaft) • Gewinn/Verlust lt. Ergänzungsbilanzen der Gesellschafter der OHG • Gewinn/Verlust lt. Sonderbilanzen der Gesellschafter der OHG = **Steuerlicher Gesamtgewinn der OHG**	
Gesamtgewinn der KG (Untergesellschaft)	22–24

Gewinn/Verlust lt. HB/SB der KG bisher		400.000 €
Mietforderung, Tz. 2	+	2.000 €
Zinsaufwand, Tz. 3	./.	8.000 €
Ertrag aus Einlage Grundstück	+	200.000 €
Gewinn/Verlust lt. Sonderbilanz der OHG (Obergesellschaft) Zinsen		8.000 €
Gewinn/Verlust lt. Sonderbilanz A (Tätigkeitsvergütung)	+	118.000 €
Gewinn/Verlust lt. Sonderbilanz B, Tz. 5	./.	12.000 €
Steuerlicher Gesamtgewinn der Untergesellschaft		**708.000 €**

Dieser Gewinn ist wie folgt zu verteilen: 25–26

	Summe	A	M	OHG	C
Gesamtgewinn	708.000 €				
− Sonderbilanz A	118.000 €	118.000 €			
− Sonderbilanz OHG	8.000 €			8.000 €	
verbleiben	582.000 €				
− Sonderbilanz C	12.000 €				./. 12.000 €
verbleiben	594.000 €	148.500 €	148.500 €	297.000 €	−
Gewinnanteil		266.500 €	148.500 €	305.000 €	./. 12.000 €
davon nicht zu besteuern (Einlage 200.000 €, Tz. 5)		50.000 €	50.000 €	100.000 €	

2. Klausurtechnik

	Punkte
Der steuerliche Gesamtgewinn der OHG ist wie folgt zu ermitteln:	27–28

Gewinn lt. eigener gewerblicher Tätigkeit der OHG bisher	600.000 €	
Passivierung Mietverpflichtung	./. 2.000 €	
Abzüglich Zinsforderung	./. 8.000 €	
Gewinnanteil KG	305.000 €	
Gewinn lt. Steuerbilanz OHG	895.000 €	
Gewinn lt. Sonderbilanz A	16.000 €	
Steuerlicher Gesamtgewinn der OHG	**911.000 €**	

	Punkte
Dieser Gewinn ist wie folgt zu verteilen:	29–30

	Summe	A (40)	B (40)	C (20)
Gesamtgewinn	911.000 €			
– Sonderbilanz A	16.000 €	16.000 €		
– Sonderbilanz B	0 €			0 €
Verbleiben	895.000 €	358.000 €	358.000 €	179.000 €
Gewinnanteil		374.000 €	358.000 €	179.000 €
davon nicht zu besteuern (100.000, s.o.)		40.000 €	40.000 €	20.000 €

Zu 4.: Ausarbeitung der Lösung (Fall 2)

	Punkte
Teilabbruch Seitenflügel = Absetzung für außergewöhnliche Abnutzung nach § 253 Abs. 3 S. 2 und 3 HGB, § 7 Abs. 4 S. 3 i.V.m. Abs. 1 S. 7 EStG, vgl. H 6.4 EStH.	1
Ermittlung der AfA sowie des Bilanzansatzes Altgebäude	2

HK 1/05	500.000 €	3
./. AfA 05–13 (9 × 10.000 €)	./. 90.000 €	
Bilanzansatz 31.12.13	**410.000 €**	
./. 1–6/14	./. 5.000 €	
=	405.000 €	
./. AfA A (25 % von 405.000 €)	./. 101.250 €	
=	303.750 €	
./. AfA 7–12/14 (§ 11c Abs. 2 EStDV), Planänderung erst im Folgejahr	./. 5.000 €	
Bilanzansatz 31.12.14	**298.750 €**	

					Punkte
Umbuchungen:					
planmäßige AfA		10.000 €	an Gebäude	111.250 €	
außerplanmäßige AfA		101.250 €			

	Punkte
Abbruchkosten (H 6.4 EStH) = sofort abzugsfähige Betriebsausgabe in 14. Wegen Zahlung in 15 Verbindlichkeit aus LuL zum 31.12.14 in Höhe von 23.800 € (§§ 240, 242, 246 Abs. 1 S. 1, 253 Abs. 1 S. 2 HGB, §§ 5 Abs. 1 S. 1 1. HS, Abs. 6, 6 Abs. 1 Nr. 3 EStG). Das ergibt folgende **Umbuchung**:	4

Gebäude	23.800 €	an Verbindlichkeiten aus LuL	23.800 €

Ohne Abzinsung wegen Laufzeit unter 1 Jahr (§ 6 Abs. 1 Nr. 3 EStG).

	Punkte
Mit Errichtung des neuen Gebäudes (HK) liegt wegen Fremdvermietung ein **neues Wirtschaftsgut** vor (R 4.2 Abs. 3 und 4 EStR). Getrennte steuerrechtliche Bilanzierung, weil neuer Gebäudeteil einer anderen AfA-Methode unterliegt (R 4.2 Abs. 6 EStR).	5
Bewertung: §§ 253 Abs. 1 Satz 1, Abs. 3, 255 Abs. 2 HGB, §§ 5 Abs. 1 S. 1 1. HS, 6 Abs. 1 Nr. 1 EStG; AfA nach § 7 Abs. 5a i.V.m. § 7 Abs. 4 S. 1 Nr. 1 EStG ($^3/_{12}$ von 3 % der HK).	6
Zu den HK für den selbständigen Gebäudeteil Neubau gehören (§ 255 Abs. 2 HGB, R 6.3, 6.4 EStR, H 6.3 EStH):	7

Architektenhonorar	20.000 €
Gutachterkosten	10.000 €
Abbruchmaterial	10.000 €
Baukosten	300.000 €
Herstellungskosten	**340.000 €**

	Punkte
Die Aufwendungen **Architektenhonorar** gehören zu den Herstellungskosten des Neubaus, da sie für den Neubau aufgewendet wurden. Das gilt auch für die gutachtliche Stellungnahme, da sie die eigentliche Frage der Zweckmäßigkeit des Neubaus betrifft. Daher **Umbuchung**:	8

Neubau	30.000 €	an Aufwand	10.000 €
		Gebäude Weststraße	20.000 €

	Punkte
Abbruchmaterial = HK des Gebäudes, § 255 Abs. 2 HGB, § 5 Abs. 1 S. 1 1. HS, Abs. 6 EStG, H 6.3 EStH. Der Aufwand durch die außerplanmäßige AfA (aber nicht die außerplanmäßige Abschreibung selbst) ist um den Wert des Abbruchmaterials zu mindern bzw. an Ertrag zu buchen. **Umbuchung**:	9

Neubau	10.000 €	an Ertrag	10.000 €

	Punkte
Sicherheitseinbehalt Sicherheitseinbehalte wegen künftiger Garantieleistungen mindern die Herstellungskosten des Gebäudes nicht, da aufgrund der Absicherung der Gewährleistungsansprüche durch Bankbürgschaft der Bauunternehmer die volle Leistung verlangen kann (vgl. Abschn. 17.1 Abs. 5 UStAE). Es besteht weiter Zahlungsverpflichtung = Verbindlichkeit LuL i.H.v. 17.850 € (§ 253 Abs. 1 S. 2 HGB) um 2.850 € ohne Abzinsung, da Laufzeit weniger als 12 Monate (§ 6 Abs. 1 Nr. 3 EStG). Der Vorsteuerabzug ist zu erhöhen (Minderung der USt-Verbindlichkeit).	10
Umbuchung:	11

Neubau	300.000 €	an Gebäude Weststraße	285.000 €
Vorsteuer	2.850 €	sonstige Verbindlichkeiten	17.850 €

	Punkte
Abziehbare **Vorsteuer** gehört nicht zu den HK (§ 9b EStG), da von – zulässiger – Option zur Steuerpflicht (§ 9 UStG) auszugehen ist (Behandlung als steuerpflichtig reicht).	12
Verlorener **Zuschuss** mindert nicht HK, da unecht = Mietvorauszahlung (Leistungsaustausch). Passiv abzugrenzen (§ 250 Abs. 2 HGB, § 5 Abs. 1 S. 1 1. HS, Abs. 5 S. 1 Nr. 2 EStG, R 6.5 Abs. 1 S. 3, R 21.5 Abs. 3 EStR). Umsatzsteuer zutreffend erfasst (§ 13 Abs. 1 Nr. 1a S. 4 UStG). **Umbuchung:**	13

Gebäude Weststraße	10.000 €	an Mieterträge	250 €
		passive RAP	9.750 €

	Punkte
Umsatzsteuer ist nach Option zu passivieren, § 13 Abs. 1 UStG, passive RAP für Jahresmiete Wirtschaftsjahr 15 (§ 250 Abs. 2 HGB, § 5 Abs. 1, Abs. 5 S. 1 Nr. 2 EStG). **Umbuchung:**	14

Mieterträge	5.640 €	an Umsatzsteuer	1.140 €
		passive RAP	4.500 €

	Punkte
Nach alledem betragen die HK für das **selbständige Wirtschaftsgut Neubau** 340.000 €, AfA = $^{3}/_{12}$ von 3 %, §§ 5 Abs. 6, 7 Abs. 5a, Abs. 4 S. 1 Nr. 1 EStG = 2.550 €. **Umbuchung:**	15

Planmäßige Abschreibung	2.550 €	an Neubau	2.550 €

3. Themen der Bilanzklausuren Personengesellschaften
3.1 Allgemeines
Nach Auswertung der Examensklausuren der letzten Jahre muss man erfahrungsgemäß mit folgenden **Aufgabenarten** rechnen:
- Aufgaben mit Bilanzberichtigungen für mehrere Jahre,
- Überprüfung und Berichtigung von vorläufigen Bilanzansätzen inklusive der entsprechenden Gewinnkorrekturen (bei Personengesellschaften ist zusätzlich die Gewinnverteilung zu berichtigen),
- Angabe des Bilanzansatzes, Kontostand,

- Gutachtliche Stellungnahmen zu ausgewählten Spezialthemen sind hier eher möglich als in der Bilanzklausur allgemein (z.B. Rechtsformgestaltungen),
- Auswertung eines Betriebsprüfungsberichts mit allen anfallenden Folgearbeiten (z.B. Kapitalangleichungsbuchungen),
- Buchungen, Korrekturbuchungen (häufig),
- Ergänzungs- und Sonderbilanzen (fast immer),
- Gewinnverteilung, § 15a EStG,
- Umstrukturierungen bei Personengesellschaften:
Gründung, Auflösung, Neueintritt/Austritt eines Gesellschafters, Realteilung, unentgeltliche Aufnahme eines Gesellschafters, Überführung und Übertragung von Wirtschaftsgütern des Privat-/Betriebsvermögens.

Siehe hierzu auch die Zusammenstellung der bisherigen Steuerberaterprüfungen.

Prüfungsklausur/ Jahr	Themen
1990	Bilanzierung von Kommanditanteilen bei einer GmbH – Sonderbetriebsvermögen – Darlehen an Gesellschafter – Bilanzierung von Gewinnansprüchen
1991	Einbringung Einzel-Unternehmen in Pers-Ges – Neu eintretender Gesellschafter zahlt für stille Reserven – Zwischenwertansatz – Positive Ergänzungsbilanz für Mehrwerte Aktiva – Negative Ergänzungsbilanz für Veräußerungsgewinn – Weiterentwicklung Ergänzungsbilanzen – Gewinnverteilung
1993	Eintritt weiterer Gesellschafter in bestehende Pers-Ges – Teilwertansatz – Negative Ergänzungsbilanz zur Neutralisierung – Einbringungsgewinn Tätigkeitsvergütungen – Sonderbetriebsvermögen Rücklage § 6b EStG – Gewinnverteilung
1995	Gesellschafterwechsel entgeltliche Übertragung – Positive Ergänzungsbilanz für Mehrwerte Aktiva – Weiterentwicklung Ergänzungsbilanz – Rücklage § 6b EStG AfA § 7 Abs. 5 EStG – Sonderbilanz
1998	Ausscheiden lästiger Gesellschafter – Ermittlung stille Reserven – Aufstockung in Gesamthandsbilanz – Betriebsausgaben wegen Lästigkeit – Rücklage § 6 b EStG – Entwicklung von Buchwerten
1999	Gründung einer Pers-Ges Einbringung Einzel-Unternehmen – Zurückbehaltung Grundstück – Neueintretender Gesellschafter zahlt für stille Reserven – Zwischenwertansatz Sacheinlage von WG Sonderbetriebsvermögen – Negative und positive Ergänzungsbilanzen
2000	Sonderbetriebsvermögen Buchführungspflicht
2002	Ausscheiden und Eintritt eines Gesellschafters
2003	Auflösung einer Personengesellschaft
2007	Ausscheiden eines lästigen Gesellschafters
2008	Übertragung Einzelwirtschaftsgüter (§ 6 Abs. 5 S. 3 EStG)
2009	–

3. Themen der Bilanzklausuren Personengesellschaften

Prüfungsklausur/ Jahr	Themen
2010	Vermögensverwaltende GmbH & Co. KG, Übertragung von Grundstücken aus dem Privat- und Betriebsvermögen
2011	Übertragung VG in Gesamthandsvermögen (§ 6 Abs. 5 EStG)
2012	GmbH & Co. KG
2013	Austritt Gesellschafter
2014	OHG Gründung. Gesonderte und einheitliche Feststellung der Einkünfte, § 24 UmwStG
2015	Einbringung Mitunternehmeranteile in Pers-Ges, § 24 UmwStG
2016	Personengesellschaften, § 24 UmwStG

3.2 § 6b EStG bei Personengesellschaften

Bei Personengesellschaften ist häufig zu prüfen, wie § 6b EStG begünstigter Gewinn übertragen werden kann.

Beispiel zu § 6b EStG:

Der Einzelunternehmer A verkaufte im Jahr 12 ein (ihm länger als sechs Jahre gehörendes) Betriebsgrundstück (Buchwert 100.000 €) zum Verkehrswert von 500.000 € an die A-KG, an der er zu 50 % beteiligt ist.

Lösung:

Hinweis R 6b.2 Abs. 6, 7, 8 EStR

A kann die durch den Grundstücksverkauf aufgedeckten stillen Reserven (= Veräußerungsgewinn 400.000 €) in voller Höhe in eine Rücklage nach § 6b EStG einstellen. Diese Rücklage kann er auf die Anschaffungskosten des an die A-KG verkauften Grundstücks (= Reinvestitionsobjekt) übertragen, soweit diese ihm aufgrund seiner Beteiligung zuzurechnen sind (500.000 € × 50 % = 250.000 €).

Buchungen im Einzelunternehmen des A (bei Rücklagenbildung):

Kaufpreisforderung	500.000	an	Grundstück	100.000
			Ertrag	400.000
Aufwand	400.000	an	Rücklage § 6b	400.000
Rücklage § 6b EStG	250.000	an	Kapital	250.000

Alternativ ist auch eine Direktübertragung (ohne Rücklagenbildung) der stillen Reserven durch erfolgsneutrale Erhöhung des Kapitalkontos (Buchung nach Gewinnausweis von 400.000 Aufwand an Kapital 250.000) und Rücklagenbildung i.H.d. nicht übertragbaren Gewinns oder dessen Sofortversteuerung möglich.

Gesamthandsbilanz

Grundstück 500.000 an Verbindlichkeit 500.000

Ergänzungsbilanz A

Minderkapital A	250.000	Minderwert Grundstück	250.000

3.3 Prüfungssystematik nach HGB
3.3.1 Aufbau des Dritten Buches des Handelsgesetzbuches

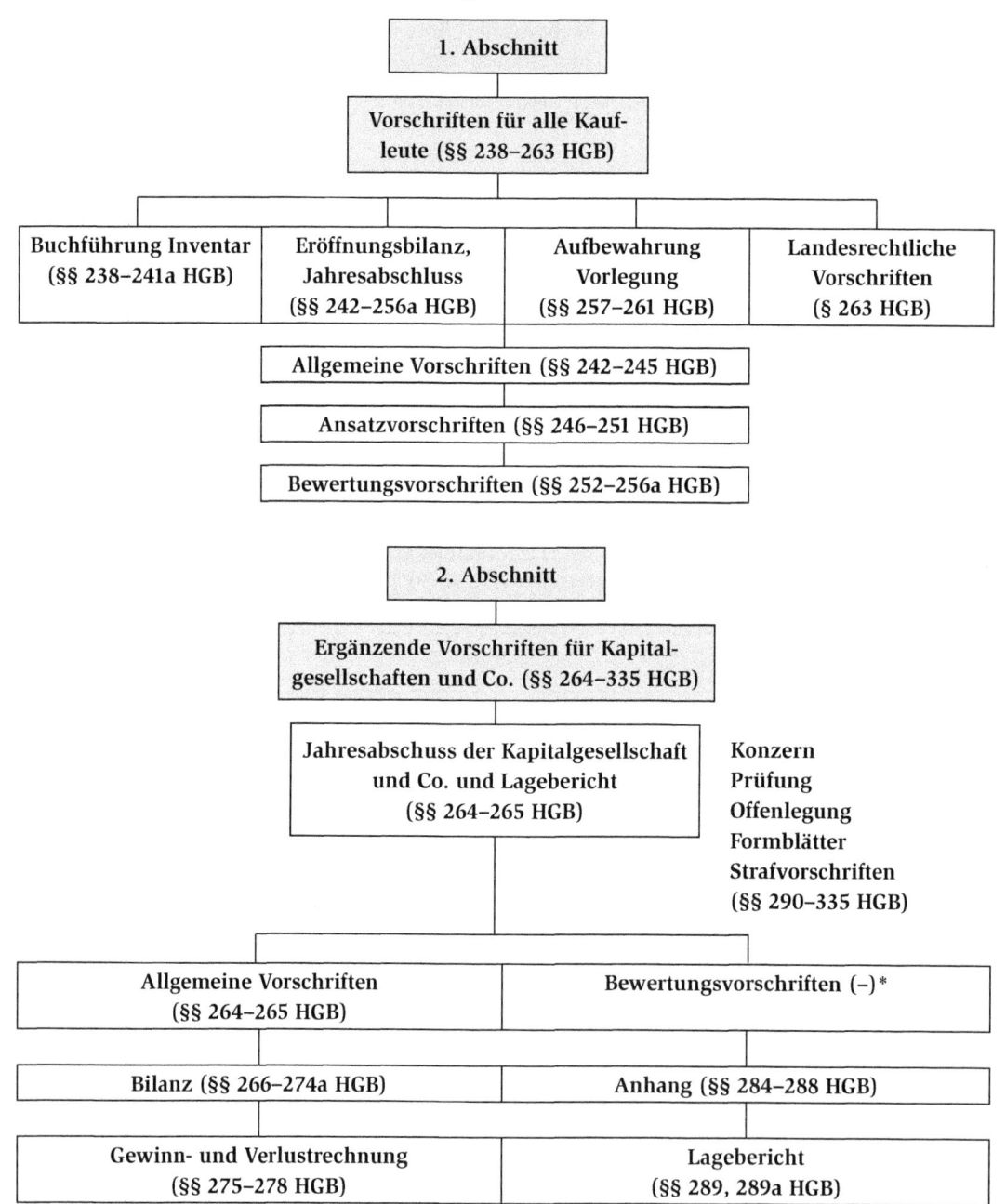

1. Abschnitt

Vorschriften für alle Kaufleute (§§ 238–263 HGB)

- Buchführung Inventar (§§ 238–241a HGB)
- Eröffnungsbilanz, Jahresabschluss (§§ 242–256a HGB)
- Aufbewahrung Vorlegung (§§ 257–261 HGB)
- Landesrechtliche Vorschriften (§ 263 HGB)

Allgemeine Vorschriften (§§ 242–245 HGB)

Ansatzvorschriften (§§ 246–251 HGB)

Bewertungsvorschriften (§§ 252–256a HGB)

2. Abschnitt

Ergänzende Vorschriften für Kapitalgesellschaften und Co. (§§ 264–335 HGB)

Jahresabschuss der Kapitalgesellschaft und Co. und Lagebericht (§§ 264–265 HGB)

Konzern
Prüfung
Offenlegung
Formblätter
Strafvorschriften
(§§ 290–335 HGB)

Allgemeine Vorschriften (§§ 264–265 HGB)	Bewertungsvorschriften (–)*
Bilanz (§§ 266–274a HGB)	Anhang (§§ 284–288 HGB)
Gewinn- und Verlustrechnung (§§ 275–278 HGB)	Lagebericht (§§ 289, 289a HGB)

* Der Vierte Titel des ersten Unterabschnitts des Zweiten Abschnitts des 3. Buchs (Besondere Bewertungsvorschriften) wurde durch das BilMoG aufgehoben.

3.3.2 Die wesentlichen Grundsätze ordnungsgemäßer Bilanzierung

	Grundsatz	Inhalt	Rechtsgrundlage
(1)	Der Jahresabschluss hat den GoB zu entsprechen	Alle kodifizierten und nicht kodifizierten formellen und materiellen GoB sind zu beachten.	§ 243 Abs. 1 HGB
(2)	Klarheit und Übersichtlichkeit	Insb. Beachtung der Vorschriften für Unternehmen aller Rechtsformen über den Inhalt der Bilanz und für Kapitalgesellschaften über die Gliederung der Bilanz und Gewinn- und Verlustrechnung sowie über den Aufbau des Anhangs und Lageberichts.	§§ 243 Abs. 2, 247, 265, 266, 275, 284 ff. HGB
(3)	Einhaltung der Aufstellungsfristen	Aufstellung innerhalb der einem ordnungsmäßigen Geschäftsgang entsprechenden Zeit. Kleine Kapitalgesellschaften innerhalb von 3 spätestens 6 Monaten des folgenden Geschäftsjahres. Mittelgroße und große Kapitalgesellschaften innerhalb von 3 Monaten des folgenden Geschäftsjahres.	§§ 243 Abs. 3, 254, Abs. 1 Satz 3 HGB, § 264 Abs. 1 Satz 2 HGB
(4)	Vollständigkeit	Ausweis sämtlicher Vermögensgegenstände, Schulden, Rechnungsabgrenzungsposten, Aufwendungen, Erträge sowie sämtlicher Pflichtangaben im Anhang und Lagebericht.	§§ 246 Abs. 1, 284 ff., 289 HGB
(5)	Verrechnungsverbot (Saldierungsverbot, Bruttoprinzip)	Keine Aufrechnung zwischen Aktiv- und Passivposten oder zwischen Aufwendungen und Erträgen sowie zwischen Grundstücksrechten und -lasten (Ausnahmen in S. 2).	§ 264 Abs. 2 HGB
(6)	Bilanzidentität	Übereinstimmung der Wertansätze in der Eröffnungsbilanz und der vorangegangenen Schlussbilanz.	§ 252 Abs. 1 Nr. 1 HGB
(7)	Unternehmensfortführung	Sog. Going-concern-Prinzip. Bewertung und Abschreibung unter dem Gesichtspunkt der Weiterführung des Betriebes, nicht der Liquidation.	§ 252 Abs. 1 Nr. 2 HGB
(8)	Einzelbewertung Bewertungseinheit	Vermögensgegenstände und Schulden sind einzeln zu bewerten, soweit nicht Ausnahmen zulässig sind (Gruppenbewertung, § 240 Abs. 3 HGB; Sammelbewertung mittels Verbrauchsfolgefiktionen (Lifo-Fifo), § 256 HGB).	§ 252 Abs. 2 Nr. 3 HGB, § 254 Bewertungseinheit

	Grundsatz	Inhalt	Rechtsgrundlage
(9)	Vorsichtsprinzip Ausnahme: § 256a HGB Währungsumrechnung	• Realisationsprinzip für Gewinne: Kein Ausweis von noch nicht durch Umsatz realisierten Gewinnen. • Imparitätsprinzip: Noch nicht durch Umsatz realisierte Verlust dürfen oder müssen ausgewiesen werden, für Gewinne gilt das Realisationsprinzip.	§ 252 Abs. 1 Nr. 4 HGB
(10)	Periodenabgrenzung	Aufwendungen und Erträge des Geschäftsjahres sind unabhängig von den Zeitpunkten der entsprechenden Zahlungen im Jahresabschluss zu berücksichtigen.	§ 252 Abs. 1 Nr. 5 HGB
(11)	Bewertungsstetigkeit (materielle Bilanzkontinuität	Die im vorhergehenden Jahresabschluss angewendeten Bewertungs- und Abschreibungsmethoden sind beizubehalten.	§ 252 Abs. 1 Nr. 6 HGB
(12)	Darstellungsstetigkeit (formelle Bilanzkontinuität)	Die Form der Darstellung, insbes. die Gliederung der Bilanz und Gewinn- und Verlustrechnung ist beizubehalten (nur für Kapitalgesellschaften kodifiziert).	§ 266 Abs. 1 HGB
(13)	Anschaffungskostenprinzip (Prinzip der nominellen Kapitalerhaltung)	Die Anschaffungs- bzw. Herstellungskosten bilden die obere Grenze der Bewertung und für die Bemessung der Gesamtabschreibungen. Höhere Wiederbeschaffungskosten dürfen nicht berücksichtigt werden.	§§ 253, 256a HGB

II. Zivil- und handelsrechtliche Grundlagen
1. Personengesellschaften
Mindestens zwei Personen (Gesellschafter) verpflichten sich gegenseitig durch Vertrag (Gesellschaftsvertrag, auch konkludent), die Erreichung **eines gemeinsamen Zwecks** in der vereinbarten Weise zu fördern, insbesondere die vereinbarten Beiträge zu leisten (§ 705 BGB).

Eine Personengesellschaft ist abhängig vom Bestand ihrer Mitglieder.

2. Arten von Personengesellschaften bzw. -gemeinschaften
2.1 Allgemeines
Insbesondere wegen den steuerlichen Folgen sind folgende Personengesellschaften zu unterscheiden:
- **Außengesellschaften:**
  - Gesellschaft des bürgerlichen Rechts (GbR)
  - Offene Handelsgesellschaft (OHG)
  - Kommanditgesellschaft (KG)
  - Partnerschaftsgesellschaft (Partnerschaft)
  - Europäische wirtschaftliche Interessenvertretung (EWIV), wie OHG, H 15.8 Abs. 1 EStH
- **Innengesellschaften:**
  - Stille Gesellschaft (typisch, atypisch)
  - Unterbeteiligung (typisch, atypisch)
- **Kein Gesellschaftsverhältnis, sondern schuldrechtliches Verhältnis**
  - Partiarisches Darlehen
  - Arbeitsverhältnis
  - Praxisgemeinschaft, bei der lediglich Arbeit in gemeinsamen Räumen und Kostenteilung stattfindet, einheitliches Auftreten nach außen genügt nicht; es muss Mitunternehmerschaft mit **gemeinsamer Gewinnerzielungsabsicht** vorliegen (BFH vom 14.04.2005, BStBl II 2005, 752) → H 15.8 Abs. 1 < Büro ... > EStH
- **Kommanditgesellschaft auf Aktien (KGaA)**
  = **Kapitalgesellschaft,** an deren Einkünfte mehrere beteiligt sind.

  Die Komplementäre erzielen mit ihren Gewinnanteilen unmittelbar Einkünfte aus Gewerbebetrieb, soweit sie nicht auf evtl. Anteile am Grundkapital entfallen (keine einheitliche Feststellung ihrer Gewinnanteile; BFH vom 21.06.1983, BStBl II 1989, 881; bundeseinheitlicher Auffassung der Finanzverwaltung; FG Hamburg vom 14.12.2002, EFG 2003, 711; FG München vom 16.01.2003, EFG 2003, 670). Zahlungen an den Komplementär, außerhalb der Vergütung für eingelegtes Grundkapital sind Betriebsausgaben.

  Die Kommanditisten (einschl. Komplementär für evtl. Aktienbesitz) haben die Rechtsstellung von Aktionären (Einkünfte aus Kapitalvermögen, § 20 EStG).

Personengesellschaften

Außengesellschaften				Innengesellschaften			
				Stille Gesellschaft, §§ 230 ff. HGB		**Unterbeteiligung,** §§ 705 f. BGB, §§ 230 f. HGB	
				Beteiligung mit Vermögenseinlage am Handelsgeschäft einer anderen Person		Beteiligung am Anteil eines anderen an einer (Außen-)Pers-Ges oder Kapitalgesellschaft	
OHG	KG	GbR	Partnerschaft	typisch stille Gesellschaft	atypisch stille Gesellschaft	typische Unterbeteiligung	atypische Unterbeteiligung
Auftreten nach außen als Gesellschaft; können als solche rechtsgeschäftliche Verpflichtungen eingehen				Kein Auftreten nach außen; Rechtsgeschäfte werden im Namen des tätigen Gesellschafters (Einzelunternehmer oder Mitunternehmer einer Außenpersonengesellschaft) abgeschlossen. **Typisch:** keine Beteiligung an stillen Reserven im Fall der Liquidation, kein Einfluss auf die Geschäftsführung **Atypisch:** Beteiligung an stillen Reserven im Fall der Liquidation, Einfluss auf die Geschäftsführung			

Verfahrensrechtliche Besonderheiten		
typisch stille Gesellschaft typische Unterbeteiligung	**atypisch stille Gesellschaft**	**atypisch stille Unterbeteiligung**
kein § 15 Abs. 1 Nr. 2 EStG sondern § 20 Abs. 1 Nr. 4 EStG → kein § 180 Abs. 1 Nr. 2a AO	§ 15 Abs. 1 Nr. 2 EStG → §§ 180 Abs. 1 Nr. 2a, 179 Abs. 2 S. 2 AO	§ 15 Abs. 1 Nr. 2 EStG → §§ 180 Abs. 1 Nr. 2a, 179 Abs. 2 S. 2 AO
Ausschüttungen sind (Sonder-) BA	Gewinn/Verlust des Inhabers Handelsgeschäfts + Anteil des stillen Gesellschafters	für Außengesellschaft → §§ 180 Abs. 1 Nr. 2a, 179 Abs. 2 S. 3 AO für atypisch stille Unterbeteiligung

2.2 Abgrenzung zwischen Außen- und Innengesellschaften
2.2.1 Auftreten der Gesellschaft nach außen
Die Abgrenzung der Gesellschaften in Außen- oder Innengesellschaften hat folgende Bedeutung.
Außengesellschaft:
- Aus den Rechtsgeschäften sind sämtliche Gesellschafter berechtigt und verpflichtet.
- Die Rechtsgeschäfte werden im Namen der Gesellschaft abgeschlossen.

Innengesellschaft:
- Nur der tätige Gesellschafter schließt die Rechtsgeschäfte in eigenem Namen ab.
- Berechtigt und verpflichtet wird nur der tätige Gesellschafter, nicht auch der Innengesellschafter.

2. Arten von Personengesellschaften bzw. -gemeinschaften

2.2.2 Gesamthandsvermögen

Gesamthandsvermögen kann wie folgt nur bei Außengesellschaften vorliegen (§ 718 BGB).

Bei der **Innengesellschaft** bestehen **nur schuldrechtliche Beziehungen** (z.B. § 230 HGB zur stillen Gesellschaft). Innengesellschafter hat lediglich schuldrechtlichen Anspruch gegen den Hauptgesellschafter auf sein Auseinandersetzungsguthaben bei Beendigung der Gesellschaft.

Gesellschaftsvermögen der **Außengesellschaft** ist **gemeinschaftliches Vermögen** der Gesellschafter.

Rechtsgrundlagen bei Personengesellschaften

	GbR	OHG	KG	Stille Gesellschaft
Rechtsgrundlage	§§ 705 ff. BGB	§§ 105 ff. HGB	§§ 161 ff. HGB	§§ 230 ff. HGB
Begriff	mindestens 2 Personen **Vertrag:** gemeinsamer Zweck	mindestens 2 Personen **Vertrag:** gemeinsamer Zweck Handelsgewerbe	mindestens 2 Personen **Vertrag:** gemeinsamer Zweck Handelsgewerbe Haftungsbeschränkung	Inhaber und Stiller bilden Innengesellschaft Handelsgewerbe
Entstehung	mit Vertragsabschluss	Zeitpunkt des Geschäftsbeginns (§ 123 Abs. 2 HGB, ggf. mit Eintragung ins Handelsregister § 123 Abs. 1 HGB)	Eintragung ins Handelsregister (§ 172 HGB)	mit Vertragsabschluss
Vermögen	Gesamthandsvermögen (§§ 717–719 BGB)	Gesamthandsvermögen (§ 105 Abs. 2 HGB i.V.m. §§ 717–719 BGB)	Gesamthandsvermögen (§§ 161 Abs. 2, 105 Abs. 2 HGB i.V.m. §§ 717–719 BGB)	kein Gesellschaftsvermögen
Haftung	unmittelbar und unbeschränkt (§ 421 BGB)	unmittelbar und unbeschränkt (§§ 124, 126 HGB i.V.m. § 421 BGB)	Differenzierung zwischen Komplementär (§ 129 HGB) und Kommanditist (§§ 171, 172, 176 HGB)	Inhaber des Handelsgeschäfts

	GbR	OHG	KG	Stille Gesellschaft
Geschäftsführung	Gemeinschaftliche Geschäftsführung (§ 709 BGB) **Einstimmigkeitsprinzip** § 709 Abs. 1 BGB	Einzelgeschäftsführung (§§ 114, 115–117 HGB) **Einstimmigkeitsprinzip für Geschäfte über gewöhnlichen Betrieb hinaus**, § 119 HGB	Kommanditisten sind von der Geschäftsführung ausgeschlossen (§ 164 HGB) **Abstimmung wie OHG**, § 161 Abs. 2 HGB	Inhaber des Handelsgeschäfts
Vertretung	Gesamtvertretung (§ 714 BGB)	Einzelvertretung (§ 125 HGB)	Kommanditist ist zur Vertretung nicht ermächtigt (§ 170 HGB)	Inhaber des Handelsgeschäfts
Gesetzliche Gewinn- und Verlustverteilung	§§ 721, 722 BGB	§ 121 HGB	§ 167 HGB	
Einlage	Geld, Sachwerte, Arbeitskraft	Geld, Sachwerte, Arbeitskraft	Geld, Sachwerte, Arbeitskraft	Geld, Sachwerte, Arbeitskraft
Firma	keine Firma	§ 6 HGB	§ 6 HGB	

Wesentliche Unterscheidungsmerkmale OHG/GbR
OHG = Handelsgewerbe und gemeinschaftliche Firma; KG unterscheidet sich im Wesentlichen durch die modifizierte Haftung.
   Soweit im HGB etwas nicht geregelt ist, gelten die §§ 705 ff. BGB.
   Es besteht weitgehend Vertragsfreiheit.

Gemeinschaften
Gemeinschaften sind grundsätzlich **keine** Personen**gesellschaften**, weil zwingende Tatbestandsmerkmale einer Personengesellschaft fehlen.

2. Arten von Personengesellschaften bzw. -gemeinschaften

	Bruchteils-Gemeinschaft	Erbengemeinschaft	Eheliche Gütergemeinschaft
Allgemeines	Es fehlt rechtsgeschäftliche Begründung	zufälliger, ungewollter Zusammenschluss	Es fehlt grundsätzlich am gemeinsam verfolgten Zweck
Vermögen	Bruchteilseigentum (§§ 741 ff. BGB)	Gesamthandsvermögen (§§ 2032 ff. BGB) vgl. BMF vom 14.03.2006, Steuererlasse Beck Nr. 1 § 7/2 Rz. 1	Gesamthandsvermögen (§ 1416 BGB)
	Jedem Bruchteilseigentümer steht quotenmäßiger Anteil am Gesamteigentum zu, über den er frei verfügen kann, und der rechtlich selbständig ist	Gesamthänder hat keinen rechtlich abgrenzbaren Anteil an einzelnen Gegenständen des Gesamthandsvermögens Anteil grundsätzlich nicht übertragbar oder verpfändbar	
Stimmrecht	**Mehrheitsprinzip** (§§ 741, 745 Abs. 1 BGB)	**Mehrheitsprinzip** (§ 2038 Abs. 2 i.V.m. § 745 BGB)	**Einstimmigkeitsprinzip** (§§ 1421, 1450 BGB)

Wesentlich ist, dass die Gemeinschafter durch das Innehaben eines Rechts zwar aneinander gebunden sind, aber in der Regel **keinen gemeinsamen Zweck verfolgen.**

Gütergemeinschaften, Bruchteilsgemeinschaften und auch Erbengemeinschaften können durch Vereinbarung eines gemeinsamen Zwecks zu einer Personengesellschaft „werden".

Beispiel:

Zwei Personen erwerben ein Grundstück als Miteigentümer in Bruchteilsgemeinschaft zum Zwecke der Überlassung desselben als wesentliche Betriebsgrundlage an eine gemeinsame Kapitalgesellschaft.

Lösung:

Nach BFH liegt in diesem Fall eine **konkludent vereinbarte GbR** vor, die steuerlich als Besitzunternehmen einer Mitunternehmerschaft behandelt wird (vgl. BFH vom 18.08.2005, BStBl II 2005, 830; H 15.7 Abs. 4 < Mitunternehmerische Betriebsaufspaltung > EStH).

Wesentliche Eigenschaften der Gesellschaften/Gemeinschaften im Überblick
1. Gesellschaft des bürgerlichen Rechts (GbR)
Die GbR
- ist eine auf (Gesellschafts-)Vertrag beruhende Personenvereinigung,
- muss nicht zwingend wirtschaftlicher Zweck sein
- aber einen **gemeinsamen Zweck haben**, z.B.: Arbeitsgemeinschaften, Bauherrengemeinschaften,
- es besteht Form- und Vertragsfreiheit,
- §§ 705 ff. BGB ist maßgebend, wenn keine anderen Regelungen getroffen wurden (dispositives Recht).

Die wesentlichen Regelungen bei einer GbR sind:
- Gleiche Beiträge, § 706 Abs. 1 BGB,
- **Gemeinschaftliche Geschäftsführung**, § 709 BGB,
- Übertragung der Geschäftsführung auf einzelne Gesellschafter nach § 710 BGB möglich,
- Überschreitung der Geschäftsführerbefugnisse löst Haftung nach § 678 BGB aus,
- Kontrollrechte für alle Gesellschafter, § 716 BGB,
- **Gesamthandsvermögen**, § 718 BGB,
- **Gewinnverteilung nach Köpfen**, § 722 BGB,
- Gesamtschuldnerische Haftung nach § 427 BGB.

Beendigung der GbR
Eine GbR kann wie folgt beendet werden:
- jederzeitiges Kündigungsrecht, § 723 BGB (**Beachte!** Nachhaftung gem. § 736 BGB i.V.m. § 160 HGB),
- bei Erreichung des Gesellschaftszwecks, § 726 BGB,
- bei Tod eines Gesellschafters, § 727 BGB.

2. Offene Handelsgesellschaft

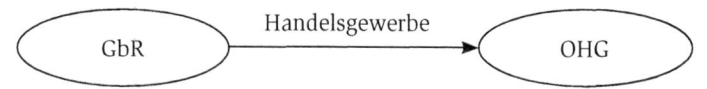

GbR →(Handelsgewerbe)→ OHG

Handelsgewerbe
Jeder Gewerbebetrieb, der einen in kaufmännischer Weise eingerichteten Geschäftsbetrieb erfordert; alternativ: Eintrag ins Handelsregister (HR), § 105 Abs. 2 HGB.
- Beginn der Gesellschaft mit Eintragung ins HR, § 123 Abs. 1 HGB (oder vorheriger Geschäftsaufnahme, § 123 Abs. 2 HGB).
- Anwendung der §§ 705 ff. BGB i.V.m. § 105 Abs. 3 HGB.

Besonderheiten bei der OHG
Bei der OGH gibt es folgende Besonderheiten:
- **4 %ige Kapitalverzinsung**, § 121 Abs. 1 HGB, **Restgewinn nach Köpfen**,
- Entnahmerecht, § 122 HGB,
- Grundsatz der **Einzelgeschäftsführung**, §§ 114, 115 HGB,
- Einzelvertretungsbefugnis,
- Teilrechtsfähigkeit, § 124 HGB,
- keine zwingende Auflösung bei Tod eines Gesellschafters, § 131 HGB.

3. Die Kommanditgesellschaft (KG)

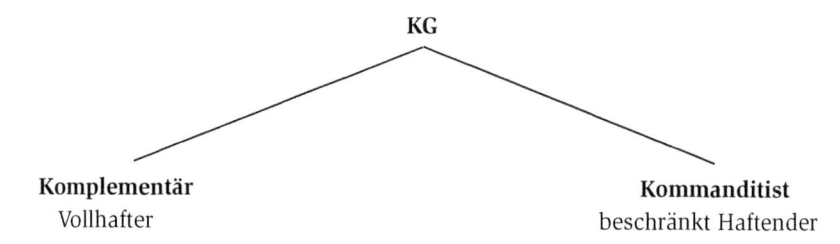

KG
├── **Komplementär** — Vollhafter
└── **Kommanditist** — beschränkt Haftender

- Grundsätze wie bei der OHG.
- Sondervorschriften, §§ 161 ff. HGB.

Besonderheiten bei der KG
Bei der KG gibt es folgende Besonderheiten:
- **Geschäftsführung und Vertretung ausschließlich durch Komplementäre, § 164 HGB,**
- Überwachungsrecht für Kommanditisten, § 166 HGB,

- Möglichkeit der GmbH & Co. KG,
- **Kapitalverzinsung** mit 4 %, § 168 Abs. 1 HGB **Restgewinn: angemessen** zu verteilen, § 168 Abs. 2 HGB.

Haftung des Kommanditisten

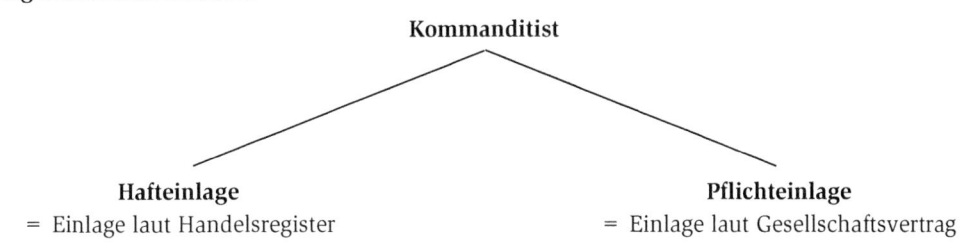

```
                    Kommanditist
                   /            \
              Hafteinlage      Pflichteinlage
     = Einlage laut Handelsregister   = Einlage laut Gesellschaftsvertrag
```

Besonderheiten bei Ehegatten
Bei den Ehegatten gibt es folgende Besonderheiten:
- **Gütergemeinschaft**
  = unmittelbare Beteiligung am Unternehmenserfolg + Einflussnahme für den Ehegatten
  → Folge: Mitunternehmer
  Ausnahme: Arbeitsleistung eines Ehegatten tritt entscheidend in den Vordergrund (z.B. Handwerksbetrieb) und kein hoher Kapitaleinsatz.
- **Gütertrennung/Zugewinngemeinschaft**
  = Behandlung der Ehegatten wie fremde Dritte
  (Zugewinngemeinschaft ist keine Gemeinschaft!)

Besonderheiten bei Erbengemeinschaften
Bei den Erbengemeinschaften gibt es folgende Besonderheiten:
- Erbengemeinschaft selbst ist keine Gesellschaft,
- Erbengemeinschaft tritt in die Rechtsposition des Erblassers,
- Gehört ein Unternehmen zur Erbmasse, gelten alle Mitglieder der Erbengemeinschaft als Mitunternehmer,
- Auseinandersetzungsvereinbarung innerhalb von 6 Monaten mit Rückwirkung möglich (BMF vom 14.03.2006, Tz. 7, a.a.O.).

2.3 GbRmbH

Bei einer GbR liegt **keine gewerbliche Prägung i.S.d. § 15 Abs. 3 Nr. 2 EStG** vor, wenn lediglich die GmbH persönlich haftende Gesellschafterin ist und die Haftung der übrigen Gesellschafter durch individualvertragliche Vereinbarungen ausgeschlossen ist (sog. „GmbH & Co. GbR"). Nach dem gesetzlichen Leitbild kann bei einer GbR **die persönliche Haftung der Gesellschafter gesellschaftsrechtlich aber nicht generell ausgeschlossen werden**. Ein Haftungsausschluss kann zivilrechtlich vielmehr **nur individuell beim einzelnen Vertragsabschluss** mit der Zustimmung des jeweiligen Vertragspartners vereinbart werden und wirkt jeweils auch nur für den betreffenden Vertragsabschluss. Die Rechtsstellung als persönlich haftender Gesellschafter wird hiervon nicht berührt. Ein individualvertraglicher Haftungsausschluss ist deshalb für die ertragsteuerliche Beurteilung ohne Bedeutung. Hieraus folgt, dass bei einer GbR die gewerbliche Prägung nicht durch einen individualvertraglich vereinbarten Haftungsausschluss herbeigeführt werden kann.

2.4 EWIV

Die EWIV ist eine grenzüberschreitende Rechtsform (EWIV-Verordnung vom 25.07.1985), die eine Kooperation von in mehreren Mitgliedsländern der EU tätigen Unternehmen für Hilfstätigkeiten (z.B.

Zusammenlegung von Forschungsaktivitäten, gemeinsame Entwicklungsvorhaben, Transport- und Lagergemeinschaften, Fuhrparkgemeinschaften) ermöglicht.

Für eine EWIV mit Sitz in Deutschland sind die für die OHG geltenden Vorschriften anzuwenden (H 15.8 < Europäische ... > EStH).

2.5 Arten von Partnerschaften
2.5.1 Partnerschaft
Freiberufler können sich seit 01.07.1995 zu einer Partnerschaft zusammenschließen (Partnerschaftsgesellschaftsgesetz BGBl I 1994, 1744). Die Partnerschaft ist vom **Rechtsstatut der OHG angenähert** (gewisse zivilrechtliche Teilrechtsfähigkeit).

2.5.2 Partnerschaftsgesellschaft mit beschränkter Haftung
Aus steuerlicher Sicht ist sowohl die **PartG als auch die PartGmbH** (BGBl I 2013, 2386) **als mitunternehmerische Personengesellschaft** einzustufen (§ 18 Abs. 4 Satz 2 i.V.m. § 15 Abs. 1 Nr. 2 EStG). Die **PartG mbH ist keine Kapitalgesellschaft**. Auch erzielt sie allein aufgrund der beschränkten Berufshaftung keine gewerblichen Einkünfte.

Eine Gewerblichkeit kann sich aber beispielsweise einstellen, wenn die PartG teilweise eine gewerbliche Tätigkeit ausübt (Fall des § 15 Abs. 3 Nr. 1 EStG). Gleiches gilt, wenn Gesellschafter der PartG „Nichtfreiberufler" oder Gesellschafter sind, die sich nur kapitalistisch beteiligt haben (Umkehrschluss aus § 18 Abs. 1 Nr. 1 EStG).

2.6 Stille Gesellschaft
2.6.1 Typisch stille Gesellschaft
Typisch stille Gesellschaften sind:
- **Innengesellschaft** zwischen dem Inhaber eines Handelsgeschäfts und dem stillen Gesellschafter.
- Beteiligung mit **Vermögenseinlage**, die in das **Vermögen des Inhabers** des Handelsgewerbes übergeht (§ 230 Abs. 1 HGB).

Der **Geschäftsinhaber** betreibt allein das **Unternehmen** (§ 230 Abs. 2 HGB).

Der stille Gesellschafter muss am **Gewinn beteiligt** sein (§ 231 HGB), eine Beteiligung am Verlust ist nicht erforderlich (§ 231 Abs. 2 HGB).

Die Vermögenseinlage des stillen Gesellschafters kann in Geld, Dienstleistung oder Gebrauchsüberlassung von Wirtschaftsgütern bestehen.

Der stille Gesellschafter hat **keine Kontroll- und Verwaltungsrechte** i.S.v. § 716 BGB. Er hat lediglich Anspruch auf abschriftliche Mitteilung, Einsichtnahme und Prüfung Bilanz (§ 233 HGB).

Die Stille Gesellschaft hat kein Gesellschaftsvermögen und ist damit **keine Gesamthandsgemeinschaft**.

Die Haftung des stillen Gesellschafters erfolgt nur **mit seiner Einlage**.

Eine stille Gesellschaft kann auch an einer Kapitalgesellschaft (AG, GmbH) oder an einer freiberuflichen Praxis bestehen.

2.6.2 Atypisch stille Gesellschaft
Durch vertragliche Regelungen kann die für die stille Gesellschaft typische Rechtslage dahingehend abgeändert, dass dem stillen Gesellschafter:
- **erweiterte Kontroll- und Mitbestimmungsrechte** (Zustimmungs-, Weisungsrechte) eingeräumt werden (= „Mitunternehmerinitiative") und
- eine **Beteiligung an den stillen Reserven** des Anlagevermögens sowie an einem evtl. **Geschäftswert** zugesagt ist (= „Mitunternehmerrisiko"), liegt eine atypisch stille Gesellschaft vor, die der KG

2. Arten von Personengesellschaften bzw. -gemeinschaften

angenähert ist. Auch Außenhaftung kann ausreichen, H 15.8 Abs. 1 < Innengesellschaft, 2. Spiegelstrich > EStH.

→ **Maßgebend ist die Gesamtbetrachtung**
(Vertragliche Gestaltung unter Einbeziehung der wirtschaftlichen und rechtlichen Beziehungen)

Steuerlich ist der atypisch stille Gesellschafter Mitunternehmer (H 15.8 Abs. 1 < Mitunternehmerinitiative, -risiko; stiller Gesellschafter > EStH; OFD Frankfurt vom 14.09.2000, S 2241 A – 37 St II 21; OFD Rostock vom 19.12.1999, DStR 2000, 591).

Bezüglich einer **gewerblichen Prägung** siehe auch R und H 15.8 Abs. 5 und Abs. 6 EStR und EStH.

Steuerliche Auswirkungen atypisch stiller Beteiligungen
Die steuerlichen Auswirkungen atypisch stiller Beteiligungen sind:
- Es besteht keine **Buchführungspflicht** der stillen Gesellschaft. Die Gewinnermittlung erfolgt auf der Grundlage der Bilanz des Geschäftsinhabers.
- Grundsätzliche Anwendung der **Mitunternehmer-Regelungen**, jedoch **kein Gesamthandsvermögen** der stillen Gesellschaft.
- **Sonderbetriebsvermögen** des stillen Gesellschafters, aber nicht des Geschäftsinhabers möglich.
- Sämtliche **Vergütungen** des stillen Gesellschafters sind gewerbliche nach § 15 Abs. 1 Nr. 2 EStG.
- Erweiterte **Außenhaftung** nach § 15a Abs. 1 EStG auch auf atypisch stille Gesellschaft **nicht** anwendbar.

Fall 3:
Zwischen dem Bauunternehmer B und dem Apotheker A wird folgende Vereinbarung getroffen:

Darlehensvertrag

§ 1
A (Darlehensgeber) gewährt B (Darlehensnehmer) ein Darlehen über insgesamt 300.000 €. Einen Teilbetrag von 200.000 € hat der Darlehensgeber sofort zur Verfügung zu stellen, den Restbetrag innerhalb eines Monats nach schriftlicher Anforderung durch den Darlehensnehmer.

§ 2
Die Laufzeit des Darlehens ist nicht befristet. Beide Vertragspartner haben ein jederzeitiges Kündigungsrecht mit einer Frist von zwölf Monaten, von dem jedoch nicht vor Ablauf des 31.12.20 Gebrauch gemacht werden darf.

§ 3
Die Abtretung oder Beleihung der Darlehensforderung durch den Darlehensgeber bedarf der Zustimmung des Darlehensnehmers.

§ 4
Der Darlehensgeber erhält eine Gewinnbeteiligung von 30 %.
Nach Maßgabe dieses Schlüssels nimmt der Darlehensgeber auch am Verlust teil, jedoch nicht über den Betrag des vereinbarten Darlehens hinaus.
Der Gewinnanteil des Darlehensgebers ist fällig und zahlbar innerhalb eines Monats nach Bilanzaufstellung in angemessener Frist. Ein Auszahlungsanspruch besteht nur, soweit die Gewinnanteile die Verlustanteile früherer Jahre übersteigen und die Liquiditätslage des Betriebs dies erlaubt.
Der Verlustanteil wird bei Bilanzaufstellung dem Darlehenskonto des Darlehensgebers belastet.

> **§ 5**
> Der Darlehensgeber hat kein Mitspracherecht bei der Geschäftsführung. Seiner Zustimmung bedürfen jedoch die Übertragung der Geschäftsführung auf Dritte, der Abschluss von Miet-/Pacht- und Darlehensverträgen, die Änderung des Unternehmensgegenstandes sowie die Veräußerung, Verpachtung, Einstellung oder Umwandlung des Unternehmens.
> Dem Darlehensgeber stehen im Übrigen die Informations- und Kontrollrechte eines BGB-Gesellschafters i.S.v. § 716 BGB zu.
>
> **§ 6**
> Im Fall der Kündigung des Vertragsverhältnisses durch den Darlehensnehmer und bei der Beendigung des Unternehmens sind die Parteien zum Ausgleich der Differenz zwischen dem Wert des Unternehmens und dem Darlehensbetrag verpflichtet. Hierfür ist der Wert des Unternehmens unter Berücksichtigung aller stillen Reserven einschließlich des Geschäftswerts zu ermitteln.
> Der auf den Darlehensgeber entfallende Anteil am Wert des Unternehmens umfasst 30 %.
> Macht der Darlehensgeber vor der Beendigung des Unternehmens von seinem Kündigungsrecht Gebrauch, kann er lediglich die Rückzahlung des zu diesem Zeitpunkt valutierten Darlehensbetrages unter Berücksichtigung des Anteils am Betriebsergebnis bis zum Zeitpunkt der Kündigung verlangen.
>
> Mannheim, den 01.01.01   Unterschrift

Für das Jahr 01 hat B infolge vorzunehmender Forderungsabschreibungen einen Verlust von 750.000 € erwirtschaftet. Der auf A entfallende Anteil von 225.000 € ist bei Bilanzaufstellung am 03.04.02 zulasten seines Darlehenskontos verbucht worden. Auf Anforderung von B hatte A am 27.02.02 den noch ausstehenden Darlehensbetrag von 100.000 € auf das betriebliche Kontokorrentkonto des B überwiesen.

Aufgabe: Zu Art und Höhe der zuzurechnenden Einkünfte ist Stellung zu nehmen und anzugeben, für welches Jahr diese zu erfassen sind. Die Entscheidungen sind unter Hinweis auf die maßgeblichen Bestimmungen kurz aber erschöpfend zu begründen.

2.7 Abgrenzung partiarisches Darlehen – stille Gesellschaft

Die Abgrenzung dieser Darlehensformen wird wie folgt vorgenommen:
- Es wird **kein fester Zins** vereinbart, sondern (Pars = Teil).
- Der Darlehensgeber will am wirtschaftlichen Erfolg des Darlehensnehmers in Form einer gewinnabhängigen Vergütung (= **Gewinnbeteiligung**) teilhaben.
- Beteiligung des Darlehensgebers am **Verlust** des Darlehensnehmers ist **nicht möglich**, denn Charakter des Darlehens ist, das Empfangene in Sachen von gleicher Art, Güte und Menge in jedem Fall zurückzuerstatten. Eine Beteiligung am Verlust spricht somit für ein Beteiligungsverhältnis (BFH vom 20.04.2006, BStBl II 2007, 240).
- Unterscheidung zwischen partiarischem Darlehen und stiller Beteiligung liegt in erster Linie im Vertragszweck bzw. in den unterschiedlichen, von den Parteien verfolgten wirtschaftlichen Zielen.

2.8 Abgeltungssteuer

Die **positiven laufenden Erträge** aus typisch stillen Beteiligungen unterliegen der **Abgeltungsteuer**.

Laufende Verlustanteile werden voraussichtlich als **negative Einnahmen** eingestuft (da Werbungskosten über Sparer-Pauschbetrag nicht möglich, § 20 Abs. 9 EStG).

Veräußerungserträge bei typisch stiller Gesellschaft (begründet) unterliegen oberhalb des Nennwerts der Vermögenseinlage bei „Auflösung" oder Veräußerung der stillen Gesellschaft der **Abgeltungsteuer** (§ 20 Abs. 2 Satz 1 Nr. 4 EStG). **Veräußerungsverluste werden berücksichtigt**.

2. Arten von Personengesellschaften bzw. -gemeinschaften

Entsprechendes gilt für partiarische Darlehen.
Laufende Erträge unterliegen der Abgeltungsteuer.
Veräußerungserträge unterliegen der Abgeltungsteuer, wenn das partiarische Darlehen nach dem 31.12.2008 eingegangen wurde.

Stille Beteiligung	Partiarisches Darlehen
a) Gesellschaftsvertrag zur Verfolgung eines gemeinsamen Zwecks	a) Darlehensvertrag, bei dem das Geldgeberinteresse im Vordergrund steht
b) Gesellschaftsrechtliches (partnerschaftliches) Zusammenwirken	b) Kein genaues Ziel, im Zweifel jeder auf seine eigene Interessen bedacht
c) Stiller Gesellschafter tritt nach außen nicht in Erscheinung	c) Darlehensgeber tritt nach außen nicht in Erscheinung
d) Teilhabe am unternehmerischen Erfolg	d) Teilhabe am unternehmerischen Erfolg
e) Einlage geht in das Vermögen des Kaufmanns über; es entsteht kein Gesellschaftsvermögen	e) Darlehensnehmer hat das Empfangene in Sachen von gleicher Art, Güte und Menge zurückzuerstatten
f) Ende der stillen Gesellschaft mit Konkurs des Inhabers des Handelsgeschäfts; stiller Gesellschafter kann seinen Anspruch auf Auszahlung anmelden; bei Verlustbeteiligung nur seinen, den Verlustanteil übersteigenden Betrag (§ 236 Abs. 1 HGB); gegebenenfalls muss er die rückständige Einlage zur Konkursmasse einzahlen (§ 236 Abs. 2 HGB)	f) Bei Konkurs des Schuldners kann der partiarische Darlehensgeber den vollen Betrag anmelden
g) Stiller Gesellschafter kann verlangen, dass der hingegebene Geldbetrag für den vorgesehenen Zweck verwendet wird	g) Grundsätzlich keine Bestimmung hinsichtlich des Verwendungszwecks
h) Kündigung zum Ende eines Geschäftsjahres und nur mit einer Frist von 6 Monaten (§§ 234 Abs. 1 Satz 2, 132 HGB)	h) Kündigung jederzeit – regelmäßig mit Frist von 3 Monaten (§ 609 Abs. 9 BGB)
i) Gewinnbeteiligung als Ausfluss der Einlage zur Erreichung des gemeinsamen Zwecks	i) Gewinnbeteiligung als Vergütung für die Überlassung des Kapitals
j) Überwachungs- und Kontrollrechte als Ausfluss des Gesellschaftsvertrages	j) Grundsätzlich nur Anspruch auf Überprüfung der Gewinnhöhe
k) Gegebenenfalls Teilhaber am Verlust	k) Keine Verlustbeteiligung
l) Kontrollrechte ähnlich einem Kommanditisten (§ 233 HGB)	l) Keine besonderen Kontrollrechte
m) Keine Auflösung der Gesellschaft durch den Tod des stillen Gesellschafters (§ 234 Abs. 2 HGB)	m) Keine Beendigung des Darlehensvertrages bei Tod des Darlehensgebers
n) Übertragung der stillen Gesellschaft nur mit Zustimmung des Kaufmanns	n) Abtretung grundsätzlich möglich

GmbH & atypisch Still

```
┌──────────────┐                    ┌────────────────────────┐
│    GmbH      │  ◄──────────────►  │ atypisch still Beteiligter │
└──────────────┘                    └────────────────────────┘
       ▲
       │
┌──────────────┐
│ Gesellschafter │
└──────────────┘
```

Die GmbH & atypisch Still bietet folgende Vorteile:
- Verluste können auf natürliche Personen übertragen werden, beachte aber § 15 Abs. 4 S. 6 ff. EStG,
- steuerfreie Gewinne gehen nicht verloren,
- Ausnutzung des Gewerbesteuerfreibetrags.

Ist der atypisch still Beteiligte zugleich Gesellschafter der GmbH, gehören dessen Anteile an der GmbH zum Sonderbetriebsvermögen.

Folge:
- Dividenden,
- Gehalt oder
- Veräußerungsgewinne

sind als Sonderbetriebseinnahmen zu erfassen. § 3 Nr. 40 EStG ist anzuwenden.

Ist eine Personengesellschaft atypisch Still an einer Kapitalgesellschaft beteiligt, dürfen die Feststellung der Einkünfte aus der Personengesellschaft und aus der atypisch stillen Gesellschaft nicht in einem einheitlichen Feststellungsbescheid getroffen werden (BFH vom 21.10.2015, BStBl II 2016, 517).

Rechtsprechung:

> **Steuerliche Anerkennung einer stillen Gesellschaft**
> FG Saarlands vom 15.07.2003, EFG 2003, 143 rkr.
> Ein Missbrauch von Gestaltungsmöglichkeiten (§ 42 AO) liegt grundsätzlich vor, wenn der Gläubiger einer GmbH eine zumindest im Wert beeinträchtigte und weil im Privatvermögen gehaltene steuerlich „nutzlose" Darlehensforderung durch bloße Umbuchung als „Risikokapital" einer stillen Gesellschaft nutzt. Die Bejahung eines derartigen Gestaltungsmissbrauchs hat nicht zwangsläufig Auswirkungen auf die sonstigen Vereinbarungen der stillen Gesellschaft.
>
> **Keine verdeckte Mitunternehmerschaft bei fehlender gemeinschaftlicher Zweckverfolgung**
> BFH vom 01.07.2003, DStR 2003, 1441
> Die Annahme einer verdeckten Mitunternehmerschaft erfordert einen auf den Abschluss eines Gesellschaftsvertrages gerichteten Bindungswillen der Beteiligten. Ob ein solcher Bindungswille besteht, ist anhand **der Gesamtumstände des jeweiligen Falles** zu entscheiden. Ein entsprechender Bindungswille kann jedenfalls darin nicht festgestellt werden, wenn der Geschäftsführer der Komplementär-GmbH einer KG die ihm angebotene Stellung als Gesellschafter der GmbH und KG zugunsten seiner Ehefrau ausgeschlagen hat und wenn er seine faktische wirtschaftliche **Machtposition innerhalb** der Gesellschaften zur Durchsetzung seiner eigenen hohen **Gehaltsansprüche zulasten der Gesellschafter** einsetzt.
>
> **Kein Mitunternehmerrisiko bei fehlender Verlustbeteiligung des stillen Gesellschafters**
> **Verlustbeteiligung** spricht für Beteiligungsverhältnis und gegen partiarisches Darlehen.

2. Arten von Personengesellschaften bzw. -gemeinschaften

Mitunternehmerschaft mit gemeinschaftlicher Gewinnerzielungsabsicht fehlt in Fällen einer **Praxis- und Bürogemeinschaft**, die lediglich den Zweck hat, den Beruf in gemeinsamen Praxisräumen auszuüben und bestimmte Kosten von der Praxisgemeinschaft tragen zu lassen und umzulegen (BFH vom 14.04.2005, BStBl II 2005, 754; **siehe H 15.8 Abs. 1 (Bürogemeinschaft) EStH)**.

Ein Kommanditist, der auf **Kontrollrechte verzichtet** ist wegen Fehlens der Mitunternehmerinitiative **kein Mitunternehmer**.

Ein **Komplementär** ist aufgrund seiner **Außenhaftung** auch dann **Mitunternehmer**, wenn er nicht am Gewinn und Verlust beteiligt ist und seine Gesellschaftsrechte eingeschränkt sind (BFH vom 25.04.2006, BStBl II 2006, 595).

Erhält ein (Schein-)Gesellschafter eine von Gewinnsituation abhängige, nur nach dem eigenen Umsatz bemessene Vergütung und ist dazu noch von der Teilhabe an stillen Reserven ausgeschlossen, kann wegen des eingeschränkten Mitunternehmerrisikos eine Mitunternehmerschaft nur bejaht werden, wenn eine besonders ausgeprägte Mitunternehmerinitiative vorliegt. Daran fehlt es, wenn zwar eine gemeinschaftliche Geschäftsführungsbefugnis besteht, aber von dieser in tatsächlich wesentliche Bereiche ausgenommen sind (BFH vom 03.11.2015, BStBl II 2016, 383).

III. Mitunternehmerschaft
1. Allgemeines (§ 15 Abs. 1 Nr. 2 EStG)

Mitunternehmer ist, wer:
- **zivilrechtlich Gesellschafter** einer Personengesellschaft oder -gemeinschaft ist,
- eine gewisse **unternehmerische Initiative** entfalten kann und
- **unternehmerisches Risiko** trägt.

Die Merkmale „**Mitunternehmerinitiative**" und „**Mitunternehmerrisiko**" müssen nicht in gleicher Ausprägung kumulativ vorliegen (**H 15.8 Abs. 1 < Allgemeines > EStH**).

Maßgebend ist hierfür vielmehr das **Gesamtbild**

Unter § 15 Abs. 2 Nr. 1 EStG fallen die Personenhandelsgesellschaften (OHG, KG), aber auch alle anderen zivilrechtlichen Personengesellschaften (z.B. GbR, atypische Stille Gesellschaft). Auch ausländische Personengesellschaften, die einer inländischen Personengesellschaft vergleichbar sind, werden erfasst.

§ 15 Abs. 2 Nr. 1 EStG greift nicht für andere Gemeinschaften und Personenmehrheiten, die zwar keine Personengesellschaften, aber diesen wirtschaftlich vergleichbar sind (z.B. die Erbengemeinschaft, vgl. H 15.8 Abs. 1 „Gesellschafter" EStH).

2. Die Voraussetzungen der Mitunternehmerschaft
2.1 Gesellschaftsverhältnis

Nach ständiger Rechtsprechung des BFH kann Mitunternehmer nur sein, wer nach **Zivilrecht Gesellschafter** einer Personengesellschaft ist.

In **Ausnahmefällen** reicht auch eine **einem Gesellschafter wirtschaftlich vergleichbare Stellung** aus (**H 15.8 Abs. 1 < Gesellschafter > EStH**).

Bei Eheleuten kann die Gütergemeinschaft auch ohne ausdrücklichen Gesellschaftsvertrag zur Mitunternehmerschaft führen (**H 15.9 Abs. 1 < Gütergemeinschaft > EStH**).

2.2 Mitunternehmerinitiative

Mitunternehmerinitiative bedeutet **Teilhabe an den unternehmerischen Entscheidungen,** wie sie Gesellschaftern oder diesen vergleichbaren Personen als Geschäftsführer, Prokuristen oder anderen leitenden Angestellten obliegen (**H 15.8 Abs. 1 „Mitunternehmerinitiative" EStH**).

Dies kann auch nur in Mitsprache- oder Kontrollrechten zum Ausdruck kommen.

Der Mitunternehmer muss annähernd die **Rechte** haben, die nach dem **Regelstatut des HGB für die KG** einem **Kommanditisten** zustehen.

Mitunternehmerinitiative eines **Kommanditisten** kommt insbesondere zum Ausdruck durch:
- die **Ausübung des Stimmrechts** in grundlegenden Fragen in der Gesellschafterversammlung (§§ 161 Abs. 2, 119 HGB),
- das **Widerspruchsrecht** gegen außergewöhnliche Maßnahmen der **Geschäftsführung** (§ 164 HGB),
- ein **Kontrollrecht** (§ 166 HGB; der Kommanditist kann eine Abschrift der jährlichen Bilanz verlangen und deren Richtigkeit unter Einsicht der Bücher und Papiere prüfen).

Ein Kommanditist ist **mangels Mitunternehmerinitiative** dann kein Mitunternehmer, wenn **sowohl** sein **Stimmrecht als** auch sein **Widerspruchsrecht durch** den **Gesellschaftsvertrag faktisch ausgeschlossen** ist (BFH vom 11.10.1988, BStBl II 1989, 762).

Ein **Komplementär** ist **in der Regel** schon **aufgrund** seiner **Außenhaftung** Mitunternehmer (H 15.8 Abs. 1 < angestellter Komplementär > EStH, BFH vom 25.04.2006, BStBl II 2006, 595).

2. Die Voraussetzungen der Mitunternehmerschaft

2.3 Mitunternehmerrisiko

Das **Mitunternehmerrisiko** trägt, wer als Gesellschafter **am Erfolg oder Misserfolg** eines Unternehmens **teil hat**.

Das Mitunternehmerrisiko umfasst die Beteiligung:
- am Gewinn und Verlust,
- an den stillen Reserven, einschließlich Geschäftswert,
- am Auseinandersetzungsgewinn.

Teilhabe an Wertsteigerungen (H 15.8 Abs. 1 < Mitunternehmerrisiko > EStH).

Ein Kommanditist, der weder am laufenden Gewinn noch am Gesamtgewinn der KG beteiligt ist, ist auch dann nicht Mitunternehmer, wenn seine gesellschaftsrechtlichen Mitwirkungsrechte denjenigen eines Kommanditisten entsprechen (BFH vom 28.10.1999, BStBl II 2000, 183).

Fehlendes Mitunternehmerrisiko kann nicht durch normale gesellschaftsrechtliche Mitwirkungsrechte ersetzt werden.

Folge: Der Kommanditist ist in diesem Fall wie ein Darlehensgeber oder stiller Gesellschafter zu behandeln.

Komplementär ist stets Risikoträger

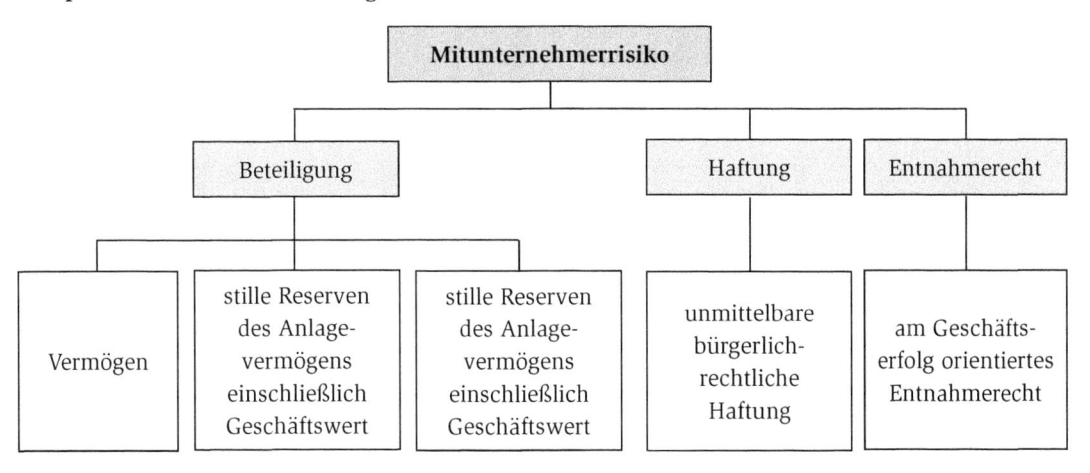

```
                        Mitunternehmerrisiko
         ┌─────────────────────┼──────────────────────┐
      Beteiligung            Haftung              Entnahmerecht
   ┌──────┼──────┐
Vermögen  stille  stille      unmittelbare        am Geschäfts-
          Reserven Reserven   bürgerlich-          erfolg orientiertes
          des Anlage- des Anlage- rechtliche       Entnahmerecht
          vermögens vermögens  Haftung
          einschließlich einschließlich
          Geschäftswert Geschäftswert
```

2.4 Verdeckte Mitunternehmerschaft

Mitunternehmer kann auch sein, wer **nicht (zivilrechtlicher) Gesellschafter**, sondern z.B. als Arbeitnehmer oder Darlehensgeber bezeichnet ist, wenn die Vertragsbeziehungen als Gesellschaftsverhältnis anzusehen sind. Voraussetzung ist eine gemeinschaftliche Zweckverfolgung.

Auch ohne Beteiligung an stillen Reserven kann **Mitunternehmerschaft** vorliegen, wenn die Mitunternehmerinitiative besonders ausgeprägt ist (BFH vom 25.04.2006, BStBl II 2006, 595).

H 15.8 Abs. 1 < Verdeckte Mitunternehmerschaft > EStH.

> **Fall 4:**
> Die zum 01.01.02 gegründete GmbH & Co. KG (KG) betreibt den Handel mit Baustoffen. Persönlich haftende Gesellschafterin ist die vermögensmäßig nicht beteiligte, allein geschäftsführungs- und vertretungsberechtigte Y-GmbH (GmbH) und Kommanditistin Frau Z (Z), mit einer Einlage von 30.000 €. X (Ehemann der Z) veräußerte das von ihm bis zum 31.12.01 als Einzelfirma betriebene Unternehmen an die KG. Die KG passivierte die Restkaufpreisforderung.

Gegenstand des Unternehmens der GmbH soll die Beteiligung an anderen Unternehmen, die Verwaltung von Unternehmensbeteiligungen und insbesondere die Geschäftsführung der KG sein. Hierauf beschränkt sie tatsächlich auch ihren Geschäftsbetrieb. Am Stammkapital von 50.000 € sind zu 40 % X und zu 60 % Z beteiligt. Für sämtliche Gesellschafter gilt ein umfassendes Wettbewerbsverbot. X wurde zum alleinigen Geschäftsführer bestellt mit unbeschränkter Geschäftsführungsbefugnis, die „auch für alle außerordentlichen Geschäfte, die über den gewöhnlichen Geschäftsverkehr hinausgehen", gelten sollte. Er ist von den Beschränkungen des § 181 BGB befreit. Die Gesellschafterbeschlüsse sind mit einfacher Mehrheit zu fassen, wobei je 1.000 € eines Geschäftsanteils eine Stimme gewährten. Unter dem 02.01.02 wird ein zwischen der GmbH, vertreten durch X, und X ein Geschäftsführervertrag schriftlich niedergelegt. Gem. § 6 hat X Anspruch auf ein monatliches Festgehalt, eine Weihnachtsgratifikation in Höhe eines halben Monatsgehalts, eine jährliche betriebliche Altersversorgung sowie nach Erstellen des Jahresabschlusses auf eine Tantieme in Höhe von 33 $\frac{1}{3}$ % des „erwirtschafteten Gewinns der KG".

Der Vertrag wird auf unbestimmte Zeit abgeschlossen und soll nur aus wichtigem Grund kündbar sein, u.a. bei Verstößen gegen die im Innenverhältnis auferlegten Beschränkung der Geschäftsführung bzw. gegen besondere Anweisungen der Gesellschafterversammlung. Nebentätigkeiten sind X nicht gestattet.

Gesellschafterbeschlüsse in der KG sind mit einfacher Mehrheit der abgegebenen Stimmen zu fassen. Der Komplementär GmbH stehen 200 Stimmen zu, im Übrigen gewähren je 1.000 € auf den Kapitalkonten eine Stimme. Eine qualifizierte Mehrheit von 75 % ist für einzelne vorgesehene Beschlüsse vorgeschrieben.

Der Komplementär-GmbH sind alle unmittelbar oder mittelbar mit der Geschäftsführung zusammenhängende Aufwendungen monatlich zu erstatten, außerdem als Gewinnausgleich ihr haftendes Kapital mit 15 % zu verzinsen. Der Restgewinn steht der Kommanditistin zu. Die Kommanditistin darf ihren jährlichen Gewinnanteil zu 20 % entnehmen. Über weitergehende Entnahmen hat die Gesellschafterversammlung zu beschließen.

Die KG bildet für die Tantiemeansprüche des X Rückstellungen in ihren Jahresabschlüssen.

Die KG erzielte auch nach Berücksichtigung der Zahlungen an X beträchtliche Gewinne.

Das Finanzamt vertritt die Auffassung, X sei faktischer Mitunternehmer der KG, seine Gesamtvergütungen seien deshalb nicht Gewinn mindernd, sondern als Einkünfte aus Gewerbebetrieb nach § 15 Abs. 1 Nr. 2 EStG zu berücksichtigen.

Aufgabe: Beurteilen Sie, ob dies zutreffend ist.

Alternative: Wie wäre der Fall zu beurteilen, wenn X Anspruch auf 56 % Gewinntantieme hätte?

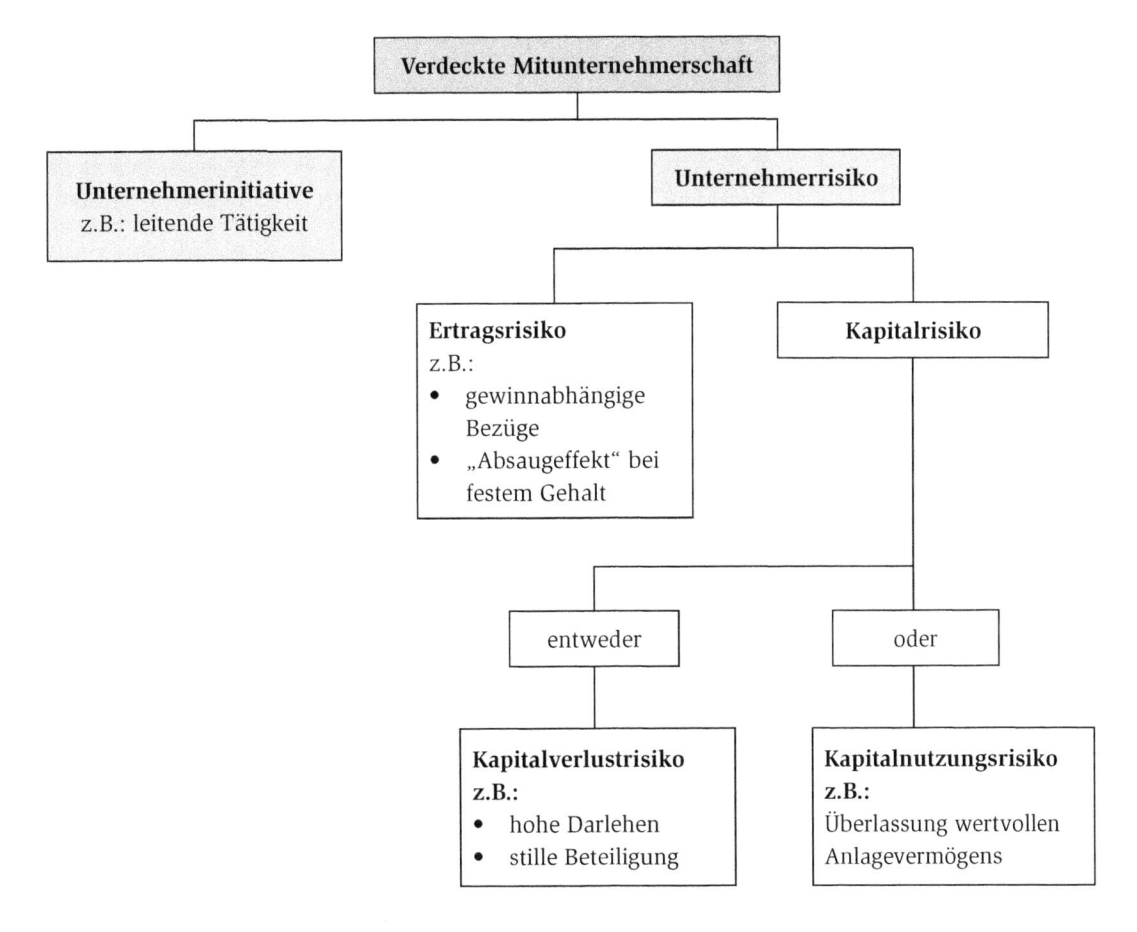

```
                    ┌─────────────────────────────┐
                    │ Verdeckte Mitunternehmerschaft │
                    └──────────────┬──────────────┘
              ┌────────────────────┴────────────────────┐
   ┌──────────────────────┐                  ┌──────────────────┐
   │ Unternehmerinitiative │                  │ Unternehmerrisiko │
   │ z.B.: leitende Tätigkeit │               └─────────┬────────┘
   └──────────────────────┘                             │
                              ┌──────────────────┬─────┴────────┐
                    ┌───────────────────┐         ┌──────────────┐
                    │ Ertragsrisiko     │         │ Kapitalrisiko │
                    │ z.B.:             │         └──────┬───────┘
                    │ • gewinnabhängige │                │
                    │   Bezüge          │                │
                    │ • „Absaugeffekt"  │                │
                    │   bei festem Gehalt│               │
                    └───────────────────┘                │
                                              ┌──────────┴──────────┐
                                         ┌─────────┐          ┌───────┐
                                         │entweder │          │ oder  │
                                         └────┬────┘          └───┬───┘
                              ┌─────────────────────┐   ┌─────────────────────┐
                              │ Kapitalverlustrisiko │   │ Kapitalnutzungsrisiko│
                              │ z.B.:                │   │ z.B.:                │
                              │ • hohe Darlehen      │   │ Überlassung wertvollen│
                              │ • stille Beteiligung │   │ Anlagevermögens      │
                              └─────────────────────┘   └─────────────────────┘
```

3. Abgrenzung der gewerblichen Mitunternehmerschaft
3.1 Allgemeines

Gewerbliche Mitunternehmerschaft

Eine Personengesellschaft erzielt gewerbliche **Gewinneinkünfte** (§ 15 Abs. 1 EStG).

Keine gewerbliche Mitunternehmerschaft

Eine Personengesellschaft ist tätig im Rahmen:
- eines Betriebs der Land- und Forstwirtschaft (§ 13 EStG) bzw.
- einer selbständigen Tätigkeit (§ 18 EStG) bzw.
- einer reinen Vermögensverwaltung (§ 18 Abs. 1 Nr. 3 EStG).

Beispiel:
Die Steuerberater A, B und C betreiben eine Steuerberatersozietät in der Rechtsform der GbR.

Lösung:
Es liegt keine gewerbliche Mitunternehmerschaft i.S.d. § 15 Abs. 1 Nr. 2 EStG vor. Auf die GbR ist jedoch die Regelung des § 15 Abs. 1 Nr. 2 EStG entsprechend anzuwenden (§ 18 Abs. 4 EStG).

3.2 Abgrenzung Gewerbebetrieb zur Land- und Forstwirtschaft
Zur Abgrenzung s. R 15.5 EStR (mit H 15.5 EStH).

3.3 Abgrenzung Gewerbebetrieb zur selbständigen Arbeit
Die Abgrenzung des Gewerbebetriebs zur selbständigen Arbeit erfolgt durch die Tätigkeitsbeschreibung des § 18 Abs. 1 S. 1 EStG sowie durch die Aufzählung der Katalogberufe (H 15.6 < Ähnliche Berufe > EStH; H 15.6 < Mithilfe anderer Personen > EStH).

Freiberuflichkeit ist bei einer Personengesellschaft aber nur gegeben, wenn sämtliche Beteiligten die Voraussetzungen der Freiberuflichkeit erfüllen (BFH vom 09.10.1986, BStBl II 1987, 124 für die Beteiligung einer Kapitalgesellschaft an einer freiberuflichen Personengesellschaft).

Siehe auch Tz. 4 zu § 15 Abs. 3 Nr. 1 EStG – Infektionstheorie.

Unschädlich ist, wenn **unterschiedliche freie Berufe jeweils auf ihrem Fachgebiet tätig** werden und als GbR das **Gesamtergebnis** in ein Gutachten gegenüber einem Auftraggeber einbringen (BFH vom 21.11.2000, BStBl II 2001, 241).

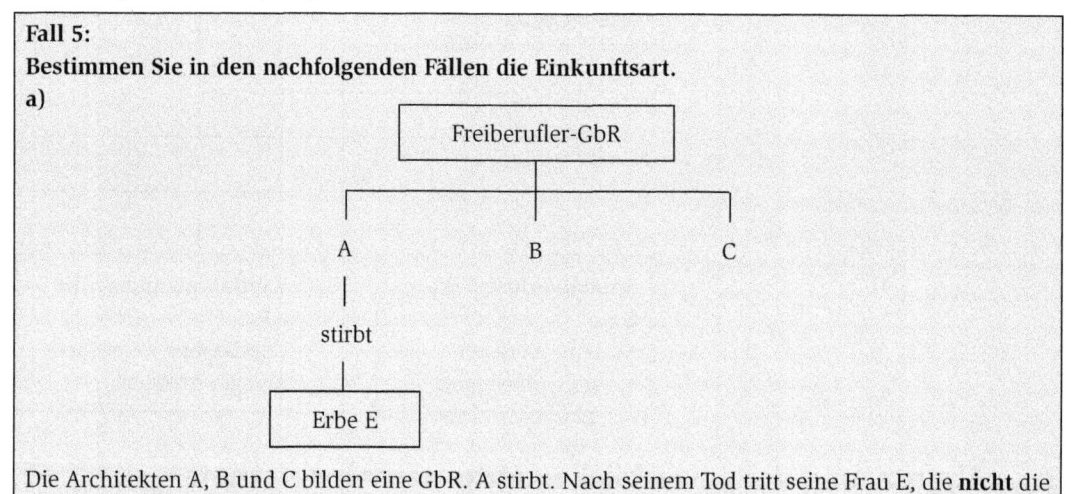

Fall 5:
Bestimmen Sie in den nachfolgenden Fällen die Einkunftsart.
a)

```
              Freiberufler-GbR
           ┌────────┼────────┐
           A        B        C
           │
         stirbt
           │
         Erbe E
```

Die Architekten A, B und C bilden eine GbR. A stirbt. Nach seinem Tod tritt seine Frau E, die **nicht** die **Architektenqualifikation** besitzt, in die GbR als Gesellschafterin ein.

3.4 Abgrenzung Gewerbebetrieb zur Vermögensverwaltung
Vermögensverwaltung

Vermögen wird **nur genutzt**, z.B. Kapitalvermögen verzinslich angelegt oder unbewegliches Vermögen vermietet oder verpachtet wird (§ 18 Abs. 1 Nr. 3 EStG).

Gewerbebetrieb

Nutzung des Vermögens i.S.e. Fruchtziehung steht nicht im Vordergrund, sondern **Ausnutzung substanzieller Vermögenswerte durch Umschichtung**, R 15.7 Abs. 1 EStR und H 15.7 Abs. 1 EStH.

Fortsetzung Fall 5:
b) Die A-GmbH & Co. KG ist Eigentümerin eines Fachmarktzentrums. Komplementärin ist die A-GmbH, die vermögensmäßig nicht beteiligt ist. Kommanditisten sind die Eheleute Frau A und Herr A zu je 50 %. Geschäftsführer war neben der GmbH auch Frau A. Das Gebäude ist an verschiedene Händler vermietet.
Darüber hinaus führte die KG werbe- und verkaufsfördernde Maßnahmen für die Händler durch.

Vermögensverwaltung liegt auch dann noch vor, wenn:
- der vermietete Grundbesitz sehr umfangreich ist,
- mit der Vermietung eine erhebliche Verwaltungsarbeit verbunden ist,
- die vermieteten Räume gewerblichen Zwecken dienen.

Für eine **gewerbliche Tätigkeit** sprechen allerdings:
- erhebliche Nebenleistungen neben der Vermietung (z.B. Verpflegung und Reinigung),
- häufiger Mieterwechsel (Vermietung von Ferienwohnungen),
- Bereitstellung von Einrichtungsgegenständen und/oder ein hotelmäßiges Angebot.

→ **Maßgebend ist das Gesamtbild** (H 15.7 Abs. 2 < Gewerblicher Charakter der Vermietungstätigkeit > EStH).

Zur Abgrenzung bei **Ein-Objekt-Gesellschaften** vergleiche BMF vom 01.04.2009, BStBl I 2009, 515.

Keine vermögensverwaltende, sondern eine gewerbliche Tätigkeit liegt vor, wenn die Voraussetzungen einer **Betriebsaufspaltung** gegeben sind (H 15.7 Abs. 4, Abs. 5, Abs. 6 < Allgemeines > EStH, H 15.7 Abs. 5 < Wesentliche Betriebsgrundlage > EStH).

4. Die Sonderregelung des § 15 Abs. 3 Nr. 1 EStG („Abfärbe-" oder „Infektionstheorie")

Nach § 15 Abs. 3 Nr. 1 EStG gilt **in vollem Umfang** als Gewerbebetrieb die mit Einkünfteerzielungsabsicht unternommene Tätigkeit einer OHG, KG oder einer anderen Personengesellschaft, wenn die Gesellschaft **auch** eine gewerbliche Tätigkeit ausübt, sei es nach § 15 Abs. 1 Nr. 1 oder Nr. 2 EStG (R 15.8 Abs. 5 EStR).

Fortsetzung Fall 5:
c) Eine OHG betreibt einen Großhandel mit Gartenartikeln. Daneben befinden sich im Vermögen der Gesellschaft zwei Fabrikgrundstücke, die die OHG an andere Unternehmen langfristig verpachtet hat.
d) Die Augenärzte A und B verkaufen in ihrer Gemeinschaftspraxis (GbR) auch Kontaktlinsen und Pflegemittel.
e) B und C unterhalten als selbständige Bauingenieure gemeinschaftlich ein Büro in der Rechtsform einer GbR.
Angestellt ist bei ihnen der Bauingenieur A. Vom Gewinn entfallen 80 % auf die von B und C sowie 20 % auf die von A eigenständig abgewickelten Aufträge bzw. Projekte.

Beachte!
Abfärbetheorie greift nicht:
a) **wenn die Beteiligung** von einem, mehreren oder auch allen Gesellschaftern der nicht gewerblich tätigen Gesellschaft – **persönlich** – gehalten werden.

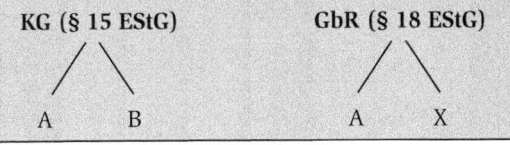

```
      KG (§ 15 EStG)          GbR (§ 18 EStG)
        /    \                  /    \
       A      B                A      X
```

b) wenn die Beteiligung von einer Schwestergesellschaft gehalten wird (BMF vom 13.05.1996, BStBl I 1996, 621).
c) wenn von einem Gesellschafter **im Sonderbetriebsvermögen gewerbliche Einkünfte** erzielt werden, H 15.8 Abs. 5 < gewerbliche ... > EStH.
d) wenn der Anteil der originär **gewerblichen Tätigkeit nur bis 3 %** der Gesamtnettoumsatzerlöse **(relative Grenze)** und **(kumulativ)** maximal 24.500 €/Jahr (absolute Grenze) beträgt (H 15.8 Abs. 5 < geringfügige gewerbliche Tätigkeit > EStH, BFH vom 27.08.2014, VII R 41/11). Die „schädlichen" Einkünfte gelten bei Geringfügigkeit als **selbständige Einkünfte**.

Sie **greift aber auch**, wenn die gewerblichen **Einkünfte gewerbesteuerfrei** sind (BFH vom 30.08.2001, BStBl II 2002, 152).

Die **Beteiligung einer nicht gewerblichen an einer gewerblich tätigen Personengesellschaft führt zur Abfärbung** (zur Anwendung einer Geringfügigkeitsgrenze Revisionsverfahren gegen FG Baden-Württemberg vom 22.04.2016, 13 K 3651/13, das Bagatellgrenze ablehnt), vgl. „**§ 15 Abs. 1 Nr. 1 EStG ... oder gewerbliche Einkünfte i.S.d. Abs. 1 S. 1 Nr. 2 bezieht**".

Beachte! § 15 Abs. 3 Nr. 1 EStG ist **nur auf Personengesellschaften** nicht auf Gemeinschaften (Erbengemeinschaft und Bruchteilsgemeinschaften, hier soweit keine konkludente GbR) **anwendbar**.
Die **Abfärbetheorie greift** deshalb insbesondere **nicht für Erbengemeinschaften**.
Eine Erbengemeinschaft, zu deren Vermögen auch ein Gewerbebetrieb gehört, kann deshalb auch verschiedene Einkunftsarten haben (z.B. Einkünfte aus Gewerbebetrieb für den ererbten Betrieb, Einkünfte aus Vermietung und Verpachtung aus einem ererbten Mietwohngrundstück).
→ H 15.8 Abs. 5 < Erbengemeinschaft > EStH

5. Sonderregelung in § 15 Abs. 3 Nr. 2 EStG („Gewerblich geprägte Personengesellschaft")

Nach § 15 Abs. 3 Nr. 2 EStG gilt die mit Einkünfteerzielungsabsicht unternommene Betätigung einer nicht gewerblich tätigen Personengesellschaft, an der eine oder mehrere Kapitalgesellschaften (auch ausländische, BFH vom 14.03.2007, BStBl II 2007, 927) unmittelbar oder mittelbar beteiligt sind, als „**gewerblich geprägte Personengesellschaft**".

Voraussetzungen:
- **Persönlich haftender Gesellschafter** ist **ausschließlich eine Kapitalgesellschaft** (oder gleichgestellte gewerblich geprägte Personengesellschaft).
- Die Befugnis zur **Geschäftsführung** obliegt **ausschließlich einer Kapitalgesellschaft oder natürlichen Personen**, die **nicht Gesellschafter der Personengesellschaft** sind.

Ausschließliche „Geschäftsführerbefugnis" liegt **nicht** vor, **wenn** neben Kapitalgesellschaften **auch eine natürliche Person** (z.B. der Kommanditist) geschäftsführungsbefugt ist, egal ob allein oder gemeinschaftlich mit einer Kapitalgesellschaft (R 15.8 Abs. 6 EStR).

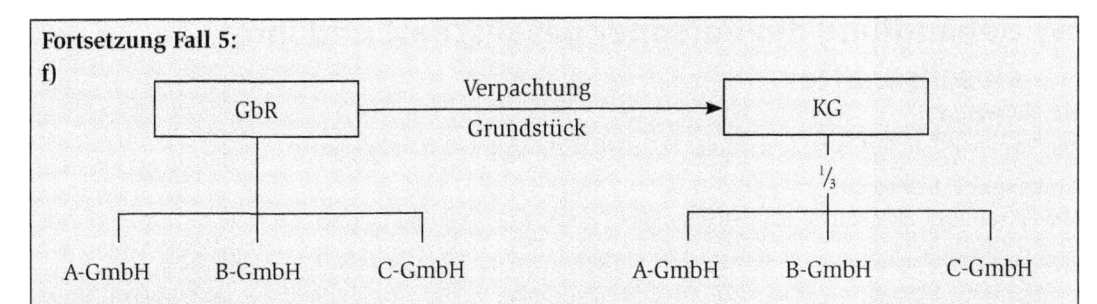

5. Sonderregelung in § 15 Abs. 3 Nr. 2 EStG („Gewerblich geprägte Personengesellschaft")

Fortsetzung Fall 5:
f)

```
         GbR  ──Verpachtung──►  KG
                 Grundstück        │
    ┌─────┼─────┐              ⅓   │
                              ┌────┼────┐
 A-GmbH B-GmbH C-GmbH      A-GmbH B-GmbH C-GmbH
```

An einer GbR sind 3 Kapitalgesellschaften beteiligt. Die GbR hat ein im gemeinsamen Eigentum der Gesellschafter stehendes Grundstück mit Gebäude, dessen Verwaltung ihr alleiniger Gesellschaftszweck war, an eine KG verpachtet, an der ihre Gesellschafter mit zusammen ⅓ beteiligt waren.

Hinweis! Die GmbH und Co. GbR kann keine gewerblich geprägte Personengesellschaft sein, auch wenn individualrechtlich ausnahmslos Haftungsbeschränkungen vereinbart werden (FG München vom 17.10.2008, EFG 2009, 253 rkr.).

Fall 6: Die kapitalistischen Steuerberater
Steuerberater und Wirtschaftsprüfer A, B und C gründeten zum 01.01.2015 eine GmbH & Co. KG. Gesellschaftszweck ist die steuerliche Beratung sowie die Prüfung der Jahresabschlüsse der Mandanten.
Alleiniger Komplementär und zur Geschäftsführung befugt ist die A-B-C-GmbH, an der A, B und C zu je einem Drittel beteiligt sind. Die GmbH ist an der KG vermögensmäßig nicht beteiligt. Für die Haftung erhält sie lediglich eine angemessene Haftungsvergütung.
Aufgabe: Beurteilen Sie die Gesellschaft und die Einkünfte der Gesellschafter.

IV. Behandlung der Personengesellschaft und ihrer Gesellschafter

Handelsrecht

Die Personen(handels-)gesellschaft hat in Teilen rechtliche Selbständigkeit.

Einkommensteuerrecht

Die Personengesellschaft ist kein Steuersubjekt (anders bei USt und GewSt).

Personengesellschaften sind selbst nicht einkommen- oder körperschaftsteuerpflichtig.

Die **Personengesellschaft** ist zwar nicht Besteuerungssubjekt, **aber Subjekt der Gewinnermittlung**. Sie hat grundsätzlich eine Bilanz zu erstellen und die Aufzeichnungspflichten zu erfüllen (§§ 238 ff. HGB). Der Gewinn einer Personengesellschaft wird in einem besonderen Verfahren ermittelt (einheitliche und gesonderte Feststellung des Gewinns, §§ 179 ff. AO) und dann auf die beteiligten Mitunternehmer verteilt.

Bei den Mitunternehmern unterliegen die Gewinnanteile dann entweder der ESt oder der KSt.

> **Beispiel:**
> - Sind die **Mitunternehmer natürliche Personen**, unterliegen die Gewinnanteile der ESt.
> - Sind die **Mitunternehmer juristische Personen** (z.B. AG, GmbH), unterliegen ihre Gewinnanteile der KSt.
> - Sind die **Mitunternehmer andere Personengesellschaften**, unterliegen die Gewinnanteile dieser anderen Personengesellschaften bei deren Gesellschaftern der ESt bzw. der KSt.

V. Die laufende Besteuerung von Mitunternehmerschaften
1. Betriebsvermögen einer Personengesellschaft
1.1 Handelsrechtliches Vermögen/Abgrenzung zum steuerlichen Vermögen

Handelsrecht

Es gelten die allgemeinen Grundsätze wie für alle Kaufleute. Die Personengesellschaft darf nur diejenigen Vermögensgegenstände bilanzieren, die bei wirtschaftlicher Betrachtung **Gesamthandsvermögen** (= **Gesellschaftsvermögen**) sind (§ 718 BGB).

Zum Gesamthandsvermögen gehören:
- die Beiträge der Gesellschafter (= Wirtschaftsgüter, die die Gesellschafter entsprechend einer Verpflichtung im Gesellschaftsvertrag in die Gesellschaft einbringen,
- die durch die Geschäftsführung der Gesellschaft erworbenen Gegenstände,
- was aufgrund eines zum Gesellschaftsvermögen gehörenden Rechts oder als Ersatz für die Zerstörung, Beschädigung oder Entziehung eines zum Gesellschaftsvermögen gehörenden Gegenstandes erworben wird.

Steuerrecht

Maßgebend für die Bilanzierung ist bei Auseinanderfallen von zivilrechtlichem und wirtschaftlichem Eigentum nicht das zivilrechtliche, sondern das **wirtschaftliche Eigentum** (§ 246 Abs. 1 S. 2 HGB, § 39 Abs. 2 AO).

Beispiel:
Eine KG erwirbt mit Kaufvertrag vom 01.10.01 ein Grundstück. Nutzungen, Lasten und Gefahr gehen laut Vertrag am 01.11.01 über. Die Eintragung im Grundbuch erfolgt erst am 10.01.02.

Lösung:
Die KG ist bereits ab 01.11.01 wirtschaftliche Eigentümerin des Grundstücks und muss es in ihrer Bilanz zum 31.12.01 ausweisen.

Gewillkürtes Gesamthandsvermögen gibt es bei einer Personengesellschaft nicht (BFH vom 20.05.1994, BFH/NV 1995, 101).

Beispiel:
Eine OHG erwirbt Wertpapiere.

Lösung:
Unabhängig von der Frage, ob die Wertpapiere beim Einzelunternehmer zum Betriebsvermögen gezogen werden können, gehören die Wertpapiere zum Gesamthandsvermögen der Personengesellschaft.

Beispiel:
Eine KG ist Eigentümerin eines bebauten Grundstücks, das wie folgt genutzt wird: • eigenbetriebliche Zwecke   20 % • fremdbetriebliche Zwecke   30 % • fremde Wohnzwecke   50 %

> **Lösung:**
>
> Das **Gebäude** besteht aus **3 Wirtschaftsgütern** (R 4.2 Abs. 4 EStR). Unabhängig von dieser (steuerlichen) Aufteilung ist das Grundstück in vollem Umfang bei der KG als Gesamthandsvermögen zu bilanzieren (R 4.2 Abs. 11 EStR).

1.2 Steuerliches „Privatvermögen"

Gesamthandsvermögen ist nicht automatisch **steuerliches Betriebsvermögen**.

Ein Wirtschaftsgut des Gesamthandsvermögens kann nicht (steuerliches) Betriebsvermögen sein, wenn es **ausschließlich** oder **fast ausschließlich** der privaten Lebensführung eines, mehrerer oder aller Mitunternehmer der Gesellschaft dient.

> **Beispiel 1:**
>
> An der A-OHG sind B und C mit jeweils 50 % beteiligt. Im Betriebsvermögen der OHG ist ein Einfamilienhaus bilanziert, das vom Gesellschafter B nicht nur vorübergehend unentgeltlich für eigene Wohnzwecke genutzt wird.

> **Lösung:**
>
> Das Einfamilienhaus ist Gesamthandsvermögen der OHG, gehört jedoch nicht zum steuerlichen Betriebsvermögen der OHG.
> Es rechnet zum notwendigen privaten Vermögen der Gesellschafter (**H 4.2 Abs. 11 < Ausnahme bei privater Nutzung > EStH**).
> Der **Maßgeblichkeitsgrundsatz** der Handelsbilanz für die Steuerbilanz (§ 5 Abs. 1 S. 1 EStG) wird in diesem Fall **durchbrochen**.

> **Beispiel 2:**
>
> Die Personengesellschaft gewährt einem Gesellschafter ein **zinsloses** und **ungesichertes** Darlehen.

> **Lösung:**
>
> Die **Darlehensforderung ist privatrechtlich Gesamthandsvermögen der Gesellschaft.**
> Das Gesellschaftsvermögen und die sich in den Kapitalkonten manifestierenden Anteile der einzelnen Gesellschafter an ihm ändern sich somit nicht.
> **Steuerlich** indessen **darf die Darlehensforderung nicht mehr als Betriebsvermögen erfasst werden** (BFH vom 09.05.1996, BStBl II 1996, 642).
> Da sie jedoch weiterhin zum Gesamthandsvermögen gehört, stellt sie sich als **Entnahme** dar, **die allen Gesellschaftern anteilig unter Minderung ihrer Kapitalkonten zuzurechnen ist** (H 4.3 Abs. 2–4 < Personengesellschaften > EStH).
> Wird die **Darlehensforderung uneinbringlich**, entfällt mithin nicht nur die steuerliche Berechtigung einer Teilwertabschreibung, sondern auch die Möglichkeit, dass beim Ausscheiden des Schuldners aus der Gesellschaft die verbleibenden Gesellschafter einen steuerlichen Verlust geltend machen können.

> **Beispiel 3:**
>
> Die AB-KG erwirbt eine Luxus-Limousine, die nur zu 6 % für betriebliche Zwecke genutzt wird. Ansonsten nutzt der Gesellschafter A das Fahrzeug zu privaten Zwecken.

1. Betriebsvermögen einer Personengesellschaft

Lösung:

Das Kfz wird zu weniger als 10 % für betriebliche Zwecke genutzt. Es gehört deshalb nicht zum steuerlichen Betriebsvermögen der AB-KG (R 4.2 Abs. 1 EStR, **H 4.2 Abs. 11 < Ausnahmen bei privater Nutzung > EStH**).

Beispiel 4:

Die Z-OHG errichtet auf einem ihr gehörenden Grundstück mit Fremdfinanzierung (Bankdarlehen) ein Einfamilienhaus, das sie mit Zustimmung aller Gesellschafter langfristig an einen Gesellschafter für dessen private Wohnzwecke unentgeltlich überlässt.

Lösung:

Das Haus gehört zum privatrechtlichen Gesamthandsvermögen der OHG. Ebenso stellt das mit dem Haus zusammenhängende Bankdarlehen von Anfang an privatrechtliches Gesamthandsvermögen der OHG dar (R 4.2 Abs. 13-15 EStR).

Beachte! Der **Grund und Boden** muss aus dem steuerlichen Betriebsvermögen entnommen werden. Ein Entnahmegewinn ist allen Gesellschaftern zuzurechnen **(H 4.3 Abs. 2–4 < Personengesellschaften > EStH)**.

Fall 7:

An der AB-OHG sind A und B je zur Hälfte beteiligt.
Die OHG ist Eigentümerin eines Einfamilienhauses, das bis zum 30.06.01 an den angestellten Servicetechniker vermietet war.
Seit 01.07.01 wird das Gebäude auf Dauer unentgeltlich dem Gesellschafter A überlassen.
Am 01.07.01 betrug der Teilwert des Grund und Bodens 190.000 €, des Gebäudes 510.000 €.
Die OHG hat auszugsweise zum 31.12.01 folgende Handelsbilanz = Steuerbilanz erstellt:

Aktiva		Bilanz OHG 31.12.01 in €	Passiva
Grund und Boden		140.000	Kapital A	280.000
Gebäude			Kapital B	280.000
Buchwert 01.01.01	440.000			
Jahres-AfA 01	20.000	420.000		
		560.000		560.000

Aufgabe: Beurteilen Sie bitte die bilanzielle Behandlung nach Handels- und Steuerrecht und stellen Sie im Falle abweichender Beurteilung Lösungsvarianten dar.

1.3 Sonderbetriebsvermögen

1.3.1 Begriff des Sonderbetriebsvermögens (R 4.2 Abs. 2 EStR)

Zum **Sonderbetriebsvermögen** gehören:
- Wirtschaftsgüter im Alleineigentum eines Gesellschafters, die dem Betrieb der Personengesellschaft dienen oder zu dienen bestimmt sind.

> **Beispiel:**
>
> Grundstück → Verpachtung → AB-KG
> | A B
> A
>
> A ist Gesellschafter der AB-KG. Er verpachtet dieser ein in seinem Eigentum befindliches Geschäftsgrundstück.

> **Lösung:**
>
> Das Grundstück stellt (**notwendiges**) **Sonderbetriebsvermögen I** des Gesellschafters A bei der AB-KG dar.

- Wirtschaftsgüter, die einer Bruchteilsgemeinschaft gehören, an der ein, mehrere oder alle Gesellschafter der Personengesellschaft beteiligt sind und die dem Betrieb der Gesellschaft dienen oder zu dienen bestimmt sind.

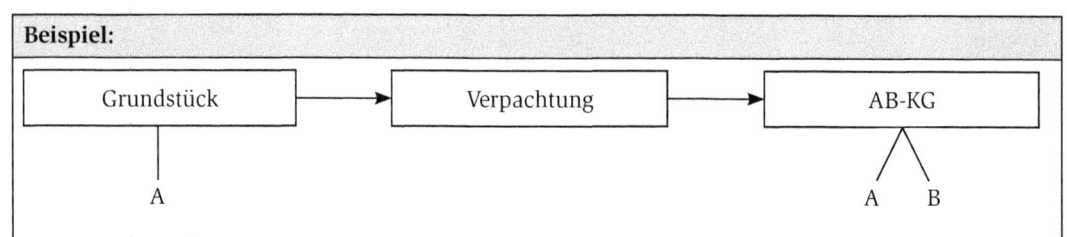

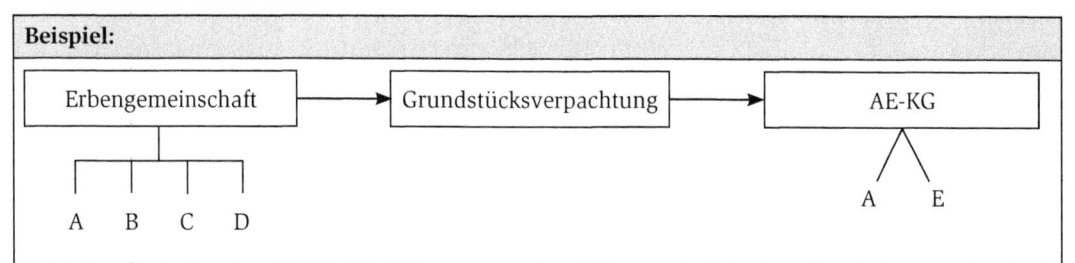

> **Beispiel:**
>
> Erbengemeinschaft → Grundstücksverpachtung → AE-KG
> A B C D   A E
>
> A ist Gesellschafter der AE-KG. Die KG nutzt ein Geschäftsgrundstück, das einer Erbengemeinschaft gehört, an der A mit 25 % beteiligt ist. Die anderen Miterben sind nicht an der AE-KG beteiligt.

> **Lösung:**
>
> Der Grundstücksanteil des Gesellschafters A stellt Sonderbetriebsvermögen bei der AE-KG dar. Die Anteile der anderen Miterben gehören zu deren Vermögen (Betriebs- oder Privatvermögen, **H 4.2 Abs. 12 < Miteigentum von Nichtgesellschaftern > EStH**).

Anmerkung:
Eigenbetrieblich genutzte Grundstücksteile von untergeordnetem Wert brauchen nicht als Betriebsvermögen behandelt werden. Bei Grundstücken/Grundstücksteilen gilt R 4.2 Abs. 12 i.V.m. Abs. 8 EStR und § 8 EStDV.

1.3.2 Abgrenzung des Sonderbetriebsvermögens

Beim Sonderbetriebsvermögen wird unterschieden zwischen:
- **notwendigem Sonderbetriebsvermögen** und
- **gewillkürtem Sonderbetriebsvermögen**.

Das Sonderbetriebsvermögen wird außerdem **Sonderbetriebsvermögen I und II** unterteilt (H 4.2 Abs. 2 < Sonderbetriebsvermögen, ... Unterscheidung > EStH).

1.3.3 Notwendiges Sonderbetriebsvermögen I

Notwendiges Sonderbetriebsvermögen I sind alle Wirtschaftsgüter (z.B. Grundstücke, Gebäude, Maschinen, Patente, usw.),
- die im Eigentum (bei Miteigentum anteilig) des Gesellschafters stehen, aber dem

- Betrieb bzw. dem Zweck **der Personengesellschaft unmittelbar dienen**.

Dies sind i.d.R. die Wirtschaftsgüter, die ein Gesellschafter der Gesellschaft **entgeltlich** oder **unentgeltlich** überlässt.

Die Gesellschaft muss das überlassene Wirtschaftsgut nicht für eigene Zwecke nutzen, sondern kann es auch an einen Dritten weitervermieten **(H 4.2 Abs. 12 < Notwendiges Sonderbetriebsvermögen > EStH)**.

Es ist unerheblich, ob die Wirtschaftsgüter aufgrund einer **gesellschaftsvertraglich**en Regelung (Beitragspflicht) **oder** aber aufgrund eines daneben bestehenden **Miet- oder Pachtvertrages** oder anderer Rechtsverhältnisse überlassen werden.

Beispiel 1:
Der an einer OHG mit 10 % beteiligte A ist Alleineigentümer eines Kfz, das er für eine angemessene Miete von monatlich 800 € + USt an die OHG vermietet hat. Dieses Kfz wird ausschließlich von A benutzt, und zwar zu 60 % für Geschäftsreisen bei der OHG und zu 40 % für Privatfahrten.

Lösung:
Das Kfz gehört zum notwendigen Sonderbetriebsvermögen I des Gesellschafters A, weil es an die OHG vermietet ist. Die Kosten für die private Nutzung stellen Privatentnahmen für A dar.

Beispiel 2:
Der Gesellschafter einer Personengesellschaft, deren Gesellschaftszweck in der Errichtung und Vermarktung von Eigentumswohnungen im Bauherrenmodell besteht, stellt ein ihm gehörendes Grundstück der Personengesellschaft für diese Zwecke zur Verfügung.

Lösung:
Das Grundstück gehört zum notwendigen Sonderbetriebsvermögen I des Gesellschafters (**H 4.2 Abs. 12 < Notwendiges Sonderbetriebsvermögen > EStH**).

Nicht zum Sonder-BV gehört die **Beteiligung eines Mitunternehmers an einer anderen Mitunternehmerschaft** (BMF vom 13.05.1996, BStBl I 1996, 621); daher auch keine Abfärbung auf freiberuflich tätige Mitunternehmerschaft, wenn Mitunternehmer an anderer gewerblichen Mitunternehmerschaft beteiligt ist.

Bürgschaften des Mitunternehmers für Kreditgewährung an seine Gesellschaft können nicht in der **Sonderbilanz als Rückstellung** passiviert werden, denn korrespondierend hat er einen Ausgleichsanspruch gegen die KG, in der Gesellschaftsbilanz würde eine entsprechende Verbindlichkeit gegenüberstehen, die in der Gesamtbilanz zu Eigenkapital würde.

Aufwand entsteht für den Gesellschafter erst bei Beendigung oder Veräußerung des Mitunternehmeranteils (vgl. Schmidt, EStG, § 15 Rz. 524).

1.3.4 Notwendiges Sonderbetriebsvermögen II

Notwendiges Sonderbetriebsvermögen II sind alle Wirtschaftsgüter im Eigentum des Gesellschafters, die **nicht unmittelbar** der Gesellschaft überlassen werden, jedoch der **Beteiligung des Gesellschafters** an der Gesellschaft **dienen** bzw. **diese fördern** (Stärkung und Förderung der Beteiligung).

> **Beispiele:**
> - Anteile der Kommanditisten einer KG an der Produktions-GmbH, deren Produkte durch die KG vertrieben werden,
> - Anteile des Kommanditisten einer GmbH & Co. KG an der Komplementär GmbH.
>
> Die Frage, ob diese wesentliche Betriebsgrundlage i.S.d. § 20 UmwStG darstellen, ist unabhängig davon nach allgemeinen Grundsätzen zu klären (siehe Übersicht Rechtsprechung).

Betriebsvermögen/Privatvermögen bei Personengesellschaften

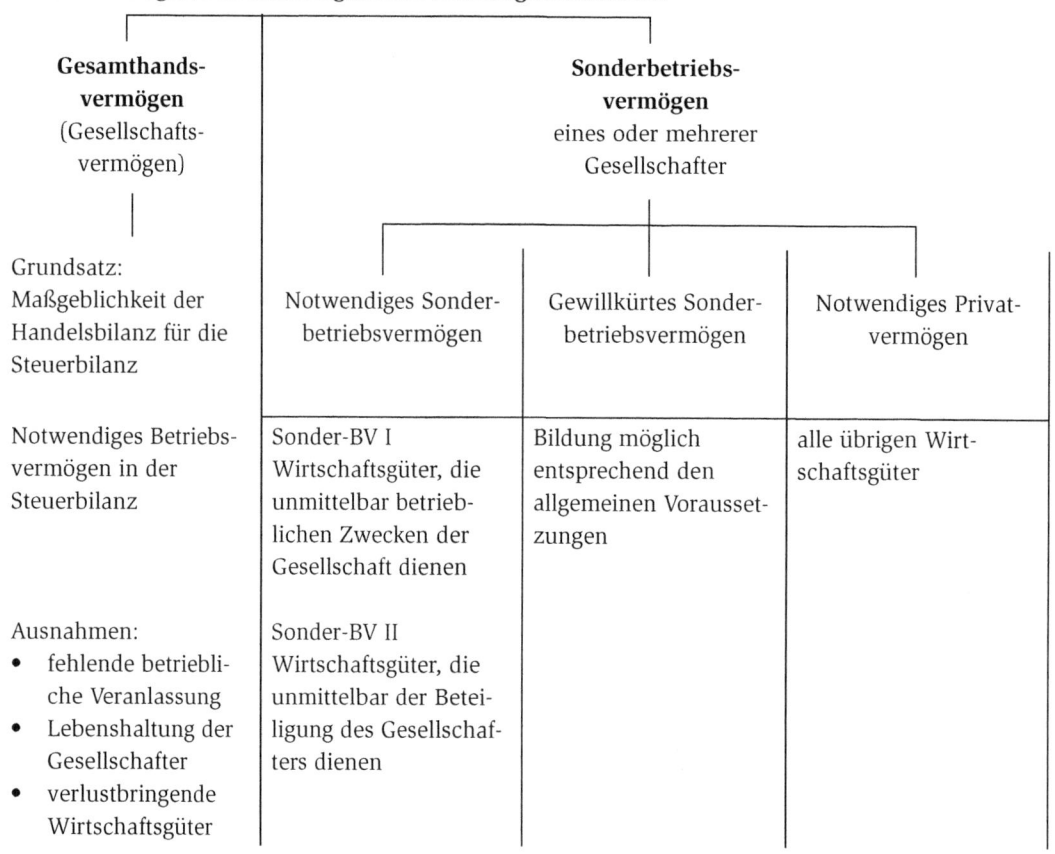

Gesamthands-vermögen (Gesellschaftsvermögen)	Sonderbetriebsvermögen eines oder mehrerer Gesellschafter		
	Notwendiges Sonderbetriebsvermögen	Gewillkürtes Sonderbetriebsvermögen	Notwendiges Privatvermögen
Grundsatz: Maßgeblichkeit der Handelsbilanz für die Steuerbilanz			
Notwendiges Betriebsvermögen in der Steuerbilanz	Sonder-BV I Wirtschaftsgüter, die unmittelbar betrieblichen Zwecken der Gesellschaft dienen	Bildung möglich entsprechend den allgemeinen Voraussetzungen	alle übrigen Wirtschaftsgüter
Ausnahmen: • fehlende betriebliche Veranlassung • Lebenshaltung der Gesellschafter • verlustbringende Wirtschaftsgüter	Sonder-BV II Wirtschaftsgüter, die unmittelbar der Beteiligung des Gesellschafters dienen		

Sonderbetriebsvermögen im Überblick

→ **Sonderbetriebsvermögen I**
Sonderbetriebsvermögen, das der Gesellschaft dient.

→ **Sonderbetriebsvermögen II**
Sonderbetriebsvermögen, das der Beteiligung dient, insbesondere:
- Darlehen zur Anteilsfinanzierung,
- Anteile an der Komplementär-GmbH,
- bei einer GmbH & Co. KG,
- Anteile an einer Produktions-GmbH,
- bei einer Betriebsaufspaltung.

1. Betriebsvermögen einer Personengesellschaft

→ **Gewillkürtes Sonderbetriebsvermögen**
- z.B. Vermietung an Arbeitnehmer der Personengesellschaft,
- Spätere betriebliche Nutzung beabsichtigt (z.B. angrenzende Grundstücke),
- Wertpapiere.

Folgen:
→ Bilanzierung als SBV,
→ Entnahme = steuerpflichtige Realisierung stiller Reserven.

Rechtsprechung

> **Sonderbetriebsvermögen I:**
> - **Überlassung von Grundstücken und Anteilen** an Grundstücken bzw. Grundstücksgemeinschaften (und Wirtschaftsgütern) zur Nutzung aufgrund gesellschaftsrechtlicher oder schuldrechtlicher Vereinbarung (BFH vom 02.12.1983, BStBl II 1983, 215). Dabei ist unerheblich, ob die Personengesellschaft das ihr überlassene Grundstück eigenbetrieblich nutzt oder einem Dritten zur Nutzung weiter überlässt.
> - **Nutzung** eines dem Gesellschafter gehörenden Grundstück(teil)s im Dienst der Gesellschaft.
> - **Vermietung** von dem Gesellschafter einer Personengesellschaft gehörenden Wohnungen an die Gesellschaft als Werkswohnungen an Arbeitnehmer der Personengesellschaft.
> - Ein vom Gesellschafter einer Personengesellschaft dieser für ein Bauherrenmodell **überlassenes Grundstück** des Gesellschafters ist notwendiges Betriebsvermögen (BFH vom 19.02.1991, BStBl II 1991, 789).
> - Sonderbetriebsvermögen I liegt auch vor bei **vor Überlassung angeschafften** aber zur Überlassung bestimmten WG (BFH vom 07.12.2000, BStBl II 2001, 316).
>
> **Sonderbetriebsvermögen II:**
> - **Anteile** der Kommanditisten einer KG an der **Produktions-GmbH**, deren Produkte die KG vertreibt (Vertriebs-KG) (BFH vom 06.07.1989, BStBl II 1989, 890).
> - Als atypischer Fall eines zum Sonderbetriebsvermögen II gehörenden Wirtschaftsgutes ist bei einer **GmbH & Co. KG** der einem Kommanditisten gehörende Anteil an der persönlich haftenden GmbH anzusehen (vgl. BFH vom 15.10.1975, BStBl II 1976, 188; BStBl II 1991, 510, BStBl II 2001, 825).
> - Anteile an einer **Komplementär-GmbH** müssen nicht notwendiges Sonderbetriebsvermögen II sein, wenn GmbH neben ihrer Geschäftsführertätigkeit für die KG einen eigenen Geschäftsbetrieb von nicht ganz untergeordneter Bedeutung hat (BFH vom 07.10.1987, BStBl II 1988, 23).
> - Bei enger **wirtschaftlicher Verflechtung** zwischen beiden Gesellschaften stellen die Anteile der Kommanditisten an der Komplementär-GmbH einer GmbH & Co. KG auch bei erheblichem eigenen Geschäftsbetrieb der GmbH notwendiges Sonderbetriebsvermögen dar (EFG 1994, 513).
> - Ein **Grundstück,** das der Gesellschafter an einen Dritten vermietet hat, und das dieser an die Personengesellschaft **weiter (unter-)vermietet**, gehört zum notwendigen Sonderbetriebsvermögen II (BFH vom 15.01.1981, BStBl II 1981, 314).
> - Das gilt selbst dann, wenn der Gesellschafter das Grundstück zu einem Zeitpunkt erworben und an einen Dritten vermietet hat, in dem er noch nicht Gesellschafter war (BFH vom 09.09.1993, BStBl II 1994, 250). Es ist demzufolge zu dem Zeitpunkt, in dem der Eigentümer (Vermieter) später Gesellschafter wird, im Wege der Einlage mit Ansatz gemäß § 6 Abs. 1 Nr. 5 EStG grundsätzlich des Teilwerts notwendiges Sonderbetriebsvermögen II geworden, wenn es unmittelbar der Stärkung des Gesellschafters in der Gesellschaft dient.
> - **Bürgschaften**, die die Gesellschafter der Besitzpersonengesellschaft für Verbindlichkeiten der Betriebskapitalgesellschaft übernehmen, können durch den Betrieb der Besitzpersonengesellschaft veranlasst sein und damit zum negativen Sonderbetriebsvermögen II der Gesellschafter-Bürgen

bei der Besitzpersonengesellschaft gehören, wenn die Übernahme der Bürgschaften zu **nicht marktüblichen (fremdüblichen) Bedingungen** erfolgt.
- Die Inanspruchnahme der Gesellschafter aus solchen Bürgschaften führt nicht zu nachträglichen Anschaffungskosten für die zum Sonderbetriebsvermögen II der Gesellschafter bei der Besitzpersonengesellschaft gehörenden Anteile an der Betriebskapitalgesellschaft (BFH vom 18.11.2001, BStBl II 2002, 733).
- **Anteile an der Organgesellschaft (GmbH, OG),** die Mitunternehmer der Organträgerpersonengesellschaft (OT) halten, stellen notwendiges Sonderbetriebsvermögen II bei der Organträgergesellschaft dar, wenn die OG nahezu ausschließlich für den OT tätig ist. Bei nicht unerheblicher Eigentätigkeit gilt dies nur dann, wenn nur unter Berücksichtigung dieser Anteile die Eingliederungsvoraussetzungen erfüllt sind oder die Stellung des Anteilseigner beim OT stärken. Eine Stärkung ist bei nicht mehrheitsvermittelnden Anteilen unter 1 % nicht gegeben (BFH vom 22.07.2016, BStBl II 2004, 217 ff.).
- Für die Zuordnung von **Sicherheiten eines Kommanditisten** zum notwendigen Sonderbetriebsvermögen bei einer KG für **Verbindlichkeiten einer GmbH,** die in wirtschaftlicher Verbindung zur KG steht, an der aber nur die KG, nicht ihr Kommanditist beteiligt ist, kommt es auf den **Veranlassungszusammenhang** an (BFH vom 27.06.2006, BStBl II 2006, 874).
- Die Annahme, ein vom Gesellschafter der Besitzgesellschaft erworbenes Grundstück sei für die Nutzung durch die Betriebs-GmbH bestimmt, rechtfertigt nicht die Annahme, es sei Sonder-BV der Besitzpersonengesellschaft (BFH vom 28.05.2009, DStR 2009, 469).
- Anteile des Kommanditisten an der Komplementär-GmbH sind zwar grundsätzlich notwendiges Sonderbetriebsvermögen II des Kommanditisten, Ob aber eine wesentliche Betriebsgrundlage i.S.d. § 20 UmwStG (Buchwertfortführung) **vorliegt, ist nach** der **funktionalen Bedeutung** zu entscheiden (z.B. die Beteiligung stärkt nachhaltig die Stellung des Mitunternehmers im Rahmen der KG). **BFH-Urteil vom 25.11.2009, 1 R 72/08 (BStBl II 2010, 471).**

1.3.5 Gewillkürtes Sonderbetriebsvermögen

Gewillkürtes Sonderbetriebsvermögen sind alle Wirtschaftsgüter, die auch ein Einzelunternehmer zu gewillkürtem Betriebsvermögen machen kann.

Hinweis! Ausweis in der Steuerbilanz (= Sonderbilanz) erforderlich.

Es muss sich hierbei um Wirtschaftsgüter handeln, die:
- **objektiv geeignet** und **subjektiv durch** entsprechende **Widmung** dazu bestimmt sind, mittelbar dem **Betrieb der Personengesellschaft** zu dienen oder ihn zu fördern **(Sonderbetriebsvermögen I)**,
- objektiv geeignet und subjektiv durch entsprechende Widmung dazu bestimmt sind, mittelbar der **Beteiligung des Gesellschafters** zu dienen oder sie zu fördern **(Sonderbetriebsvermögen II)**.

Beachte! Begründung, das Wirtschaftsgut werde „zur Verstärkung des Betriebsvermögens" eingelegt, reicht – anders als bei einem Einzelunternehmen – nicht aus.

Ein Grundstück des Sonderbetriebsvermögens, das an Dritte vermietet ist, hat auf die finanzielle Situation der Personengesellschaft keinerlei Auswirkung. Erst wenn das Grundstück als Sicherheit für einen betrieblichen Kredit der Gesellschaft dient, sind Voraussetzungen der Willkürung erfüllt.

Beispiel 1:

Der Gesellschafter einer OHG stellt ein ihm gehörendes **fremdvermietetes** Grundstück der Personengesellschaft zur Sicherung eines der Personengesellschaft gewährten Darlehens der Bank zur Verfügung.

> **Lösung:**
> Das Grundstück stellt zwar **kein notwendiges Sonderbetriebsvermögen** dar (die Verpfändung allein reicht für die Eigenschaft als notwendiges Betriebsvermögen nicht aus).
> Aufgrund der Verpfändung kann das Grundstück jedoch als **gewillkürtes Sonderbetriebsvermögen II** behandelt werden.

> **Beispiel 2:**
> Ein Komplementär einer KG verpfändet ihm gehörende festverzinsliche Wertpapiere für einen Kredit, mit dem er seine Beteiligung an der Gesellschaft erworben hat.

> **Lösung:**
> Die festverzinslichen Wertpapiere können als **gewillkürtes Sonderbetriebsvermögen II** behandelt werden.

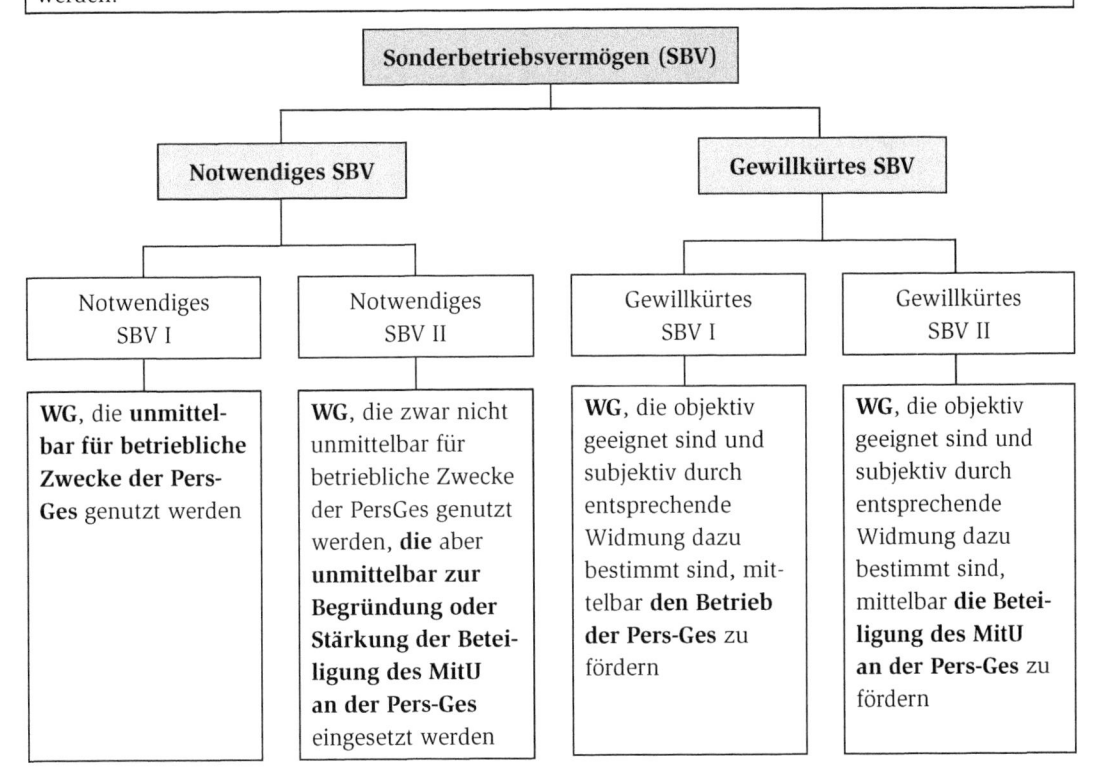

Sonderbetriebsvermögen (SBV)			
Notwendiges SBV		**Gewillkürtes SBV**	
Notwendiges SBV I	Notwendiges SBV II	Gewillkürtes SBV I	Gewillkürtes SBV II
WG, die **unmittelbar für betriebliche Zwecke der PersGes** genutzt werden	WG, die zwar nicht unmittelbar für betriebliche Zwecke der PersGes genutzt werden, **die** aber **unmittelbar zur Begründung oder Stärkung der Beteiligung des MitU an der Pers-Ges eingesetzt werden**	WG, die objektiv geeignet sind und subjektiv durch entsprechende Widmung dazu bestimmt sind, mittelbar **den Betrieb der Pers-Ges** zu fördern	WG, die objektiv geeignet sind und subjektiv durch entsprechende Widmung dazu bestimmt sind, mittelbar **die Beteiligung des MitU an der Pers-Ges** zu fördern

1.4 Buchführungspflicht und Gewinnermittlung für Sonderbetriebsvermögen

Für jeden Gesellschafter, der (notwendiges oder gewillkürtes) Sonderbetriebsvermögen besitzt, ist eine Sonderbilanz zu erstellen.

Die **Buchführungspflicht** der Personengesellschaft erstreckt sich auch auf das Sonderbetriebsvermögen (H 4.1 < Aufzeichnungs- und Buchführungspflichten > EStH).

Die für das Gesamthandsvermögen maßgebende **Gewinnermittlungsart** (§ 5 EStG) und der Gewinnermittlungszeitraum gelten auch für das Sonder-BV.

Betriebseinnahmen und Betriebsausgaben im Zusammenhang mit dem Erwerb, der Nutzung oder Veräußerung von Wirtschaftsgütern des Sonderbetriebsvermögens stellen (Sonder-)Betriebseinnahmen bzw. (Sonder-)Betriebsausgaben dar (**H 4.7 < Sonderbetriebseinnahmen und -ausgaben > EStH**).

Fall 8:
a) Der an einer OHG mit 10 % beteiligte A ist Alleineigentümer eines Kfz, das er für eine angemessene Miete von monatlich 800 € + USt an die OHG vermietet. Dieses Kfz wird ausschließlich von A benutzt, und zwar zu 60 % für Geschäftsreisen der OHG und zu 40 % für Privatfahrten.
b) Ein Gesellschafter einer Personengesellschaft, deren Gesellschaftszweck in der Errichtung und Vermarktung von Eigentumswohnungen im Bauherrenmodell besteht, stellt ein ihm gehörendes Grundstück der Personengesellschaft für diese Zwecke zur Verfügung.
c) Einzelunternehmer A hat mit S eine atypisch stille Gesellschaft geschlossen. Nach Abschluss des Gesellschaftsvertrags stellen sowohl A als auch S der stillen Gesellschaft ein Grundstück entgeltlich zur Verfügung.
d) Ein Kommanditist einer KG nimmt zur Bestreitung seiner Einlage bzw. zur Aufstockung seiner Beteiligung ein Darlehen auf.
e) An einer GmbH & Co. KG sind beteiligt die GmbH als Komplementär sowie A und B als Kommanditisten. Gesellschafter der GmbH sind A und B.
f) A ist Gesellschafter einer OHG. Er vermietet ein zu seinem Privatvermögen gehörendes Grundstück an seinen Bruder, der es aufgrund einer Vereinbarung mit A an die OHG weitervermieten muss.
g) Ein Gesellschafter einer OHG vermietet im betrieblichen Interesse der OHG ein ihm gehörendes Grundstück an einen Arbeitnehmer der OHG.

Aufgabe: Beurteilen Sie die Betriebsvermögenseigenschaft.

1.5 Bilanzierungskonkurrenz

1.5.1 Einzelbetriebsvermögen

Gehört ein Wirtschaftsgut sowohl zum Betriebsvermögen eines Gewerbebetriebs und erfüllt es auch die Voraussetzungen für die Behandlung als notwendiges (Sonder-)Betriebsvermögen im Rahmen einer Personengesellschaft, besteht eine Bilanzierungskonkurrenz.

Beispiel:

Einzelunternehmer A hat in seinem Betriebsvermögen ein bebautes Grundstück bilanziert, das er teilweise zu eigenen betrieblichen Zwecken nutzt (= 20 %) und im Übrigen an die ABC-OHG verpachtet hat (= 80 %). An der OHG ist zu $1/3$ beteiligt ist.

Lösung:

Die Behandlung als **Sonderbetriebsvermögen bei der OHG geht** der Bilanzierung im Rahmen des Einzelunternehmens **vor** (BFH vom 18.07.1979, BStBl II 1979, 750; § 15 Abs. 1 Nr. 2 EStG).
Der **Teil des Grundstücks** (Grund und Boden und Gebäude), der der ABC-OHG dient, ist als **notwendiges Sonderbetriebsvermögen I** zu bilanzieren.
Der Gewinn des Einzelunternehmens ist außerbilanziell um die Grundstückseinnahmen und -ausgaben zu berichten.

1.5.2 Schwesterpersonengesellschaften

Überlässt eine Personengesellschaft ein Wirtschaftsgut einer **ganz oder teilweise gesellschafteridentischen Personengesellschaft**, sind folgende Ergebnisse möglich.

1. Betriebsvermögen einer Personengesellschaft

Die überlassende Personengesellschaft ist:
- aktiv gewerblich tätig,
- gewerblich geprägt i.S.v. § 15 Abs. 3 Nr. 2 EStG,
- land- und forstwirtschaftlich tätig,
- freiberuflich tätig,
- vermögensverwaltend tätig,
- es liegt eine mitunternehmerische Betriebsaufspaltung vor.

Bei diesen Fallgestaltungen (mit der Ausnahme, es liegt keine mitunternehmerische Betriebsaufspaltung vor) könnte das überlassene Wirtschaftsgut sowohl Betriebsvermögen der überlassenden Personengesellschaft als auch bei der nutzenden Personengesellschaft als Sonderbetriebsvermögen der Gesellschafter bilanziert werden, die an den beiden Personengesellschaften beteiligt sind.

Die neuere BFH-Rechtsprechung führt zu einem **Vorrang der Bilanzierung beim vermietenden Unternehmen, wenn es selbst gewerbliche Einkünfte hat (auch im Rahmen der mitunternehmerischen Betriebsaufspaltung).**

Also:
→ Vorrang eigenes BV der Pers-Ges vor § 15 Abs. 1 S. 1 Nr. 2 S. 1 Halbsatz 2 EStG,
→ Kein Sonderbetriebsvermögen bei der mietenden Gesellschaft.

Ausnahmen!
Unentgeltliche oder teilentgeltliche Nutzungsüberlassung, wenn dadurch **Gewinnerzielungsabsicht** bei der Besitzpersonengesellschaft fehlt, dann geht § 15 Abs. 1 Nr. 2 EStG vor, d.h. Sonderbetriebsvermögen.

→ **Nicht betroffen** sind die Fälle der sog. **doppel- oder mehrstöckigen** Personengesellschaft (Anwendung des § 15 Abs. 1 S. 1 Nr. 2 S. 2 EStG).

Vorrang der Rechtsgrundsätze der Betriebsaufspaltung vor der Anwendung des § 15 Abs. 1 S. 1 Nr. 2 S. 1 Halbsatz 2 EStG.

Mitunternehmerische Betriebsaufspaltung

```
  Grundstücks-GbR  ──Vermietung──▶    KG
                     Grundstück
       │                              │
   ┌───┼───┐                      ┌───┴───┐
   A   B   C                      A       B
  40% 40%  20%                   50%     50%
   └─┬─┘                              │
     ▼                           Kein SBV
Es wurde entgegen § 709 S. 1 BGB        │
Mehrheitsprinzip vereinbart             ▼
(§ 709 S. 2 BGB)                 Betriebsgesellschaft

   Grundstücks-GbR
         =
     gewerbliche
Besitzpersonengesellschaft
```

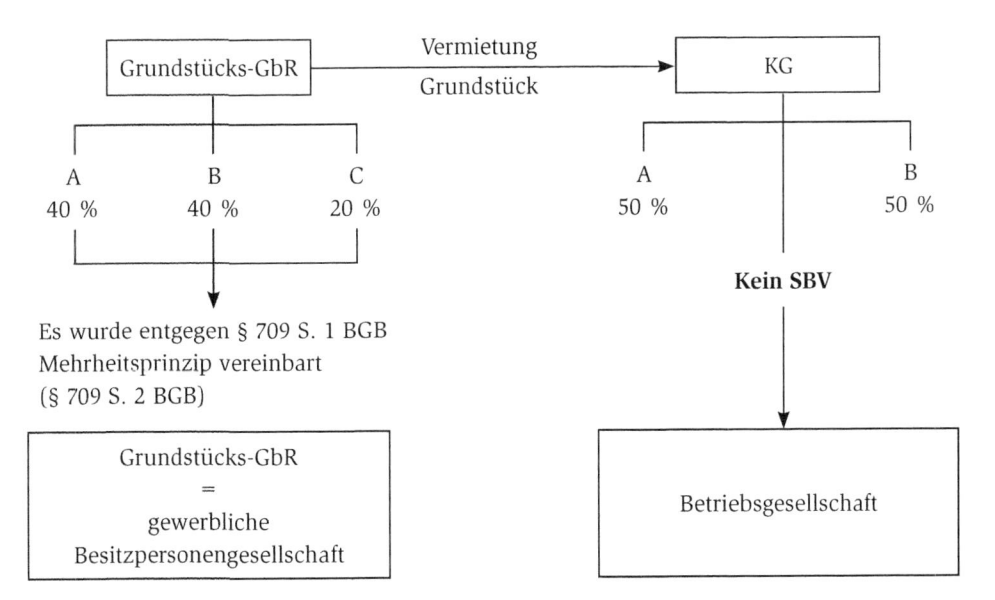

Folgen:
- Der „Nur-Besitz-Gesellschafter" C hat **Einkünfte aus Gewerbebetrieb** als Mitunternehmer, die Wirtschaftsgüter gehören zum Betriebsvermögen, sodass auch die Veräußerungsgewinne steuerpflichtig sind.
- Die Grundstücks-GbR unterliegt der **Gewerbeertragsteuer** (Freibetrag von 24.500 € und Staffeltarif).
- Zwischen den Schwester-Personengesellschaften vereinbarte **Darlehen mit Schuldcharakter** führen zu Schuldzinsen (bisher Sondervergütungen), sie sind im Rahmen des § 8 Nr. 1 GewStG hinzuzurechnen.

Der **Vorrang der Betriebsaufspaltung** vor § 15 Abs. 1 Nr. 2 EStG gilt aber nur bei Gesellschaften – bei mehreren Miteigentümern ist konkludent von einer GbR auszugehen – aber **nicht bei Einzelpersonen** (BFH vom 18.08.2005, BStBl II 2005, 830).

Bilanzierungskonkurrenz bei Schwester-Pers-Ges

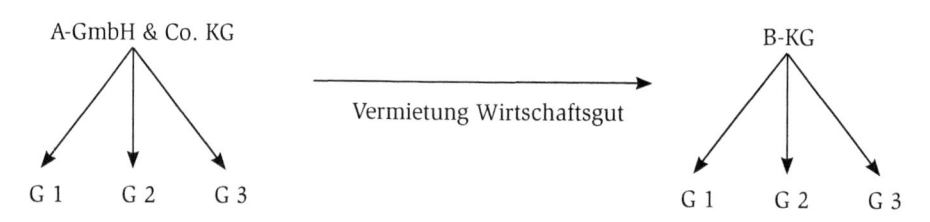

```
        A-GmbH & Co. KG                                    B-KG
         /    |    \                                      /  |  \
                          Vermietung Wirtschaftsgut →
       G 1   G 2   G 3                                 G 1  G 2  G 3
```

→ Gewerbliche Betätigung der A-GmbH & Co. KG
  Gesellschaftsvermögen hat Vorrang vor Sonder-BV
  WG = BV der A-GmbH & Co. KG

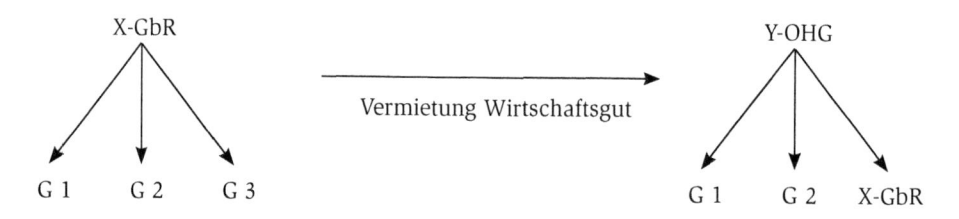

```
           X-GbR                                         Y-OHG
         /   |   \                                      /   |   \
                          Vermietung Wirtschaftsgut →
       G 1  G 2  G 3                                 G 1  G 2  X-GbR
```

→ Beteiligung an Y-OHG führt zu gewerblichen Einkünften bei der X-GbR.
  Vorrang des Sonderbetriebsvermögens wegen § 15 Abs. 1 Nr. 2 **S. 2** EStG.
  WG = Sonder-BV der GbR bei der Y-OHG

Fall 9:
Prüfen Sie bitte, ob in nachfolgenden Fällen Sonderbetriebsvermögen vorliegt.
1. Grundstück – A + B OHG
   A

2. Grundstück – A + B OHG
   A + B
   (keine Betriebsaufspaltung)

1. Betriebsvermögen einer Personengesellschaft

3. Grundstück — A + B OHG
   A + C

4. Gewerbebetrieb A
   Grundstück — A + B OHG

5. Grundstück — OHG
   GmbH   X + GmbH

6. Grundstück — A B D-OHG
   A-B-C OHG

7. Grundstück — Y-OHG
   X-OHG   B + X-OHG

1.5.3 Gesonderte Feststellung bei Vermietung an eine mitunternehmerische Personengesellschaft (Zebragesellschaft)

Nach dem BFH-Urteil vom 09.10.2008 (BStBl II 2009, 231) ist die Frage der Zuordnung zum Sonder-Betriebsvermögen losgelöst von der Frage nach der gesonderten Feststellung von Einkünften zu beurteilen.

Vermietet eine **vermögensverwaltende Gesellschaft** (bzw. Gemeinschaft) ein Wirtschaftsgut **an eine mitunternehmerische Personengesellschaft**, sind die Einkünfte auf der **Ebene der vermögensverwaltenden Gesellschaft** bzw. Gemeinschaft **auch dann gesondert und einheitlich festzustellen, wenn ein Gesellschafter** (bzw. Gemeinschafter) **zugleich an der mitunternehmerischen Personengesellschaft beteiligt ist**.

Beispiel 2:
Die A und B GbR ist Eigentümer eines Gebäudes. Dieses Gebäude vermieten sie seit Jahren insgesamt an die F&G-Import-OHG. A ist an der OHG mit 40 % beteiligt (keine mitunternehmerische Betriebsaufspaltung).

Lösung:
Das Gebäude stellt zu 40 % Sonder-BV des A bei der OHG dar (§ 39 Abs. 2 Nr. 2 AO i.V.m. § 15 Abs. 1 Nr. 2 EStG).
Aus der Vermietung des Grundstücks erzielt die GbR (A und B) Einkünfte aus Vermietung und Verpachtung (es gilt § 11 EStG).
Diese sind gesondert und einheitlich festzustellen.
Der auf A entfallende Anteil an den Vermietungseinkünften ist im Rahmen der gesonderten und einheitlichen Feststellung über die Einkünfte der OHG in gewerbliche Einkünfte umzuqualifizieren (es gelten die Bilanzierungsgrundsätze).

In den Fällen, in denen eine vermögensverwaltende Gesellschaft (bzw. Gemeinschaft) ein Wirtschaftsgut an eine mitunternehmerische Personengesellschaft (also eine Personengesellschaft mit Gewinneinkünften) vermietet bzw. verpachtet, liegt selbst dann **keine Vermietung (auch nicht anteilig) an sich selbst** vor, wenn ein Gesellschafter sowohl auf der Vermieter- als auch auf der Mieterseite auftritt.

Mieter ist in diesem Fall nicht der einzelne Gesellschafter, sondern die Mitunternehmerschaft (also z.B. die OHG).

Ist ein Gesellschafter der Grundstücksgesellschaft (bzw. -gemeinschaft) „**betrieblich**" **beteiligt**, ist dieser Umstand **erst im Folgebescheid** zu bewerten.

Eine **Umqualifizierung** der Einkünfte vollzieht sich **außerhalb der Vermietungsgesellschaft** und ist erst auf der Stufe des „betrieblich" beteiligten Gesellschafters vorzunehmen.

Dass bei dem betreffenden Mitunternehmer „sein" Miteigentumsanteil an dem angemieteten Wirtschaftsgut zum Sonder-BV rechnet, hat keine Auswirkung auf die Frage, ob und inwieweit die Einkünfte auf Vermieterseite gesondert und einheitlich festzustellen sind.

2. Ergänzungsbilanzen

Die Ergänzungsbilanz enthält **keine Wirtschaftsgüter sondern Wertkorrekturen** (auch „Mehr-" oder „Minderwerte" genannt) **zu einzelnen Bilanzansätzen in der Steuerbilanz der Personengesellschaft**.

Ergänzungsbilanzen stehen im Zusammenhang mit dem **Gesamthandsvermögen**, nicht dem Sonderbetriebsvermögen der Gesellschafter. **Ergänzungsbilanzen** sind **für jeden Gesellschafter getrennt** aufzustellen.

In Ergänzungsbilanzen dürfen nur solche Aufwendungen aktiviert werden, die (zusätzliche) **Anschaffungskosten für Wirtschaftsgüter** darstellen (BFH vom 18.02.1993, IV R 40/92, BStBl II 1993, 224).

Ergänzungsbilanzen sind wie die Steuerbilanz der Personengesellschaft auch in den folgenden Jahren **fortzuführen**, bis entweder:
- die Mehr- oder Minderwerte aufgelöst sind,
- die Wirtschaftsgüter aus dem Gesamthandsvermögen ausscheiden oder
- der Gesellschafter mit Ergänzungsbilanz aus der Personengesellschaft ausscheidet.

Die **Fortführung in der Ergänzungsbilanz** erfolgt „**spiegelbildlich**" zu den aufgestockten Wertansätzen in der **Gesamthandsbilanz**.

Die Ergebnisse aus einer Ergänzungsbilanz erhöhen/mindern den **steuerlichen Gesamtgewinn der Personengesellschaft (in der 1. Stufe)**, sie sind bei der Gewinnverteilung dem betreffenden Gesellschafter zuzurechnen.

Ergänzungsbilanzen sind in folgenden Fällen erforderlich:
- **Entgeltlicher Erwerb eines Mitunternehmeranteils** (Gesellschafterwechsel), wenn der Kaufpreis des neuen Gesellschafters nicht dem Buchwert der erworbenen Gesellschaftsanteile entspricht (**AK > Buchwert des übernommenen Kapitalkontos**).
Soweit die Anschaffungskosten den Buchwert des gekauften Mitunternehmeranteils (Buchkapital) übersteigen, ist der Mehrbetrag auf die dem Erwerber anteilig zuzurechnenden Wirtschaftsgüter des Gesamthandsvermögens aufzuteilen.
Die einzelnen Mehrwerte sind in der Ergänzungsbilanz auf der Aktivseite auszuweisen (**positive Ergänzungsbilanz**). Sie erhöhen das AfA-Volumen.
Wendet der Erwerber weniger als das erworbene Buchkapital auf, so sind die Buchwerte der anteilig gekauften Wirtschaftsgüter entsprechend abzustocken (**AK < Buchwert des übernommenen Kapitalkontos**). Die Minderbeträge sind auf der Passivseite auszuweisen (**negative Ergänzungsbilanz**). Sie mindern das AfA-Volumen.
- **Einbringung eines Betriebs, Teilbetriebs oder Mitunternehmeranteils in eine Personengesellschaft** (§ 24 UmwStG).
- **Unterschiede bezüglich der AfA einzelner Mitunternehmer.**

> **Fall 10:**
> A, B, C und E sind Gesellschafter der ABC-OHG. Im Gesamthandsvermögen der ABC-OHG befindet sich zum 31.12.11 eine im Jahr 1998 fertiggestellte Produktionshalle (Bauantrag im Jahr 1993, Abschreibung nach § 7 Abs. 5 Satz 1 Nr. 1 EStG im Wirtschaftsjahr (Wj.) 11 zutreffend mit 2,5 % von einer AfA-BMG von 1.000.000 €). Der Restbuchwert beträgt zum 31.12.11: 275.000 €. Der Verkehrswert beträgt 400.000 €.
> Zum 01.01.12 erwirbt der neue Gesellschafter D entgeltlich den Gesellschaftsanteil des C (Anteil ¼). D bezahlt für den Anteil an der Produktionshalle 100.000 € (¼ von 400.000 €).
>
> **Aufgaben:**
> - Wie lautet die Ergänzungsbilanz für D zum 01.01.12?
> - Wie ist die Produktionshalle im Wj. 12 im Gesamthandsvermögen sowie in der Ergänzungsbilanz abzuschreiben?

> **Fall 11: Der neue Gesellschafter und seine AfA**
> Anton und Bruno sind zu je 50 % beteiligt an der AB KG.
> Zum Gesamthandsvermögen der KG gehört ein Wirtschaftsgebäude, das die KG mit 4 % linear zutreffend abschreibt.
>
> **Bilanz der KG 31.12.06**
>
> | Buchwerte = | Bilanzwerte | Teilwerte | | |
> |---|---|---|---|---|
> | Firmenwert | 0 | + 150.000 | Kapital A | 150.000 |
> | Gebäude (HK 300.000) | 250.000 | + 50.000 | Kapital B | 150.000 |
> | So. Aktiva | 350.000 | | Verbindlichkeiten | 300.000 |
> | | 600.000 | | | 600.000 |
>
> Mit Wirkung vom 01.01.07 veräußert Bruno seinen KG-Anteil an Cäsar für 250.000 €.
> **Aufgabe:** Stellen Sie die bilanziellen Folgen dar (Bilanz zum 01.01.07 mit Weiterentwicklung).

3. Gewinnermittlung
3.1 Aufstellung einer Handelsbilanz

Personenhandelsgesellschaften (OHG und KG) und andere gewerblich tätige Personengesellschaften (z.B. GbR) sind Kaufleute und daher gem. §§ 238 ff. HGB verpflichtet, eine Handelsbilanz zu erstellen.

Betreiben die Personengesellschaften allerdings **kein Handelsgewerbe** i.S.v. § 1 Abs. 2 HGB und gehören sie folglich ausnahmsweise nicht zu den Kaufleuten kraft Eintragung (§ 2 HGB), besteht keine Buchführungspflicht nach Handelsrecht aber ggf. nach **§ 141 AO**.

Die **Handelsbilanz** ist wegen des Grundsatzes der Maßgeblichkeit der Handelsbilanz für die Steuerbilanz (§ 5 Abs. 1 Satz 1 EStG) Ausgangsbasis für die **steuerliche Gewinnermittlung**.

Das HGB kennt keine dem § 15 Abs. 1 S. 1 Nr. 2 EStG entsprechende Regelung. Deshalb darf in der Handelsbilanz der Personengesellschaft nur **Gesellschaftsvermögen** ausgewiesen werden, also Vermögensgegenstände und Schulden (= Wirtschaftsgüter), die den Gesellschaftern zur gesamten Hand gehören (= **Gesamthandsvermögen**).

Wirtschaftsgüter, die zivilrechtlich nur einem, mehreren oder allen Mitunternehmern gehören, können in der Handelsbilanz selbst dann nicht bilanziert werden, wenn sie von der Personengesellschaft für ihre betrieblichen Zwecke genutzt werden.

Diese Wirtschaftsgüter rechnen steuerrechtlich zum **Sonderbetriebsvermögen der Gesellschafter**, sie sind in einer **Sonderbilanz** zu bilanzieren. Handelsrechtliches Betriebsvermögen ist nicht gegeben.

Fall 12: Gewinnermittlung bei Personengesellschaften

Geschäftszweck der Husch-Busch KG ist der Einzelhandel mit Textilien (Boutique). Gesellschafter sind Manni Busch als Komplementär und Uli Husch als Kommanditistin. Sie sind je zur Hälfte am Vermögen, dem Gewinn und Verlust sowie den stillen Reserven der KG beteiligt.

Der Gewinn der Husch-Busch-KG für 02 beträgt ausweislich der GuV 234.545 €. Der Betrag ist nicht zu beanstanden.

Der Gesellschaftsvertrag enthält die folgenden Regelungen:

> **§ 4 Gewinnverteilung**
> 1. Manni Busch erhält vor Verteilung des Gewinns für seine Tätigkeit als Geschäftsführer 120.000 € und für die Übernahme der persönlichen Haftung 30.000 €.
> 2. Die Kapitalkonten werden nach dem Stand vom 01.01. eines Geschäftsjahres mit 5 % verzinst.
> 3. Der Restgewinn ist im Verhältnis 50/50 zu verteilen.
>
> **§ 5 Mitarbeit der Kommanditistin**
> Die Kommanditistin verpflichtet sich, ihre ganze Arbeitskraft in den Dienst der KG zu stellen. Sie ist als Leiterin der Boutique für das Tagesgeschäft und die Beaufsichtigung der Verkäuferinnen verantwortlich. Das Gehalt beträgt monatlich 7.000 € und ist jeweils zum Monatsende zu überweisen.

Das zuständige Finanzamt hat die folgenden Feststellungen getroffen:

1. Das Gehalt (§ 5 des Vertrages) wurde als Aufwand gebucht.
2. Die Kapitalkonten in der Gesamthandsbilanz der KG betragen zum
   01.01.02: Manni Busch   334.500 €
              Uli Husch   222.400 €
3. Das Geschäftslokal der Husch-Busch-KG befand sich bis zum 28.02.02 in Mannheim, Karlstr. 60. Die Mieten für Januar und Februar 02 sind steuerrechtlich zutreffend gewürdigt worden.

Mit Wirkung vom 01.03.02 hat die KG ein Ladenlokal im Erdgeschoss des Geschäftsgrundstücks Mannheim, Waldstr. 10, für monatlich 25.000 € zzgl. 4.750 € Umsatzsteuer von der Erbengemeinschaft Uli und Regina Husch angemietet. Die Miete wird monatlich auf das Konto der Erbengemeinschaft überwiesen und wie folgt gebucht:

Mietaufwand   25.000 €
Vorsteuer   4.750 €   an Bank   29.750 €

Die Erbengemeinschaft Uli und Regina Husch hat am 28.02.02 das Vermögen ihres verstorbenen Großonkels Willi Husch geerbt. Dem Testament zufolge ist der Nachlass auf Uli und Regina zu je ½ übergegangen. Zum Nachlass gehörte das Grundstück Mannheim, Waldstr. 10, in dem sich auf einer Nutzfläche von 1.000 qm nunmehr das Geschäftslokal der KG befindet (Baujahr des Gebäudes: 1980). Die verbleibende Nutzfläche des Gebäudes von 3.000 qm ist an verschiedene Unternehmer zu gewerblichen oder freiberuflichen Zwecken für monatlich 75.000 € zzgl. USt vermietet.

Der Erblasser hatte die Einnahmen abzüglich Aufwendungen aus dem Grundstück zutreffend als Einkünfte nach § 21 EStG versteuert. Dabei wurde die AfA mit 2 % berechnet. Die Teilwerte ergeben sich aus nachfolgender Darstellung.

Der Teilwert für das Gebäude entspricht dem Restwert bei Willi Husch.

3. Gewinnermittlung

	Grund und Boden	Gebäude
01.03.02	600.000 €	1.800.000 €
31.12.02	600.000 €	1.770.000 €

Die von der Erbengemeinschaft im Zusammenhang mit diesem Grundstück getragenen Ausgaben betragen in der Zeit vom 01.03.–31.12.02:

a)	Grundsteuer, Haftpflicht	8.000 €
b)	Dachreparatur 12/02 40.000 € zzgl. 7.600 € USt	47.600 €
c)	USt für 03–11/02 (19.000 € × 9)	171.000 €
d)	Tilgung einer Grundschuld Darlehensstand 01.03.02 300.000 € Darlehensstand 31.12.02 260.000 €	40.000 €
e)	Zinsen	22.000 €

Die Grundschuld wurde vom Erblasser übernommen und steht mit dem früheren Erwerb des Grundstücks im Zusammenhang.

Aufgaben:
1. Erstellen Sie – soweit notwendiges Sonderbetriebsvermögen vorliegt – die Sonderbilanz nebst Sonder-GuV für Uli Husch zum 31.12.02. Verwenden Sie dafür bitte die Anlage I.
2. Ermitteln Sie den Gewinn aus Gewerbebetrieb (einheitliche und gesonderte Feststellung) für die Mitunternehmer der Husch-Busch-KG. Verwenden Sie dafür bitte die Anlage I.
3. Begründungen sind nicht erforderlich.

Anlage I

1. Sonderbilanz für Uli Husch

Sonder GuV

2. Einheitliche und gesonderte Feststellung für 02

	M. Busch	U. Husch	Gesamt

Fall 13:

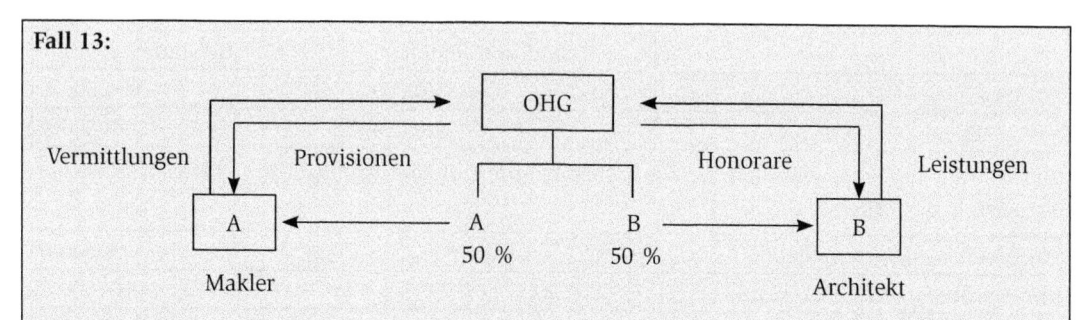

```
                        OHG
    Vermittlungen  Provisionen       Honorare   Leistungen
         A      ←         A      B       →     B
                       50 %   50 %
        Makler                              Architekt
```

An der Bau-OHG sind A und B zu je ½ am Gewinn und Verlust beteiligt. Die OHG errichtet und verkauft Einfamilienhäuser und Eigentumswohnungen (umsatzsteuerfrei nach § 4 Nr. 9a UStG). Nach dem Gesellschaftsvertrag haben A und B im Rahmen fremdüblicher Konditionen ständig Leistungen für die OHG zu erbringen.
A ist daneben als selbständiger Immobilienmakler gewerblich tätig. B betreibt ein Architekturbüro (Freiberufler).
A vermittelte im Jahr 06 an die OHG verschiedene unbebaute Grundstücke, auf der er diese Wohnanlagen errichtete. A erhielt von der OHG 30.000 € (+ USt) Vermittlungsprovisionen. B erhielt im Jahr 06 von der OHG für seine Architektenleistungen 80.000 € (+ USt).
Die OHG verbuchte diese Zahlungen (einschließlich der nach § 15 Abs. 2 UStG nicht abzugsfähigen USt) als Betriebsausgaben und wies danach einen Gewinn von 50.000 € aus. Die Wohnanlagen wurden im Jahr 07 fertiggestellt und später veräußert.
Aufgabe: Wie ist die steuerliche Beurteilung?

3.2 Aufstellung einer Steuerbilanz

Es gibt keine Verpflichtung, eine Steuerbilanz aufzustellen. Enthält die Handelsbilanz Ansätze oder Beträge, die den steuerlichen Vorschriften nicht entsprechen, so sind diese Ansätze oder Beträge durch Zusätze oder Anmerkungen den steuerlichen Vorschriften anzupassen (§ 60 Abs. 2 EStDV). Es kann aber auch eine Steuerbilanz aufgestellt werden.

3.2.1 Ausübung von Bilanzierungs- und Bewertungswahlrechten

In der Handelsbilanz und auch in der Steuerbilanz müssen Wahlrechte grundsätzlich von allen Gesellschaftern **einheitlich** ausgeübt werden.

Bilanzierungswahlrechte:
- Rücklagen nach R 6.5 EStR, R 6.6 EStR.

Bewertungswahlrechte:
- Sonderabschreibungen und erhöhte Absetzungen (vgl. z.B. § 7a Abs. 7 S. 2 EStG),
- Teilwertabschreibungen,
- Ermittlung der Herstellungskosten.

3.2.2 Ausnahmen: personenbezogene Steuervergünstigungen

Hierzu gibt es folgende Ausnahmen:
- § 6b EStG
  Die Unterschiede zwischen Handels- und Steuerbilanz sind in einer Ergänzungsbilanz des oder der betroffenen Gesellschafter als Mehr- oder Minderwert auszuweisen.
  Die **Vorbesitzzeit** (6 Jahre) ist **gesellschafterbezogen** zu ermitteln.

3. Gewinnermittlung

Bei einem entgeltlichen Gesellschafterwechsel während der Vorbesitzzeit kommt eine Übertragung stiller Reserven nicht in Betracht, soweit das veräußerte Wirtschaftsgut anteilig auf einen Gesellschafter entfällt, der im Zeitpunkt der Veräußerung noch nicht sechs Jahre an der Mitunternehmerschaft beteiligt ist.

Nach R 6b.2 Abs. 6 und 7 EStR ergeben sich bei Mitunternehmerschaften **verschiedene Übertragungsmöglichkeiten.**

Der übertragende Mitunternehmer darf den nach § 6b EStG begünstigten Gewinn übertragen:
- bei der Mitunternehmerschaft, bei der der begünstigte Gewinn entstanden ist: nur soweit der begünstigte Gewinn anteilig auf den übertragenden Mitunternehmer entfällt,
- bei der Mitunternehmerschaft, auf die der begünstigte Gewinn übertragen werden soll: nur soweit das Wirtschaftsgut, auf den der begünstigte Gewinn übertragen werden soll, dem übertragenden Mitunternehmer zuzurechnen ist.

- **Absenkung der linearen Gebäudeabschreibung** nach § 7 Abs. 4 Satz 1 Nr. 1 EStG von 4 % auf 3 %, vgl. H 7.2 < Zeitliche Anwendung bei linearer Gebäude-AfA > EStH). Der einzelne Gesellschafter ist abschreibungsberechtigter Steuerpflichtiger.
- **Neueintritt eines Gesellschafters bei degressiver Gebäude-AfA der Gesellschaft** (siehe Fall 8).
- **Investitionsabzugsbetrag nach § 7g EStG bei Mitunternehmerschaften**
Bei Personengesellschaften ist zur Ermittlung dieser Wertgrenze neben dem Gesamthandsvermögen (einschließlich der Werte aus Ergänzungsbilanzen) auch das Sonderbetriebsvermögen aller Mitunternehmer einzubeziehen (§ 7g Abs. 7 EStG: gesellschaftsbezogene Betrachtung).
Dies gilt auch für (geplante) Investitionen im Sonderbetriebsvermögen eines Mitunternehmers s. BMF vom 20.11.2013, BStBl I 2013, 1493.
Den Investitionsabzugsbetrag nach § 7g Abs. 1 EStG können die Gesellschafter sowohl im **Gesamthands- als auch im Sonderbetriebsvermögen** in Anspruch nehmen.
Zwar ist der Wortlaut des § 7g Abs. 7 EStG insoweit missverständlich, jedoch sollte nach der Gesetzesbegründung des Unternehmensteuerreformgesetzes 2008 keine Einschränkung bzw. Schlechterstellung im Anwendungsbereich von Personengesellschaften gegenüber dem bisherigen Recht erfolgen.
Im Gegensatz zur alten „Ansparrücklage" muss aber nach Auffassung der Finanzverwaltung **in dem Vermögen investiert** werden, für das der **Abzugsbetrag geltend gemacht wurde.**
Eine Verrechnung zwischen Sonderbetriebsvermögen und Gesamthandsvermögen ist nicht möglich (a.A. FG BaWü vom 11.03.2016, Rev. IV R 21/16).

Beispiel 2:

Die AB-OHG (Beteiligung von A und B je 50 %) plante den Erwerb einer neuen Fertigungsmaschine (AK 80.000 €, Nutzungsdauer 10 Jahre) im Jahr 15. Die Betriebsvermögensvoraussetzung ist in allen Jahren erfüllt. Zum 31.12.13 hat die OHG im Gesamthandsvermögen einen Abzugsbetrag nach § 7g Abs. 1 EStG i.H.v. 32.000 € in Anspruch genommen.
Aufgrund der Verschlechterung der Geschäftslage war der Kreditrahmen der OHG im Jahr 15 jedoch ausgeschöpft. A erwarb am 02.06.15 die Maschine mit Hilfe eines Darlehens seiner Ehefrau und vermietet die Maschine seither an die OHG.

Lösung:

Die Inanspruchnahme des Investitionsabzugsbetrags als auch die spätere Investition erfolgte nicht im „(selben) Betriebsvermögen" der Mitunternehmerschaft.
Die Maschine und das Darlehen der Ehefrau sind dem Sonderbetriebsvermögen des A zuzurechnen.

> Es ergibt sich folgende steuerliche Beurteilung:
> Der Investitionsabzugsbetrag ist bei der Pers-Ges für das Jahr 13 rückgängig zu machen.
> Die Sonderabschreibung nach § 7g Abs. 5 EStG für die Maschine im Sonderbetriebsvermögen des A ab 15 ist unter den übrigen Voraussetzungen möglich.

Die **Verbleibensvoraussetzungen** (§ 7g Abs. 6 EStG) sind auch bei Ausscheiden eines Gesellschafters noch erfüllt.

- **Sonderabschreibungen und erhöhte Absetzungen bei Mitunternehmerschaften**
  Nach § 7a Abs. 7 EStG sind erhöhte Absetzungen und Sonderabschreibungen bei mehreren Beteiligten nur einheitlich vorzunehmen (vgl. H 7a < Mehrere Beteiligte > EStH).
  Nach herrschender Meinung ist regelmäßig der einzelne Mitunternehmer als Anspruchsberechtigter anzusehen, es sei denn, das Gesetz weist ausdrücklich der Personengesellschaft die Anspruchsberechtigung zu (wie z.B. bei der Fördergebiets-AfA).
  Dies führt bei Anwendung der AfA-Vorschriften der §§ 7h, 7i EStG dazu, dass die begünstigten Herstellungskosten in der Person des jeweiligen Mitunternehmers angefallen sein müssen.
  Bei Ausscheiden eines Gesellschafters geht die Möglichkeit zur erhöhten AfA des Ausgeschiedenen nicht auf die verbleibenden oder neuen Gesellschafter über.
  Die begünstigten Herstellungskosten sind jedem verbliebenen Gesellschafter in Höhe seiner ursprünglichen Beteiligung zuzurechnen.
  Im Veräußerungsjahr ist keine zeitanteilige Kürzung vorzunehmen (H 7i < Veräußerung > EStH).
- **Gesellschafterbezogene Ermittlung der Hinzurechnung nach § 4 Abs. 4a EStG**
  § 4 Abs. 4a EStG ist gesellschafterbezogen auszulegen und die Gewinnhinzurechnung auf der Grundlage des Anteils des einzelnen Mitunternehmers am Gesamtgewinn der Mitunternehmerschaft sowie dem Saldo seiner Entnahmen und Einlagen zu bestimmen.
  Der **Sockelbetrag** von 2.050 € ist betriebsbezogen nur einmal zu berücksichtigen.
  Zur Anwendung siehe BMF-Schreiben vom 07.05.2008, Rz. 30 bis 32d des BMF-Schreibens vom 17.11.2005, Steuererlasse Beck Nr. 1 § 4 /10:
  - **Zinsen**, die sich im Rahmen der Gewinnermittlung **der Mitunternehmerschaft** ausgleichen (z.B. Zinsen, die bei den Gesellschaftern als Sondervergütungen i.S.d. § 15 Abs. 1 Nr. 2 EStG zu behandeln sind) sind **nicht zu berücksichtigen** (Rn. 32).
  - **Investitionsdarlehen** i.S.d. § 4 Abs. 4a Satz 5 EStG können auch im **Sonderbetriebsvermögen** vorliegen, wenn mit den Darlehensmitteln Wirtschaftsgüter des Anlagevermögens des Gesamthandsvermögens finanziert wurden (Rn. 32a).
  Diese Schuldzinsen sind voll abzugsfähig und auch nicht zur Ermittlung der Schuldzinsenquote heranzuziehen.
  - **Darlehen zur Finanzierung des Erwerbs des Mitunternehmeranteils** sind als **Investitionsdarlehen** i.S.d. § 4 Abs. 4a Satz 5 EStG zu behandeln, **soweit** sie auf die Finanzierung von anteilig erworbenen Wirtschaftsgütern des Anlagevermögens (Gesamthands- und Sonderbetriebsvermögen) entfallen (Rn. 32c).

> **Fall 14:**
> An der AB-OHG sind die Gesellschafter A und B mit je 50 % beteiligt.
> Der Gewinn der OHG beträgt 80.000 €.
> Die Gesellschafter haben in der Gesamthandsbilanz folgende Entnahmen getätigt:
> - A: 50.000 €,
> - B: 90.000 €.

3. Gewinnermittlung

> A erhält für seine Geschäftsführertätigkeit eine Sondervergütung von 36.000 €, die er auf ein privates Bankkonto entnimmt. Zur Finanzierung laufender Aufwendungen sind im Gesamthandsvermögen der AB-OHG betriebliche Schuldzinsen in Höhe von 5.000 € entstanden (kein Investitionsdarlehen). Zum Erwerb seines Mitunternehmeranteils hat B ein Darlehen aufgenommen, für das er jährlich 4.000 € Schuldzinsen zahlt. Das Darlehen entfällt zu 60 % auf die Anschaffung von Anlagevermögen.

- **Sammelposten nach § 6 Abs. 2a EStG und Übertragung und Veräußerung eines Mitunternehmeranteils.** Beck Steuererlasse, § 6/28

  Bei der unentgeltlichen Übertragung des gesamten oder eines Teils eines Mitunternehmeranteils bleibt der im **Gesamthandsvermögen** der Mitunternehmerschaft gebildete Sammelposten unverändert bestehen.

  Ein im **Sonderbetriebsvermögen** des übertragenen Mitunternehmeranteils **enthaltener Sammelposten** geht auf den Rechtsnachfolger über, wenn der gesamte Mitunternehmeranteil übertragen wird.

  Wird hingegen nur ein Teil eines Mitunternehmeranteils übertragen, wird der Sammelposten im Sonderbetriebsvermögen des Übertragenden unverändert fortgeführt, es sei denn, mit der **Übertragung des Teils eines Mitunternehmeranteils** wird das gesamte Sonderbetriebsvermögen unentgeltlich übertragen.

  Beim **rückwirkenden Ansatz des Teilwerts** nach § 6 Absatz 3 Satz 2 EStG bleibt der Sammelposten aus Vereinfachungsgründen in unveränderter Höhe bestehen.

  Die Veräußerung eines Mitunternehmeranteils hat keine Auswirkungen auf den Sammelposten der Gesamthandsbilanz der Mitunternehmerschaft.

  In der **Ergänzungsbilanz des Erwerbers** ist aus Vereinfachungsgründen immer nur ein Posten für im Sammelposten enthaltene Mehr- oder Minderwerte zu bilden, unabhängig davon, ob der Mehr- oder Minderwert auf Wirtschaftsgüter entfällt, die in einem oder in verschiedenen Sammelposten erfasst wurden.

  Der Sammelposten in der Ergänzungsbilanz ist im Wirtschaftsjahr des Erwerbs und in den folgenden vier Wirtschaftsjahren mit jeweils einem Fünftel aufzulösen.

> **Fall 15:**
> Die ABCD-OHG hat in der Gesamthandsbilanz zum 31.12.02 für Anschaffungen des Jahres 01 (200 Wirtschaftsgüter zu je 500 €; Anschaffungskosten somit 100.000 €) einen Sammelposten 02 in Höhe von 60.000 € (Anschaffungskosten 100.000 € abzüglich je ein Fünftel = 20.000 € für 01 und 02) und für Anschaffungen des Jahres 02 (100 Wirtschaftsgüter zu je 250 €; Anschaffungskosten somit 25.000 €) einen Sammelposten 02 in Höhe von 20.000 € (Anschaffungskosten 25.000 € abzgl. ein Fünftel = 5.000 € für 02) gebildet.
>
> Mitunternehmer A hat in seiner Sonderbilanz zum 31.12.02 für Anschaffungen des Jahres 01 (AK 20.000 €) einen Sammelposten 01 in Höhe von 12.000 € (Anschaffungskosten 20.000 € abzüglich je ein Fünftel = 4.000 € für 01 und 02) und für Anschaffungen des Jahres 02 5.000 €) einen Sammelposten 02 in Höhe von 4.000 € (Anschaffungskosten 5.000 € abzüglich ein Fünftel = 1.000 € für 02) gebildet.
>
> | ABCD-OHG 31.12.02 | | | |
> |---|---:|---|---:|
> | Sammelposten 01 | 60.000 | Kapital A | 20.000 |
> | Sammelposten 02 | 20.000 | Kapital B | 20.000 |
> | | | Kapital C | 20.000 |
> | | | Kapital D | 20.000 |

Sonderbilanz A 31.12.02			
Sammelposten 01	12.000	Kapital	16.000
Sammelposten 02	4.000		

Zum 01.01.03 veräußert A seinen Mitunternehmeranteil für 50.000 € an E.
Die Wirtschaftsgüter seines Sonderbetriebsvermögens entnimmt er in sein Privatvermögen (Teilwert = 17.000 €).
Von den Anschaffungskosten des. E entfallen 24.000 € auf die in den Sammelposten erfassten Wirtschaftsgüter, der Rest entfällt auf den Geschäfts- oder Firmenwert.

3.3 Verträge zwischen Personengesellschaft und Angehörigen des Gesellschafters

Die Verträge können zwischen der Personengesellschaft und den folgenden Angehörigen des Gesellschafters abgeschlossen werden:
- **Nicht beherrschender Ehegatten-Gesellschafter**
  → I.d.R. keine Probleme, wie unter Fremden (vgl. R 4.8 Abs. 2 EStR).
- **Beherrschender Ehegatten-Gesellschafter**
  → Die Grundsätze über steuerliche Anerkennung von Ehegatten-Arbeitsverhältnissen sind entsprechend anzuwenden.

Der Arbeitsvertrag muss:
- ernsthaft vereinbart,
- zivilrechtlich wirksam,
- entsprechend der Vereinbarung tatsächlich durchgeführt und
- die vertragliche Gestaltung und Durchführung unter Dritten üblich sein.

→ H 4.8 „Personengesellschaften" EStH

Darlehensverträge mit Angehörigen
Die Verträge können mit den folgenden Angehörigen des Gesellschafters abgeschlossen werden:
1. **Nicht beherrschender Ehegatten-Gesellschafter**
   → I.d.R. entstehen hier keine Probleme.
2. **Beherrschender Ehegatten-Gesellschafter**
   → **Es ist der Fremdvergleich zu beachten** (s. BMF vom 23.12.2010, BStBl I 2011, 37, Steuererlasse Beck § 4/3).

Insbesondere Voraussetzung:
- zivilrechtliche Wirksamkeit,
- Vereinbarung über Laufzeit, Art und Zeit der Rückzahlung des Darlehens getroffen,
- die Zinsen werden zu den Fälligkeitszeitpunkten entrichtet und
- der Rückzahlungsanspruch ist ausreichend besichert.

→ **H 19 „Sicherung des Darlehensanspruchs" EStH**

Geldzuwendungen bei der Personengesellschaft sind als Einlage/Entnahme zu behandeln.
Gezahlte Schuldzinsen bei der Personengesellschaft sind **keine Betriebsausgabe** (Entnahmen des Gesellschafters, dessen Angehöriger das Darlehen gewährt hat).

4. Kapitalkonten

Bei Personengesellschaften werden regelmäßig anders als bei Einzelunternehmen mehrere Kapitalkonten geführt.

Kapitalkonto I

Festkapitalkonto, auf dem das von den Gesellschaftern einzubringende Kapital aufgenommen wird (ähnlich dem Stammkapital bei einer GmbH).

Kapitalkonto II

Variables Kapitalkonto, das die Gewinn und Verlustanteile, die Entnahmen und die Einlagen, die nicht entnahmefähige Rücklagen (= Kapitalrücklagen) sowie die nicht entnahmefähigen Gewinnanteile (= Gewinnrücklagen) und die Verlustanteile ausweist.

Kapitalkonto III

Bei einer **KG** wird das Kapitalkonto II teilweise noch untergliedert in Kapitalkonto II und Kapitalkonto III.

Es beinhaltet dann insbesondere die entnahmefähigen Gewinnanteile und sonstige Entnahmen.

Qualifizierung eines Kapitalkontos als Eigenkapitalkonto oder Fremdkapital

Das Eigenkapital der Personengesellschaft muss von etwaigen Forderungen an Gesellschafter und Verbindlichkeiten gegenüber Gesellschaftern abgegrenzt werden.

Der **Umfang des Kapitalkontos** ist insbesondere für den Verlustabzug bei beschränkter Haftung von Bedeutung (§ 15a EStG) s. Steuererlasse Beck § 15a/1 und 1 § 15a/2.

Kapitalkonten der Gesellschafter sind gegenüber den Konten abzugrenzen, auf denen Forderungen und Schulden der Gesellschafter gegen die Gesellschaft und umgekehrt ausgewiesen werden.

Maßgebend ist dabei nicht die Kontenbezeichnung, sondern ob **Zu- und Abgänge gesellschaftsrechtlicher oder schuldrechtlicher Natur** sind.

Von einem **Kapitalkonto** ist insbesondere auszugehen, wenn auf diesem Entnahmen, Einlagen und Verlustanteile des Gesellschafters verbucht werden. Denn mit dem Begriff des Darlehens ist eine Verlustbeteiligung nicht vereinbar (BFH vom 16.04.2002, DStR 2002, 1480).

Nach BFH (vom 20.07.2000, BStBl II 2001, 171) hat ein **Darlehen** auch **Kapitalkontencharakter**, wenn es in die Ermittlung des Abfindungsguthabens einbezogen wird.

Folgende weitere Abgrenzungskriterien können für **Kapitalkontencharakter** sprechen:
- Verbuchung von Verlustanteilen auf dem „Darlehenskonto",
- Verbuchung von Entnahmen und Einlagen,
- Vereinbarung von Höchstbeträgen für Kapitalüberlassung,
- Stellung von Sicherheiten,
- Tilgungsvereinbarungen.

Unmaßgeblich sind:
- Bezeichnung,
- Bilanzausweis,
- Verzinsung.

Kapitalkonto i.S.v. § 15a EStG

Kapitalkonto nach StB
+ /./. **Ergänzungsbilanz**
+ Mehrkapital positive Ergänzungsbilanz
./. Minderkapital negative Ergänzungsbilanz

- Geleistete Einlagen (Pflicht- und Hafteinlage, verlorene Zuschüsse)
- Kapitalrücklagen
- Gewinnrücklagen
- Verlustvortragskonto

Entnahmerecht

- Kapitalersetzende Darlehen (Fremdkapital)
- Abgrenzung Beteiligungskonto von Gesellschafterdarlehen

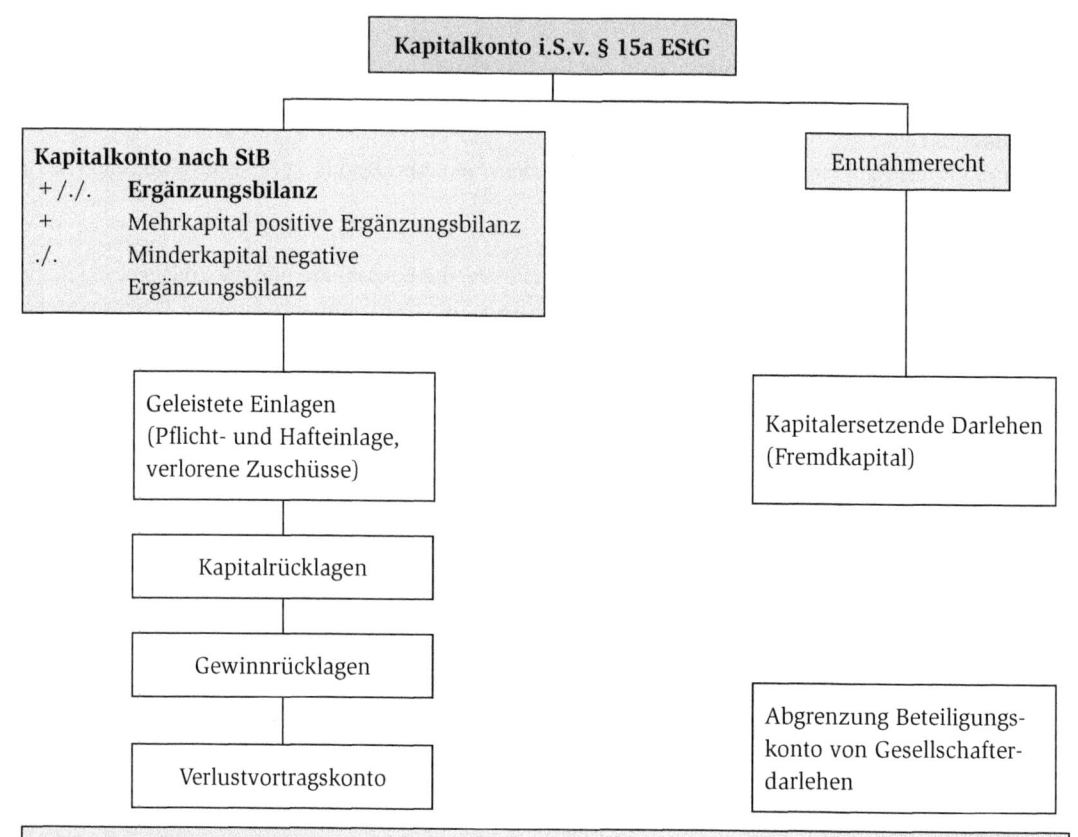

Fall 16: Die leichtsinnige XYZ GmbH & Co. KG

X, Y und Z sind Kommanditisten der XYZ GmbH & Co. KG. Einzige Komplementärin der KG ist die XZ GmbH. X und Z sind an der KG zu je 40 %, Y zu 20 % beteiligt. Die GmbH ist vermögensmäßig nicht an der KG beteiligt, erhält jedoch eine angemessene Haftungsvergütung von 2.000 € pro Jahr (Abbuchung vom Bankkonto der KG). Die Haftungsvergütung wurde bei der KG im Jahr 2013 – wie auch in den Vorjahren – als Aufwand gebucht. An der GmbH sind X und Z jeweils mit 50 % beteiligt. X ist alleiniger Geschäftsführer der GmbH. Neben ihrer Stellung als Komplementärin geht die GmbH keiner weiteren Geschäftstätigkeit nach. Das Stammkapital der Komplementär-GmbH beträgt 25.000 € und ist voll eingezahlt. Die GmbH-Anteile enthalten keine stillen Reserven. X, Y und Z sind Brüder. Das Geschäfts- bzw. Wirtschaftsjahr der KG entspricht dem Kalenderjahr.
Geschäftszweck ist die Produktion und der Vertrieb von diätetischen Lebensmitteln.

4. Kapitalkonten

Die KG hat auf den 31.12.13 folgende – vereinfachte – Handelsbilanz aufgestellt:

Aktiva		Passiva	
Bebaute Grundstücke	200.000 €	Kapital X	400.000 €
Gebäude	400.000 €	Kapital Y	200.000 €
Bank	1.000.000 €	Kapital Z	400.000 €
Diverse Aktiva	100.000 €	Diverse Passiva	700.000 €
	1.700.000 €		1.700.000 €

Aufgabe:
- Nehmen Sie **nur** zu nachfolgendem Einzelsachverhalt unter handelsrechtlichen und ertragsteuerrechtlichen Gesichtspunkten detailliert Stellung einschließlich der erforderlichen Korrekturbuchungssätze.
- Die KG wünscht keine Überleitungsrechnung nach § 60 Abs. 2 Satz 1 EStDV, sondern in jedem Fall eine Steuerbilanz.
- Neben dem handelsrechtlichen Buchungskreis wird für eine evtl. abweichende steuerliche Behandlung von Geschäftsvorfällen ein eigener steuerlicher Buchungskreis geführt.
- Vom Handelsrecht abweichende steuerrechtliche Buchungen haben bezüglich des Gesamthandsvermögens bisher noch nicht stattgefunden. Wahlrechte sollen so ausgeübt werden, dass sich der niedrigst mögliche steuerliche Gewinn ergibt.

Bearbeitungshinweise!
1. Gehen Sie für die Lösung davon aus, dass es neben den im Aufgabentext aufgeführten Geschäftsvorfällen bei der KG keine weiteren gegeben hat.
2. Schuldzinsen sind bei der KG nicht angefallen.
3. Auf etwaige ertragsteuerliche Auswirkungen bei den Gesellschaftern ist nicht einzugehen. Ebenso ist auf steuerliche Aspekte außerhalb der Ertragsteuer nicht einzugehen.

Darlehen an Y, Insolvenz des Y

Y ist – neben seiner KG-Beteiligung – auch noch als Unternehmensberater in Form eines Einzelunternehmens tätig. Dieses Einzelunternehmen befindet sich Anfang 2013 in einer finanziell schwierigen Lage. Infolgedessen gewährt die KG – unter ausdrücklicher Einwilligung von X und S – dem Y mit Vertrag vom 01.03.2013 ein Darlehen i.H.v. 800.000 €.

Die Laufzeit des Darlehens beträgt 10 Jahre, die erste Tilgungsrate i.H.v. 100.000 € ist am 01.03.2017 fällig. Die weiteren Raten von je 100.000 € sind in den Folgejahren jeweils zum 01.03. fällig. Y hat das Darlehen mit jährlich 8 % zu verzinsen, jeweils zum 31.12. zahlbar. Sicherheiten hat Y nicht zu leisten.

Die KG refinanziert das Darlehen durch ein Bankdarlehen von 800.000 €, jährlich zu verzinsen i.H.v. 10 %, jeweils zum 31.12. Dieses Darlehen wurde ebenfalls am 01.03.2013 aufgenommen. Im Jahr 2013 muss noch keine Tilgung geleistet werden. Die Zinsen wurden am 31.12.2013 vom Bankkonto der KG überwiesen.

Am Freitag, dem 30.11.2013 wird über das Vermögen des Y das Insolvenzverfahren eröffnet.

Das Insolvenzgericht bestellt einen vorläufigen Insolvenzverwalter, erlegt dem Y ein allgemeines Verfügungsverbot auf und untersagt die Zwangsvollstreckung in das Vermögen des Y. Eine von § 131 Abs. 3 Satz 1 Nr. 2 HGB i.V.m. § 161 Abs. 2 HGB abweichende vertragliche Regelung besteht nicht.

Bereits am 30.12.2013 teilt der Insolvenzverwalter den Gläubigern des Y mit, dass mit einer Quote von 5 % zu rechnen sei.

In ihrer Buchführung hat die KG die Darlehensvergabe und die Refinanzierung wie folgt erfasst:

Verrechnungskonto	800.000	an Bank	800.000
Bank	800.000	an Darlehensverbindlichkeit	800.000
Zinsaufwand	66.666	an Bank	66.666

Außer dieser Buchung ist in dem Verrechnungskonto Y keine weitere Buchung erfolgt.

Ab dem 15.11.2013 war absehbar, dass Y wegen Zahlungsunfähigkeit das Darlehen nicht zurückzahlen konnte. Aus diesem Grunde buchte die KG am selben Tag:

Abschreibungen auf Finanzanlagen 800.000 an Verrechnungskonto 800.000

Weitere Buchungen erfolgten nicht.

VI. Die gewerblichen Einkünfte eines Mitunternehmers
1. Umfänge der gewerblichen Einkünfte eines Mitunternehmers

Der Gewinn eines Gesellschafters einer Personengesellschaft setzt sich wie folgt zusammen:

Gewinnanteil des Gesellschafters aus der von der Handelsbilanz abgeleiteten Steuerbilanz der Gesellschaft
einschließlich **Ergänzungsbilanz** (§ 15 Abs. 1 Nr. 2, 1. Halbsatz EStG)
= **Steuerbilanzgewinn 1. Stufe**
+ Sondervergütungen bzw. Ergebnis aus der Sonderbilanz (§ 15 Abs. 1 Nr. 2, 2. Halbsatz EStG)
= **Steuerbilanzgewinn 2. Stufe**
= **Gesamtgewinn des Mitunternehmers**

Es gilt nach BFH (vom 25.02.1991, BStBl II 1991, 691) das Prinzip der „**additiven Gewinnermittlung mit korrespondierender Bilanzierung**".

1. Stufe:	Handelsbilanzgewinn der Personengesellschaft
+/./.	steuerliche Korrekturen (§ 60 Abs. 2 EStDV)
=	**Steuerbilanzgewinn der Gesellschaft**
+	nichtabziehbare Aufwendungen (§ 4 Abs. 5 EStG)
./.	steuerfreie Erträge
=	**korrigierter steuerlicher Gewinn der Gesellschaft**
+/./.	Ergebnisse aus Ergänzungsbilanzen
=	**steuerlicher Gewinn der Gesamthandsgemeinschaft**
2. Stufe:	Steuerlicher Gesamtgewinn der 1. Stufe
+/./.	Sonderbilanzergebnisse (einschließlich **Sondervergütungen**)
=	**steuerlicher Gesamtgewinn der Mitunternehmerschaft**

2. Die Regelung des § 15 Abs. 1 Nr. 2 EStG

Einkünfte aus Gewerbebetrieb

Nach § 15 Abs. 1 Nr. 2 EStG rechnen zu den Einkünften aus Gewerbebetrieb:
- **Gewinnanteile** der Gesellschafter einer OHG, KG oder einer anderen Gesellschaft, bei der der Gesellschafter als Mitunternehmer des Betriebs anzusehen ist und
- **Vergütungen**, die der Gesellschafter von der Gesellschaft für seine Tätigkeit im Dienst der Gesellschaft (**Tätigkeitsvergütung**), die Hingabe von Darlehen (**Zinsen**), bzw. die Überlassung von Wirtschaftsgütern (Miete, **Pacht**) bezogen hat.

Gewinnanteil
- **Anteil des Mitunternehmers am Steuerbilanzgewinn** der Gesellschaft (aus Handelsbilanz abgeleitete Steuerbilanz) nach handelsrechtlichem Gewinnverteilungsschlüssel.
- **Sondervergütung** für **besondere Vertragsbeziehungen** zwischen Gesellschaft und einzelnen Gesellschaftern.
  Sondervergütungen sind bei der Gesellschaft Betriebsausgaben, beim Gesellschafter Sonderbetriebseinnahmen.

> **Beispiel:**
> Ein Kommanditist ist zu 15 % am Festkapital einer KG beteiligt. Daneben war er aufgrund eines Anstellungsvertrags als sozialversicherungspflichtiger Angestellter der KG tätig.
> Der Arbeitsvertrag wurde im gegenseitigen Einvernehmen aufgehoben, nachdem es zu tiefgreifenden Meinungsverschiedenheiten und Spannungen gekommen war. Als Ausgleich für den Verlust des Arbeitsplatzes gewährte die KG dem Kommanditisten eine Abfindung in Höhe von 200.000 €.

> **Lösung:**
> Die Abfindung aus Anlass der Auflösung des Dienstverhältnisses gehört zu den Sondervergütungen im Sinne von § 15 Abs. 1 Nr. 2 EStG.
> Für Sozialversicherungsbeiträge des „Arbeitgebers" kommt § 3 Nr. 62 EStG nicht zur Anwendung.

3. Sondervergütungen

Die **Hinzurechnungsvorschrift des § 15 Abs. 1 S. 1 Nr. 2 EStG** soll verhindern, dass Vergütungen an Gesellschafter den Gewinn der Gesellschaft und damit auch den Gewinnanteil des einzelnen Gesellschafters Mitunternehmerschaft schmälern. Dies gilt auch für Vergütungen, die als nachträgliche Einkünfte (§ 24 Nr. 2 EStG) bezogen werden.

Der Gesellschafter einer Mitunternehmerschaft steht eher dem Einzelunternehmer als dem Gesellschafter einer GmbH nahe.

> **Hinweis! Im Gesellschaftsvertrag vereinbarte** Tätigkeitsvergütungen sind nur dann als Sondervergütungen i.S.d. § 15 Abs. 1 S. 1 Nr. 2 EStG zu qualifizieren, wenn sie „handelsrechtlich nach den Bestimmungen des Gesellschaftsvertrags als Aufwand zu behandeln sind, insbesondere im Gegensatz zum Gewinn voraus auch zu zahlen sind, wenn kein Gewinn erwirtschaftet wird" (H 15.8 Abs. 3 „Tätigkeitsvergütungen" EStH).
> **Auswirkung bei § 15a EStG!**

Sondervergütungen ergeben sich aufgrund einer schuldrechtlichen Vereinbarung. Es wird ein vertraglich vereinbartes Leistungsverhältnis befriedigt. Von einer Sondervergütung ist daher grundsätzlich dann auszugehen, wenn dieser **Gewinn unabhängig** gezahlt wird (Gedanke der Entlohnung einer konkreten Leistung).

Sondervergütungen sind abzugrenzen vom sog. Gewinn vorab (oder Vorabvergütung).

Ein Gewinn vorab ergibt sich aus **gesellschaftsrechtlichen Vereinbarungen** über die **Gewinnverteilung**: Sie sollen den Gewinnanspruch des Gesellschafters befriedigen. Diese Vergütungen sind Gegenstand der Verteilung des handelsrechtlichen Gewinns und führen nicht zu Betriebsausgaben bzw. Sonderbetriebseinnahmen. Die unterjährige Auszahlung ist eine Entnahme (auf den künftigen Gewinnanteil) des betreffenden Gesellschafters.

Die Vereinbarung eines Gewinns vorab muss sich aus dem Gesellschaftsvertrag ergeben. **Fehlt eine Vereinbarung**, ist vom gesetzlichen Regelfall auszugehen. Es liegt dann weder ein Gewinn vorab noch eine Sondervergütung vor. Vielmehr wird der Gewinn nach dem **allgemeinen Gewinnverteilungsschlüssel** verteilt (§ 733 Abs. 2 S. 3 BGB).

Die Beurteilung als Gewinn vorab oder Sondervergütung hat keine Auswirkung auf den **steuerlichen Gesamtgewinn der Gesellschaft**. Es ergibt sich jedoch eine unterschiedliche buchungstechnische Behandlung sowie bei der Versteuerung beim begünstigten Gesellschafter.

3. Sondervergütungen

	Gewinn vorab	**Sondervergütung**
Verbuchung der Auszahlung bei der Gesellschaft	als Entnahme des betreffenden Gesellschafters	als Betriebsausgabe
Versteuerung beim begünstigten Gesellschafter	im Rahmen der Zurechnung des Gewinnanteils der 1. Stufe	bei Hinzurechnung der Sondervergütung in der 2. Stufe (ggf. Auswirkung bei § 15a EStG).

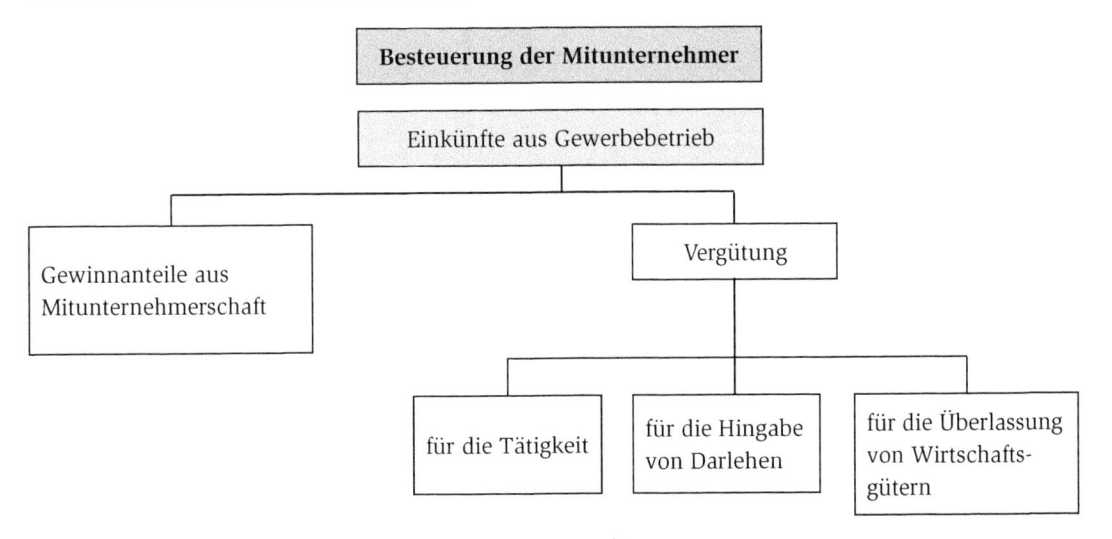

Besteuerung der Mitunternehmer

Einkünfte aus Gewerbebetrieb
- Gewinnanteile aus Mitunternehmerschaft
- Vergütung
  - für die Tätigkeit
  - für die Hingabe von Darlehen
  - für die Überlassung von Wirtschaftsgütern

§ 15 Abs. 1 Nr. 2 EStG als **Zurechnungsnorm** und **Qualifikationsnorm**:
- **Zurechnungsnorm:** „Gewinnanteile der Gesellschafter ..."
- **Qualifikationsnorm:** Einkünfte, die sonst als Arbeitslohn, aus Vermietung Verpachtung oder aus Kapitalvermögen zu erfassen wären, werden in gewerbliche Einkünfte umqualifiziert.

3.1 Vergütungen für Arbeitsleistungen

Der Begriff „Tätigkeit im Dienst der Gesellschaft" ist weit auszulegen.
    Darunter fallen alle Leistungen, zu denen der Gesellschafter verpflichtet ist, z.B. aus:
- dem Gesellschaftsvertrag,
- einem Dienstvertrag (§ 611 BGB),
- einem Werkvertrag (§ 631 BGB) oder
- einem Geschäftsbesorgungsvertrag (§ 675 BGB).

Grundsätzlicher Vorrang des § 15 Abs. 1 Nr. 2 EStG vor § 15 Abs. 1 Nr. 1 EStG
Die Vergütungen gehören – unabhängig der Beteiligungshöhe – auch dann zu den Einkünften im Rahmen der Mitunternehmerschaft, wenn sie ohnehin in einem inländischen gewerblichen Betrieb des Mitunternehmers als Betriebseinnahmen zu erfassen wären.
    Unerheblich ist, ob es sich um:
- eine leitende oder untergeordnete Tätigkeit,
- eine regelmäßige oder gelegentliche Tätigkeit,
- bei dem betroffenen Gesellschafter um eine natürliche Person,
- eine Personengesellschaft oder eine Kapitalgesellschaft

handelt.

Zeitliche Erfassung: Es gelten die bilanzsteuerlichen Grundsätze, § 11 EStG ist nicht anwendbar.

Ausnahme von § 15 Abs. 1 Nr. 2 EStG

Keine Anwendung von § 15 Abs. 1 Nr. 2 EStG bei Vergütungen für Leistungen, bei denen ein wirtschaftlicher Zusammenhang zwischen Leistung und Mitunternehmerschaft ausgeschlossen erscheint, diese also nur zufällig zusammentreffen.

> **Beispiel:**
>
> Ein Arbeitnehmer einer KG erbt einen geringfügigen Anteil an dieser KG. Das Arbeitsverhältnis wird kurz nach dem Erbfall beendet.

> **Lösung:**
>
> Der Arbeitslohn aus der Zeit zwischen Erbfall und Beendigung des Arbeitsverhältnisses führt zu Einkünften i.S.v. § 19 EStG und ist nicht als Sondervergütung nach § 15 Abs. 1 Nr. 2 EStG zu behandeln (BFH vom 24.01.1980, IV R 156–157/78, BStBl II 1980, 271).

3.2 Buchungsmäßige Behandlung

3.2.1 Arbeitsleistungen

Beruht die Arbeitsleistung auf einer Vereinbarung im Gesellschaftsvertrag, ist keine Buchung vorzunehmen.

Die Tätigkeitsvergütung wird dann im Rahmen der allgemeinen Gewinnverteilung dem berechtigten Gesellschafter als Vorabgewinn zugewiesen.

Entnimmt der Gesellschafter laufend die „Tätigkeitsvergütung", ist dies als Privatentnahme zu behandeln.

Buchung:

Entnahme Gesellschafter   an   Finanzkonto

Bei Zahlung aufgrund eines Anstellungsvertrags und Buchung bei der Personengesellschaft über Aufwand (auch im Fall eines Verlustes), ergibt sich folgende Buchung:

Buchung:

Gehälter   an   Finanzkonto

In der **Sonderbuchführung** des betroffenen Gesellschafters ist die Tätigkeitsvergütung entsprechend Gewinn erhöhend zu erfassen:

Buchung:

Privatentnahme   an   Erträge aus Geschäftsführungstätigkeit

> **Beispiel 1:**
>
> Der Gesellschafter-Geschäftsführer einer OHG erhält aufgrund eines Anstellungsvertrags eine Tätigkeitsvergütung von monatlich 10.000 € (= angemessen) ohne Abzüge auf ein privates Bankkonto des Gesellschafters überwiesen.
>
> **Buchung bei der OHG (zusammengefasst für das ganze Jahr):**
> Gehälter   120.000 €   an   Bank 120.000 €
>
> **Buchung beim Gesellschafter in dessen Sonderbuchführung:**
> Privatentnahme 120.000 €   an   Erträge 120.000 €
>
> Am Jahresende ergibt sich kein Bilanzposten.
> Soweit nicht aus anderen Gründen eine Sonderbilanz erstellt werden muss (z.B. weil gleichzeitig ein Grundstück an die OHG verpachtet wird), entfällt diese.

3. Sondervergütungen

Es reicht aus, lediglich die Sondervergütung von 120.000 € dem steuerlichen Gesamtgewinn der OHG und dem Gewinnanteil des Gesellschafters hinzuzurechnen.

Beispiel 2:

Der Gesellschafter-Geschäftsführer einer OHG erhält aufgrund eines Anstellungsvertrags eine Tätigkeitsvergütung von monatlich 10.000 € (= angemessen), die ohne Abzüge auf ein privates Konto des Gesellschafters überwiesen wird. Das Dezembergehalt wird erst im Januar des Folgejahres ausgezahlt.

Buchung bei der OHG:

Gehälter   120.000 €   an   Bank   110.000 €
                                     Sonst. Verbindlichkeiten   10.000 €

Buchung Sonderbuchführung des Gesellschafters:

Privatentnahme   110.000 €   an   Erträge   120.000 €
Sonst. Forderung   10.000 €

In der Sonderbilanz des Gesellschafters zum 31.12. sind auszuweisen:

Aktiva	Sonderbilanz 31.12.		Passiva
Sonst. Forderung	10.000	Kapital	10.000

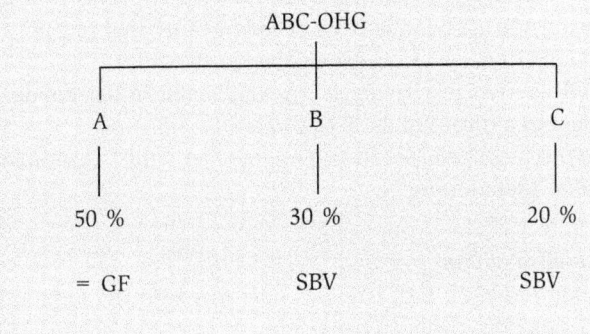

Fall 17: Die vielen Nebentätigkeiten des Mitunternehmers

```
                        ABC-OHG
            ┌──────────────┼──────────────┐
            A              B              C
            │              │              │
           50 %           30 %           20 %

          = GF            SBV            SBV

     Anstellungs-      Grundstück      Darlehen
       vertrag
```

An der ABC-OHG sind A zu 50 %, B zu 30 % und C zu 20 % beteiligt. Die Gesellschafter sind nicht miteinander verwandt. Der in der steuerlichen Gesamthandsbilanz der OHG ausgewiesene Gewinn beträgt 281.000 €.

Bei der Gewinnermittlung und Gewinnverteilung sind folgende Sachverhalte zu berücksichtigen:

- Die Geschäftsführervergütung an A in Höhe von jährlich 72.000 € wurde aufgrund eines schuldrechtlichen Anstellungsvertrags jeweils am Monatsende an A überwiesen und auf dem Konto Lohnaufwand gewinnmindernd gebucht. A erhält zudem laut Anstellungsvertrag eine Tantieme in Höhe von 5 % des auf volle 10.000 € abgerundeten Steuerbilanzgewinns der OHG (bisher noch nicht in der Gewinnermittlung berücksichtigt).
- Mit B hat die OHG vor Jahren einen Mietvertrag über das dem B gehörende Betriebsgrundstück abgeschlossen. Die dafür jeweils am Monatsende an B überwiesene Miete wurde auf dem Konto Mietaufwendungen gewinnmindernd gebucht. B hat das Grundstück in einer Sonderbilanz aktiviert. Hieraus ergibt sich in der Sonderbilanz des B ein Gewinn in Höhe von 25.420 €.

- Zur Bestreitung seiner Einlage in die OHG hat C ein Darlehen von 40.000 € aufgenommen, das er in einer Sonderbilanz passiviert hat. Die dafür aufgewendeten Zinsen betragen 4.520 €.
- Nach dem Gesellschaftsvertrag erhalten alle Gesellschafter als Gewinn vorab eine Kapitalverzinsung in Höhe von 8 % des Kapitalkontos I (A = 400.000 €, B = 200.000 € und C = 150.000 €).
- Die Verteilung des Restgewinns erfolgt laut Gesellschaftsvertrag nach dem allgemeinen Beteiligungsschlüssel.

Aufgabe: Wie ist der steuerliche Gesamtgewinn der ABC-OHG zu ermitteln und wie ist dieser auf die Gesellschafter zu verteilen? Auf die Gewerbesteuer ist nicht einzugehen.

4. Pensionszusagen an einen Gesellschafter
4.1 Rechtslage nach Handelsrecht

Nach § 249 Abs. 1 HGB muss bei Neuzusagen (nach 31.12.1986) in der Handelsbilanz eine Rückstellung gebildet werden.

Rechtslage nach Steuerrecht

Die Pensionsrückstellung in der HB ist nach den **Grundsätzen der Maßgeblichkeit** (§ 5 Abs. 1 S. 1 EStG) **auch in der Steuerbilanz** gewinnmindernd unter Beachtung des § 6a EStG zu übernehmen (vgl. BFH vom 02.12.1997, BStBl II 2008, 174, BMF vom 29.01.2008, BStBl I 2008, 317; Steuererlasse Beck-Texte Nr. 1 § 6a/20).

Das BMF-Schreiben enthält **Übergangsregelungen zu Altzusagen**, die bisher nicht bzw. nicht in voller Höhe passiviert (Gesamthandsbilanz) bzw. aktiviert (Sonderbilanz) sind und die nachgeholt werden.

Nach herrschender Meinung ist davon auszugehen, dass:
- der **begünstigte Gesellschafter** gleichzeitig korrespondierend in der **Sonderbilanz einen gleich hohen Aktivposten ansetzen** muss mit der Folge, dass
- der Gesamtgewinn der Personengesellschaft nicht gemindert wird – („**additive Gewinnermittlung mit korrespondierender Bilanzierung**").

Weitere Folgen:
- **Ausscheiden eines Gesellschafters**
  Besteht seine Pensionsanwartschaft fort, ist die Sonderbilanz für ihn fortzuführen. Spätere Versorgungsleistungen sind damit zu verrechnen.
  Verliert er die Anwartschaft, entsteht bei ihm Sonderbetriebsaufwand, bei den anderen Gesellschaftern durch Wegfall der Pensionsrückstellung in der Steuerbilanz ein Ertrag.
- **Rückdeckungsversicherung**
  Der Anspruch aus der **Rückdeckungsversicherung** gehört **nicht zum Betriebsvermögen** der Gesellschaft. Die Prämien hierfür sind Entnahmen aller Gesellschafter (BMF, a.a.O. Tz. V).

Fall 18:

E ist neben F, G und H Gesellschafter einer OHG und wie diese mit 25 % am Gewinn und Verlust sowie an den stillen Reserven beteiligt. Für seine Geschäftsführertätigkeit erhält er in 01 von der OHG eine Pensionszusage. Ab 01.01.04, bei Erreichen des 65. Lebensjahrs, zahlt die OHG an E monatlich 500 €. Eine besondere gesellschaftsvertragliche Vereinbarung liegt nicht vor.

Der Teilwert (Barwert nach § 6a EStG) der Pensionsverpflichtung beträgt am:
- 31.12.01   30.000 €,
- 31.12.02   34.000 €,
- 31.12.03   40.000 €,
- 31.12.04   38.000 €,
- 31.12.05   35.600 €.

> Die OHG hat folgende Jahresüberschüsse erzielt:
> - Jahr 03 150.000 € (Aufwand für PR = 6.000 € gebucht)
> - Jahr 05 160.000 € (Ertrag aus PR-Auflösung = 2.400 € gebucht)
>
> (Aus Vereinfachungsgründen werden nur diese Jahre dargestellt.)
>
> **Aufgabe:** Wie sind die bilanziellen Folgen?

5. Dienstleistungen

Sondervergütungen i.S.d. § 15 Abs. 1 Nr. 2 S. 1 EStG liegen auch vor, wenn ein Gesellschafter **daneben** noch eine **freiberufliche Tätigkeit** ausübt (z.B. als Architekt, Steuerberater, Rechtsanwalt) und in dieser Eigenschaft auch für die Personengesellschaft tätig ist.

Dies gilt auch, wenn die Vergütungen bei der Gesellschaft zu einem **aktivierungspflichtigen Wirtschaftsgut** führen (z.B. Herstellungskosten Gebäude). Die **Zurechnung beim Gesellschafter** erfolgt **unabhängig von der Aktivierung** bei der Gesellschaft.

> **Beispiel:**
>
> A ist als Kommanditist an der X-KG beteiligt. Die KG errichtet ein Betriebsgebäude und beauftragt A, die Bauaufsicht und die Koordinierung der Handwerker zu übernehmen. Hierfür erhält A einen Bruttoarbeitslohn in Höhe von 40.000 €.

> **Lösung:**
>
> Obwohl die Tätigkeitsvergütung für A zu den aktivierungspflichtigen Herstellungskosten des Betriebsgebäudes bei der KG rechnet, stellt sich der Arbeitslohn als Sonderbetriebseinnahme für A dar (BFH vom 08.02.1996, BStBl II 1996, 427).

> **Fall 19:**
>
> An der Müller-KG sind beteiligt:
> - der Gesellschafter Müller mit 50 % als Komplementär,
> - der Gesellschafter Kurz mit 20 % als Kommanditist und
> - die Gesellschafterin Lang mit 30 % als Kommanditistin.
>
> Der Gewinn der KG hat im Wirtschaftsjahr 04 laut Handelsbilanz 175.600 € betragen.
> Als Aufwand sind unter anderem gebucht:
> a) die Mietzahlungen von insgesamt 12.000 € für Büroräume in einem der Gesellschafterin Lang gehörenden gemischtgenutzten Grundstück,
> b) das Bruttogehalt von 30.000 € für den als Buchhalter beschäftigten Kommanditisten Kurz, außerdem 5.200 € als Arbeitgeberanteil zur gesetzlichen Sozialversicherung des Kurz.
>
> Im Gesellschaftsvertrag ist für den Komplementär Müller eine jährliche Tätigkeitsvergütung von 60.000 € als Gewinn vorab und außerdem eine Verzinsung der variablen Kapitalkonten (nach Stand vom Jahresanfang) mit 5 % für Komplementär und Kommanditisten vereinbart.
> Es ist insoweit noch nichts gebucht.

Die Kapitalkonten II (variable) weisen vor dem Jahresabschluss der KG folgende Zahlen aus:

	Müller	Kurz	Lang
Stand 01.01.04	127.200 €	88.600 €	102.800 €
./. Entnahmen	49.700 €	12.300 €	25.900 €
	77.500 €	76.300 €	76.900 €

Einlagen sind im Wirtschaftsjahr nicht erfolgt.
Für das Betriebsvermögen der Kommanditistin Lang ergibt sich folgende Gewinn- und Verlust-Rechnung 04:

Grundstückskosten	2.850 €	Mieterträge	12.000 €
AfA Bürogebäude	4.750 €		
Gewinn	4.400 €		
	12.000 €		12.000 €

Aufgabe: Stellen Sie die Gewinnverteilung (s.o.) nach Handels- und Steuerbilanz sowie die Kapitalkontenentwicklung dar.
Zu umsatzsteuerlichen Fragen ist lediglich Stellung zu beziehen, Berechnungen jedoch nicht durchzuführen.

Abwandlung: Das Finanzamt hat im Steuerfestsetzungsverfahren eine Teilwertabschreibung auf Waren in Höhe von 40.000 € nicht anerkannt und wegen der Auswirkung auf den Gewerbeertrag die GewSt-Rückstellung um 6.000 € erhöht. Der steuerliche Gewinn beträgt nach dieser Bilanzberichtigung 249.200 €.

Fall 20: Die Gewinnverteilung der VW-KG

Valentin Volk (V, Komplementär mit Einlage 900.000 €) und Werner Weber (W, Kommanditist mit Einlage von 100.000) sind Gesellschafter an der VW-KG.

1. Vorab sollen den Gesellschaftern ihre Festeinlage – soweit der Gewinn reicht – mit 10 % verzinst werden.
   Der verbleibende Gewinn oder Verlust (Restgewinn) wird mit 40 % auf V und 60 % auf W verteilt. Im Übrigen sollen die Bestimmungen des HGB gelten.
2. V erhält für seine Geschäftsführertätigkeit eine monatliche Vergütung von 10.000 €, die auch dann gezahlt wird, wenn die KG einen Verlust erwirtschaftet. Die Vergütung wird als Aufwand auf dem Konto „Geschäftsführergehälter" verbucht.
3. W hat seit einigen Jahren den Verdacht, dass Unregelmäßigkeiten des Komplementärs zu seinen Lasten gehen. Deshalb beauftragte er in 02 seinen Steuerberater mit der Überprüfung des vorangegangenen Jahresabschlusses. Der Steuerberater stellte zwar keine Unregelmäßigkeiten fest, berechnete W aber für dieses Gutachten 5.000 € + 950 € USt = 5.950 €. Diese Aufwendungen wurden bisher steuerlich weder von der KG noch von W geltend gemacht.

Für das Wirtschaftsjahr 02 hat die KG folgende – alternative – Betriebsergebnisse (in €) erwirtschaftet:
a) Gewinn von 180.000,
b) Gewinn von 30.000,
c) Verlust von 100.000,
d) Verlust von 200.000,
e) Verlust von 380.000.

> **Aufgaben:**
> - Nehmen Sie gutachtlich Stellung.
> - Ermitteln Sie den handelsrechtlichen Gewinn bzw. Verlust sowie den steuerlichen Gesamtgewinn bzw. Gesamtverlust der KG?
> - Nehmen Sie eine steuerliche Gewinnverteilung vor.

Werkvertrag

Auch Vergütungen aufgrund von Werkleistungen gehören zu den Sondervergütungen i.S.v. § 15 Abs. 1 Satz 1 Nr. 2 EStG.

Nicht unter § 15 Abs. 1 Satz 1 Nr. 2 EStG fallen allerdings alle **Veräußerungsgeschäfte** aufgrund von Liefer- oder Werklieferungsverträgen, gleichgültig, ob gelegentliche oder regelmäßige Geschäftsbeziehungen bestehen. Diese Vorgänge werden demnach wie Rechtsgeschäfte mit Dritten behandelt (H 15.8 Abs. 3 < Tätigkeitsvergütungen > EStH).

> **Beispiel 1:**
>
> A ist Gesellschafter der AB-KG, die einen Fabrikationsbetrieb unterhält. Daneben betreibt A als Einzelunternehmer einen Brennstoffhandel, aus dem er die KG regelmäßig mit Heizöl beliefert, die diese für ihre Produktionsanlagen benötigt.

> **Lösung:**
>
> Die Entgelte für die Heizöllieferungen fallen nicht unter § 15 Abs. 1 Nr. 2 S. 1 EStG, sondern stellen Betriebseinnahmen im Einzelunternehmen des A dar.

> **Beispiel 2:**
>
> Gesellschafter A ist mit 20 % an der AB-OHG beteiligt. Er veräußert an die OHG ein Grundstück zum Verkehrswert von 200.000 €. A hat das Grundstück vor 20 Jahren für 30.000 € gekauft und bisher in seinem Privatvermögen gehalten.

> **Lösung:**
>
> Das Veräußerungsentgelt fällt nicht unter § 15 Abs. 1 Nr. 2 S. 1 EStG. Der von A erzielte Veräußerungsgewinn unterliegt deshalb nicht der ESt und GewSt.

6. Vergütungen für die Überlassung von Wirtschaftsgütern

Es handelt sich dabei um alle Vergütungen, die der Gesellschafter für die Überlassung von materiellen und immateriellen Wirtschaftsgütern an die Gesellschaft zur Nutzung erhält.

> **Beispiel:**
> - Ein Gesellschafter überlässt seiner KG ein in seinem Eigentum stehendes Fabrikgrundstück zur Nutzung gegen Entgelt.
> - Ein Gesellschafter überlässt seiner KG ein von ihm entwickeltes Patent gegen Entgelt.
> - Entschädigungsloser Übergang des in Ausübung eines Erbbaurechts errichteten Bauwerks ist zusätzliches Nutzungsentgelt (BFH vom 11.12.2003, DStR 2004, 447).

Wirtschaftsgüter im Teileigentum

Gehört ein überlassenes Wirtschaftsgut dem Gesellschafter nur teilweise, liegen auch **nur insoweit Sonderbetriebseinnahmen** vor (nur anteilige Bilanzierung als Sonderbetriebsvermögen).

Die an der Personengesellschaft nicht beteiligten Miteigentümer des Wirtschaftsguts erzielen i.d.R. Einkünfte aus Vermietung und Verpachtung.

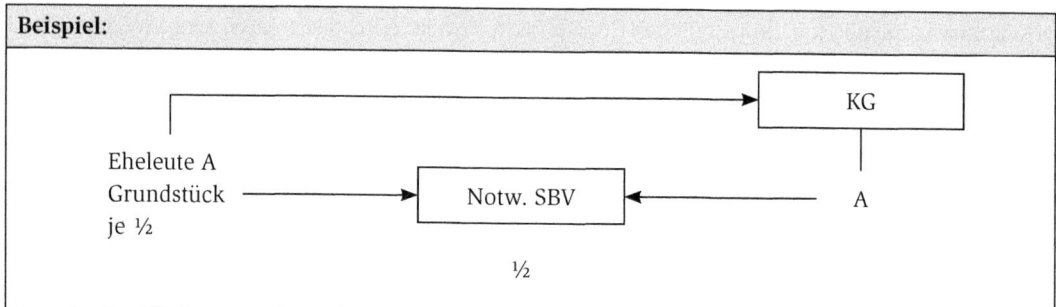

Beispiel:

```
                                                          KG
                                            ─────────────┐
                                                         │
    Eheleute A                                           │
    Grundstück  ─────────▶  Notw. SBV  ◀────────────    A
    je ½
                                 ½
```

A und seine Ehefrau vermieten der A-KG einen Lagerplatz für monatlich 1.000 €, der den Ehegatten je zur Hälfte gehört. Die Ehefrau A ist nicht an der KG beteiligt.

Lösung:

Die Miete stellt zur Hälfte (also mit 500 € monatlich) eine Sondervergütung des A dar. Der Lagerplatz ist zur Hälfte als Sonderbetriebsvermögen in der Sonderbilanz des A zu erfassen.
Der Anteil der Ehefrau A ist Privatvermögen. Sie erzielt bezüglich ihres Anteils Einkünfte aus Vermietung und Verpachtung.

Auch bei Überlassung gemieteter und angepachteter Wirtschaftsgüter fallen die Vergütungen unter § 15 Abs. 1 Nr. 2 S. 1 EStG.

Die vom Gesellschafter an einen Dritten zu zahlende Miete/Pacht ist in diesem Fall als Sonderbetriebsausgabe abzugsfähig.

→ § 15 Abs. 1 Nr. 2 S. 1 EStG **nicht anwendbar** für Leistungsverhältnisse (Miet- und Pachtverhältnisse) **in umgekehrter Richtung** (auch nicht analog).

Beispiel:

Die A-KG vermietet an ihren Gesellschafter A ein Grundstück, das dieser in seinem Einzelunternehmen nutzt.

Lösung:

Die Pachterträge stellen bei der KG Erträge dar, die in der Handels- und Steuerbilanz zu erfassen sind. Im Einzelunternehmen des A sind Betriebsausgaben gegeben.

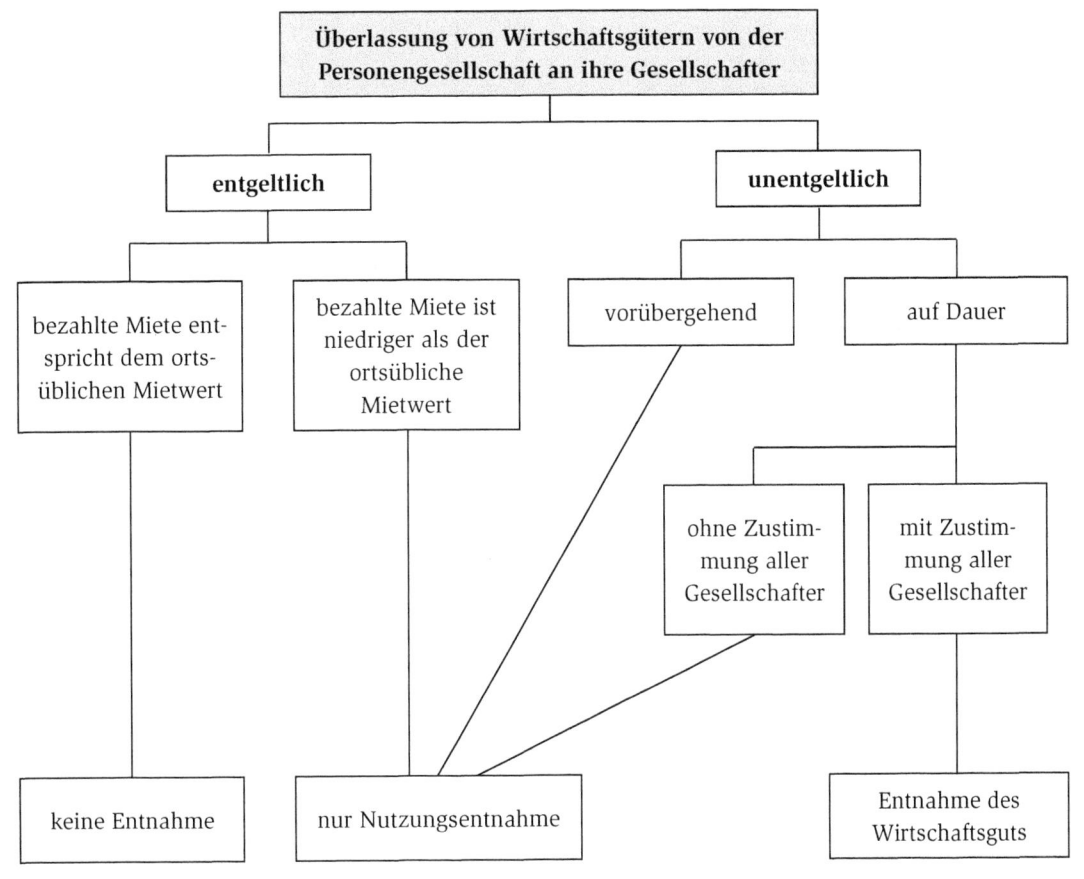

7. Vergütungen für die Hingabe von Darlehen

```
                    Überlassung von Wirtschaftsgütern von der
                    Personengesellschaft an ihre Gesellschafter
                    ┌──────────────────┴──────────────────┐
                entgeltlich                          unentgeltlich
            ┌───────┴────────┐                   ┌────────┴────────┐
    bezahlte Miete    bezahlte Miete ist    vorübergehend      auf Dauer
    entspricht dem    niedriger als der                   ┌────────┴────────┐
    ortsüblichen      ortsübliche                    ohne Zustim-     mit Zustim-
    Mietwert          Mietwert                       mung aller       mung aller
                                                     Gesellschafter   Gesellschafter

    keine Entnahme        nur Nutzungsentnahme                        Entnahme des
                                                                      Wirtschaftsguts
```

* entgeltlich = mindestens 10 % der ortsüblichen Miete

7. Vergütungen für die Hingabe von Darlehen

7.1 Darlehen vom Gesellschafter an seine Gesellschaft

Zunächst ist zu prüfen, ob Geldmittel, die ein Gesellschafter „seiner" Personengesellschaft zur Verfügung stellt, zu seinem **Sonderbetriebsvermögen** gehören **oder Eigenkapital** darstellen.

Zum **Eigenkapital** des Gesellschafters gehören vor allem:
- Einlagen, die er als Gesellschafterbeitrag zu erbringen hat (= Kapitalkonto I),
- gutgeschriebene Gewinnanteile (i.d.R. Kapitalkonto II),
- (freiwillige) Einlagen, ohne dass der Gesellschafter die Stellung eines Darlehensgläubigers erfüllt.

Sonderbetriebsvermögen sind demgegenüber:
- Darlehensforderungen i.S.v. § 607 BGB,
- Stundung von Forderungen des Gesellschafters (z.B. Gehalt, Miete),
- typisch stille Beteiligung des Gesellschafters an „seiner" Personengesellschaft.

> **Beachte!** Den Forderungen in der Sonderbilanz steht eine Verpflichtung in der Gesamthandsbilanz der Personengesellschaft gegenüber.
> Diese **beiden Posten neutralisieren sich** in der steuerlichen Gesamtbetrachtung der Personengesellschaft **gegenseitig**.
> Im Ergebnis stellt die Darlehensgewährung steuerlich eine Einlage und die Rückzahlung des Darlehens eine Entnahme dar.

Die **Teilwertabschreibung** der Forderung des Gesellschafters an die Gesellschaft ist **unzulässig**, solange dieser Mitunternehmer ist (BFH vom 16.03.2017, IV R 1/15, DStR 2017, 1151). Der **Verzicht auf eine Forderung** führt in Höhe des Nennwerts zur **Erhöhung des Kapitals**.

Beispiel:
Kommanditist K hat der K-KG im Jahr 01 ein Darlehen i.H.v. 500.000 € gewährt. Seit dem Jahr 06 ist die K-KG in einer wirtschaftlichen Krise. Es muss deshalb davon ausgegangen werden, dass der Darlehensanspruch im Jahr 07 nicht mehr werthaltig war.

Lösung:
Der Darlehensanspruch gehört zum Sonderbetriebsvermögen I des K bei der K-KG.
Er wird in der Sonderbilanz aktiviert.
Evtl. Zinsen führen zu Sonderbetriebseinnahmen.
Trotz der Wertlosigkeit des Darlehensanspruchs ist zum 31.12.07 in der Sonderbilanz ist eine Teilwertabschreibung auf den Darlehensanspruch unzulässig.
Das Darlehen wird demnach weiterhin in der Sonderbilanz mit 500.000 € aktiviert und in der Gesamthandsbilanz weiterhin mit 500.000 € passiviert.

7.2 Darlehen der Gesellschaft an den Gesellschafter

Darlehen der Gesellschaft an die Gesellschafter fallen nicht unter § 15 Abs. 1 Nr. 2 S. 1 EStG (§ 15 Abs. 1 Nr. 2 EStG gilt **nicht in umgekehrter Richtung, keine „negativen" Sondervergütungen**).

Grundsätzlich ist in diesen Fällen in der Handels- und Steuerbilanz der Personengesellschaft eine **Darlehensforderung zu aktivieren**. Die Zinsen stellen Betriebseinnahmen der Personengesellschaft dar. Dies setzt aber für die Darlehensgewährung eine **betriebliche Veranlassung** voraus.

Beispiel:
A und B sind jeweils zu 50 % an der AB-GmbH & Co. KG (GmbH nicht vermögensmäßig beteiligt).
A und B haben in 01 LV-Verträge abgeschlossen. Die Beiträge übernahm die KG. Die Ansprüche daraus wurden an die Bank zugunsten der KG abgetreten.
Aufgrund von Umsatzrückgängen hat die Gesellschafterversammlung in 09 beschlossen, die Versicherungsbeiträge nur noch darlehensweise zu zahlen. Die Darlehensforderungen betrugen Ende 09 ca. 50.000 € jeweils.
Frage: Sind die Forderungen anzuerkennen?
(Problem: Bei Nichtanerkennung, lägen Entnahmen der Gesellschafter vor, die das Kapitalkonto mindern würden, § 15a EStG!)
BFH vom 16.10.2014 (BStBl II 2015, 267):
Die Darlehensverträge wurden aus betrieblichem Aspekt (Umsatzrückgang) abgeschlossen; die Lebensversicherungen dienten der Besicherung von betrieblichen Krediten (LV aber PV!); auch erfolgte angemessene Verzinsung.
Damit sind die Forderungen (Darlehen) betrieblich veranlasst.

7.3 Rechtsfolgen bei fehlender betrieblicher Veranlassung

Zuordnung der Darlehensvaluta

Wird das Darlehen nicht angemessen verzinst, oder hält es bei einer Gesamtbetrachtung in anderer Hinsicht einem Fremdvergleich nicht stand, so gehört es zwar zivilrechtlich zum Gesellschaftsvermögen aber **nicht** zum **steuerlichen Betriebsvermögen**.

Die Gewährung eines außerbetrieblich veranlassten Darlehens stellt eine „**Entnahme**" der Darlehensvaluta aus dem Betriebsvermögen der Personengesellschaft in das gesamthänderisch gebundene Privatvermögen mit allen steuerlichen Folgen dar (insbesondere auch bezüglich des § 15a EStG); buchungstechnische Darstellung über – negative – Ergänzungsbilanzen möglich.

Die Entnahme ist (mangels abweichender Vereinbarung) allen Gesellschaftern nach Maßgabe ihres jeweiligen Anteils am Gesamthandsvermögen zuzurechnen, da ihnen der Darlehensbetrag spätestens im Rahmen der Liquidation anteilig zurückfließt.

Dementsprechend sind „**Tilgungsleistungen**" sowie „**Zinsleistungen**" des Darlehensnehmers bei allen Gesellschaftern anteilig als **Einlagen** zu erfassen.

Gewinnauswirkung

Evtl. gezahlte „Zinsen" führen nicht zu Betriebseinnahmen bei der Personengesellschaft und beim Gesellschafter nicht zu abzugsfähigen Ausgaben.

Refinanzierungskosten der Personengesellschaft sind nicht betrieblich veranlasst und deshalb vom Betriebsausgabenabzug ausgeschlossen.

Beispiel:

Die FG-KG (F und G zu 50 % beteiligt) gewährt dem Kommanditisten G am 01.07.2011 ein unverzinsliches Darlehen i.H.v. 100.000 €, das am 30.06.2015 fällig ist. Sicherheiten wurden nicht bestellt. G hat mit den Darlehensmitteln eine private Segeljacht erworben.

Lösung:

Es liegt kein betriebliches Darlehensverhältnis vor, weil die Konditionen (insbesondere die Unverzinslichkeit) einem Fremdvergleich nicht standhalten.

Die Darlehensforderung gehört zwar zivilrechtlich zum Gesellschaftsvermögen, aber nicht zum steuerlichen Betriebsvermögen.

Vielmehr liegt eine Entnahme der Gesellschafter F und G vor, die ihnen entsprechend ihrer Beteiligungsquote zuzurechnen ist.

Soweit G das Darlehen bei Fälligkeit tilgt, liegt eine Einlage der Gesellschafter F und G in das steuerliche Betriebsvermögen vor (evtl. gezahlte Zinsen wären bei der FG-KG keine Betriebseinnahmen, sondern Einlagen der Gesellschafter F und G in das steuerliche Betriebsvermögen der FG-KG).

7.4 Abzinsungsfragen

Abzinsung bei Gesellschaftsdarlehen in einer Personengesellschaft

Nach Auffassung der Finanzverwaltung (ESt-Referenten) ist für die in der **Gesamthandsbilanz auszuweisende Darlehensverpflichtung** gegenüber dem Gesellschafter einer Personalgesellschaft keine Abzinsung nach § 6 Abs. 1 Nr. 3 EStG vorzunehmen (**additive Gewinnermittlung mit korrespondierender Bilanzierung**).

Auch in der **Sonderbilanz des Gesellschafters** erfolgt keine Abzinsung.

Insofern erfolgt eine Klarstellung zu Rn. 23 des BMF-Schreibens vom 26.05.2005 zur Abzinsung (BStBl I 2005, 699; Beck-Texte § 6.19).

Bilanzierung bei Betriebsaufspaltung

Besitz- und Betriebsunternehmen sind zivil- und steuerrechtlich selbständige Unternehmen und ermitteln ihren Gewinn selbständig.

Deshalb besteht auch kein allgemeiner Grundsatz, dass Besitz- und Betriebsunternehmen **durchgängig korrespondierend bilanzieren** müssen (BFH vom 08.03.1989, BStBl II 1989, 714 zur Zulässigkeit von Teilwertabschreibungen auf Forderungen).

Dies gilt auch für die Fragen der Abzinsung.

Beispiel:
Die AB-GmbH ist Betriebsgesellschaft im Rahmen einer Betriebsaufspaltung mit der AB-GbR. Nach dem Pachtvertrag mit dem Besitzunternehmen muss die GmbH die gepachteten beweglichen Wirtschaftsgüter am Ende der Pachtzeit in neuwertigem Zustand zurückgeben (Pachterneuerungsverpflichtung). Die Nutzungsdauer der angepachteten Wirtschaftsgüter beträgt durchschnittlich zehn Jahre.

Lösung (Auffassung der Finanzverwaltung):
Die Pachterneuerungsrückstellung bei der AB-GmbH abzuzinsen, der (evtl., derzeit streitig) Anspruch aus der Pachterneuerung bei der AB-GbR demgegenüber nicht. Insoweit ist der Grundsatz der korrespondierenden Bilanzierung nicht anwendbar.

7.5 Forderungsverzicht durch Personengesellschafter

Bei einem gesellschaftsrechtlich veranlassten Verzicht auf eine nicht mehr werthaltige Forderung gegenüber der Personengesellschaft ist von einem **erfolgsneutralen Vorgang** auszugehen.

In der Gesamthandsbilanz ist der Wegfall der Verbindlichkeit in Höhe ihres Nennbetrags wie eine Einlage zu behandeln (Schmidt, EStG, 24. Aufl., § 15 EStG Rz. 550).

In der Sonderbilanz des Gesellschafters ist die Forderung ebenfalls erfolgsneutral wie eine Entnahme auszubuchen. Eine Gleichbehandlung mit einem Forderungsverzicht eines GmbH-Gesellschafters erfolgt somit nicht (a.A. Paus, INF 2005, 28).

Beispiel:
A ist alleiniger Kommanditist der verlustträchtigen A-GmbH & Co. KG (A-KG). Die verrechenbaren Verluste des A i.S.v. § 15a EStG betragen 5 Mio. €. A hat der A-KG Gesellschafterdarlehen i.H.v. 3 Mio. € gewährt. Die Ansprüche sind nicht mehr werthaltig. In 07 verzichtet A auf die Darlehensforderungen, ohne dass auch gleichzeitig andere Gläubiger auf ihre Forderungen verzichten.

Lösung:
Bis zum Zeitpunkt des Verzichts waren Verbindlichkeit (in der Gesamthandsbilanz) und Forderung (in der Sonderbilanz) korrespondierend zu bilanzieren (Teilwertabschreibung unzulässig).

Es ergibt sich keine Gewinnauswirkung des Forderungsverzichts in Gesamthands- und Sonderbilanz, **kein Aufwand in der Sonderbilanz** und kein Ertrag in der Gesamthandsbilanz (der mit den verrechenbaren Verlusten i.S.v. § 15a EStG neutralisiert werden könnte!).

Durch die Erhöhung des Kapitalkontos des A in der Gesamthandsbilanz erhöht sich das Verlustausgleichsvolumen i.S.v. § 15a EStG im Jahr des Verzichts unabhängig von der Werthaltigkeit – um den Nennbetrag der Forderung (hier 3 Mio. €).

7.6 Bürgschaftszahlungen eines Mitunternehmers

Übernimmt ein Mitunternehmer eine Bürgschaft zugunsten einer Verbindlichkeit seiner Personengesellschaft, stellt die Bürgschaftsübernahme einen **betrieblichen Vorgang im Sonderbetriebsvermögen** des Mitunternehmers dar.

Mangels Anschaffungskosten ist die Bürgschaftsübernahme **in der Sonderbilanz nicht auszuweisen**. Auch eine drohende Inanspruchnahme kann während des Bestehens der Mitunternehmerstellung **nicht** durch eine **Rückstellung** berücksichtigt werden (BFH vom 12.07.1990, BStBl II 1991, 64).

Wird der Mitunternehmer aus der Bürgschaft in Anspruch genommen, stellen seine **Bürgschaftszahlungen Einlagen in das Gesamthands- oder Sonderbetriebsvermögen** dar. Sofort abzugsfähige Betriebsausgaben liegen zu diesem Zeitpunkt noch nicht vor.

Mit der Bürgschaftsinanspruchnahme geht die Gläubigerforderung auf den Gesellschafter über (§ 774 BGB), er hat eine Forderung gegenüber „seiner" Personengesellschaft. Bilanztechnisch liegt eine **Einlage** vor.

Die Forderung ist in der **Sonderbilanz** des Gesellschafters mit demselben Betrag anzusetzen, wie die Verbindlichkeit in der Gesamthandsbilanz zu Buche steht (regelmäßig mit dem Nennwert).

Eine Teilwertabschreibung kommt nicht in Betracht. Erst beim Ausscheiden des Mitunternehmers aus der Personengesellschaft spielt die Werthaltigkeit der Forderung eine Rolle und führt in Höhe des wertlosen Teils zu einer Minderung des Aufgabegewinns bzw. zu einer Erhöhung des Aufgabeverlustes.

Fall 21:
B ist alleiniger Gesellschafter der gewerblich tätigen B-GmbH & Co. KG (Wirtschaftsjahr = Kalenderjahr). Die Hausbank gewährte der KG im Juni 03 ein Darlehen über 200.000 €, das am 31.12.03 als Verbindlichkeit im Gesamthandsvermögen bilanziert war. Als Sicherheit musste B für die Darlehensforderung der Bank bürgen.
Wegen Zahlungsschwierigkeiten der KG wurde B von der Bank im Dezember 07 als Bürge in Anspruch genommen. Er bezahlte in 07 noch 100.000 € an die Hausbank. Diese 100.000 € behandelte B als Sonderbetriebsausgaben.
Aufgabe: Bitte prüfen Sie die Zulässigkeit.

Rechtsprechung
Geben Gesellschafter der Besitz-Personengesellschaft in zeitlichem Zusammenhang mit der Begründung der Betriebsaufspaltung der Betriebs-GmbH ein ungesichertes, **unkündbares Darlehen**, für das Zinsen erst zum Ende der 16-jährigen Laufzeit gezahlt werden sollen, so gehören die Darlehensforderungen zum **Sonderbetriebsvermögen II** der Gesellschafter bei der Besitz-Personengesellschaft (BFH vom 07.11.2000, BStBl II 2001, 186).

Hat der Gesellschafter ein **Verrechnungskonto zu verzinsen**, das einen Sollsaldo aufweist, kann dieses Konto entweder eine Darlehensforderung gegen den Gesellschafter dokumentieren oder aber als (negativer) Bestandteil des Kapitalkontos anzusehen sein. Handelt es sich um einen Bestandteil des Kapitalkontos, dient die Verzinsung allein der zutreffenden Gewinnverteilung und führt nicht zu einer Erhöhung des Gewinns (BFH vom 04.05.2000, BStBl II 2001, 171).

Werden **Büroarbeiten für eine KG** durch eine an der KG nicht beteiligte GmbH erledigt, die einen anderweitigen selbständigen Geschäftszweck hat, stellen die Zahlungen der KG an die GmbH hierfür eine Sondervergütung für die als Kommanditistin an der KG beteiligte Arbeitnehmerin der GmbH dar, wenn diese die Bürotätigkeiten für die KG abgrenzbar von ihrer sonstigen Tätigkeit für die GmbH ausführt (BFH vom 07.12.2004, BStBl II 2005, 390).

> Trägt der **Gesellschafter einer GbR** deren **Werbungskosten** über den seiner Beteiligung entsprechenden Anteil hinaus, sind ihm diese Aufwendungen bei der einheitlichen und gesonderten Gewinnfeststellung ausnahmsweise dann **allein zuzurechnen, wenn** insoweit weder eine Zuwendung an Mitgesellschafter beabsichtigt ist noch gegen diese ein durchsetzbarer Ausgleichsanspruch besteht. Auf die Kenntnis der Umstände, aus denen sich die fehlende Durchsetzbarkeit des Ausgleichsanspruchs ergibt, kommt es nicht an (BFH vom 23.11.2004, BStBl II 2005, 454).

8. Abgrenzungsfälle von § 15 Abs. 1 Nr. 2 EStG

§ 15 Abs. 1 Nr. 2 EStG trifft solche Leistungen, die ein Mitunternehmer in der Zeit erbracht hat, in der er Mitunternehmer ist.

Keine Anwendung von § 15 Abs. 1 Nr. 2 EStG somit auf:

- **Pensionsrückstellungen,** die für einen Arbeitnehmer einer Personengesellschaft für die Zeit **vor** seinem **Eintritt** in die Gesellschaft gebildet worden sind.
  Sie brauchen nicht aufgelöst zu werden, wenn der betreffende Arbeitnehmer Mitunternehmer der Personengesellschaft wird.
- **Umwandlung einer GmbH,** die ihrem Gesellschafter-Geschäftsführer gegenüber eine **Pensionsverpflichtung** eingegangen war, in eine KG und der Gesellschafter-Geschäftsführer wird im Zuge der Umwandlung Gesellschafter der KG. Die gebildeten Pensionsrückstellungen sind nicht aufzulösen (BFH vom 22.06.1977, BStBl II 1977, 798).
- **Lizenzgebühren,** die ein Mitunternehmer von seiner Personengesellschaft dafür erhält, dass er **vor** seinem **Beitritt** zu der Personengesellschaft dieser eine **Erfindung übereignet** hat (BFH vom 28.01.1976, BStBl II 1976, 746).
- Bei **Leistungsaustausch zwischen zwei Personengesellschaften,** an denen teilweise dieselben Mitunternehmer beteiligt sind, fallen Zahlungen an die andere Gesellschaft ebenfalls nicht unter § 15 Abs. 1 Nr. 2 S. 1 EStG.
- **Rückstellung für Abbruchverpflichtung** der Gesellschaft führt nicht zu korrespondierendem Aktivposten beim Eigentümer-Gesellschafter (BFH vom 17.12.2002, BStBl II 2002, 612).
- **Vergütungen,** die ein Gesellschafter, der zugleich ein Einzelunternehmen betreibt, **von dritter Seite** erhält – wenn auch für eine Tätigkeit, die im Zusammenhang mit der gewerblichen Tätigkeit einer Personengesellschaft sind Betriebseinnahmen des Einzelunternehmens, sofern dieses auch Geschäftsbeziehungen zu anderen Personen als der Personengesellschaft unterhält (BFH vom 14.03.2012, X R 24/10).
- Einnahmen eines Gesellschafters für Tätigkeiten im Dienst der Gesellschaft, die an sich zu den Einkünften aus nichtselbständiger Arbeit gehören würden, sind auch dann in Sonderbetriebseinnahmen umzuqualifizieren, wenn der Gesellschafter die **Dienstleistungen nicht unmittelbar, sondern über eine zwischengeschaltete Kapitalgesellschaft** an die Personengesellschaft erbringt, wenn der Gesellschafter sowohl die Personen- als auch die Kapitalgesellschaft beherrscht und die Kapitalgesellschaft – nur – formal zwischengeschaltet ist.

9. Sonderbetriebsausgaben

Sonderbetriebsausgaben sind Aufwendungen, die im Zusammenhang mit:
- Sonderbetriebsvermögen oder
- Sonderbetriebseinnahmen oder
- in sonstiger Weise durch die Beteiligung an der Personengesellschaft

verursacht werden.

Sonderbetriebsausgaben können verfahrensrechtlich nur im Rahmen des für die Personengesellschaft durchzuführenden **Gewinnfeststellungsverfahrens** geltend gemacht werden (BFH vom 11.09.1991, BStBl II 1992, 4).

Ist für eine Vergütung § 15 Abs. 1 Nr. 2 S. 1 EStG anzuwenden und fallen die Aufwendungen in einem anderen Betrieb des Gesellschafters an (Einzelunternehmen), liegt in dieser Höhe eine Entnahme aus diesem Betrieb vor.

10. Zivilrechtliche Gewinnverteilung

GbR (§ 722 Abs. 1 BGB)
Die Aufteilung erfolgt nach **Köpfen,** ohne Rücksicht auf die Art oder Höhe des gesellschaftsrechtlichen Beitrags gleichmäßig.

OHG (§ 121 HGB)
Jeder Gesellschafter erhält vorweg eine **Verzinsung** seines Kapitalanteils in Höhe von 4 % (reiner Gewinnanteil und nicht Zins).
- Reicht der Gewinn nicht, ist ein entsprechend niedrigerer Zinssatz zugrunde zu legen.
- Ist kein Gewinn erzielt worden, wird auch nicht verzinst.
- Bei Entnahmen und Einlagen ist die Kapitalverzinsung nach § 121 Abs. 1 HGB nach der **Zinsstaffelmethode** zu berechnen (§ 121 Abs. 2 HGB).
- Darüber hinausgehender Gewinn ist nach **Köpfen** zu verteilen.
- Verluste werden ebenfalls nach Köpfen verteilt (§ 121 Abs. 3 HGB).

KG (§§ 167 Abs. 1, 168 HGB)
- Jeder Gesellschafter einschließlich Kommanditisten erhält vorweg eine **Verzinsung** seines Kapitalanteils in Höhe von 4 % (reiner Gewinnanteil und nicht Zins).
- Darüberhinausgehender Gewinn ist angemessen zu verteilen. Zu berücksichtigen sind dabei insbesondere Geschäftsführung, Haftung, Wettbewerbsverbot.

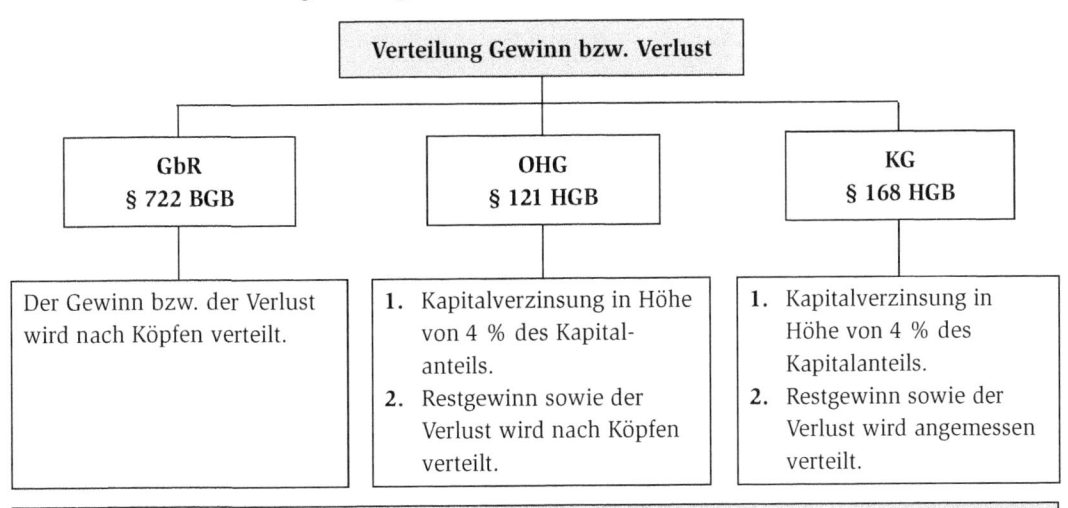

Verteilung Gewinn bzw. Verlust		
GbR § 722 BGB	**OHG** § 121 HGB	**KG** § 168 HGB
Der Gewinn bzw. der Verlust wird nach Köpfen verteilt.	1. Kapitalverzinsung in Höhe von 4 % des Kapitalanteils. 2. Restgewinn sowie der Verlust wird nach Köpfen verteilt.	1. Kapitalverzinsung in Höhe von 4 % des Kapitalanteils. 2. Restgewinn sowie der Verlust wird angemessen verteilt.

Beispiel:
Der HB-Gewinn einer OHG beträgt 122.000 €. Beteiligt sind die 3 Gesellschafter A, B und C mit je $1/3$ (Stand der Kapitalkonten I am 01.01.: 500.000 € (A), 300.000 € (B) und 200.000 € (C)).

Lösung:			
Der Gewinn ist wie folgt zu verteilen:			
	A	B	C
Gewinn 122.000 €			
Zinsen 4 %./. 40.000 €	20.000 €	12.000 €	8.000 €
Restgewinn 82.000 €	+ 27.333 €	+ 27.333 €	+ 27.334 €
Gewinnanteil	**47.333 €**	**39.333 €**	**35.334 €**

10.1 Vertragliche Gewinnverteilung

Die handelsrechtlichen Regelungen über die Gewinnverteilung sind **dispositives Recht** und können durch vertragliche Abrede geändert werden (Regelfall).

Der Gewinn kann nach Köpfen, nach einer bestimmten Quote, nach dem Verhältnis der Kapitalkonten (I), mit oder ohne Kapitalverzinsung usw. verteilt werden.

Regelmäßig wird in vertraglichen Gewinnverteilungsabreden die Tätigkeit eines Gesellschafters (z.B. Geschäftsführung, wenn nicht bereits schuldrechtlicher Vertrag abgeschlossen) durch Zahlung einer Vorwegvergütung abgegolten.

Diese ist auch dann zu gewähren, wenn die Personengesellschaft keinen Gewinn erzielt hat, es sei denn, der Vertrag bestimmt etwas anderes.

Technik der Gewinnverteilung
Siehe folgende Beispiele:

Beispiel 1:
Handelsbilanzgewinn der A und B OHG 500.000 €; A und B sind zu 50 % beteiligt. A erhält eine Tätigkeitsvergütung von 100.000 €, die nicht als Aufwand gebucht wurde.

Lösung:
Handelsbilanzgewinn 500.000 €, davon vorab 100.000 € an A, Restgewinn von 400.000 € ist auf A und B zu je 200.000 € zu verteilen. Steuerliche Gewinnanteile insgesamt A 300.000 € und B 200.000 €.

Buchmäßige Behandlung
Gewinnanteile aus der Handelsbilanz werden den Kapitalkonten der Gesellschafter gutgeschrieben (i.d.R. den variable Kapitalkonten).
   Verlustanteile werden den Konten belastet.
Buchung (siehe vorstehendes Beispiel):
Kapital A 25.950 €
Kapital B 55.950 €   an   Gewinn- und Verlustkonto 81.900 €

Ergebnisse der **Sonder- bzw. Ergänzungsbilanzen** haben **keinen** Einfluss auf die Kapitalkonten der Gesellschaft. Sie bleiben daher bei einer Kapitalkontoentwicklung unberücksichtigt.

Diese wirken sich auf das Sonderbetriebsvermögen des Gesellschafters oder auf das Mehrkapital bzw. Minderkapital in einer Ergänzungsbilanz aus (vergleiche nachfolgende Beispiele).

10.2 Steuerliche Gewinnverteilung

Die **steuerrechtliche Gewinnverteilung folgt** im Allgemeinen **der zivilrechtlichen**.

Ausnahme: Der vertragliche Gewinnverteilungsschlüssel ist **außerbetrieblich** (nicht beitragsbezogen) beeinflusst; wie dies häufig bei Familienpersonengesellschaften der Fall ist – H 15.8 Abs. 3 < außerbetrieblich ... > EStH.

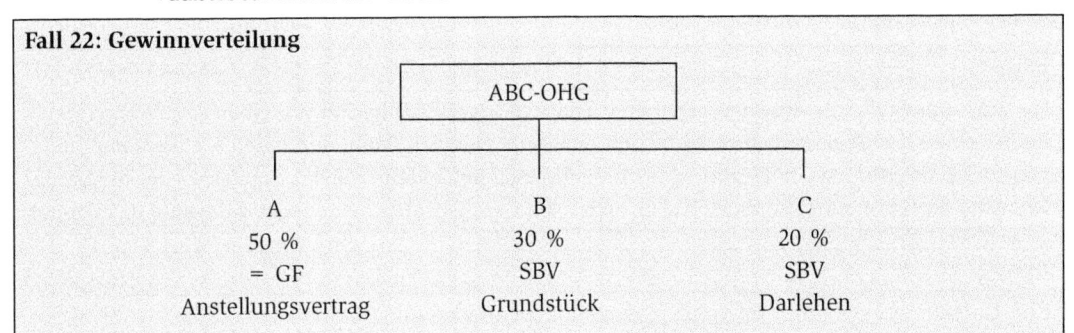

Fall 22: Gewinnverteilung

```
                    ABC-OHG
        ┌──────────────┼──────────────┐
        A              B              C
       50 %           30 %           20 %
       = GF           SBV            SBV
   Anstellungsvertrag Grundstück    Darlehen
```

An der ABC-OHG sind A zu 50 %, B zu 30 % und C zu 20 % beteiligt. Die Gesellschafter sind nicht miteinander verwandt.

Der in der Handelsbilanz der OHG ausgewiesene Gewinn beträgt 281.000 €. Folgende Sachverhalte haben diesen Gewinn beeinflusst:

- Die **Geschäftsführervergütung an A** in Höhe von jährlich 72.000 € wurde aufgrund eines **Anstellungsvertrags** jeweils am Monatsende an A überwiesen und über das Gehaltskonto gewinnmindernd gebucht.
- Überwiesene Miete wurde auf dem Konto Mietaufwendungen gewinnmindernd gebucht. B hat das Grundstück in einer Sonderbilanz aktiviert. Hieraus ergibt sich ein **Gewinn** in Höhe von 25.420 €.
- Der Gesellschaftsvertrag sieht eine **Kapitalverzinsung** von 8 % vom Kapitalkonto I vor (A = 400.000 €, bei B = 200.000 € und bei C = 150.000 €).
- A erhält eine **Tantieme** in Höhe von 5 % auf volle 10.000 € abgerundeten Handelsbilanzgewinn.
- Aufgrund der besonderen Kreditwürdigkeit des B und der Einbringung eines angesehenen Namens von C wird der handelsrechtliche **Restgewinn** nach Köpfen verteilt.
- Zur Bestreitung seiner Einlage in die OHG hat **C** ein **Darlehen** von 40.000 € aufgenommen, das er in der **Sonderbilanz** passiviert hat. Die aufgewendeten **Zinsen** betragen 4.520 €. In der Sonderbilanz C ergibt sich ein Verlust in Höhe von 4.520 €.

Aufgabe: Erstellen Sie die Gewinnverteilung.

Beispiel:

Bilanzverlust der AB-OHG im Jahr 01 = 81.900 €. Beteiligt sind A und B mit je 50 % A erhält eine Tätigkeitsvergütung von 30.000 € jährlich, die nicht als Aufwand gebucht ist.

Sachverhalt		A	B
Bilanzverlust	81.900 €		
Tätigkeitsvergütung A	+ 30.000 €	+ 30.000 €	–
Zu verteilender Verlust	111.900 €		
Davon entfallen auf A und B je 50 % =		./. 55.950 €	./. 55.950 €
Verlustanteil		**./. 25.950 €**	**./. 55.950 €**

Verluste werden ebenfalls nach dem vorgesehenen Verteilungsschlüssel aufgeteilt. Dabei ist jedoch zu beachten, dass etwaige Tätigkeitsvergütungen oder eine Kapitalverzinsung den zu verteilenden Verlust zunächst erhöhen.

Entnahmen

Entnahmen aus dem Gesamthandsvermögen mit Zustimmung aller Gesellschafter zugunsten eines Gesellschafters werden allen zugerechnet, wenn dem übernehmenden Gesellschafter die stillen Reserven geschenkt werden (BFH vom 28.09.1995, BStBl II 1996, 276).

Bei steuerlichen Mehr- oder Mindergewinnen ist zu unterscheiden, ob sie sich auf das Betriebsvermögen der Personengesellschaften auswirken, und ob sie alle Gesellschafter oder nur einzelne betreffen.

Beispiel 1:

Die Zurechnung der als Aufwand gebuchten Tätigkeitsvergütung betrifft nur einen Gesellschafter.
Beim Kapital des Gesellschafters ergibt sich einerseits eine Erhöhung durch den Mehrgewinn, andererseits ist die Zahlung der Vergütung als Entnahme zu behandeln, die das Kapital wieder in gleicher Höhe mindert. Insgesamt ergibt sich also auch beim Gesellschafter keine Auswirkung auf das Kapital.

Beispiel 2:

Eine Garantierückstellung wird vom Finanzamt nicht anerkannt.
Der dadurch entstehende Mehrgewinn ist den Gesellschaftern nach dem Gewinnverteilungsschlüssel zuzurechnen und ihren Kapitalkonten gutzuschreiben (zunächst in der Steuerbilanz).

Rückwirkungsverbot

Das steuerrechtliche Rückwirkungsverbot gilt auch bei Vereinbarungen über die Gewinnverteilung (BFH vom 12.06.1980, BStBl II 1980, 723; 07.07.1983, BStBl II 1984, 53).

Einem Gesellschafter dürfen im **Beitrittsjahr** nur die auf seine Beitrittszeit entfallenen Ergebnisse der Gesellschaft **zugerechnet** werden.

Dagegen wird die rückwirkende Kraft eines Vergleichs zur Regelung streitiger Rechtsverhältnisse auch bei der Gewinnverteilung anerkannt (BFH vom 23.04.1975, BStBl II 1975, 603), R 15.8 Abs. 3 EStR.

Mehrgewinne aus Außenprüfung

Aufgrund einer **Außenprüfung** festgestellte Mehrgewinne sind grundsätzlich nach dem handelsrechtlichen Gewinnverteilungsschlüssel auf die Gesellschafter zu verteilen.

Ausnahme: Gesellschaftsvertraglich ist eine andere Regelung getroffen z.B. Mehrgewinne sollen nur demjenigen zugerechnet werden, der sie auch verursacht hat (z.B. Kfz-Nutzung) bzw. dem sie zugutegekommen sind (BFH vom 23.06.1999, BFH/NV 2000, 29).

→ H 15.8 Abs. 3 < Mehrgewinne eines ausgeschiedenen Gesellschafters aufgrund eine späteren Betriebsprüfung > EStH

Fall 23:

Die A & B OHG (= OHG) mit Sitz in Karlsruhe betreibt ein Sportgeschäft. An der OHG sind die Gesellschafter A, B und C mit je 1/3 beteiligt. Die OHG erstellte zum 31.12.08 eine Steuerbilanz, die mit der Handelsbilanz übereinstimmt. Wirtschaftsjahr ist das Kalenderjahr. Der Jahresüberschuss beträgt 300.000 €.
Entsprechend dem Gesellschaftsvertrag wurde dieser mit je 100.000 € auf A, B und C verteilt. Sonder- und Ergänzungsbilanzen für die Gesellschafter wurden bisher nicht erstellt. Außerbilanzielle Hinzurechnungen oder Kürzungen sind nicht bekannt.
Folgende Sachverhalte sind auf deren steuerlich (ohne USt) zutreffende Behandlung zu untersuchen:
1. Geschäftsführer der OHG ist der Gesellschafter B. Aufgrund eines neben dem Gesellschaftsvertrag abgeschlossenen Geschäftsführervertrages werden B monatlich 10.000 € als Gehalt auf ein privates Bankkonto überwiesen.

10. Zivilrechtliche Gewinnverteilung

Das Gehalt ist auch zu zahlen, wenn die OHG einen Verlust erleidet. Obwohl B sozialversicherungsrechtlich kein Arbeitnehmer ist, hat die OHG für ihn seit Januar 08 Sozialversicherungsbeiträge einbehalten und einschließlich eines Arbeitgeberanteils an den Sozialversicherungsträger abgeführt.

Buchungen:
(für Januar bis November 08):

Gehälter	110.000 €	an	Bank	96.800 €
Gesetzl. Soz. Aufwendungen	13.200 €		Sonst. Verbindlich.	26.400 €

Sonst. Verbindlich.	26.400 €	an	Bank	26.400 €

Bei der Lohnabrechnung im Dezember 08 hat der Bilanzbuchhalter den Fehler entdeckt und daraufhin das Dezembergehalt von 10.000 € netto ausbezahlt. Am 28.12.08 wurde eine berichtigte Anmeldung bei der Sozialversicherung abgegeben, mit der die Sozialversicherungsbeiträge (11 × 1.200 € × 2 = 26.400 €) zurückgefordert wurden.
Der Sozialversicherungsträger hat den angeforderten Betrag am 18.01.09 an die OHG überwiesen. Am gleichen Tag hat die OHG den Betrag von 13.200 € an B ausgezahlt.

Buchungen:
(im Dezember 08):

Gehälter	10.000 €	an	Bank	10.000 €

(im Januar 09):

Bank	26.400 €	an	Sonst. betriebliche Erträge	26.400 €
Löhne	13.200 €	an	Bank	13.200 €

2. Aufgrund der betriebswirtschaftlichen Auswertungen für das Jahr 08 zeichnete sich eine Steigerung des Betriebsergebnisses 08 gegenüber dem des Jahres 07 ab.
Die Gesellschafter der OHG haben deshalb wegen der guten Ertragslage beschlossen, das Gehalt für den Geschäftsführer B zu erhöhen.
Der Gesellschafterbeschluss sieht vor, dass das bisher vertraglich vereinbarte Gehalt sich rückwirkend ab 01.01.08 auf (angemessene) 12.000 € monatlich erhöht. Da dieser Betrag erst am 03.01.09 an den Gesellschafter überwiesen wurde, wurde bei der Bilanzerstellung für 08 gebucht:

Gehälter	24.000 €	an	Rückstellungen	24.000 €

Aufgaben: Nehmen Sie zu den einzelnen Sachverhalten Stellung. Begründen Sie kurz aber erschöpfend Ihre Auffassung.
Ermitteln Sie die (berichtigten) Bilanzansätze zum 31.12.08 für die Bilanz der OHG und evtl. Bilanzen der Gesellschafter einschließlich der (berichtigten) GuV-Ansätze 08 für die GuV der OHG und evtl. GuV für Bilanzen der Gesellschafter. Die Gewinnberichtigung ist wie folgt darzustellen:

OHG/ggf. Bilanz
Gesellschafter   Änderung   Gewinnauswirkung
Bilanzposten
OHG/ggf. Bilanz
Gesellschafter   Änderung   Gewinnauswirkung
Aufwand/Ertrag

> **Fall 24:**
> Bei einer Außenprüfung der AB-OHG stellte der Betriebsprüfer für das Jahr 03 einen Mehrgewinn von 60.000 € fest.
> Im Prüfungszeitraum waren an der OHG A, B und C zu gleichen Teilen beteiligt.
> Entsprechend erfolgte die Gewinnverteilung.
> Am 31.12.03 ist A aus der Gesellschaft ausgeschieden. Seitdem führen B und C die Gesellschaft weiter.
> Das Kapitalkonto des A in der Steuerbilanz zum 31.12.03 betrug 300.000 €.
>
> **Aufgabe:** Welche steuerlichen Folgen haben die Prüfungsfeststellungen für A, wenn er nach dem Gesellschaftsvertrag bei seinem Ausscheiden über den Buchwert seines Anteils hinaus eine Abfindung:
> 1. in Höhe der anteiligen stillen Reserven (50.000 €),
> 2. pauschal von 25.000 €,
> 3. nur den Buchwert seines Anteils erhält.

Veruntreuung von Geldern durch einen Personengesellschafter

Nach BFH (vom 22.06.2006, DStR 2006, 1788) ist der Mehrgewinn aus veruntreuten Betriebseinnahmen im Ergebnis nicht der Personengesellschaft als solcher zuzurechnen. Vielmehr liegen **Sonderbetriebseinnahmen des ungetreuen Gesellschafters** vor.

Der mit den Sonderbetriebseinnahmen des ungetreuen Gesellschafters **korrespondierende Ersatzanspruch der Gesellschaft** ist nämlich nicht zu aktivieren, wenn die Gesellschaft auf den Ersatzanspruch verzichtet, er bestritten wird oder nicht werthaltig ist.

Nach der Lebenserfahrung ist davon auszugehen, dass ein ungetreuer Gesellschafter das Bestehen eines gegen ihn gerichteten Ersatzanspruchs so lange wie möglich bestreiten wird.

Dies bedeutet, dass der **Ersatzanspruch der Gesellschaft** bei ihr in aller Regel **nicht zu aktivieren** ist.

Auch ohne Aktivierung des Ersatzanspruchs in der Bilanz der Personengesellschaft stellt sich die weitere Frage, ob der **ungetreue Gesellschafter wegen der drohenden Inanspruchnahme** durch die Gesellschaft **eine Rückstellung in seiner Sonderbilanz** bilden darf. Damit würden die Sonderbetriebseinnahmen wieder neutralisiert werden.

Der BFH verneint dies jedenfalls solange, wie die geschädigten Gesellschafter von der Veruntreuung keine Kenntnis haben. Er lässt zwar offen, ob der ungetreue Gesellschafter eine Rückstellung dann bilden darf, wenn der Sachverhalt zwar aufgedeckt ist, der Ersatzanspruch von ihm jedoch bestritten wird.

Aber auch ist keine Rückstellung zu bilden, weil der BFH von dem Grundsatz ausgeht, dass niemand etwas versteuern soll, was er nicht erhalten hat. Dann könne aber nicht durch Bildung einer Rückstellung die Verteilung und Zurechnung der veruntreuten Gelder als Sonderbetriebseinnahmen des ungetreuen Gesellschafters in dem Sinne vereitelt werden, dass die Mehreinnahmen niemandem zuzurechnen sind.

Das Vorsichtsprinzip, das ansonsten auch für Rückstellungen in der Sonderbilanz eines Mitunternehmers gelte, dürfte in diesem Falle keine Rolle spielen.

> **Beispiel:**
>
> Der Gesellschafter A der A-B-C-OHG (Beteiligungsquote je ein Drittel) veruntreute Betriebseinnahmen in Höhe von 150.000 €.
> Der Schadensersatzanspruch der Gesellschaft war uneinbringlich. Der Gewinn der Gesellschaft vor der Aufdeckung der Veruntreuung belief sich auf 300.000 €.

Daraus ergibt sich folgende Gewinn- und Verlustzuweisung:

	A	B	C
Ursprünglicher Gewinnanteil	100.000 €	100.000 €	100.000 €
+ Erhöhung nach Aufdeckung der veruntreuten Einnahmen i.H.v. 150.000 €	50.000 €	50.000 €	50.000 €
Ausgleichsanspruch B und C gegenüber A		(50.000 €)	(50.000 €)
Ausgleichsverpflichtung A	(100.000 €)		
./. Feststellung, dass Ausgleichsanspruch der Gesellschafter B und C gegen A wertlos ist	+ 100.000 €	./. 50.000 €	./. 50.000 €
Korrigierter Gewinnanteil	**250.000 €**	**100.000 €**	**100.000 €**

Unberechtigte Entnahmen
Anders ist der Fall zu beurteilen, wenn der Gesellschafter sprichwörtlich „in die Kasse gegriffen" hätte. In diesem Fall sind die Einnahmen bereits realisiert und der Personengesellschaft (respektive den Gesellschaftern anteilig) zuzurechnen.

11. Bilanzierung von Beteiligungen und Dividenden bei Personengesellschaften

11.1 Allgemeines

Das Teileinkünfteverfahren kann bei Personengesellschaften, die einerseits selbst Beteiligungen an Körperschaften halten, an denen aber andererseits ganz oder teilweise Körperschaften beteiligt sind, zu steuerlichen Problemen führen.

Beispiel:

An der A-B-C-GmbH & Co. KG (KG) sind beteiligt:
- Komplementärin: A-GmbH (nicht vermögensmäßig beteiligt),
- Kommanditistin 1: B-GmbH mit 50 %,
- Kommanditist 2: C (natürliche Person) mit 50 %.

Die KG hält eine Beteiligung von 100 % an der X-GmbH. Diese übt die Funktion einer Vertriebsgesellschaft aus. Für die Finanzierung der Beteiligung an der X-GmbH fallen jährlich 240.000 € Finanzierungskosten an.
Bei allen beteiligten Gesellschaften ist Wirtschaftsjahr = Kalenderjahr. Die KG erzielt im Jahr 02 einen laufenden Gewinn i.S.v. § 15 EStG i.H.v. 300.000 € (ohne Beteiligungserträge).
Die X-GmbH schüttet im Jahr 02 eine Dividende i.H.v. 140.000 € an ihre Anteilseignerin, die KG aus.

Lösung:

Die Dividende ist bei der KG in voller Höhe als Betriebseinnahme zu verbuchen. Die Steuerbefreiungen nach § 3 Nr. 40 EStG (für C 40 % ab 2009) bzw. § 8b Abs. 1 KStG (für die B-GmbH) werden auf Gesellschafterebene gewährt.

Finanzierungskosten
Bei C:
Die Finanzierungskosten unterliegen, soweit auf C entfallend (120.000 €) der Abzugsbeschränkung des § 3c Abs. 2 EStG und sind deshalb nur teilweise (60 %) abzugsfähig (72.000 €).
Dies gilt unabhängig davon, ob im laufenden Jahr tatsächlich steuerbefreite Dividenden erzielt worden sind.
Bei B-GmbH:
Es gelten 5 % der Dividende als nicht abzugsfähige Betriebsausgaben (= Zurechnung außerhalb Bilanz).
Die Finanzierungskosten sind in voller Höhe abzugsfähig.

11.2 Veräußerung von Beteiligungen (§ 8b Abs. 2 KStG)

Nach § 8b Abs. 2 KStG sind Gewinne einer Körperschaft aus der Veräußerung eines Anteils an einer anderen (in- oder ausländischen) Körperschaft steuerfrei. Veräußerungsverluste sind nicht abzugsfähig (§ 8b Abs. 3 KStG). Diese Steuerbefreiung ist auch bei mittelbarer Beteiligung über eine Personengesellschaft anwendbar (§ 8b Abs. 6 KStG).

Beispiel:

Die KG (s.o.) veräußert zum 30.12.02 ihre Beteiligung an der X-GmbH für 500.000 €.
Der Buchwert der Beteiligung beträgt 240.000 €.
Eine Ausschüttung der X-GmbH ist in 02 nicht erfolgt.

Lösung:

Der Veräußerungsgewinn von 260.000 € entfällt zu je 50 % (130.000 €) auf die B-GmbH und auf C. Bei C unterliegt der Gewinn nach § 3 Nr. 40 Satz 1 Buchst. a i.V.m. § 3c Abs. 2 EStG teilweise der Besteuerung (78.000 €).
Die Veräußerung stellt eine fiktive Teilbetriebsveräußerung dar (§ 16 Abs. 1 Nr. 1 Satz 2 EStG), sodass grundsätzlich die Begünstigungen der §§ 16, 34 EStG eingreifen.
Allerdings ist die Anwendung von § 34 EStG ausgeschlossen, soweit das Teileinkünfteverfahren anwendbar ist.
Der anteilig auf die B-GmbH entfallende Veräußerungsgewinn ist bei dieser nach § 8b Abs. 2 KStG steuerfrei.
Diese Steuerbefreiung wird nach § 8b Abs. 6 KStG wiederum erst auf Gesellschafterebene gewährt; sie schlägt nicht auf die GewSt der KG durch.
5 % des Veräußerungsgewinns gelten als nichtabzugsfähige Betriebsausgaben.

12. Gewerbesteuerliche Fragen
12.1 Steuerermäßigung für gewerbliche Einkünfte, § 35 EStG, BMF-Schreiben vom 24.02.2009, BStBl I 2009, 440, Rz. 19 ff.

Zur Begrenzung der Ermäßigung auf die tatsächlich gezahlte GewSt muss die GewSt bei Personengesellschaften in die einheitliche und gesonderte Gewinnfeststellung aufgenommen werden (§ 35 Abs. 2 Satz 1 EStG).
Der anteilige GewSt-Messbetrag ist nach Maßgabe des allgemeinen Gewinnverteilungsschlüssels zu ermitteln (handelsrechtliche oder gesellschaftsvertragliche Gewinnverteilung). Nicht zu berücksichtigen sind vom Gewinn unabhängige Sondervergütungen sowie auch die Ergebnisse aus Sonder- und

Ergänzungsbilanzen. Gewinnabhängige Vorab- und Sondervergütungen (z.B. Tantiemeregelungen) sind dagegen zu berücksichtigen.

12.2 Verlustabzug bei Personengesellschaften (§ 10a GewStG)

Der Fehlbetrag ist entsprechend dem allgemeinen Gewinnverteilungsschlüssel zuzurechnen; Vorabgewinnanteile sind dabei nicht zu berücksichtigen (§ 10a Satz 4 GewStG).

Entsprechend ist auch im Vortragsjahr der maßgebende Gewerbeertrag sowie der Höchstbetrag von 1 Mio. € (§ 10a Satz 1 GewStG) zuzurechnen; Vorabgewinne sind nicht zu berücksichtigen (§ 10a Satz 5 GewStG).

Die negativen Gewerbeerträge werden also nicht nach ihrer Herkunft (anteiliges Gesamthandsergebnis, Ergänzungsbilanzen, Sonderbilanzen) zugeordnet.

Beispiel:

An der ABC-OHG sind A, B und C zu je 1/3 beteiligt. Im Wirtschaftsjahr 06 ergibt sich bei der OHG in der Gesamthandsbilanz ein Verlust in Höhe von ./. 180.000 €.
Daneben sind für A Sonderbetriebseinnahmen von 90.000 € und Sonderbetriebsausgaben von 30.000 € angefallen.

Gewinn (Verlust) OHG nach § 7 GewStG: Gesamthandsbilanz	./. 180.000 €
Sonderbetriebseinnahmen A ./. Sonderbetriebsausgaben A (90.000 ./. 30.000)	+ 60.000 €
Verlust	**./. 120.000 €**

Aus Vereinfachungsgründen sind weder Hinzurechnungen noch Kürzungen zu berücksichtigen, also ./. 120.000 € Gewerbeertrag der OHG.
A veräußert mit Ablauf des Jahres 06 seinen Mitunternehmeranteil einschließlich des Sonderbetriebsvermögens an D; Veräußerungsgewinn: 100.000 €.
Die Veräußerung des Mitunternehmeranteils durch eine natürliche Person unterliegt nicht der Gewerbesteuer (vgl. § 7 Satz 2 2. Halbsatz GewStG). Der Gewerbeverlust der OHG in 2006 verändert sich dadurch also nicht.

Lösung nach § 10a Satz 4 GewStG (und nach der bisherigen Verwaltungsauffassung):

Den Gesellschaftern wird nach dem Gewinnverteilungsschlüssel zugeordnet:
Gewerbeverlust jeweils 1/3 von ./. 120.000 €

A	B	C
./. 40.000 €	./. 40.000 €	./. 40.000 €

Der auf A entfallende Teil des Gewerbeverlustes der OHG (./. 40.000 €) geht mit seinem Ausscheiden unter.

VII. Übertragung von Wirtschaftsgütern zwischen Gesellschaft und Gesellschaftern
1. Übersicht

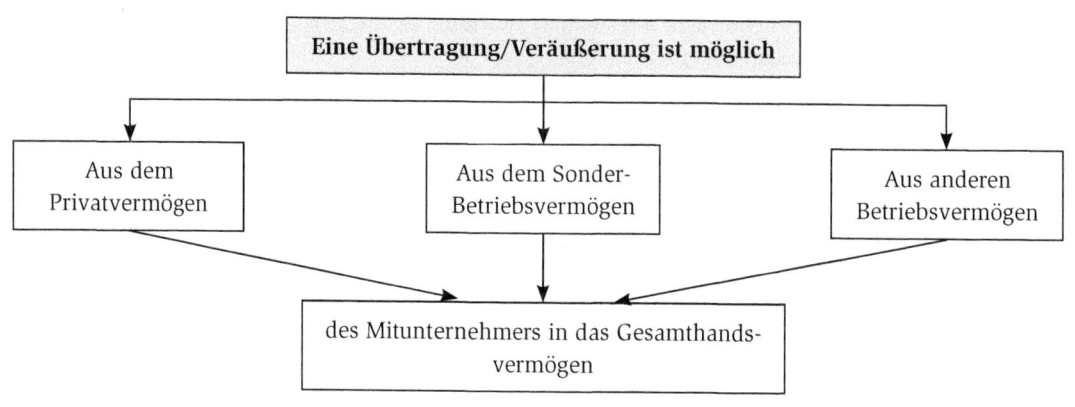

```
                    Eine Übertragung/Veräußerung ist möglich
                                    │
          ┌─────────────────────────┼─────────────────────────┐
          ▼                         ▼                         ▼
    Aus dem              Aus dem Sonder-              Aus anderen
   Privatvermögen        Betriebsvermögen           Betriebsvermögen
          │                         │                         │
          └─────────────────────────┼─────────────────────────┘
                                    ▼
                    des Mitunternehmers in das Gesamthands-
                                 vermögen
```

Wird wie zwischen **fremden Dritten** veräußert, so ist ein normales Veräußerungsgeschäft gegeben. Folglich ist auch § 6b EStG ggf. anwendbar, soweit eine Veräußerung aus dem Betriebsvermögen vorliegt.

Übertragung aus dem Privatvermögen eines Gesellschafters in das Gesamthandsvermögen

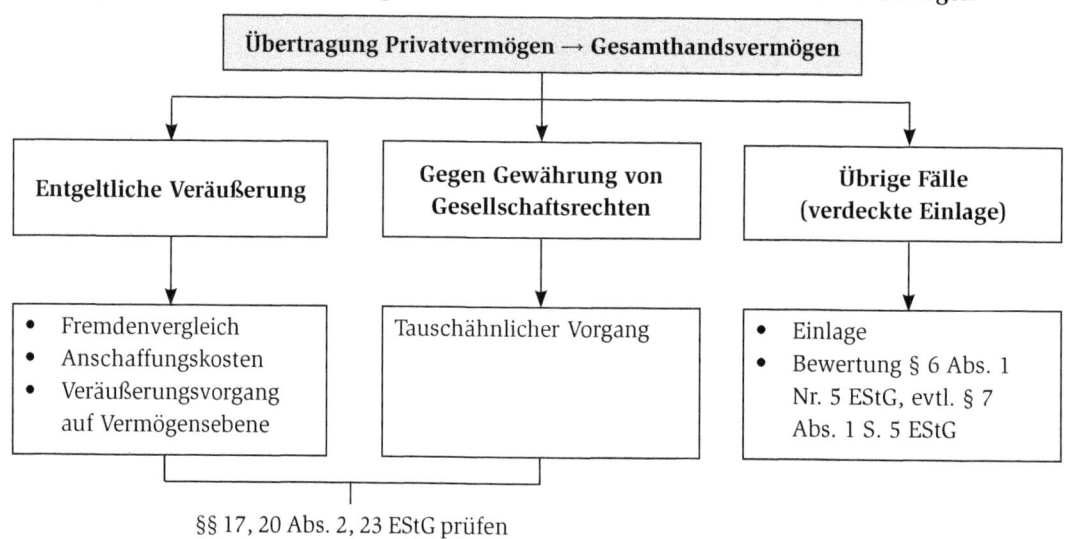

```
              Übertragung Privatvermögen → Gesamthandsvermögen
                                    │
          ┌─────────────────────────┼─────────────────────────┐
          ▼                         ▼                         ▼
   Entgeltliche            Gegen Gewährung von           Übrige Fälle
    Veräußerung            Gesellschaftsrechten       (verdeckte Einlage)
          │                         │                         │
          ▼                         ▼                         ▼
  • Fremdenvergleich       Tauschähnlicher Vorgang    • Einlage
  • Anschaffungskosten                                • Bewertung § 6 Abs. 1
  • Veräußerungsvorgang                                 Nr. 5 EStG, evtl. § 7
    auf Vermögensebene                                  Abs. 1 S. 5 EStG
          │
          ▼
   §§ 17, 20 Abs. 2, 23 EStG prüfen
```

1.1 Entgeltliche Übertragung von Einzelwirtschaftsgütern
1.1.1 Angemessenes Entgelt (fremdübliche Bedingungen)

Wird für die Übertragung eines Wirtschaftsguts ein Kaufvertrag **wie unter fremden Dritten** abgeschlossen, ergeben sich die gleichen Rechtsfolgen, die auch bei Nichtbestehen des Gesellschaftsverhältnisses eintreten würden.

Es liegt insgesamt und einheitlich eine **entgeltliche Veräußerung und Anschaffung** vor (BMF-Schreiben vom 07.06.2001, Steuererlasse Beck Nr. 1 § 6.15; vgl. auch H 6.15 < Übertragung von Einzelwirtschaftsgütern > EStH).

1. Übersicht

> **Beispiel:**
> Kommanditist A veräußert ein Grundstück seines Privatvermögens zum Verkehrswert von 300.000 € an die A B-KG.
> Das Grundstück hatte A vor 9 Jahren für 200.000 € inkl. Nebenkosten angeschafft.

> **Lösung:**
> Es liegt eine entgeltliche Veräußerung zu fremdüblichen Bedingungen vor.
> Die Grundstücksveräußerung führt bei A zu einem privaten Veräußerungsgeschäft nach § 23 EStG (Gewinn von 100.000 €).

1.1.2 Überhöhtes Entgelt

Ist das Entgelt höher als der Verkehrswert, liegt ein Ungleichgewicht zwischen Leistung und Gegenleistung vor.

Insoweit ist eine **(verdeckte) Entnahme** (bei Veräußerung vom Mitunternehmer an die Personengesellschaft) oder eine **verdeckte Einlage** (bei Veräußerung von der Personengesellschaft an den Mitunternehmer) anzunehmen.

> **Beispiel:**
> Gesellschafter A veräußert an die KG ein Grundstück aus seinem Privatvermögen zum Kaufpreis von 400.000 €. Der Verkehrswert des Grundstücks beträgt lediglich 300.000 €.

> **Lösung:**
> Die Anschaffungskosten des Grundstücks betragen für die KG lediglich 300.000 €.
> In dieser Höhe entstehen aktivierungspflichtige Anschaffungskosten bei der KG.
> Bezüglich des überhöhten Kaufpreises von 100.000 € liegt eine (verdeckte) Entnahme an den Gesellschafter A vor.

1.1.3 Zu niedriges Entgelt

Bei Veräußerung an die Personengesellschaft handelt es sich in Höhe der Differenz zum Verkehrswert grundsätzlich um eine Einlage. Veräußert die Personengesellschaft an den Mitunternehmer unter Wert, handelt es sich um eine Entnahme (§ 6 Abs. 1 Nr. 4 EStG), soweit die Gegenleistung nicht dem Verkehrswert entspricht.

Bei einer **teilentgeltlichen Übertragung** ist das Rechtsgeschäft grundsätzlich in einen **entgeltlichen und einen unentgeltlichen** Teil aufzuspalten (siehe aber dazu BMF vom 11.07.2011, BStBl I 2011, 713; Tz. II 2d sowie vom 26.07.2016, BStBl I 2016, 684).

Auch die **Übernahme von Verbindlichkeiten** stellt **Entgelt** dar.

> **Beispiel:**
> Max Müller (= M) ist Gesellschafter der Müller-Bauer-OHG (= OHG).
> M hat ein unbebautes Grundstück für 100.000 € erworben (Privatvermögen) und voll finanziert.
> Der Verkehrswert beläuft sich auf 400.000 €.
> Er überträgt das Grundstück auf die OHG „unentgeltlich".
> Jedoch übernimmt die OHG die noch in voller Höhe bestehende Verbindlichkeit.

Lösung:	
Der Vorgang ist in ein entgeltliches Rechtsgeschäft und in einen Einlagevorgang (Bewertung nach § 6 Abs. 1 Nr. 5 EStG) aufzuspalten.	
Entgeltliches Rechtsgeschäft (¼):	
Veräußerungspreis	100.000 €
abzgl. anteilige AK	./. 25.000 €
evtl. Veräußerungsgewinn	**75.000 €**
Einlage (unentgeltlicher Vorgang ¾): anteiliger Teilwert des Grundstücks (anteilige AK davon 75.000 €)	300.000 €

1.2 Übertragung von Privatvermögen ins Gesamthandsvermögen

Die **Einbringung eines Wirtschaftsguts** des Privatvermögens hat die Finanzverwaltung in verschiedenen BMF Schreiben geregelt (BMF vom 29.03.2000, BStBl I 2000, 462, und vom 11.07.2011, BStBl I 2011, 713, Beck § 4/15).

1.2.1 Betriebliche Personengesellschaft

Für die Einbringung eines Wirtschaftsguts in ein betriebliches Gesamthandsvermögen werden **drei Fallgruppen** unterschieden.

Fallgruppe 1:
Gewährung von Gesellschaftsrechten = tauschähnlicher Vorgang, Anschaffung der Personengesellschaft und Veräußerung des „einlegenden" Gesellschafters.

Der Einbringende erhält als Gegenleistung Gesellschaftsrechte, die dem Wert des Wirtschaftsgutes entsprechen (offene Sacheinlage).

Gewährung von Gesellschaftsrechten **liegt vor**, wenn die Gutschrift auf einem Konto erfolgt, das für die **Beteiligung an den stillen Reserven** und dem **Liquidationserlös** maßgebend ist.

Für die Frage, ob als **Gegenleistung für die Übertragung Gesellschaftsrechte gewährt werden**, ist grundsätzlich das Kapitalkonto der Handelsbilanz (z.B. bei einer OHG nach § 120 Abs. 2 HGB) maßgebend; wonach sich die Gesellschaftsrechte – wenn nichts anderes vereinbart ist – nach dem handelsrechtlichen Kapitalanteil des Gesellschafters richten.

Dieser Kapitalanteil ist nach dem HGB z.B. für die Verteilung des Jahresgewinns, für Entnahmerechte und für die Auseinandersetzungsansprüche von Bedeutung (bei einer OHG betrifft dies die §§ 121, 122 und 155 HGB).

In der Praxis werden regelmäßig mehrere (Unter-)Konten geführt.

Insoweit ist zu prüfen, ob ein **Kapitalkonto** vorliegt.

Kapitalkonto I
Erfolgt als Gegenleistung für die Übertragung die Buchung auf dem Kapitalkonto I, ist von einer Übertragung gegen **Gewährung von Gesellschaftsrechten** auszugehen.

Als maßgebliche Gesellschaftsrechte kommen die Gewinnverteilung, die Auseinandersetzungsansprüche sowie Entnahmerechte in Betracht.

Die **bloße Gewährung von Stimmrechten** stellt jedoch allein **keine Gegenleistung** im Sinne einer Gewährung von Gesellschaftsrechten dar, da Stimmrechte allein keine vermögensmäßige Beteiligung an der Personengesellschaft vermitteln.

1. Übersicht

Weitere – variable – Gesellschafterkonten II, III

Werden neben dem Kapitalkonto I weitere gesellschaftsvertraglich vereinbarte – variable – Gesellschafterkonten geführt, so kommt es für deren rechtliche Einordnung auf die jeweiligen vertraglichen Abreden im Gesellschaftsvertrag an.

Nach BFH (vom 04.02.2016, BStBl I 2016, 593, 607) sind Einbringungen in Personengesellschaften gegen Buchung auf einem Gesellschafterkonto nur dann entgeltliche Vorgänge (Gewährung von Gesellschaftsrechten), wenn ein Kapitalkonto angesprochen wird, nach dem sich die Gesellschaftsrechte richten insbesondere das Gewinnbezugsrecht.

Das ist in der Regel das Kapitalkonto I.

Daher führt die ausschließliche Buchung auf dem Kapitalkonto II nicht zur Gewährung von Gesellschaftsrechten und demnach nicht zu einem entgeltlichen Vorgang.

→ **BMF vom 26.07.2016, BStBl I 2016, 684 mit Übergangsregelung bis 31.12.2016**

In den Fällen, in denen die Gegenbuchung des gemeinen Werts des auf die Personengesellschaft übertragenen (eingebrachten) Wirtschaftsguts nur teilweise auf dem Kapitalkonto I und teilweise auf einem variablen Kapitalkonto (z.B. Kapitalkonto II) oder auf gesamthänderisch gebundenen Rücklage erfolgt, hält die Finanzverwaltung entgegen ihrer bisherigen Auffassung (**in vollem Umfang ein entgeltlicher Übertragungsvorgang**) fest.

→ **BMF vom 11.07.2011 Tz. II 2a; Beck § 4/15**

Eine **Aufteilung der Übertragung** in einen entgeltlichen und einen unentgeltlichen Teil ist in diesen Fällen **nicht vorzunehmen** (BFH-Urteile vom 24.01.2008, IV R 37/06, BStBl II 2011, 617 und vom 17.07.2008, I R 77/06, BStBl II 2009, 464).

> **Fall 25:**
> A ist Gesellschafter der AB-Handels-OHG. Er übertrug ein bebautes Grundstück seines Privatvermögens in das Gesamthandsvermögen (Teilwert 350.000 €, Anteil Gebäude 250.000 €).
> Der Gegenwert wurde i.H.v. 35.000 € auf seinem Kapitalkonto I und im Übrigen auf einer gesamthänderisch gebundenen Rücklage verbucht.
> Das Lagerhaus vermietete A bislang und erzielte hieraus Einkünfte aus Vermietung und Verpachtung (HK Gebäude 300.000 €; als Werbungskosten angesetzte AfA insgesamt 60.000 €).
> **Aufgabe:** Wie ist der Vorgang bilanzsteuerrechtlich zu beurteilen?

Die Verbuchung auf einem **Darlehenskonto** führt **nicht zur Gewährung von Gesellschaftsrechten**, es handelt sich dann jedoch um eine Übertragung gegen **sonstiges Entgelt**.

Erfolgt die Übertragung von Einzelwirtschaftsgütern gegen Buchung auf einem Darlehenskonto, liegt wegen des Erwerbs einer Darlehensforderung durch den übertragenden Gesellschafter **insoweit ein entgeltlicher Vorgang** vor, der nach § 6 Abs. 1 Nr. 1 oder 2 EStG zu bewerten ist.

Beim Gesellschafter sind die §§ 17, 20 Abs. 2, 23 EStG zu prüfen.

> **Fall 26:**
> Die Eheleute A und B erwarben mit Kaufvertrag vom 31.07.03 ein Mehrfamilienhausgrundstück; der Lastenwechsel erfolgte am 01.08.03.
> Die Anschaffungskosten der Immobilie beliefen sich auf 1.000.000 € (Gebäudeanteil 800.000 €; Bodenwertanteil 200.000 €).
> Zur Finanzierung nahmen A und B ein Hypothekendarlehen i.H.v. 500.000 € auf.
> Das Mietwohngrundstück (derzeitiger Verkehrswert 1.500.000 €) wird mit dinglicher Wirkung in 11 in eine zuvor bar gegründete, gewerblich geprägte AB-GmbH & Co. KG gegen Schuldübernahme (500.000 €) eingebracht.

> Der Grundstückswert wurde dabei jeweils zur Hälfte den Kapitalkonten II der Gesellschafter A und B gutgeschrieben (1.500.000 € ./. 500.000 € = 1.000.000 € / 2).
> **Aufgabe:** Stellen Sie die steuerlichen Folgen dar.

Fallgruppe 2:
Einlage, wenn keine Gesellschaftsrechte bzw. sonstige Entgelte gewährt werden (verdeckte Einlage)
Handelt es sich weder um eine Einbringung gegen Gewährung von Gesellschaftsrechten noch um eine solche gegen sonstiges Entgelt, liegt eine **verdeckte** (oder **schlichte**) **Einlage** vor, die nach § 4 Abs. 1 S. 8 i.V.m. § 6 Abs. 1 Nr. 5 EStG mit dem Teilwert, ggf. höchstens mit den (fortgeführten) Anschaffungskosten zu bewerten ist.

Buchungstechnisch erfolgt die Gegenbuchung entweder auf einem gesamthänderischen **Rücklagenkonto** oder auf einem **Ertrag- oder Kapitalkonto II**.

In diesen Fällen werden **keine Gesellschaftsrechte** gewährt (BMF vom 26.07.2016, BStBl I 2016, 684).

Bei der ausschließlichen Buchung auf einem gesamthänderisch gebundenen Kapitalrücklagenkonto erlangt der übertragende Gesellschafter nämlich anders als bei der Buchung auf einem Kapitalkonto **keine individuelle Rechtsposition**, die ausschließlich ihn bereichert.

Bei der **Buchung auf einem gesamthänderisch gebundenen Kapitalrücklagenkonto** wird vielmehr der Auseinandersetzungsanspruch aller Gesellschafter entsprechend ihrer Beteiligung dem Grunde nach gleichmäßig erhöht.

Der Mehrwert fließt also – ähnlich wie bei einer Buchung auf einem Ertragskonto – in das gesamthänderisch gebundene Vermögen der Personengesellschaft und kommt dem übertragenden Gesellschafter ebenso wie allen anderen Mitgesellschaftern nur als reflexartige Wertsteigerung seiner Beteiligung zugute.

Mangels Gegenleistung an den übertragenden Gesellschafter liegt deshalb hier ein **unentgeltlicher Vorgang** im Sinne einer **verdeckten Einlage** vor.

Missbrauchsgedanke bei der Einmann GmbH & Co. KG
Diese Grundsätze gelten auch für die Fälle, in denen auf der Ebene der vermögensmäßig beteiligten Gesellschafter kein Interessengegensatz zu verzeichnen ist, wie es beispielsweise in den Fällen der „Einmann-GmbH & Co. KG" anzunehmen ist.

In diesen Fällen obliegt die Entscheidung ausschließlich dem Gesellschafter selbst, eine vollständige Buchung auf einem gesamthänderisch gebundenen Kapitalrücklagenkonto später wieder rückgängig zu machen (z.B. durch Auflösung des Kapitalrücklagenkontos gegen Gutschrift auf seinem Kapitalkonto, sodass der ursprünglich angenommene unentgeltliche Vorgang später nicht mehr gegeben ist, weil die – im Nachhinein vorgenommene – Umbuchung auf das Kapitalkonto gerade nicht zu einem unentgeltlichen Vorgang führt).

Nach dem BMF Schreiben vom 11.07.2011, a.a.O. ist insbesondere in den Fällen der Übertragung von Grundstücken auf eine „Einmann-GmbH & Co. KG" die Finanzverwaltung gehalten, zu prüfen, ob im Hinblick auf die Anwendbarkeit des § 23 Abs. 1 Satz 1 Nr. 1 EStG ein Missbrauch von rechtlichen Gestaltungsmöglichkeiten i.S.d. § 42 AO anzunehmen ist, wenn die Übertragung des Wirtschaftsguts (zunächst) vollständig auf einem gesamthänderisch gebundenen Kapitalrücklagenkonto gutgeschrieben wird.

Fallgruppe 3:
Aufteilung in tauschähnlichen Vorgang und Einlage
Dies ist der Fall, wenn im Falle einer Übertragung eines Einzelwirtschaftsguts **ausdrücklich** ein den gemeinen Wert unterschreitender Wertansatz vereinbart wird (z.B. wegen einer **Zuwendungsabsicht**).

1. Übersicht

Dann ist der überschießende Wertanteil als verdeckte Einlage zu qualifizieren (vgl. BFH-Urteil vom 17.07.2008, 1 R 77/06, BStBl II 2009, 464).

Sofern die Übertragung im Übrigen als entgeltliche Übertragung zu beurteilen ist, ist der Vorgang in einen **entgeltlichen und einen unentgeltlichen Anteil aufzuteilen** (sog. „Trennungstheorie").

> **Fall 27:**
> A und B sind Gesellschafter der betrieblich tätigen AB-OHG. Ihre Gesellschaftsanteile (Kapitalkonto I) betragen jeweils 100.000 €.
> A bringt ein Grundstück (gemeiner Wert 600.000 €, angeschafft im Privatvermögen des A vor mehr als 10 Jahren für 60.000 €) in das Gesamthandsvermögen der OHG ein. Im zugrundeliegenden Einbringungsvertrag ist ausdrücklich ein Einbringungswert von (nur) 60.000 € und demgemäß die Gewährung weiterer Gesellschaftsrechte (Kapitalkonto I) i.H.v. (nur) 60.000 € vereinbart worden.
> Das Grundstück wird gemäß dieser (bewussten) Vereinbarung mit 60.000 € in der Gesamthandsbilanz der OHG erfasst und das Kapitalkonto des A wird um 60.000 € erhöht. Weitere Buchungen durch die Beteiligten erfolgen nicht.
> **Aufgabe:** Stellen Sie die bilanzsteuerrechtlichen Folgen dar.

Als Ergebnis sind folgende Fälle zu unterscheiden:
- **Verbuchung ausschließlich auf dem Kapitalkonto I:**
  → insgesamt entgeltliche Übertragung
- **Verbuchung teilweise auf dem Kapitalkonto I und dem Kapitalkonto II:**
  → insgesamt entgeltliche Übertragung.
- **Verbuchung ausschließlich auf dem Kapitalkonto II:**
  → insgesamt von unentgeltlicher Übertragung auszugehen.
- **Verbuchung teilweise auf dem Kapitalkonto I und/oder II und auf einer gesamthänderisch gebundenen Rücklage:**
  → vollentgeltliche Übertragung.
- **Verbuchung ausschließlich auf einer gesamthänderisch gebundenen Rücklage (oder Ertrag):**
  → insgesamt unentgeltliche Übertragung.
  → Es gelten bei der Übertragung eines Wirtschaftsguts des Privatvermögens in diesem Fall die Einlagengrundsätze (beim übertragenden Gesellschafter § 6 Abs. 1 Nr. 5 EStG und bei der aufnehmenden Personengesellschaft ggf. § 7 Abs. 1 Satz 5 EStG).
- **Verbuchung eines Betrags unterhalb des Verkehrswertes auf einem Kapitalkonto bei bewusster Übertragung unter Wert und der übersteigende Betrag auf Ertrag (auch bei insoweit fehlender Buchung):**
  → Aufteilung in entgeltliche und unentgeltliche Übertragung.

> **Hinweise!**
> - § 7 Abs. 1 Satz 5 EStG kommt nicht zur Anwendung, soweit es sich um Anschaffungs- bzw. Veräußerungsvorgänge handelt.
> - Die unentgeltliche Überführung eines Einzelwirtschaftsguts aus dem **Privatvermögen** in das Sonderbetriebsvermögen ist nach §§ 6 Abs. 1 Nr. 5 und 7 Abs. 1 Satz 5 EStG zu beurteilen. Insoweit gelten nicht die Grundsätze der Übertragungsvorgänge in das Gesamthandsvermögen.

1.2.2 Vermögensverwaltende Personengesellschaft

§ 6 Abs. 1 Nr. 5 EStG kann hier nicht zur Anwendung kommen, da **keine Einlage ins Betriebsvermögen** erfolgt.

§ 7 Abs. 1 Satz 5 EStG gilt nicht für Wirtschaftsgüter, die bisher der Erzielung von Überschusseinkünften gedient haben und gegen Gewährung von Gesellschaftsrechten in eine **vermögensverwaltende Personengesellschaft** eingebracht werden.

Das Wirtschaftsgut bleibt nämlich Privatvermögen. Allerdings liegt in diesem Fall eine Veräußerung und aus Sicht der Gesellschaft eine Anschaffung des betreffenden Wirtschaftsguts vor, soweit der Einbringende nach der Einbringung nicht mehr an dem Wirtschaftsgut beteiligt ist.

Dadurch kann weiteres AfA-Volumen geschaffen werden. Allerdings löst dies ggf. insoweit auch einen Veräußerungstatbestand nach § 23 EStG bzw. den Beginn einer neuen 10-Jahresfrist aus.

Übertragung von Einzel-WG des PV ins Gesamthandsvermögen

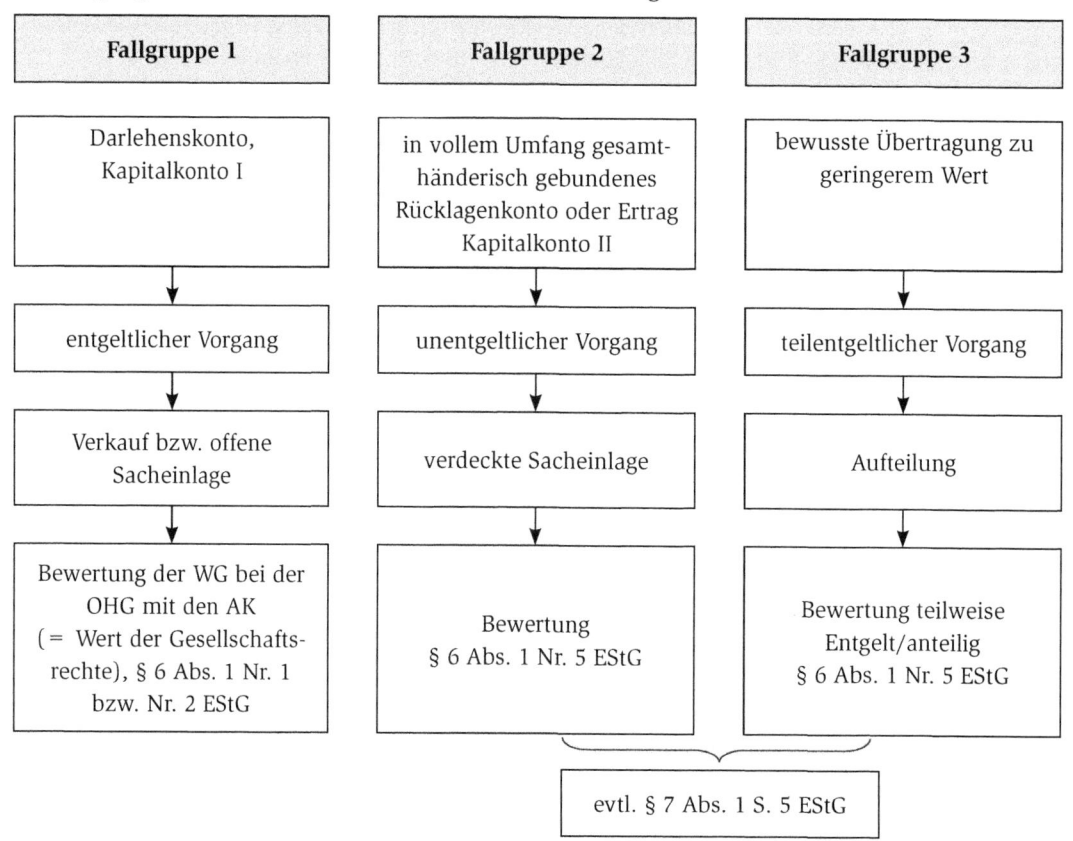

Fallgruppe 1	Fallgruppe 2	Fallgruppe 3
Darlehenskonto, Kapitalkonto I	in vollem Umfang gesamthänderisch gebundenes Rücklagenkonto oder Ertrag Kapitalkonto II	bewusste Übertragung zu geringerem Wert
entgeltlicher Vorgang	unentgeltlicher Vorgang	teilentgeltlicher Vorgang
Verkauf bzw. offene Sacheinlage	verdeckte Sacheinlage	Aufteilung
Bewertung der WG bei der OHG mit den AK (= Wert der Gesellschaftsrechte), § 6 Abs. 1 Nr. 1 bzw. Nr. 2 EStG	Bewertung § 6 Abs. 1 Nr. 5 EStG	Bewertung teilweise Entgelt/anteilig § 6 Abs. 1 Nr. 5 EStG

evtl. § 7 Abs. 1 S. 5 EStG

1.3 Überführung und Übertragung von Einzelwirtschaftsgütern des Betriebsvermögens (§ 6 Abs. 5 EStG)

BMF vom 08.12.2011, BStBl I 2011, 1279, Beck § 6/15

§ 6 Abs. 5 EStG regelt den Wertansatz (Buchwert oder Teilwert) bei der:

- **Überführung** (= nur Wechsel der steuerlichen Zuordnung zu einem Betriebsvermögen ohne Rechtsträgerwechsel) von **Einzelwirtschaftsgütern des Betriebsvermögens** (BV). → **§ 6 Abs. 5 S. 1, 2 EStG**

und bei der

- **Übertragung** (= **Rechtsträgerwechsel** mit Übergang des wirtschaftlichen Eigentums). → **§ 6 Abs. 5 S. 3 EStG**

1. Übersicht

Die **Übertragung von betrieblichen Einheiten** (Betriebe, Teilbetriebe, Mitunternehmeranteile) regelt § 6 **Abs. 3 EStG** (BMF vom 03.03.2005, BStBl I 2005, 458).

Die Aufzählung der zum Buchwert möglichen Übertragungs- bzw. Überführungsvorgänge ist abschließend.

Überblick der Übertragungsmöglichkeiten von Einzelwirtschaftsgütern
- Personengesellschaft → Gesellschafter(n)
- Gesellschafter(n) → Personengesellschaft
- Gesellschafter → anderer Gesellschafter

Unentgeltliche Überführungen und Übertragungen nach § 6 Abs. 5 S. 1–3 EStG
→ Erfolgen (zwingend) mit dem Buchwert.

> Beachte! Sperrfrist von 3 Jahren seit Abgabe der Steuererklärung
> § 6 Abs. 5 S. 4 EStG:
> → Ggf. rückwirkender Ansatz des Teilwerts!

Zum Sammelposten vgl. BMF vom 30.09.2010 (BStBl I 2010, 755; Beck Texte § 6.28).

Überblick
Überführung und Übertragung von Einzelwirtschaftsgütern des Betriebsvermögens
→ § 6 Abs. 5 Satz 1 EStG

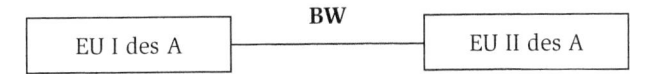

```
                    BW
    EU I des A ──────────── EU II des A
```

Überführung von Einzelwirtschaftsgütern zwischen zwei Betrieben eines Steuerpflichtigen
→ § 6 Abs. 5 Satz 2 EStG

Erster Halbsatz:

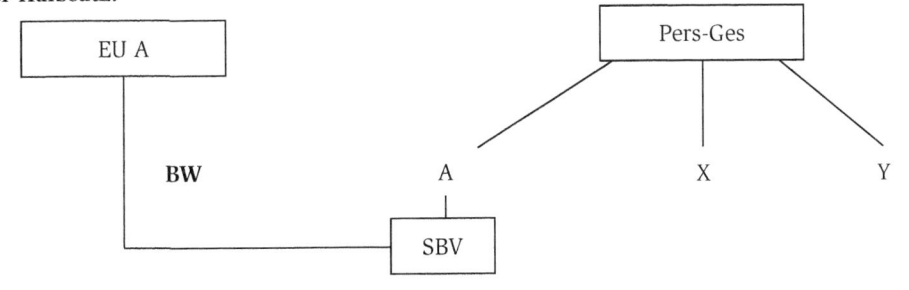

```
   EU A                           Pers-Ges
                              ┌──────┼──────┐
                              A      X      Y
     BW          A
      └──────── SBV
```

Überführung aus dem Einzelunternehmen des Steuerpflichtigen in sein Sonderbetriebsvermögen bei einer Mitunternehmerschaft und umgekehrt

Zweiter Halbsatz:

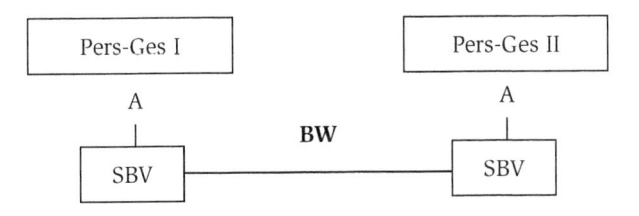

```
   Pers-Ges I              Pers-Ges II
       │                        │
       A                        A
       │           BW           │
      SBV ──────────────────── SBV
```

Überführung vom Sonderbetriebsvermögen des Steuerpflichtigen bei einer Personengesellschaft in sein Sonderbetriebsvermögen bei einer anderen Personengesellschaft

Die gleichzeitige Überführung positiver und negativer Wirtschaftsgüter (z.B. Überführung Grundstück mit bestehendem Darlehen) ist unschädlich (BMF vom 08.12.2011, BStBl I 2011, 1279, Rn. 4, im Gegensatz zu § 6 Abs. 5 S. 3 EStG, Rn. 15).

→ § 6 Abs. 5 Satz 3 EStG

Beachte Sperrfrist bzw. Vermeidung durch negative Ergänzungsbilanz!
Satz 3 Nr. 1:

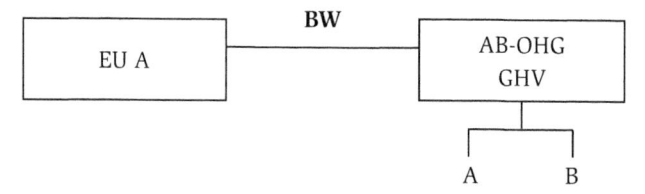

```
                    BW        ┌──────────┐
┌──────┐──────────────────────│ AB-OHG   │
│ EU A │                      │   GHV    │
└──────┘                      └──────────┘
                                    │
                                 ┌──┴──┐
                                 A     B
```

Übertragung aus einem Betriebsvermögen eines Mitunternehmers in das Gesamthandsvermögen einer Personengesellschaft und umgekehrt
Satz 3 Nr. 2:
Erste Alternative

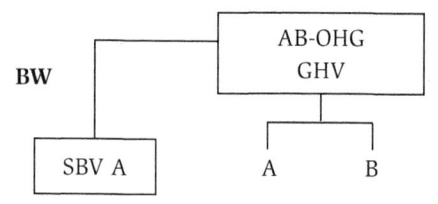

```
                          ┌──────────┐
                          │ AB-OHG   │
              BW          │   GHV    │
                          └──────────┘
                                │
         ┌───────┐           ┌──┴──┐
         │ SBV A │           A     B
         └───────┘
```

Übertragung zwischen dem Sonderbetriebsvermögen eines Mitunternehmers und dem Gesamthandsvermögen derselben Mitunternehmerschaft
Zweite Alternative

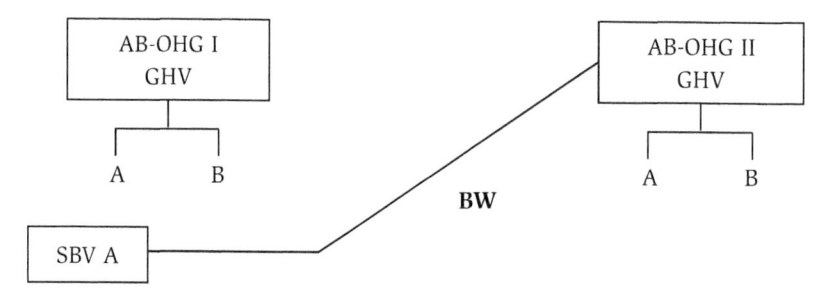

```
┌──────────┐                      ┌──────────┐
│ AB-OHG I │                      │ AB-OHG II│
│   GHV    │                      │   GHV    │
└──────────┘                      └──────────┘
      │                                 │
   ┌──┴──┐                           ┌──┴──┐
   A     B           BW              A     B
┌───────┐
│ SBV A │
└───────┘
```

1. Übersicht

Übertragung zwischen dem Sonderbetriebsvermögen eines Mitunternehmers in das Gesamthandsvermögen einer anderen Mitunternehmerschaft des Steuerpflichtigen
Satz 3 Nr. 3:

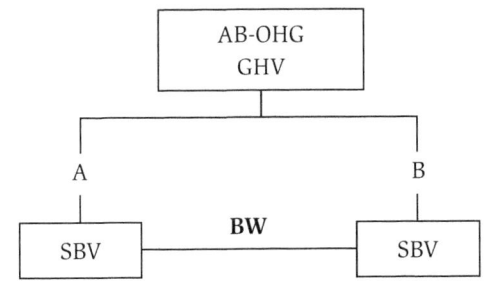

```
          AB-OHG
           GHV
          /     \
         A       B
        SBV ─BW─ SBV
```

Übertragung zwischen den Sonderbetriebsvermögen verschiedener Mitunternehmer bei derselben Mitunternehmerschaft
Übertragung auf Schwestergesellschaft:

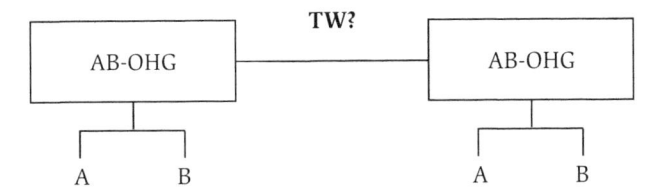

```
              TW?
    AB-OHG ──────── AB-OHG
    /   \           /   \
   A     B         A     B
```

Die Übertragung zwischen dem Gesamthandsvermögen zweier Schwestergesellschaften ist in § 6 Abs. 5 EStG nicht geregelt.
→ BMF vom 08.12.2011, BStBl I 2011, 1279 Rn. 18
  → Teilwert

1.4 Unentgeltliche Übertragungen nach § 6 Abs. 5 S. 3 EStG

Welche Vorgänge sind unentgeltlich bzw. entgeltlich i.S.d. Anwendungsbereichs von § 6 Abs. 5 S. 3 EStG?
→ **Unentgeltlich = keine Gegenleistung** (auch nicht Übernahme von Verbindlichkeiten, Rn. 15).
→ **Veräußerungsgeschäfte** werden nicht von § 6 Abs. 5 S. 3 EStG erfasst.
→ **Übertragung gegen Gewährung oder Minderung von Gesellschaftsrechten** ist Spezialform des Tauschs; § 6 Abs. 5 S. 3 EStG geht § 6 Abs. 6 S. 1 EStG vor (BMF vom 08.12.2011, BStBl I 2010, 1279; Beck-Texte § 6.15).

> **Hinweise!**
> - **Unbedeutend** ist, welche **Art von Betriebsvermögen** (landwirtschaftliches, gewerbliches oder freiberufliches) vorliegt, d.h. auch die Überführung von einem gewerblichen BV in ein nicht gewerbesteuerlich verhaftetes BV (landwirtschaftlich oder freiberuflich) erfolgt zum Buchwert.
> - **Keine Regelung** enthält wie dargestellt § 6 Abs. 5 EStG für die **Übertragung von WG** zwischen dem Gesamthandsvermögen und dem Privatvermögen.
> - Bei **Mitunternehmerschaften ohne Gesamthandsvermögen**, z.B. mitunternehmerisch tätige Bruchteilsgemeinschaften gelten die dargestellten Regelungen für das Gesamthandsvermögen entsprechend.
> - Die unmittelbare Übertragung zwischen Schwestergesellschaften (Rn. 18) bzw. der „Umweg" über das sog. **Ausgliederungsmodell**, d.h. zum Buchwert zunächst in das Sonderbetriebsvermögen eines Gesellschafters und alsbald zum Buchwert in das Gesamthandsvermögen der Schwestergesellschaft, ist **nicht durch Buchwertübertragung möglich**, wenn den beiden Übertragungsvorgängen ein Gesamtplan zugrunde liegt (Rn. 19).

> - Die **entgeltliche Übertragung mit § 6b EStG** unter Beachtung der Fristen kann aber zur Verlagerung der stillen Reserven führen (OFD Münster vom 02.04.2004, DStR 2004, 1041).
> - Zu beachten sind aber die Voraussetzungen des § 6b EStG (begünstigtes WG, Zugehörigkeitsfrist und evtl. Einschränkungen infolge Beteiligungsunterschiede (s. Rn. 20)).
> - Übertragungen von **Sonder-BV** zwischen verschiedenen Mitunternehmern in anderen **Mitunternehmerschaften,** sind ebenfalls nicht zu Buchwerten möglich.

1.5 Tatbestandsmerkmal Unentgeltlichkeit

Der Empfänger des Wirtschaftsguts darf **keine Gegenleistung** erbringen. Gegenleistung ist auch die Einräumung einer Darlehensforderung für den Übergeber oder Schuldübernahme des Übernehmers (zumindest teilentgeltlich und **(teilweise) Gewinnrealisierung**, Rn. 15).

Ein **teilentgeltlicher Vorgang** liegt auch dann vor, wenn ein Wirtschaftsgut im Rahmen einer vorweggenommenen Erbfolge gegen ein **Gleichstellungsgeld oder Schuldübernahme** übertragen wird.

Bei der teilentgeltlichen Übertragung eines Einzelwirtschaftsguts ist nach der sog. **Trennungstheorie** im Verhältnis des Entgelts zum Verkehrswert in einen entgeltlichen und einen unentgeltlichen Übertragungsvorgang aufzuteilen.

Hinsichtlich des **entgeltlichen Übertragungsteils** sind stets die **anteiligen stillen Reserven** in Höhe des Unterschieds zwischen Teilentgelt und anteiligem Buchwert zu realisieren (= Gewinn bzw. Anschaffungskosten).

Bei Übertragung gegen **Gewährung von Gesellschaftsrechten** liegt zwar auch eine Gegenleistung vor; aufgrund der ausdrücklichen Regelung des § 6 Abs. 5 S. 3 EStG gilt bei der Übertragung von Betriebsvermögen aber **Buchwertfortführung.** Dies gilt auch dann, wenn Gesellschaftsrechte mit einem über dem Buchwert des Wirtschaftsguts liegen Betrag bewertet werden (Ausgleich durch negative Ergänzungsbilanz, GmbHR 2002, 130 ff.).

Unentgeltlichkeit (= keine Gegenleistung, sog. verdeckte Einlage), d.h. bei der Gesellschaft wird auf gesamthänderische Rücklage oder auf Ertrag gebucht.

Es erhöht sich zwar das Eigenkapital der Gesellschaft, dem einzelnen Gesellschafter werden aber keine individuellen Rechte eingeräumt.

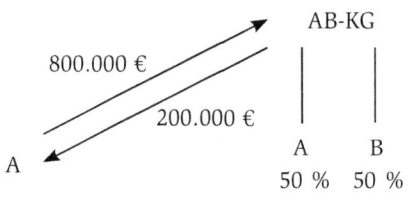

Beispiel 1:
| A ist Komplementär der AB-KG (Beteiligung: A und B jeweils 50 %) und hat in seinem Sonderbetriebsvermögen ein der AB-KG zur Nutzung überlassenes unbebautes Grundstück. Die Anschaffungskosten ( = Buchwert) betragen 200.000 €. Der Verkehrswert beläuft sich auf 800.000 €. Eine aus der Anschaffung resultierende Verbindlichkeit von 200.000 € ist als negatives Sonderbetriebsvermögen des A bilanziert.<br>A überträgt das Eigentum an dem Grundstück an die AB-KG, die auch das Anschaffungsdarlehen übernahm.<br><br>```
                        AB-KG
           800.000 € ↗   |    |
        A ←  200.000 €   A    B
                        50 %  50 %
``` |
```

1. Übersicht

Lösung:

Es handelt sich um eine teilentgeltliche Grundstücksübertragung.
Die Schuldübernahme ist das Entgelt. Nach der Trennungstheorie ist die Grundstücksübertragung in einen Veräußerungsvorgang (¼) und eine unentgeltliche Übertragung (¾) aufzuteilen.
Es entsteht ein Übertragungsgewinn von 150.000 € (= ¼ der stillen Reserven von 600.000 €). Die AB-KG muss das Grundstück mit 350.000 € ansetzen (Entgelt 200.000 € + ¾ des Buchwerts von A = 150.000 €).
Die Gewinnrealisierung kann A nicht durch Aufstellung einer negativen Ergänzungsbilanz neutralisieren.

Beispiel 2:

Ausgangssachverhalt mit der Abweichung, dass A das Grundstück an den Kommanditisten B überträgt.

Lösung:

Es handelt sich um eine Übertragung zwischen dem Sonderbetriebsvermögen zweier Mitunternehmer bei derselben Mitunternehmerschaft, denn das Grundstück bleibt bei unveränderter Nutzung durch die AB-KG weiterhin Sonderbetriebsvermögen (jetzt allerdings bei B).
Die Buchwertfortführung nach § 6 Abs. 5 Satz 3 Nr. 3 EStG ist nicht zulässig, soweit A eine Gegenleistung (Schuldübernahme) erhielt (Ergebnis wie im Beispiel 1).

Anmerkung! Nach BFH (Urteil vom 19.09.2012, BFH/NV 2012, 1880) sind dann keine stillen Reserven aufzudecken, wenn das Entgelt den Buchwert des übertragenen WG nicht übersteigt (quasi Einheits- nicht Trennungstheorie). Die Rechtsprechung wird aber von der Finanzverwaltung nicht angewendet (BMF vom 12.09.2013, BStBl I 2013, 1165, Beck § 6 /13).
Die Entscheidung des Gr. Senats bleibt abzuwarten (BFH vom 27.10.2015, BStBl II 2016, 81).

1.6 Gewährung oder Minderung von Gesellschaftsrechten

Einem Mitunternehmer werden Gesellschaftsrechte gewährt, wenn sich seine Stimmrechte bzw. laufenden **Gewinnbezugsrechte erhöhen** oder sich zumindest sein Anteil am **Liquidationsgewinn** (Anteil stille Reserven) erhöht.

Gesellschaftsrechte werden buchmäßig i.d.R. auf den Kapitalkonten dargestellt, wobei aber nicht jedes (steuerliche) Kapitalkonto Gesellschaftsrechte vermittelt. Eine Übertragung gegen Gewährung von Gesellschaftsrechten liegt i.d.R. nur vor, wenn der Zugang im Gesamthandsvermögen auf dem für die Beteiligung am Gesellschaftsvermögen maßgebenden Kapitalkonto (**i.d.R. Kapitalkonto**) gebucht wird (BMF vom 06.08.1997, BStBl II 1997, 627 zu § 15a EStG).

Die **Übertragung in umgekehrter Richtung**, also vom Gesamthandsvermögen in ein Betriebsvermögen des Mitunternehmers gegen Minderung von Gesellschaftsrechten (also Abgang vom Kapitalkonto I), ist **ebenfalls zum Buchwert** abzuwickeln.

Beispiel 3:

Ausgangssachverhalt mit der Abweichung, dass die AB-KG das Anschaffungsdarlehen nicht übernimmt. Sie führt den Buchwert fort und stockt das Kapitalkonto I von A um 200.000 € auf.

> **Lösung:**
>
> Die Übertragung des Grundstücks erfolgte im Wege einer offenen Einlage ausschließlich gegen Gewährung von Gesellschaftsrechten und damit zum Buchwert. Das zurückbehaltene Anschaffungsdarlehen bleibt weiter (negatives) Sonderbetriebsvermögen des A (keine Entnahme).
> Setzt die AB-KG das Grundstück mit seinem Teilwert an (800.000 €), kann die Gewinnrealisierung durch eine negative Ergänzungsbilanz des A (Minderwert Grundstück 600.000 €) neutralisiert werden.
> Die bei A verbleibende Schuld stellt anteilig SBV II dar, soweit A an der OHG beteiligt ist (50 %); der andere Teil ist dann Privatschuld.

> **Beispiel 4:**
>
> Ausgangssachverhalt mit der Abweichung, dass A mit C eine AC-GmbH & Co. KG gründet (Vermögensbeteiligung: A und C jeweils 50 %; GmbH: 0 %). A erbringt seine Kommanditeinlage (800.000 €) durch Übertragung des Grundstücks auf die AC-KG.

> **Lösung:**
>
> Das Grundstück wurde aus dem Sonderbetriebsvermögen des A bei der AB-KG in das Gesamthandsvermögen der AC-GmbH & Co. KG (= Schwesterpersonengesellschaft) gegen Gewährung von Gesellschaftsrechten übertragen.
> Die Übertragung erfolgte nach § 6 Abs. 5 Satz 3 Nr. 2 EStG zum Buchwert.
> Bei Ansatz von 800.000 € kann der dadurch eintretende Ausweis der stillen Reserven (600.000 €) durch eine negative Ergänzungsbilanz neutralisiert werden.

In der **Handelsbilanz** können die Wirtschaftsgüter unabhängig der steuerlichen Buchwertregelung mit dem Buchwert, höchstens dem Verkehrswert angesetzt werden.

1.7 Behaltefrist (§ 6 Abs. 5 Satz 4 EStG)

Die **Buchwertübertragung von Einzelwirtschaftsgütern** ist für Übertragungen an eine **dreijährige Behaltefrist beim Übernehmer** geknüpft. Veräußert oder entnimmt der Übernehmer das zuvor übertragene Wirtschaftsgut in diesem Zeitraum, ist die Übertragung **rückwirkend der Teilwert** anzusetzen.

Besonderheit beim Fristlauf:
Die Frist wird erst durch **Abgabe der Steuererklärung** (ESt- oder Feststellungserklärung) des Übertragenden für das Übertragungsjahr in Gang gesetzt.

> **Beispiel 5:**
>
> Ausgangssachverhalt mit der Ergänzung, dass die AB-KG das im Jahr 03 übertragene Grundstück im Jahr 06 verkauft. Die Erklärung zur einheitlichen und gesonderten Feststellung der Einkünfte der AB-KG für das Jahr 03 wurde am 31.05.04 abgegeben.

> **Lösung:**
>
> Die Grundstücksübertragung erfolgte im Jahr 03 teilweise (¾) zum Buchwert. Diese Buchwertübertragung setzte die dreijährige Behaltefrist in Lauf, die vom 01.06.04 (Abgabe F-Erklärung 03) bis 31.05.07 läuft.
> Der Grundstücksverkauf im Jahr 06 führt zum rückwirkenden Teilwertansatz bezüglich des unentgeltlich übertragenen Teils, d.h. es ergibt sich im Jahr 03 ein (weiterer laufender, gewerbesteuerpflichtiger) Gewinn i.H.v. 450.000 € (¾ der gesamten stillen Reserven von 600.000 €).
> Der Feststellungsbescheid 03 für die AB-KG ist nach § 175 Abs. 1 Satz 1 Nr. 2 AO zur Erfassung des zusätzlichen Gewinns i.H.v. 450.000 € zu ändern.

1. Übersicht

> **Beachte!** Handelt es sich um ein **abnutzbares Wirtschaftsgut**, z.B. ein Gebäude, ergibt sich durch den Teilwertansatz nachträglich eine höhere AfA-Bemessungsgrundlage und damit eine **höhere Gebäude-AfA in den Folgejahren**. Das bedeutet, dass auch die Folgejahre zugunsten des Steuerpflichtigen zu ändern sind.

Wird ein Wirtschaftsgut aus dem Sonderbetriebsvermögen in das Gesamthandsvermögen derselben Gesellschaft oder in das Gesamthandsvermögen einer Schwestergesellschaft übertragen, gilt die dreijährige **Behaltefrist** hingegen **nicht, wenn** im Gesamthandsvermögen der Teilwert angesetzt wird und der Aufstockungsbetrag als Minderwert in der **Ergänzungsbilanz** des einbringenden Gesellschafters neutralisiert wird.

In diesem Fall werden die stillen Reserven durch den Minderwert in der Ergänzungsbilanz dem übertragenden Gesellschafter zugeordnet.

> **Beispiel 6:**
>
> Ausgangssachverhalt mit der Abweichung, dass A das Anschaffungsdarlehen zurückbehält. Die AB-KG setzte das Grundstück mit dem Teilwert (800.000 €) an und erhöhte im Gegenzug das Kapitalkonto II des A um 800.000 €.
> A bilanzierte in einer Ergänzungsbilanz für das Grundstück einen Minderwert von 600.000 €.
> Im Jahr 06 verkauft die AB-KG das Grundstück für 1.000.000 €.

> **Lösung:**
>
> Der Übertragungsvorgang in 03 war unentgeltlich und erfolgte zum Buchwert.
> Durch die negative Ergänzungsbilanz sind die stillen Reserven (600.000 €) dem A zugeordnet, d.h. die Behaltefrist greift nicht.
> In 06 entsteht im Gesamthandsvermögen der AB-KG ein Veräußerungsgewinn von 200.000 €.
> A realisiert durch die Auflösung des Minderwertes der Ergänzungsbilanz einen Gewinn von 600.000 €.
> Die Behaltefrist ist hier nicht erforderlich, weil A ohnehin die stillen Reserven (allerdings erst in 06) versteuern muss.

Trotz **Erstellung einer Ergänzungsbilanz** sollte bei Verletzung der Behaltefrist **rückwirkend der Teilwert** angesetzt werden, wenn durch die Übertragung keine Änderung des Anteils des übertragenden Mitunternehmers am Wirtschaftsgut eingetreten ist, aber das Wirtschaftsgut einem anderen Rechtsträger zuzurechnen ist (z.B. Übertragung aus dem EU auf eine Ein-Mann-GmbH & Co. KG, Rn. 26).

Diese Regelung ist durch das BFH-Urteil vom 31.07.2013, BStBl II 2015, 450 überholt, d.h. ein Veräußerungsgewinn ist im Zeitpunkt der Veräußerung anzusetzen und nicht rückwirkend (H 6.15 EStH).

1.8 Kein Übergang stiller Reserven auf Kapitalgesellschaften

a) Anteiliger Teilwertansatz bei Übertragung des Wirtschaftsguts (§ 6 Abs. 5 Satz 5 EStG)

Grundsatz: Stille Reserven dürfen nicht unversteuert auf eine beteiligte Kapitalgesellschaft **übergehen**.

Um zu verhindern, dass durch die Übertragung von Wirtschaftsgütern **stille Reserven auf Kapitalgesellschaften** übergehen und dort lediglich mit einem **geringen Steuersatz** (z.B. 15 %) versteuert werden, ist der **Teilwert anzusetzen**, soweit durch die Übertragung des Wirtschaftsguts der **Anteil einer Kapitalgesellschaft** dem Wirtschaftsgut unmittelbar oder mittelbar begründet wird oder sich dieser erhöht.

> **Beispiel 7:**
>
> Ausgangssachverhalt mit der Abweichung, dass A das Grundstück unter Zurückbehalt des Anschaffungsdarlehens an die AB-KG gegen Erhöhung seines Kapitalkontos II um 200.000 € übertrug. Kommanditist B ist eine GmbH.
>
> ```
>                        AB-KG
>         800.000 €  ↗    │   │
>                         │   │
>                         │   │
>             A           A   B-GmbH
>                        50 %  50 %
> ```

> **Lösung:**
>
> Die Grundstücksübertragung könnte nach § 6 Abs. 5 Satz 3 Nr. 2 EStG problemlos zum Buchwert erfolgen. Denn es handelt sich um eine unentgeltliche Übertragung aus dem Sonderbetriebsvermögen des A in das Gesamthandsvermögen der AB-KG.
> Durch die Buchwertübertragung gehen hier aber 50 % der stillen Reserven auf die B-GmbH über, weil sie aufgrund ihrer Beteiligung mittelbar einen Anteil an dem (gesamthänderisch gebundenen) Vermögen erhält.
> Nach § 6 Abs. 5 Satz 5 EStG ist deshalb insoweit (= 50 %) der Teilwert anzusetzen, d.h. im Sonderbetriebsvermögen des A entsteht ein Übertragungsgewinn in Höhe der Hälfte der stillen Reserven (300.000 €; mit GewSt-Pflicht).
> Für die anderen 50 % des Grundstücks ist der (halbe) Buchwert fortzuführen. Die AB-KG hat das Grundstück deshalb mit 500.000 € (½ Teilwert = 400.0000 € + ½ Buchwert = 100.000 €) zu bilanzieren.
> Die Aufdeckung der hälftigen stillen Reserven kann nicht durch Aufstellung einer negativen Ergänzungsbilanz vermieden werden.
> Auch eine Gesellschaftervereinbarung, wonach A der Gewinn aus dem Verkauf des Grundstücks zugewiesen wird, verhindert die Versteuerung der hälftigen stillen Reserven im Zeitpunkt der Übertragung nicht.
>
> > **Hinweis!** Ist A an der B-GmbH beteiligt, handelt es sich hinsichtlich des auf die B-GmbH übergegangenen Grundstücksanteils (50 %) zugleich um eine verdeckte Einlage, die mit dem angesetzten Teilwert (400.000 €) die Anschaffungskosten des GmbH-Anteils von A erhöht (§ 6 Abs. 6 Satz 2 EStG).

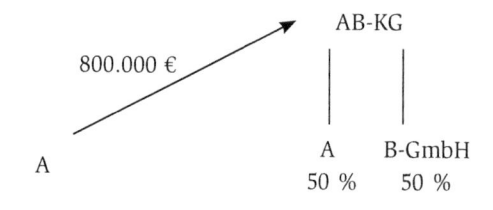

Mitunternehmer einer Personengesellschaft kann auch eine **Kapitalgesellschaft** sein.

Überträgt sie ein Wirtschaftsgut aus ihrem eigenen gewerblichen Betriebsvermögen oder aus ihrem Sonderbetriebsvermögen unentgeltlich oder gegen Gewährung von Gesellschaftsrechten in das Gesamthandsvermögen **der Personengesellschaft** (also der umgekehrte Fall), erfolgt diese **Übertragung zum Buchwert**, sofern keine stillen Reserven auf eine andere beteiligte Kapitalgesellschaft übergehen.

Das ist u.a. dann der Fall, wenn die Kapitalgesellschaft mit 100 % an der Personengesellschaft beteiligt ist (BMF vom 08.12.2011, BStBl I 2011, 1279, Rn. 29).

1. Übersicht

Beispiel 8:

Ausgangssachverhalt mit der Abweichung, dass A eine Kapitalgesellschaft ist (A-GmbH). Die A-GmbH überträgt das Grundstück unter Zurückbehaltung des Anschaffungsdarlehens an die AB-KG gegen Erhöhung ihres Festkapitals (Kapitalkonto I) um 800.000 €.

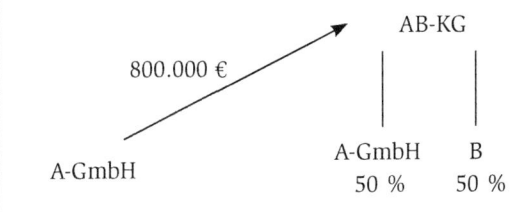

```
                          AB-KG
            800.000 € ↗    │    │
                           │    │
         A-GmbH       A-GmbH    B
                       50 %    50 %
```

Lösung:

Die Grundstücksübertragung gegen Gewährung von Gesellschaftsrechten erfolgt nach § 6 Abs. 5 Satz 3 Nr. 2 EStG zum Buchwert (mit Behaltefrist).
§ 6 Abs. 5 Satz 5 EStG steht dem nicht entgegen, da sich durch die Grundstückübertragung der Anteil der A-GmbH an dem Grundstück nicht erhöhte noch erstmals begründet wurde.
Die A-GmbH war vor der Übertragung Alleineigentümerin (100 %) des Grundstücks. Nach der Übertragung ist an dem gesamthänderisch gebundenen Grundstück mittelbar zu nur noch 50 % beteiligt, d.h. ihr Anteil erhöhte sich nicht, sondern verringerte sich.

> **Hinweis!** Werden im Zusammenhang mit der Grundstücksübertragung Gesellschafter der A-GmbH oder nahestehende Person eines GmbH-Gesellschafters begünstigt, handelt es sich insoweit um eine verdeckte Gewinnausschüttung an den GmbH-Gesellschafter.

b) Nachträglicher Teilwertansatz (§ 6 Abs. 5 Satz 6 EStG)

Rückwirkend ist auch dann der **Teilwert anzusetzen**, wenn innerhalb von **7 Jahren** nach der Übertragung des Wirtschaftsguts der **Anteil einer Kapitalgesellschaft** an dem übertragenen Wirtschaftsgut aus einem anderen Grund unmittelbar oder mittelbar begründet wird oder dieser sich erhöht. Betroffen sind insbesondere Umwandlungsvorgänge innerhalb von sieben Jahren nach der Buchwertübertragung, z.B. die Einbringung des Betriebs oder Mitunternehmeranteils in eine Kapitalgesellschaft nach § 20 Abs. 1 UmwStG.

Beispiel 9:

Ausgangssachverhalt mit der Abweichung, dass A das Grundstück in 03 unentgeltlich (unter Zurückbehalt des Anschaffungsdarlehens) zum Buchwert an die AB-KG übertragen hatte. In 04 wird die AB-KG auf die neu gegründete AB-GmbH verschmolzen (Buchwerteinbringung nach § 20 UmwStG).

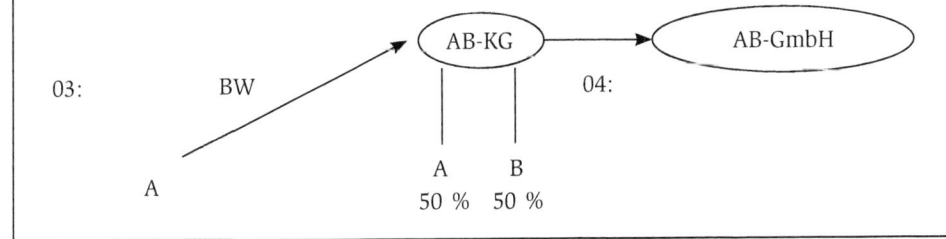

```
                    AB-KG    →    AB-GmbH
03:      BW  ↗      │   │     04:
                    │   │
          A         A   B
                   50% 50%
```

Lösung:
Durch die Einbringung wird der Anteil einer Kapitalgesellschaft (AB-GmbH wird Eigentümerin zu 100 %) an dem ursprünglich zu Buchwert übertragenen Wirtschaftsgut innerhalb der Frist von sieben Jahren nach der Übertragung begründet. Bei A fällt deshalb rückwirkend das Buchwertprivileg weg, d.h. die Grundstücksübertragung in 03 ist nachträglich mit dem Teilwert anzusetzen, sodass es zur Aufdeckung und Versteuerung der stillen Reserven des Grundstücks (600.000 €) in seinem Sonderbetriebsvermögen kommt (laufender Gewinn mit GewSt-Pflicht). Der Feststellungsbescheid der AB-KG für 03 ist ggf. nach § 175 Abs. 1 Satz 1 Nr. 2 AO zu ändern.

2. Doppelstöckige Personengesellschaft

Bei einer **doppelstöckigen Personengesellschaft** ist eine Mitunternehmerschaft (Obergesellschaft) als Gesellschafterin einer anderen Mitunternehmerschaft (sog. Untergesellschaft) beteiligt.

Überträgt die Obergesellschaft aus ihrem Gesamthandsvermögen ein Wirtschaftsgut unentgeltlich oder gegen Gewährung von Gesellschaftsrechten an die Untergesellschaft, kann die Untergesellschaft die Buchwerte fortführen, sofern die Obergesellschaft mit 100 % an der Untergesellschaft beteiligt ist oder an der Untergesellschaft keine Kapitalgesellschaft beteiligt ist (BMF-Schreiben vom 07.02.2002, a.a.O.).

Beispiel 10:
Ausgangssachverhalt mit der Abweichung, dass A eine OHG ist (A-OHG), die das Grundstück schuldenfrei aus ihrem Gesamthandsvermögen gegen Gewährung von Gesellschaftsrechten in die AB-KG überträgt. AB-KG (Untergesellschaft) A-OHG (Obergesellschaft) — Gesellschaftsrechte — A-OHG 50 %   B 50 %

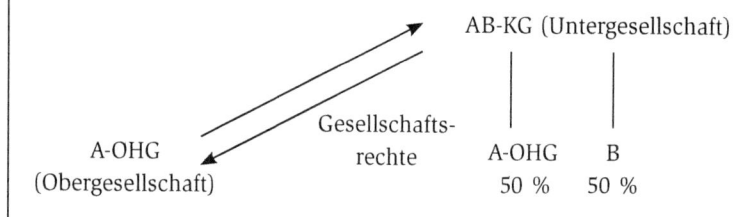

Lösung:
Die Grundstücksübertragung erfolgt nach § 6 Abs. 5 Satz 3 Nr. 1 EStG zum Buchwert (mit Behaltefrist; Ausnahme: Ergänzungsbilanz). § 6 Abs. 5 Satz 5 EStG steht dem nicht entgegen, weil bei der AB-KG keine Kapitalgesellschaft beteiligt ist, die einen Anteil an dem Grundstück begründete.

3. Mitunternehmerschaften und Grunderwerbsteuer

Übergang von einer Gesamthand, § 6 Abs. 1 und Abs. 2 GrEStG

Keine Grunderwerbsteuerpflicht, soweit der Bruchteil des Einzelnen dem Anteil am Gesamthandsvermögen entspricht.

Keine Steuerbefreiung, wenn:
- Anteil an Pers-Ges innerhalb der letzten 5 Jahre durch Rechtsgeschäft unter Lebenden erworben wurde oder
- bei Vereinbarung einer vom Beteiligungsverhältnis abweichenden Auseinandersetzungsquote innerhalb der letzten fünf Jahre.

3. Mitunternehmerschaften und Grunderwerbsteuer

Übergang auf eine Gesamthand, § 5 Abs. 1 und Abs. 2 GrEStG
Eine Steuer wird nicht erhoben, soweit der Anteil des Einzelnen am Gesamthandsvermögen seinem Bruchteil am Grundstück entspricht.
- Bei Alleineigentum erfolgt keine Steuererhebung, soweit der Veräußerer an der Gesellschaft beteiligt ist.
- Bei Veräußerung des Gesellschaftsanteils des Veräußerers innerhalb von fünf Jahren nach Übertragung ergibt sich eine rückwirkende Steuerpflicht, § 5 Abs. 3 GrEStG.

Ertragsteuerliche Behandlung der GrEStG
Die Grunderwerbsteuer ist in den Fällen des § 1 Abs. 3 GrEStG (H 6.2 EStH) und § 1a Abs. 2a GrEStG (BFH vom 02.09.2014, BStBl II 2015, 280) **sofort Aufwand** (keine AK).

Fall 28:
1. Der Gesellschafter A der AB-KG hat in seinem Sonderbetriebsvermögen ein der KG zur Nutzung überlassenes Grundstück. Der Buchwert des Grundstücks beträgt 200.000 €, der Verkehrswert 300.000 €. Die mit dem Grundstück zusammenhängenden Schulden betragen noch 100.000 €. A überträgt das Eigentum an dem Grundstück und die Schulden durch notariellen Vertrag auf die AB-KG.
2. Der Gesellschafter A der A-GmbH & Co. KG (GmbH nicht am Vermögen beteiligt) hat in seinem Sonderbetriebsvermögen ein Grundstück. Der Buchwert des Grundstücks beträgt 500.000 €, der Teilwert 1 Mio. €. Er überträgt das Grundstück in das Gesamthandsvermögen der KG zur Verbesserung der Vermögensverhältnisse in der Handelsbilanz unentgeltlich unter Ansatz des Verkehrswerts.
3. An einer OHG sind die natürliche Person A und die X-GmbH je hälftig beteiligt. Alleingesellschafter der X-GmbH ist A. Im Einzelbetriebsvermögen des A befindet sich ein Grundstück mit einem Buchwert von 100.000 €; der reale Wert (Teilwert) beträgt 500.000 €. A überträgt das Grundstück unentgeltlich in das Gesamthandsvermögen der OHG.
4. Beteiligungsverhältnisse wie im Beispiel 3. Das Grundstück befindet sich jedoch im Sonderbetriebsvermögen der GmbH bei der OHG und wird unentgeltlich in das Gesamthandsvermögen der OHG übertragen.

Aufgabe: Beurteilen Sie die Sachverhalte auf ihre steuerliche Auswirkung.

Fall 29:
An der A & B KG sind der Komplementär A und der Kommanditist B beteiligt; die Firma hat am 10.12.08 ein im Jahre 01 für 50.000 € erworbenes unbebautes Grundstück an B verkauft. Das Grundstück diente bisher Lagerzwecken. B will es privat nutzen. Als Kaufpreis werden 75.000 € (= Teilwert) vereinbart (fällig am 10.01.09).
Im notariellen Kaufvertrag ist B das Recht eingeräumt worden, ab 10.12.08 alle Nutzungen aus dem Grundstück zu ziehen; gleichzeitig ist B ab diesem Zeitpunkt verpflichtet, alle Lasten bezüglich des Grundstücks zu tragen. Alle Kosten, die mit dem Grundstücksübergang anfallen, hat B zu tragen.
Den Kaufpreis zahlt B am 10.01.09.
Die Gesellschafter sind zu je 50 % am Vermögen der Gesellschaft beteiligt. Die Gewinnverteilungsabrede beinhaltet auch, dass Entnahmen und dadurch bedingte Gewinnrealisierungen dem Gesellschafter zuzurechnen sind, der sie vornimmt.

Fragen:
1. Ist zwischen der Gesellschaft und dem Gesellschafter ein Kaufvertrag bürgerlich-rechtlich wirksam zustande gekommen?
2. Welche Rechtsfolgen ergeben sich dadurch für die Vertragsparteien?
3. Löst dieser Rechtsvorgang Grunderwerbsteuer aus?

4. Ergeben sich umsatzsteuerrechtliche Folgen?
5. Wie ist dieser Vorgang ertragsteuerlich zu behandeln?
6. Welche bilanziellen Auswirkungen ergeben sich für die Gesellschaft?
7. Wie ist der Sachverhalt ertragsteuerlich zu beurteilen, wenn B ein unbebautes Grundstück aus seinem Privatvermögen in das Gesamthandsvermögen der Gesellschaft gegen einen angemessenen Kaufpreis von 75.000 € überträgt?
8. Welche Möglichkeiten und Rechtsfolgen ergeben sich, wenn das Grundstück vereinbarungsgemäß dem Gesellschafter B übertragen wird und der Gesellschafter dieses Wirtschaftsgut der Gesellschaft weiterhin zur betrieblichen Nutzung überlässt?
9. Wie ist der Sachverhalt zu beurteilen, wenn der Gesellschafter B als Eigentümer das Grundstück zunächst der Gesellschaft zur Nutzung überlassen hätte und nunmehr in das Gesamthandsvermögen überträgt?
10. Wie ist der Sachverhalt zu beurteilen, wenn der Kommanditist B als Eigentümer das Grundstück der Gesellschaft zur Nutzung überlassen hat und nunmehr das Eigentum auf den Komplementär überträgt, der es weiterhin der Gesellschaft zur Nutzung überlässt?

VIII. Bilanzierung der Beteiligung an einer Personengesellschaft

1. Einzelunternehmer ist Mitunternehmer

1.1 Handelsbilanz

Bilanzansatz	Vermögensgegenstand Beteiligung i.S.d. § 271 Abs. 1 HGB, unabhängig von der Höhe
Bewertung	Anschaffungskosten i.S.v. § 255 Abs. 1 HGB, Zuzahlungen führen zu zusätzlichen Anschaffungskosten
Gewinnanteil	Am Abschlussstichtag realisiert, als Forderung bilanzierungspflichtig
Verlustanteil	Abschreibung (Wertberichtigung) gem. § 253 Abs. 2 HGB

1.2 Steuerbilanz

Die **Beteiligung** hat für steuerliche Gewinnermittlung grundsätzlich keine selbständige Bedeutung (BFH vom 06.11.1985, BStBl II 1986, 333). Beteiligungen stellt nach herrschender Lehre **kein Wirtschaftsgut** dar.

Gewinnmindernde Teilwertabschreibungen sind nicht zulässig, weil die Gewinne oder Verluste aus der Mitunternehmerschaft den Gesellschaftern unmittelbar zugerechnet werden.

Buchmäßige Behandlung im Einzelbetrieb
Es gilt die **Spiegelbildmethode**.
Posten „Beteiligung an einer Personengesellschaft" = **Spiegelbild des Kapitalkontos**
in der StB der Personengesellschaft einschl. Ergänzungs- und Sonderbilanzen

Weitere Behandlung im Einzelbetrieb

Veränderung	Durch Entnahmen, Einlagen, Gewinn- und Verlustanteile entsprechend der StB der Personengesellschaft.
Gewinne und Verluste	Entsprechend der einheitlichen und gesonderten Gewinnfeststellung der Personengesellschaft.
Überschuldung	Ausweis eines **passiven Werts der Beteiligung** an der Personengesellschaft in den steuerlichen Bilanzen des Gesellschafters. **Soweit** Gesellschafter für die anteilige Verbindlichkeit der Personengesellschaft **nicht** (bzw. nicht in voller Höhe) **haftet** (z.B. bei Kommanditisten), ist, soweit die anteilige Verbindlichkeit die Haftsumme übersteigt, ist die **Spiegelbildmethode anzupassen** und der **Negativwert** in den steuerlichen Bilanzen **auf** den Betrag der **Haftsumme zu begrenzen**. Ein darüber **hinausgehender Negativbetrag** könnte als „**besonderer steuerlicher Ausgleichsposten**" ausgewiesen werden. Sobald die Haftsumme wieder der anteiligen Schuld entspricht oder diese übersteigt, ist der „besondere steuerliche Ausgleichsposten" wieder aufzulösen; der Anteil an der Personengesellschaft ist danach wieder spiegelbildlich auszuweisen.

Zuschreibung	Entsprechend § 253 Abs. 5 HGB möglich.
„Entnahme"	Im Einzelbetrieb erfolgsneutral mit Buchwert auszubuchen.
Außenprüfung	Bilanzberichtigung beim Einzelbetrieb (§ 175 AO) ohne eigene Auswirkung, da einheitliche Feststellung maßgebend.
Laufende Geschäftsbeziehungen	Lieferungen im gewöhnlichen Geschäftsverkehr wie unter Fremden zu verbuchen.
Teilwertabschreibungen	Nicht möglich (BFH vom 20.06.1985, BStBl II 1985, 654).

Beispiel:

Malermeister A ist Gesellschafter der Malfix-OHG, für die A in größerem Umfang die Malerarbeiten durchführt. A hat die Beteiligung an der OHG als notwendiges Betriebsvermögen in seinem Einzelunternehmen bilanziert.
In der Bilanz der OHG zum 31.12.05 sind für A bilanziert:
Festkapital A   150.000 €
Verrechnungskonto A (Kapitalkonto II)   139.000 €
Im Wirtschaftsjahr 06 hat A entnommen   20.300 €
Der Gewinnanteil für das Wirtschaftsjahr 06 beträgt für A   95.700 €

Lösung:

Zum 31.12.06 sind in der Bilanz der OHG ausgewiesen:
Festkapital   150.000 €
Verrechnungskonto A 31.12.05   139.000 €
Entnahmen in 06   ./. 20.300 €
=   118.700 €
Gewinnanteil   + 95.700 €
Stand 31.12.06   **214.400 €**

Steuerlich ist die Beteiligung des A an der OHG mit insgesamt 364.400 € anzusetzen. Ob dies innerhalb oder außerhalb der Steuerbilanz des A zum 31.12.06 erfolgt, ist nebensächlich.
Kommt es zu einer Veräußerung der Beteiligung an der Personengesellschaft, wird der **Veräußerungsgewinn für A im Rahmen der einheitlichen und gesonderten Gewinnfeststellung der Personengesellschaft ermittelt.**

2. Kapitalgesellschaft ist Mitunternehmer

Es gelten die Ausführungen zur Bilanzierung der Beteiligung im Einzelunternehmen analog.

Fall 30:
Schreinermeister S ist Gesellschafter der Möbel-S OHG, die den Einzelhandel mit von S hergestellten Möbeln betreibt.
In der Bilanz der OHG auf 31.12.02 ist das „Festkapital S" mit 250.000 €, das „Verrechnungskonto S" (Kapital II) mit 149.000 € ausgewiesen.
Im Wj. 03 entnahm S bei der OHG insgesamt 18.300 €. Sein Gewinnanteil für das Wj. 03 beträgt laut Gesellschaftsvertrag 84.700 €.

2. Kapitalgesellschaft ist Mitunternehmer

In der Bilanz der OHG auf 31.12.03 sind u.a. ausgewiesen:		
Festkapital S		250.000 €
Verrechnungskonto S 31.12.02	149.000 €	
./. Entnahmen 03	18.300 €	
	130.700 €	
+ Gewinnanteil 03	84.700 €	
Stand 31.12.03	**215.400 €**	**215.400 €**
Frage: Wie ist die Beteiligung bilanzsteuerrechtlich zu würdigen?		

Fall 31:
Die R-GmbH hat zum 01.01.06 = 50 % der Kommanditanteile an der S-KG von ihrem Gesellschafter-Geschäftsführer erworben. Im (angemessenen) Kaufpreis von 400.000 € wurde das übernommene Kapitalkonto mit dem Buchwert von 250.000 €, anteilige stille Reserven bei einem unbebauten Grundstück mit 60.000 € sowie ein originärer Firmenwert mit anteilig 90.000 € vergütet.
Der Kaufpreis wurde in der HB zum 31.12.06 in voller Höhe als Beteiligung aktiviert.
Die R-GmbH hat bisher Beteiligungserträge aus der S-KG nicht erfasst. Der Gewinn für das Jahr 06 der S-KG im Geschäftsjahr = Kalenderjahr 06 beträgt nach der HB 100.000 €. Der Gewinn soll nach dem Gesellschaftsvertrag entsprechend der Beteiligung verteilt werden, er darf zu 50 % entnommen werden. Die an der S-KG beteiligte Komplementär-GmbH ist am Vermögen und am Gewinn der Gesellschaft nicht beteiligt.
Über die im Sachverhalt erwähnten Tatbestände hinaus sind weitere Zahlungsflüsse zwischen der R-GmbH und S-KG nicht erfolgt.
Frage: Wie sind die Sachverhalte zu beurteilen?

Fall 32:
Sachverhalt 1
B überträgt in 09 einer OHG, an der A, B und C je zu 1/3 beteiligt sind, ein in 01 unbebautes Grundstück seines Sonderbetriebsvermögens (Buchwert 180.000 €, Teilwert und gemeiner Wert 540.000 €) zum Preis von 180.000 € (Darlehen) an die OHG.
In Höhe des Differenzbetrags zum Teilwert (= gemeiner Wert) von 360.000 € erhält B von der OHG Gesellschaftsrechte.

Sachverhalt 2
Eine OHG, an der C zu 1/3 beteiligt ist, überträgt in 05 eine GmbH-Beteiligung zum Buchwert von 210.000 € (gegen Darlehen) auf C.
Der Teilwert = gemeine Wert der von der OHG in 01 erworbenen Beteiligung beträgt 840.000 €.
In Höhe des Differenzbetrags von 630.000 € werden die Gesellschaftsrechte des C gemindert. C behandelt die Beteiligung als gewillkürtes Sonderbetriebsvermögen.
Frage: Wie sind die Sachverhalte zu beurteilen?

IX. Gründung einer Personengesellschaft
1. Eröffnungsbilanz

Personengesellschaften (**Kaufleute**) müssen zu Beginn des Handelsgewerbes eine Eröffnungsbilanz aufstellen (§§ 238 ff. HGB, § 140 AO, § 5 Abs. 1 EStG).

1.1 Bilanzierung des Gesellschaftsvermögens

Folgende Schritte sind zu prüfen:
- Aufnahme des Gesellschaftsvermögens in der handelsrechtlichen Eröffnungsbilanz (Gesamthandsvermögen, Gesamthandsverbindlichkeiten),
- Auswirkungen nach dem Maßgeblichkeitsgrundsatz auch für die Ergänzungsbilanz,
- Einschränkungen durch zwingende steuerliche Vorschriften (u.a. § 5 Abs. 6 EStG).

1.2 Korrektur der Gesellschafts-Eröffnungsbilanz durch Ergänzungsbilanzen

Die Gesellschafts-Eröffnungsbilanz (Steuerbilanz) muss ggf. durch eine Ergänzungsbilanz für einen der Gesellschafter ergänzt werden, wenn z.B. bei Gründung der Personengesellschaft ein Betrieb, Teilbetrieb oder Mitunternehmeranteil gegen Gewährung von Gesellschaftsrechten eingebracht wird (§ 24 UmwStG).

> **Hinweis!** Positive und negative Ergänzungsbilanzen berücksichtigen individuelle Anschaffungskosten einzelner Gesellschafter.

1.3 Bilanzierung des Sonderbetriebsvermögens

Sonderbetriebsvermögen ist in der **Handelsbilanz** nicht auszuweisen; handelsrechtlich gibt es **kein Sonderbetriebsvermögen**. Auch die **Steuerbilanz** der Personengesellschaft enthält nur Gesellschaftsvermögen und **kein Sonderbetriebsvermögen**.

Wirtschaftsgüter des Sonderbetriebsvermögens sind jedoch in die steuerliche Gewinnermittlung mit einzubeziehen (H 5.1 < **Handelsbilanz nicht Gewinnermittlung für Sonderbetriebsvermögen der Gesellschafter** > EStH).

Gründung einer Personengesellschaft

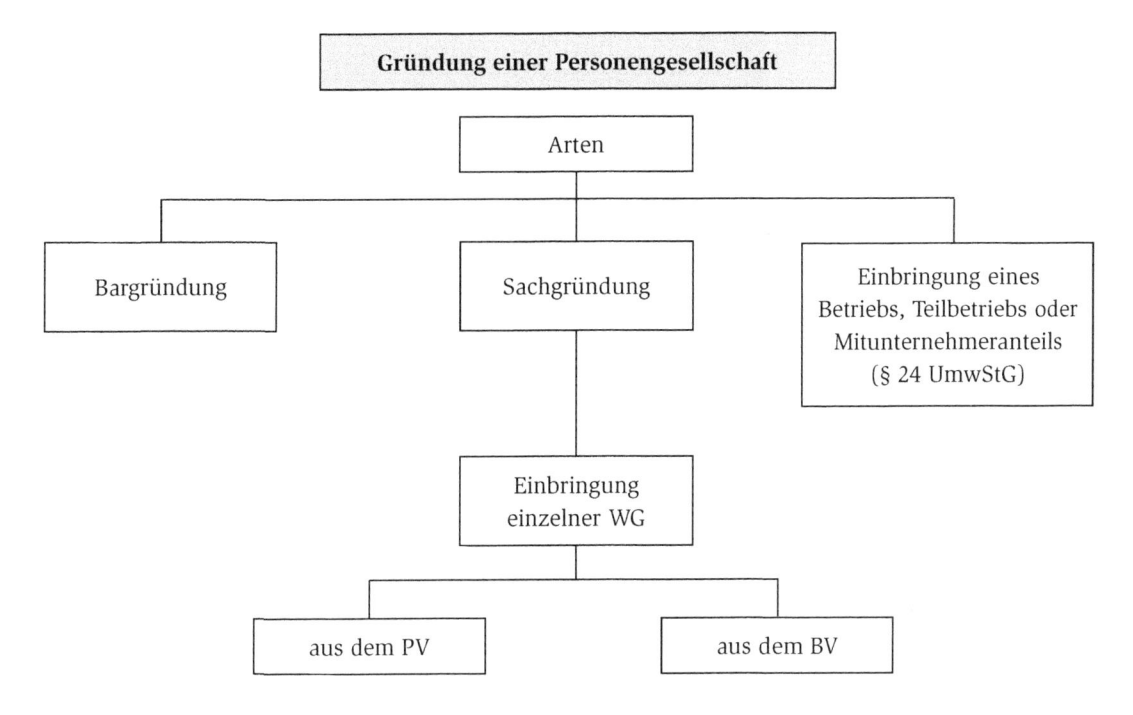

- **Arten**
  - Bargründung
  - Sachgründung
    - Einbringung einzelner WG
      - aus dem PV
      - aus dem BV
  - Einbringung eines Betriebs, Teilbetriebs oder Mitunternehmeranteils (§ 24 UmwStG)

2. Bargründung einer Personengesellschaft

2.1 Volleinzahlung der Hafteinlage (Pflichteinlage)

Beispiel:

A und B gründen am 01.07.01 die X-OHG. Vereinbarungsgemäß leistet jeder von ihnen eine Geldeinlage von 100.000. Der Gesellschaftsvertrag sieht vor, dass A und B am Gewinn und an den stillen Reserven des Unternehmens zu je 50 % beteiligt sind. In der Eröffnungsbilanz der X-OHG sind auszuweisen:

Eröffnungsbilanz X-OHG

Aktiva			Passiva
Geldkonto	200.000	Kapital A	100.000
		Kapital B	100.000
	200.000		200.000

2.2 Ausstehende Pflichteinlage

Ausstehende und eingeforderte Pflichteinlagen:
- Diese sind auf der Aktivseite als solche auszuweisen oder
- wahlweise auf der Passivseite offen vom Kapitalanteil abzusetzen.

Nicht eingeforderte Pflichteinlagen:
- brauchen nicht bilanziert zu werden.
- Werden sie freiwillig bilanziert, muss kenntlich gemacht werden, dass sie nicht eingefordert sind.

> **Beispiel:**
>
> A und B gründen am 01.09.01 die X-OHG, an der jeder Gesellschafter zu 50 % beteiligt ist. Die Pflichteinlagen betragen je Gesellschafter 50.000 €. A zahlt seine Einlage voll ein, B erbringt nur eine Geldeinlage von 30.000 €.
>
> **Alternativen:**
> a) Die restliche Pflichteinlage des B wird absprachegemäß zunächst gestundet.
> b) die restliche Pflichteinlage des B ist eingefordert.
>
> Wird im **Fall a)** auf eine freiwillige Bilanzierung der ausstehenden Einlage verzichtet, so sind in der Eröffnungsbilanz auszuweisen:
>
> **Eröffnungsbilanz X-OHG**
>
> | Aktiva | | | Passiva |
> |---|---|---|---|
> | Geldkonto | 80.000 | Kapital A | 50.000 |
> | | | Kapital B | 30.000 |
> | | 80.000 | | 80.000 |
>
> Im **Fall b)** sieht die Eröffnungsbilanz wie folgt aus:
>
> **Eröffnungsbilanz X-OHG**
>
> | Aktiva | | | Passiva |
> |---|---|---|---|
> | ausstehende (eingeforderte) Einlage B | 20.000 | Kapital A | 50.000 |
> | Geldkonto | 80.000 | Kapital B | 50.000 |
> | | 100.000 | | 100.000 |
>
> Das steuerliche Kapitalkonto des B beträgt auch hier 30.000 €.

3. Sach- und Mischgründung

3.1 Handelsrechtliche Bewertungsgrundsätze

Bei **Sacheinlagen** der Gesellschafter in Form einzelner Vermögensgegenstände werden die Anschaffungskosten der Vermögensgegenstände durch die Wertfestsetzung im Rahmen des Gründungsvorgangs bestimmt. Die Gegenleistung besteht in der Gewährung von Gesellschaftsrechten.

Handelsrechtlich bildet der „**Zeitwert**" der Sacheinlage die **Obergrenze** für den Ansatz. Die Beteiligten können bis zur Obergrenze des Zeitwerts den Wert der Sacheinlage frei festlegen. Eine Unterbewertung steht im Belieben der Gesellschaft. Sie ist nicht an die Anschaffungskosten des Einbringenden gebunden.

3.2 Einbringung von Wirtschaftsgütern des Privatvermögens

Bei der Einbringung von Einzelwirtschaftsgütern des Privatvermögens **gegen Gewährung von Gesellschaftsrechten** liegt eine **offene Sacheinlage** vor. Dies ist ein **tauschähnlicher Veräußerungsvorgang**, für den steuerlich der gemeine Wert anzusetzen ist (§ 6 Abs. 6 S. 1 EStG, BMF vom 29.03.2000, BStBl I 2000, 462; BStBl I 2004, 1190, Beck-Texte 4.13).

Unterschiede zwischen der handelsrechtlichen und steuerrechtlichen Bewertung werden über **Ergänzungsbilanzen** der Gesellschafter dargestellt.

3. Sach- und Mischgründung

Beispiel:

A und B gründen zum 01.01.01 eine OHG, an der jeder Gesellschafter zu 50 % beteiligt sein soll. Die Gesellschafter verpflichten sich zu folgenden Einlagen:
A bringt ein vor 2 Jahren erworbenes unbebautes Grundstück mit seinem Verkehrswert (gemeiner Wert) von 50.000 € ein. Die Anschaffungskosten des Grundstücks betrugen 40.000 €.
B bringt seinen bisher ebenfalls zum Privatvermögen gehörenden Pkw DaimlerBenz, den er vor 4 Jahren erworben hat, mit dem Verkehrswert (gemeiner Wert) von 30.000 € ein und leistet zusätzlich eine Geldeinlage von 20.000 €.

Lösung:

Eröffnungsbilanz OHG			
Aktiva			Passiva
Grundstück	50.000	Kapital A	50.000
Pkw	30.000	Kapital B	50.000
Geldkonto	20.000		
	100.000		100.000

Da die Sacheinlagen mit dem gemeinen Wert anzusetzen sind, bedarf es keiner Ergänzungsbilanz für die Gesellschafter.

Beachte! Bei A ist § 23 EStG zu beachten.

3.3 Einbringung einzelner Wirtschaftsgüter aus dem Betriebsvermögen eines Gesellschafters gegen Gewährung von Gesellschaftsrechten

Beispiel:

Sowohl A als auch B betreiben ein Einzelunternehmen. Zum 01.07.01 gründen sie eine OHG, an der A zu 80 % und B zu 20 % beteiligt sein sollen. Die Pflichteinlagen werden insgesamt auf 100.000 € festgesetzt.
A bringt ein zum Betriebsvermögen seines Einzelunternehmens gehörendes unbebautes Grundstück zum Verkehrswert von 80.000 € (Buchwert 70.000 €) gegen Gewährung von Gesellschaftsrechten in die Personengesellschaft ein.
B leistet seine Einlage durch einen zu seinem Einzelunternehmen gehörenden Pkw mit einem Verkehrswert von 20.000 € (Buchwert 15.000 €, Rest-ND 5 Jahre).

Lösung:

Steuerlich sind zwingend die Buchwerte anzusetzen (§ 6 Abs. 5 S. 3 EStG).
Technische Abwicklung:
Eröffnungsbilanz der Gesellschaft mit den Teilwerten; auch in der Steuerbilanz.
Der Ausgleich erfolgt über negative Ergänzungsbilanzen.

4. Einbringung von Betriebsvermögen in eine Personengesellschaft nach § 24 UmwStG (BStBl I 2011, 1314 ff.; Beck-Texte Erlass 130)

4.1 Allgemeines

Dies kann geschehen durch:
- **Gesamtrechtsnachfolge nach Umwandlungsgesetz (uno acto):**
  - Verschmelzung von Personenhandelsgesellschaften;
  - Spaltung von Kapitalgesellschaften, Personenhandelsgesellschaften oder Einzelunternehmen auf Personengesellschaften.

  Empfänger können **nur Personenhandelsgesellschaften** (OHG und KG) sein.

Oder durch:
- **Einzelrechtsnachfolge durch Einzelübertragung von Aktiva und Passiva nach den Vorschriften des BGB.**

  Alle aktiven und passiven Wirtschaftsgüter sind einzeln zu übertragen.

§ 24 UmwStG regelt:
Einbringung von Betriebsvermögen eines Betriebs, Teilbetriebs oder einem Mitunternehmeranteil in eine Personengesellschaft, die gewerblich, freiberuflich oder land- und forstwirtschaftlich tätig ist.

Einbringungsvorgänge können **steuerneutral** (ohne Gewinnrealisierung) vorgenommen werden. Stille Reserven in dem eingebrachten Betriebsvermögen bleiben in dem erhaltenen Mitunternehmeranteil steuerverhaftet.

§ 24 UmwStG geht als «lex specialis» den Vorschriften des EStG vor. §§ 6 Abs. 5 S. 3 und Abs. 6 S. 1, 16 EStG sind nicht anzuwenden.

Nach § 24 Abs. 4 UmwStG kann die Einbringung in eine Personengesellschaft mit einer **Rückwirkung von 8 Monaten** erfolgen (Verweis auf § 20 Abs. 6 UmwStG **(doppelte Voraussetzung!)**).

Dies gilt aber nur in Fällen der **Gesamtrechtsnachfolge** (= Umwandlung nach dem UmwG) und **nicht für Einzelrechtsnachfolge** (Einbringungen, Tz. 24.06 UmwStE).

Bei Einzelrechtsnachfolge akzeptiert die Finanzverwaltung eine sog. technische Rückwirkung von ca. 6–8 Wochen.

Anwendungsbereich des § 24 UmwStG

§ 24 UmwStG umfasst die **Einbringung** von:
- Betrieben i.S.d. EStG,
- Teilbetrieben,
- Mitunternehmeranteilen i.S.d. § 15 Abs. 1 Nr. 2 EStG.

Der Einbringende muss Mitunternehmer werden bzw. er muss **Gesellschaftsrechte eingeräumt** bekommen.

In Höhe der **weiteren Gegenleistung (Darlehen)** ist bei Einbringung nach dem 31.12.2014 zu prüfen, ob und inwieweit zwingend **stille Reserven** in dem eingebrachten Betriebsvermögen aufzudecken sind (§ 24 Abs. 2 S. 2 UmwStG).

4. Einbringung von Betriebsvermögen in eine Personengesellschaft nach § 24 UmwStG

§ 24 UmwStG

Geltungsbereich
Tz. 24.01 UmwStE

Einbringung

- Betrieb
- Teilbetrieb
- Mitunternehmeranteil

Einzelrechtsnachfolge
Tz. 01.47 aa UmwStE

- Aufnahme Gesellschafter in EU (Geldeinlage, Sacheinlage)
- Einbringung EU in bereits bestehende Pers-Ges/Zusammenschluss mehrerer EU zur Pers-Ges
- Eintritt weiterer Gesellschafter in bestehende Pers-Ges oder Kapitalerhöhung gegen Einlage
- Einbringung Ges-Anteile Pers-Ges I in Pers-Ges II gegen Gewährung von Gesellschaftsrechten

Geltungsbereich
Tz. 24.01 UmwStE

Einbringung

Gesamtrechtsnachfolge

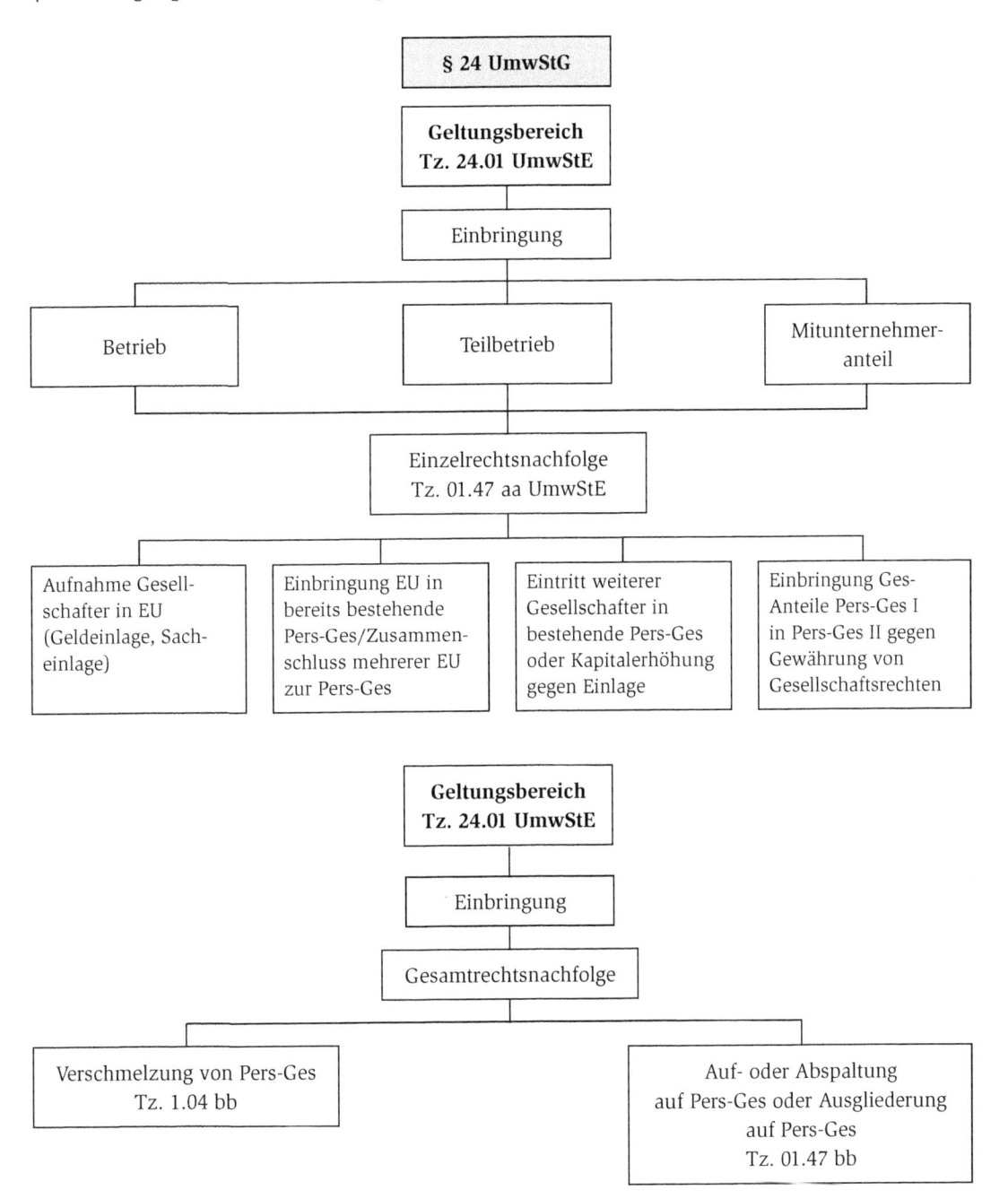

- Verschmelzung von Pers-Ges Tz. 1.04 bb
- Auf- oder Abspaltung auf Pers-Ges oder Ausgliederung auf Pers-Ges Tz. 01.47 bb

§ 24 UmwStG ist nicht anwendbar für:
- die **Einbringung einzelner Wirtschaftsgüter** eines Gesellschafters in eine Personengesellschaft,
- den **Gesellschafterwechsel** (die Zahl der Gesellschafter bleibt unverändert, Tz. 01.47 UmwStE),
- die **formwechselnde Umwandlung** (Tz. 01.47 UmwStE),
- die **Einbringung in eine nur vermögensverwaltende Personengesellschaft**.

4.2 Einbringender
Einbringender im Sinne des § 24 UmwStG kann sein:
- eine natürliche Person,
- eine Personengesellschaft (Beachte! Einbringende sind i.d.R. die Gesellschafter Tz. 20.03 i.V.m. Tz. 24.03 UmwStE, dann § 24 UmwStG für jeden Gesellschafter zu prüfen). Sofern die Pers-Ges nach der Einbringung weiter besteht, ist sie selbst Einbringende (evtl. Folgen für Mitgesellschafter),
- eine Kapitalgesellschaft.

Dabei ist es unerheblich, ob der Einbringende **beschränkt** oder **unbeschränkt steuerpflichtig** ist (Tz. 01.53 20.02 i.V.m. Tz. 24.03 UmwStE, siehe auch Tz. 4.8.1).

4.3 Einbringung mit Zuzahlung
§ 24 UmwStG gilt grundsätzlich auch, wenn der Einbringende neben dem Mitunternehmeranteil eine **Zuzahlung** erhält, die **nicht Betriebsvermögen** der Personengesellschaft wird.

Der Vorgang wird allerdings bei **Buchwerteinbringung** in einen **steuerpflichtigen Veräußerungsvorgang** und in eine sich nach § 24 UmwStG zu beurteilende Einbringung **aufgespalten** (Tz. 24.08–24.12 UmwStE).

4.4 Freiberufliche Praxis
§ 24 UmwStG gilt auch bei Einbringung einer **freiberuflichen Praxis** in eine Personengesellschaft.

4.5 Gegenstand der Einbringung
4.5.1 Betrieb, Teilbetrieb
Es gelten im Wesentlichen die ertragsteuerlichen Grundsätze zu § 16 EStG (siehe aber Tz. 20.06 i.V.m. 15.02, europäischer Teilbetriebsbegriff). Der Teilbetrieb muss wohl schon zum Rückwirkungszeitpunkt bestehen (vgl. Tz. 20.19 zu § 20 UmwStG).

Zum Teilbetrieb gehört auch eine zum Betriebsvermögen gehörende **100 %-ige Beteiligung an einer Kapitalgesellschaft** (Tz. 24.02 UmwStE).

Alle Wirtschaftsgüter, die **wesentliche Betriebsgrundlagen** des Betriebs oder Teilbetriebs bilden, müssen eingebracht werden (§ 20 Abs. 5 UmwStG, entsprechende Anwendung bei § 24 UmwStG, vgl. Tz. 24.03, 20.06 UmwStE).

Maßgebend ist der Zeitpunkt der Einbringung. Die Veräußerung (Gewinnrealisierung) einer wesentlichen Betriebsgrundlage (z.B. Verwaltungsgebäude) vor dem Einbringungszeitpunkt ist unschädlich (BFH vom 12.12.2012, DB 2012, 779).

Maßgebend ist die Funktion des einzelnen Wirtschaftsguts im Rahmen des Betriebs **(funktionale Betrachtungsweise).** Die Qualifizierung der **Beteiligung an der Komplementär-GmbH** als notwendiges Betriebsvermögen reicht nicht für die Annahme einer wesentlichen Betriebsgrundlage. Wesentlichkeit sei nur zu bejahen, wenn diese **den Mitunternehmer im Rahmen der KG nachhaltig stärkt**, wenn also der Einfluss des Mitunternehmers auf die Geschäftsführung der KG grundlegend erweitert würde (BFH vom 25.11.2009, BStBl II 2010, 471).

Die Zurückbehaltung von Wirtschaftsgütern, die nicht zu den wesentlichen Betriebsgrundlagen gehören, schließt die Anwendung des § 24 UmwStG nicht aus.

Ob es bei diesen zurückbehaltenen Wirtschaftsgütern zur Gewinnrealisierung kommt, hängt davon ab, ob sie weiterhin (Sonder-)**Betriebsvermögen** bleiben oder ins **Privatvermögen** überführt werden.

Wesentliche Betriebsgrundlagen
Wirtschaftsgüter, die zwar nach ihrer funktionellen Bedeutung nicht als wesentlich einzustufen sind, die aber erhebliche stille Reserven enthalten **(quantitative Betrachtungsweise),** müssen grundsätzlich nicht miteingebracht werden.

Danach ist das Vorhandensein erheblicher stiller Reserven (quantitative Betrachtungsweise) nur dann entscheidend, **wenn natürliche Personen** an der Einbringung beteiligt sind und **§§ 16, 34 EStG angewendet** werden sollen.

4.5.2 Sonderbetriebsvermögen des Einbringenden

§ 24 UmwStG ist nicht ausgeschlossen, wenn ein Wirtschaftsgut, das zur wesentlichen Grundlage des eingebrachten Betriebs gehört, bürgerlich-rechtlich nicht auf die Personengesellschaft als solche übertragen, sondern ihr lediglich zur **Nutzung im Rahmen eines Miet- oder Pachtvertrages** überlassen wird (Sonder-BV I; Tz. 24.05 UmwStE).

Wirtschaftsgüter, die bei der Einbringung zurückbehalten werden und ausnahmsweise nicht als gewillkürtes **Sonderbetriebsvermögen** des Einbringenden weiter bilanziert werden dürfen, sind zu entnehmen.

4.6 Ansatz des eingebrachten Betriebsvermögens

Wahlrecht, Wertverknüpfung

Nach § 24 Abs. 2 S. 1 UmwStG hat die Personengesellschaft das eingebrachte Betriebsvermögen einschließlich Ergänzungsbilanzen mit dem **Gemeinen Wert** anzusetzen.

Unter Einbezug des § 24 Abs. 2 S. 2 UmwStG besteht jedoch im Ergebnis ein **dreifaches Wahlrecht** der aufnehmenden Personengesellschaft. Sie kann das eingebrachte Betriebsvermögen in ihrer Bilanz **einschließlich der Ergänzungsbilanzen** ansetzen mit:

- dem Buchwert oder
- mit einem höheren Wert (Zwischenwert) oder
- mit dem Gemeinen Wert.

Der **Ansatz unter dem Gemeinen Wert** hängt aber von der Sicherstellung der Besteuerung durch die Bundesrepublik ab.

Der **Wert**, mit dem das eingebrachte Betriebsvermögen in der Bilanz der Personengesellschaft **einschließlich der Ergänzungsbilanz** für die Gesellschafter angesetzt wird, gilt für den Einbringenden **als Veräußerungspreis**. Dieser Veräußerungspreis wird dem steuerlichen Kapitalkonto des Einbringenden gegenübergestellt.

Die Freibetragsregelung des **§ 16 Abs. 4 EStG** und die Tarifbegünstigung des **§ 34 EStG** sind aber nur anzuwenden, wenn das eingebrachte Betriebsvermögen in der Bilanz der Personengesellschaft, einschließlich der Sonder- und Ergänzungsbilanzen mit dem **Gemeinen Wert** angesetzt wird (Tz. 24.13 UmwStE).

Bei **Ansatz von Zwischenwerten** sind die **§§ 16, 34 EStG nicht anwendbar**.

> Ein Ansatz mit dem Gemeinen Wert bedeutet, dass die **immateriellen Wirtschaftsgüter** auch beim Einbringenden originär entstandene und sonst dem Aktivierungsverbot des § 5 Abs. 2 EStG unterliegenden Wirtschaftsgüter sind, die von der aufnehmenden Personengesellschaft ausgewiesen werden. Das gilt auch für einen etwa vorhandenen **Geschäfts- bzw. Firmenwert** (Tz. 22.11 UmwStE).

4.7 Bewertungsgrundsätze

Allein die aufnehmende Personengesellschaft übt das **Bewertungswahlrecht** für die Sacheinlagen aus. Die Wahlrechtsausübung erfolgt durch einen entsprechenden **Ansatz in der Bilanz** der aufnehmenden Personengesellschaft einschließlich Ergänzungsbilanzen.

Wahlrechtsausübung

Nach § 24 UmwStG bestehen folgende Möglichkeiten:
- **Buchwertansatz** (Tz. 24.03–20.18 UmwStE)
- **Zwischenwertansatz** (Tz. 24.03–20.18 UmwStE)
- **Ansatz Gemeiner Wert** (Tz. 24.03–20.17 UmwStE)

Der **Buchwert** als **Untergrenze** des Wertansatzes ist der nach den ertragsteuerlichen Grundsätzen zutreffend ermittelte Wert (§ 24 Abs. 2 S. 2 UmwStG).

Der **Gemeine Wert** ist die absolute **Obergrenze** des Ansatzes der Sacheinlage (§ 24 Abs. 2 S. 3 UmwStG), darüber geht nichts. Bei Ansatz des Gemeinen Werts ist ein vorhandener originärer Geschäftswert zwingend aufzudecken. Unterbleibt dies, liegt nur ein Zwischenwertansatz vor.

Ein **Zwischenwert** liegt zwischen der Unter- und Obergrenze.

Übersicht Buchwertansatz:

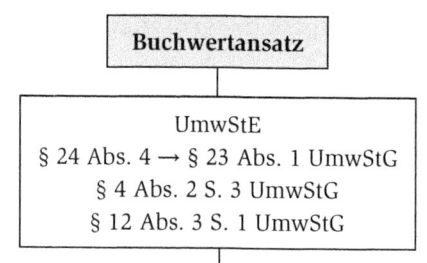

```
            Buchwertansatz
                 |
              UmwStE
     § 24 Abs. 4 → § 23 Abs. 1 UmwStG
         § 4 Abs. 2 S. 3 UmwStG
         § 12 Abs. 3 S. 1 UmwStG
```

Sachverhalte:	
AfA	Übernehmende Pers-Ges tritt in die Rechtsstellung des einbringenden Unternehmens ein.
Erhöhte Absetzungen (§§ 7d, 7i, 7k EStG) Sonderabschreibungen (§ 7g EStG, FördG)	Bindung an: • AfA-Bemessungsgrundlage • AfA-Methode • angenommene Nutzungsdauer
Bewertung GWG (§ 6 Abs. 2, 2a EStG)	wird übernommen
Steuerfreie Rücklagen (§ 6b EStG, RfE R 6.6 EStR)	Weiterführung
Besitzzeitanrechnung (§ 6b EStG)	Anrechnung Vorbesitzzeit

4. Einbringung von Betriebsvermögen in eine Personengesellschaft nach § 24 UmwStG

Übersicht Zwischenwertansatz:

> **Zwischenwertansatz**
>
> § 24 Abs. 4 → § 23 Abs. 1 UmwStG
> § 4 Abs. 2 S. 3 UmwStG
> § 12 Abs. 3 S. 1 UmwStG

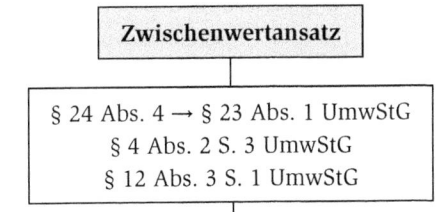

Sachverhalte:	
AfA	Bisheriger AfA-Satz Bisherige AfA-Bemessungsgrundlage
Erhöhte Absetzungen	+ Aufstockungsbetrag = neue AfA-Bemessungsgrundlage bei Gebäuden: ggf. Restnutzungsdauer
Sonderabschreibungen	für Aufstockung nur lineare AfA
Bewertungsfreiheit	wird übernommen
Gewinn mindernde Rücklagen	Weiterführung
Steuerfreie Rücklagen	Weiterführung
Besitzzeitanrechnung	Anrechnung Vorbesitzzeit

Übersicht Gemeiner Wert:

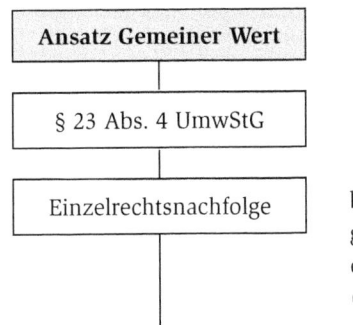

> **Ansatz Gemeiner Wert**
>
> § 23 Abs. 4 UmwStG
>
> Einzelrechtsnachfolge   bei Gesamtrechtsnachfolge
>   gilt § 23 Abs. 3 UmwStG
>   entsprechend
>   (Tz. 23.06 UmwStE)

Sachverhalte:	
AfA	Anschaffungsfiktion Pers-Ges wählt AfA-Methode selbst
Erhöhte Absetzungen	Anschaffungsfiktion
Sonderabschreibungen	Verbleibensvoraussetzungen sind verletzt
Bewertungsfreiheit	Ja
Gewinn mindernde Rücklagen	Auflösung
Steuerfreie Rücklagen	Auflösung
Besitzzeitanrechnung	keine Anrechnung Vorbesitzzeit

> **Fall 33: Die Einbringungsspiele**
> A und B gründen eine OHG. Das Beteiligungsverhältnis soll 50:50 betragen.
> Jeder verpflichtet sich, eine Einlage von 300.000 € zu erbringen.
> A erfüllt seine Einlageverpflichtung, indem er seinen Betrieb im Wert von 300.000 € (Buchwert: 100.000 €) einbringt.
> B zahlt 300.000 € in bar ein.
> **Aufgabe:** Stellen Sie die möglichen steuerlichen Varianten mit Begründung dar.
> Erforderliche Eröffnungsbilanzen (ohne Zwischenwertansatz) sind darzustellen.

> **Fall 34:**
> **Sachverhalt 1**
> A bringt sein Einzelunternehmen (Buchwert: 400.000 €/gemeiner Wert: 900.000 €) in die B/C-OHG ein mit Ausnahme eines Fabrikgrundstücks (Buchwert: 100.000 €/Teilwert = gemeiner Wert: 300.000 €), das er fortan an die OHG vermietet.
> Die OHG setzt das übertragene Betriebsvermögen in der Gesamthandsbilanz mit dem gemeinen Wert von 600.000 € an (eine negative Ergänzungsbilanz für A wird insoweit nicht aufgestellt), während A das Fabrikgrundstück zum Buchwert in das Sonderbetriebsvermögen überführt und in der Sonderbilanz mit dem Buchwert von 100.000 € aktiviert.
> **Sachverhalt 2**
> A bringt sein Einzelunternehmen (Buchwert: 400.000 €/gemeiner Wert: 900.000 €) in die B/C-OHG ein mit Ausnahme eines Fabrikgrundstücks (Buchwert: 100.000 €/gemeiner Wert: 300.000 €), das er fortan an die OHG vermietet. Die OHG setzt das übertragene Betriebsvermögen in der Gesamthandsbilanz mit dem gemeinen Wert von 600.000 € an (eine negative Ergänzungsbilanz für A wird insoweit nicht aufgestellt), während A das Fabrikgrundstück zum gemeinen Wert in das Sonderbetriebsvermögen überführt und in der Sonderbilanz mit dem gemeinen Wert von 300.000 € aktiviert.
> **Frage:** Wie sind die Vorgänge steuerlich zu beurteilen?

Bewertung mit Zwischenwerten (auf Antrag)

Nach § 24 Abs. 3 S. 2 UmwStG darf der Einbringende das eingebrachte Betriebsvermögen auf Antrag auch mit einem Wert über dem bisherigen Buchwert, aber unter dem gemeinen Wert ansetzen. Er darf also die **stillen Reserven** nur zum Teil aufdecken und dabei den Umfang der Aufdeckung dabei selbst bestimmen. Zu diesem Zweck müssen **alle stillen Reserven ermittelt** werden.

Dann werden sie einheitlich **im prozentual gleichen Umfang aktiviert** (Tz. 03.25 UmwStE). Dabei sind nicht nur die stillen Reserven des Anlagevermögens (einschließlich nicht entgeltlich erworbener immaterieller WG) zu berücksichtigen, sondern auch die des Umlaufvermögens und steuerfreier Rücklagen. Die Aktivierung beim Umlaufvermögen ist normalerweise vorteilhaft, da seine Buchwerte in naher Zukunft wieder zu Aufwand werden.

Die (Teil-)Aktivierung der stillen Reserven kann in der Gemeinschaftsbilanz oder auch – zu empfehlen insbesondere in Klausuren – in einer **Ergänzungsbilanz** – bei § 4 Abs. 3 EStG in **Ergänzungsrechnung** nach gleichen Grundsätzen, BFH vom 24.06.2009, BStBl II 2009, 993 – für den Einbringenden erfolgen.

Auch in diesem Fall gilt der Wert, mit dem das **eingebrachte Betriebsvermögen insgesamt angesetzt wird**, als Veräußerungserlös, sodass der Einbringende die Höhe des Gewinns, den er (jetzt) versteuern will, selbst bestimmen kann.

Auch wenn die **gemeinen Werte in voller Höhe** angesetzt wurden, jedoch noch ein Firmenwert verbleibt, handelt es sich um einen **Zwischenwertansatz**, mit der Folge, dass der Gewinn nicht begünstigt ist. Beim Zwischenwertansatz sind aber nach Auffassung der Fin-Verw. die stillen Reserven prozentual gleichmäßig anzusetzen (siehe UmwSt-Erlass).

4. Einbringung von Betriebsvermögen in eine Personengesellschaft nach § 24 UmwStG

Entsprechendes gilt, wenn im Übrigen die gemeinen Werte angesetzt werden aber für das ins **Sonder-BV** überführte Wirtschaftsgut der **Buchwert** angesetzt wird.

Fall 35: Gründung einer Personengesellschaft; Bilanzierungsmöglichkeiten bei Einbringung eines Einzelunternehmens

A hat bis zum 31.12.06 eine Schmuckfabrik als Einzelunternehmen betrieben. Zum 01.01.07 gründet er zusammen mit B eine OHG. In diese bringt A sein Einzelunternehmen mit sämtlichen Aktiva und Passiva ein. B leistet am 01.01.07 eine Bareinlage. Am Wert des Betriebsvermögens der OHG zum Gründungszeitpunkt und am Gewinn sollen A zu 80 % und B zu 20 % beteiligt sein.

Schlussbilanz EU A zum 31.12.06

Aktiva			Passiva
Grund und Boden	30.000	Kapital	80.000
Gebäude	85.000	Verbindlichkeiten und	
Maschinen	18.000	Sonstige Passiva	100.000
Sonst. Anlagevermögen	17.000		
Umlaufvermögen	30.000		
	180.000		180.000

Die Gesellschafter sind sich darüber einig, dass an stillen Reserven im Einzelunternehmen insgesamt 80.000 € vorhanden sind.

Diese entfallen auf:
- Firmenwert = 16.000 €
- Grund und Boden = 24.000 €
- Gebäude vor 5 Jahren für 100.000 € erstellt,
  AfA bisher nach § 7 Abs. 4 S. 1 Nr. 1 EStG mit 3 % = 18.000 €
- Maschinen (im Januar 05 für 30.000 erworben),
  bisherige AfA 20 % linear = 6.000 €
- geringwertige Wirtschaftsgüter (bis 150 € bzw. 410 € AK) = 16.000 €

Fragen:
1. Welchen Betrag muss B am 01.01.07 der OHG zur Verfügung stellen, um seine Verpflichtung, wie geplant, zu erfüllen?
2. Welche steuerlichen Bilanzierungsmöglichkeiten hat die OHG beim Aufstellen der Eröffnungsbilanz zum 01.01.07?
3. Die OHG weist in ihrer Eröffnungsbilanz die Buchwerte aus und folgende Kapitalkonten:
   Kapital A   96.000
   Kapital B   24.000
4. Wie sind die Bilanzwerte zum 01.01.07 fortzuführen?

Fall 36:

Zum 01.07.10 haben Adam Albert (A), Bend Bayer (B) und Conrad Cux (C) in Karlsruhe die A-B-C & Co. OHG, Baufachhandel, gegründet. Im Gesellschaftsvertrag ist vereinbart, dass bei der Gründung anfallende Steuern von der Gesellschaft zu tragen sind. Alle drei Gesellschafter sind zu je $1/3$ am Vermögen und Gewinn/Verlust der Gesellschaft beteiligt.

Vereinbarungsgemäß haben die Gesellschafter die folgenden Vermögenswerte in die Gesellschaft eingebracht:

A und B haben jeweils ihre bisher in Bruchsal betriebenen Einzelunternehmen mit allen Aktiven und Passiven eingebracht, für die auf den 30.06.10 die folgenden steuerlichen Schlussbilanzen vorliegen:

Steuerbilanz Einzelunternehmen A 30.06.10

Aktiva		Passiva	
Grund und Boden	180.000	Verbindlichkeiten	800.000
Maschinen	300.000	Rücklage nach § 6b EStG	40.000
Waren	120.000		
Div. Aktiva	220.000		
Kapital	20.000		
	840.000		**840.000**

Am 30.06.10 hatte der Grund und Boden einen Verkehrswert von 220.000 €, die vor 7 Jahren für 1.000.000 € angeschafften Maschinen hatten einen Verkehrswert von 400.000 €. A hat die Maschinen bei einer Nutzungsdauer von 10 Jahren bisher jährlich mit 100.000 € abgeschrieben.
Der Bedarfswert des Grund und Bodens beträgt 210.000 €.
Die Rücklage hatte A erstmals am 31.12.09 passiviert.

Steuerbilanz Einzelunternehmen B zum 30.06.10

Aktiva		Passiva		
Anlagevermögen		Kapital 01.01.	200.000	
Maschinen	240.000	Entnahmen	./. 30.000	
Aktien	120.000	Gewinn	50.000	220.000
Umlaufvermögen		Schulden		490.000
Waren	200.000	Rücklage für Ersatzbeschaffung		40.000
Forderungen	190.000			
	750.000			**750.000**

Es betrugen die Verkehrswerte der Maschinen 170.000 €, der Aktien 100.000 € und der Waren 190.000 €. Die Rücklage für Ersatzbeschaffung hatte B zutreffend nach dem Diebstahl seines Lkws im Juni 10 gebildet.
Da die Wertabweichungen bei den Aktivposten voraussichtlich nicht von Dauer waren, hat B sie bei ihrer Bewertung unberücksichtigt gelassen. Ein Firmenwert war nicht vorhanden.
C, der in Ettlingen ebenfalls ein Einzelunternehmen betreibt, brachte sein am 01.07.01 fertiggestelltes bebautes Lagergrundstück in die OHG ein, das er in seinem Betrieb nicht mehr benötigte. Er hat es in seinem Betrieb bisher jährlich mit 4 % (Bauantrag vor 2001) der Herstellungskosten (600.000 €) abgeschrieben. Außerdem übernahm die OHG seine am 01.07.10 noch mit 840.000 € valutierende Darlehnsschuld, mit der er seinerzeit die Anschaffung und Bebauung des Grundstücks finanziert hatte.
Das Grundstück hatte in der Buchführung seines Betriebes am 30.06.10 folgende Buchwerte:
- Grund und Boden   220.000 €   (Verkehrswert 300.000 €)
- Gebäude   384.000 €   (Verkehrswert 700.000 €)

Der Bedarfswert des Grundstücks beträgt 810.000 € (davon entfallen 20 % auf Grund und Boden).
C führt sein Einzelunternehmen ohne das Grundstück weiter.
Die Gesellschafter haben vereinbart, dass in der OHG-Bilanz zum 01.07.10 die Verkehrswerte des eingebrachten Vermögens ausgewiesen werden sollen. Die Kapitalkonten der Gesellschafter sollen das Beteiligungsverhältnis widerspiegeln.

4. Einbringung von Betriebsvermögen in eine Personengesellschaft nach § 24 UmwStG

> **Aufgaben:**
> 1. Stellen Sie zum 01.07.10 die Eröffnungsbilanz der OHG sowie zum 01.07. und 31.12.10 etwa erforderliche Ergänzungs- oder Sonderbilanzen auf.
> 2. Alle Beteiligten möchten, dass durch die Einbringung ihres Vermögens zum 01.07.10 möglichst keine Gewinnauswirkungen eintreten sollen.
> 3. Stellen Sie die Besonderheiten dar, die bei den eingebrachten Vermögenswerten beim Jahresabschluss der OHG zum 31.12.10 zu beachten sind.
> 4. Entwerfen Sie die Erklärung zur einheitlichen und gesonderten Gewinnfeststellung der OHG. Gehen Sie dabei davon aus, dass die OHG für den Zeitraum vom 01.07. bis 31.12.10 einen Gewinn von 180.000 € (zutreffend) ermittelt hat.

Abschreibungen nach Neubewertung des Betriebsvermögens
Zukünftige Abschreibungen der Gesellschaft nach § 24 Abs. 4, § 23 Abs. 1, Abs. 3, Abs. 4 UmwStG:
- **Buchwertfortführung**
  Es ändert sich nach § 12 Abs. 3 UmwStG an den Abschreibungen nichts.
- **Zwischenwertansatz**
  Die **AfA-Bemessungsgrundlagen** werden aufgestockt, die **Abschreibungsmethoden** werden **beibehalten** (z.B. Gebäude: § 7 Abs. 4 S. 1, Abs. 5 EStG, § 7 Abs. 4 S. 2 EStG; andere WG: Verteilung des aufgestockten Werts auf Rest-ND, bei § 7 Abs. 2 EStG evtl. Übergang auf § 7 Abs. 1 EStG).
- **Ansatz der gemeinen Werte**
  a) im Fall der **Einzelrechtsnachfolge** gelten die Wirtschaftsgüter zu diesen Werten als angeschafft, es beginnen völlig neue Abschreibungsreihen.
  b) im Fall der **Gesamtrechtsnachfolge** nach dem UmwG ergeben sich **neue AfA-Bemessungsgrundlagen** nach § 23 Abs. 3 UmwStG, die Abschreibungsmethoden müssten nach § 12 Abs. 3 UmwStG beibehalten werden (siehe Zwischenwert).

Bei Ausgliederung eines Betriebs des Einzelkaufmanns im Wege der §§ 123 Abs. 3, 152 UmwG in eine (bestehende oder) neu gegründete Personenhandelsgesellschaft (also nicht in eine GbR!), liegt eine Gesamtrechtsnachfolge nach dem UmwG vor (Tz. 01.47 UmwStE).

Dafür müssen dann allerdings die in § 125 UmwG genannten Vorschriften beachtet sein, z.B. die Anmeldung der Ausgliederung beim Handelsregister (§ 16 UmwG).

Nur bei einer **Bewertung unter dem gemeinen Wert** (Buch- oder Zwischenwertansatz) findet nach § 4 Abs. 2 S. 3 UmwStG eine **Besitzzeitanrechnung** von Wirtschaftsgütern statt (§ 23 Abs. 1 UmwStG).

Besonderheit Sammelposten nach § 6 Abs. 2a EStG, BMF vom 30.09.2010, Beck § 6.28 Rn. 19–23
Bei **Einbringung eines gesamten Betriebes** zum Buchwert gehen die im Sammelposten erfassten Wirtschaftsgüter zusammen mit dem Betrieb auf den neuen Rechtsträger über. Der **übernehmende Rechtsträger** führt den Sammelposten unverändert fort.

Bei einer Einbringung zu einem **über dem Buchwert** liegenden Wert liegt für den **übernehmenden Rechtsträger ein Anschaffungsvorgang** vor, der unter den Voraussetzungen des § 6 Abs. 2a EStG zur Bildung eines neuen Sammelpostens führen kann.

Die **Einbringung eines Teilbetriebes** hat ungeachtet des Verbleibs der im Sammelposten zu erfassenden erfassten Wirtschaftsgüter **keine Auswirkung auf den Sammelposten** des übertragenden oder einbringenden Rechtsträgers (R 6.13 Absatz 6 EStR).

Wird ein **Teilbetrieb zum Buchwert** eingebracht, erfolgt beim **übernehmenden Rechtsträger** mangels eines eigenen Buchwertes für im Sammelposten erfasste Wirtschaftsgüter weder ein Ausweis dieser Wirtschaftsgüter noch der Ausweis eines Sammelpostens.

4.8 Vermeidung des Einbringungsgewinns durch negative Ergänzungsbilanz

§ 24 Abs. 3 UmwStG

Für die Entscheidung, wie die eingebrachten Wirtschaftsgüter bei der aufnehmenden Personengesellschaft angesetzt werden (Gewinn ja oder nein, bzw. Höhe), sind nach auch die **Ansätze in den Ergänzungsbilanzen der Gesellschafter** zu berücksichtigen.

Wird deshalb in der Bilanz der Personengesellschaft die **Sacheinlage** zu einem über dem Buchwert liegen**den Wert** angesetzt, kann der dadurch entstehende **Einbringungsgewinn** vermieden werden, wenn die in der Bilanz der Personengesellschaft vorgenommene Aufstockung in einer negativen Ergänzungsbilanz für den/die Einbringenden wieder rückgängig gemacht wird (Tz. 24.13-24.14 UmwStE).

Beispiel:

A unterhält ein Einzelunternehmen mit einem buchmäßigen Eigenkapital von 100.000 €. In den Buchwerten sind stille Reserven von 200.000 € enthalten. Der wahre Wert des Unternehmens beträgt also 300.000 €. Die Schlussbilanz des A im Zeitpunkt der Einbringung sieht wie folgt aus:

Schlussbilanz EU A

Aktiva		Passiva	
Verschiedene Aktiva	150.000	Kapital	100.000
		Verbindlichkeiten	50.000
	150.000		**150.000**

A bringt sein Einzelunternehmen in die neue von ihm und B gegründete OHG ein. A und B sollen an der OHG zu je 50 % beteiligt sein. B leistet deshalb eine Bareinlage von 300.000 €. Im Gesellschaftsvertrag wird vereinbart, dass das eingebrachte Betriebsvermögen bis zur Höhe des Teilwerts aufgestockt wird und dass die Kapitalkonten von A und B in der Bilanz der OHG gleich hoch sein sollen.

Eröffnungsbilanz OHG

Aktiva		Passiva	
Betriebsvermögen EU A	350.000	Kapital A	300.000
Bareinlagen des B	300.000	Kapital B	300.000
		Verbindlichkeiten	50.000
	650.000		**650.000**

Lösung:

Bei A entsteht ein Veräußerungsgewinn in Höhe von 200.000 €. A kann diesen durch Aufstellung einer negativen Ergänzungsbilanz neutralisieren.

(Negative) Ergänzungsbilanz A

Aktiva		Passiva	
Minderkapital	200.000	Minderwerte Aktiva	200.000

Unter Einbeziehung dieser negativen Ergänzungsbilanz wird nunmehr das eingebrachte Betriebsvermögen in der Bilanz der OHG einschließlich der Ergänzungsbilanz für A mit 100.000 € ausgewiesen. Die für A erstellte Ergänzungsbilanz ist auch bei der künftigen Gewinnermittlung zu berücksichtigen und korrespondierend (neben der Gesamthandsbilanz) weiterzuentwickeln (Tz. 24.14 UmwStE). Dabei ergibt sich gegenüber der Bilanz der OHG für A aus der negativen Ergänzungsbilanz eine Minderung des AfA-Volumens.

Für B ist keine Ergänzungsbilanz aufzustellen.

4. Einbringung von Betriebsvermögen in eine Personengesellschaft nach § 24 UmwStG

Ausgleich der stillen Reserven unter den Gesellschaftern der aufnehmenden Personengesellschaft

Werden die eingebrachten Wirtschaftsgüter nicht mit ihren Teilwerten, sondern mit Buchwerten fortgeführt oder Zwischenwerte angesetzt, so ist in der Regel unter den Gesellschaftern **Ausgleich der unterschiedlich hohen stillen Reserven** bei den eingebrachten Wirtschaftsgütern erforderlich.

Dieser Ausgleich kann auf verschiedene Weise erfolgen, z.B.:
- **als Ausgleich durch Zuzahlung, s. dazu 4.9** oder
- **als Ausgleich über Ergänzungsbilanzen.**

Die Gesellschafter vereinbaren, dass ihre **Kapitalkonten nicht** nach dem **Verhältnis der Buchwerte** des eingebrachten Betriebsvermögens, sondern entsprechend **dem Verhältnis der wirklichen Werte** festgelegt werden.

Dies führt zu einer Ergänzungsbilanz für denjenigen Gesellschafter, dessen Anteile dadurch herabgesetzt bzw. heraufgesetzt werden (Tz. 24.14 UmwStE).

Beispiel:

Es wird im Gesellschaftsvertrag vereinbart, dass in der Bilanz der OHG die Buchwerte des EU A (= 100.000 €, bei stillen Reserven von 200.000 €) fortgeführt werden. B hat eine Bareinlage von 300.000 € zu leisten. Die Kapitalkonten sollen entsprechend der Beteiligung mit je 50 % gleich hoch sein.

Lösung:

Eröffnungsbilanz OHG

Aktiva			Passiva
Betriebsvermögen EU A	100.000	Kapital A	200.000
Bareinlagen des B	300.000	Kapital B	200.000
	400.000		**400.000**

Da B eine Einlage von 300.000 € geleistet hat, hat er 100.000 € mehr bezahlt als sein Kapitalkonto in der Eröffnungsbilanz beträgt. Dieser Mehrbetrag stellt die Hälfte der auf ihn übergegangenen stillen Reserven des Betriebsvermögens des A dar. B muss in diesem Fall sein in der Eröffnungsbilanz der OHG nicht ausgewiesenes Mehrkapital von 100.000 € in einer Ergänzungsbilanz darstellen.

(Positive) Ergänzungsbilanz B

Aktiva			Passiva
Mehrwerte Aktiva	100.000	Mehrkapital	100.000

Das von **A** eingebrachte Betriebsvermögen ist in der Bilanz der OHG mit insgesamt 200.000 € ausgewiesen. Das Kapital des A in der Schlussbilanz seines Einzelunternehmens betrug 100.000 €, sein Kapitalkonto in der Eröffnungsbilanz der OHG dagegen 200.000 €. Für A ergibt sich daraus ein **Veräußerungsgewinn** gemäß § 24 Abs. 3 UmwStG in Höhe von 100.000 €. A kann diesen Veräußerungsgewinn durch eine negative Ergänzungsbilanz neutralisieren.

(Negative) Ergänzungsbilanz A

Aktiva			Passiva
Minderkapital	100.000	Minderwerte Aktiva	100.000

Die Ergänzungsbilanzen für A und für B sind bei der künftigen Gewinnermittlung zu berücksichtigen und korrespondierend weiterzuentwickeln. Dabei ergibt sich gegenüber der Bilanz der OHG:
- für den Gesellschafter B ein zusätzliches AfA-Volumen und
- für den Gesellschafter A eine Minderung des AfA-Volumens (Tz. 24.14 UmwStE).

4.9 Gesellschaftsrechte

Maßgeblich für die Frage, ob dem Einbringenden als Gegenleistung Gesellschaftsrechte gewährt werden, ist grundsätzlich die Buchung bei der übernehmenden Mitunternehmerschaft.

Es gelten die gleichen Abgrenzungskriterien wie für die Frage, ob die Übertragung eines Wirtschaftsgutes aus dem Privatvermögen in das betriebliche Gesamthandsvermögen einer Mitunternehmerschaft eine Einlage oder eine Veräußerung darstellt (BMF vom 11.07.2011, BStBl I 2011, 713 sowie BMF vom 26.07.2016, BStBl I 2016, 684).

Die **Gegenbuchung:**
- ausschließlich auf einem festen Kapitalkonto,
- teilweise auf einem festen und teilweise auf variablen Kapitalkonto,
- teilweise auf einem festen Kapitalkonto und teilweise einem gesamthänderisch gebundenen Kapitalrücklagenkonto

des Einbringenden führt mithin zur Einbringung gegen Gewährung von Gesellschaftsrechten und damit zur Anwendbarkeit des § 24 UmwStG.

Die **ausschließliche Gegenbuchung** auf einem **gesamthänderisch gebundenen Kapitalrücklagenkonto** des Einbringenden führt zu einer **unentgeltlichen Übertragung nach § 6 Abs. 3 EStG** auf die Mitunternehmerschaft (BMF vom 03.03.2005, BStBl I 2005, 458, Tz. 1).

Die **vollständige Gegenbuchung auf einem Fremdkapitalkonto** i.S.d. § 15a EStG (**Darlehenskonto**) führt zu einem gewinnrealisierenden Veräußerungsvorgang.

§ 24 Abs. 1 UmwStG ist mangels Gewährung von Gesellschaftsrechten nicht anwendbar. Bei der Gewährung der Darlehensforderung handelt es sich um ein (Teil-)Entgelt für die Übertragung.

Mischentgelt

Bisher war eine Einbringung gegen Gewährung von Gesellschaftsrechten und sonstigen Gegenleistungen (sog. Mischentgelt) nach bisheriger Verwaltungsauffassung nur teilweise nach § 24 UmwStG begünstigt.

Eine Buchwertfortführung war nur insoweit auf Antrag i.S.d. § 24 Abs. 2 Satz 2 UmwStG möglich, als die Einbringung gegen Gewährung von Gesellschaftsrechten erfolgte (Rn. 24.07 Abs. 2 UmwStE).

Einbringungen nach dem 31.12.2014

Ist der Umwandlungsbeschluss nach dem 31.12.2014 erfolgt bzw. der Einbringungsvertrag nach dem 31.12.2014 geschlossen worden, unterliegt die Einbringung § 24 UmwStG i.d.F. des Steueränderungsgesetzes 2015 vom 02.11.2015, BGBl I 2015, 1834.

Die **Möglichkeit zur Fortführung der Buchwerte** oder zum Ansatz von Zwischenwerten besteht nach § 24 Abs. 2 Satz 2 Nr. 2 UmwStG **nur soweit** der gemeine Wert von sonstigen Gegenleistungen, die neben den neuen Gesellschaftsanteilen gewährt werden, nicht mehr beträgt als:
- **25 % des Buchwerts des eingebrachten Betriebsvermögens oder**
- **500.000 €, höchstens jedoch den Buchwert des eingebrachten Betriebsvermögens.**

Maßgeblich ist der höhere der beiden Beträge.

Liegt der Buchwert des eingebrachten Betriebs **zwischen 1 € und 500.000 €** sind sonstige Gegenleistungen insbesondere Darlehensgewährungen an den Einbringenden bis zum Buchwert des eingebrachten Betriebs unschädlich.

Bei Buchwerten **zwischen 500.001 € und 2.000.000 €** sind Gegenleistungen i.H.v. 500.000 € unschädlich.

Bei Buchwerten **> 2 Millionen €** sind Gegenleistungen i.H.v. bis zu 25 % des Buchwerts unschädlich. Soweit diese Grenze überschritten ist, bleibt es bei dem Ansatz des gemeinen Werts nach § 24 Abs. 2 S. 1 UmwStG.

4. Einbringung von Betriebsvermögen in eine Personengesellschaft nach § 24 UmwStG

> **Fall 37:**
> A bringt seinen Betrieb (Buchwert = 1.500.000 €, gemeiner Wert = 5.000.000 €) mit Einbringungsvertrag vom 10.11.2015 zum 01.12.2015 im Wege der Neugründung in eine Ein-Mann-GmbH & Co. KG ein, deren einziger Kommanditist A ist. Die Komplementär-GmbH ist vermögensmäßig nicht beteiligt. A erhält neben einer Gutschrift von 500.000 € auf dem Kapitalkonto 1 eine Gutschrift i.H.v. 1.000.000 € auf seinem Darlehnskonto (Fremdkapitalkonto) der KG.
> Er geht davon aus, dass die Einbringung steuerneutral möglich ist und führt in der Gesamthandsbilanz der KG die Buchwerte des eingebrachten Betriebsvermögens fort. Der Antrag auf Buchwertfortführung wird fristgerecht gestellt.
> **Aufgabe:** Nehmen Sie hierzu Stellung.

Ausgleich durch Zuzahlung
Der Ausgleich der unterschiedlich hohen stillen Reserven kann auch in der Weise erfolgen, dass bei der Einbringung eine Zuzahlung zu leisten ist, die nicht in das Betriebs-, sondern in das **Privatvermögen** geht.

Missbrauchsregelung (§ 42 AO)
Zur Vermeidung dieser steuerschädlichen Folge könnte die Zuzahlung zunächst Betriebsvermögen der Personengesellschaft werden und erst im Anschluss daran nach Einbringung in die Personengesellschaft durch A entnommen werden.

Hat der Einbringende A im Anschluss an die Einbringung größere Entnahmen getätigt und wird bei der Bemessung seines Gewinnanteils auf seinen ihm dann noch verbleibenden Kapitalanteil abgestellt, kann es erforderlich sein, den Zuzahlungsbetrag als unmittelbar in das Privatvermögen des Einbringenden geflossen anzusehen.

Wirtschaftlich betrachtet ist dann die Zuführung der Zuzahlung zum Betriebsvermögen der Personengesellschaft und die anschließende Entnahme der Zuzahlung durch den Einbringenden eine Zuzahlung, die unmittelbar an den Einbringenden erfolgt.

> **Rechtsprechung**
> Nach der Rechtsprechung des BFH liegt eine Zuzahlung auch dann vor, wenn mit ihr eine zugunsten des Einbringenden begründete Verbindlichkeit der Gesellschaft getilgt wird (BFH vom 08.12.1994, BStBl II 1995, 599, Tz. 24.10 UmwStE).

> **Rechtsprechung zum Einbringungsfall mit Zuzahlung ins Privatvermögen und Teilwertansatz** (BFH vom 25.07.2001, BStBl II 2001, 178; Tz. 24.12 UmwStE):
> Wird bei der Einbringung der Gemeine Wert angesetzt, kann auch unschädlich für die §§ 16, 34 EStG eine Zuzahlung ins Privatvermögen erfolgen.
> Die Vermeidung eines Veräußerungsgewinns durch negative Ergänzungsbilanz ist aber nicht möglich.

4.10 Einbringungszeitpunkt
Bei Gesamtrechtsnachfolge ist Rückbeziehung der Gesellschaftsgründung nach den Vorschriften des handelsrechtlichen Umwandlungsgesetzes zulässig (Tz. 24.06 UmwStE).

4.11 Anwendung des § 6b EStG auf den Einbringungsgewinn
Für den Einbringungsgewinn ist § 6b EStG anzuwenden, soweit der Gewinn auf **begünstigte Wirtschaftsgüter** entfällt. Macht der Einbringende hiervon Gebrauch, besteht für den restlichen Veräußerungsgewinn **nicht mehr** die Möglichkeit, **§ 34 EStG** in Anspruch zu nehmen.

4.12 Steuerfreie Rücklagen

Steuerfreie Rücklagen **können** von der aufnehmenden Personengesellschaft **fortgeführt werden**, wenn diese das eingebrachte Betriebsvermögen **unter dem Gemeinen Wert** ansetzt.

Steuerfreie Rücklagen **müssen aufgelöst werden**, wenn die aufnehmende Personengesellschaft das eingebrachte Betriebsvermögen **mit dem Gemeinen Wert** ansetzt. Der dabei für den Einbringenden entstehende Auflösungsgewinn ist Bestandteil des tarifbegünstigten Veräußerungsgewinns.

4.13 Pensionsrückstellungen

Pensionsrückstellungen müssen fortgeführt werden, wenn die Personengesellschaft das eingebrachte Betriebsvermögen mit dem **Buchwert oder** mit einem **Zwischenwert** ansetzt. Sie darf einen bereits beim Einbringenden vorhandenen Rückstellungsfehlbetrag nicht nachholen (Tz. 03.25 UmwStE; § 3 Abs. 1 S. 2 UmwStG).

Pensionsrückstellungen müssen mit dem Teilwert ausgewiesen werden, wenn das eingebrachte Betriebsvermögen mit dem Gemeinen Wert angesetzt wird (Tz. 03.07 UmwStE).

4.14 Verteilung des Aufstockungsbetrags bei Zwischenwertansatz

In diesem Fall erfolgt eine **gleichmäßige Aufstockung bei allen Wirtschaftsgütern** (Anlagevermögen als auch Umlaufvermögen, § 20 UmwStG, Tz. 03.25 UmwStE).

4.15 Verlustabzug

Der Verlustabzug geht nicht vom Einbringenden auf die aufnehmende Personengesellschaft über (an die Person des Unternehmers geknüpfte Vergünstigung).

4.16 Einschränkungen der Steuerbegünstigungen bei Veräußerungsgewinnen

Bei Übernahme zum Teilwert sind die Begünstigungen der §§ 16 Abs. 4, 34 Abs. 1 EStG nur anzuwenden, soweit ein Betrieb tatsächlich auf einen Dritten übergeht.

Keine Begünstigung, soweit ein **Einbringender** an der übernehmenden Personengesellschaft **beteiligt** ist.
Der durch die Einbringung entstehende Gewinn ist als **laufender Gewinn** zu versteuern (§ 24 Abs. 3 UmwStG, § 16 Abs. 2 S. 3 EStG, Tz. 24.16 UmwStE).

Beispiel:

A (58 Jahre alt) bringt sein Einzelunternehmen in eine neu gegründete OHG ein (Kapitalkonto 400.000 €, Teilwert des Betriebsvermögens 800.000 €). Weiterer Gesellschafter wird B. B leistet eine Bareinlage von 200.000 € und ist mit 20 % an der OHG beteiligt.

Lösung:

A kann seinen Betrieb mit dem **Buchwert** einzubringen, dann entsteht kein Einbringungsgewinn.
A kann aber auch den Betrieb mit dem Gemeinen Wert einbringen.
In diesem Fall entsteht ein Gewinn, der aber nur insoweit tarifbegünstigt ist, als der mit der Bareinlage neu hinzugetretene Gesellschafter B beteiligt ist.
Soweit der Veräußerungsgewinn auf seine Beteiligung an der OHG entfällt, handelt es sich für A um einen laufenden Gewinn (§ 16 Abs. 2 S. 3 EStG).

4. Einbringung von Betriebsvermögen in eine Personengesellschaft nach § 24 UmwStG

Gemeiner Wert	800.000 €
Buchwert	400.000 €
Gewinn	**400.000 €**
Beteiligung B = 20 % = Veräußerungsgewinn	80.000 €
Beteiligung A = 80 % = laufender Gewinn	320.000 €
Veräußerungsgewinn	**80.000 €**
./. evtl. Freibetrag (§ 16 Abs. 4 EStG)	

A kann die sofortige Versteuerung des Gewinns durch Aufstellung einer **negativen Ergänzungsbilanz** neutralisieren (Tz. 24.13–Tz. 24.14 UmwStE).
Offen ist allerdings, ob es zulässig ist, die Teilwerte anzusetzen, gleichzeitig aber nur den nicht begünstigten Aufstockungsgewinn durch eine negative Ergänzungsbilanz zu neutralisieren und daneben für den tarifbegünstigten Gewinn §§ 16, 34 EStG anzuwenden.
Im Schrifttum wird diese Auffassung teilweise bejaht (Schmidt/Wacker, § 16 Rz. 562).

4.17 Einbringungsgewinn II für Veräußerung mit eingebrachter Anteile an Kapitalgesellschaften

§ 24 Abs. 5 UmwStG sieht einen **Ausschluss der Steuerbefreiung des § 8b KStG** für Anteile vor, die eine Körperschaft, Personenvereinigung oder Vermögensmasse zu einem **unter dem Gemeinen Wert liegenden Betrag** von einer natürlichen Person erworben hat.

Betroffen ist die **Einbringung von betrieblichen Sachgesamtheiten gem. § 24 UmwStG** zu einem den gemeinen Wert unterschreitenden Wert, falls zu deren Betriebsvermögen Anteile an einer Körperschaft, Personenvereinigung oder Vermögensmasse gehören und der Einbringende unmittelbar oder mittelbar eine natürliche Person (genauer: „keine durch § 8b Abs. 2 KStG begünstigte Person") ist.

Beispiel:

Einzelunternehmen, zu dessen Betriebsvermögen die Beteiligung an einer GmbH mit stillen Reserven gehört, wird zum Buchwert durch eine natürliche Person in eine Mitunternehmerschaft eingebracht, an deren Vermögen eine Kapitalgesellschaft als Mitunternehmerin beteiligt ist.

§ 24 Abs. 5 UmwStG bestimmt (durch Verweisung auf § 22 UmwStG n.F.), dass im Fall der **Veräußerung** (oder der Verwirklichung der einer Veräußerung gleichgestellten Tatbestände in § 22 Abs. 1 Satz 6 Nr. 1 bis 5 UmwStG n.F.) dieser Anteile an der Körperschaft durch die Mitunternehmerschaft innerhalb eines Zeitraums von sieben Jahren nach dem Einbringungszeitpunkt unter entsprechender Anwendung von § 22 Abs. 2, 3, 5 und 7 UmwStG ein „**Einbringungsgewinn II**" zu besteuern ist, soweit der **Gewinn auf einen von § 8b Abs. 2 KStG begünstigten Mitunternehmer** entfällt (§ 24 Abs. 5 UmwStG).

Es sind dies insbesondere Fälle, in denen an den übernehmenden Personengesellschaften Kapitalgesellschaften beteiligt sind.

Fall 38:
A bringt sein Einzelunternehmen zum Buchwert in die A-B(GmbH)-OHG ein (Einbringungstag = 30.06.01, Beteiligung je 50 %).
In seinem Einzelunternehmen sind Anteile an der C-GmbH bilanziert (BW 100, GW 800).
In der OHG werden die Anteile mit 100 angesetzt.
Die OHG veräußert die Anteile am 15.05.04 für 900.
Aufgabe: Wie ist der Vorgang zu beurteilen?
Alternative: In der Ergänzungsbilanz des A wird 700 Minderwert angesetzt.

X. Eintritt eines Gesellschafters in eine bestehende Personengesellschaft

Der Eintritt eines Gesellschafters in eine Personengesellschaft stellt sich wie folgt dar:

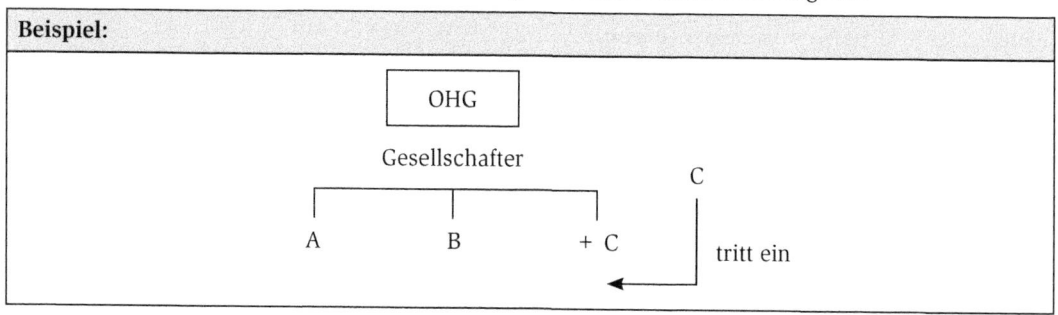

Beispiel:
OHG — Gesellschafter A, B, + C; C tritt ein

Handelsrecht:
Es findet keine Beendigung der bisherigen und keine Gründung einer neuen Personengesellschaft, sondern eine **Fortführung der bisherigen Personengesellschaft** statt (§§ 131, 161 HGB).

Das Gesellschaftsvermögen wächst dem Neuen anteilmäßig zu (Gesamthandsvermögen, § 105 HGB, § 738 BGB).

Es muss **keine Eröffnungsbilanz** erstellt werden.

Steuerrecht
Beim Eintritt eines weiteren Gesellschafters in eine bestehende Personengesellschaft ist **§ 24 UmwStG anwendbar**, wenn der neue Gesellschafter Geld oder andere Wirtschaftsgüter in das **Gesellschaftsvermögen einbringt**.

Es ist davon auszugehen, dass die bisherigen Gesellschafter ihre Mitunternehmeranteile in die neue, durch den hinzutretenden Gesellschafter vergrößerte Personengesellschaft einbringen (**Tz. 01.47 UmwStE**).

Folge
Die **bisherigen Gesellschafter** haben nach § 24 UmwStG das **3-fache Wahlrecht**, den:
- Buchwert,
- Zwischenwert, oder den
- Gemeinen Wert

anzusetzen.

Der von der aufnehmenden Personengesellschaft gewählte Ansatz stellt für die bisherigen Gesellschafter den Veräußerungspreis dar.

Die §§ 16, 34 EStG sind nur anwendbar, **wenn** das eingebrachte Betriebsvermögen mit seinem **Gemeinen Wert** (einschließlich Firmenwert) angesetzt wird.

Der neu **eintretende Gesellschafter** hat aktivierungspflichtige **Anschaffungskosten** für die erworbenen Anteile an den Wirtschaftsgütern des Gesellschaftsvermögens in Höhe seiner Einlage.

Beispiel:
A und **B** sind zu je 50 % an einer OHG beteiligt. Ihre Kapitalkonten betragen am 31.12.01 jeweils 150.000 €. Das Betriebsvermögen der Personengesellschaft enthält zu diesem Zeitpunkt stille Reserven von 300.000 €. Am 31.12.01 tritt C in die Personengesellschaft ein. Da ab diesem Zeitpunkt jeder Gesellschafter zu $1/3$ der Personengesellschaft beteiligt sein soll, leistet C eine Geldeinlage in das Gesellschaftsvermögen von 300.000 €.

X. Eintritt eines Gesellschafters in eine bestehende Personengesellschaft

Lösung:

1. Ansatz Gemeiner Wert in der Gesellschaftsbilanz

Beim Ansatz mit dem Gemeinen Wert des von A eingebrachten Betriebsvermögens stehen die Kapitalkonten im richtigen Verhältnis zueinander.

Eröffnungsbilanz

Aktiva		Passiva	
Eingebrachtes Betriebsvermögen (A, B)	600.000	Kapital A	300.000
Geldeinlage C	300.000	Kapital B	300.000
		Kapital C	300.000
	900.000		**900.000**

A und B (bisher je zur Hälfte an der OHG beteiligt), sind an der erweiterten Personengesellschaft nur noch zu je $1/3$ beteiligt.

A und B veräußern jeweils $1/3$ ihrer Beteiligung an den neuen Gesellschafter C, sie behalten somit $2/3$ ihrer bisherigen Beteiligung.

Nach § 24 Abs. 3 UmwStG i.V.m. § 16 Abs. 2 S. 3 EStG ist der Gewinn von je 150.000 € zu $2/3$ (= 100.000 €) als nicht begünstigter laufender Gewinn und zu je $1/3$ (= 50.000 €) nach § 16 Abs. 4, § 34 Abs. 1 EStG begünstigter Veräußerungsgewinn.

Die sofortige Besteuerung des Veräußerungsgewinns kann durch jeweils eine **negative Ergänzungsbilanz** mit einem Minderkapital von 150.000 € vermieden werden.

Das eingebrachte Betriebsvermögen wird dadurch in der Bilanz der Personengesellschaft und der Ergänzungsbilanz der Gesellschafter per Saldo mit jeweils 150.000 € ausgewiesen.

Dieser Betrag ist als Veräußerungspreis anzusehen, sodass bei A und bei B kein Gewinn entsteht (§ 16 Abs. 2 EStG, § 24 Abs. 3 UmwStG).

(Negative) Ergänzungsbilanz A bzw. B

Aktiva		Passiva	
Minderkapital A bzw. B	150.000	Minderwerte Aktiva	150.000

Die negative Ergänzungsbilanz ist zu den nachfolgenden Bilanzstichtagen fortzuführen und weiterzuentwickeln.

Im Zusammenhang mit der Auflösung der Minderwerte entstehende „Gewinne" (Minderung des AfA-Volumens) sind bei der gesonderten und einheitlichen Gewinnfeststellung der OHG zu berücksichtigen.

2. Buchwertansatz in der Gesellschaftsbilanz

Die Personengesellschaft führt die Buchwerte des eingebrachten Betriebsvermögens fort und weist zugleich die Kapitalkonten der drei Gesellschafter in zutreffendem Verhältnis aus.

Eröffnungsbilanz der Personengesellschaft

Aktiva		Passiva	
Eingebrachtes Betriebsvermögen (A, B)	300.000	Kapital A	200.000
Geldeinlage C	300.000	Kapital B	200.000
		Kapital C	200.000
	600.000		**600.000**

Da das Kapitalkonto des A und B in der Bilanz der Personengesellschaft mit jeweils 200.000 € ausgewiesen wurde, entsteht für die beiden Gesellschafter A und B ein laufender (nicht tarifbegünstigter) Gewinn von 50.000 € (200.000 € ./. 150.000 €).

Die sofortige Versteuerung des Veräußerungsgewinns kann durch die Aufstellung **negativer Ergänzungsbilanzen für A** bzw. **B** vermieden werden, in denen ein Minderkapital von jeweils 50.000 € bilanziert wird.

(Negative) Ergänzungsbilanz A bzw. B

Aktiva			Passiva
Minderkapital A bzw. B	50.000	Minderwerte Aktiva	50.000

Die im Zusammenhang mit der Weiterentwicklung und Auflösung der Minderwerte entstehende Gewinne (Minderung des AfA-Volumens) erhöhen für A und B den Gewinn aus dem Gesamthandvermögen.

Für **C** hat dies zur Folge, dass er seine Anschaffungskosten von 300.000 €, soweit sie über den in der Gesellschaftsbilanz gutgebrachten Betrag für das Kapitalkonto von 200.000 € hinausgehen, in einer **positiven Ergänzungsbilanz** aktivieren muss.

Mit dem Mehraufwand von 100.000 € hat C $1/3$ der im Gesellschaftsvermögen enthaltenen stillen Reserven erworben.

(Positive) Ergänzungsbilanz C

Aktiva			Passiva
Mehrwerte für Aktiva	100.000	Mehrkapital	100.000

Durch die Weiterentwicklung und Auflösung der Mehrwerte in der Ergänzungsbilanz entsteht für C ein zusätzliches AfA-Volumen, durch das künftige und sein Gewinnanteil an der OHG gemindert werden.

XI. Gesellschafterwechsel
1. Allgemeines
Auch hier tritt keine Beendigung der bisherigen und Gründung einer neuen Personengesellschaft ein, sondern eine **Fortführung der bisherigen Personengesellschaft** (§§ 131, 161 HGB).

Das Gesellschaftsvermögen wächst dem Neuen anteilmäßig zu (Gesamthandsvermögen, § 105 HGB, § 738 BGB).

Ein Gesellschafterwechsel liegt vor, wenn ein Mitunternehmer in der Weise aus einer bestehenden Personengesellschaft ausscheidet, dass er seinen Gesellschaftsanteil auf einen an seine Stelle in die Gesellschaft eintretenden Gesellschafter überträgt.

Dies ist **kein Fall des § 24 UmwStG** (Tz. 01.47 UmwStE)!

Eine **steuerliche Auswirkung** ergibt sich bei Gesellschafterwechsel nur bei dem bisherigen Gesellschafter und dem neu eintretenden Gesellschafter.

Für die **übrigen Gesellschafter** bleibt die Anteilsübertragung **ohne steuerliche Folgen**.

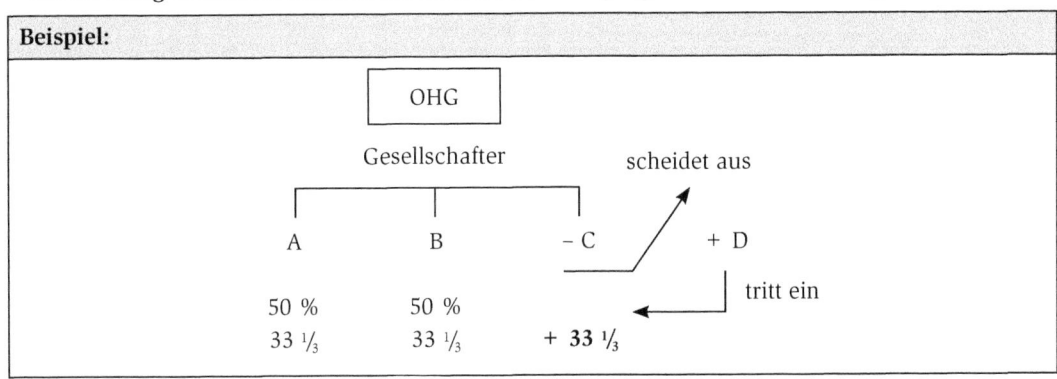

Beispiel:

```
                    OHG

            Gesellschafter           scheidet aus
        ┌────────┬────────┐            ↗
        A        B       - C          + D
                                        │ tritt ein
       50 %    50 %                     ↙
       33 ⅓   33 ⅓     + 33 ⅓
```

---

2. Kaufpreis = Buchwert Kapitalkonto
Entspricht der Kaufpreis dem Buchwert, gilt:
- Es entsteht kein Veräußerungsgewinn.
- In der Gesellschaftsbilanz wird nur das Kapitalkonto des ausscheidenden Gesellschafters auf den neu eintretenden Gesellschafter **übertragen.**

3. Kaufpreis > Buchwert Kapitalkonto
Die Folgen bei einem Kaufpreis über dem Kapitalkonto sind:
- Der Veräußerer erzielt nach §§ 16, 34 EStG einen tarifbegünstigten Veräußerungsgewinn.
- Der Erwerber hat ein Anschaffungsgeschäft getätigt.
  Entgeltliche Anschaffung von ideellen Anteilen an den einzelnen zum Gesellschaftsvermögen gehörenden Wirtschaftsgütern (BFH vom 18.02.1993, BStBl II 1994, 224).
- Keine Auswirkung auf Gesellschaftsbilanz.

In der Gesellschaftsbilanz führt der **neue Gesellschafter** das auf ihn übergehende **Kapitalkonto unverändert** mit dem Buchwert fort.

Der über dem Buchwert des übergehenden Kapitalkontos hinausgehende Kaufpreis ist für den Neu-Gesellschafter in **einer (positiven) Ergänzungsbilanz** zu aktivieren und auf diejenigen Wirtschaftsgüter zu verteilen, für die der Mehrpreis gezahlt worden ist.

Dadurch wird erreicht, dass sich der für die betreffenden Wirtschaftsgüter gezahlte **Mehrpreis** durch **Mehr-AfA** oder bei Abgang oder Verbrauch dieser Wirtschaftsgüter Gewinn mindernd auswirkt.

Beispiel:

A und B sind an einer OHG zu je 50 % mit je 100.000 € beteiligt. Das Betriebsvermögen der Personengesellschaft enthält zum 01.01.01 folgende stille Reserven:

Grund und Boden	100.000 €
Gebäude	200.000 €
Maschinen	100.000 €
Geschäftswert	200.000 €
	600.000 €

A veräußert seinen Mitunternehmeranteil am 01.01.01 **an C für 400.000 €** mit der Maßgabe, dass C (wie vorher A) mit 50 % an der Personengesellschaft beteiligt sein soll.

Lösung:

Behandlung beim Veräußerer
A erzielt einen **Veräußerungsgewinn** in Höhe von 300.000 € (400.000 € ./. 100.000 €), der tarifbegünstigt ist (§§ 16, 34 EStG).

Behandlung beim Erwerber
C muss seine Anschaffungskosten von 400.000 € nach Maßgabe des § 6 EStG aktivieren. Dies geschieht in der Weise, dass zunächst in der Gesellschaftsbilanz das **Kapitalkonto** des A von 100.000 € auf C übertragen wird. Die Anschaffungskosten, die den Betrag des übergehenden Kapitalkontos in der StB der OHG übersteigen (= 300.000 €) sind **in einer (positiven) Ergänzungsbilanz zu aktivieren und anteilig** auf diejenigen Wirtschaftsgüter zu verteilen, für die der Mehrbetrag entrichtet worden ist.

(Positive) Ergänzungsbilanz C 01.01.01

Aktiva			Passiva
Mehrwerte Grund und Boden	50.000	Mehrkapital	300.000
Gebäude	100.000		
Maschinenanlage	50.000		
Geschäftswert	100.000		
	300.000		300.000

Die Ergänzungsbilanz ist zu den folgenden Bilanzstichtagen weiterzuentwickeln.
Das Ergebnis aus der Ergänzungsbilanz ist im Rahmen der gesonderten und einheitlichen Gewinnfeststellung der OHG zu berücksichtigen.

4. Kaufpreis < Buchwert Kapitalkonto

Liegt der vereinbarte Kaufpreis unter dem Buchwert der Beteiligung, so kann dies seinen Grund darin haben, dass das Gesellschaftsvermögen überbewertet ist und die ausgewiesenen Kapitalkonten der Gesellschafter deswegen zu hoch sind (bei privaten Gründen siehe Schenkung).
Dies führt:
- beim **veräußernden Gesellschafter** zu einem **Veräußerungsverlust** (§ 16 Abs. 1 EStG). Dies gilt auch bei Übertragung ohne Entgelt auf einen fremden Dritten, sofern die Übertragung keine Schenkung darstellt (BFH vom 13.08.2007, BStBl II 2003, 112).
- beim **Erwerber** zu Anschaffungskosten in Höhe des vereinbarten Kaufpreises. Das auf ihn übergehende Kapitalkonto muss in der Gesellschaftsbilanz mit dem Buchwert fortgeführt werden.

- Der Minderbetrag ist in einer **(negativen) Ergänzungsbilanz** auf die überbewerteten Wirtschaftsgüter zu verteilen.

Die erforderliche **Abstockung der Buchwerte** kann nicht dadurch **vermieden werden**, dass der Unterschiedsbetrag als **negativer Geschäftswert** passiviert wird.

Ein **negativer Geschäftswert** ist **weder in der HB noch in der StB ein bilanzierungsfähiges Wirtschaftsgut** (Ständige Rechtsprechung des BFH (BStBl II 1994, 745; vgl. auch Schmidt/Weber-Grellet, EStG, 19. Auflage 2000, § 5 Rz. 226).

Im Falle eines Ausscheidens müssen die Werte in der Gesamthandsbilanz erfolgsneutral durch Anpassung an die Teilwerte herabgesetzt werden.

Beispiel:

A und B sind an einer OHG zu je 50 % beteiligt. A veräußert am 01.07.01 seinen Mitunternehmeranteil, der zu diesem Zeitpunkt einen Buchwert von 300.000 € hat, für 275.000 € an C. Die Minderzahlung beruht darauf, dass der Teilwert eines zum Betriebsvermögen gehörenden unbebauten Grundstücks (Grund und Boden) wegen vorübergehender Wertminderung um 50.000 € niedriger als der Buchwert ist.

Lösung:

Behandlung beim Veräußerer
Es entsteht ein Veräußerungsverlust in Höhe von 25.000 €.

Behandlung beim Erwerber
Erwerber C hat Anschaffungskosten in Höhe von 275.000 €.
In der Gesellschaftsbilanz wird das Kapitalkonto des A mit 300.000 € unverändert durch C fortgeführt wird.
In einer (negativen) Ergänzungsbilanz hat C den Grund und Boden mit einem Minderwert in Höhe von **25.000 €** anzusetzen.

(Negative) Ergänzungsbilanz C

Aktiva			Passiva
Minderkapital	25.000	Minderwert Grund und Boden	25.000

Die negative Ergänzungsbilanz ist zu den nachfolgenden Bilanzstichtagen weiterzuentwickeln.
Scheidet später der Grund und Boden (z.B. durch Verkauf) aus dem Betriebsvermögen aus, so ist der in der Ergänzungsbilanz ausgewiesene Minderwert Gewinn erhöhend aufzulösen.
Der dem C in der Auflösung des Minderwerts entstehende Gewinn von 25.000 € ist bei der gesonderten und einheitlichen Gewinnfeststellung der OHG als Ergebnis aus Ergänzungsbilanz zu berücksichtigen und C zuzurechnen.

5. Schenkung

Bei der Schenkung eines Mitunternehmeranteils aus privaten Gründen oder einer teilentgeltlichen Übertragung unter Buchwert ist § 6 Abs. 3 EStG anzuwenden.

Folge:
- Es entsteht keine Gewinnauswirkung beim ausscheidenden Gesellschafter,
- Es besteht Buchwertfortführung beim neu eintretenden Gesellschafter.

6. Auswirkungen des Gesellschafterwechsels auf die AfA

Die Anschaffungskosten des neuen Gesellschafters setzen sich aus dem anteiligen Buchwert in der Bilanz der Personengesellschaft und dem Mehrwert (Minderwert) in der Ergänzungsbilanz zusammen:

- **AfA bei Gesellschafterwechsel (BMF vom 11.02.2017, BStBl I 2017, 35)**

  Der Erwerber des Mitunternehmeranteils ist soweit wie möglich einem Einzelunternehmer, dem AK für entsprechende Wirtschaftsgüter entstanden sind, gleichzustellen.

  Erwirbt ein Einzelunternehmer einen Betrieb, sind nach § 6 Abs. 1 Nr. 7 EStG die Wirtschaftsgüter höchstens mit den Anschaffungs- oder Herstellungskosten (AK/HK) anzusetzen. Die AK/HK sind auch die Bemessungsgrundlage für die AfA nach § 7 EStG.

  Auch bei Erwerb eines Mitunternehmeranteils bei gleichzeitiger Aufstellung einer positiven Ergänzungsbilanz sind für die AfA die auf das jeweils (anteilig) erworbene Wirtschaftsgut entfallenden (gesamten) AK maßgebend.

  Zu diesen (gesamten) AK gehört aber nicht nur ein in der Ergänzungsbilanz ausgewiesener Mehrwert, sondern auch, der in der Gesellschaftsbilanz ausgewiesene anteilige (auf den Erwerber des Mitunternehmeranteils entfallende) Buchwert.

  Die (eigene) AfA des Erwerbers des Mitunternehmeranteils bezieht sich also nicht nur isoliert auf die in der Ergänzungsbilanz ausgewiesenen AK, sondern erfasst auch in der Gesellschaftsbilanz angesetzte AK/HK. Hinsichtlich der AfA-Höhe sind zudem die im Zeitpunkt des Erwerbs **für den abschreibungsberechtigten Gesellschafter anwendbaren Abschreibungswahlrechte sowie AfA-Sätze zu beachten.**

Beispiel für abnutzbares, bewegliches Anlagevermögen:
A erwirbt am 01.01.01 zum Preis von 35.000 € einen 50 %igen Mitunternehmeranteil an einer KG, zu deren Betriebsvermögen ausschließlich ein abnutzbares Wirtschaftsgut mit einem Buchwert von 20.000 € gehört (ursprüngliche AK 100.000 €, bisher linear auf eine Nutzungsdauer von 10 Jahren abgeschrieben, d.h. jährlicher Abschreibungsbetrag 10.000 €).
Im Zeitpunkt des Erwerbs des Mitunternehmeranteils beträgt die Nutzungsdauer für das gebrauchte Wirtschaftsgut noch 5 Jahre.
In einer Ergänzungsbilanz des A auf den Erwerbszeitpunkt ist ein Mehrbetrag von 25.000 € (Kaufpreis 35.000 € ./. anteiliger Buchwert 10.000 €) auszuweisen.

Lösung:	
A hat AK i.H.v. 35.000 € für den Erwerb des Anteils an dem Wirtschaftsgut aufgewendet, wovon 10.000 € in der Gesellschaftsbilanz und 25.000 € in der Ergänzungsbilanz auszuweisen sind.	
AfA-Anteil des A gesamt: AK gesamt 35.000 € × $\frac{1}{5}$ =	7.000 €
Bereits in der Gesellschaftsbilanz berücksichtigte AfA (½ von 10.000 €)	./. 5.000 €
Noch in der Ergänzungsbilanz zu berücksichtigende AfA	**2.000 €**

Beispiel Gebäude:
A erwirbt am 01.01.01 zum Preis von 360.000 € einen 50 %igen Mitunternehmeranteil an einer KG, zu deren Betriebsvermögen ausschließlich ein bebautes Grundstück mit einem Buchwert für den Grund und Boden von 100.000 € (enthält keine stillen Reserven) und dem Gebäude von 420.000 € (stille Reserven 200.000 €, ursprüngliche Anschaffungskosten 700.000 €, AfA-Satz nach § 7 Abs. 4 Satz 1 Nr. 1 EStG = 3 %, Restnutzungsdauer 40 Jahre) gehört.

6. Auswirkungen des Gesellschafterwechsels auf die AfA

> In einer Ergänzungsbilanz des A auf den Erwerbszeitpunkt ist ein Mehrbetrag für das Gebäude von 100.000 € (Kaufpreis Gebäude 310.000 € ./. anteiliger Buchwert Gebäude 210.000 €) auszuweisen.

Lösung:

A hat Anschaffungskosten i.H.v. 310.000 € für den Erwerb des Anteils an dem Gebäude aufgewendet, wobei 210.000 € in der Gesamthandsbilanz und 100.000 € in der Ergänzungsbilanz auszuweisen sind.

Aufgrund der im Vergleich zur in der Gesamthandsbilanz maßgeblichen AfA-Bemessungsgrundlage (= ursprüngliche Anschaffungskosten), ergibt sich somit – bei gleichbleibendem AfA-Satz – in der Ergänzungsbilanz eine Minder-AfA.

Die Minder-AfA führt zu einer jährlichen Erhöhung des Mehrwerts für das Gebäude in der Ergänzungsbilanz.

AfA-Anteil des A gesamt:

310.000 € × 3 % (§ 7 Abs. 4 Satz 1 Nr. 1 EStG) =	9.300 €
Bereits in der Gesamthandsbilanz berücksichtigte AfA (½ von 3 % von 700.000 €) =	10.500 €
Minder-AfA in der Ergänzungsbilanz	./. **1.200 €**

Korrespondierend ist auch in den Fällen, in denen bei einem Mitunternehmerwechsel die Anschaffungskosten für das jeweilige Wirtschaftsgut unter dem (anteiligen) Buchwert der Gesellschaftsbilanz liegen, die Gleichbehandlung mit einem Einzelunternehmer zu beachten.

Danach sind für die dem Mitunternehmer zustehenden AfA-Beträge ausschließlich seine eigenen Anschaffungskosten und die im Anschaffungszeitpunkt neu zu schätzende Restnutzungsdauer maßgebend.

Die bei Abstockungen im Rahmen des § 24 UmwStG geltenden Grundsätze zur Ermittlung des Korrekturbetrags können in diesen Fällen nicht angewandt werden.

- **Abschreibung bei Einbringungsvorgängen nach § 24 UmwStG**

  Hinsichtlich der Abschreibung von Mehr- oder Minderwerten in einer Ergänzungsbilanz bei Einbringungen nach § 24 UmwStG ergeben sich – mit Ausnahme der Fälle des § 24 Abs. 4 i.V.m. § 23 Abs. 4 1. Halbsatz UmwStG – keine Änderungen durch die Rechtsprechung des BFH (Urteil vom 20.11.2014, BStBl II 2017, 34).

  Hier verbleibt es bei der in der Ergänzungsbilanz parallel zur Abschreibung in der Gesamthandsbilanz vorzunehmenden gesellschafterbezogene Korrektur der dem einbringenden Gesellschafter hinsichtlich seiner höheren oder geringeren Anschaffungskosten gegenüber der Gesamthandsbilanz zuzuordnenden zu niedrigen oder zu hohen Abschreibung.

- **AfA für Gebäude**

  Es müssen **zwei AfA-Reihen** gebildet werden:

Alt-Gesellschafter	Neuer Gesellschafter
AfA unverändert linear oder degressiv auf anteilige Bemessungsgrundlage	Zwingend lineare AfA gem. § 7 Abs. 4 EStG von den AK (2 bzw. 3 %)

Technik:

Buchmäßig wird die AfA i.d.R. in der Bilanz der Personengesellschaft insgesamt unverändert fortgeführt.

Der **Differenzbetrag** wird in der **Ergänzungsbilanz (neuer Gesellschafter)** ausgeglichen.

- **Sammelposten (BMF vom 30.09.2010, BStBl I 2010, 766, Beck § 6.28)**
  Die Veräußerung eines Mitunternehmeranteils hat **keine Auswirkungen** auf den Sammelposten der **Gesamthandsbilanz** der Mitunternehmerschaft.
  Für die **Sammelposten der Sonderbilanz** des veräußerten Mitunternehmeranteils gelten die **allgemeinen Regelungen**.
  In der **Ergänzungsbilanz des Erwerbers** ist aus Vereinfachungsgründen immer **nur ein Posten** für im Sammelposten enthaltene Mehr- oder Minderwerte zu bilden, unabhängig davon, ob der Mehr- oder Minderwert auf Wirtschaftsgüter entfällt, die in einem oder in verschiedenen Sammelposten erfasst wurden.
  Der Sammelposten in der **Ergänzungsbilanz** ist im Wirtschaftsjahr des Erwerbs und in den folgenden vier Wirtschaftsjahren mit **jeweils einem Fünftel aufzulösen**.

XII. Ausscheiden eines Gesellschafters aus einer bestehenden Personengesellschaft
1. Allgemeines

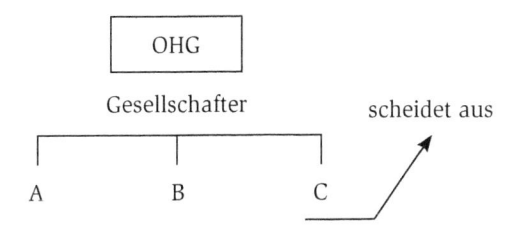

```
            ┌─────┐
            │ OHG │
            └─────┘
         Gesellschafter        scheidet aus
        ┌──────┼──────┐             ↗
        A      B      C
```

1.1 Begriff des Ausscheidens
Vom Ausscheiden eines Gesellschafters in diesem Sinne kann nur gesprochen werden, wenn die **Personengesellschaft nach dem Ausscheiden** eines Gesellschafters **noch weiter besteht**. Voraussetzung ist also, dass **noch mindestens zwei Gesellschafter** der **Personengesellschaft angehören**.

Scheidet bei einer nur aus zwei Gesellschaftern bestehende Personengesellschaft ein Gesellschafter aus, liegt begrifflich die **Auflösung der Personengesellschaft** bzw. die Umwandlung der Personengesellschaft in ein Einzelunternehmen vor.

1.2 Zivilrechtliche (handelsrechtliche) Folgen
Scheidet ein Gesellschafter durch Beschluss der Gesellschafter oder durch Kündigung aus einer zweigliedrigen Personengesellschaft aus, wird diese grundsätzlich aufgelöst, es sei denn, die Fortsetzung mit den Erben ist durch Fortsetzungsklauseln im Gesellschaftsvertrag geregelt.

In diesem Fall wächst der Anteil des ausscheidenden Gesellschafters am Gesellschaftsvermögen nach § 738 BGB (i.V.m. § 105 Abs. 2 HGB für OHG und i.V.m. § 161 Abs. 2 HGB für KG) den übrigen Gesellschaftern zu (**Anwachsung kraft Gesetzes**).

Die verbleibenden Gesellschafter sind verpflichtet, dem ausscheidenden Gesellschafter:
- die Gegenstände, die er der Personengesellschaft zur Nutzung überlassen hat, zurückzugeben,
- ihn von den gemeinsamen Schulden zu befreien und
- ihm die Abfindung zu zahlen, die er bei Auseinandersetzung erhalten würde, wenn die Personengesellschaft zum Zeitpunkt seines Ausscheidens aufgelöst worden wäre.

Der ausscheidende Gesellschafter hat daher i.d.R. Anspruch auf Auszahlung:
- des Werts seines Kapitalkontos und ggf.
- der anteiligen stillen Reserven.

1.3 Steuerliche Folgen für den ausscheidenden Gesellschafter
Das Ausscheiden wird als **Veräußerungsgeschäft bezüglich des Anteils des ausscheidenden Gesellschafters beurteilt** (§ 16 Abs. 1 Nr. 2 EStG).

Gegenstand der Veräußerung sind die „ideellen Anteile" des Ausscheidenden an den einzelnen bilanzierten und nicht bilanzierten Wirtschaftsgütern des Gesellschaftsvermögens.

Die Veräußerung kann **zum Buchwert, über dem Buchwert** oder **unter dem Buchwert** erfolgen.

In Höhe des Unterschieds zwischen Kapitalkonto und Abfindungssumme entsteht für den ausscheidenden Gesellschafter ein **Veräußerungsgewinn/Veräußerungsverlust** (H 16 Abs. 4 „Ermittlung des Veräußerungsgewinns" EStH).

1.4 Verbleibende Gesellschafter

Bei den **verbleibenden Gesellschaftern** liegt wirtschaftlich betrachtet ein **entgeltlicher Erwerb** des ideellen Anteils an den Wirtschaftsgütern des ausgeschiedenen Gesellschafters vor (**Anschaffungsgeschäft**).

Die Zahlungen stellen somit **Anschaffungskosten** für die durch den Gesellschaftsanteil anteilsmäßig erworbenen Wirtschaftsgüter dar.

1.5 Buchmäßige Darstellung

Zum Ausscheidungsstichtag wird keine Schlussbilanz aufgestellt. Ist der Zeitpunkt des Ausscheidens eines Gesellschafters nicht identisch mit dem Bilanzstichtag, besteht keine Verpflichtung, einen Jahresabschluss auf den Zeitpunkt des Ausscheidens zu erstellen (Personengesellschaft besteht weiter, ihre Identität bleibt erhalten).

Ein **Rumpfwirtschaftsjahr** ist nicht zu bilden (H 4a „Gesellschafterwechsel oder Ausscheiden einzelner Gesellschafter" „Rumpfwirtschaftsjahr" EStH). Die Vorlage einer Bilanz auf den Zeitpunkt des Ausscheidens ist nicht erforderlich (ggf. rechnerische Ermittlung des Betriebsvermögens).

Der laufende Gewinn wird bis zum Ausscheidungstag ermittelt. Wegen der unterschiedlichen tarifmäßigen Belastung des **laufenden Gewinns** (keine tarifbegünstigte Besteuerung) und des **Veräußerungsgewinns** (tarifbegünstigte Besteuerung nach §§ 16, 34 EStG) ist eine Abgrenzung erforderlich.

Bei **abweichendem Wirtschaftsjahr** der Gesellschaft entsteht der Gewinn im **Kalenderjahr des Ausscheidens**; § 4 Abs. 4a EStG ist insoweit nicht anwendbar (BFH vom 18.08.2010, DStR 2010, 2120).

Der Buchwert des Kapitalkontos des Ausscheidenden wird ermittelt.

Der Abfindungsanspruch wird festgestellt. Die Höhe des Abfindungsanspruchs wird i.d.R. nach den Vereinbarungen im Gesellschaftsvertrag ermittelt.

Eine Auseinandersetzungsbilanz („Abschichtungsbilanz") wird erstellt. Dadurch ist eine Ermittlung der Höhe des Abfindungsanspruchs des ausscheidenden Gesellschafters und der Anschaffungskosten der verbleibenden Gesellschafter erforderlich (beim Ausscheiden zum Buchwert nicht erforderlich).

Der begünstigte Veräußerungsgewinn wird ermittelt (Berechnung nach § 16 Abs. 2 EStG):

Abfindungsanspruch (= Veräußerungspreis)
./. Veräußerungskosten (R 16 Abs. 12 EStR)
./. Buchwert des Mitunternehmeranteils
= **Veräußerungsgewinn**

H 16 Abs. 4 „Ermittlung des Veräußerungsgewinns" EStH.

Die Fortführungsbilanz nach der Auseinandersetzung wird aufgestellt.

1.6 Forderungsausfall

Wird die **Kaufpreisforderung für die Veräußerung eines Mitunternehmeranteils gestundet** und tritt in einem späteren Veranlagungszeitraum deren Uneinbringlichkeit (ganz oder teilweise) ein, stellt dies ein Ereignis mit steuerlicher Rückwirkung auf den Zeitpunkt der Veräußerung dar (**H 16 Abs. 10 „Forderungsausfall" EStH**).

1.7 Wertlosigkeit des Gesellschafterdarlehens

Scheidet ein Kommanditist aus einer KG aus und bleibt sein bisheriges Gesellschafterdarlehen bestehen, so ist, wenn diese Forderung später wertlos wird, sein Veräußerungs- bzw. Aufgabegewinn mit steuerlicher Wirkung für die Vergangenheit gemindert (BFH vom 14.12.1994, BStBl II 1995, 465).

1.8 Nachträgliche Änderung des Veräußerungspreises

Nachträgliche Veränderungen des Veräußerungspreises (z.B. Herabsetzung des Kaufpreises, Zahlung von Schadensersatzleistungen für betriebliche Schäden nach Betriebsaufgabe, Haftungsinanspruchnahme für betriebliche Steuern) sind zu berücksichtigen (**H 16 Abs. 10 „Nachträgliche Änderung des Veräußerungspreises" EStH**).

1.9 Zeitpunkt des Ausscheidens

Der Zeitpunkt des Ausscheidens ist von Bedeutung für die **Abgrenzung zwischen laufendem Gewinn und Veräußerungsgewinn.**

Für das Ausscheiden und die **Entstehung des Veräußerungsgewinns** ist der **Zeitpunkt** maßgebend, zu dem die **Veräußerung vollzogen** wird. Das ist der Tag, an dem die Beteiligung auf den Erwerber übergeht, d.h. der Anteil des Veräußerers am Gesellschaftsvermögen den übrigen Gesellschaftern nach der bürgerlich-rechtlichen Regelung zugewachsen ist (BFH vom 02.05.1974, BStBl II 1974, 707).

Erfolgt die Übertragung des Gesellschaftsanteils nach den Vereinbarungen der Beteiligten im Jahreswechsel, d.h. im **Schnittpunkt der Kalenderjahre**, ist nicht allein auf den Wortlaut des Vertrags abzustellen, sondern unter Würdigung aller Umstände zu entscheiden, ob der Veräußerungsvorgang dem alten oder dem neuen Kalenderjahr zuzurechnen ist (BFH vom 22.09.1992, BStBl II 1993, 228).

Beispiele:	
Sachverhalt	**Zeitpunkt des Ausscheidens**
Ausscheiden am 31.12.	altes Jahr
Ausscheiden mit Ablauf des 31.12.	altes Jahr
Ausscheiden am Ende des Wirtschaftsjahres 31.12.	altes Jahr
Ausscheiden am 01.01.	neues Jahr
Ausscheiden mit Wirkung vom 01.01.	neues Jahr
Ausscheiden zum 01.01.	neues Jahr

Wird ein **Kommanditanteil** an den verbleibenden (dann alleinigen Gesellschafter) zum 01.01. übertragen und damit die Personengesellschaft aufgelöst und als Einzelunternehmen fortgeführt, so ist noch eine **Gewinnfeststellung** durchzuführen, in dem die Entstehung eines Veräußerungsgewinns oder -verlustes darzustellen ist.

Es ist ein **Rumpfwirtschaftsjahr von 1 Tag** zu bilden (§ 8b S. 2 Nr. 1 EStDV). Der **Gewinnfeststellungszeitraum beträgt 1 Tag** (BFH vom 10.03.1998, DStR 1998, 1253).

1.10 Art und Weise der Abfindung

Die Abfindung kann bestehen:
- in Geld (Barabfindung), z.B. Sofortzahlung, Ratenzahlung, Rentenzahlung,
- in Sachwerten (Sachwertabfindung),
- teilweise in Geld und teilweise in Sachwerten.

2. Ausscheiden zum Buchwert

Bei einem Ausscheiden zum Buchwert ergeben sich bezüglich der Abfindung keine ertragsteuerlichen Auswirkungen. Dies gilt auch unabhängig davon, ob die Abfindung zum Buchwert wegen fehlender stiller Reserven oder nicht vorhandenem Geschäftswert, entsprechender Klauseln im Gesellschaftsvertrag oder wegen einem Verzicht aus privaten Gründen erfolgt.

> **Beispiel:**
> A, B und C sind an einer OHG zu je ⅓ beteiligt. A scheidet am 31.05.01 aus der OHG aus. Das Betriebsvermögen der OHG enthält zu diesem Zeitpunkt stille Reserven von 300.000 €. Aufgrund einer entsprechenden Klausel im Gesellschaftsvertrag erhält A jedoch nur eine Abfindung in Höhe des Buchwerts seines Kapitalkontos von 150.000 €.

> **Lösung:**
> Die verbleibenden Gesellschafter B und C haben ihre Kapitalkonten unverändert fortzuführen. Der Anfall der stillen Reserven bewirkt bei ihnen keinen Gewinn. In der Gesellschaftsbilanz tritt an die Stelle des Kapitalkontos des A die Abfindungsverpflichtung von 150.000 €.
> Für A ist der Vorgang ertragsteuerlich ohne Folgen.
>
> **Vor Ausscheiden:**
>
> **Bilanz OHG**
>
> | Aktiva | | Passiva |
> |---|---|---|
> | | Kapital A | 150.000 |
> | | Kapital B | 150.000 |
> | | Kapital C | 150.000 |
>
> **Nach Ausscheiden:**
>
> **Bilanz OHG**
>
> | Aktiva | | Passiva |
> |---|---|---|
> | | Kapital B | 150.000 |
> | | Kapital C | 150.000 |
> | | Abfindungsverpflichtung | 150.000 |

3. Ausscheiden über Buchwert

3.1 Gründe

Ein Ausscheiden über dem Buchwert kann folgende Gründe haben:
- Stille Reserven in den bilanzierten WG (Regel),
- Selbst geschaffene immaterielle WG (z.B. Firmenwert),
- Mehrzahlung an einen lästigen Gesellschafter,
- Mehrbetrag als Ausgleich für entgehende künftige Gewinnaussichten,
- Mehrzahlung aus privaten Gründen.

3.2 Ausscheidender Gesellschafter

Der Unterschied zwischen dem Abfindungsbetrag und dem Buchwert des Kapitalkonto ist der **Veräußerungsgewinn** (§§ 16, 34 EStG) des **ausscheidenden Gesellschafters**.

Berechnung:

Veräußerungspreis
./. Buchwert Kapitalkonto (ggf. + /./. Ergänzungsbilanzkapital)
./. Veräußerungskosten
= **Veräußerungsgewinn (§§ 16, 34 EStG)**

3. Ausscheiden über Buchwert

Zum tarifbegünstigten Veräußerungsgewinn gehört auch die **Abfindung für einen lästigen Gesellschafter** oder Zahlungen für entgehende künftige Gewinnaussichten, nicht aber der Mehrbetrag aus privaten Gründen (Schenkung).

3.3 Verbleibende Gesellschafter
Anwachsung des Gesellschaftsanteils ist steuerliche Anschaffung
Die **Personengesellschaft** muss daher in der Gesellschaftsbilanz den Abfindungsbetrag, soweit er über das Kapitalkonto des Ausscheidenden hinausgeht, **anteilig** bei den Wirtschaftsgütern aktivieren, die **stille Reserven** enthalten.

Ein etwaiger Mehrbetrag ist in der Regel als **Geschäftswert** zu **aktivieren**. Die **Abfindungsverpflichtung** ist in der Bilanz der Personengesellschaft zu passivieren. Der Erstellung von **Ergänzungsbilanzen** für die verbleibenden Gesellschafter bedarf es **nicht**. Jedoch müssen eventuell vorhandene **Rücklagen nach § 6b EStG anteilig aufgelöst** werden.

3.4 Steuerliche Folgen aus Anschaffungskosten
3.4.1 Wirtschaftsgüter des nicht abnutzbaren Anlagevermögens
Eine Gewinnminderung aufgrund der Aufstockung in Höhe der stillen Reserven findet erst bei einer Teilwertabschreibung statt (voraussichtlich dauernde Wertminderung) oder wenn das Wirtschaftsgut entnommen/veräußert wird.

3.4.2 Wirtschaftsgüter des abnutzbaren Anlagevermögens
Nach dem Ausscheiden **ändert sich die AfA-Bemessungsgrundlage durch die Aufstockung:**
- **AfA nach § 7 Abs. 1 EStG (lineare AfA)**
  Bisheriger Buchwert + aufgedeckte stille Reserven = neuer Restbuchwert (TW)
  AfA nach Restnutzungsdauer
- **Sonderabschreibung**
  a) Gesellschaft ist selbst berechtigt → Weiterführung aber nicht für aufgestockten Buchwert.
  b) Gesellschafter ist berechtigt (**personenbezogen**), ggf. Verletzung von Verbleibensvoraussetzungen bei ihm.
- **GWG**
  Sofortabzug, wenn anteilige Grenze nicht überschritten.
- **Sammelposten**
  Siehe BMF vom 30.09.2010, BStBl I 2010, 755; Beck § 6.28.
- **Gebäude-AfA (§ 7 Abs. 4 Satz 1 EStG)**

Bisherige Bemessungsgrundlage (AK/HK)
+ aufgedeckte stille Reserven
= neue Bemessungsgrundlage (TW) davon 3 % bzw. 2 %

- **Gebäude-AfA (§ 7 Abs. 4 Satz 2 EStG)**
  Bisheriger Buchwert + aufgedeckte stille Reserven = neuer Restbuchwert (TW)
  AfA nach Restnutzungsdauer.
- **Gebäude-AfA (§ 7 Abs. 5 EStG, z.T. Altfälle)**
  Die **verbleibenden Gesellschafter** müssen für ihren ursprünglichen Anteil die AfA nach § 7 Abs. 5 EStG unverändert fortsetzen (Wechsel zur linearen AfA nach § 7 Abs. 4 EStG nicht möglich).

Für den erworbenen Anteil (= Aufstockungsbetrag) ergibt sich zwingend eine AfA nach § 7 Abs. 4 EStG (vgl. Schmidt, Rn. 480 zu § 16 EStG; Zimmermann Reiher, Die Personengesellschaft, „Erwerb der ideellen Anteile", also keine nachträglichen AK).

Fall 39:

An der Neu und Alt OHG sind seit Jahren der Gesellschafter Norbert Neu (NN) mit 60 % und Alfred Alt (AA) mit 40 % am Vermögen sowie am Gewinn bzw. Verlust beteiligt.
Mit Zustimmung des NN verkauft AA seinen Gesellschaftsanteil zum 31.12.08 für 500.000 € an Johannes Jung (JJ), der vereinbarungsgemäß in alle Rechte und Pflichten von AA eintritt und damit auch dessen Kapitalkonto übernimmt.
Nach der Übernahmevereinbarung trägt AA das für den Vertragsabschluss angefallene Rechtsanwaltshonorar in Höhe von 2.000 € + 380 € USt. Ab dem 01.01.09 wird die Gesellschaft unter der Bezeichnung Neu und Jung OHG weitergeführt.
Die OHG hat zum 31.12.08 die folgende Bilanz aufgestellt:

Bilanz zum 31.12.08

Aktiva				Passiva
Gebäude	320.000		Kapital NN	260.000
AfA	32.000	288.000	Kapital AA	340.000
Sonstige Aktiva		2.712.000	Rücklage § 6b EStG	400.000
			Sonstige Passiva	2.000.000
		3.000.000		3.000.000

Sie hatte das Gebäude vor Jahren für 800.000 € errichtet und es seitdem (zulässigerweise) nach § 7 Abs. 4 Nr. 1 EStG mit jährlich 4 % abgeschrieben.
Die ausgewiesene Reinvestitionsrücklage hat sie in 06 nach dem Verkauf eines Gebäudes nach § 6b EStG gebildet. Die Rücklage soll in 09 auf die Anschaffungskosten eines am 01.07.09 erworbenen Geschäftsgebäudes, das nach § 7 Abs. 4 Nr. 1 EStG abgeschrieben wird, übertragen werden.

Aufgabe: Nehmen Sie zu den ertragsteuerlichen und bilanzmäßigen Folgen der Übertragung des Gesellschaftsanteils für 08 und 09 begründet Stellung.

Fall 40:

Die ABCD-OHG hat in der Gesamthandsbilanz zum 31.12.02 für Anschaffungen des Jahres 01 (200 Wirtschaftsgüter zu je 500 €; Anschaffungskosten somit 100.000 €) einen Sammelposten 01 in Höhe von 60.000 € (Anschaffungskosten 100.000 € abzgl. je ein Fünftel = 20.000 € für 01 und 02) und für Anschaffungen des Jahres 02 (100 Wirtschaftsgüter zu je 250 €; Anschaffungskosten somit 25.000 €) einen Sammelposten 02 in Höhe von 20.000 € (Anschaffungskosten 25.000 € abzgl. ein Fünftel = 5.000 € für 02) gebildet.
Mitunternehmer A hat in seiner Sonderbilanz zum 31.12.02 für Anschaffungen des Jahres 01 (AK 20.000 €) einen Sammelposten 01 in Höhe von 12.000 € (Anschaffungskosten 20.000 € abzgl. je ein Fünftel = 4.000 € für 01 und 02) und für Anschaffungen des Jahres 02 (Anschaffungskosten 5.000 €) einen Sammelposten 02 in Höhe von 4.000 € (Anschaffungskosten 5.000 € abzgl. ein Fünftel = 1.000 € für 02) gebildet.

3. Ausscheiden über Buchwert

ABCD-OHG 31.12.02			
Aktiva			Passiva
Sammelposten 01	60.000	Kapital A	20.000
Sammelposten 02	20.000	Kapital B	20.000
		Kapital C	20.000
		Kapital D	20.000

Sonderbilanz A 31.12.02			
Aktiva			Passiva
Sammelposten 01	12.000	Kapital	16.000
Sammelposten 02	4.000		

Zum 01.01.03 veräußert A seinen Mitunternehmeranteil für 50.000 € an E. Die Wirtschaftsgüter seines Sonderbetriebsvermögens entnimmt er in sein Privatvermögen (Teilwert 17.000 €).
Von den Anschaffungskosten des E entfallen 24.000 € auf die in den Sammelposten enthaltenen Wirtschaftsgüter, der Rest entfällt auf den Geschäfts- oder Firmenwert.
Frage: Welche bilanzsteuerlichen Folgen treten bei den o.a. Sachverhalten ein?

Fall 41: Ausscheiden eines Gesellschafters aus einer Personengesellschaft
1. Die AB-OHG betreibt in Karlsruhe einen Großhandel in Sanitärartikeln und Fliesen. An der OHG sind die Gesellschafter A, B und C mit jeweils $\frac{1}{3}$ am Verlust und am Gewinn sowie an den stillen Reserven beteiligt.
Zum 31.12.13/01.01.14 wurde folgende Bilanz aufgestellt:

Bilanz OHG 31.12.13/01.01.14			
Aktiva			Passiva
Grund und Boden I	30.000	Kapital A	190.000
Grund und Boden II	40.000	Kapital B1	90.000
Bürogebäude	430.000	Kapital C1	90.000
Lagerhalle	700.000	Bankverbindlichkeiten	265.000
Einrichtung	50.000	Hypothekendarlehen	500.000
Fuhrpark	105.000	Lieferanten	460.000
Vorräte	250.000	Sonst. Verbindlichkeiten	120.000
Kundenforderungen	270.000		
Finanzkonten	40.000		
	1.915.000		1.915.000

2. **Stille Reserven** sind bei folgenden Wirtschaftsgütern vorhanden:

Bilanzposten	Buchwert	Teilwert	Stille Reserven
Grund und Boden I	30.000 €	70.000 €	40.000 €
Grund und Boden II	40.000 €	90.000 €	50.000 €
Bürogebäude	430.000 €	570.000 €	140.000 €
Lagerhalle	700.000 €	900.000 €	200.000 €
Einrichtung	50.000 €	60.000 €	10.000 €
GWG	0 €	10.000 €	10.000 €
Fuhrpark	105.000 €	125.000 €	20.000 €
Vorräte	250.000 €	280.000 €	30.000 €
Firmenwert	0 €	100.000 €	100.000 €
	1.605.000 €	2.205.000 €	600.000 €

Anmerkungen zu den einzelnen Wirtschaftsgütern

2.1 Grund und Boden I
Unter dieser Bilanzposition ist der Grund und Boden für das Bürogebäude enthalten. Das Grundstück wurde in 07 erworben.

2.2 Grund und Boden II
Unter dieser Bilanzposition ist der Grund und Boden für die Lagerhalle enthalten. Das Grundstück wurde in 04 erworben.

2.3 Bürogebäude
Das Bürogebäude wird ausschließlich eigenbetrieblich genutzt. Die Herstellungskosten betrugen 500.000 €. Das Gebäude wird mit zutreffend 2 % = 10.000 € (§ 7 Abs. 4 S. 1 Nr. 2a EStG) jährlich abgeschrieben (AfA insgesamt 70.000 €).

2.4 Lagerhalle
Das Gebäude wurde im Januar 04 für 1.000.000 € erworben. Die AfA beträgt jährlich 30.000 € (AfA-Satz § 7 Abs. 4 S. 1 Nr. 1 EStG zutreffend).

2.5 Einrichtung, GWG, Fuhrpark

Sachverhalt	Anschaffungszeitpunkt (Jahr)	Betriebsgewöhnliche Nutzungsdauer (Jahre)	Anschaffungskosten (€)	Jahres-AfA (€)
Einrichtung	09	10	100.000	10.000
Fuhrpark				
Lkw	12	4	50.000	12.500
Pkw I	12	4	60.000	15.000
Pkw II	12	4	60.000	15.000
Pkw III	12	4	40.000	10.000

Für **GWG** wurde die Bewertungsfreiheit nach § 6 Abs. 2 EStG in Anspruch genommen. Die restliche Nutzungsdauer beträgt 2 Jahre.
Von den stillen Reserven entfallen gleichmäßig 4.000 € auf 8 Wirtschaftsgüter (A), 3.000 € auf 10 Wirtschaftsgüter (B) und 2.000 € auf 20 Wirtschaftsgüter (C) und 1.000 € auf Wirtschaftsgüter zwischen im Wert zwischen 40 und 50 € (D).

2.6 Vorräte
Die Vorräte wurden mit den Anschaffungskosten bewertet. Bis zum 31.12.14 waren sämtliche Vorräte veräußert. Gründe für Teilwertabschreibungen waren nicht gegeben.

2.7 Firmenwert
Gründe für eine TW-AfA im Jahr 14 liegen nicht vor.

3. Fallgestaltung

Sachverhalt 1:
Der **Gesellschafter A** scheidet zum 01.01.14 aus der Gesellschaft aus. A erhält eine Abfindung in Höhe von 250.000 € (vereinbart sind: Kapitalkonto + 10 % sämtlicher stiller Reserven, einschließlich Firmenwert). A hat auf eine höhere Abfindung aus betrieblichen Gründen verzichtet.
Die Gesellschafter B und C führen die OHG fort.

Buchung:
Kapital A	190.000 €	an	Bank	250.000 €
sonst. betriebl. Aufwand	60.000 €			

Sachverhalt 2:
Der Gesellschafter A scheidet am 01.01.14 aus der Gesellschaft aus. Sein Gesellschaftsanteil wird von B und C gegen eine Abfindung von 250.000 € übernommen. Auf eine höhere Abfindung hat A aus betrieblichen Gründen verzichtet. Vereinbart sind: Kapitalkonto + 10 % sämtlicher stiller Reserven, einschließlich Firmenwert.
A erhält keine Barabfindung. Die OHG überlässt A das von ihr nicht mehr benötigte Bürogebäude (einschließlich des dazu gehörenden Grund und Bodens) zum alleinigen Eigentum. Da das bebaute Grundstück erhebliche stille Reserven enthält, hat A an die OHG 390.000 € als Ausgleich zu zahlen.
A nutzt das Grundstück nach der Übernahme nur noch privat (Umbau zu Wohnungen, Einkünfte aus Vermietung und Verpachtung).

Buchungen bei der OHG:
Bank	390.000 €	an	Grund u. Boden	30.000 €
Kapital A	190.000 €		Gebäude	430.000 €
			sonst. betriebl. Ertrag	120.000 €

Sachverhalt 3:
Der Gesellschafter C hat nach Auffassung der Gesellschafter A und B in den vergangenen Jahren gesellschaftsfremde Interessen verfolgt. Er hat bei einigen Kunden Geschäfte zum Nachteil der OHG abgeschlossen und dabei die Einnahmen aus den Geschäften privat vereinnahmt. Dies wurde A und B über den Einkäufer eines Großhändlers bekannt.
A und B haben daraufhin C gesellschaftsschädigendes Verhalten vorgeworfen und ihn gedrängt, aus der OHG auszuscheiden. C wurde eine Abfindung in Höhe von 250.000 € angeboten, die dieser angenommen hat. C ist zum 01.01.14 aus der OHG ausgeschieden.

Buchung bei OHG:
Kapital C	190.000 €	an	Bank	250.000 €
			sonst. betriebl. Aufwand	60.000 €

Sachverhalt 4:
Der **Gesellschafter A** ist aus der OHG zum 01.01.14 mit Erreichen des 75. Lebensjahres ausgeschieden. A ist finanziell gut abgesichert. Obwohl in erheblicher Höhe stille Reserven vorhanden sind, hat A seinen Gesellschaftsanteil für nur 100.000 € an die verbleibenden Gesellschafter B und C veräußert.
B und C führen die OHG fort.

Buchung der OHG:

Kapitalkonto A	190.000 €	an Bank	100.000 €
		Negativer Firmenwert	90.000 €

Für die Abfindung unter Buchwert des Kapitalkontos liegen folgende Gründe vor:

Alternative 1:
A verzichtet aus betrieblichen Gründen.

Alternative 2:
A verzichtet aus privaten Gründen.

Frage: Welche ertrag- bzw. bilanzsteuerlichen Folgen treten bei den o.a. Sachverhalten ein?

Fall 42: Ausscheiden eines Gesellschafters mit negativem Kapitalkonto

C (= Komplementär) und A (= Kommanditist) sind zu 60 bzw. 40 % an der CA-KG beteiligt. Zum 01.01.02 veräußert A seinen Anteil an B. Als Gegenleistung wird eine Barzahlung von 100.000 € sowie die Übernahme des negativen Kapitalkontos durch B vereinbart. Zum 31.12.01 weist die Bilanz der CA-KG folgende Werte aus:

Bilanz 31.12.01

Aktiva			Passiva
Verschiedene Aktiva	300.000	Kapital C	300.000
		Kapital A	./. 200.000
		Verschiedene Passiva	200.000
	300.000		300.000

Stille Reserven (einschließlich Firmenwert) sind in Höhe von 400.000 € vorhanden.
A hat einen nach § 15a Abs. 4 EStG **verrechenbaren Verlust** zum 31.12.01 in Höhe von 150.000 €.

Fragen:
1. Welche bilanziellen Folgen ergeben sich durch den Gesellschafterwechsel?
2. Welchen Gewinn hat B im Jahre 02 zu versteuern, wenn auf seinen Anteil ein Gewinn von 40.000 € sowie einen Verlust aus Ergänzungsbilanz von 10.000 entfällt?
3. Wie ist zu verfahren, wenn B das negative Kapitalkonto des A nicht übernimmt?
4. Welchen Gewinn hat A in 02 zu versteuern?

Fall 43: Eintritt und Ausscheiden von Gesellschaftern einer Personengesellschaft – Gesellschafterwechsel

Eine OHG, die einen Baustoffhandel betreibt, besteht aus den Gesellschaftern B, K und S. Am Gründungskapital, an den stillen Reserven und am Gewinn sind alle Gesellschafter zu gleichen Teilen (je $1/3$) beteiligt.

OHG-Bilanz zum 31.12.06

Aktiva			Passiva
Grund und Boden	30.000	Kapital B	31.000
Gebäude	90.000	Kapital K	29.000
Sonstiges Anlagevermögen	18.000	Kapital S	30.000
Waren	12.000	Verbindlichkeiten	150.000
Umlaufvermögen	90.000		
	240.000		240.000

> Es besteht ein nicht ausgewiesener Firmenwert von 21.000 €.
> Im Übrigen betragen die stillen Reserven zum 01.01.07:
> - beim Grund und Boden: 18.000 €,
> - beim Gebäude (im Januar 02 fertiggestellt, Herstellungskosten 100.000 €, AfA 2 %): 12.000 €,
> - beim Warenbestand: 3.000 € (die betreffenden Waren werden im Jahr 07 veräußert).
>
> Die nicht in der Bilanz ausgewiesenen geringwertigen Wirtschaftsgüter haben einen Wert von 6.000 €, die Einzelwerte liegen zwischen 50 und 100 €.
> Zum 01.01.07 ergeben sich die in den nachfolgenden 7 alternativen Sachverhalten angegebenen Umgestaltungen der Gesellschaft.
>
> **1. Alternative**
> Als zusätzlicher Gesellschafter tritt N ein. Alle – nunmehr 4 – Gesellschafter sollen zu gleichen Teilen am Gewinn und an den stillen Reserven beteiligt sein (je ¼). N leistet eine Einlage von 50.000 € in bar.
>
> **2. Alternative**
> S scheidet aus und überträgt mit Zustimmung der anderen Gesellschafter seinen Anteil von 30.000 € auf N gegen 50.000 €.
>
> **3. Alternative**
> S scheidet aus und erhält von den verbleibenden Gesellschaftern eine Barabfindung von 50.000 €.
>
> **4. Alternative**
> S scheidet aus der Gesellschaft aus und erhält das Alleineigentum an dem bisherigen Betriebsgrundstück übertragen. Zum Ausgleich zahlt S an die Gesellschaft 100.000 €. Das Grundstück wird künftig von ihm privat genutzt.
>
> **5. Alternative**
> S verhält sich derart geschäftsschädigend gegenüber Kunden und Lieferanten, dass bei seinem weiteren Verbleiben in der Gesellschaft der Bestand des Betriebes gefährdet wäre. S scheidet aus der Gesellschaft aus. Um ihn dazu zu bewegen, haben die verbleibenden Gesellschafter eine Barabfindung von 60.000 € zu gesagt.
>
> **6. Alternative**
> S scheidet wegen seines Alters aus der Gesellschaft aus. Da er hinreichend finanziell gesichert ist, begnügt er sich im Interesse der Liquidität des Unternehmens mit einer Barabfindung von 28.000 €. Private Gründe für dieses Vorgehen bestehen nicht.
>
> **7. Alternative**
> S überträgt die Hälfte seines Anteils für 25.000 € an K.
> **Aufgabe:** Stellen Sie die steuerlichen Folgen dar.

4. Übertragung von Mitunternehmeranteilen
4.1 Sonderbetriebsvermögen
Ein Mitunternehmeranteil umfasst:
- den Anteil des Mitunternehmers am Vermögen der Personengesellschaft (= **Gesamthandsvermögen**), **und**
- etwaiges **Sonderbetriebsvermögen** des Gesellschafters.

Der Anteil am Gesellschaftsvermögen und das Sonderbetriebsvermögen bilden für die Beurteilung des Umfangs der Mitunternehmeranteile eine Einheit (BFH vom 02.10.1997, BStBl II 1998, 104).

Das Sonderbetriebsvermögen ist damit auch zur Beurteilung der Frage heranzuziehen, ob **alle wesentlichen Betriebsgrundlagen** aufgegeben oder übertragen werden.

Grundsatz
Hält der ausscheidende Gesellschafter ein Wirtschaftsgut im Sonderbetriebsvermögen, so werden die dort vorhandenen stillen Reserven aufgedeckt:
- bei Veräußerung an die verbleibenden Gesellschafter oder an Dritte,
- bei Entnahme in das Privatvermögen (Teilwert).

Die Auflösung der stillen Reserven aus dem Sonderbetriebsvermögen erhöht ggf. den nach §§ 16, 34 EStG tarifbegünstigten Veräußerungs-/Aufgabegewinn.

Bei **Überführung** des Sonderbetriebsvermögens in einen **anderen Betrieb** des ausscheidenden Gesellschafters ist § 6 Abs. 5 EStG zu beachten (**zwingend Buchwertansatz**).

In diesem Fall ist ein (Aufgabe-)Veräußerungsgewinn nur nach §§ 16, 34 EStG begünstigt, wenn dieses Wirtschaftsgut des Sonderbetriebsvermögens **keine wesentliche Betriebsgrundlage (quantitative Betrachtung)** darstellt (H 16 Abs. 4 „Sonderbetriebsvermögen" EStH).

Liegt insoweit eine wesentliche Betriebsgrundlage vor, ist **insgesamt keine begünstigte Veräußerung** gegeben, da nicht alle wesentlichen Betriebsgrundlagen in einem einheitlichen Vorgang auf einen Erwerber übertragen werden (BFH vom 19.03.1991, BStBl II 1991, 635).

Unentgeltliche Übertragung von Mitunternehmeranteilen
Zur Übertragung von Mitunternehmeranteilen vergleiche BMF vom 03.03.2005, BStBl I 2005, 458.

4.2 Tatbestände des § 6 Abs. 3 EStG Überblick

Die Grundfälle des § 6 Abs. 3 Satz 1 EStG **sind:**
- Unentgeltliche Übertragung eines Betriebs, Teilbetriebs oder (ganzen) Mitunternehmeranteils (§ 6 Abs. 3 Satz 1 1. Halbsatz EStG).
- Unentgeltliche Aufnahme einer natürlichen Person in ein Einzelunternehmen (§ 6 Abs. 3 Satz 1 2. Halbsatz EStG).
- Unentgeltliche Übertragung eines Teils eines Mitunternehmeranteils auf eine natürliche Person (§ 6 Abs. 3 Satz 1 2. Halbsatz EStG).

Sonderfälle (§ 6 Abs. 3 Satz 2 EStG):
Zurückbehalten von wesentlichen Betriebsgrundlagen (als Sonderbetriebsvermögen) bei Übertragung eines Teils eines Mitunternehmeranteils oder bei Aufnahme einer natürlichen Person in ein Einzelunternehmen.

Hinsichtlich des Merkmals der „**Unentgeltlichkeit**" gilt die sog. **Einheitstheorie,** wonach die Übernahme von Betriebsschulden kein Entgelt ist (= Nettobetrachtung).

Danach ist die **Übernahme von Betriebsschulden kein Entgelt für die Übertragung des Mitunternehmeranteils**. Dies gilt unabhängig davon, ob die Schulden zum Gesamthandsvermögen oder zum Sonderbetriebsvermögen gehören.

Beispiel:
V, Gesellschafter der VX-KG, hatte bisher ein bebautes Grundstück an die VX-KG überlassen (Buchwert 300.000 €). Aus der Anschaffung des Grundstücks besteht noch ein Restdarlehen i.H.v. 100.000 €. V überträgt seinen Mitunternehmeranteil unentgeltlich und das Grundstück auf die Tochter T. T übernimmt das Restdarlehen.

> **Lösung:**
> Die Übertragung ist nach § 6 Abs. 3 EStG begünstigt und erfolgt in vollem Umfang zum Buchwert. Es wurde ein voller Mitunternehmeranteil einschließlich Sonderbetriebsvermögen über übertragen. Die Übernahme des Restdarlehens stellt kein Entgelt für die Übertragung des Mitunternehmeranteils dar.

> **Hinweis!** Bei Übertragung von Einzelwirtschaftsgütern (z.B. nach § 6 Abs. 5 Satz 3 EStG) führt die Übernahme von Verbindlichkeiten demgegenüber zu einem Entgelt und somit zu einer (teilweisen) Aufdeckung der stillen Reserven (**Trennungstheorie, beachte weitere Entwicklung wegen BFH vom 19.09.2012, BFH/NV 2012, 1880**).

Werden andere Entgelte für die Übertragung gezahlt (z.B. Gleichstellungsgelder an Geschwister, Abstandszahlungen an den Übertragenden, Übernahme privater Schulden), kommt es nur dann zu einer Gewinnrealisierung, wenn das Entgelt das Kapitalkonto des Übertragenden übersteigt.

> **Beispiel:**
> Wie obiger Grundfall (Kapitalkonto 500.000 €). T muss jedoch ein Gleichstellungsgeld an ihren Bruder S i.H.v. 400.000 € bezahlen.

> **Lösung:**
> Die Zahlung des Gleichstellungsgeldes führt nicht zu einer Gewinnrealisierung, da es das gesamte (!) Kapitalkonto des V nicht übersteigt. T führt die Buchwerte des V fort.

> **Hinweis!** Sollte T das Gleichstellungsgeld refinanzieren müssen, sind die dafür anfallenden Schuldzinsen dennoch als Sonderbetriebsausgaben abzugsfähig (Rz. 40 des BMF-Schreibens vom 13.01.1993, BStBl I 1993, 80).

4.3 Unentgeltliche Übertragung des gesamten Mitunternehmeranteils

4.3.1 Persönliche Voraussetzungen für eine Buchwertübertragung

Eine Buchwertübertragung nach § 6 Abs. 3 EStG kommt grundsätzlich in Betracht, wenn **Übertragender und Aufnehmender eine natürliche Person, eine Mitunternehmerschaft** (Personengesellschaft mit Gewinneinkünften) **oder eine Kapitalgesellschaft** ist (BMF vom 03.05.2005, BStBl I 2005, 458, Rz. 1; **Beck-Texte 6.18**).

§ 6 Abs. 3 EStG gilt in den folgenden Fällen (Rz. 1):
- Unentgeltliche Übertragung von Betrieben, Teilbetrieben und Mitunternehmeranteilen,
- Unentgeltliche Übertragung eines Bruchteils an einem Mitunternehmeranteil mit quotengleicher Übertragung des Sonderbetriebsvermögens (§ 6 Abs. 3 Satz 1 2. Halbsatz EStG),
- Unentgeltliche Übertragung eines Bruchteils an einem Mitunternehmeranteil ohne oder mit disquotaler Übertragung des Sonderbetriebsvermögens (§ 6 Abs. 3 Satz 2 EStG),
- Unentgeltliche Aufnahme in ein Einzelunternehmen (§ 6 Abs. 3 Satz 1 2. Halbsatz EStG).

Allerdings ist zu berücksichtigen, dass in bestimmten Fällen das **Buchwertprivileg nur dann** greift, wenn die **Übertragung auf eine natürliche Person** erfolgt (vgl. BMF, a.a.O., Rn. 2).

XII. Ausscheiden eines Gesellschafters aus einer bestehenden Personengesellschaft

Fall 44:
C war ursprünglich zu 40 % an der CD-KG beteiligt. C überträgt seinen Mitunternehmeranteil zur Hälfte auf die C-GmbH unentgeltlich.

Alternative 1:
Das Betriebsgrundstück im Sonderbetriebsvermögen übertrug er quotengleich (also zu 50 %) mit.

Alternative 2:
Das Betriebsgrundstück im Sonderbetriebsvermögen übertrug er nicht.

Alternative 3:
Das Betriebsgrundstück im Sonderbetriebsvermögen übertrug er disquotal (z.B. mit 20 %).

Aufgabe: Wie sind die Vorgänge steuerlich zu beurteilen?

Beispiel:

A war ursprünglich zu 50 % an der AB-KG beteiligt. Zum 01.01.08 übertrug er seinen Mitunternehmeranteil insgesamt unentgeltlich auf die A-GmbH.

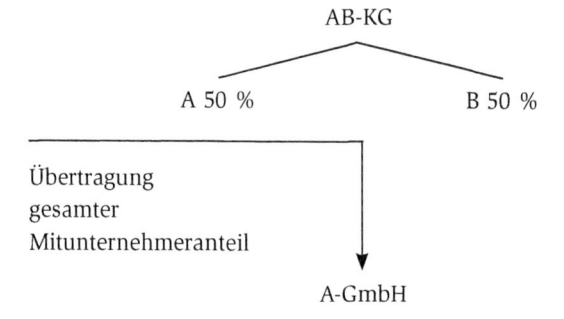

```
                    AB-KG
                   /      \
              A 50 %      B 50 %

         Übertragung
         gesamter
         Mitunternehmeranteil
                   ↓
                 A-GmbH
```

Lösung:
Die unentgeltliche Übertragung ist als verdeckte Einlage in die A-GmbH zu werten. Der Übertragungsvorgang führt zur Aufdeckung der stillen Reserven (ggf. nach §§ 16, 34 EStG begünstigt). § 6 Abs. 3 EStG findet keine Anwendung.
Bei der GmbH: Die Anschaffungskosten der GmbH-Anteile erhöhen sich um den Wert der verdeckten Einlage (Auswirkung auch auf Gesellschafterebene, § 17 EStG).

Hinweis! Erfolgt die Übertragung des gesamten Mitunternehmeranteils auf die GmbH nicht unentgeltlich, sondern gegen Gewährung von Gesellschaftsrechten liegt ein Fall des § 20 UmwStG vor. Insoweit hat die GmbH ein Ansatzwahlrecht (Buchwert, Zwischenwert, Gemeiner Wert).
Der von der GmbH angesetzte Wert gilt dann beim Einbringenden als Veräußerungspreis (§ 20 Abs. 4 UmwStG).

4.3.2 Sachliche Voraussetzungen für eine Buchwertübertragung

Die Buchwertverknüpfung setzt die **Übertragung sämtlicher wesentlicher Betriebsgrundlagen** voraus. Die Frage der „Wesentlichkeit" einer Betriebsgrundlage kann sich aus der funktionalen oder der quantitativen Betrachtungsweise ergeben.

4. Übertragung von Mitunternehmeranteilen

Quantitative Betrachtungsweise:
- Ein Wirtschaftsgut ist (unabhängig von der Funktion für den Betrieb) bereits dann eine wesentliche Betriebsgrundlage ist, wenn es **hohe stille Reserven** enthält, z.B. ein fremdvermietetes Grundstück im Betriebsvermögen.
- Greift insbesondere bei der Aufgabe bzw. Veräußerung von Betrieben und Mitunternehmeranteilen.
- Die Steuervergünstigungen des Freibetrags nach § 16 Abs. 4 EStG und der Tarifermäßigung des § 34 EStG (Fünftelregelung bzw. halber Steuersatz), können nur in Anspruch genommen werden, wenn auch alle Wirtschaftsgüter (sowohl im Gesamthands- als auch im Sonderbetriebsvermögen) mit hohen stillen Reserven veräußert bzw. privatisiert werden. Nur dann liegt eine Zusammenballung im Sinne der Tarifermäßigung vor.

Funktionale (qualitative) Betrachtungsweise:
- Maßgebend ist hier die **Funktion eines Wirtschaftsguts** für den konkreten Betrieb bzw. Mitunternehmeranteil, unabhängig davon, ob darin stillen Reserven enthalten sind.
- Funktionell wesentliche Betriebsgrundlagen sind insbesondere:
  - für den Betriebsablauf wichtige Maschinen und Betriebsvorrichtungen (BFH vom 17.04.1997, BStBl II 1998, 388),
  - eigenbetrieblich genutzte Grundstücke, auch Bürogebäude,
  - immaterielle Wirtschaftsgüter, Kunden- bzw. Mandantenstamm und Patente,
  - Nutzungsrechte an eigenbetrieblich genutzten Räumen, Nießbrauch.
- § 6 Abs. 3 EStG setzt für die Buchwertübertragung eines (ganzen) Mitunternehmeranteils voraus, dass neben dem anteiligen Gesellschaftsvermögen auch das **gesamte funktional wesentliche Sonderbetriebsvermögen übertragen** wird.
- Ein Mitunternehmeranteil umfasst (ertragsteuerrechtlich) sowohl den Anteil am Gesellschaftsvermögen als **auch das** (gesamte **funktional wesentliche**) **Sonderbetriebsvermögen** des Mitunternehmers.
- Wird **funktional unwesentliches Sonder-BV** zurückbehalten, ist dies unschädlich.

Beispiel:
V überträgt seinen 50 %-igen Gesellschaftsanteil an der V-KG im Wege der vorweggenommenen Erbfolge auf seine Tochter T. Das Kapitalkonto des V in der Gesellschaftsbilanz beträgt 100.000 €. Der Verkehrswert des Gesellschaftsanteils beträgt 200.000 €. Zum gewillkürten Sonderbetriebsvermögen des V gehört ein fremd vermietetes Gebäude, das stille Reserven von 100.000 € enthält. V überführt das Gebäude zum Buchwert nach § 6 Abs. 5 Satz 1 und 2 EStG in das gewillkürte Betriebsvermögen seines gewerblichen Einzelunternehmens.

Lösung:
T muss den Buchwert des Gesellschaftsanteils von 50.000 € fortführen (§ 6 Abs. 3 EStG). V muss den Buchwert der Immobilie fortführen (§ 6 Abs. 5 Satz 1 und 2 EStG). Zu einer Gewinnrealisierung kommt es nicht.

- Wird eine funktional wesentliche Betriebsgrundlage des bisherigen **Sonderbetriebsvermögens zurückbehalten** und ins Privatvermögen überführt, liegt eine (nach §§ 16, 34 EStG) tarifbegünstigten Aufgabe des gesamten Mitunternehmeranteil vor (Aufdeckung sämtlicher stiller Reserven, H 16 Abs. 4 < Sonder-BV > EStH).

Beispiel:

Der 60 Jahre alte V überträgt seinen 50 %-igen Gesellschaftsanteil an der X-KG im Wege der vorweggenommenen Erbfolge auf seine Tochter T. Das Kapitalkonto des V in der Gesellschaftsbilanz beträgt 100.000 €. Der Verkehrswert des Gesellschaftsanteils beträgt 350.000 €.

Zum notwendigen Sonderbetriebsvermögen des V gehört eine der KG überlassene Immobilie, die stille Reserven von 100.000 € enthält.

V überträgt seinen Gesellschaftsanteil unentgeltlich auf T, die Immobilie überführt er nach § 6 Abs. 5 EStG mit dem Buchwert in das Betriebsvermögen seines gewerblichen Einzelunternehmens.

Lösung:

Es kommt zu einer nicht begünstigten, dem regulären Steuersatz unterliegenden Aufgabe des Mitunternehmeranteils.

V entsteht ein Aufgabegewinn von 250.000 €. § 6 Abs. 3 Satz 2 EStG ist nicht anwendbar, da die nicht mitübertragene Immobilie nicht „weiterhin zum Betriebsvermögen derselben Mitunternehmerschaft gehört".

Soweit es zur Gewinnrealisierung für den übertragenen Mitunternehmeranteil kommt, entstehen beim Übernehmer S anschaffungsähnliche Aufwendungen (sinngemäße Anwendung des § 6 Abs. 1 Nr. 6 EStG), die in einer steuerlichen Ergänzungsbilanz auszuweisen und über Abschreibungen „oder Buchwertabgänge zu Gewinnminderungen führen".

Gesamtplanstrategie

Bei der **Gesamtplanstrategie** wird das zurückbehaltene Wirtschaftsgut (i.d.R. ein Grundstück) auf eine gewerblich geprägte GmbH & Co. KG nach § 6 Abs. 5 Satz 3 EStG zum Buchwert übertragen.

Nach dieser Ausgliederung soll die Übertragung des (verkleinerten) Mitunternehmeranteils zu Buchwerten erfolgen.

Nach der Gesamtplanrechtsprechung (BFH vom 06.09.2000, BStBl II 2001, 229) sind die stillen Reserven im übertragenen Mitunternehmeranteil als laufender Gewinn zu versteuern, weil die stillen Reserven im ausgegliederten Wirtschaftsgut nicht aufzudecken wurden.

Wird im **zeitlichen und sachlichen Zusammenhang** mit der Übertragung des Mitunternehmeranteils Sonderbetriebsvermögen (nach § 6 Abs. 5 EStG) zum Buchwert in ein anderes Betriebsvermögen übertragen, kann der Gesellschaftsanteil nicht nach § 6 Abs. 3 EStG zum Buchwert übertragen werden.

Die darin enthaltenen stillen Reserven sind vielmehr als **laufender Gewinn** zu versteuern.

Beispiel:

Vater V war Kommanditist bei der X-KG, an die er ein Grundstück (= wesentliche Betriebsgrundlage) vermietet hatte. V übertrug im Juli 06 seinen Kommanditanteil unentgeltlich auf seinen Sohn S. Bereits im März 06 hatte V das Grundstück nach § 6 Abs. 5 Satz 3 Nr. 2 EStG zum Buchwert auf die von ihm neu gegründete gewerblich geprägte Y-GmbH & Co. KG übertragen.

Lösung:

Die Buchwertübertragung des Grundstücks ist nach der sog. Gesamtplanrechtsprechung im Zusammenhang mit der Übertragung des Kommanditanteils nach § 6 Abs. 3 EStG zu beurteilen.

Die Voraussetzungen für eine Buchwertübertragung nach § 6 Abs. 3 EStG liegen danach nicht vor, weil das Grundstück (wesentliche Betriebsgrundlage im Sonderbetriebsvermögen) nicht an den Sohn übertragen wurde.

4. Übertragung von Mitunternehmeranteilen

> § 6 Abs. 3 Satz 2 EStG (unschädliches Zurückbehalten einer wesentlichen Betriebsgrundlage) ist nicht anwendbar, weil das Grundstück nicht mehr Sonderbetriebsvermögen der X-KG ist, sondern Betriebsvermögen der Y-GmbH & Co. KG.
> V muss deshalb die stillen Reserven in seinem Kommanditanteil im Jahr 06 als laufenden Gewinn (mit GewSt-Pflicht) versteuern.
> Der (zwingende) Buchwertansatz für das auf die GmbH & Co. KG übertragene Grundstück wird hiervon aber nicht berührt.
> **Hinweis auf BMF vom 12.09.2013 (BStBl I 2013, 1164, Beck § 6/32) zur Nichtanwendbarkeit der neueren BFH-Rechtsprechung.**

Anders aber im Fall der **Ausgliederung einer 100 %-igen Beteiligung zum Buchwert und anschließendem Verkauf des „Rest"-Betriebs,** da die 100 %-ige Beteiligung einen selbständigen Teilbetrieb darstellt (Fiktion des § 16 Abs. 1 S. 1 Nr. 1, Abs. 2 S. 2 EStG) und somit der verbleibende Betriebsteil automatisch ebenfalls ein Teilbetrieb darstellen muss (BFH vom 28.05.2015, BStBl II 2015, 797).

Unentgeltliche Übertragung von Mitunternehmeranteilen mit Sonderbetriebsvermögen und Entstehen einer Betriebsaufspaltung
→ Hinweis auf BMF vom 07.12.2006, BStBl I 2006, 766

Die Übertragung eines Mitunternehmeranteils setzt den **Übergang des wirtschaftlichen Eigentums** an den Übernehmer im Rahmen eines wirtschaftlich einheitlichen Vorgangs voraus.

Vertraglich vereinbarte **Rückfallklauseln und Widerrufsvorbehalte** des Übergebers können dem Übergang des wirtschaftlichen Eigentums **entgegenstehen,** wenn z.B. dem Übergeber ein freies Widerrufsrecht zusteht.

Unschädlich ist die Vereinbarung sog. **Notfallklauseln,** z.B. für folgende Fälle:
- Ehescheidung des Übernehmers,
- Nichtvollendung des Studiums,
- Aufgabe der Mitunternehmerstellung,
- Zwangsvollstreckung in die übertragene Beteiligung.

4.4 Übertragung eines Bruchteils eines Mitunternehmeranteils

Nach § 6 Abs. 3 Satz 1 2. Halbsatz zweite Alternative EStG ist auch eine Übertragung eines Bruchteils am Mitunternehmeranteil zu Buchwerten möglich.

In der Praxis können folgende drei Fälle auftreten:
- Unentgeltliche Übertragung eines Bruchteils am Mitunternehmeranteil mit **quotengleichem Sonderbetriebsvermögen.**
- Unentgeltliche Übertragung eines Bruchteils am Mitunternehmeranteil **ohne oder mit unterquotaler Übertragung des Sonderbetriebsvermögens.**
- Unentgeltliche Übertragung eines Bruchteils am Mitunternehmeranteil **mit überquotaler Übertragung des Sonderbetriebsvermögens.**

4.5 Unentgeltliche Übertragung eines Bruchteils am Mitunternehmeranteil mit quotengleichem Sonderbetriebsvermögen

Unproblematisch ist der Fall, in dem anlässlich der unentgeltlichen Übertragung eines Bruchteils am Gesamthandsvermögen auch ein gleich hoher Bruchteil am funktional wesentlichen Sonderbetriebsvermögen übertragen wird.

Damit liegt eine quotengleiche Übertragung vor, die insgesamt zu Buchwerten zu erfolgen hat (§ 6 Abs. 3 Satz 1 2. Halbsatz EStG).

> **Beispiel:**
> V war ursprünglich zu 40 % an der VM-OHG beteiligt.
> Zu seinem Sonderbetriebsvermögen gehörte ein bebautes Grundstück, das er der OHG zur Nutzung überließ. Er überträgt die Hälfte seines Mitunternehmeranteils (also 20 %) einschließlich der Hälfte des Sonderbetriebsvermögens (also 50 %) auf seine Tochter T unentgeltlich.

> **Lösung:**
> Die Übertragung hat nach § 6 Abs. 3 Satz 1 2. Halbsatz EStG zu Buchwerten zu erfolgen.
> V hat sowohl die Hälfte seines Gesamthandsvermögens als auch die Hälfte seines funktional wesentlichen Sonderbetriebsvermögens auf T übertragen.
> Es liegt somit eine quotengleiche Übertragung vor. Der Übertragungsvorgang löst folglich keine Versteuerung von stillen Reserven aus.
> **Hinweis!** Es liegt keine mitunternehmerische Betriebsaufspaltung vor, weil keine personelle Verflechtung vorliegt. Aufgrund der Mehrheitsbeteiligung des Gesellschafters M können V und T die OHG nicht beherrschen.

4.5.1 Unentgeltliche Übertragung eines Bruchteils am Mitunternehmeranteils ohne oder mit unterquotaler Übertragung des Sonderbetriebsvermögens

Wird anlässlich der **unentgeltlichen Übertragung eines Bruchteils eines Mitunternehmeranteils** das funktional wesentliche Sonderbetriebsvermögen nicht oder lediglich unterquotal übertragen, liegt insgesamt ein Fall des § 6 Abs. 3 Satz 2 EStG vor. Folglich hat die Übertragung zunächst zu Buchwerten zu erfolgen. Das Buchwertprivileg kann jedoch später „verloren" gehen (BMF vom 03.03.2005, BStBl I 2005, 458).

> **Beispiel:**
> V war ursprünglich zu 40 % an der VM-KG beteiligt. Zu seinem Sonderbetriebsvermögen gehörte ein bebautes Grundstück, das er der KG zur Nutzung überließ.
> Er überträgt auf seinen Sohn S die Hälfte seines Anteils am Gesamthandsvermögen (also 20 %) einschließlich 25 % des Sonderbetriebsvermögens (also 25 %) unentgeltlich.

> **Lösung:**
> Die Übertragung hat nach § 6 Abs. 3 Satz 2 EStG zu Buchwerten zu erfolgen.
> V hat das funktional wesentliche Sonderbetriebsvermögen unterquotal (25 % statt mit 50 %) auf S übertragen. Der Übertragungsvorgang löst zwar keine Versteuerung von stillen Reserven aus.
> Die Buchwertübertragung steht aber unter der Prämisse, dass der Rechtsnachfolger den übertragenen Mitunternehmeranteil nicht innerhalb der **Sperrfrist von fünf Jahren** aufgibt oder veräußert.

Das **Buchwertprivileg geht rückwirkend verloren**, wenn der **Rechtsnachfolger** den übernommenen Mitunternehmeranteil **innerhalb** eines Zeitraums von **fünf Jahren** (gerechnet ab dem Übergang des wirtschaftlichen Eigentums auf den Rechtsnachfolger) **aufgibt oder veräußert**.

In diesem Fall ist rückwirkend der Buchwertansatz zu versagen und die Übertragung stattdessen mit dem Teilwert anzusetzen (§ 175 Abs. 1 Satz 1 Nr. 2 AO; BMF, a.a.O. Rz. 11).

Beim übertragenden (Rechtsvorgänger) entsteht ein laufender, nicht nach den §§ 16, 34 EStG begünstigter Gewinn, der ggf. auch der GewSt unterliegt.

War der Übernehmer (Rechtsnachfolger) bereits vor der unentgeltlichen Übertragung des Bruchteils des Mitunternehmeranteils Mitunternehmer derselben Mitunternehmerschaft, kommt bei einer Veräußerung bzw. Aufgabe des Mitunternehmeranteils der Teilwertansatz erst dann zum Tragen, wenn der verbleibende Mitunternehmeranteil den übernommenen Anteil unterschreitet oder das unterquotal übernommene funktional wesentliche Sonderbetriebsvermögen veräußert oder entnommen wird (Rz. 12 BMF a.a.O.).

> **Fall 45:**
> An der QR-KG waren ursprünglich Q zu 80 % und R zu 20 % beteiligt. Zum Sonderbetriebsvermögen des Q gehörte ein bebautes Grundstück, das er der KG zur Nutzung überließ.
> Zum 01.01.06 (Übergang des wirtschaftlichen Eigentums) übertrug er die Hälfte seines Mitunternehmeranteils (also 40 %) sowie ein Viertel des Sonderbetriebsvermögens (also 25 %) auf seine Nichte N unentgeltlich. N verkauft ihr Sonderbetriebsvermögen am 10.10.10 an einen fremden Dritten.
> **Aufgabe:** Nehmen Sie zur steuerrechtlichen Beurteilung Stellung.

> **Hinweise!**
> - Als **Veräußerung** i.S.d. fünfjährigen Behaltefrist gilt **auch eine Einbringung** nach den §§ 20 und 24 UmwStG oder wenn ein Formwechsel nach § 25 UmwStG vorliegt, **sofern Zwischenwerte oder Gemeine Werte** angesetzt werden.
>   Erfolgt indessen die Einbringung des Mitunternehmeranteils innerhalb der fünfjährigen Sperrfrist zu Buchwerten, bleibt der Vorgang steuerunschädlich (Rz. 13 BMF a.a.O.).
> - Überträgt hingegen der **Rechtsnachfolger** den übernommenen Bruchteil am Mitunternehmeranteil des Rechtsvorgängers **unentgeltlich** an einen weiteren Rechtsnachfolger, bleibt der Buchwertansatz erhalten. Zu berücksichtigen ist, dass auf den neuen Rechtsnachfolger die **Behaltefrist** des Rechtsvorgängers (bisheriger Rechtsnachfolger) **übergeht** (Rz. 14 BMF a.a.O.).
> - Das vom Rechtsvorgänger **zurückbehaltene funktional wesentliche Sonderbetriebsvermögen muss weiterhin zum Betriebsvermögen derselben Mitunternehmerschaft gehören** (Rz. 15 BMF a.a.O.). Wird es im zeitlichen und sachlichen Zusammenhang mit der unentgeltlichen Übertragung eines Bruchteils am Mitunternehmeranteil aufgrund eines Gesamtplans veräußert oder entnommen, ist (rückwirkend) der Teilwert anzusetzen.

4.5.2 Unentgeltliche Übertragung eines Bruchteils am Mitunternehmeranteil mit überquotaler Übertragung des Sonderbetriebsvermögens

Wird bei einer unentgeltlichen Übertragung eines Bruchteils am Mitunternehmeranteil funktional wesentliches Sonderbetriebsvermögen überquotal übertragen, ist die Übertragung steuerlich in **zwei Vorgänge** zu unterteilen:

- Vorgang 1
  Es wird zunächst unterstellt, dass der **Bruchteil am Mitunternehmeranteil mit quotengleichem funktional wesentlichen Sonderbetriebsvermögen** übertragen wird.
  Diese Übertragung ist insgesamt mit dem **Buchwert** anzusetzen (Fall des § 6 Abs. 3 Satz 1 2. Halbsatz EStG).
- Vorgang 2
  Der Vorgang 2 ist eine „juristische" Sekunde nach dem Vorgang 1 einzustufen.

Soweit die **Übertragung des funktional wesentlichen Sonderbetriebsvermögens überquotal** erfolgt, liegt zusätzlich die Übertragung eines Einzelwirtschaftsguts vor (also **Fall des § 6 Abs. 5 Satz 3 Nr. 3 EStG**: unentgeltliche Übertragung zwischen den jeweiligen Sonderbetriebsvermögen verschiedener Mitunternehmer).

Auch bei dieser Übertragung ist somit der **Buchwert** anzusetzen (Rz. 16–18 BMF a.a.O.).

Bei der **überquotalen Übertragung** gelten hinsichtlich der Frage der Unentgeltlichkeit, die allgemeinen „Spielregeln". Werden z.B. **Verbindlichkeiten** übernommen, liegt **insoweit** eine **entgeltliche Übertragung** vor.

Im Rahmen des **§ 6 Abs. 5 EStG gilt die Trennungstheorie**. Soweit eine Entgeltlichkeit gegeben ist, sind die stillen Reserven (ggf. anteilig) aufzudecken und zu versteuern (Rz. 17 BMF a.a.O.).
Zur Nichtanwendung der BFH Rechtsprechung siehe BMF vom 12.09.2013, BStBl I 2013, 1164).

Fall 46:
a) R war ursprünglich zu 30 % an der RS-KG beteiligt.
Zu seinem Sonderbetriebsvermögen gehörte ein bebautes Grundstück, das er der KG zur Nutzung überließ.
Er überträgt die Hälfte seines Mitunternehmeranteils (also 15 %) einschließlich des gesamten Sonderbetriebsvermögens (also zu 100 %) auf seine Tochter T unentgeltlich. Das Sonderbetriebsvermögen enthält keine Schulden.
b) **Abwandlung:** Im Sonderbetriebsvermögen des R sind Schulden im Zusammenhang mit dem Grundstück ausgewiesen, die auf T übergingen.
Das Verhältnis zwischen Schulden (175.000 €) und Teilwert (500.000 €) des Grundstücks beträgt 35 %.

Aufgabe: Nehmen Sie zur steuerlichen Folge Stellung.

Hinweise!
- Wird anlässlich der Übertragung eines Bruchteils am Mitunternehmeranteil funktional nicht wesentliches Sonderbetriebsvermögen zurückbehalten oder überquotal übertragen, ist § 6 Abs. 3 Satz 1 EStG hinsichtlich der Übertragung des Mitunternehmeranteils uneingeschränkt anwendbar (Rz. 19).
Die Übertragung führt damit nicht zur Anwendung der fünfjährigen Behaltedauer, weil diese nur für die Fälle des § 6 Abs. 3 Satz 2 EStG gilt.
- Entsteht infolge einer unentgeltlichen Übertragung nach § 6 Abs. 3 EStG eine mitunternehmerische Betriebsaufspaltung, vgl. BMF-Schreiben vom 07.12.2006, BStBl I 2006, 766.

Fall 47:
A ist zu 60 % an der AB-OHG beteiligt, der er auch ein im Sonderbetriebsvermögen befindliches Grundstück zur Nutzung überlässt.

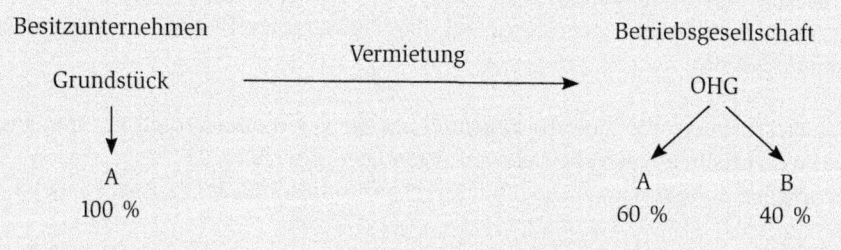

```
    Besitzunternehmen                      Betriebsgesellschaft
                          Vermietung
        Grundstück        ─────────►            OHG
            │
            A                               A         B
          100 %                           60 %      40 %

                          Grundstück = Sonder-BV A
```

A überträgt die Hälfte seines Mitunternehmeranteils (½ des Gesamthandsanteils und ½ des Sonderbetriebsvermögens) unentgeltlich auf C. Sowohl bei der Grundstücksgemeinschaft als auch bei der OHG besteht Mehrheitsprinzip.

Frage: Wie ist der Vorgang zu beurteilen, wenn:
a) das Grundstück im Gesamthandsvermögen,
b) im Bruchteilseigentum von A und C steht?

4. Übertragung von Mitunternehmeranteilen

Übertragung eines (Teil-)Mitunternehmeranteils bei Sonder-BV

Unentgeltliche Übertragung		
Mitunternehmeranteil (30 %)	Funktional wesentliches Betriebsvermögen	Rechtsfolgen
100 %	100 %	Buchwert-Fortführung, § 6 Abs. 3 S. 1 EStG
100 %	0 % Zurückbehalt und Entnahme	Tarifbegünstigte Aufgabe des Mitunternehmeranteils; kein § 6 Abs. 3 EStG
100 %	0 % Überführung in anderes Betriebsvermögen zum BW	nicht tarifbegünstigte Aufgabe eines Mitunternehmeranteils; kein § 6 Abs. 3 EStG
100 %	30 % unterquotale Übertragung Überführung in anderes Betriebsvermögen zum BW	Buchwert-Fortführung nach § 6 Abs. 3 EStG von 30 %; nicht tarifbegünstigte Aufgabe des restlichen Kommanditanteils (70 %) bzw. Buchwert-Übertragung in anderes BV nach § 6 Abs. 5 S. 3 EStG
50 %	50 %	Buchwert-Fortführung; § 6 Abs. 3 EStG
50 %	0 % **Zurückbehalt des Sonder-BV**	Buchwert-Fortführung mit Behaltefrist (5 Jahre); § 6 Abs. 3 S. 2 EStG
50 %	10 % unterquotale Übertragung	Buchwert-Fortführung Mitunternehmeranteil und übertragenes Sonder-BV (10 %); restlicher Mitunternehmeranteil (Buchwert-Fortführung nach § 6 Abs. 3 S. 2 EStG mit Behaltefrist (5 Jahre)) Auswirkung $^{4}/_{5}$ des übertragenen Anteils, da insoweit nicht quotal mit übertragen
50 %	100 % überquotale Übertragung	Buchwert-Fortführung; § 6 Abs. 3 S. 1 EStG; restliches Sonder-BV 50 % Buchwert-Übertragung; § 6 Abs. 5 S. 3 EStG Sperrfrist 3 Jahre; Erhöhung Anteil einer Kapitalgesellschaft 7 Jahre

4.6 Unentgeltliche Aufnahme einer natürlichen Person in ein Einzelunternehmen
4.6.1 Grundfall

Wird eine natürliche Person unentgeltlich in ein bestehendes Einzelunternehmen aufgenommen, entsteht eine Personengesellschaft, in der die Buchwerte des Einzelunternehmens zwingend fortzuführen sind. Eine Behaltensfrist für den Aufgenommenen gibt es nicht.

Die Regelung betrifft in der Praxis die Aufnahme eines Kindes (ggf. auch eines anderen Angehörigen; „Junior") in das elterliche Einzelunternehmen („Senior") zur Vorbereitung der Unternehmensnachfolge.

Zwischen Fremden wird die Aufnahme eines „Juniors" in ein bestehendes Einzelunternehmen im Regelfall entgeltlich erfolgen, sodass § 6 Abs. 3 EStG nicht anwendbar ist.

XII. Ausscheiden eines Gesellschafters aus einer bestehenden Personengesellschaft

> **Beispiel:**
>
> Vater V betrieb bis zum 30.01.06 eine Spedition als Einzelunternehmen (Buchwert 100.000 €; Teilwert 1.000.000 €). Zusammen mit seinem Sohn S gründete er zum 01.07.06 eine GmbH & Co. KG, wobei er sein Einzelunternehmen mit allen Aktiven und Passiven in die KG einbrachte und in der Handelsbilanz mit dem Teilwert ansetzte. Damit erbrachte V seine Kommanditeinlage (800.000 €) und (durch schenkweise Abtretung einer Teilbeteiligung) die von S (200.000 €).

> **Lösung:**
>
> In der Steuerbilanz der KG sind nach § 6 Abs. 3 Satz 1 EStG zwingend die Buchwerte des Einzelunternehmens des V (100.000 €) fortzuführen. Die steuerliche Wertkorrektur kann im Rahmen von negativen steuerlichen Ergänzungsbilanzen von V (Minderkapital 720.000 €) und S (Minderkapital 180.000 €) erfolgen.

Diese Regelung ist als **speziellere Norm gegenüber dem § 24 UmwStG** vorrangig, d.h. dem „Senior" steht das 3-fache Wahlrecht (Buchwert Zwischenwert Teilwert) bei unentgeltlicher Aufnahme des „Juniors" nicht zu.

Erfolgt die Aufnahme entgeltlich und muss der „Junior" eine **Einlage in das Gesamthandsvermögen** (Betriebsvermögen) der neu entstandenen Personengesellschaft leisten, handelt es sich um einen Anwendungsfall von **§ 24 UmwStG** (Folge: **3-faches Wahlrecht**), d.h. der „Senior" bringt sein Einzelunternehmen gegen Gewährung von Gesellschaftsrechten in die neu gegründete Personengesellschaft ein (Rz. 24.01, 24.08 UmwStE).

Mangels Unentgeltlichkeit ist **§ 6 Abs. 3 EStG nicht anwendbar.**

Erfolgt die **Aufnahme entgeltlich** und wird das **Entgelt in das Privatvermögen** geleistet, muss der „Senior" die **stillen Reserven** in seinem Einzelunternehmen **anteilig** (Zahlung abzüglich anteiliger Buchwerte im Verhältnis der Zahlung zum Teilwert des Betriebs) als laufenden Gewinn versteuern und kann im Übrigen die Buchwerte fortführen (Rz. 24.10 UmwStE, a.a.O.).

Setzt der „Senior" seinen eingebrachten Betrieb insgesamt mit den **Teilwerten** an, kann er für den dadurch realisierten Gewinn die Steuervergünstigungen nach **§§ 16, 34 EStG** nur in Anspruch nehmen, soweit er nicht selbst an der Personengesellschaft beteiligt ist, d.h. nur in Höhe der Beteiligungsquote des „Juniors" (Rz. 24.12a UmwStE, a.a.O.).

> **Beispiel:**
>
> Vater V nimmt zum 01.07.06 seine Tochter T in sein Architekturbüro (Buchwerte 200.000 €, Teilwert 1.000.000 €) auf und gründet mit ihr eine Partnerschaft, an der V mit 60 % und T mit 40 % beteiligt ist. T muss 100.000 € als Gleichstellungsgeld an ihren Bruder bezahlen.

> **Lösung:**
>
> Das Gleichstellungsgeld ist bei V Entgelt (abgekürzter Zahlungsweg) für den Verkauf von $1/10$ der Wirtschaftsgüter seines Architekturbüros, d.h. bei ihm entsteht im Jahr 03 ein laufender Gewinn nach § 18 EStG von 80.000 € (100.000 € ./. 20.000 € = $1/10$ der Buchwerte von 200.000 €).
> Die Aufnahme von T erfolgt teilweise entgeltlich, sodass die Buchwertfortführung nach § 6 Abs. 3 EStG nur für unentgeltlichen übertragenen Teil (Buchwert 200.000 € × $9/10$ = 180.000 €) möglich ist. Das eingebrachte Architekturbüro ist deshalb in der Steuerbilanz der Partnerschaft mit 280.000 € (anteiliger Buchwert 180.000 € + Zahlung 100.000 €) anzusetzen.

4.6.2 Zurückbehalten wesentlicher Betriebsgrundlagen

Die Buchwertfortführung ist auch dann zulässig und geboten, wenn der Übergeber (der „Senior") **funktional wesentliche Betriebsgrundlagen** seines Einzelunternehmens **nicht überträgt, diese aber Sonderbetriebsvermögen der neu** gegründeten Personengesellschaft darstellen.

Voraussetzung ist, dass der „Junior" den unentgeltlich übernommenen Mitunternehmeranteil mindestens **fünf Jahre** lang (**Behaltefrist!**) nicht veräußert oder aufgibt.

> **Beispiel:**
> Kaufmann K betreibt auf eigenem Betriebsgrundstück ein Einzelunternehmen (Buchwert 100.000 €, Teilwert 1.000.000 €). Im Rahmen einer vorweggenommenen Erbfolgeregelung beteiligt er seine Tochter T mit 40 % durch Gründung einer OHG. Zur Sicherung seiner Altersvorsorge behält K das Betriebsgrundstück zu Alleineigentum zurück und vermietet es ab 01.07.06 an die OHG.

> **Lösung:**
> Die Aufnahme von T erfolgte nach § 6 Abs. 3 Satz 2 EStG erfolgsneutral (Buchwertfortführung zwingend). Wegen der Zurückbehaltung des Betriebsgrundstücks durch V werden zwar nicht alle wesentlichen Betriebsgrundlagen des Einzelunternehmens übertragen. Das ist aber unschädlich, weil das Betriebsgrundstück notwendiges Sonderbetriebsvermögen I des V bei der neugegründeten OHG wird.

Die Buchwertübertragung unter Zurückbehaltung von wesentlichen Betriebsgrundlagen ist nur dann endgültig, wenn der „Junior" den übernommenen Mitunternehmeranteil über einen **Zeitraum von fünf Jahren** nicht veräußert oder aufgibt.

Bereits die **Veräußerung bzw. Aufgabe eines Teils** des zu Buchwerten neu begründeten Mitunternehmeranteils innerhalb der Behaltefrist ist **schädlich**, d.h. der Übertragende verliert rückwirkend das Buchwertprivileg.

In diesem Fall sind **rückwirkend** auf den Übertragungsstichtag die (anteiligen) **Teilwerte** der übertragenen Wirtschaftsgüter **anzusetzen**, d.h. die übergegangenen stillen Reserven werden beim Übergeber nachträglich als laufender Gewinn (ggf. mit GewSt-Pflicht) besteuert.

> **Beispiel:**
> Wie vorher mit der Änderung, dass T ihren OHG-Anteil im Jahr 09 an einen Dritten für 800.000 € verkauft.

> **Lösung:**
> Der Anteilsverkauf erfolgte in der fünfjährigen Behaltefrist (01.07.06 bis 30.06.11). Im Jahr 06 ergibt sich bei V durch den Ansatz der Teilwerte für das (zunächst zu Buchwerten) auf T anteilig übergegangene Betriebsvermögen (40 %) nachträglich ein laufender (gewerbesteuerpflichtiger) Gewinn von 360.000 € (Teilwerte 1.000.000 € × 40 % = 400.000 € abzüglich Buchwerte 100.000 € × 40 % = 40.000 €).
> Der Einkommensteuerbescheid des V für 06 ist im Jahr 09 nach § 175 Abs. 1 Satz 1 Nr. 2 AO zum Ansatz des laufenden gewerblichen Gewinns von 360.000 € zu ändern.
> In der Folge ist auch der Gewerbesteuermessbescheid für 06 nach § 35b Abs. 1 GewStG zu ändern.

Die unentgeltliche Weiterübertragung des durch die Aufnahme neu entstandenen Mitunternehmeranteils durch den „Junior" führt nicht zum **rückwirkenden Wegfall des Buchwertprivilegs**.

Vielmehr tritt der Übernehmer des Mitunternehmeranteils auch bezüglich der Behaltefrist in die Rechtsstellung des „Juniors" ein.

Das Gleiche gilt auch bei der Einbringung des bei der Aufnahme des Juniors neu entstandenen Mitunternehmeranteils in eine Personen- oder Kapitalgesellschaft, sofern dabei nach §§ 20, 24 UmwStG die Buchwerte angesetzt werden.

4.7 Veräußerung von Mitunternehmeranteilen
4.7.1 Entgeltliche Übertragung

Seit dem Veranlagungszeitraum 2002 sind Gewinne aus der Veräußerung einer Beteiligung an einer Mitunternehmerschaft nur dann **begünstigt** sind, wenn der Mitunternehmer seinen **gesamten Mitunternehmeranteil** veräußert (§ 16 Abs. 1 Nr. 2 i.V.m. § 15 EStG und § 34 EStG).

Freibetrag nach § 16 Abs. 4 EStG

Voraussetzung für die Gewährung des Freibetrags nach § 16 Abs. 4 EStG ist, dass:
- eine begünstigte Veräußerung i.S.d. § 16 Abs. 1 und/oder Abs. 3 EStG vorliegt,
- der Steuerpflichtige den Freibetrag beantragt und
- das 55. Lebensjahr vollendet hatte oder
- (im sozialversicherungsrechtlichen Sinne) dauernd berufsunfähig **ist.**

Der **Freibetrag** beträgt 45.000 €, die **Freibetragsgrenze** 136.000 €.

Der Freibetrag ist **gesellschafterbezogen** und kann daher bei der Veräußerung eines Mitunternehmeranteils in vollem Umfang gewährt werden.

Der **Freibetrag kann** für alle begünstigten Aufgabe- bzw. Veräußerungsvorgänge (unabhängig von der Einkunftsart) **nur einmal** im Leben in Anspruch genommen werden kann, d.h. ein in den Jahren ab 1996 in Anspruch genommener Freibetrag führt zum Verbrauch.

Der Freibetrag ist nicht zu kürzen, wenn ein Teil des Veräußerungs oder Aufgabegewinns nach dem Halbeinkünfteverfahren besteuert wird.

Der Freibetrag ist in diesen Fällen jedoch anteilig auf den tarifermäßigt zu besteuernden (§ 34 EStG) und den restlichen, mit dem normalen Tarif zu versteuernden Teil des Veräußerungsgewinns (halbe stille Reserven der Beteiligung) zu verteilen.

Beispiel:

Gesellschafter A (58 Jahre) der AB-GbR veräußert seinen Mitunternehmeranteil an C für 500.000 €; Buchwert seiner Kapitalkonten 350.000 €.
Im Betriebsvermögen der GbR befindet sich eine Beteiligung an einer GmbH (Wert bei Veräußerung 500.000 €; Buchwert 400.000 €). A war an der GbR mit 50 % beteiligt.

4. Übertragung von Mitunternehmeranteilen

Lösung:
Der Veräußerungsgewinn ist wie folgt zu ermitteln:

	GmbH-Anteil	Rest-MU-Anteil
Anteiliger Kaufpreis (Ansatz der GmbH-Anteile entsprechend MU-Anteil mit 50 %)	250.000 €	250.000 €
GmbH: 50 % steuerfrei	./. 125.000 €	–
Steuerpflichtiger Teil des Kaufpreises	125.000 €	250.000 €
Buchwerte (Ansatz der GmbH-Anteile mit ½, soweit auf den MU-Anteil entfällt ¼)	./. 100.000 €	./. 150.000 €
Veräußerungsgewinn	25.000 €	100.000 €
Freibetrag (§ 16 Abs. 4 EStG) 45.000 € (Freigrenze 136.000 € nicht überschritten) Freibetrag im Verhältnis $\frac{1}{5} : \frac{3}{5}$	9.000 €	36.000 €
Nach regulärem ESt-Tarif steuerpflichtig	**16.000 €**	
Steuerpflichtig nach § 34 Abs. 1 oder 3 EStG		**64.000 €**

4.7.2 Veräußerung eines Teils des Mitunternehmeranteils
4.7.2.1 Allgemeines

Gewinne, die z.B. bei der Veräußerung eines **Teils des Mitunternehmeranteils** erzielt werden, sind seit dem VZ 2002 als **laufender Gewinn** i.S.d. § 15 EStG zu behandeln (§ 16 Abs. 1 Satz 2 EStG).

Nur noch für die entgeltliche Übertragung **ganzer Mitunternehmeranteile** greifen die Begünstigungen der §§ 16, 34 EStG (Freibetrag, Fünftelregelung, halber Steuersatz).

Der bei einer entgeltlichen Aufnahme eines Gesellschafters durch Veräußerung eines Teils des Mitunternehmeranteils erzielte Gewinn beim Altgesellschafter ist nicht mehr begünstigt, sondern stellt laufenden Gewinn dar, der zugleich der Gewerbesteuer unterliegt.

Die Einbringung eines Betriebs, Teilbetriebs oder Mitunternehmeranteils in eine Personengesellschaft nach § 24 UmwStG ist aber nach wie vor zum Buchwert möglich.

Mit der Versagung der Vergünstigung der §§ 16, 34 EStG in Fällen der Veräußerung von Teilen von Mitunternehmeranteilen verliert die Rechtsprechung des Bundesfinanzhofs zur disquotalen Veräußerung von Gesellschaftsanteilen und Sonderbetriebsvermögen an Bedeutung.

Auch das sog. **Zwei-Stufen-Modell**, bei dem an den Neu-Gesellschafter zunächst nur ein geringfügiger Mitunternehmeranteil (z.B. 1 %) nicht begünstigt und nach Ablauf einer „Schamfrist" ein höherer Mitunternehmeranteil (z.B. weitere 49 %) begünstigt veräußert wurde, ist seit dem VZ 2002 hinfällig.

4.7.2.2 Wahlrecht bei Veräußerung eines Teils eines Mitunternehmeranteils gegen Leibrente

Veräußert ein Steuerpflichtiger seinen Betrieb entgeltlich gegen eine Leibrente (Kaufpreisrente) hat er nach R 16 Abs. 11 EStR ein **Wahlrecht**:

- **Er kann den bei der Veräußerung entstandenen Gewinn sofort versteuern.**
  Veräußerungsgewinn ist dann der Unterschiedsbetrag zwischen dem nach den Vorschriften des BewG ermittelten Barwert der Rente, vermindert um etwaige Veräußerungskosten des Steuerpflichtigen, und dem Buchwert des steuerlichen Kapitalkontos im Zeitpunkt der Veräußerung des Betriebs.
  Die in den Rentenzahlungen enthaltenen **Ertragsanteile sind sonstige Einkünfte** i.S.d. § 22 Nr. 1 Satz 3 Buchst. a EStG.

- **Alternativ kann der Steuerpflichtige die Rentenzahlungen als nachträgliche Betriebseinnahmen i.S.d. § 15 EStG i.V.m. § 24 Nr. 2 EStG behandeln.**
  In diesem Fall entsteht ein **Gewinn** (ab dem Veranlagungszeitraum 2004) erst dann, wenn der **Kapitalanteil der wiederkehrenden Leistungen** das steuerliche **Kapitalkonto** des Veräußerers zzgl. etwaiger Veräußerungskosten desselben **übersteigt**.
  Der in den wiederkehrenden Leistungen enthaltene **Zinsanteil** stellt bereits **im Zeitpunkt des Zuflusses** nachträgliche Betriebseinnahmen dar.
  Dieses **Wahlrecht** gilt auch bei **Veräußerung eines gesamten Mitunternehmeranteils** gegen Kaufpreisrenten, seit 2001 aber nicht mehr für die Veräußerung eines Teils eines Mitunternehmeranteils.

Der bei der Veräußerung eines Teils eines Mitunternehmeranteils entstehende Veräußerungsgewinn ist als laufender, nicht begünstigter Gewinn zu behandeln.

Dies bedeutet bei einer bilanzierenden Personengesellschaft, dass der Barwert der Kaufpreisrente ohne Wahlrecht dem anteiligen Kapitalkonto des Mitunternehmers gegenübergestellt wird.

Der daraus sich ergebende Gewinn ist nach Abzug der Veräußerungskosten – laufender Gewinn. Der Zinsanteil führt zu (nachträglichen) Betriebseinnahmen.

Bei Veräußerung eines Mitunternehmeranteils und bisheriger Gewinnermittlung nach § 4 Abs. 3 EStG ist ein Übergang zum Bestandsvergleich wie bei Veräußerung eines Betriebs zu machen. Dies gilt auch bei Veräußerung eines Teils eines Mitunternehmeranteils.

Für den veräußernden Mitunternehmer ist dann ein anteiliges Kapitalkonto zu ermitteln, das dem Barwert der Kaufpreisrente gegenübergestellt wird. Der daraus sich ergebende Gewinn ist ohne Wahlrecht sofort als laufender Gewinn zu versteuern. Der Zinsanteil der wiederkehrenden Zahlungen gehört wiederum zu den Betriebseinnahmen.

4.7.2.3 Teilentgeltliche Übertragung

Wird ein Mitunternehmeranteil zu einem **unter dem Buchwert** (d.h. bis zum Wert des steuerlichen Kapitalkontos) liegenden Preis veräußert, liegt insgesamt eine **unentgeltliche Übertragung** vor (**Einheitstheorie**).

> **Hinweis!** Keine Aufteilung in entgeltlich/unentgeltlich (Rz. 38 des BMF-Schreibens vom 13.01.1993, BStBl I 1993, 80; H 16 Abs. 7 < Veräußerungsgewinn > EStH).

Der **Übernehmer** hat die **Buchwerte** des Übergebers zwingend nach § 6 Abs. 3 EStG fortzuführen. Beim **Übergeber** liegt **kein Veräußerungsverlust** vor.

Zahlt der Erwerber einen Kaufpreis, der zwar über dem Kapitalkonto des ausscheidenden, jedoch unter Wert des Anteils liegt, ist nach der sog. **Einheitstheorie** auch in diesen Fällen von einer einheitlichen Veräußerung auszugehen.

Der Veräußerungsgewinn ist durch Gegenüberstellung des Entgelts und des steuerlichen Kapitalkontos zu ermitteln. Da insgesamt von einer entgeltlichen Veräußerung auszugehen ist, kommen grundsätzlich die Vergünstigungen nach den §§ 16, 34 EStG zu Anwendung.

> **Beispiel:**
>
> Der Gesellschafter V der VW-GbR überträgt seinen Mitunternehmeranteil (50 %, Buchwert 100.000 €, Teilwert 600.000 €) auf seinen Sohn S gegen Zahlung eines Gleichstellungsgelds i.H.v. 200.000 € an T, die Tochter des V.

> **Lösung:**
>
> Zum Erwerb des Mitunternehmeranteils wendet S 200.000 € auf. V erzielt dadurch, da ihm das Gleichstellungsgeld an T zuzurechnen ist, Veräußerungsgewinn i.H.v. (200.000 € ./. 100.000 € =) 100.000 €. Dieser ist nach den §§ 16, 34 EStG begünstigt.

4. Übertragung von Mitunternehmeranteilen

> Der Freibetrag nach § 16 Abs. 4 EStG kann V gewährt werden, sofern er ihn nicht seit dem VZ 1996 anderweitig verbraucht hat.
> S hat in Höhe der aufgedeckten stillen Reserven (100.000 €) nachträgliche Anschaffungskosten, die in einer (positiven) Ergänzungsbilanz anteilig, d.h. grundsätzlich nach dem Verhältnis der aufgedeckten stillen Reserven (20 %) den betreffenden Wirtschaftsgütern zuzuordnen sind.

Auch bei der teilentgeltlichen Veräußerung ist der **Freibetrag nach § 16 Abs. 4 EStG** ggf. voll zu gewähren (Sen. Berlin vom 21.02.2003, DB 2003, 912).

Zusammenfassung: Unentgeltliche Übertragung eines Mitunternehmeranteils:
- Zwingende Buchwertfortführung nach § 6 Abs. 3 EStG,
- kein Veräußerungsgewinn für den Übertragenden,
- auch möglich für den Teil eines Mitunternehmeranteils,
- Rückbehalt von Wirtschaftsgütern möglich,
- auch bei negativem Kapitalkonto möglich,
- liegt u.a. vor bei Realteilung, Mischnachlass ohne Ausgleichszahlung.

4.7.2.4 Teilentgeltliche Übertragung eines Mitunternehmeranteils
Folgende Fälle der teilentgeltlichen Übertragung eines Mitunternehmeranteils können vorliegen:
- **Der Veräußerungspreis liegt unter dem Buchwert**
    → Der Vorgang ist insgesamt als unentgeltliche Übertragung zu behandeln.
- **Der Veräußerungspreis liegt über dem Buchwert**
    → Der Vorgang ist insgesamt als entgeltliche Übertragung zu behandeln (Aufdeckung der stillen Reserven; Firmenwert nachrangig).

4.7.2.5 Tausch von Mitunternehmeranteilen
Der Tausch von Mitunternehmeranteilen führt zur Gewinnrealisierung nach § 6 Abs. 6 EStG.

Der gemeine Wert des hingegebenen Anteils entspricht dem Veräußerungspreis für den Altanteil und den Anschaffungskosten für den Neuanteil.

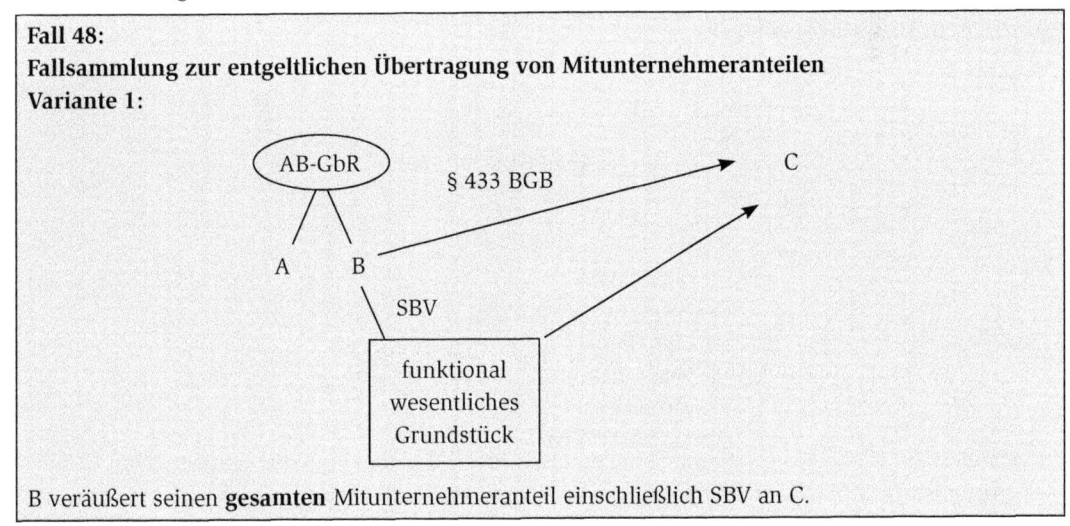

> **Fall 48:**
> **Fallsammlung zur entgeltlichen Übertragung von Mitunternehmeranteilen**
> **Variante 1:**
>
> AB-GbR — § 433 BGB → C
> A B
> B — SBV — funktional wesentliches Grundstück → C
>
> B veräußert seinen **gesamten** Mitunternehmeranteil einschließlich SBV an C.

Variante 2:

```
        AB-GbR ──── § 433 BGB ────▶ C
         /  \
        A    B
              \
              SBV
               |
         ┌──────────┐
         │ funktional│
         │wesentliches│
         │ Grundstück│
         └──────────┘
```

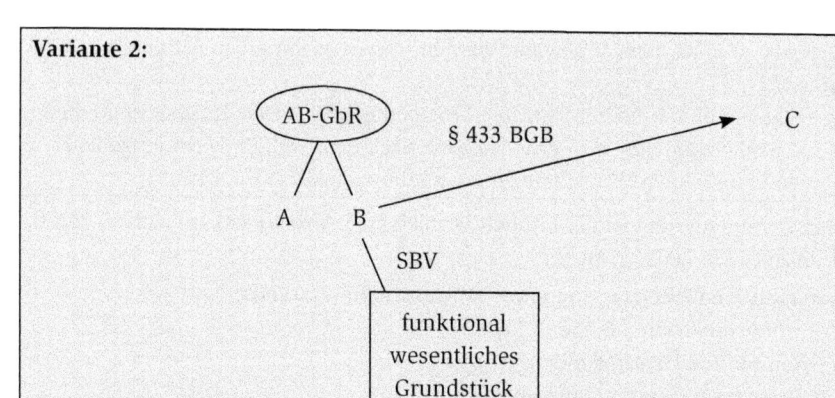

B veräußert seinen Mitunternehmeranteil an C. Das Sonderbetriebsvermögen überführt er in sein Privatvermögen.

Variante 3:

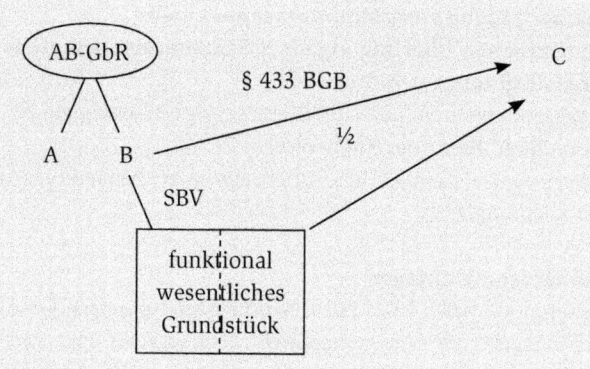

```
        AB-GbR ──── § 433 BGB ────▶ C
         /  \                    ↗
        A    B              ½
              \
              SBV
               |
         ┌──────────┐
         │ funktional│
         │wesentliches│
         │ Grundstück│
         └──────────┘
```

B veräußert die Hälfte seines Mitunternehmeranteils an C. Das Sonderbetriebsvermögen des B wird ebenfalls zur Hälfte mitübertragen.

Variante 4:

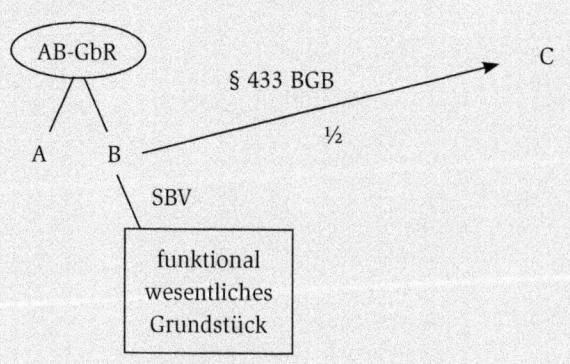

```
        AB-GbR ──── § 433 BGB ────▶ C
         /  \              ½
        A    B
              \
              SBV
               |
         ┌──────────┐
         │ funktional│
         │wesentliches│
         │ Grundstück│
         └──────────┘
```

B veräußert die Hälfte seines Mitunternehmeranteils an C. Das im Sonderbetriebsvermögen befindliche Grundstück wird jedoch in vollem Umfang (überquotal) an C veräußert.

4. Übertragung von Mitunternehmeranteilen

Variante 5:

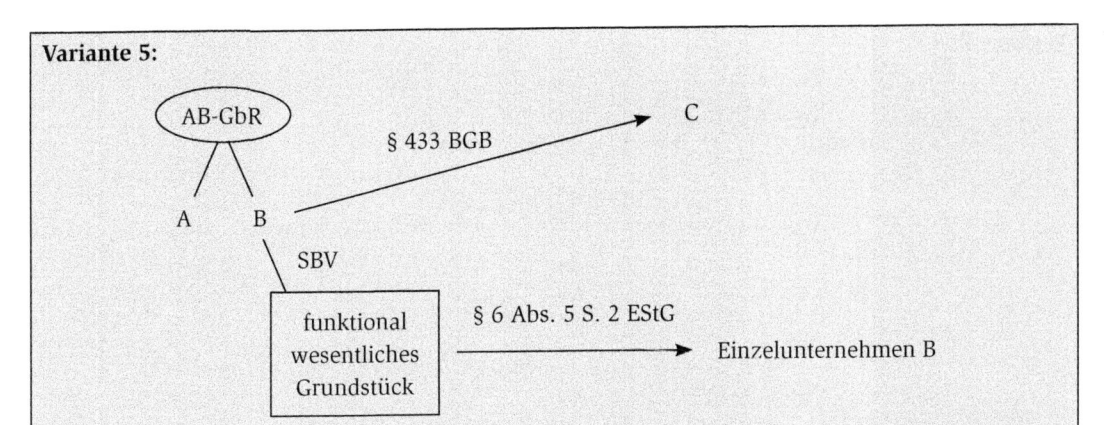

```
       AB-GbR                     C
        /  \        § 433 BGB  ↗
       A    B
            |  SBV
            |
      ┌─────────────┐
      │ funktional  │  § 6 Abs. 5 S. 2 EStG
      │ wesentliches│ ─────────────────────→  Einzelunternehmen B
      │ Grundstück  │
      └─────────────┘
```

B veräußert seinen Mitunternehmeranteil an C. Das bisher im Sonderbetriebsvermögen aktivierte Grundstück überführt er gem. § 6 Abs. 5 Satz 2 EStG zu Buchwerten in sein Einzelunternehmen.

Variante 6:

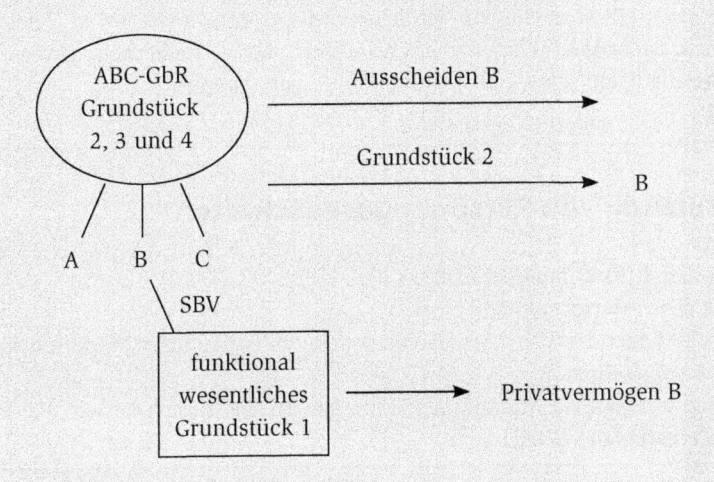

```
      ABC-GbR
      Grundstück       Ausscheiden B
      2, 3 und 4   ─────────────────────→

                       Grundstück 2
                   ─────────────────────→  B
       / | \
      A  B  C
         | SBV
      ┌─────────────┐
      │ funktional  │
      │ wesentliches│ ─────→  Privatvermögen B
      │ Grundstück 1│
      └─────────────┘
```

B scheidet aus. Hierfür erhält er von den verbleibenden Gesellschaftern A und C das Grundstück 2, welches künftig seinem Privatvermögen zuzurechnen ist. Das in seinem Sonderbetriebsvermögen aktivierte funktional wesentliche Grundstück 1 überführt er ins Privatvermögen.

> **Variante 7:**
>
> ```
> ABC-GbR
> Grundstück      Ausscheiden B
> 2, 3 und 4  ─────────────────────►
>   / | \        Grundstück 2
>  A  B  C   ─────────────────────► Einzelunternehmen B
>     |
>     SBV
>   funktional
>   wesentliches ─────────────────► Privatvermögen B
>   Grundstück 1
> ```
>
> B scheidet aus. Hierfür erhält er von den verbleibenden Gesellschaftern A und C das Grundstück 2, welches künftig sein Einzelunternehmen überführt. Das in seinem Sonderbetriebsvermögen aktivierte funktional wesentliche Grundstück 1 überführt er ins Privatvermögen.
> **Aufgabe:** Wie sind die Vorgänge zu behandeln?

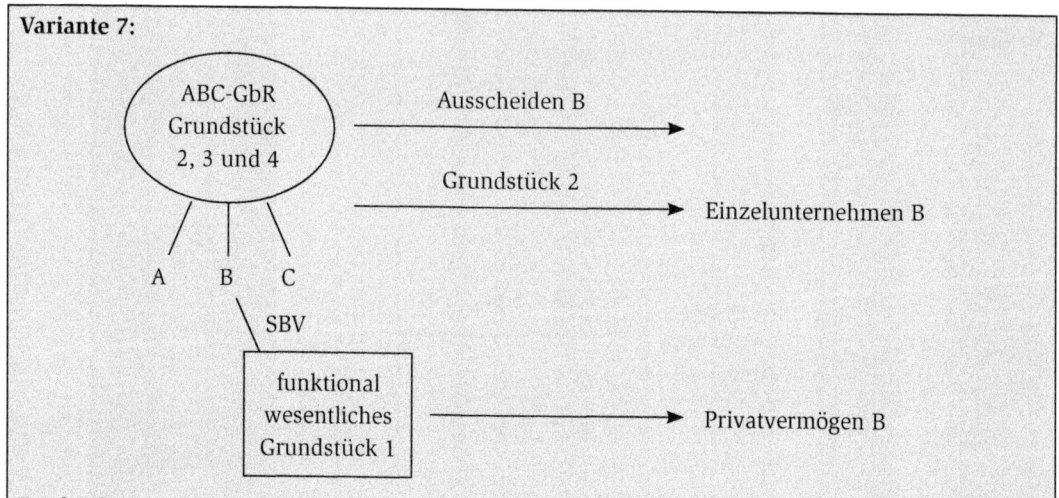

5. Verschmelzung von Personengesellschaften

Sowohl bei der:
- Verschmelzung durch Aufnahme als auch bei der
- Verschmelzung durch Neugründung

veräußern die Gesellschafter der übertragenden Personengesellschaft ihren Mitunternehmeranteil an die aufnehmende Personengesellschaft.

Als Gegenleistung erhalten sie Mitunternehmeranteile an der aufnehmenden Personengesellschaft (Erwerben von Mitunternehmeranteilen)

> **Hinweis!** Bei der Verschmelzung liegt jedoch ein **Fall des § 24 UmwStG** vor, weil die Einbringung eines Betriebs, Teilbetriebs oder Mitunternehmeranteils auch die Verschmelzung von Personengesellschafter umfasst (Tz. 01.57 UmwStE).

Die Gesellschafter der Personengesellschaft, die mit einer anderen Personengesellschaft verschmolzen werden soll, bringen ihre Gesellschaftsanteile (Mitunternehmeranteile) in die aufnehmende Personengesellschaft gegen Gewährung von Mitunternehmeranteilen an dieser Gesellschaft ein.

Die aufnehmende Personengesellschaft wird damit Gesellschafterin der einbringenden Personengesellschaft.

Die beiden Personengesellschaften können dann zusammengelegt werden.

§ 24 UmwStG ist aber **nicht** auf die **formwechselnde Umwandlung** einer Personengesellschaft in eine Personengesellschaft **anzuwenden** (Übertragungsvorgang fehlt, Tz. 01.57 UmwStE).

XIII. Realteilung einer Mitunternehmerschaft
1. Realteilung nach Handelsrecht
Eine Personengesellschaft wird in der Weise aufgelöst, dass die Wirtschaftsgüter des Gesellschaftsvermögens den einzelnen Mitunternehmern entsprechend ihrem Anteil am Gesellschaftsvermögen zugewiesen werden (Einzelübertragung).

Die **einzelnen Wirtschaftsgüter** gehen dann aus dem Gesellschaftsvermögen (**Gesamthandsvermögen**) in das Eigentum der Gesellschafter über (Realteilung = Aufteilung des gemeinschaftlichen Betriebsvermögens zur Erfüllung des Auseinandersetzungsanspruchs der Gesellschafter).

Bei einer **Realteilung** findet **keine Anwachsung** statt (§ 145 Abs. 1 HGB). Es werden vielmehr die **einzelnen Vermögensgegenstände** auf die Gesellschafter übertragen.

2. Realteilung nach Steuerrecht (BMF vom 20.12.2016, BStBl I 2017, 36, Beck § 16.3)
2.1 Definition der Realteilung
Das Gesetz enthält keine Definition des Begriffs der Realteilung. Als Realteilung bezeichnet man die Auflösung einer Personengesellschaft mit Gewinneinkünften, bei der die Wirtschaftsgüter des (gesamthänderisch gebundenen) Gesellschaftsvermögens zur Erfüllung der Auseinandersetzungsansprüche der Gesellschafter in deren Vermögen übergehen.

Die **Realteilung** erfüllt auf der Ebene der Mitunternehmerschaft den **Tatbestand der Betriebsaufgabe**, bei der es jedoch unter den Voraussetzungen des § 16 Abs. 3 EStG **nicht zur Aufdeckung der stillen Reserven** kommt.

Ein Einzelunternehmen kann also nicht im Sinne der gesetzlichen Bestimmungen real geteilt werden.

Betroffen sind insbesondere **Personengesellschaften und Erbengemeinschaften**, die einen landwirtschaftlichen oder gewerblichen Betrieb oder eine freiberufliche Praxis betreiben.

Bei der Prüfung der Frage, ob die gesetzlichen Bestimmungen für eine Realteilung anwendbar sind, kann man in folgenden Schritten vorgehen:

1. Schritt: Teilung der Personengesellschaft
Die Personengruppe muss sich in zwei oder mehr Teile spalten, wobei diese Teile aus einzelnen Gesellschaftern oder aus Gesellschaftergruppen bestehen können.

> **Beispiele:**
> - Bei einer zweigliedrigen Personengesellschaft kommt nur eine Spaltung in zwei Einzelpersonen, also zwei Einzelunternehmen, in Betracht.
> - Eine dreigliedrige Personengesellschaft kann sich in drei Einzelpersonen spalten. Das Ausscheiden eines Gesellschafters unter Fortführung der Gesellschaft durch die verbleibenden Gesellschafter ist keine Realteilung, es sei denn, er scheidet durch Mitnahme eines Teilbetriebs aus und die Mitunternehmerschaft (Betrieb) von den (dem) Verbleibenden weitergeführt wird.
> - Bei einer fünfgliedrigen Personengesellschaft kommt z.B. eine Spaltung in eine zweigliedrige und eine dreigliedrige Personengesellschaft in Betracht.

Eine Realteilung ist dagegen nicht anzunehmen, wenn die Gesellschafter einer Personengesellschaft eine zweite, personenidentische Gesellschaft gründen und Wirtschaftsgüter von dem bisherigen auf den neuen Betrieb übertragen.

Diese Übertragung führt zur Aufdeckung der stillen Reserven.

2. Schritt: Teilung des Vermögens
Jedem Gesellschafter bzw. jede Gesellschaftergruppe muss bei der Realteilung Wirtschaftsgüter aus dem Betriebsvermögen der Gesellschaft zugewiesen werden.

Eine Realteilung liegt nicht vor, wenn ein Gesellschafter bei seinem Ausscheiden lediglich eine Barabfindung erhält.

Darin liegt regelmäßig die Veräußerung des Gesellschaftsanteils des Ausscheidenden an die verbleibenden Gesellschafter.

3. Schritt: Weiterhin Betriebsvermögen

Die zugewiesenen Wirtschaftsgüter müssen – soweit wesentliche Betriebsgrundlagen – Betriebsvermögen bleiben (zumindest eine wesentliche Betriebsgrundlage). Dabei ist unerheblich, ob der Gesellschafter bzw. die Gesellschaftergruppe diese Wirtschaftsgüter in ein bestehendes Betriebsvermögen überführt oder einen neuen gleichartigen oder andersartigen Betrieb eröffnet.

Bei Überführung aller Wirtschaftsgüter ins Privatvermögen ist keine Realteilung anzunehmen, sondern ein Ausscheiden gegen evtl. Sachwertabfindung.

Für die steuerliche Beurteilung ist dann der Vorgang in zwei Teile zu splitten:
1. **Ausscheiden des Gesellschafters gegen Entstehen eines Abfindungsanspruchs** mit der Folge, dass sein Anteil an sämtlichen stillen Reserven des Betriebs tarifbegünstigt aufgedeckt wird,
2. **Erfüllen des Ausgleichsanspruchs des ausgeschiedenen Gesellschafters** durch die verbleibenden Gesellschafter durch Übereignung eines Wirtschaftsguts ihres Betriebsvermögens. Dabei werden die stillen Reserven des übereigneten Wirtschaftsguts, soweit sie auf die verbliebenen Gesellschafter entfallen, als laufender, nicht tarifbegünstigter Gewinn aufgedeckt.

4. Schritt: Inländisches Besteuerungsrecht

Auch bei der Zuweisung von Teilbetrieben oder Wirtschaftsgütern, die bei den Gesellschaftern oder Gesellschaftergruppen Betriebsvermögen bleiben, dürfen die Buchwerte nur fortgeführt werden, sofern die Besteuerung der stillen Reserven sicher gestellt ist (§ 16 Abs. 3 Satz 2 EStG).

Ausgeschlossen sind damit insbesondere die Fälle, in denen ein Teilbetrieb oder die übernommenen einzelnen Wirtschaftsgüter ins Ausland verlagert werden.

Abgrenzung zur Veräußerung des Gewerbebetriebs einer Personengesellschaft an einen ihrer Gesellschafter

Der BFH kam im Urteil vom 20.02.2003, BStBl II 2003, 700 zu dem Ergebnis, dass steuerlich auch eine Veräußerung eines ganzen Gewerbebetriebs durch die Personengesellschaft an ihren Gesellschafter vorliegen kann.

Im Urteilsfalle handelte es sich um zwei personenidentische Gesellschaften mit jeweils hälftiger Beteiligung der Gesellschafter. Eine dieser Personengesellschaften wurde in beiderseitigem Einvernehmen aufgehoben und gleichzeitig der Betrieb dieser Personengesellschaft „unter Aufdeckung der stillen Reserven" an den ehemaligen Gesellschafter veräußert.

Die **handelsrechtliche Selbständigkeit einer Personengesellschaft** führe dazu, dass schuldrechtliche Beziehungen zwischen der Personengesellschaft und ihren Gesellschaftern möglich sind und insbesondere auch **Veräußerungsgeschäfte zwischen der Personengesellschaft und ihren Gesellschaftern** in Bezug auf einzelne Wirtschaftsgüter wie Veräußerungsgeschäfte unter Fremden behandelt werden, sofern sie den Anforderungen eines Veräußerungsgeschäfts unter Fremden entsprechen, zum Beispiel Kaufverträge über einzelne Wirtschaftsgüter zwischen Personengesellschaft und ihren Gesellschaftern sowie umgekehrt.

2.2 Steuerliche Grundsätze

Für Realteilungen gelten nachfolgende Grundsätze:
- Alle bei der Realteilung zugewiesenen Wirtschaftsgüter sind **zwingend** mit dem **Buchwert** anzusetzen, wenn sie in ein Betriebsvermögen überführt werden und die Besteuerung der **stillen Reserven** sichergestellt ist.

2. Realteilung nach Steuerrecht (BMF vom 20.12.2016, BStBl I 2017, 36, Beck § 16.3)

- Die Buchwertfortführung ist bei der **Zuteilung bestimmter Einzelwirtschaftsgüter** – nur bei Grund und Boden, Gebäuden des Anlagevermögens oder anderen wesentlichen Betriebsgrundlagen – an eine **dreijährige Sperrfrist** gebunden.
- Rückwirkend ist der gemeine Wert anzusetzen, soweit zum Buchwert übertragene wesentliche Betriebsgrundlagen innerhalb der Sperrfrist veräußert oder entnommen werden.
- **Unzulässig** ist die **Buchwertfortführung** bei der **Zuteilung einzelner Wirtschaftsgüter**, soweit diese Wirtschaftsgüter auf ein körperschaftsteuerpflichtiges Subjekt, insbesondere eine Kapitalgesellschaft übergehen. Insoweit ist der gemeine Wert des Wirtschaftsguts anzusetzen.

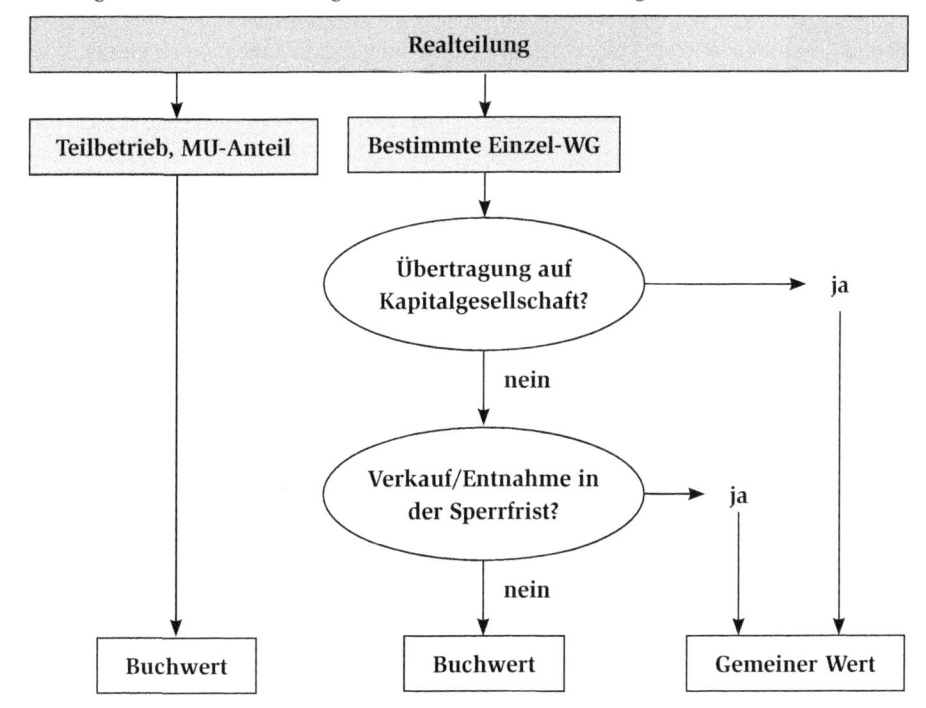

```
                          Realteilung
                  ┌───────────┴───────────┐
          Teilbetrieb, MU-Anteil   Bestimmte Einzel-WG
                  │                       │
                  │               Übertragung auf
                  │               Kapitalgesellschaft?  ──ja──┐
                  │                       │                   │
                  │                      nein                 │
                  │                       │                   │
                  │               Verkauf/Entnahme in         │
                  │               der Sperrfrist?  ──ja───────┤
                  │                       │                   │
                  │                      nein                 │
                  │                       │                   │
              Buchwert                Buchwert          Gemeiner Wert
```

Da die Realteilung durch den auf der Ebene der Mitunternehmerschaft verwirklichten **Tatbestand der Betriebsaufgabe** gekennzeichnet ist, hat § 16 Abs. 3 EStG Vorrang vor den Regelungen des § 6 Abs. 3 und Abs. 5 EStG.

Diese Vorrangregelung hat vor allem Bedeutung, wenn im Rahmen der Realteilung **Einzelwirtschaftsgüter bei gleichzeitiger Übernahme von Verbindlichkeiten** übertragen werden.

Im Anwendungsbereich von **§ 6 Abs. 5 EStG** gilt nämlich die **Trennungstheorie**, wonach die Übernahme von Verbindlichkeiten ein teilentgeltliches Rechtsgeschäft darstellt, das zur anteiligen Aufdeckung der stillen Reserven zwingt. Demgegenüber führt die Übernahme von Verbindlichkeiten bei einer **Realteilung** nicht zur Aufdeckung von stillen Reserven, weil hier die sog. **Einheitstheorie** anzuwenden ist.

Übertragung in das Betriebsvermögen der Realteiler

Eine Realteilung setzt voraus, dass **mindestens eine wesentliche Betriebsgrundlage** nach der Realteilung **weiterhin Betriebsvermögen** eines Realteilers darstellt.

Gelangen nach der Verteilung des Betriebsvermögens der Mitunternehmerschaft **alle wesentlichen Betriebsgrundlagen in das Privatvermögen** der bisherigen Mitunternehmer, dann handelt es sich zwingend um eine Betriebsaufgabe in Form der „Zerschlagung" des Betriebs der Mitunternehmerschaft.

Wesentliche Betriebsgrundlage i.S.d. § 16 Abs. 3 Satz 3 EStG sind Wirtschaftsgüter, die zur Erreichung des **Betriebszwecks erforderlich** sind und denen ein besonderes wirtschaftliches Gewicht für die Betriebsführung zukommt **(funktionale Betrachtungsweise)**. Aber auch Wirtschaftsgüter, in denen erhebliche **stille Reserven** ruhen (**quantitative Betrachtungsweise**) sind im Anwendungsbereich des § 16 EStG als wesentliche Betriebsgrundlagen zu werten.

Wird nur eine einzige wesentliche Betriebsgrundlage in ein anderes Betriebsvermögen überführt, ist insoweit nach den Realteilungsgrundsätzen die **Buchwertfortführung zwingend**.

Die in das Privatvermögen überführten oder übertragenen Wirtschaftsgüter stellen hingegen **Entnahmen der Realteilungsgemeinschaft** dar, d.h. insoweit entsteht ein **laufender Gewinn**.

Es ist ebenfalls nicht Voraussetzung, dass jeder Realteiler im Rahmen der Realteilung wesentliche Betriebsgrundlagen des Gesamthandsvermögens erhält.

Verfügt die zu teilende Personengesellschaft nur über eine einzige wesentliche Betriebsgrundlage (z.B. ein Grundstück), ist auch dann eine steuerneutrale Realteilung anzunehmen, wenn diese nur von einem der Realteiler übernommen wird.

Zur **Realisierung der stillen Reserven** kommt es nur, wenn einzelne Realteiler ihnen zugewiesene Wirtschaftsgüter in ihr **Privatvermögen übertragen**.

Dabei handelt es sich um **Entnahmen der Realteilergemeinschaft**, die den Realteilern grundsätzlich nach dem **allgemeinen Gewinnverteilungsschlüssel** zuzurechnen sind.

Die **Entnahme** ist hingegen allein dem Realteiler zuzurechnen, der das Wirtschaftsgut in sein Privatvermögen übernimmt, wenn der **Gesellschaftsvertrag** oder eine schriftlich getroffene Vereinbarung eine solche Regelung enthält oder es sich um Sonderbetriebsvermögen handelt.

Beispiel:

An der ABC-OHG sind A, B und C zu jeweils $\frac{1}{3}$ beteiligt. Zu den wesentlichen Betriebsgrundlagen der OHG gehören ein Produktionsgrundstück, ein Verwaltungsgebäude und der Maschinenpark. Anlässlich der Beendigung der OHG erhält A den Maschinenpark, mit dem er die Produktion als Einzelunternehmen fortführt. B erhält das Produktionsgrundstück, das er ins Privatvermögen übernimmt und an A verpachtet. C erhält das Verwaltungsgrundstück, das er in ein ihm gehörendes Einzelunternehmen überträgt.

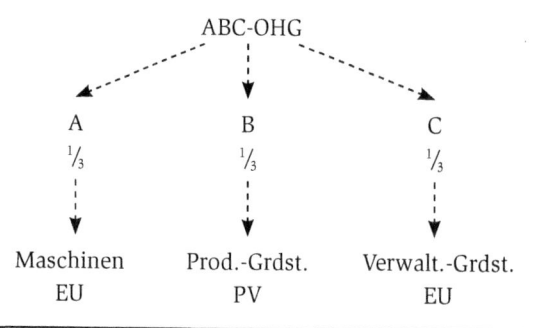

```
                    ABC-OHG
            ↙          ↓          ↘
           A           B           C
          1/3         1/3         1/3
           ↓           ↓           ↓
       Maschinen   Prod.-Grdst.  Verwalt.-Grdst.
          EU          PV            EU
```

Lösung:

Da A und C die ihnen zugewiesenen Wirtschaftsgüter weiterhin als Betriebsvermögen nutzen, haben sie für die erhaltenen Wirtschaftsgüter die Buchwerte fortzuführen.

Dagegen sind für das von B ins Privatvermögen übertragene Produktionsgrundstück die stillen Reserven aufzudecken (und allen Gesellschaftern zuzurechnen).

Die Verpachtung findet im Privatvermögen statt, d.h. Einkünfte aus Vermietung und Verpachtung (§ 21 EStG).

2. Realteilung nach Steuerrecht (BMF vom 20.12.2016, BStBl I 2017, 36, Beck § 16.3)

Kein Übergang stiller Reserven auf eine Kapitalgesellschaft

Eine begünstigte Realteilung ist insoweit nicht gegeben:
- als **Einzelwirtschaftsgüter** der real zu teilenden Mitunternehmerschaft unmittelbar oder mittelbar in das Betriebsvermögen eines körperschaftsteuerpflichtigen Subjekts, insbesondere einer Kapitalgesellschaft, **übertragen** werden (§ 16 Abs. 3 Satz 4 EStG; sog. **Körperschaftsklausel**) und
- soweit die Körperschaft nicht schon bisher **mittelbar oder unmittelbar an dem übertragenen Wirtschaftsgut beteiligt** war.

§ 16 Abs. 3 Satz 4 EStG entspricht der Regelung in § 6 Abs. 5 Satz 5 EStG. Diese Regelung soll verhindern, dass stille Reserven in das Teileinkünfteverfahren „transferiert" werden.

Beispiel:
Wie Beispiel oben mit der Abweichung, dass an der ABC-OHG A, B und die C-GmbH beteiligt sind. Die C-GmbH erhält das Verwaltungsgrundstück, von dem aus sie den Vertrieb ihrer Produkte steuert.

Lösung:
Das von der C-GmbH übernommene Verwaltungsgebäude wird zwar bei ihr Betriebsvermögen, wegen der Körperschaftsklausel sind allerdings $^2/_3$ der stillen Reserven darin aufzudecken.

Die **Körperschaftsklausel** greift nur bei der Zuweisung von Einzelwirtschaftsgütern, nicht dagegen bei der Zuweisung von Teilbetrieben oder Mitunternehmeranteilen.

Sie gilt auch dann, wenn an der real zu teilenden Mitunternehmerschaft ausschließlich Körperschaften beteiligt sind, obwohl es hier nicht zum Übergang in ein anderes Besteuerungssystem kommt.

Sie greift aber nicht, wenn die Kapitalgesellschaft an der Personengesellschaft nicht vermögensmäßig beteiligt ist.

Abgrenzung der Realteilung von der Veräußerung bzw. Aufgabe eines Mitunternehmeranteils (BMF, a.a.O., Tz. II)

Von der Realteilung ist die Veräußerung oder die Aufgabe eines Mitunternehmeranteils bei **Fortbestehen der Mitunternehmerschaft** zu unterscheiden.

Scheidet ein Mitunternehmer aus einer mehrgliedrigen Mitunternehmerschaft aus und wird diese im Übrigen von den verbleibenden Mitunternehmern fortgeführt, liegt **kein Fall der Realteilung** vor.

Dies gilt auch dann, wenn der ausscheidende Mitunternehmer wesentliche Betriebsgrundlagen des Gesamthandsvermögens erhält.

Es handelt sich in diesen Fällen um den **Verkauf oder die Aufgabe eines Mitunternehmeranteils** nach § 16 Abs. 1 S. 1 Nr. 2 oder § 16 Abs. 3 S. 1 EStG. Ggf. ist eine Buchwertfortführung nach § 6 Abs. 3 oder 5 EStG unter den dort genannten Voraussetzungen vorzunehmen.

Dies gilt insbesondere auch im Fall des **Ausscheidens eines Mitunternehmers aus einer zweigliedrigen Mitunternehmerschaft unter Fortführung des Betriebes als Einzelunternehmen durch den verbleibenden Mitunternehmer** (BFH vom 10.03.1998, VIII R 76/96, BStBl II 1999, 269).

Eine **begünstigte Realteilung** liegt aber abweichend von den oben genannten Grundsätzen dann vor, wenn ein oder mehrere Mitunternehmer unter Mitnahme jeweils eines Teilbetriebs (§ 16 Abs. 1 S. 1 Nr. 1 EStG) aus der Mitunternehmerschaft ausscheidet/ausscheiden und die Mitunternehmerschaft von den verbleibenden Mitunternehmern oder – wenn nur noch ein Mitunternehmer verbleibt – von diesem als Einzelunternehmen fortgeführt wird.

Entsprechendes gilt im Fall von **doppelstöckigen Personengesellschaften** beim Ausscheiden aus der Mutter-Personengesellschaft für die Mitnahme eines ganzen Mitunternehmeranteils an einer Tochter-Personengesellschaft.

Scheidet ein Mitunternehmer aus einer mehrgliedrigen Mitunternehmerschaft in der Weise aus, dass sein **Mitunternehmeranteil allen verbleibenden Mitunternehmern anwächst** und er einen **Abfindungsanspruch** gegen die Gesellschaft erhält (Sachwertabfindung), liegt **kein Fall der Realteilung** vor.

Die **Realteilung beginnt** mit der Übertragung der ersten wesentlichen Betriebsgrundlage auf den jeweiligen Mitunternehmer und **endet** mit der Übertragung der letzten wesentlichen Betriebsgrundlage auf den jeweiligen Mitunternehmer.

Gegenstand einer Realteilung ist das gesamte Betriebsvermögen der Mitunternehmerschaft, einschließlich des Sonderbetriebsvermögens der einzelnen Realteiler (BMF, a.a.O., Tz. III).

Die Realteilung kann durch Übertragung oder **Überführung von Teilbetrieben, Mitunternehmeranteilen oder Einzelwirtschaftsgütern** erfolgen.

Mitunternehmeranteile in diesem Sinne sind auch **Teile von Mitunternehmeranteilen.**

Die Übertragung einer **100 %igen Beteiligung an einer Kapitalgesellschaft** ist als Übertragung eines Teilbetriebs zu behandeln.

Betriebsverpachtung nach Realteilung (BMF, a.a.O., Tz. IV 2)
Soweit im Rahmen einer Realteilung Teilbetriebe eines Gewerbebetriebs übergehen, ist insoweit auch das Verpächterwahlrecht relevant.

Sicherstellung der Versteuerung der stillen Reserven (BMF, a.a.O., Tz. V)
Voraussetzung für die Buchwertfortführung ist, dass die Besteuerung des übernommenen Betriebsvermögens – hierzu gehört auch das Sonderbetriebsvermögen – nach der Realteilung weiterhin Betriebsvermögen gesichert ist, also nicht in eine ausländische Betriebsstätte überführt wird.

Hierfür ist es auch ausreichend, wenn erst im Rahmen der Realteilung z.B.:
- **ein Einzelunternehmen gegründet wird,** indem der Realteiler seine unternehmerische Tätigkeit fortführt,
- durch **Begründung einer Betriebsaufspaltung ein neuer Betrieb entsteht.**

Die übernommenen Wirtschaftsgüter des **Gesamthandsvermögens** der real zu teilenden Mitunternehmerschaft können entweder in ein Einzelbetriebsvermögen oder in ein **Sonderbetriebsvermögen** einer anderen Mitunternehmerschaft übertragen werden.

Beispiel:

Wie vorangehend mit folgender Abweichung, dass zum Gesamthandsvermögen der OHG nur der Maschinenpark und das Produktionsgrundstück gehören.
Das Verwaltungsgrundstück befindet sind im Sonderbetriebsvermögen des B. Bei der Auseinandersetzung der OHG erhält A den Maschinenpark und B das Produktionsgrundstück. C erhält das Verwaltungsgrundstück aus dem Sonderbetriebsvermögen des B. A, B und C nutzen die erhaltenen Wirtschaftsgüter in eigenen Betriebsvermögen.

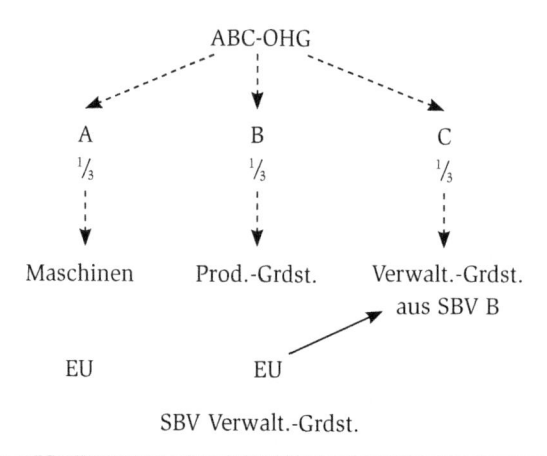

```
                    ABC-OHG
            ┌──────────┼──────────┐
            ▼          ▼          ▼
            A          B          C
           1/3        1/3        1/3
            │          │          │
            ▼          ▼          ▼
        Maschinen  Prod.-Grdst.  Verwalt.-Grdst.
                                  aus SBV B

           EU         EU
                  SBV Verwalt.-Grdst.
```

2. Realteilung nach Steuerrecht (BMF vom 20.12.2016, BStBl I 2017, 36, Beck § 16.3)

Lösung:
Da A und B die bei der Realteilung erhaltenen Wirtschaftsgüter weiterhin als Betriebsvermögen nutzen, haben sie die Buchwerte fortzuführen (klassischer Fall des § 16 Abs. 3 Satz 2 EStG). Das gilt auch für das bisher allein dem B gehörende Verwaltungsgrundstück, das auf C übertragen wurde. Auch hier liegt ein Fall der Realteilung vor, mit der Folge, dass C zwingend die Buchwerte fortzuführen hat (Tz. IV. des Realteilungserlasses; ein Fall des § 6 Abs. 5 EStG liegt hingegen nicht vor).

Die Einbeziehung des Sonderbetriebsvermögens in die Realteilung bedeutet auch, dass insoweit die **Buchwertfortführung** zwingend nach § 16 Abs. 3 Satz 2 EStG erfolgt, wenn dieses weiterhin Betriebsvermögen bleibt.

Anders als im Anwendungsbereich von § 6 Abs. 5 EStG schadet die Übernahme von Verbindlichkeiten also nicht.

Handelt es sich bei dem Sonderbetriebsvermögen – wie meist – um **Grund und Boden oder Gebäude,** sind diese Wirtschaftsgüter (anders als das bei § 6 Abs. 5 EStG der Fall wäre) aber **sperrfristbelastet.**

Es ist auch **unschädlich,** wenn der Realteiler, der Eigentümer des Sonderbetriebsvermögens ist, dieses Wirtschaftsgut „zurück erhält" (= behält) mit der Folge, dass es insoweit überhaupt nicht zu einem Rechtsträgerwechsel kommt.

Ein Realteiler kann auch nur sein Sonderbetriebsvermögen „zurück erhalten" (behalten), während die anderen Realteiler die Wirtschaftsgüter des Gesamthandsvermögens unter sich aufteilen.

→ **Aber:**

Eine Übertragung einzelner Wirtschaftsgüter des Gesamthandsvermögens in das Gesamthandsvermögen einer **anderen Mitunternehmerschaft,** an der der Realteiler ebenfalls beteiligt ist, ist jedoch nicht zu Buchwerten möglich. Dies gilt auch dann, wenn es sich um eine personenidentische Schwesterpersonengesellschaft handelt (Tz. IV. des Realteilungserlasses, str.).

Beim Übergang eines Mitunternehmeranteils oder eines Teils eines Mitunternehmeranteils ist eine Übertragung oder Überführung in ein weiteres Betriebsvermögen des Realteilers nicht erforderlich, da diese Kraft ihrer Rechtsnatur immer Betriebsvermögen darstellen.

Realteilung ohne Spitzen- oder Wertausgleich

Handelsrechtlich werden die Wirtschaftsgüter in der **Realteilungsbilanz** mit den Verkehrswerten angesetzt. Dadurch werden die Auseinandersetzungsansprüche der Gesellschafter in der richtigen Höhe dargestellt.

In der **steuerlichen Realteilungsbilanz** bleibt es beim **Buchwertansatz,** weil diese Buchwerte in den Fortführungsbilanzen der Realteiler übernommen werden.

Es ist praktisch bei keiner Realteilung möglich, jedem Realteiler Wirtschaftsgüter mit Buchwerten zuzuweisen, die insgesamt seinem Kapitalkonto entsprechen. Es kommt dann zwangsläufig dazu, dass der eine Gesellschafter mehr und der andere weniger an Buchwerten als den Betrag seines Kapitalkontos erhält.

Entspricht die Summe der Buchwerte der übernommenen Wirtschaftsgüter nicht dem Buchwert des Kapitalkontos, sind **bilanzielle Anpassungsmaßnahmen** erforderlich, damit sich Aktiva und Passiva in der Bilanz des Realteilers entsprechen. Hierzu ist die sog. **Kapitalkontenanpassungsmethode** anzuwenden.

Bei der Kapitalkontenanpassungsmethode werden die Buchwerte der übernommenen Wirtschaftsgüter von den Realteilern in ihren eigenen Betrieben fortgeführt.

Die **Kapitalkonten der Realteiler** laut Schlussbilanz der Mitunternehmerschaft werden durch Auf- oder Abstocken gewinnneutral dahin angepasst, dass ihre Höhe der **Summe der Buchwerte der übernommenen Wirtschaftsgüter** entspricht.

Dadurch kommt es zu einer Verlagerung von stillen Reserven, die jedoch hingenommen wird, weil die stillen Reserven weiterhin steuerverhaftet sind.

Kapitalanpassung

1. Buchwert übertragener Teilbetrieb = Buchwert Kapitalkonto

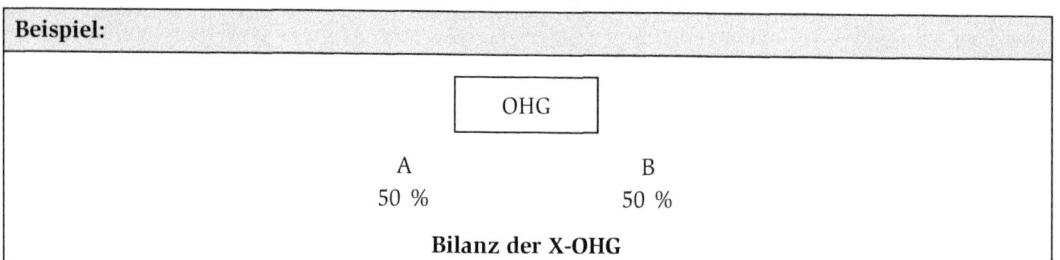

Beispiel:					
		OHG			
	A 50 %		B 50 %		
		Bilanz der X-OHG			
Aktiva	BW	TW		TW	Passiva BW
Teilbetrieb I	150.000	450.000	Kapital A	450.000	150.000
Teilbetrieb II	150.000	450.000	Kapital B	450.000	150.000
An der X-OHG sind A und B zu je 50 % als Gesellschafter beteiligt (Kapitalkonten je 150.000 €). Im Betriebsvermögen der Gesellschaft sind stille Reserven von 600.000 € enthalten, sodass das Betriebsvermögen einen Teilwert von 900.000 € hat. Das Betriebsvermögen wird in der Weise geteilt, dass A und B jeweils einen Teilbetrieb mit einem Buchwert von 150.000 € und einem Teilwert von 450.000 € erhalten und die zugeteilten Teilbetriebe in eigenen (inländischen) Betrieben fortführen.					

Lösung:
Es ist zwingend der Buchwert anzusetzen. Ein Wertausgleich zwischen den Gesellschaftern ist bei o.a. Sachverhalt nicht durchzuführen.

2. Buchwert Teilbetrieb > oder < Kapitalkonto

Entspricht die Summe der Buchwerte der einem Gesellschafter zugeteilten Wirtschaftsgüter nicht dem Betrag seines Kapitalkontos → ist die **Kapitalkontenanpassungsmethode** anzuwenden.

Kapitalkontenanpassung = Anpassung der Kapitalkonten durch Auf- oder Abstocken so, dass die Kapitalkonten der Summe der übernommenen Wirtschaftsgüter entsprechen.

Nicht zulässig sind:
- **Buchwertanpassungsmethode**
  = Anpassen der übernommenen Buchwerte durch Auf- oder Abstocken in der Weise, dass ihre Summe gleich dem Kapitalkonto ist.
- **Kapitalausgleichskontenmethode**
  = Ergänzungsmethode = Fortführung der übernommenen Buchwerte und des Kapitalkontos und Ausgleich der Differenz durch einen „aktiven" oder „passiven" Ausgleichsposten.

Beispiel:
An der X-OHG sind A und B zu je 50 % als Gesellschafter beteiligt. Der Buchwert der Wirtschaftsgüter der OHG beträgt 200.000 €, der Teilwert 600.000 €.

2. Realteilung nach Steuerrecht (BMF vom 20.12.2016, BStBl I 2017, 36, Beck § 16.3)

Die OHG-Bilanz hat folgendes Aussehen:

Bilanz der XOHG

Aktiva	BW	TW		BW	Passiva TW
Teilbetrieb I	150.000	300.000	Kapital A	100.000	300.000
Teilbetrieb II	50.000	300.000	Kapital B	100.000	300.000
	200.000	600.000		200.000	600.000

A übernimmt im Rahmen der Realteilung die Wirtschaftsgüter des Teilbetriebs I und B die Wirtschaftsgüter des Teilbetriebs II. Beide Gesellschafter überführen die ihnen zugeteilten Teilbetriebe in eigene Betriebe (Einzelunternehmen).

Lösung:

Der Gesellschafter A erhält an Buchwerten 50.000 € mehr, der Gesellschafter B an Buchwerten 50.000 € weniger als der Betrag seines Kapitalkontos.

Die Realteiler A und B müssen ihr jeweiliges Kapitalkonto erfolgsneutral durch Auf- bzw. Abstocken an die Summe der Buchwerte der zugeteilten Aktiva und Passiva anpassen:
- A muss sein Kapitalkonto erfolgsneutral von 100.000 € auf 150.000 € aufstocken,
- B muss sein Kapitalkonto erfolgsneutral von 100.000 € auf 50.000 € abstocken.

Danach können die Buchwerte der Aktiva/Passiva der den beiden Gesellschaftern zugeteilten Teilbetriebe von diesen in ihren eigenen Betrieben fortgeführt werden.

In den Einzelbetrieben werden die Wirtschaftsgüter der Teilbetriebe wie folgt bilanziert:

EU A			EU B		
Teilb. I	150.000	Kapital 150.000	Teilb. II	50.000	Kapital 50.000

Diese Anpassung hat zur Folge, dass stille Reserven von A auf B überspringen.

Einbeziehung negativer Wirtschaftsgüter

Auch **negative Wirtschaftsgüter** (insbesondere Verbindlichkeiten der aufgelösten Personengesellschaft) sind zu berücksichtigen.

Eine Realteilung liegt auch vor, wenn ein Gesellschafter mehr positive Wirtschaftsgüter erhält, als es seinem Anteil am Gesellschaftsvermögen entspricht, er aber zum wertmäßigen Ausgleich mehr Verbindlichkeiten übernimmt.

Beispiel:

Gesellschafter der X-OHG sind A und B zu je 50 %.
Zum Gesellschaftsvermögen gehören zwei Teilbetriebe mit einem Wert von 400.000 € bzw. 200.000 € sowie Verbindlichkeiten in Höhe von 300.000 €.
Die Gesellschafter wollen die OHG auflösen und sich im Wege der Realteilung in der Weise auseinandersetzen, dass A den Teilbetrieb I im Wert von 400.000 € und B den Teilbetrieb II im Wert von 200.000 € übernimmt.
Die Teilbetriebe werden in jeweiligen Einzelunternehmen von A und B fortgeführt.
Zum Wertausgleich übernimmt A von den Verbindlichkeiten 250.000 € und B 50.000 €.

Bilanz der X-OHG

Aktiva		Passiva	
Teilbetrieb I	400.000	Kapital A	150.000
Teilbetrieb II	200.000	Kapital B	150.000
		Verbindlichkeiten	300.000

Lösung:

Es liegt eine **steuerneutrale Realteilung** vor. A und B haben in ihrem Einzelunternehmen zwingend die Buchwerte der übernommenen positiven und negativen Wirtschaftsgüter der einzelnen Teilbetriebe fortzuführen.

Ein **originärer Geschäftswert/Praxiswert** ist nicht anzusetzen, da ein solcher Wert nicht bilanziert ist. Ein Geschäfts- oder Praxiswert tritt bei Anteilsaufgabe als Wirtschaftsgut nicht mehr in Erscheinung.

Er hat keinen messbaren gemeinen Wert, weil er als Einzelwirtschaftsgut im gewöhnlichen Geschäftsverkehr ohne dazugehörenden Betrieb nicht veräußert werden kann.

Behandlung des Sonderbetriebsvermögens

Sonderbetriebsvermögen eines Gesellschafters ist ebenfalls **Gegenstand der Realteilung** (BMF, a.a.O., Tz. III).

Gleichwohl hat der Realteiler sein Sonderbetriebsvermögen zum Buchwert in ein anderes Betriebsvermögen zu überführen oder ins Privatvermögen zu entnehmen.

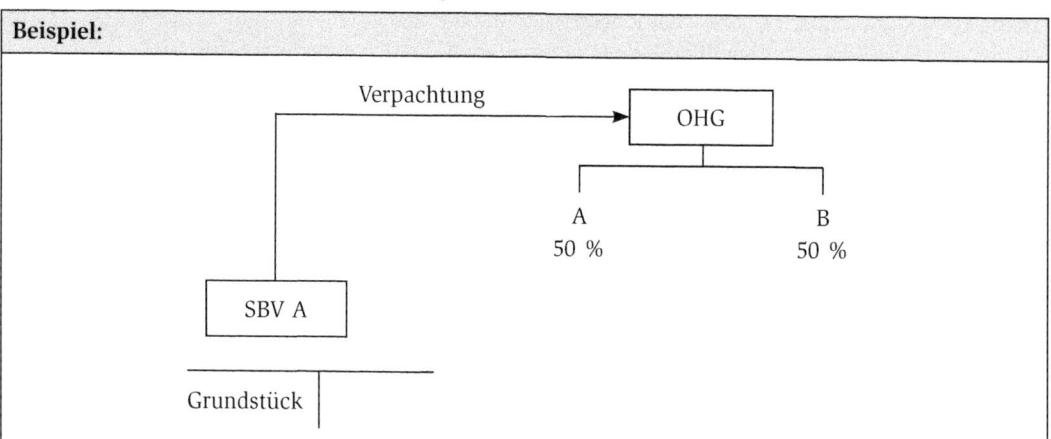

Beispiel:

```
                    Verpachtung
                    ─────────────▶   ┌─────┐
                                     │ OHG │
                                     └──┬──┘
                                  ┌─────┴─────┐
                                  A           B
                                 50 %        50 %
    ┌───────┐
    │ SBV A │
    └───┬───┘
    Grundstück
```

Bilanz der X-OHG

Aktiva	BW	TW	Passiva	BW	TW
WG 1	200.000	(600.000)	Kapital A	150.000	(400.000)
WG 2	100.000	(200.000)	Kapital B	150.000	(400.000)
	300.000	**(800.000)**		**300.000**	**(800.000)**

A und B sind mit je 50 % an einer OHG beteiligt. A hat der OHG ein bebautes Grundstück (wesentliche Betriebsgrundlage) entgeltlich zur Nutzung überlassen. Die Gesellschafter beschließen die Beendigung der OHG durch Realteilung unter Übernahme von Einzelwirtschaftsgütern in ihr Einzelunternehmens. Zugleich überführt A das bisher der OHG überlassene Grundstück (Sonderbetriebsvermögen) in sein Einzelunternehmen.

2. Realteilung nach Steuerrecht (BMF vom 20.12.2016, BStBl I 2017, 36, Beck § 16.3)

> **Lösung:**
> Sofern die verteilten Wirtschaftsgüter Betriebsvermögen bleiben, sind **zwingend die Buchwerte** fortzuführen.

Realteilung und Ergänzungsbilanzen

Ist vor der Realteilung einer Personengesellschaft ein Einbringungsgewinn nach § 24 Abs. 2 und 3 UmwStG entstanden, der durch Erstellung einer negativen Ergänzungsbilanz neutralisiert wurde, ist darauf zu achten, dass bestehende Ergänzungsbilanzen erfolgsneutral aufzulösen sind (BFH vom 30.10.1996, BStBl II 1996, 70).
Entsprechendes gilt für andere Wertkorrekturen in der Ergänzungsbilanz.

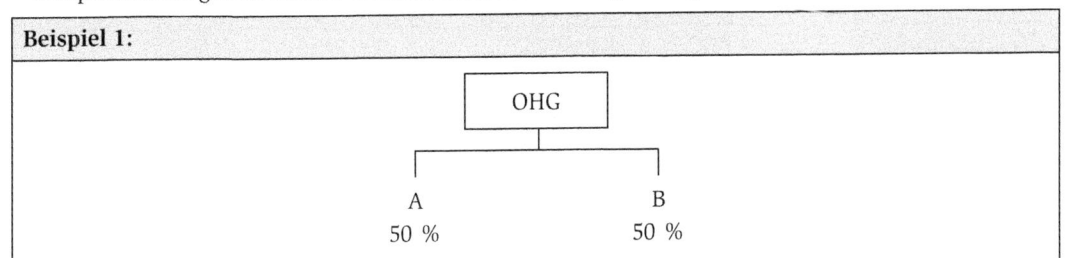

Beispiel 1:

```
            OHG
         ┌───┴───┐
         A       B
       50 %    50 %
```

An einer OHG sind A und B mit je 50 % am Gewinn und am Verlust, einschließlich der stillen Reserven, beteiligt. Im Rahmen einer Realteilung wurde zwischen den Gesellschaftern vereinbart, dass A den Teilbetrieb I und B den Teilbetrieb II erhalten sollen.
A und B führen die Teilbetriebe jeweils als gewerbliche Einzelunternehmen fort.
Die Schlussbilanz der OHG weist folgende Werte aus:

Schlussbilanz OHG 31.12.10

Aktiva	BW	gem. W.	Passiva	BW	gem. W.
Teilbetrieb I	100.000	200.000	Kapital A	120.000	200.000
Teilbetrieb II	140.000	200.000	Kapital B	120.000	200.000

Der Gesellschafter B hatte seinen Gesellschaftsanteil zum 01.01.06 durch Gesellschafterwechsel entgeltlich erworben und für die Anschaffungskosten, die über den Buchwert des übernommenen Kapitalkontos hinausgehen, eine positive Ergänzungsbilanz aufgestellt.

(Positive) Ergänzungsbilanz B 31.12.10

Aktiva		Passiva	
Mehrwerte WG Teilbetrieb I	40.000	Mehrkapital B	60.000
Mehrwerte WG Teilbetrieb II	20.000		

> **Lösung:**
> A und B überführen die Teilbetriebe in Einzelunternehmen.
> § 16 Abs. 3 S. 2 EStG (i.V.m. § 6 Abs. 3 EStG) schreibt zwingend Buchwertfortführung vor.
> A und B müssen ihre Kapitalkonten erfolgsneutral an die Summe der Buchwerte der ihnen zugeteilten Wirtschaftsgüter der Teilbetriebe in der Schlussbilanz der Personengesellschaft anpassen.
> Dabei sind Auf- und Abstockungen in den Ergänzungsbilanzen der Gesellschafter zu berücksichtigen.

1. Schritt: Auflösung Ergänzungsbilanz

Schlussbilanz OHG 31.12.10

Aktiva	BW	gem. W.		BW	Passiva gem. W.
Teilbetrieb I	100.000	200.000	Kapital A	120.000	200.000
Ergänz. Bil.	+ 40.000		Kapital B	120.000	200.000
	140.000	200.000			
Teilbetrieb II	140.000	200.000			
Ergänz. Bil.	+ 20.000				
	160.000	200.000			

2. Schritt: Erstellung Eröffnungsbilanzen

Die Kapitalkonten der Gesellschafter sind erfolgsneutral an die Buchwerte der übernommenen Wirtschaftsgüter anzupassen.

Eröffnungsbilanz A 01.01.11

Aktiva			Passiva
Teilbetrieb I	140.000	Kapital	140.000

Eröffnungsbilanz B 01.01.11

Aktiva			Passiva
Teilbetrieb II	160.000	Kapital	160.000

Zukünftige **Steuerbelastungsdivergenzen** (infolge unterschiedlicher Auflösung stiller Reserven) stellen „Gewinnverwendung" dar und berühren die Realteilung nicht. Vereinbarte Steuererstattungsansprüche sind nach § 12 Nr. 3 EStG zu behandeln.

Beispiel 2:

Sachverhalt wie Beispiel zuvor.
Bei der Gründung der OHG hat der Gesellschafter B sein **Einzelunternehmen zum Buchwert in die OHG eingebracht**. Die OHG hat für den Buchwertansatz die „buchungstechnische Variante" gewählt (Gesamthandbilanz: Teilwertansatz und Korrektur über Ergänzungsbilanz).
Aufgrund des (damaligen) Einbringungsvorgangs sind noch folgende Ergänzungsbilanzen vorhanden:

Ergänzungsbilanz A

Aktiva			Passiva
Mehrwerte WG Teilbetrieb I	20.000	Mehrkapital A	30.000
Mehrwerte WG Teilbetrieb II	10.000		

Ergänzungsbilanz B

Aktiva			Passiva
Minderkapital	30.000	Minderwerte Teilbetrieb I	20.000
		Minderwerte Teilbetrieb II	10.000

2. Realteilung nach Steuerrecht (BMF vom 20.12.2016, BStBl I 2017, 36, Beck § 16.3)

A und B führen die Wirtschaftsgüter der Teilbetriebe in Einzelunternehmen fort.

Lösung:

Die Ergänzungsbilanzen sind **erfolgsneutral** aufzulösen.

Auflösung Ergänzungsbilanz

Schlussbilanz OHG

Aktiva	BW	gem. W.		BW	Passiva gem. W.
Teilbetrieb I	100.000	200.000	Kapital A Ergänz. Bil.	120.000 + 30.000	
				150.000	**200.000**
			Kapital B Ergänz. Bil.	120.000 ./. 30.000	200.000
Teilbetrieb II	140.000	200.000		**90.000**	**200.000**

Die Auflösung der Ergänzungsbilanzen führt zu einer Erhöhung und gleichzeitigen Minderung der Aktivposten von + 30.000 und ./. 30.000, die sich aufhebt.
Es verbleibt die Erhöhung des Kapitalkontos Gesellschafter A mit 30.000 bzw. die Verminderung des Kapitalkontos Gesellschafter B um 30.000.

Eröffnungsbilanz A

Aktiva			Passiva
Teilbetrieb I	100.000	Kapital	100.000

Eröffnungsbilanz B

Aktiva			Passiva
Teilbetrieb II	140.000	Kapital	140.000

Möglichkeiten zur Vermeidung des Spitzenausgleichs

Der wertmäßige Ausgleich kann auch dadurch bewirkt werden, dass nicht nur die aktiven, sondern **auch die passiven Wirtschaftsgüter**, insbesondere die Verbindlichkeiten der real zu teilenden Personengesellschaft **einbezogen** und anders zugeteilt werden, als es dem Beteiligungsverhältnis entspricht.

Eine **gewinnneutrale Realteilung** liegt deshalb auch vor, wenn ein Realteiler mehr an aktiven Wirtschaftsgütern übernimmt als seinem Anteil am Gesellschaftsvermögen entspricht und zum **wertmäßigen Ausgleich** dafür mehr Verbindlichkeiten übernimmt.

Der wertmäßige Ausgleich kann auch dadurch erfolgen, dass ein Realteiler – neben anderen Wirtschaftsgütern – die Geldkonten der Mitunternehmerschaft, z.B. die Bankguthaben, übernimmt.

Erhält ein Realteiler nur die **Geldkonten**, ist dies allerdings keine Realteilung.

Hinweis! Zur Vermeidung des Wertausgleichs und der daraus entstehenden Steuer wird in der Gestaltungsberatung empfohlen, vor der Realteilung die liquiden Mittel des Gesellschaftsvermögens durch Kreditaufnahme oder Einlagen aufzustocken. Eine steuerneutrale Realteilung kann so nicht erreicht werden, weil es sich um Scheineinlagen handelt, die den wirtschaftlich gewollten Spitzenausgleich unter den Realteilern verdecken sollen (so auch Schmidt/Wacker, EStG, § 16 Rz. 550).

Realteilung mit Spitzenausgleich

Nicht immer wird es möglich sein, die vorhandenen Wirtschaftsgüter so aufzuteilen, dass jeder Realteiler entsprechend seiner Beteiligung Wirtschaftsgüter erhält. In diesen Fällen wird ein sog. Spitzen- oder Wertausgleich bezahlt.

Im **Verhältnis des Spitzenausgleichs** zum Wert des übernommenen Betriebsvermögens liegt dann ein **entgeltliches Geschäft** vor.

In Höhe des um den anteiligen Buchwert verminderten Spitzenausgleichs entsteht ein Veräußerungsgewinn für den veräußernden Realteiler.

Dieser Gewinn ist **nicht nach §§ 16 und 34 EStG begünstigt**, sondern als laufender Gewinn zu versteuern.

Dieser Gewinn ist grundsätzlich nicht gewerbesteuerpflichtig (Ausnahme: Soweit er auf eine Personengesellschaft oder Kapitalgesellschaft als Realteiler entfällt; § 7 Satz 2 GewStG).

Beispiel:

A und B sind Miterben zu je ½.
Der Nachlass besteht aus einem Einzelunternehmen des V (Wert 3,6 Mio. €), zu dessen Betriebsvermögen im Wesentlichen zwei Grundstücke gehören.
Das Grundstück 1 hat einen Wert von 2 Mio. € und einen Buchwert von 200.000 €.
Das Grundstück 2 hat einen Wert von 1,6 Mio. € und einen Buchwert von 160.000 €.
Im Wege der Realteilung erhält A das Grundstück 1 und B das Grundstück 2. Außerdem zahlt A an B eine Abfindung von 200.000 €.

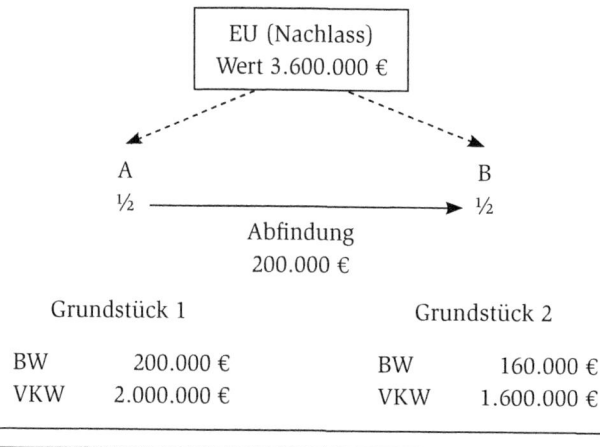

```
                EU (Nachlass)
                Wert 3.600.000 €

         A                           B
         ½  ────── Abfindung ──────▶ ½
                   200.000 €

    Grundstück 1              Grundstück 2

    BW    200.000 €           BW    160.000 €
    VKW 2.000.000 €           VKW 1.600.000 €
```

Lösung:

Bei A:
A stehen bei der Realteilung wertmäßig 1,8 Mio. € (50 % von 3,6 Mio. €) zu.
Da er aber 2 Mio. € erhält, also 200.000 € mehr, zahlt er diesen Betrag für (10 % von 2 Mio. € = 200.000 €) $^{1}/_{10}$ des Grundstücks 1, das er mehr erhält.
A erwirbt also $^{9}/_{10}$ des Grundstücks 1 unentgeltlich und $^{1}/_{10}$ entgeltlich.
Auf diese $^{1}/_{10}$ entfällt ein Buchwert von 20.000 €, sodass A die Aktivwerte (200.000 € Abfindung abzgl. anteiligem Buchwert von 20.000 €) um 180.000 € aufstocken muss.

Bei B:
B hat einen laufenden Gewinn i.H.v. (Abfindung 200.000 € ./. anteiliger Buchwert 20.000 €) 180.000 € zu versteuern.

2. Realteilung nach Steuerrecht (BMF vom 20.12.2016, BStBl I 2017, 36, Beck § 16.3)

Auffassung der Finanzbehörde zum Spitzenausgleich
Der Spitzenausgleich bezieht sich nicht auf das, was der Gesellschafter aufgrund seiner Beteiligungsquote erhält, sondern nur auf das Mehr, das er aufgrund des Spitzenausgleichs bekommt.

Es handelt sich also um die **Beurteilung zweier rechtlich selbständiger Vorgänge**, von denen:
- der eine **unentgeltlich und**
- der andere **entgeltlich ist.**

Es kommt bei Zahlung des Spitzenausgleichs nur insoweit zum **Veräußerungsgewinn** und zur **Buchwertaufstockung**, (nicht begünstigt), wie die Ausgleichszahlung den anteiligen (entgeltlichen) Buchwert des Kapitalkontos übersteigt.

Weiteres Beispiel:		
Realteilung von Betriebsvermögen mit Abfindungszahlungen		
Betrieb 1	Teilwert	2.000.000 €
	Buchwert	200.000 €
Betrieb 2	Teilwert	1.600.000 €
	Buchwert	160.000 €

Realteilung: S und T zu je ½

S		T	
Betrieb 1	2.000.000 €	Betrieb 2	1.600.000 €
Abfindung	./. 200.000 €	Abfindung	+ 200.000 €
	1.800.000 €		**1.800.000 €**

Lösung:	
S hat den Betrieb 1	
• zu $\frac{200.000}{2.000.000} \frac{1}{10}$ entgeltlich	
• und zu $\frac{9}{10}$ unentgeltlich	
erworben.	
Bisheriger Buchwert	200.000 €
Aufstockung (= Abfindung ./. anteiliger Buchwert)	+ 180.000 €
Neuer Buchwert	**380.000 €**
Veräußerungsgewinn des T:	
Abfindung	200.000 €
Anteiliges Kapitalkonto	./. 20.000 €
Nicht tarifbegünstigter Gewinn	**180.000 €**

Sperrfrist (BMF, a.a.O., Tz. VIII)
Bei einer Realteilung mit Buchwertfortführung unter Zuweisung von Einzelwirtschaftsgütern ist rückwirkend der gemeine Wert anzusetzen, soweit zum Buchwert übertragener Grund und Boden, übertragene Gebäude oder andere übertragene wesentliche Betriebsgrundlagen innerhalb der dreijährigen Sperrfrist (mit Anlaufhemmung) veräußert oder entnommen werden.

Die Übertragung von Mitunternehmeranteilen stellt **keinen Fall der Übertragung von Einzelwirtschaftsgütern** mit der Folge der Anwendbarkeit der Sperrfrist dar (vgl. VIII.).

> **Achtung! Es liegt eine Sperrfrist bis 3 Jahre** nach Abgabe der jeweiligen Steuererklärung der Mitunternehmerschaft bei Zuteilung von Einzelwirtschaftsgütern vor, nicht dagegen bei der Zuteilung von Teilbetrieben.

Für die übrigen (nicht veräußerten oder entnommenen) Wirtschaftsgüter verbleibt es jedoch bei der Buchwertfortführung.

Durch die Sperrfrist sollen Missbräuche verhindert und ggf. sanktioniert werden.

Durch die Realteilung sollen nämlich nur Umstrukturierungen durch die Buchwertfortführung begünstigt werden.

Eine steuerneutrale Realteilung soll nicht dazu genutzt werden können, um eine Veräußerung von Einzelwirtschaftsgütern unter Ausnutzung von Progressionsgefällen vorzubereiten.

Die **Sperrfrist** gilt für alle wesentlichen Betriebsgrundlagen und für Grund und Boden sowie Gebäude, ausgenommen Umlaufvermögen (z.B. bei einem gewerblichen Grundstückshändler), auch wenn diese keine wesentlichen Betriebsgrundlagen darstellen.

Realteilung durch Übertragung von Teilbetrieben

Werden bei einer **Realteilung durch Übertragung mit Teilbetrieben** Anteile an einer Körperschaft, Personenvereinigung oder Vermögensmasse unmittelbar oder mittelbar von einem nicht nach § 8b Abs. 2 KStG begünstigten Mitunternehmer (z.B. natürliche Person) auf einen nach § 8b Abs. 2 KStG begünstigten Mitunternehmer (z.B. GmbH) übertragen, ist rückwirkend auf den Zeitpunkt der Realteilung der gemeine Wert anzusetzen, wenn der übernehmende Mitunternehmer die Anteile innerhalb eines Zeitraumes von sieben Jahren nach der Realteilung unmittelbar oder mittelbar veräußert oder nach § 22 UmwStG weiter überträgt (§ 16 Abs. 5 EStG).

Veräußerung

Eine **Veräußerung** i.S.v. § 16 Abs. 3 Satz 3 EStG liegt **auch** vor, wenn:
- die im Rahmen der Realteilung erhaltenen einzelnen Wirtschaftsgüter zusammen mit einem Betrieb, Teilbetrieb oder Mitunternehmeranteil **nach §§ 20, 24 UmwStG** eingebracht werden, unabhängig davon, ob die Buchwerte, Teilwerte oder Zwischenwerte angesetzt werden,
- ein **Formwechsel nach § 25 UmwStG** vorliegt,
- eine **spätere Übertragung** von Wirtschaftsgütern (zum Buchwert) gegen Gewährung von Gesellschaftsrechten nach § 6 Abs. 5 EStG **auf einen Dritten** erfolgt (VIII. **des Realteilungserlasses**).

Keine Veräußerung und keine Entnahme ist die **unentgeltliche Übertragung eines Betriebs oder Mitunternehmeranteils nach § 6 Abs. 3 EStG** oder die unentgeltliche (kein Entgelt, keine Gesellschaftsrechte) Übertragung von Einzelwirtschaftsgütern nach § 6 Abs. 5 Satz 3 EStG.

Allerdings wirkt die noch nicht abgelaufene **Sperrfrist in der Person des Übernehmers fort.**

Maßgeblicher Zeitpunkt für den Beginn der Sperrfrist ist der Übergang des wirtschaftlichen Eigentums bei der Realteilung.

Die Sperrfrist endet drei Jahre (tagegenau) nach Abgabe der Feststellungserklärung (= Anlaufhemmung bis zur Erklärungsabgabe) der Mitunternehmerschaft für den Feststellungszeitraum, in dem die Realteilung erfolgte.

Folgen bei einem Verstoß gegen die Sperrfrist

Eine schädliche Entnahme oder Veräußerung i.S.d. § 16 Abs. 3 Satz 3 EStG führt zu einer **rückwirkenden Aufdeckung** der in den veräußerten oder entnommenen Wirtschaftsgütern enthaltenen **stillen Reserven.**

Dieser Vorgang stellt ein **Ereignis mit steuerlicher Rückwirkung** dar (§ 175 Abs. 1 Satz 1 Nr. 2 AO; keine Verzinsung wegen § 233a Abs. 2a AO).

Eine **Aufdeckung der übrigen stillen Reserven** erfolgt nicht.

2. Realteilung nach Steuerrecht (BMF vom 20.12.2016, BStBl I 2017, 36, Beck § 16.3)

Der Gewinn aus dem rückwirkenden Ansatz des gemeinen Werts ist ein **laufender, nicht nach §§ 16, 34 EStG begünstigter Gewinn,** der jedoch grundsätzlich nicht zum Gewerbeertrag zählt (IX. des Realteilungserlasses).

Für die **Gewinnzurechnung** gelten folgende Regeln:

- **Bei Gesamthandsvermögen ist der Gewinn grundsätzlich allen Realteilern nach dem allgemeinen Gewinnverteilungsschlüssel zuzurechnen.**

    Allerdings enthält der Realteilungserlass folgende Vereinfachungsregelung: Im Rahmen der Realteilung kann **schriftlich vereinbart** werden, dass der Gewinn aus der schädlichen Veräußerung oder Entnahme ausschließlich von dem sich schädlich verhaltenden Realteiler zu versteuern ist.

- **Bei Sonderbetriebsvermögen ist der Gewinn ausschließlich diesem Realteiler zuzurechnen.**

    Soweit Sonderbetriebsvermögen eines Realteilers von einem anderen Realteiler im Rahmen der Realteilung übernommen wurde, ist der Gewinn nur dann dem übernehmenden Realteiler zuzurechnen, wenn dies in den schriftlichen Vereinbarungen über die Realteilung so vereinbart wurde.

Übersicht zur einkommensteuerrechtlichen Behandlung der Realteilung

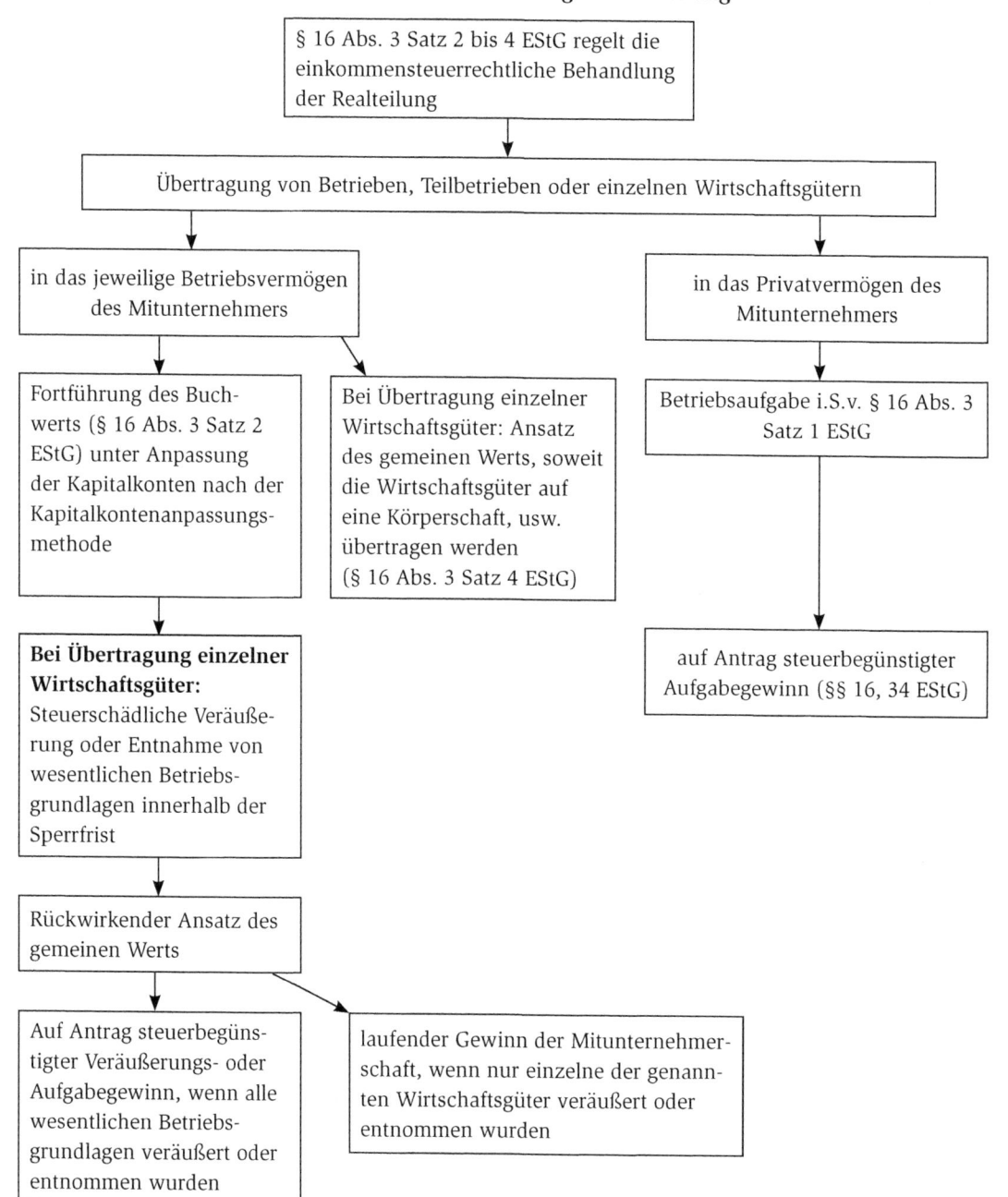

```
┌─────────────────────────────────────┐
│ § 16 Abs. 3 Satz 2 bis 4 EStG regelt │
│ die einkommensteuerrechtliche        │
│ Behandlung der Realteilung           │
└─────────────────────────────────────┘
                  │
                  ▼
┌─────────────────────────────────────────────────────────┐
│ Übertragung von Betrieben, Teilbetrieben oder einzelnen │
│ Wirtschaftsgütern                                        │
└─────────────────────────────────────────────────────────┘
        │                                      │
        ▼                                      ▼
┌──────────────────────────┐      ┌────────────────────────┐
│ in das jeweilige         │      │ in das Privatvermögen  │
│ Betriebsvermögen         │      │ des Mitunternehmers    │
│ des Mitunternehmers      │      │                        │
└──────────────────────────┘      └────────────────────────┘
     │              │                         │
     ▼              ▼                         ▼
┌──────────────┐ ┌──────────────────┐ ┌───────────────────┐
│ Fortführung  │ │ Bei Übertragung  │ │ Betriebsaufgabe   │
│ des Buch-    │ │ einzelner        │ │ i.S.v. § 16 Abs. 3│
│ werts (§ 16  │ │ Wirtschaftsgüter:│ │ Satz 1 EStG       │
│ Abs. 3 Satz 2│ │ Ansatz des       │ │                   │
│ EStG) unter  │ │ gemeinen Werts,  │ └───────────────────┘
│ Anpassung    │ │ soweit die       │           │
│ der Kapital- │ │ Wirtschaftsgüter │           ▼
│ konten nach  │ │ auf eine         │ ┌───────────────────┐
│ der Kapital- │ │ Körperschaft,    │ │ auf Antrag steuer-│
│ kontenanpas- │ │ usw. übertragen  │ │ begünstigter      │
│ sungsmethode │ │ werden (§ 16     │ │ Aufgabegewinn     │
│              │ │ Abs. 3 Satz 4    │ │ (§§ 16, 34 EStG)  │
└──────────────┘ │ EStG)            │ └───────────────────┘
     │           └──────────────────┘
     ▼
┌──────────────────────────┐
│ **Bei Übertragung einzelner** │
│ **Wirtschaftsgüter:**         │
│ Steuerschädliche Veräuße-│
│ rung oder Entnahme von   │
│ wesentlichen Betriebs-   │
│ grundlagen innerhalb der │
│ Sperrfrist               │
└──────────────────────────┘
     │
     ▼
┌──────────────────────────┐
│ Rückwirkender Ansatz des │
│ gemeinen Werts           │
└──────────────────────────┘
     │              │
     ▼              ▼
┌──────────────┐ ┌──────────────────┐
│ Auf Antrag   │ │ laufender Gewinn │
│ steuerbegüns-│ │ der Mitunterneh- │
│ tigter Ver-  │ │ merschaft, wenn  │
│ äußerungs-   │ │ nur einzelne der │
│ oder Aufgabe-│ │ genannten Wirt-  │
│ gewinn, wenn │ │ schaftsgüter     │
│ alle wesent- │ │ veräußert oder   │
│ lichen Be-   │ │ entnommen wurden │
│ triebsgrund- │ └──────────────────┘
│ lagen ver-   │
│ äußert oder  │
│ entnommen    │
│ wurden       │
└──────────────┘
```

Probleme bei der Realteilung freiberuflicher Gemeinschaftspraxen
In diesen Fällen geht es stets darum, ob eine Aufdeckung der stillen Reserven im Mandanten- oder Patientenstamm vermieden werden kann. Probleme ergeben sich dann, wenn der Freiberufler-Realteiler seine Tätigkeit künftig nicht in einer Einzelpraxis ausüben will, sondern in anderer personeller Zusammensetzung im Rahmen einer anderen Gemeinschaftspraxis.

2. Realteilung nach Steuerrecht (BMF vom 20.12.2016, BStBl I 2017, 36, Beck § 16.3)

Denn die Realteilungsgrundsätze kommen nur dann zur Anwendung, wenn die dem Realteiler zugeteilten Wirtschaftsgüter (z.B. einzelne Mandate) in einem eigenen Betriebsvermögen des Realteilers (einer Einzelpraxis) genutzt werden.

Dies kann auch das Sonderbetriebsvermögen des Realteilers sein.

Eine begünstigte Realteilung liegt hingegen nicht vor, wenn diese Wirtschaftsgüter in das Gesamthandsvermögen einer anderen Mitunternehmerschaft, an der der Realteiler beteiligt ist, übertragen werden (IV. Abs. 1 Satz 6 des Realteilungserlasses).

Betroffen davon sind Fälle, in denen die Freiberufler-Gemeinschaftspraxis beendet wird und ein, einige oder alle der bisherigen Mitunternehmer im Rahmen anderer freiberuflicher Gemeinschaftspraxen weiterhin tätig sein wollen.

In diesen Fällen kommt es zur Aufdeckung der stillen Reserven im „mitgenommenen" Mandantenstamm.

Das gilt auch dann, wenn der Realteiler zunächst eine Einzelpraxis fortführt, aber dann während der Sperrfrist seine Praxis gegen Gewährung von Gesellschaftsrechten in eine Mitunternehmerschaft einbringt.

Auch wenn ein originär geschaffener Mandantenstamm bei der Realteilung nicht angesetzt wird, so handelt es sich dabei um eine wesentliche Betriebsgrundlage der Freiberufler-Mitunternehmerschaft. Diese unterliegt damit der Sperrfrist, wenn die Realteilung durch Übertragung von Einzelwirtschaftsgütern erfolgt.

Beispiel:

E und F unterhielten eine Rechtsanwaltssozietät. Nach deren Auflösung im August 05 arbeiten E und F als niedergelassene Rechtsanwälte weiter und führen jeweils eine Einzelpraxis. Bei der Realteilung der Sozietät übernehmen E und F im Wesentlichen die bisher von ihnen betreuten Mandanten. Im Juli 06 gründete F zusammen mit dem jungen Rechtsanwalt G die FG-Sozietät, in die F seine Einzelpraxis einbringt.

Lösung:

Hinsichtlich der Sozietät zwischen E und F lag im Jahr 05 eine Realteilung vor, sodass keine stillen Reserven aufzudecken waren.

Zu den wesentlichen Betriebsgrundlagen gehörte der Praxiswert, der im Rahmen der Realteilung auf E und F verteilt wurde und dessen stillen Reserven nun anteilig in den beiden Einzelpraxen weiterhin steuerverhaftet blieben.

F brachte allerdings während der Sperrfrist diesen Mandantenstamm zusammen mit seiner Einzelpraxis gegen Gewährung von Gesellschaftsrechten in die neue FG-Sozietät ein.

Das war eine Sperrfristverletzung.

Folglich sind die stillen Reserven in dem von F übernommenen Mandantenstamm rückwirkend im Jahr 05 aufzudecken.

Eine Aufdeckung stiller Reserven wegen Sperrfristverletzung kann nur vermieden werden, wenn die Realteiler keine Einzelwirtschaftsgüter, sondern Teilbetriebe erhalten haben.

Das ist bei Freiberufler-Gemeinschaftspraxen regelmäßig nicht der Fall.

Denn ein Teilbetrieb ist ein mit einer gewissen Selbständigkeit ausgestatteter, organisatorisch geschlossener Teil des Gesamtbetriebs, der für sich allein lebensfähig ist.

Solche Teilbetriebe erfordern demnach eine organisatorische Abgrenzung zueinander, die z.B. durch eine separate Buchführung und eigenes Personal oder aber durch eine räumliche Trennung herbeigeführt werden kann.

Hieran fehlt es bei einer Gemeinschaftspraxis regelmäßig, bei der durch das Zusammenwirken, und zwar nicht nur durch Arbeitsteilung der Sozietäre, sondern auch durch den Einsatz und die Inanspruchnahme der Hilfspersonen Synergieeffekte erzielt werden sollen.

Fall 49:
a) A scheidet aus der OHG (Verkehrswerte des Aktivvermögens, insgesamt 1.500.000 €; Buchwerte aller Kapitalkonten 300.000 €) aus, die von B und C fortgesetzt wird.
Sein Abfindungsanspruch beträgt 500.000 € (Buchwert seines Kapitalkontos 100.000 €).
Die Abfindung erfolgt durch Übertragung des Verwaltungsgrundstücks (Verkehrswert 500.000 €; Buchwert 50.000 €) in das Privatvermögen des A.
Alternativ: Die Abfindung erfolgt durch Geldzahlung von 500.000 €.
b) B und S sind Miterben zu je ½. Der Nachlass besteht aus einem Einzelunternehmen des V (Wert 3,6 Mio. €), zu dessen Betriebsvermögen im Wesentlichen zwei Grundstücke gehören.
Das Grundstück 1 hat einen Wert von 2 Mio. € und einen Buchwert von 200.000 €.
Das Grundstück 2 hat einen Wert von 1,6 Mio. € und einen Buchwert von 160.000 €.
B erhält das Grundstück 1 und S das Grundstück 2. Außerdem zahlt B an S eine Abfindung i.H.v. 200.000 €.
Beide überführen das Grundstück in ihr bereits bestehendes Einzelunternehmen.
Frage: Wie sind die Fälle zu beurteilen?

Fall 50: Realteilung einer Personengesellschaft mit Spitzenausgleich
Gesellschafter der X-OHG sind die Brüder A und B zu je ½.
Der Buchwert des Betriebsvermögens der OHG beträgt 400.000 €, der gemeine Wert 1.400.000 €. Das Unternehmen der Personengesellschaft besteht aus 2 Teilbetrieben.
Der Buchwert des Teilbetriebs I beträgt 300.000 €, der gemeine Wert 800.000 €, der Buchwert des Teilbetriebs II beläuft sich auf 100.000 €, der gemeine Wert auf 600.000 €.
Die Gesellschafter beschließen, die OHG zum 31.12.01 durch Realteilung in der Weise zu beenden, dass A den Teilbetrieb I und B den Teilbetrieb II erhält. Wegen der Wertdifferenz zwischen dem Teilbetrieb I (Wert 800.000 €) und dem Teilbetrieb II (Wert 600.000 €) zahlt A aus seinem Eigenvermögen an B einen Wertausgleich von 100.000 €, die B im Betriebsvermögen vereinnahmt.
Die Gesellschafter überführen die ihnen zugeteilten Wirtschaftsgüter in eigene Gewerbebetriebe. Jeder eröffnet mit dem ihm zugewiesenen Teilbetrieb ein eigenes gewerbliches Einzelunternehmen.

Personengesellschaft-Bilanz zum 31.12.01

Aktiva			Passiva
Teilbetrieb I	300.000	Kapital A	200.000
Teilbetrieb II	100.000	Kapital B	200.000
	400.000		**400.000**

Im Betriebsvermögen der OHG sind folgende stille Reserven enthalten:
- Teilbetrieb I 500.000 € (800.000 €/300.000 €),
- Teilbetrieb II 500.000 € (600.000 €/100.000 €).

Frage: Welche Steuerfolgen ergeben sich für A und B?

2. Realteilung nach Steuerrecht (BMF vom 20.12.2016, BStBl I 2017, 36, Beck § 16.3)

Fall 51:
Die X-Y OHG betreibt eine Spedition. Gesellschafter sind jeweils zur Hälfte X und Y.
Nachdem die Gesellschafter mehrfach Differenzen in der Geschäftspolitik hatten, entschließen sie sich, die OHG zum 30.06.11 aufzulösen und sich mit eigenen Unternehmen selbstständig zu machen. Zum 30.06.11 hat die OHG folgende Bilanz in € aufgestellt:

Aktiva		Passiva	
LKW Fiat	300.000	Kapital X	260.000
LKW MB	400.000	Kapital Y	240.000
		Verbindlichkeiten	200.000
	700.000		**700.000**

Im Rahmen der Auseinandersetzung soll X den Lkw Fiat, mit einem Verkehrswert von 400.000 € und Y den Lkw MB mit einem Verkehrswert von 560.000 € erhalten und die Verbindlichkeit in Höhe von 200.000 € übernehmen.
Als Ausgleich wurde eine Zahlung von 10.000 € vereinbart, die X dem Y noch im Juli überweisen soll.
Aufgaben: Geben Sie die ertragsteuerlichen Auswirkungen der Beendigung der OHG an. Stellen Sie die Eröffnungsbilanzen für X und Y auf.

XIV. § 6b EStG bei Personengesellschaften

1. Allgemeines

→ § 6 Abs. 5 S. 3 EStG und auch § 6b EStG sind **gesellschafterbezogen** (Aufhebung von § 6b Abs. 10 EStG, § 52 Abs. 18, 18a, 18b EStG).

Die Übertragung stiller Reserven nach § 6b EStG setzt (wie früher) voraus, dass das veräußerte Wirtschaftsgut im Zeitpunkt der Veräußerung mindestens **sechs Jahre ununterbrochen zum Anlagevermögen** einer inländischen Betriebsstätte gehört hat. Die **Vorbesitzzeit ist gesellschafterbezogen**.

Bei einem **entgeltlichen Gesellschafterwechsel** kommt eine Übertragung stiller Reserven nicht in Betracht, soweit das veräußerte Wirtschaftsgut anteilig auf einen Gesellschafter entfällt, der im Zeitpunkt der Veräußerung **noch nicht sechs Jahre** an der Mitunternehmerschaft beteiligt ist.

Bei einem **teilentgeltlichen Gesellschafterwechsel** (Kaufpreis über Buchwert Kapitalkonto) geht der BFH vom 08.08.2001 (DStRE 2001, 231) von einem **einheitlichen Anschaffungsvorgang** (Einheitstheorie) aus, mit der Folge der **Unterbrechung der Besitzzeit**.

In Fällen des **rückwirkenden Teilwertansatzes** nach § 6 Abs. 5 S. 4 EStG ist eine Übertragung nach § 6b EStG zulässig, wenn die Übertragung entgeltlich (z.B. gegen Gewährung von Gesellschaftsrechten) erfolgte, R 6b.1 Abs. 1 S. 5 EStR.

Übertragungsmöglichkeiten für Veräußerungen

Gesellschafter von Personengesellschaften können Veräußerungsgewinne aus den Wirtschaftsjahren in den nachfolgenden Kombinationen übertragen (vgl. R 6b Abs. 6 EStR).

Von	Auf	
EU 1	EU 2 desselben Steuerpflichtigen	Abs. 6 S. 1 Nr. 1
EU eines Mitunternehmers	sein Sonderbetriebsvermögen bei einer Pers-Ges	S. 1 Nr. 2
Sonderbetriebsvermögen eines Mitunternehmers	sein EU	S. 2 Nr. 3
Sonderbetriebsvermögen des Mitunternehmers	sein Sonderbetriebsvermögen bei einer anderen Pers-Ges	S. 2 Nr. 1
Gesamthandsvermögen einer Pers-Ges	Sonderbetriebsvermögen der Pers-Ges bei einer anderen Pers-Ges	Abs. 7 S. 1 Nr. 4
Sonderbetriebsvermögen einer Pers-Ges	Gesamthandsvermögen der Pers-Ges	Abs. 6 S. 2 Nr. 2
Sonderbetriebsvermögen einer Pers-Ges	Sonderbetriebsvermögen der Pers-Ges	S. 2 Nr. 1
Sonderbetriebsvermögen einer Pers-Ges	Sonderbetriebsvermögen der Pers-Ges bei einer anderen Pers-Ges	S. 1 Nr. 2

1. Allgemeines

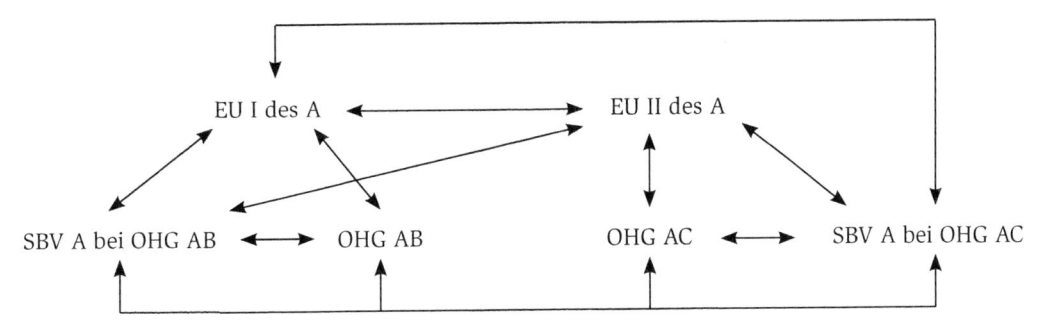

```
              EU I des A  ←——————→  EU II des A
             ↗   ↑   ↘              ↗   ↑   ↘
SBV A bei OHG AB ←——→ OHG AB    OHG AC ←——→ SBV A bei OHG AC
        ↑                                        ↑
        └────────────────────────────────────────┘
```

Beispielsfälle:
Ein Gesellschafter (nachfolgend: A) soll zu 50 % an der Pers-Ges 1 und zu 20 % an der Pers-Ges 2 beteiligt sein. Betriebsvermögen (BV) des Gesellschafters soll ein Einzelunternehmen sein bzw. der Betrieb einer Kapitalgesellschaft.

	Veräußerung durch	Reinvestition in	Übertragung stiller Reserven
1.	BV des A	Anderes BV des A	100 %, max. AK/HK
2.	BV des A	Sonder-BV A bei Pers-Ges 1 oder 2	100 %, max. AK/HK
3.	BV des A	Gesamthands-BV Pers-Ges 1	100 %, max. 50 % AK/HK
4.	BV des A	Gesamthands-BV Pers-Ges 2	100 %, max. 20 % AK/HK
5.	Gesamthands-BV Pers-Ges 1	BV des A	50 %, max. AK/HK
6.	Gesamthands-BV Pers-Ges 1	Sonder-BV A Pers-Ges 1 oder 2	50 %, max. AK/HK
7.	Gesamthands-BV Pers-Ges 1	Gesamthands-BV Pers-Ges 2	50 %, max. 20 % AK/HK
8.	Sonder-BV A Pers-Ges 1	BV des A	100 %, max. AK/HK
9.	Sonder-BV A Pers-Ges 1	Gesamthands-BV Pers-Ges 1	100 %, max. 50 % AK/HK
10.	Sonder-BV A Pers-Ges 2	Gesamthands-BV Pers-Ges 2	100 %, max. 20 % AK/HK
11.	Sonder-BV A Pers-Ges 1	Sonder-BV A Pers-Ges 2	100 %, max. AK/HK

Beispiel:
Der Einzelunternehmer A verkaufte im Jahr 12 ein (ihm länger als sechs Jahre gehörendes) Betriebsgrundstück (Buchwert 100.000 €) zum Verkehrswert von 500.000 € an die A-KG, an der er zu 50 % beteiligt ist.

Lösung:
A kann die durch den Grundstücksverkauf aufgedeckten stillen Reserven (= Veräußerungsgewinn 400.000 €) in voller Höhe in eine Rücklage nach § 6b EStG einstellen. Diese Rücklage kann er auf die Anschaffungskosten des an die A-KG verkauften Grundstücks (= Reinvestitionsobjekt) übertragen, soweit diese ihm aufgrund seiner Beteiligung zuzurechnen sind (500.000 € × 50 % = 250.000 €).

Buchungen im Einzelunternehmen des A (bei Rücklagenbildung):

Kaufpreisforderung	500.000	an	Grundstück	100.000
			Ertrag	400.000
Aufwand	400.000	an	Rücklage § 6b	400.000
Rücklage § 6b EStG	250.000	an	Kapital	250.000

Alternativ ist auch eine Direktübertragung (ohne Rücklagenbildung) der stillen Reserven durch erfolgsneutrale Erhöhung des Kapitalkontos (Buchung nach Gewinnausweis von 400.000 € Aufwand an Kapital 250.000 €) und Rücklagenbildung i.H.d. nicht übertragbaren Gewinns oder dessen Sofortversteuerung möglich.

Gesamthandsbilanz

Grundstück　　　　　500.000　an　Verbindlichkeit　500.000

Ergänzungsbilanz A

Aktiva		Passiva
Minderkapital A	250.000	Minderwert Grundstück　　　250.000

Beispiel:

Die AB-OHG, an der A (seit länger als sechs Jahren) mit 40 % und B (seit zwei Jahren) mit 60 % beteiligt sind, verkauft im Jahr 13 ein (ihr länger als sechs Jahre gehörendes) Grundstück (Buchwert 100.000 €) für 1.000.000 € an A, das er an die AB-OHG vermietet. Die AB-OHG bildet in Höhe des aufgedeckten Gewinns (900.000 €) eine Rücklage nach § 6b EStG.

Lösung:

Nur A erfüllt die Voraussetzungen zur Gewinnübertragung nach § 6b EStG, d.h. von dem Veräußerungsgewinn (900.000 €) hätte die AB-OHG an sich nur eine Rücklage in Höhe seiner Beteiligung (40 % = 360.000 €) bilden dürfen.
Diese Rücklage kann A auf seine Anschaffungskosten des Grundstücks im Sonderbetriebsvermögen übertragen. Alternativ ist auch eine Direktübertragung (ohne Rücklagenbildung) möglich.
Der auf B entfallende Anteil am Veräußerungsgewinn (60 % = 540.000 €) ist nicht nach § 6b EStG übertragungsfähig, weil B die sechsjährige Vorbesitzzeit nicht erfüllt.
Zur richtigen Gewinnverteilung kann in der Gesamthandsbilanz der AB-OHG gleichwohl eine Rücklage in Höhe des gesamten Veräußerungsgewinns gebildet und in einer Ergänzungsbilanz für B ein Minderwert der Rücklage in Höhe seines Gewinnanteils aktiviert werden, was zu einem Gewinnausweis bei B von 540.000 € führt.

Buchungen in der Gesamthandsbilanz der AB-OHG (bei Rücklagenbildung):

Kaufpreisforderung	1.000.000	an	Grundstück	100.000
			Ertrag	900.000
Aufwand	900.000	an	Rücklage § 6b	900.000
Rücklage § 6b EStG	360.000	an	Kapital	360.000

Buchungen im Sonderbetriebsvermögen des A:

Grundstück	1.000.000	an	Verbindlichkeit	1.000.000
Sonderkapital	360.000	an	Grundstück	360.000

Buchungen in der Ergänzungsbilanz des B:

Minderwert Rücklage	540.000	an	Ertrag	540.000

Fall 52:

A, der an der AB-OHG zu 50 % beteiligt ist, hat ein bebautes Grundstück an die AB-OHG verpachtet und in seinem notwendigen Sonderbetriebsvermögen I ausgewiesen. Das Grundstück wurde zum 01.01.01 erworben. AK Grund und Boden: 50.000 €, AK Gebäude: 200.000 €. Das Gebäude wurde nach § 7 Abs. 4 Satz 1 Nr. 2a EStG mit 2 % = 4.000 € abgeschrieben; Buchwert 31.12.10 = 160.000 €. Restnutzungsdauer noch mehr als 50 Jahre.

> 1. A veräußert mit notariellem Kaufvertrag sein Grundstück mit Wirkung vom 01.01.11 an die AB-OHG. Kaufpreis 290.000 € (= Verkehrswert), davon für Grund und Boden 90.000 €.
> 2. Wie Sachverhalt 1, A veräußert sein Grundstück zum Preis von 350.000 € (Verkehrswert für Grund und Boden 90.000 €).
> 3. A veräußert sein Grundstück mit Wirkung vom 01.01.11 an den Mitgesellschafter B. Kaufpreis 290.000 €, davon entfallen auf Grund und Boden 90.000 €.
> 4. Wie Sachverhalt 3, A veräußert zum Kaufpreis 145.000 € (Verkehrswert für Grund und Boden 90.000 €, für Gebäude 200.000 €) an B.
> 5. Wie Sachverhalt 3, A überträgt das Grundstück unentgeltlich auf den Gesellschafter B.
>
> **Frage:** Wie ist die steuerliche Behandlung?

2. Veräußerung von Anteilen an Kapitalgesellschaften (§ 6b Abs. 10 EStG)

2.1 Inhalt

Personenunternehmen (= Einzelunternehmen und Personengesellschaften) können **Gewinne aus Verkäufen von Anteilen an Kapitalgesellschaften** (Aktien, GmbH-Anteile) bis zu 500.000 € steuerneutral auf ein begünstigtes Reinvestitionsgut **übertragen**.

Diese Gewinne wären von den Gesellschaftern (sofern es sich um natürliche Personen handelt) im Teileinkünfteverfahren zu 60 % zu versteuern.

Damit soll die „Schlechterstellung" von Personenunternehmen gegenüber Kapitalgesellschaften abgemildert werden, bei denen solche Veräußerungsgewinne im Rahmen von § 8b Abs. 2 KStG in voller Höhe steuerfrei sind.

2.2 Begünstigte Übertragungsvorgänge – Überblick

Begünstigte Veräußerungsobjekte	Begünstige Reinvestitionsobjekte
Grund und Boden	• Grund und Boden • Aufwuchs mit dem dazugehörigen Grund und Boden • Gebäude
Aufwuchs mit dem dazugehörigen Grund und Boden (land- und forstwirtschaftliches Betriebsvermögen)	• Aufwuchs mit dem dazugehörigen Grund und Boden (land- und forstwirtschaftliches Betriebsvermögen) • Gebäude
• Gebäude • Binnenschiffe	• Gebäude • Binnenschiffe
Für Personenunternehmen: Anteile an Kapitalgesellschaften unter den Voraussetzungen des § 6b Abs. 4 Satz 1 Nr. 2 EStG	**Für Personenunternehmen:** Neu angeschaffte **Anteile an Kapitalgesellschaften,** die zum Anlagevermögen rechnen; **abnutzbare bewegliche Wirtschaftsgüter** des Anlagevermögens; neu angeschaffte, hergestellte **Gebäude**

Gewinne aus der Veräußerung von Anteilen an Kapitalgesellschaften können bis zur Höhe von **500.000 €** im Jahr (Jahreshöchstbetrag für Gewinne aus – verschiedenen – Anteilsveräußerungen im Jahr) der Veräußerung oder in den folgenden zwei bzw. vier Wirtschaftsjahren von Anschaffungskosten begünstigter Reinvestitionsobjekte abgezogen werden.

Gewinne bis 500.000 € aus Beteiligungsveräußerungen sind **vor Anwendung des (Halb-)Teileinkünfteverfahrens** übertragbar, sodass **steuerpflichtige Einkünfte** von höchstens **250.000 €** im Wirtschaftsjahr durch die Übertragung auf die Anschaffungskosten begünstigter Rücklage neutralisiert werden können. Vgl. § 6b Abs. 10 Satz 3 EStG.

Die Übertragung des Veräußerungsgewinns auf begünstige **Anteile an Kapitalgesellschaften** erfolgt in Höhe des Veräußerungsgewinns **einschließlich** des nach dem Teileinkünfteverfahren **steuerbefreiten Betrages**.

Dadurch wird sichergestellt, dass im Falle der Veräußerung der als Reinvestitionsobjekt angeschafften Anteile auch der bei der (ersten) begünstigten Veräußerung steuerfrei gestellte Gewinn erfasst wird.

2.3 Reinvestitionsfrist

Die Übertragung ist möglich im Wirtschaftsjahr der Veräußerung oder:
- in den **2 Folgejahren** bei Anschaffung von Anteilen an Kapitalgesellschaften **und beweglichen Wirtschaftsgütern,** oder
- in den **4 Folgejahren bei Gebäuden.**

Ist die Rücklage am **Schluss des vierten** auf ihre Bildung folgenden Wirtschaftsjahres **noch vorhanden**, ergeben sich folgende Konsequenzen:

a) Nach § 6b Abs. 10 Satz 8 EStG ist die Rücklage gewinnerhöhend aufzulösen, wobei das **(Halb-)Teileinkünfteverfahren** zur Anwendung gelangt.

b) Der Gewinn für jedes Wirtschaftsjahr, in dem die Rücklage bestand, ist nach § 6b Abs. 10 Satz 9 EStG um **6 %** der nicht nach dem Halbeinkünfteverfahren **steuerbefreiten** aufzulösenden Rücklage zu erhöhen.

2.4 Übertragung des Veräußerungsgewinns

Bei Übertragung im Jahr der Veräußerung wird der Veräußerungsgewinn von den Anschaffungskosten abgezogen:
- bei beweglichen Wirtschaftsgütern und Gebäuden zu 60 % = nur der steuerpflichtige Teil,
- bei **Anteilen an Kapitalgesellschaften zu 100 %**.

Soweit an einer Personengesellschaft oder Gemeinschaft eine Körperschaft, Personenvereinigung oder **Kapitalgesellschaft** beteiligt ist, wird die Übertragung stiller Reserven oder die Rücklagenbildung gem. § 6 Abs. 10 Satz 10 EStG ausgeschlossen.

Dies entspricht **§ 8b Abs. 6 KStG**, wonach die Steuerfreiheit für die Veräußerung von Anteilen an einer Kapitalgesellschaft (nach § 8b Abs. 2 KStG) auch gilt, soweit eine Körperschaft an einer Personengesellschaft beteiligt ist, die eine begünstige Anteilsveräußerung vornimmt.

Reinvestition	Direktübertragung stiller Reserven	Bildung Rücklage	Übertragung Rücklage	Reinvestitionsfrist	Verzinsung bei Nichtinvestition
GmbH-Beteiligung, Aktien	100 % (einschließlich steuerfreiem Teil)	100 % (einschließlich steuerfreiem Teil)	Volle Rücklage (mit steuerfreiem Teil)	2 Jahre	6 % p.a. des steuerpflichtigen Teils
Bewegliches Anlagevermögen	50/60 % (nur steuerpflichtiger Teil; Rest steuerfrei)	100 % (einschließlich steuerfreiem Teil)	50/60 % Rücklage (ohne steuerfreier Teil)	2 Jahre	6 % p.a. des steuerpflichtigen Teils

2. Veräußerung von Anteilen an Kapitalgesellschaften (§ 6b Abs. 10 EStG)

Reinvestition	Direktübertragung stiller Reserven	Bildung Rücklage	Übertragung Rücklage	Reinvestitionsfrist	Verzinsung bei Nichtinvestition
Gebäude	50/60 % (nur steuerpflichtiger Teil; Rest steuerfrei)	100 % (einschließlich steuerfreiem Teil)	50/60 % Rücklage (ohne steuerfreier Teil)	4 Jahre	6 % p.a. des steuerpflichtigen Teils

Fall 53:
D verkauft im Januar 09 seine Beteiligung an der E-GmbH (BW 200.000 €; Erwerb vor mehr als 6 Jahren) für 1 Million €.
Frage: Welche steuerlichen Möglichkeiten hat D in 09 und den Folgejahren?

2.5 Übertragungsfähige Personen

Bei Personengesellschaften sind nur die an ihr (unmittelbar oder über eine andere Personengesellschaft mittelbar) beteiligten **natürlichen Personen** übertragungsberechtigt.
Nicht übertragungsberechtigt sind (unmittelbar oder mittelbar beteiligte) Kapitalgesellschaften.

Beispiel:
An der AB-OHG ist A mit 40 % und die B-GmbH mit 60 % beteiligt. Die AB-OHG verkaufte im Wirtschaftsjahr 09 Aktien an der C-AG (AK 1990 = BW 100.000 €) für 500.000 €.
Den Veräußerungsgewinn (400.000 €) übertrug sie auf im Jahr 09 angeschaffte Aktien an der D-AG (AK 1.000.000 € ./. 400.000 € = 600.000 € Buchwert).

Lösung:
Nur der auf A entfallende Anteil am Veräußerungsgewinn i.H.v. (400.000 € × 40 % =) 160.000 € ist übertragungsfähig.
Der auf B-GmbH entfallende Teil des Veräußerungsgewinns (240.000 €) ist steuerfrei. Er ist auszuweisen und gesondert festzustellen. Das kann durch erfolgswirksame Aktivierung als Mehrwert der Aktien der D-AG in einer Ergänzungsbilanz geschehen.
Buchung in der Ergänzungsbilanz der B-GmbH:
Mehrwert Aktien D-AG   240.000   an   Ertrag   240.000

2.6 Begünstigte Veräußerungsgewinne

Gewinne aus dem Verkauf oder Tausch von Anteilen an Kapitalgesellschaften, also Aktien und GmbH-Anteile, sind übertragbar, wenn die Anteile vor dem Verkauf mindestens **sechs Jahre zum Anlagevermögen** (einer inländischen Betriebsstätte) gehört haben (sog. Vorbesitzzeit). Maßgebend ist der Übergang des wirtschaftlichen Eigentums. Diese Voraussetzung ist **personenbezogen** zu prüfen.
Beim Verkauf aus dem Gesamthandsvermögen müssen alle Gesellschafter im Zeitpunkt des Verkaufs mindestens sechs Jahre beteiligt gewesen sein. Der **Eintritt, Austritt eines Gesellschafters oder der Gesellschafterwechsel** innerhalb der Vorbesitzzeit ist deshalb **schädlich**, d.h. der Gewinn ist in Höhe der Beteiligung des ausgeschiedenen bzw. hinzugekommenen Gesellschafters nicht übertragungsfähig.

2.7 Obergrenze des übertragbaren Veräußerungsgewinns

Veräußerungsgewinne (vor Anwendung des Halbeinkünfteverfahrens) können bis zur Höhe von **500.000 €** auf begünstigte Reinvestitionsobjekte übertragen werden. Damit können (nach Anwendung des Halbeinkünfteverfahrens) an sich steuerpflichtige Gewinne bis zu 250.000 € neutralisiert werden.

Der Höchstbetrag von 500.000 € ist ein **personenbezogener Jahreshöchstbetrag** für alle Verkäufe von Anteilen an Kapitalgesellschaften in einem Jahr.

Bei Personengesellschaften steht der Höchstbetrag **jedem Gesellschafter** zu, d.h. er kann von „seinem" Anteil am Veräußerungsgewinn bis zu 500.000 € nach § 6b EStG übertragen bzw. in eine Rücklage einstellen (R 6b.2 Abs. 12 EStR).

Es müssen aber **alle Veräußerungen des Gesellschafters** berücksichtigt werden, unabhängig, wo sie entstanden sind (EU oder bei anderen Pers-Ges; vgl. auch OFD Frankfurt vom 01.09.2003, DStR 2003, 2072).

Ist eine natürliche Person nicht nur an einer sondern an mehreren Personengesellschaften beteiligt, oder hat sie daneben noch ein Einzelunternehmen, kann der Höchstbetrag von 500.000 € beliebig auf begünstigte Veräußerungsgewinne verteilt werden.

Die Deckelung ist auf der Ebene jedes Mitunternehmers zu ermitteln, d.h. vom Wohnsitzfinanzamt des Gesellschafters zu überprüfen.

Beispiel:

Die AB-GmbH & Co. KG (Beteiligung: A 40 %; B 60 %) verkaufte im Wirtschaftsjahr 09 ihre Beteiligung an der C-GmbH (Buchwert 100.000 €, Kaufpreis 1.900.000 €).

Lösung:

Von dem Veräußerungsgewinn von 1.800.000 € können 1.000.000 € (jeweils 500.000 € für A und B) in eine Rücklage nach § 6b Abs. 10 EStG eingestellt werden.
Der restliche Gewinn (800.000 €) ist im Teileinkünfteverfahren nur zu 60 % steuerpflichtig (480.000 €), d.h. von A mit 192.000 € (40 %) und B mit 288.000 € (60 %) zu versteuern.

Hinweis! Es ist vorgesehen, dass das Betriebsfinanzamt den nach § 6b Abs. 10 EStG begünstigten Veräußerungsgewinn in der Anlage FE 2 im Feststellungsbescheid gesondert feststellt.
Das Wohnsitzfinanzamt jedes Gesellschafters hat dann den Höchstbetrag zu überprüfen.

2.8 Übertragung auf neu angeschaffte Anteile an Kapitalgesellschaften

Die Anschaffung (Kauf, Tausch) von Aktien und GmbH-Anteilen ist als Reinvestition begünstigt, wenn sie:
- im Wirtschaftsjahr der Veräußerung der Anteile, oder
- in den zwei darauf folgenden Wirtschaftsjahren erfolgt.

Erfolgt die **Anschaffung** von Anteilen an Kapitalgesellschaften bereits in dem der Veräußerung **vorangegangenen Wirtschaftsjahr**, kann der Gewinn **nicht übertragen** werden (R 6b.2 Abs. 13 EStR).

In diesem Punkt ist die Übertragungsregelung in § 6b Abs. 10 Satz 1 EStG „enger" als die in § 6b Abs. 1 Satz 1 EStG, wonach auch die Anschaffung von Reinvestitionsgütern im vorangegangenen Jahr begünstigt ist.

Die angeschafften Aktien oder GmbH-Anteile müssen zum **Anlagevermögen** des Betriebs gehören. Unschädlich ist deren Verkauf oder die Entnahme nach Übertragung des Veräußerungsgewinns.

Bis zum Höchstbetrag von 500.000 € (je Gesellschafter) kann der Gewinn (vor Anwendung des (Halb-) Teileinkünfteverfahrens) von den Anschaffungskosten der „neuen" Anteile abgezogen werden. **Abzuziehen ist** der **volle Gewinn**, d.h. er darf nicht um den steuerfreien Teil gemindert werden.

Das ist notwendig, weil ein etwaiger Gewinn aus dem Verkauf der neu angeschafften Anteile wiederum dem Halbeinkünfteverfahren unterliegt.

Beispiel:

Die A-GmbH & Co. KG (GmbH: 0 %; A: 100 %) realisierte in 09 aus einer GmbH-Beteiligung einen Veräußerungsgewinn von 500.000 €, der zu 40 % nach §§ 3 Nr. 40, 3c Abs. 2 EStG steuerfrei ist.
Noch in 09 erwarb sie Aktien der T-AG mit Anschaffungskosten i.H.v. 800.000 €, auf die der Gewinn übertragen werden soll.
In 10 werden die Aktien an der T-AG für 1.000.000 € verkauft und damit ein Veräußerungsgewinn von (Kaufpreis 1.000.000 € ./. BW 300.000 € =) 700.000 € erzielt.

Lösung:

Die Anschaffungskosten der Aktien der T-AG sind um 500.000 €, d.h. um den steuerpflichtigen und den steuerfreien Teil des Veräußerungsgewinns zu mindern (verbleibende AK 300.000 €).
Nur so wird sichergestellt, dass der Veräußerungsgewinn in 10 i.H.v. 700.000 € (= im Ergebnis der Gewinn aus dem Verkauf der GmbH-Beteiligung 500.000 € + Wertsteigerung der T-AG Aktien 200.000 €) im Teileinkünfteverfahren (steuerpflichtiger Teil 420.000 €) zutreffend besteuert werden kann.

2.9 Übertragung auf Gebäude oder abnutzbare bewegliche Wirtschaftsgüter

Begünstigt ist die Anschaffung (neu oder gebraucht) oder Herstellung eines Gebäudes bzw. eines beweglichen abnutzbaren Wirtschaftsgut des Anlagevermögens.

Das Gebäude muss:
- im Wirtschaftsjahr der Veräußerung der Anteile oder
- in den zwei (bewegliche Wirtschaftsgüter) bzw. vier (nur Gebäude) darauf folgenden Wirtschaftsjahren

angeschafft oder hergestellt werden.

Der **Abzug** von den Anschaffungs- oder Herstellungskosten des Gebäudes bzw. des beweglichen Wirtschaftsguts erfolgt **nur in Höhe des steuerpflichtigen** Teils des **Veräußerungsgewinns** (nach Anwendung des Teileinkünfteverfahrens; übertragungsfähige Höchstbetrag 500.000 € × 60 % = 300.000 €).

Dadurch wird verhindert, dass der zur Hälfte steuerfreie Gewinn aus dem Anteilsverkauf durch die Übertragung auf das Gebäude bzw. das bewegliche Wirtschaftsgut in voll steuerverhaftete stille Reserven umgewandelt wird.

Beispiel:

Die A-GmbH & Co. KG (GmbH: 0 %; A: 100 %) erzielte in 09 aus dem Verkauf eines Aktienpakets einen Gewinn von 600.000 €, der auf ein in 09 fertiggestelltes neues Betriebsgebäude (HK 1.000.000 €) übertragen werden soll.

Lösung:

Der Gewinn aus dem Aktienverkauf ist bis zum Höchstbetrag von 500.000 € nach § 6b Abs. 10 EStG begünstigt. Der darüber hinausgehende Betrag (100.000 €) ist im Teileinkünfteverfahren zu besteuern (steuerpflichtiger Teil 60.000 €).
Von den Herstellungskosten des Gebäudes ist nur der steuerpflichtige Teil des Höchstbetrags (300.000 €) abzuziehen.
Damit steht das Gebäude mit (1.000.000 € ./. 300.000 € =) 700.000 € zu Buche (zugleich AfA-Bemessungsgrundlage).

2.10 Rücklagenbildung und -auflösung

Soweit im Wirtschaftsjahr des Anteilsverkaufs keine Reinvestition erfolgt oder (wahlweise) keine Rücklagenübertragung erfolgen soll, kann der Veräußerungsgewinn (stets einschließlich des steuerfreien Teils) bis zum Höchstbetrag von 500.000 € (für jeden Gesellschafter) in eine Rücklage eingestellt werden. **Eine Reinvestitionsabsicht ist dafür** nicht erforderlich.

Spätestens (wahlweise auch früher) zum Schluss des vierten auf den Anteilsverkauf folgenden Wirtschaftsjahres ist die noch nicht übertragene Rücklage aufzulösen. Der **Auflösungsbetrag** ist im (Halb-)Teileinkünfteverfahren **zu 50/40 % steuerfrei**, d.h. zu 50/60 % steuerpflichtig und erhöht den Gewinn des Auflösungsjahres. Zudem ist der Gewinn des Auflösungsjahres um jährlich 6 % des **steuerpflichtigen Teils** des Auflösungsbetrags zu erhöhen (Gewinnzuschlag).

Beispiel:

Die AB-OHG erzielt in 06 aus dem Verkauf einer GmbHBeteiligung einen Gewinn von 200.000 € (Kaufpreis 300.000 € ./. Buchwert 100.000 €). Diesen Gewinn stellte sie in voller Höhe in eine Rücklage nach § 6b Abs. 10 EStG ein. Bis zum Jahr 10 erfolgen keine begünstigten Reinvestitionen.

Lösung:

Die Rücklage ist im Jahr 10 wegen Zeitablauf zwingend aufzulösen. In der Gesamthandsbilanz kommt es dadurch zu einer Gewinnerhöhung i.H.v. 200.000 €.
Da der Auflösungsbetrag dem Halbeinkünfteverfahren unterliegt, d.h. nur zur Hälfte steuerpflichtig ist, muss außerbilanziell eine Gewinnabrechnung von 100.000 € vorgenommen werden.
Der steuerpflichtige Teil des Auflösungsbetrags (100.000 €) ist mit (4 × 6 %) 24 % zu verzinsen, d.h. es ergibt sich ein (außerbilanziell hinzurechnender) Gewinnzuschlag von 24.000 €.

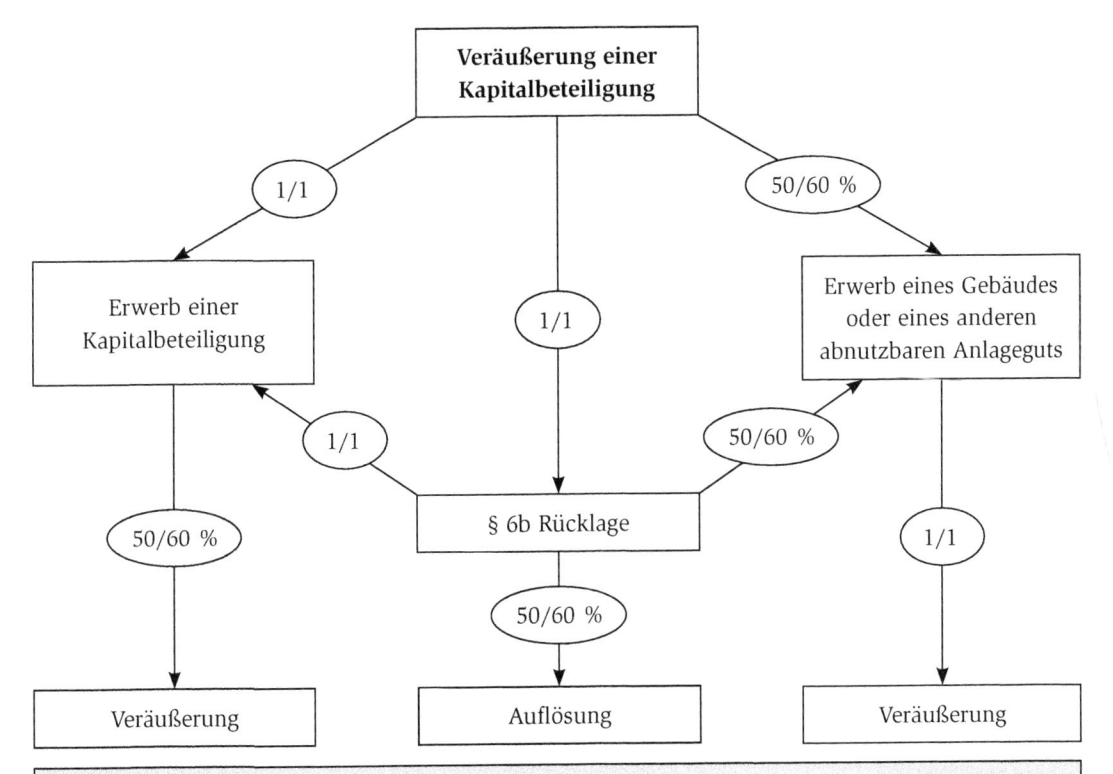

2. Veräußerung von Anteilen an Kapitalgesellschaften (§ 6b Abs. 10 EStG)

```
                    Veräußerung einer
                    Kapitalbeteiligung
          1/1                              50/60 %
         ↙                                    ↘
  Erwerb einer          1/1           Erwerb eines Gebäudes
  Kapitalbeteiligung                  oder eines anderen
                                      abnutzbaren Anlageguts
         ↑                                    ↑
        1/1                                 50/60 %
                    § 6b Rücklage
        ↑                                    ↑
      50/60 %                               1/1
                       50/60 %
         ↓                 ↓                  ↓
    Veräußerung         Auflösung         Veräußerung
```

Fall 54:

Sachverhalt 1:
An der X-KG sind A als Komplementär zu 80 % und B als Kommanditist zu 20 % beteiligt.
Die KG erzielt im Jahr 06 aus dem Verkauf eines Grundstücks einen Veräußerungsgewinn von 100.000 €, der auf ein in 06 für 300.000 € angeschafftes Ersatzgrundstück übertragen werden soll. B ist vor drei Jahren als Gesellschafter in die KG eingetreten.

Sachverhalt 2:
A, B und C sind zu je $1/3$ Gesellschafter der X-KG. Diese veräußert ein Grundstück mit einem Buchwert von 150.000 € für 300.000 €.
In Höhe der aufgelösten stillen Reserven von 150.000 € wird eine 6b-Rücklage gebildet. Gesellschafter C erfüllt die 6-Jahresfrist nicht.

Sachverhalt 3:
Einzelgewerbetreibender A, dessen Wirtschaftsjahr mit dem Kalenderjahr übereinstimmt, veräußerte im November 08 in seinem Einzelunternehmen ein seit 20 Jahren zum Betriebsvermögen gehörendes unbebautes Grundstück und erzielte dabei einen Veräußerungsgewinn von 100.000 €. A ist zugleich zu 30 % als Gesellschafter an der X-KG beteiligt. Die KG erwirbt im Februar 09 ein unbebautes Grundstück für 250.000 €.

Aufgabe: Zeigen Sie die für A steuerlich günstigste Lösung auf.

XV. Mitunternehmeranteile im Erbfall
1. Grundsätze zur steuerlichen Behandlung von Erbfall und Erbauseinandersetzung mit Betriebsvermögen

Der Übergang des Nachlasses vom Erblasser auf den (Allein-)Erben oder die Erbengemeinschaft ist ein **unentgeltlicher Vorgang**. Hinterlässt der Erblasser einen Betrieb, führt der Erbe oder die Erbengemeinschaft die Buchwerte fort (§ 6 Abs. 3 EStG).

Die laufenden Einkünfte sind ab dem Todestag dem Erben/der Erbengemeinschaft zuzurechnen.

Geht ein Betrieb auf eine Erbengemeinschaft über, werden die Erben Mitunternehmer i.S.v. § 15 Abs. 1 Nr. 2 EStG.

Geht auf die Erbengemeinschaft auch Privatvermögen über, können auch andere als gewerbliche Einkünfte vorliegen. Die „Abfärbetheorie" (§ 15 Abs. 3 Nr. 1 EStG) ist auf eine Erbengemeinschaft nicht anwendbar.

Bei der **Realteilung** einer Erbengemeinschaft, zu deren Vermögen ein Betrieb gehört, sind die Realteilungsregelungen zu beachten.

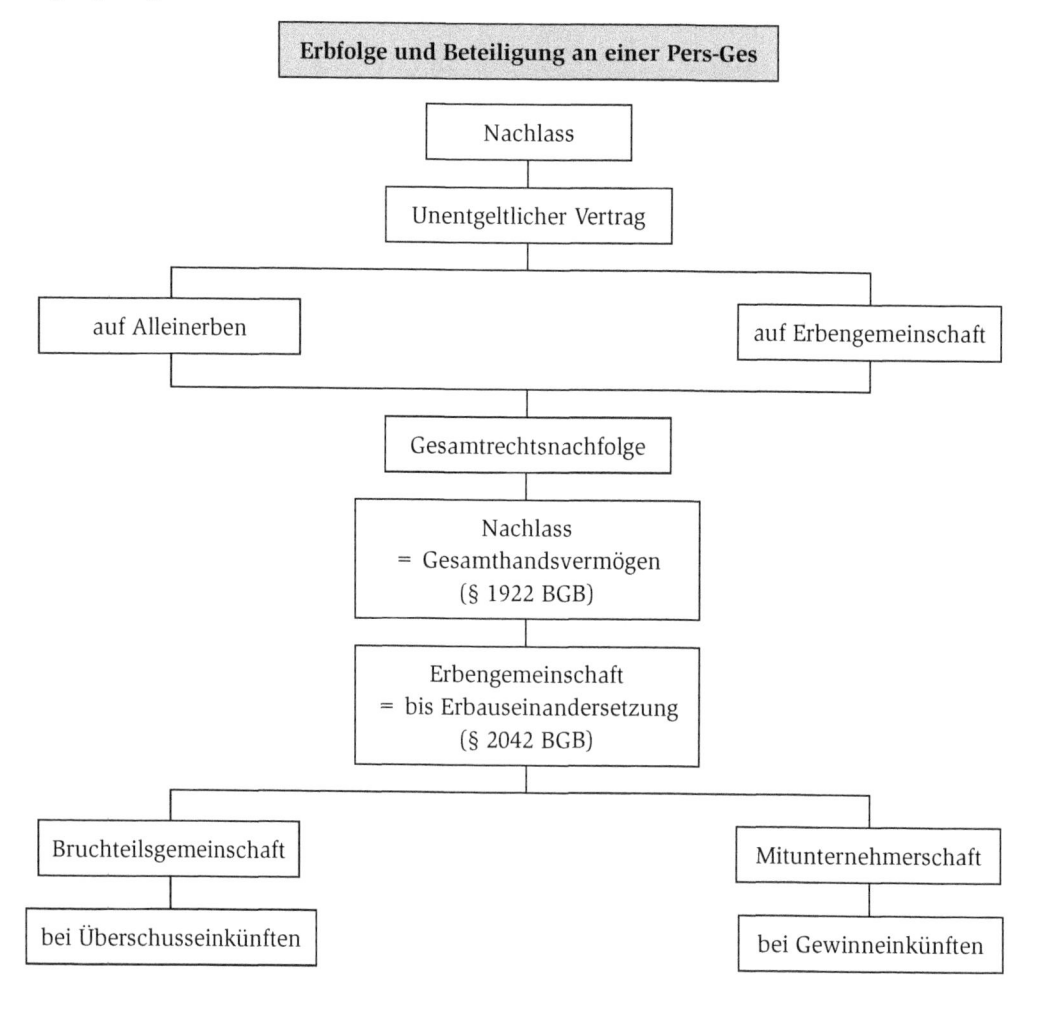

```
        Erbfolge und Beteiligung an einer Pers-Ges
                          │
                       Nachlass
                          │
                Unentgeltlicher Vertrag
                    │              │
            auf Alleinerben    auf Erbengemeinschaft
                          │
                  Gesamtrechtsnachfolge
                          │
                       Nachlass
                = Gesamthandsvermögen
                      (§ 1922 BGB)
                          │
                  Erbengemeinschaft
              = bis Erbauseinandersetzung
                      (§ 2042 BGB)
                    │              │
         Bruchteilsgemeinschaft    Mitunternehmerschaft
         bei Überschusseinkünften  bei Gewinneinkünften
```

2. Rechtsfolgen bei Tod eines Gesellschafters

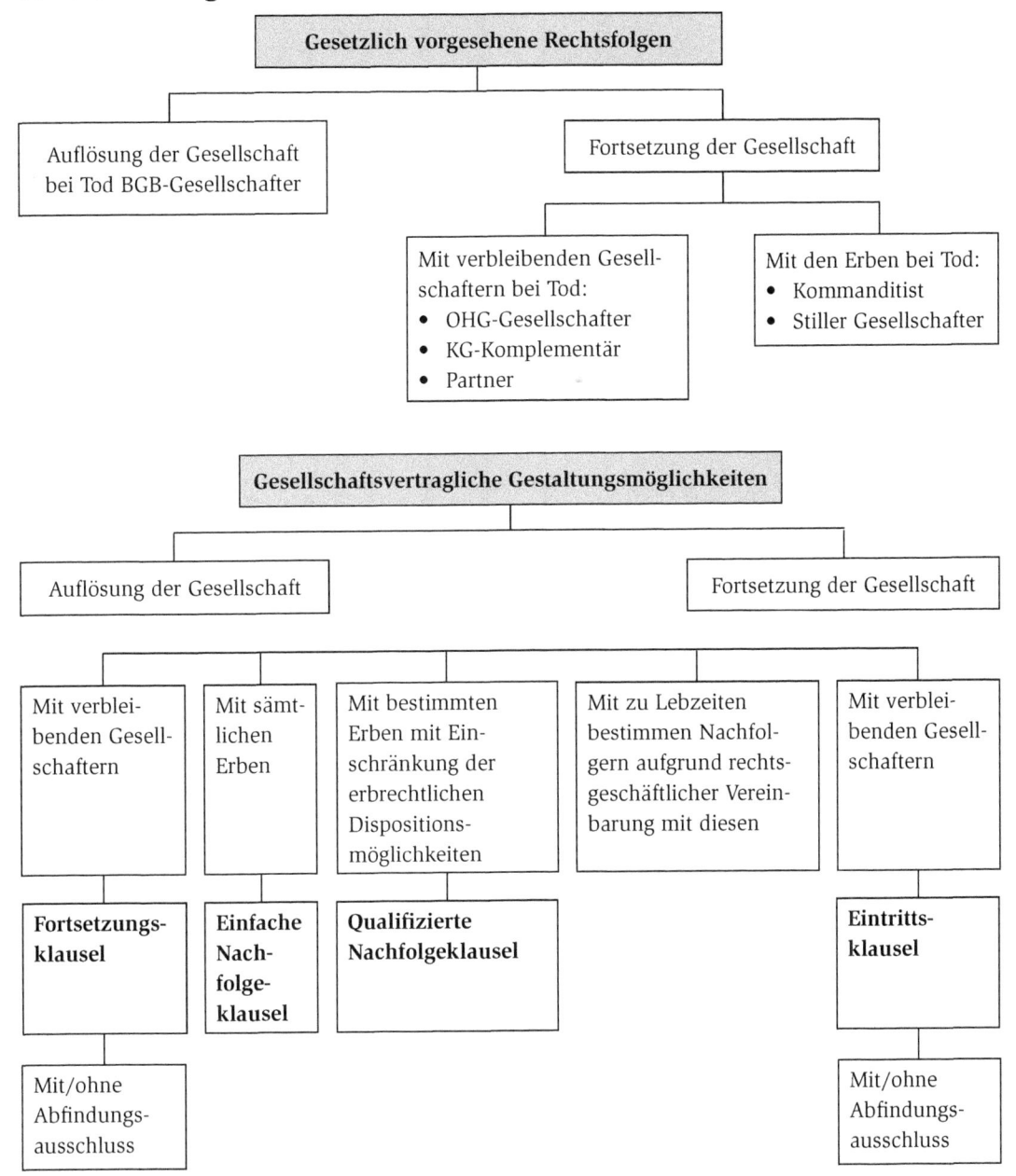

Gesetzlich vorgesehene Rechtsfolgen

- Auflösung der Gesellschaft bei Tod BGB-Gesellschafter
- Fortsetzung der Gesellschaft
  - Mit verbleibenden Gesellschaftern bei Tod:
    - OHG-Gesellschafter
    - KG-Komplementär
    - Partner
  - Mit den Erben bei Tod:
    - Kommanditist
    - Stiller Gesellschafter

Gesellschaftsvertragliche Gestaltungsmöglichkeiten

- Auflösung der Gesellschaft
- Fortsetzung der Gesellschaft
  - Mit verbleibenden Gesellschaftern → **Fortsetzungsklausel** → Mit/ohne Abfindungsausschluss
  - Mit sämtlichen Erben → **Einfache Nachfolgeklausel**
  - Mit bestimmten Erben mit Einschränkung der erbrechtlichen Dispositionsmöglichkeiten → **Qualifizierte Nachfolgeklausel**
  - Mit zu Lebzeiten bestimmen Nachfolgern aufgrund rechtsgeschäftlicher Vereinbarung mit diesen
  - Mit verbleibenden Gesellschaftern → **Eintrittsklausel** → Mit/ohne Abfindungsausschluss

2.1 Fortsetzungsklausel (Tz. 69 BMF-Schreiben vom 14.03.2006, BStBl I 2006, 253)

Zivilrecht

Die überlebenden Gesellschafter setzen die Gesellschaft fort; die Erben des verstorbenen Gesellschafters werden abgefunden. Der **Gesellschaftsanteil geht nicht auf die Erben** über. Er wächst den verbleibenden Gesellschaftern an.

Die Erben erlangen lediglich einen schuldrechtlichen Anspruch auf Abfindung (§ 738 BGB, § 105 Abs. 2 HGB, § 161 Abs. 2 HGB) gegenüber den verbleibenden Gesellschaftern.

Steuerrecht
Der Erblasser realisiert im Zeitpunkt seines Todes einen **tarifbegünstigten** Veräußerungsgewinn nach §§ 16 Abs. 4, 34 EStG in Höhe des **Unterschieds** zwischen dem **Abfindungsanspruch** nach dem Gesellschaftsvertrag und dem **Buchwert** seines Kapitalkontos im Todeszeitpunkt (BFH vom 26.03.1981, BStBl II 1981, 614).

Tz. 69 des BMF-Schreibens, a.a.O.:
Aufgabe des Mitunternehmeranteils des ausscheidenden Gesellschafters.

Wirtschaftlich betrachtet ist dieser Vorgang des Ausscheidens des Gesellschafters aus der Personengesellschaft unter Anwachsung seines Anteils bei den übrigen Gesellschaftern richtiger als Veräußerung zu werten.

Dementsprechend entstehen den zur Leistung der Abfindung verpflichteten verbleibenden Gesellschaftern **Anschaffungskosten** in Höhe der Abfindungsschuld (Aufstockung, wenn nicht ein Ausscheiden zum Buchwert erfolgt).

Sonderbetriebsvermögen
Wird mit dem Tod i.d.R. notwendiges Privatvermögen.

Der **gemeine Wert** dieses Sonderbetriebsvermögens ist analog § 16 Abs. 3 S. 3 EStG dem Abfindungsanspruch hinzuzurechnen und **erhöht** so den **tarifbegünstigten Veräußerungsgewinn**.

Übertragung eines Wirtschaftsguts zur Erfüllung des Abfindungsanspruchs
Bei dieser **Sachwertabfindung** erzielt die fortbestehende Personengesellschaft gleichzeitig einen **laufenden Veräußerungsgewinn** in Höhe des **Unterschieds** zwischen dem **Abfindungsanspruch** und dem zuvor **aufgestockten Buchwert** des Grundstücks.

2. Rechtsfolgen bei Tod eines Gesellschafters

```
                    ┌─────────────────────────────────────────┐
                    │  Erbfolge und Beteiligung an einer Pers-Ges │
                    └─────────────────────────────────────────┘
                                      │
                    ┌─────────────────────────────────┐
                    │ Vereinbarung im Gesellschaftsvertrag │
                    └─────────────────────────────────┘
                                      │
                         ┌──────────────────────┐
                         │  Fortsetzungsklausel │
                         └──────────────────────┘
                                      │
                              ┌──────────┐
                              │   Erben  │
                              └──────────┘
                                ┌─┴─┐
              ┌─────────────────┘   └─────────────────┐
    ┌──────────────────────────┐           ┌──────────────────────┐
    │ Überlebender Gesellschafter │           │  Erben werden abgefunden │
    └──────────────────────────┘           └──────────────────────┘
                  │                                     │
    ┌──────────────────────────┐           ┌──────────────────────┐
    │  setzt Gesellschaft fort │           │   keine Übertragung  │
    └──────────────────────────┘           │  Gesellschaftsanteil │
                  │                        └──────────────────────┘
    ┌──────────────────────────┐                       │
    │        Anwachsung        │           ┌──────────────────────────┐
    └──────────────────────────┘           │  Privater Abfindungsanspruch │
                  │                        │  gegenüber verbleibenden │
    ┌──────────────────────────┐           │       Gesellschaftern    │
    │      AK in Höhe der      │           └──────────────────────────┘
    │     Abfindungsschuld     │
    └──────────────────────────┘
```

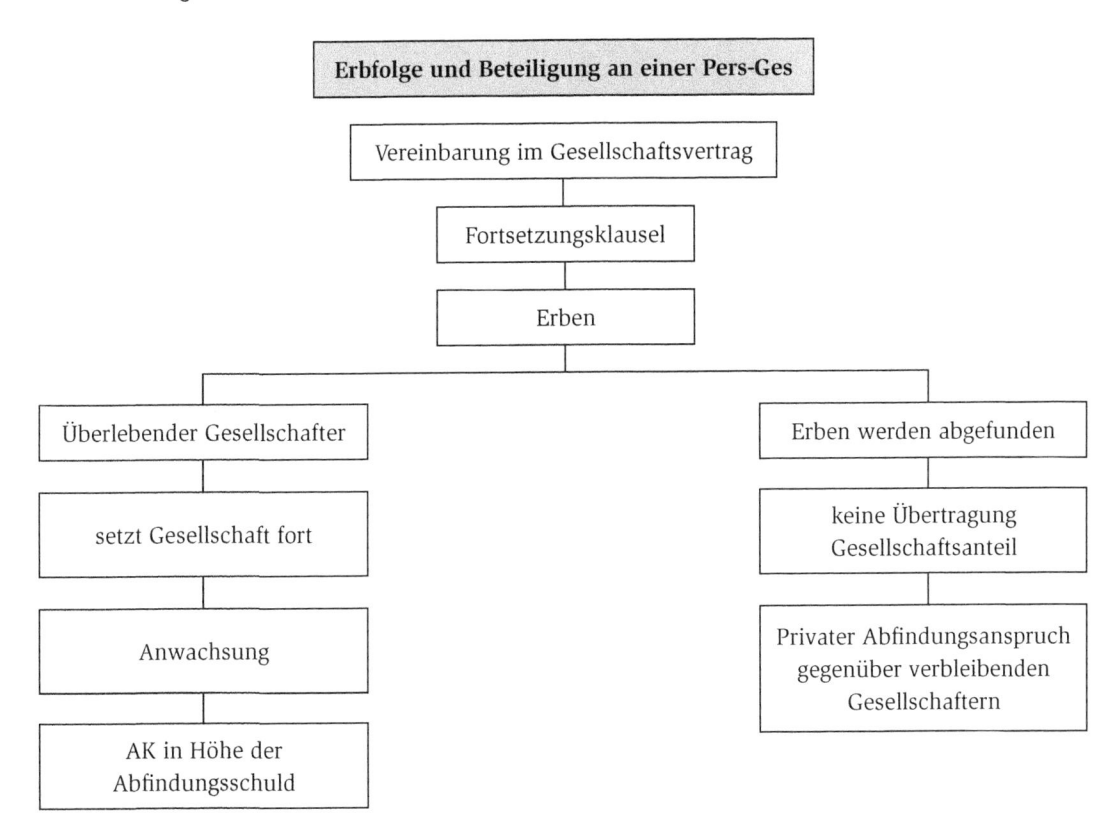

2.2 Eintrittsklausel (Tz. 70 BMF-Schreiben)

In diesem Fall wird **einem oder mehreren Erben** lediglich das **Recht** eingeräumt, in die Gesellschaft einzutreten.

Bis zur Ausübung dieses Wahlrechts durch den/die Erben wird die Gesellschaft zunächst mit den **verbleibenden** Gesellschaftern fortgeführt.

a) Die **Erben treten nicht** in die Personengesellschaft **ein** und erhalten eine **Abfindungszahlung** von den verbleibenden Gesellschaftern

   Rechtsfolgen wie bei Vereinbarung einer **Fortsetzungsklausel** (Erblasser erzielt tarifbegünstigten Veräußerungsgewinn, wenn Abfindungsanspruch höher als Buchkapital; verbleibenden Gesellschafter stocken Buchwerte um die realisierten stillen Reserven auf).

b) **Eintritt innerhalb von 6 Monaten nach dem Erbfall**

   Die Regelungen über **einfache bzw. qualifizierte Nachfolgeklausel** sind entsprechend anzuwenden. Die Erben gelten als vom Todestag an als Mitunternehmer. Sie übernehmen daher den Gesellschaftsanteil des Erblassers gem. § 6 Abs. 3 EStG zum Buchwert.

   Tritt nur einer der Erben ein, wird er mit dem Todestag zum Mitunternehmer. Die Ausgleichszahlung(en) an den/die nicht eintretenden Erben führt nicht zu Anschaffungskosten.

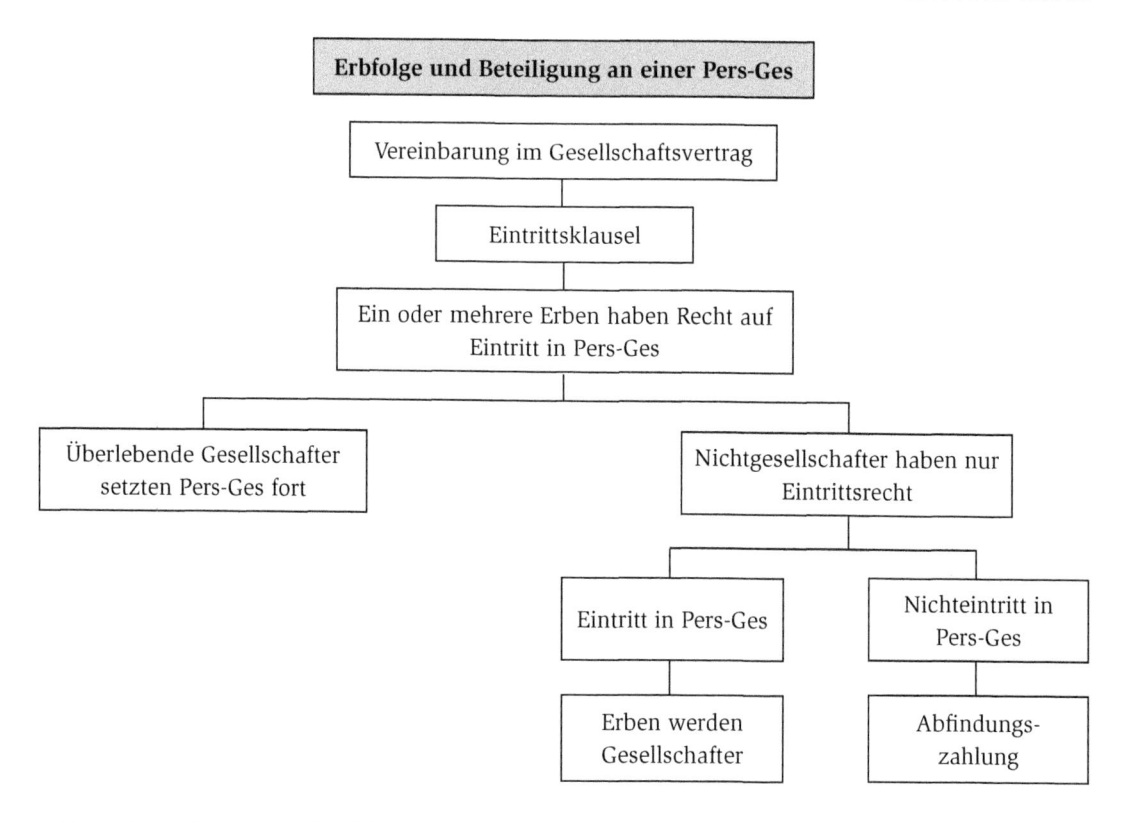

```
                    ┌─────────────────────────────────────────┐
                    │ Erbfolge und Beteiligung an einer Pers-Ges │
                    └─────────────────────────────────────────┘
                                       │
                    ┌─────────────────────────────────────┐
                    │   Vereinbarung im Gesellschaftsvertrag │
                    └─────────────────────────────────────┘
                                       │
                         ┌──────────────────────┐
                         │   Eintrittsklausel    │
                         └──────────────────────┘
                                       │
                    ┌─────────────────────────────────────┐
                    │ Ein oder mehrere Erben haben Recht auf │
                    │         Eintritt in Pers-Ges          │
                    └─────────────────────────────────────┘
                          │                          │
        ┌─────────────────────────┐      ┌─────────────────────────┐
        │ Überlebende Gesellschafter │     │ Nichtgesellschafter haben nur │
        │  setzten Pers-Ges fort    │      │       Eintrittsrecht        │
        └─────────────────────────┘      └─────────────────────────┘
                                           │                    │
                                ┌──────────────────┐   ┌──────────────────┐
                                │ Eintritt in Pers-Ges │   │  Nichteintritt in  │
                                │                    │   │     Pers-Ges      │
                                └──────────────────┘   └──────────────────┘
                                           │                    │
                                ┌──────────────────┐   ┌──────────────────┐
                                │  Erben werden      │   │   Abfindungs-     │
                                │  Gesellschafter    │   │     zahlung        │
                                └──────────────────┘   └──────────────────┘
```

2.3 Einfache Nachfolgeklausel (Tz. 71 BMF-Schreiben, a.a.O.)

Dabei handelt es sich um eine gesellschaftsvertragliche Regelung, wonach die Gesellschaft beim Tod eines Gesellschafters **mit allen Erben** dieses Gesellschafters fortgesetzt wird.

Rechtsfolge

Alle Miterben sind **unentgeltliche Rechtsnachfolger** des verstorbenen Gesellschafters Mitunternehmer, sie führen die **Buchwerte** des Verstorbenen fort (§ 6 Abs. 3 EStG).

Der **Erblasser** hat **keinen Veräußerungs- oder Entnahmegewinn**. Die **Erben haben keine Anschaffungskosten**, auch dann nicht, wenn sie Vermächtnis-, Pflichtteils- oder Erbersatzansprüche zu erfüllen haben.

Zivilrechtlich (handelsrechtlich) sind diese Mitunternehmeranteile der Erben vom Erblasser direkt gesondert auf die Erben übergegangen.

2. Rechtsfolgen bei Tod eines Gesellschafters

```
┌─────────────────────────────────────────────┐
│   Erbfolge und Beteiligung an einer Pers-Ges │
└─────────────────────────────────────────────┘
                      │
        ┌─────────────────────────────┐
        │ Vereinbarung im Gesellschaftsvertrag │
        └─────────────────────────────┘
                      │
           ┌──────────────────────┐
           │ Einfache Nachfolgeklausel │
           └──────────────────────┘
                      │
        ┌─────────────────────────────────┐
        │ Pers-Ges wird mit allen Erben fortgesetzt │
        └─────────────────────────────────┘
                      │
           ┌──────────────────────────┐
           │         Regelfall:       │
           │ Unentgeltliche Rechtsnachfolge, │
           │         § 6 Abs. 3 EStG         │
           │     (Buchwertfortführung)       │
           └──────────────────────────┘
```

2.4 Qualifizierte Nachfolgeklausel (Tz. 72 BMF-Schreiben)

Im Gesellschaftsvertrag ist geregelt, dass nicht alle Miterben, sondern **nur einer oder einzelne von mehreren Miterben** dem Erblasser in seiner Gesellschafterstellung nachrücken (Nachfolger-Miterbe).

Zivilrechtlich (handelsrechtlich) geht damit der Gesellschaftsanteil des verstorbenen Gesellschafters unmittelbar, in vollem Umfang und unverändert nur auf den oder die qualifizierten Nachfolger-Miterben über.

Rechtsfolge

Die **anderen Miterben** werden **nicht Gesellschafter**, sie erlangen auch keinen gesellschaftsrechtlichen Abfindungsanspruch gegen die Gesellschaft, sondern nur einen auf Erbrecht beruhenden **schuldrechtlichen Wertausgleichsanspruch** gegenüber den/dem qualifizierten Nachfolger-Miterben, der/die in die Gesellschafterstellung eingerückt ist/sind.

Ertragsteuerlich sind nur die **qualifizierten** Miterben, nicht dagegen auch die nichtqualifizierten Miterben als **Mitunternehmer** anzusehen (BFH vom 23.05.2002, BStBl II 1992, 512).

Es findet auch **kein Durchgangserwerb** der qualifizierten Miterben über die Erbengemeinschaft aller Miterben statt, die qualifizierten Miterben werden vielmehr dem Zivilrecht (Handelsrecht) folgend unmittelbar und unverändert unentgeltliche Rechtsnachfolger des verstorbenen Erblasser-Gesellschafters und führen infolgedessen die **Buchwerte** des Mitunternehmeranteils fort.

Dies hat weiter zur Folge, dass Abfindungen an die nicht qualifizierten Miterben weder zu **Veräußerungsgewinnen** bei den nicht qualifizierten Miterben noch zu **Anschaffungskosten** bei den qualifizierten Miterben führen. Die Wertausgleichsschuld und ggf. ihre Refinanzierung wertet die BFH-Rechtsprechung als Privatschuld.

Sonderbetriebsvermögen des Erblassers wird zivilrechtlich Gesamthandsvermögen der Erbengemeinschaft. Es gehört in Höhe der Erbquote des qualifizierten Miterbens zu dessen Sonderbetriebsvermögen und in Höhe der Erbquote des nicht qualifizierten Miterben zum notwendigen Privatvermögen.

Folge: Insoweit entsteht ein nichtbegünstigter Entnahmegewinn des Erblassers.

Die Aufdeckung von stillen Reserven beim Sonderbetriebsvermögen kann z.B. vermieden werden, durch:
- eine Schenkung im Rahmen einer vorweggenommenen Erbfolge, oder
- Alleinerbschaft des Nachfolgers mit Vermächtnissen zugunsten der Enterbten.

Erbfolge und Beteiligung an einer Pers-Ges

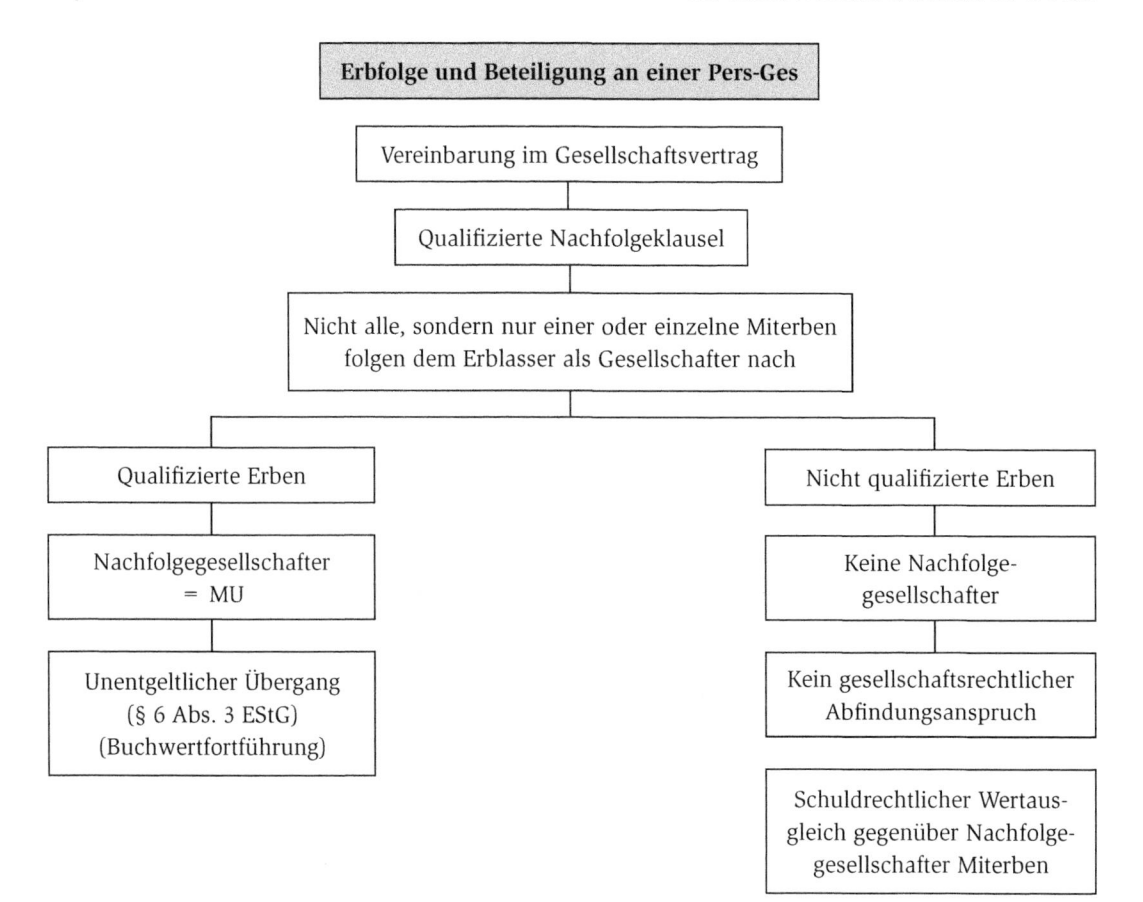

Vereinbarung im Gesellschaftsvertrag

Qualifizierte Nachfolgeklausel

Nicht alle, sondern nur einer oder einzelne Miterben folgen dem Erblasser als Gesellschafter nach

Qualifizierte Erben

Nachfolgegesellschafter = MU

Unentgeltlicher Übergang (§ 6 Abs. 3 EStG) (Buchwertfortführung)

Nicht qualifizierte Erben

Keine Nachfolgegesellschafter

Kein gesellschaftsrechtlicher Abfindungsanspruch

Schuldrechtlicher Wertausgleich gegenüber Nachfolgegesellschafter Miterben

XVI. Besonderheiten bei Familiengesellschaften

1. Begriff
Ausschließlich oder überwiegend Angehörige i.S.v. § 15 AO, i.d.R. Eltern mit ihren minderjährigen Kindern, sind an OHG, KG, GbR oder atypisch stillen Gesellschaft beteiligt.

2. Voraussetzungen für die steuerliche Anerkennung
Die Voraussetzungen für die steuerliche Anerkennung sind:
- eine Mitunternehmerschaft liegt vor,
- der Gesellschaftsvertrag ist zivilrechtlich wirksam und wird durchgeführt,
- die Familienangehörigen genießen volle Gesellschaftsrechte (**H 15.9 Abs. 2 < Allgemeines > EStH**),
- die Gewinnverteilung ist angemessen.

3. Zivilrechtliche Voraussetzungen
Verträge zwischen Eltern und ihren **(minderjährigen) Kindern** sind davon abhängig, dass der abgeschlossene Gesellschaftsvertrag zivilrechtlich wirksam ist.
Zivilrechtliche Formerfordernisse bei Beteiligung minderjähriger Kinder:
- **Bestellung eines Ergänzungspflegers (§ 1909 BGB)**
  Minderjährige Kinder können bei Vertragsabschluss nicht rechtswirksam durch ihre Eltern vertreten werden (§ 1795 Abs. 2 BGB i.V.m. § 181 BGB: „Selbstkontrahierungsverbot").
  Daher ist für jedes Kind ein Pfleger zu bestellen. Hingegen ist die Bestellung eines Dauerergänzungspflegers für den Zeitraum der Minderjährigkeit und der Gesellschafterstellung des Kindes nicht erforderlich.

> **Beispiel:**
>
> Einzelunternehmer A gründet mit seinen beiden minderjährigen Kindern Anton und Berta eine KG. Die Kinder wurden bei Vertragsabschluss nicht durch einen Ergänzungspfleger vertreten.
>
> **Folgen:**
> - Die KG kann steuerlich nicht anerkannt werden kann, da sie zivilrechtlich nicht wirksam zustande gekommen ist.
> - Das Unternehmen ist weiterhin als Einzelunternehmen zu behandeln. Eine gesonderte und einheitliche Feststellung des Gewinns findet nicht statt.

- **Notarielle Beurkundung**
  Bei Schenkung einer Beteiligung am Gesamthandsvermögen der Familienpersonengesellschaft an ein Kind bedarf das Schenkungsversprechen grundsätzlich der notariellen Beurkundung (§ 518 Abs. 1 BGB).
  Die notarielle Beurkundung (bei einer GbR, OHG, KG = Außengesellschaften) ist dann nicht notwendig, wenn die schenkweise eingeräumte Beteiligung durch Kapitalumbuchung in der Buchführung und durch Ausweis der Beteiligung des Kindes vollzogen wird (§ 518 Abs. 2 BGB: Heilung durch Vollzug der Schenkung).

> **Beachte!** Diese Heilungsmöglichkeit besteht nur bei Beteiligung eines Kindes an einem Gesamthandsvermögen, nicht jedoch bei Innengesellschaften.
> Wird das Kind z.B. lediglich als stiller Gesellschafter beteiligt, ist immer notarielle Beurkundung erforderlich, weil das eintretende Kind durch die Umbuchung des Kapitals nicht Miteigentümer des Vermögens geworden ist. Das Kind hat nur einen schuldrechtlichen Anspruch.

- **Genehmigung durch das Familiengericht**
  Der Abschluss des Gesellschaftsvertrags mit dem minderjährigen Kind bedarf der Genehmigung durch das Familiengericht (§ 1822 Nr. 3 i.V.m. § 1643 Abs. 1 BGB). Eine rückwirkend ausgesprochene Genehmigung kann steuerlich grundsätzlich nicht anerkannt werden (maximal 2 Monate).
  Ausnahme: Das Kind wird nicht am Verlust beteiligt (**H 15.9 Abs. 2** < Familiengerichtliche Genehmigung > EStH).

4. Schenkung der Beteiligung

Bei einer schenkweise begründeten Beteiligung eines Kindes kann eine Mitunternehmerstellung nur angenommen werden, wenn dem Kind wenigstens annäherungsweise diejenigen Rechte eingeräumt sind, die einem Kommanditisten nach dem HGB zukommen.

Maßstab ist das nach dem HGB für den Kommanditisten vorgesehene Regelstatut (**H 15.9 Abs. 2** < Allgemeines > EStH).

5. Steuerliche Wirksamkeitsvoraussetzungen

Ist der Gesellschaftsvertrag zivilrechtlich wirksam zustande gekommen, wird er steuerlich nur dann anerkannt, wenn die Vertragsbedingungen auch zwischen Fremden üblich sind.

Beurteilt wird das Gesamtbild der Verhältnisse.

6. Tatsächliche Durchführung des Gesellschaftsvertrages

Die steuerliche Anerkennung eines Gesellschaftsverhältnisses erfolgt nur, wenn es auch tatsächlich durchgeführt wird:
- Der Eigentumswechsel bezüglich des Gesellschaftsanteils muss durch eine selbständige Kontenführung für die Kinder dokumentiert werden (für die minderjährigen Kinder sind selbständige Kapital- und Privatkonten zu führen).
- Der auf die Kapitalanteile der Kinder entfallende Gewinn ist ihren Verrechnungskonten gut zu schreiben.
- Die Eltern dürfen die Gewinnanteile der Kinder nicht entnehmen und für eigene Zwecke verwenden (BFH vom 05.09.1986, BStBl II 1986, 802).
- Die Verfügungsmacht der Kinder über den Gewinnanteil darf nicht zu stark eingeschränkt sein; betrieblich bedingte Entnahmebeschränkungen sind zulässig, müssen dann jedoch für alle Gesellschafter gelten (**H 15.9 Abs. 2** < Verfügungsbeschränkungen > EStH).

Folgen:
Liegen die Voraussetzungen für eine Anerkennung des Gesellschaftsverhältnisses dem Grunde nach nicht vor, ist steuerlich der Gewinn bei einer schenkweise begründeten Beteiligung des Kindes dem Schenker zuzurechnen.

Es liegt eine Einkommensverwendung vor, die steuerlich unbeachtlich ist (§ 12 Nr. 2 EStG).

7. Prüfungsschema

Es ergeben sich folgende Prüfungen:
- Besteht eine formwirksam begründete Beteiligung am Gesamthandsvermögen der Personengesellschaft einschließlich der stillen Reserven?
- Ist das Familienmitglied (Kind) am Gewinn und Verlust beteiligt?
- Sind die Kontroll- und Kündigungsrechte einschließlich Einsicht in die Auseinandersetzungsbilanz beim Ausscheiden gewährleistet (nach dem im HGB für einen Kommanditisten vorgesehen Regelstatut)?

- Bestehen keine anderen Verträge oder Abmachungen neben dem Gesellschaftsvertrag, die das Mitunternehmer-Verhältnis betreffende einschränkende Regelungen enthalten (z.B. Erbverträge, Vermächtnisregelungen, Schenkungsverträge, usw.)?
- Kann das Familienmitglied (Kind) ohne außerbetrieblich veranlasste Beschränkungen über zustehende Gewinnanteile verfügen (Entnahmerecht)?

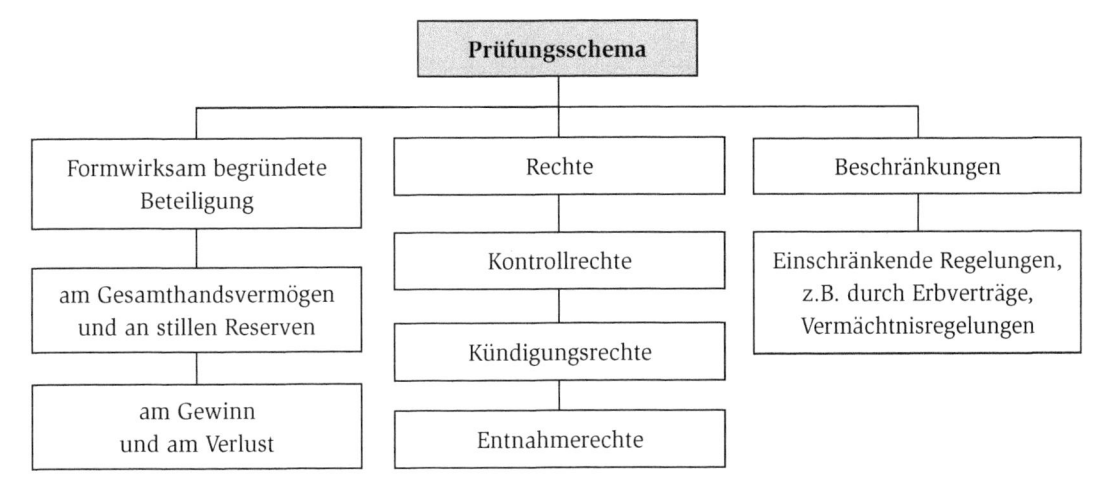

```
                          Prüfungsschema
         ┌────────────────────┼────────────────────┐
Formwirksam begründete      Rechte            Beschränkungen
     Beteiligung              │                     │
         │              Kontrollrechte      Einschränkende Regelungen,
 am Gesamthandsvermögen        │            z.B. durch Erbverträge,
  und an stillen Reserven  Kündigungsrechte   Vermächtnisregelungen
         │                     │
    am Gewinn              Entnahmerechte
   und am Verlust
```

8. Angemessenheit der Gewinnverteilung

8.1 Höhe des angemessenen Gewinnanteils

Die Gewinnverteilung ist unabhängig von der Anerkennung der Familiengesellschaft dem Grunde nach zu überprüfen (R 15.9 Abs. 3 EStR). Für die Prüfung der Angemessenheit der Gewinnverteilung ist die Form des Beteiligungserwerbs entscheidend.

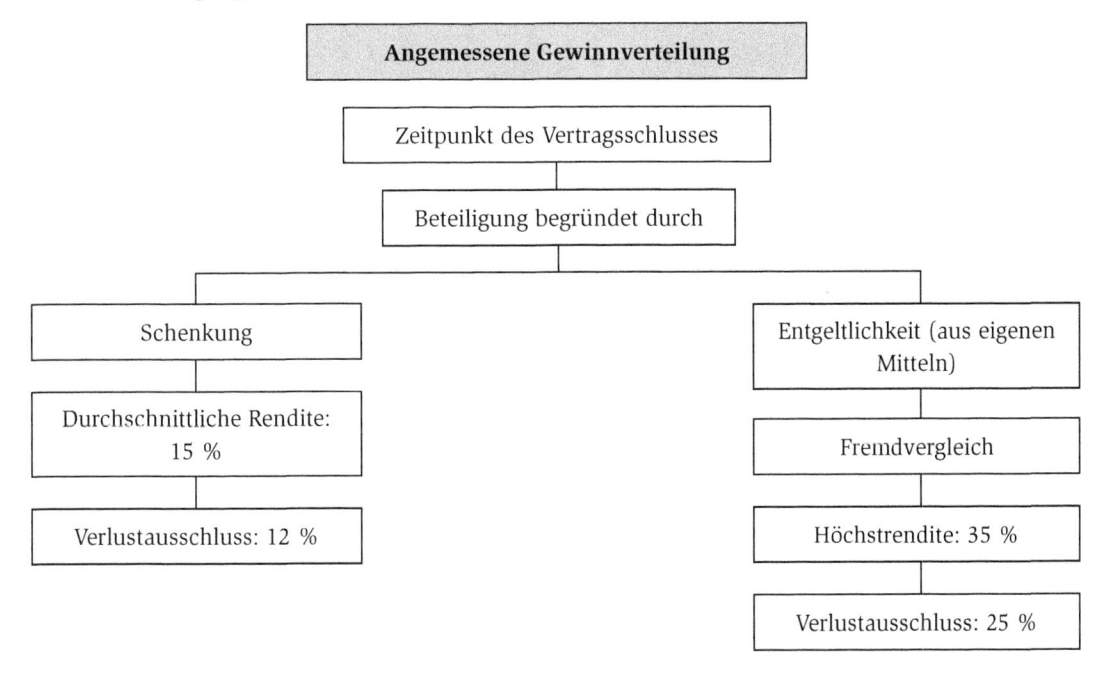

```
                Angemessene Gewinnverteilung
                           │
                Zeitpunkt des Vertragsschlusses
                           │
                Beteiligung begründet durch
                ┌──────────┴──────────┐
           Schenkung            Entgeltlichkeit (aus eigenen
                │                       Mitteln)
                │                          │
    Durchschnittliche Rendite:         Fremdvergleich
           15 %                            │
                │                    Höchstrendite: 35 %
    Verlustausschluss: 12 %               │
                                   Verlustausschluss: 25 %
```

8.1.1 Schenkweise überlassene Beteiligung

Die Gewinnverteilungsabrede ist als angemessen anzusehen, wenn zum Zeitpunkt des Vertragsabschlusses eine durchschnittliche Rendite von nicht mehr als 15 % des tatsächlichen (gemeinen) Werts der Beteiligung (bei Ausschluss der Verlustbeteiligung 12 %) zu erwarten ist (**H 15.9 Abs. 3 < Allgemeines > EStH**).

> **Beachte!**
> - Berechnungsgrundlage der Rendite ist nicht das Nominalkapital (Kapitalkonto I), sondern der **tatsächliche Wert der Beteiligung.**
>   Deshalb ist zunächst der reale Wert der Personengesellschaft zu berechnen (einschließlich stiller Reserven mit Firmenwert).
>   Dieser ist dann entsprechend den Gesellschaftsanteilen auf die Gesellschafter aufzuteilen.
> - Abzustellen ist auf den **nachhaltig erzielbaren Restgewinn**. Dieser ergibt sich i.d.R. aus einem Zeitraum von fünf Jahren (**H 15.9 Abs. 3 < Allgemeines > EStH**).
>   Vergütungen für besondere Gesellschafterleistungen (z.B. Geschäftsführung, Haftung) werden abgezogen.
> - Die **Obergrenze** des Gewinnanteils ist in folgenden Schritten zu ermitteln:
>   – Die **Höchstrendite** von 15 % ist in einen fiktiven Gewinnanteil umzurechnen.
>   – Der so ermittelte fiktive Gewinnanteil ist in Bezug zum Restgewinn zu setzen.
>   – Der höchstmögliche Gewinnanteil ist zu berechnen.
> - Liegt der tatsächliche Gewinnanteil über dem höchstzulässigen, so ist der übersteigende Teil auf die anderen Gesellschafter zu verteilen, sofern nicht auch bei ihnen eine Begrenzung zu beachten ist (**H 15.9 Abs. 3 < Allgemeines > EStH**).

> **Fall 55:**
> A nimmt sein Kind B unter Gründung einer KG unentgeltlich durch Schenkung eines Gesellschaftsanteils zum Buchwert in sein Unternehmen auf.
>
> Buchkapital A: 200.000 €
> Buchkapital B: 50.000 € (tatsächlicher Wert 100.000 €)
> Vorabvergütung A: 75.000 €
> Gewinnverteilung: 80 : 20
> Nachhaltig erzielbarer Gewinn: 375.000 €
>
> Im Jahr 06 hat die KG einen Gewinn laut GuV von 400.000 € erzielt und wie folgt verteilt:
>
> | | | A | B |
> |---|---:|---:|---:|
> | Gewinn lt. GuV | 400.000 € | | |
> | Vorabgewinn A | ./. 75.000 € | + 75.000 € | |
> | Restgewinn 80 : 20 | **325.000 €** | 260.000 € | 65.000 € |
> | Gewinnanteile | | **335.000 €** | **65.000 €** |
>
> **Aufgabe:** Wie ist der Fall zu behandeln?

Die Obergrenzen gelten auch für mitunternehmerische Unterbeteiligungen

Neues BFH-Urteil vom 09.10.2001 (BStBl II 2002, 460):

Sachverhalt:

Schenkweise übertragene atypische, d.h. mitunternehmerschaftliche Unterbeteiligung, bei der dem Unterbeteiligten eine quotale, d.h. in der gleichen Höhe festgelegte, Gewinnbeteiligung eingeräumt worden war.

8. Angemessenheit der Gewinnverteilung

Der BFH hat dabei die Heranziehung der **15 %-Obergrenze** jedenfalls dann für **unzulässig** erklärt, **wenn** die **Hauptbeteiligung an einer fremden KG** besteht.

Er rechnet in diesem Fall den quotalen Gewinn dem Unterbeteiligten auch dann zu, wenn er zu mehr als 15 % des Wertes der Unterbeteiligung führt.

Eine Korrektur der quotalen Gewinnbeteiligung des Unterbeteiligten sei nur zulässig, wenn der Gewinnanteil des Hauptbeteiligten auch **Sonderleistungen des Hauptbeteiligten** gegenüber der Personengesellschaft berücksichtige, die nicht anteilig auch dem Unterbeteiligten zugerechnet werden können (z.B. Dienstleistungen des Hauptbeteiligten für die Personengesellschaft oder günstige Darlehen des Hauptbeteiligten an die Personengesellschaft).

8.1.2 Entgeltlich erworbene Beteiligung

Die Angemessenheit der Gewinnverteilung richtet sich nach den Grundsätzen des Fremdvergleichs.

Nach der BFH-Rechtsprechung kann hierbei von einer angemessenen Höchstrendite von 35 % ausgegangen werden (BFH vom 16.12.1981, BStBl II 1982, 387).

Bei **Ausschluss der Verlustbeteiligung** sind dies **25 %** (BFH vom 12.05.1992, BFH/NV 1994, 103).

8.2 Veränderung der Gewinnverteilung

Eine im **Zeitpunkt des Vertragsabschlusses** angemessene Gewinnverteilung bleibt grundsätzlich so lange bestehen, bis eine wesentliche Veränderung der Verhältnisse eintritt, bei der auch fremde Dritte eine Korrektur des Verteilungsschlüssels vornehmen würden.

> **Rechtsprechung!**
> Ist in dem Gesellschaftsvertrag einer Familienpersonengesellschaft, durch den die minderjährigen Kinder des Hauptgesellschafters als Kommanditisten in die KG aufgenommen werden, bestimmt, dass Beschlüsse in der Gesellschafterversammlung abweichend vom Einstimmigkeitsprinzip des § 119 Abs. 1 HGB mit einfacher Mehrheit zu fassen sind, steht diese Vertragsklausel der Anerkennung der Kinder als Mitunternehmer nicht entgegen. Eine solche Klausel ist dahin auszulegen, dass sie nur Beschlüsse über die laufenden Geschäfte der KG betrifft (BFH vom 07.11.2000, BStBl II 2001, 186).

XVII. Besonderheiten bei der GmbH & Co. KG

1. Allgemeines

1.1 Begriff

Bei der GmbH & Co. KG handelt es sich um eine KG, bei der eine Kapitalgesellschaft Komplementär (Vollhafter) ist (§ 161 Abs. 1 HGB, § 19 Abs. 2 HGB). Natürliche Personen halten das Kommanditkapital. I.d.R. sind die Kommanditisten auch gleichzeitig Gesellschafter (und Geschäftsführer) der Komplementär-GmbH (**GmbH & Co. KG „im engeren Sinn"**). Es bestehen jeweils zwei rechtlich selbständige Gesellschaften.

1.2 Geschäftsführung

Zur Geschäftsführung einer KG ist grundsätzlich jeder Komplementär befugt, die Kommanditisten sind von der Geschäftsführung im Rahmen des gewöhnlichen Geschäftsbetriebs ausgeschlossen (§ 164 HGB). Abweichende gesellschaftsvertragliche Regelungen sind möglich.

Bei der **typischen GmbH & Co. KG**, bei der eine GmbH einzige Komplementärin ist, ist diese zur Geschäftsführung befugt. Da die GmbH als juristische Person nur durch ihre Organe, d.h. durch den Geschäftsführer handeln kann, ist dieser auch zur Geschäftsführung bei der KG berechtigt.

Zwischen der GmbH & Co. KG und den Geschäftsführern der GmbH ergeben sich keine unmittelbaren rechtlichen Beziehungen, da die Bestellung und Abberufung der Geschäftsführer eine interne Angelegenheit der GmbH ist.

1.3 Vertretung

Entsprechend den Regeln der KG steht die Vertretung der KG ebenfalls der GmbH als Komplementärin zu (§ 170 HGB). Die Kommanditisten sind von der Vertretung zwingend ausgeschlossen.

1.4 Haftung

In der GmbH & Co. KG haftet (nur) die KomplementärGmbH unbeschränkt, d.h. unabhängig von der Höhe ihrer Einlage mit ihrem ganzen Vermögen. Die Kommanditisten haften wie bei der „Normal-KG" nur bis zur Höhe ihrer Einlage.

1.5 Mitunternehmerschaft bei einer GmbH & Co. KG

Die GmbH & Co. KG ist wie eine „normale" KG kein selbständiges Besteuerungssubjekt im Sinne des Ertragsteuerrechts. Die Gewinnanteile werden den beteiligten natürlichen Personen als Einkünfte aus Gewerbebetrieb zugerechnet und der ESt unterworfen.

Der Gewinnanteil der Komplementär-GmbH unterliegt der KSt.

1.5.1 Mitunternehmerstellung der Komplementär-GmbH

Die **Komplementär-GmbH** ist im Hinblick auf ihre volle Außenhaftung für die KG-Schulden und ihre Geschäftsführungs- und Vertretungsbefugnis in aller Regel **Mitunternehmer**.

Es ist ohne Bedeutung, ob die Komplementär-GmbH am Vermögen und am Gewinn/Verlust beteiligt ist, ob sie für ihre Tätigkeit und ihr Haftungsrisiko eine gewinnabhängige oder nur eine feste Vergütung erhält (**H 15.8 Abs. 1 „KomplementärGmbH" EStH**).

1.5.2 Mitunternehmerschaft der Kommanditisten

Die Kommanditisten sind wie bei der „normalen" KG regelmäßig Mitunternehmer, obwohl sie keine oder eine nur geringe Mitunternehmerinitiative haben (§ 166 HGB: nur Kontrollrechte) und ihre Haftung auf ihre Einlage beschränkt ist.

2. Betriebsvermögen
2.1 Steuerliches Betriebsvermögen
Eine GmbH & Co. KG hat steuerliches Betriebsvermögen, wenn sie:
- eine gewerbliche Tätigkeit im Sinne von § 15 Abs. 2 EStG ausübt,
- eine freiberufliche oder land- und forstwirtschaftliche Tätigkeit im Sinne der §§ 13 bzw. 18 EStG ausübt oder
- ein Fall des § 15 Abs. 3 Nr. 2 EStG (gewerblich geprägte Personengesellschaft) vorliegt.

Nur wenn die GmbH & Co. KG ausschließlich vermögensverwaltend tätig ist und die Voraussetzungen des § 15 Abs. 3 Nr. 2 EStG nicht gegeben sind, hat sie kein steuerliches Betriebsvermögen, sondern Privatvermögen.

2.2 Sonderbetriebsvermögen
2.2.1 Allgemeines
Die Regelungen über Sonderbetriebsvermögen gelten auch bei der GmbH & Co. KG. Dies gilt selbst dann, wenn die Komplementär-GmbH als Kapitalgesellschaft in ihrem handelsrechtlichen Gesellschaftsvermögen befindliche Wirtschaftsgüter der GmbH & Co. KG überlässt. Die überlassenen Wirtschaftsgüter stellen notwendiges Sonderbetriebsvermögen der GmbH bei der KG dar (BFH vom 18.07.1979, BStBl II 1979, 750).

Zum notwendigen Sonderbetriebsvermögen gehören nicht nur die Wirtschaftsgüter, die unmittelbar der KG zur Nutzung überlassen werden (notwendiges Sonderbetriebsvermögen I), sondern auch die einem Mitunternehmer gehörenden Wirtschaftsgüter, die unmittelbar seiner Beteiligung an der Personengesellschaft dienen (notwendiges Sonderbetriebsvermögen II).

2.2.2 Anteile an der Komplementär-GmbH
Die Anteile an der Komplementär-GmbH gehören grundsätzlich dann zum notwendigen Sonderbetriebsvermögen II des Kommanditisten, wenn sich die GmbH auf das Halten der Beteiligung an der KG und die Geschäftsführung für die KG beschränkt oder nur einen eigenen Geschäftsbetrieb von ganz untergeordneter Bedeutung unterhält (BFH vom 11.12.1990, BStBl II 1991, 510).

Sie sind in der Regel **kein notwendiges SBV II** des Kommanditisten, wenn seine **Beteiligung an der Komplementär-GmbH weniger als 10 %** beträgt (BFH vom 16.04.2015, BStBl II 2015, 705).

Unterhält die Komplementär-GmbH neben ihrer Stellung als Vollhafterin und Geschäftsführerin der KG einen eigenen Geschäftsbetrieb von nicht ganz untergeordneter Bedeutung, stellen die Anteile i.d.R. dann kein notwendiges Sonderbetriebsvermögen II dar, wenn beide Gesellschaften **gleichrangig nebeneinanderstehen** (BFH vom 07.07.1992, BStBl II 1993, 328).

2.2.3 Geschäftsbeziehungen
Eine Abweichung von dieser Regelbeurteilung ist allerdings dann geboten, wenn die GmbH aufgrund von **Geschäftsbeziehungen** auch wirtschaftlich mit der GmbH & Co. KG verflochten ist.

Die GmbH-Anteile gehören dann zum notwendigen Sonderbetriebsvermögen II der Kommanditisten bei der GmbH & Co. KG, wenn die Geschäftsbeziehungen zur GmbH aus der Sicht der GmbH & Co. KG von nicht geringer Bedeutung sind.

2.2.4 Beherrschung in der Komplementär-GmbH
Besteht zwischen der GmbH & Co. KG und der Komplementär-GmbH neben einer engen wirtschaftlichen Verflechtung auch ein Beherrschungsverhältnis eines Mitunternehmers (allein oder mit anderen) in der Kapitalgesellschaft, ist regelmäßig davon auszugehen, dass die Beteiligung an der Kapitalgesellschaft zum Sonderbetriebsvermögen II des (der) Mitunternehmer(s) rechnet.

Der (die) Mitunternehmer haben insoweit die Möglichkeiten auf die Geschäftsführung in der Kapitalgesellschaft Einfluss zu nehmen und können im wirtschaftlichen Interesse der Personengesellschaft tätig werden.

Beherrscht ein Mitunternehmer (allein oder mit anderen) die **Kapitalgesellschaft** nicht, müssen andere Beweisanzeichen für die Frage, ob die Beteiligung an der Kapitalgesellschaft zur Stärkung der Beteiligung der Mitunternehmer an der Personengesellschaft bestimmt ist, vorliegen.

Zuordnung der Anteile von Kommanditisten an Komplementär-GmbH zum Sonderbetriebsvermögen

Fallgestaltungen	GmbH-Anteil Notwendiges Sonder-BV II?
I. Regelbeurteilung **1. GmbH beschränkt sich auf Geschäftsführung und übt diese aus:** • **Keine** andere gewerbliche Tätigkeit • Gewerbliche Tätigkeit von nur ganz untergeordneter Bedeutung **2. GmbH hat Geschäftsbetrieb von nicht ganz untergeordneter Bedeutung** **3.** (beide Gesellschaften stehen gleichrangig nebeneinander) **Abweichung wegen wirtschaftlicher Verflechtung: Geschäftsbeziehungen sind aus Sicht der GmbH & Co. KG von nicht geringer Bedeutung**	 uneingeschränkt ja uneingeschränkt ja nein ja
II. GmbH ist Komplementärin für mehrere GmbH & Co. KG • GmbH beschränkt sich auf Geschäftsführung für GmbH & Co. KG • GmbH unterhält eigenen Geschäftsbetrieb von nicht ganz untergeordneter Bedeutung – Geschäftsbeziehungen nur zu einer GmbH & Co. KG, aus deren Sicht von nicht geringer Bedeutung – Geschäftsbeziehungen zu mehreren GmbH & Co. KG, aus deren Sicht nicht von geringer Bedeutung	 ja (Bilanzierung bei der **zuerst gegründeten** GmbH & Co. **KG**, zwingende Folge des zeitlichen Ablaufs) ja ja (Bilanzierung bei der **zuerst gegründeten** GmbH & Co. **KG**, zwingende Folge des zeitlichen Ablaufs)

Fallgestaltungen	GmbH-Anteil Notwendiges Sonder-BV II?
III. Keine gesellschaftsrechtliche Beteiligung der GmbH an der GmbH & Co. KG 1. Gesellschafter halten Beteiligung an GmbH & Co. KG und an GmbH, Gesellschaften sind jedoch nicht verbunden (keine wirtschaftliche Verflechtung)	i.d.R. nein
1.1 Ausnahme: • Besonders enge wirtschaftliche Verflechtung, eine Gesellschaft erfüllt eine wesentliche wirtschaftliche Funktion für die andere Gesellschaft, und der/die Gesellschafter beherrschen die Kap-Ges	ja
• Der/die Gesellschafter beherrschen nicht die Kap-Ges: abzustellen ist auf die Möglichkeit der Einflussnahme auf die Geschäftsführung in der Kap-Ges	ggf. ja

2.3 Gewinnausschüttungen

2.3.1 Offene Gewinnausschüttungen

Offene Gewinnausschüttungen der Komplementär-GmbH an die Kommanditisten sind für die im Sonderbetriebsvermögen gehaltenen GmbH-Anteile bei der Gewinnermittlung der KG als **Sonderbetriebseinnahmen** zu erfassen.

Daher sind die Ansprüche aus Gewinnausschüttung bereits **mit Beschlussfassung** und nicht erst bei Zufluss als gewerbliche Einnahmen (§ 20 Abs. 8 EStG) zu erfassen.

Die **Gewinnauszahlung** (i.d.R.) auf das Privatkonto stellt dann eine **Entnahme** (einschließlich Steuerabzug) **aus dem Sonderbetriebsvermögen** dar.

2.3.2 Verdeckte Gewinnausschüttungen

Über das Vorliegen und über die Höhe von verdeckten Gewinnausschüttungen ist im Gewinnfeststellungsverfahren bei der KG zu entscheiden (BFH vom 25.07.1979, BStBl II 1980, 51).

Erhält die GmbH weniger Gewinn als ihr zusteht bzw. angemessen ist, liegt eine vGA vor.

Die tatsächliche Gewinnverteilung ist entsprechend der angemessenen Gewinnverteilung **steuerlich zu korrigieren**.

Wären nur natürliche Personen an der KG beteiligt, wäre mit der Korrektur das ertragsteuerlich Erforderliche getan. Die **tatsächliche Gewinnverteilung** stellt jedoch insoweit **eine verdeckte Gewinnausschüttung** dar.

Dies bedeutet, dass die steuerlichen Korrekturen entsprechend der Fiktion vorzunehmen sind, als habe die **GmbH ihren angemessenen Gewinnanteil erhalten und anschließend an ihre Gesellschafter (verdeckt) ausgeschüttet**.

Da die GmbH-Anteile der Kommanditisten **notwendiges SBV** bei der KG sind, stellen die verdeckt ausgeschütteten Gewinne **Sonderbetriebseinnahmen** der KG dar. Durch die vGA erhöhen sich die Gewinnanteile der Kommanditisten A und B und der steuerliche Gesamtgewinn der KG.

Eine Hinzurechnung der vGA bei der Einkommensermittlung der GmbH scheidet dagegen aus, weil durch die Korrektur der Gewinnverteilung die vGA schon im Gewinnanteil der GmbH erfasst wurde.

3. Gewinnermittlung

Da die GmbH & Co. KG eine Personengesellschaft ist, gelten dieselben Grundsätze wie bei allen Mitunternehmerschaften.

Folgende Besonderheiten sind zu beachten.

3.1 Geschäftsführergehälter

3.1.1 Der Geschäftsführer der GmbH ist nicht an der KG beteiligt

Zahlt die GmbH das Gehalt an den Geschäftsführer, der nicht Kommanditist bei der KG ist, liegen für die GmbH Sonderbetriebsausgaben vor, die insoweit im Rahmen der einheitlichen und gesonderten Gewinnfeststellung zu berücksichtigen sind (soweit sich das Gehalt auf die Geschäftsführung bei der GmbH & Co. KG bezieht).

Fall 56:

(Aus Vereinfachungsgründen ohne USt)

An der Z-GmbH & Co. KG sind beteiligt:
- Komplementär: GmbH mit 10 %,
- Kommanditisten: G und H mit jeweils 45 %.

Der Handelsbilanzgewinn der GmbH & Co. KG beträgt 200.000 €. Der Komplementär-GmbH entstehen für ihren Geschäftsführer A Gehaltsaufwendungen in Höhe von 100.000 €. Die GmbH erhält die Kosten für den Geschäftsführer von der KG ersetzt und zahlt sodann an den Geschäftsführer A.

Buchungen bei der KG:
Geschäftsführungskosten 100.000 an Bank 100.000

Buchungen bei der GmbH:
Gehälter   80.000
Soz. Aufwendungen   20.000   an Bank   100.000
Bank   100.000   an Erlöse aus Kostners. 100.000

Alternative: Wie zuvor, Gesellschafter/Geschäftsführer der X-GmbH ist jedoch Kommanditist G.

Aufgabe: Nehmen Sie bilanzsteuerrechtlich Stellung.

3.1.2 Der Geschäftsführer ist an der KG als Kommanditist beteiligt

Das Geschäftsführergehalt (einschließlich der gesetzlichen und freiwilligen sozialen Abgaben) stellt aufgrund der Mitunternehmerstellung eine **Sondervergütung des Kommanditisten** im Sinne von § 15 Abs. 1 Nr. 2 S. 1 EStG dar.

Hat die GmbH daneben noch einen eigenen Geschäftsbetrieb und erhält der Kommanditist auch dafür eine Geschäftsführervergütung, liegen bei der GmbH insoweit abzugfähige Betriebsausgaben vor. Der Geschäftsführer erzielt insoweit Einkünfte aus nichtselbständiger Arbeit im Sinne von § 19 EStG.

3.2 Pensionszusage

Für eine Pensionszusage an einen Geschäftsführer, der zugleich Kommanditist ist, sind in der Steuerbilanz GmbH Rückstellungen nach den Grundsätzen des § 6a EStG zu bilden.

Der bei der Gewinnermittlung der Personengesellschaft ergebende Aufwand der GmbH ist durch gleich hohen Ansatz des Pensionsanspruchs in der Sonderbilanz des begünstigten Gesellschafters (**korrespondierende Bilanzierung**) auszugleichen.

Erfüllt die GmbH später ihre Ruhegehaltsverbindlichkeit, so sind die Zahlungen mit den in der bzw. in den Sonderbilanzen aktivierten Ansprüchen zu verrechnen.

Verzichtet dagegen die GmbH auf die Bildung einer Rückstellung, dann kann auch innerhalb der Gewinnermittlung der KG kein Sonderaufwand der GmbH mit der Folge anfallen, dass die Aktivierung von Ansprüchen in der Sonderbilanz des Kommanditisten-Geschäftsführers bzw. in den Sonderbilanzen aller Kommanditisten entfällt.

Wenn die GmbH in diesem Falle später ihre Ruhegehaltsverbindlichkeit erfüllt, entsteht Sonderaufwand der GmbH im Zeitpunkt der Zahlung. Gleichzeitig fallen aber auch gleich hohe Sondervergütungen im Sinn des § 15 Abs. 1 Nr. 2 und Satz 2 EStG beim Kommanditisten-Geschäftsführer an.

4. Gewinnverteilung

Bei einer GmbH & Co. KG sind die Kommanditisten regelmäßig gleichzeitig auch Gesellschafter der Komplementär-GmbH. Es ist deshalb insbesondere darauf zu achten, dass die Gewinnverteilung der KG zwischen Komplementär-GmbH auf der einen und den Kommanditisten auf der anderen Seite nicht nachteilig für die Komplementärin ist.

Bei der Prüfung der Angemessenheit der Gewinnverteilung ist zu unterscheiden, ob die **GmbH kapitalmäßig an der KG beteiligt** ist **oder ohne vermögensmäßige Beteiligung** lediglich die Komplementärstellung als Vollhafterin innehat.

Hierbei sind folgende Faktoren abzugelten:

Arbeitseinsatz

Arbeitseinsatz der Komplementär-GmbH für die Geschäftsführungstätigkeit (§ 164 HGB). Die GmbH kann hierfür von der KG einen Aufwendungsersatz (Abgeltung der Kosten des GmbH-Geschäftsführers, dessen Haupttätigkeit im Führen der Geschäfte der KG liegt) erhalten oder entsprechend höher am Gesamtgewinn der KG beteiligt sein.

Übernahme des Haftungsrisikos

Eine Vergütung hierfür ist nur erforderlich, wenn sie ein erhöhtes Haftungsrisiko trägt, also über nicht der KG zur Verfügung gestelltes Vermögen verfügt, mit dem sie den Gläubigern der KG unbeschränkt haftet.

In diesem Fall hat sie Anspruch auf eine banktübliche Avalprovision (BFH vom 03.02.1977, BStBl II 1977, 346) 5 % des Haftungskapitals (i.d.R. 2-6 % üblich).

Stellt die GmbH lediglich ihre eingezahlte Stammeinlage der KG darlehensweise oder als Einlage zur Verfügung und besitzt sie kein weiteres Vermögen, entfällt eine Vergütung für erhöhtes Haftungsrisiko.

Verzinsung des Kapitaleinsatzes

Hat die GmbH keine Vermögenseinlage in die KG zu erbringen (= typische GmbH & Co. KG), ist ein Entgelt für ihren Kapitaleinsatz nicht zu gewähren.

Ist die GmbH dagegen vermögensmäßig beteiligt, liegt eine vGA nicht vor, wenn sie (neben Auslagenersatz und u.U. Haftungsvergütung) eine Beteiligung am Gewinn erhält, mit der sich auch eine aus Gesellschaftsfremden bestehende GmbH zufriedengegeben würde. Dies ist i.d.R. bei einer 20–30 %igen Rendite auf den Kapitaleinsatz der Fall (BFH vom 15.11.1967, BStBl II 1968, 175).

Erhält die GmbH zu niedrige Entgelte für ihre Leistungen, liegt bei Beteiligung der Kommanditisten an der GmbH eine verdeckte Gewinnausschüttung vor, da die GmbH der KG und damit mittelbar ihren eigenen Gesellschaftern Vorteile zuwendet, die ein fremder Geschäftsleiter der KG bzw. deren Gesellschaftern nicht gewährt hätte.

Eine vGA kann demnach z.B. vorliegen bei:
- einer unangemessen niedrigen Gewinnbeteiligung der Komplementär-GmbH,
- einer unangemessen niedrigen Vergütung für die Geschäftsführung,
- einer fehlenden Vergütung für die Übernahme des Haftungsrisikos durch die Komplementär-GmbH.

Beispiel:				
An der A-GmbH & Co. KG sind beteiligt:				
• Komplementär: B-GmbH (Anteilseigner D und E zu jeweils 50 %; die B-GmbH ist nicht vermögensmäßig an der KG beteiligt keine Einlage),				
• Kommanditisten: D und E mit einer Beteiligung von je 50 %.				
Die Geschäftsführung erfolgt durch einen fremden Dritten. Der Kostenersatz hierfür ist angemessen. Für die Übernahme des Haftungsrisikos erhält die GmbH von der KG keinen Ersatz. Angemessen sind 7.000 €. Der Handelsbilanzgewinn beträgt 200.000 €.				
Gewinnverteilung:				
Sachverhalt	Insgesamt	GmbH	D	E
Gewinn lt. Handelsbilanz	200.000 €	0 €	96.500 €	96.500 €
Korrektur wegen vGA	+ 7.000 €	+ 7.000 €		
Sonderbetriebseinnahmen			3.500 €	3.500 €
Zusammen	207.000 €	7.000 €	100.000 €	100.000 €

Fall 57:
K1 und K2 sind mit 50 % an der X GmbH & Co. KG beteiligt.
Der Handelsbilanzgewinn 06 beträgt 100.000 €. Laut Gesellschaftsvertrag soll der Gewinn auf die Kommanditisten im Verhältnis 50 : 50 verteilt werden.
Die Geschäftsführung hat ein Dritter übernommen, der von der KG direkt bezahlt wurde. Für die Übernahme des Haftungsrisikos wäre ein Gewinnanteil der GmbH in Höhe von 5.000 € angemessen, der jedoch nicht bezahlt wurde.
Aufgabe: Nehmen Sie steuerrechtlich Stellung.

Umwandlung
Eine GmbH & Co. KG kann durch Ausscheiden des vorletzten Gesellschafters zu einer Umwandlung in eine GmbH erfolgen (Anwachsungsmodell).
Dies geschieht aber außerhalb des UmwStG.

Exkurs: Besondere handelsrechtliche Rechnungslegung nach § 264a HGB
1. Sonderposten für aktivierte Anteile an der Komplementär GmbH
Für Anteile an ihren Komplementärgesellschaften ist in Höhe des aktivierten Betrags nach dem Posten „Eigenkapital" einen Sonderposten unter der Bezeichnung „Ausgleichsposten für aktivierte eigene Anteile" zu bilden (§ 264c Abs. 4 Satz 2 HGB).

Der **Sonderposten ist aus Rücklagen oder aus dem Jahresüberschuss** zu bilden, entsprechend § 272 Abs. 4 HGB).

Reichen Rücklagen und Jahresüberschuss nicht aus, ist der restliche Betrag von den **Kapitalanteilen** abzubuchen.

2. Steuern
Auf Gewinnanteile entfallende **persönliche Steuern der Gesellschafter** sind nicht Teil des Jahresergebnisses der Gesellschaft, die auch nicht Steuersubjekt ist. Im Interesse der **Vergleichbarkeit** mit dem Abschluss einer Kapitalgesellschaft bei der die Körperschaftsteuer ertragsmindernd berücksichtigt wird – kann nach **§ 264c Abs. 3 S. 2 HGB** in der GuV nach dem Posten „Jahresüberschuss/Jahresfehlbetrag" ein dem Steuersatz der Komplementär-Gesellschaft entsprechender **fiktiver Steueraufwand** der Gesellschaf-

ter offen abgesetzt oder hinzugerechnet werden (Bemessungsgrundlage für den fiktiven Steueraufwand = zu versteuerndes Einkommen nach körperschaftsteuerlichen Regelungen).

3. Verlustanteile
§ 264c Abs. 2 HGB verlangt, dass der auf den persönlich haftenden Gesellschafter entfallende Verlust vom Kapitalanteil abzuschreiben ist (entsprechendes für Kommanditisten, § 264c Abs. 2 S. 6 HGB). Verluste führen abgesehen von möglichen abweichenden Vereinbarungen nicht zu Forderungen der Gesellschaft gegen die Gesellschafter.

Übersteigen Verluste die Kapitalanteile (§ 264c Abs. 2 S. 3 bis 6 HGB) sind die übersteigenden Verluste als nicht **durch Vermögenseinlagen gedeckte Verlustanteile der** persönlich haftenden Gesellschafter und/oder Kommanditisten am Schluss der Bilanz auf der Aktivseite (§ 268 Abs. 3 HGB) getrennt auszuweisen. Dies ist gegenüber § 264c Abs. 2 Satz 1 HGB Spezialvorschrift, sodass es in der Bilanz nicht zum Ausweis eines Jahresfehlbetrags oder eines Verlustvortrags kommt.

4. Ausweis von Entnahmen
Entnahmen zulasten des Kapitalanteils eines Gesellschafters sind von diesem **abzuschreiben**. Übersteigen sie den Kapitalanteil, sind sie auf der Aktivseite der Bilanz ggf. neben den ebenfalls dort auszuweisenden Verlusten als durch Entnahmen entstandenes negatives Kapital der persönlich haftenden Gesellschafter und/oder der Kommanditisten getrennt auszuweisen.

5. Ausweis von Forderungen und Verbindlichkeiten gegenüber Gesellschaftern
Forderungen gegen Gesellschafter und Verbindlichkeiten gegenüber Gesellschaftern von Personenhandelsgesellschaften, die die besonderen Bestimmungen des § 264c Abs. 1 HGB nicht beachten müssen, sind im Falle wesentlicher Beträge aus Gründen der Bilanzklarheit **getrennt von den übrigen Forderungen und Verbindlichkeiten** der Gesellschaft auszuweisen oder durch Vermerk kenntlich zu machen.

Literaturhinweis: BBK F 14, 1385.

XVIII. Doppelstöckige Personengesellschaft

§ 15 Abs. 1 Satz 1 Nr. 2 Satz 2 EStG:
Die **Gesellschafter der Obergesellschaft gelten als** mittelbar an der Untergesellschaft Beteiligte zugleich als **Mitunternehmer der Untergesellschaft.**

```
Mitunternehmer ─────────────┐
       │                    │
       ▼                    │
┌──────────────────────┐    │
│ Personengesellschaft A│   ══▶  Obergesellschaft
└──────────────────────┘    │
       │ Mitunternehmerin   │
       ▼                    │      § 15 Abs. 1 Nr. 2 S. 2 EStG
┌──────────────────────┐    │      mittelbarer Mitunternehmer von B
│ Personengesellschaft B│◀──┘
└──────────────────────┘
```

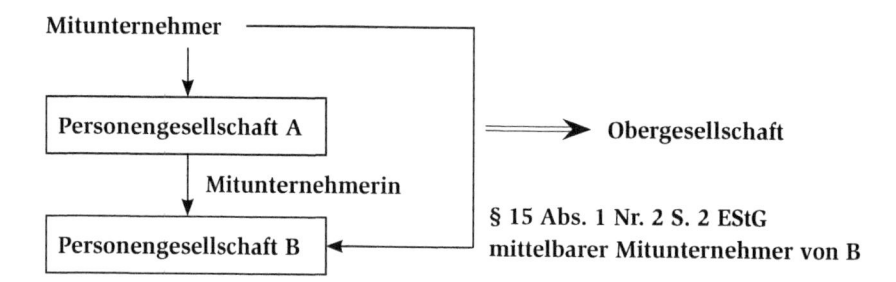

Mittelbare Beteiligung
§ 15 Abs. 1 Nr. 2 Satz 2 EStG

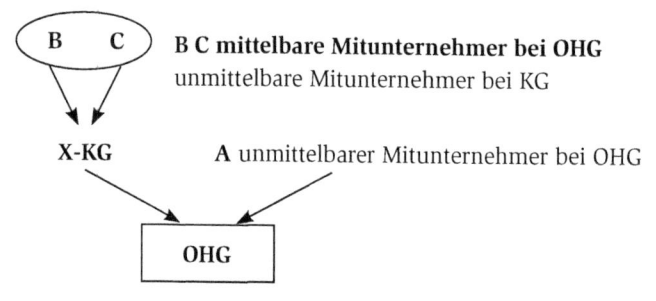

```
  ( B  C )     B C mittelbare Mitunternehmer bei OHG
   │  │        unmittelbare Mitunternehmer bei KG
   ▼  ▼
  X-KG         A unmittelbarer Mitunternehmer bei OHG
   │
   ▼
 ┌─────┐
 │ OHG │
 └─────┘
```

Daraus ist abzuleiten:
- Die **Gesellschafter der Obergesellschaft** beziehen nach dem Grundgedanken des § 15 Abs. 1 Satz 1 Nr. 2 EStG **sowohl von der Obergesellschaft als auch** über diese mittelbar von der **Untergesellschaft** mit allen Vergütungen für ihre Gesellschaftsbeiträge (Gewinnanteile **der Obergesellschaft**, Vorabvergütungen für Tätigkeiten, Überlassung von Wirtschaftsgütern, Zinsen **für Darlehen von der Obergesellschaft** sowie Vergütungen für Tätigkeit, **Überlassung von** Wirtschaftsgütern und Zinsen für Darlehen von der Untergesellschaft) **einheitlich und in vollem Umfang Gewinnanteile aus Gewerbebetrieb** gem. § 15 EStG (R 15.8 Abs. 2 EStR).
- **Sämtliche** Regelungen für Sonderbetriebsvermögen **(I und II)** gelten sinngemäß.
- Die **Gewinnermittlung und Gewinnverteilung** der Obergesellschaft bleibt von der Wirkung bei der Untergesellschaft **unberührt.**
- Bei der Untergesellschaft ist die (mittelbare) Mitunternehmerschaft der Gesellschafter der Obergesellschaft in der gesonderten und einheitlichen **Gewinnfeststellung der Untergesellschaft** zu erfassen.
- Alle **Gewinnanteile und Sonderbetriebsausgaben** der (mittelbaren) Mitunternehmer sind bei **der Untergesellschaft** den (mittelbaren) Mitunternehmern unmittelbar (also nicht der Obergesellschaft) **zuzurechnen.**

Es spielt keine Rolle, ob an der Obergesellschaft oder Untergesellschaft dieselben Personen beteiligt sind.

XVIII. Doppelstöckige Personengesellschaft

Beispiel:

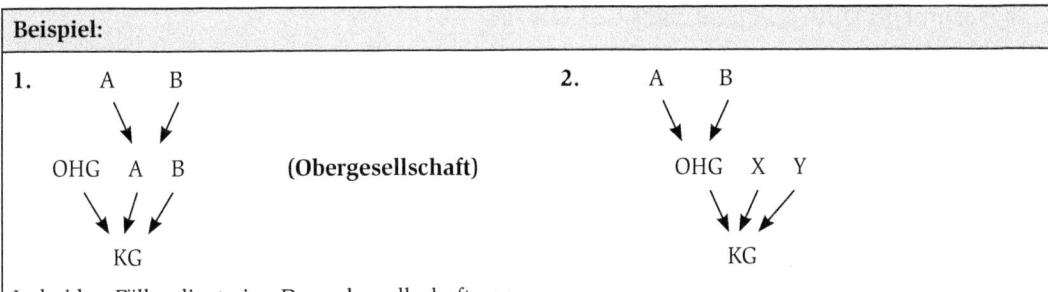

1. A   B   2. A   B
    ↓ ↓   ↓ ↓
   OHG A B   (Obergesellschaft)   OHG X Y
      ↓ ↓ ↓   ↓ ↓ ↓
        KG   KG

In beiden Fällen liegt eine Doppelgesellschaft vor.

Rechtsbeziehungen:

	Leistungsgeber (leistet und erhält Vergütung)	Leistungsnehmer	Leistungsnehmer EStG
Beispiel 1:	OHG	KG	§ 15 Abs. 1 S. 1 Nr. 2 S. 1 (bei KG)
1.	A, B	OHG	§ 15 Abs. 1 S. 1 Nr. 2 S. 1 (bei OHG)
2.	A, B	KG	§ 15 Abs. 1 S. 1 Nr. 2 S. 1 (bei KG)
3.			
Beispiel 2:			
1.	OHG	KG	§ 15 Abs. 1 S. 1 Nr. 2 S. 1 (bei KG)
2.	A, B	OHG	§ 15 Abs. 1 S. 1 Nr. 2 S. 1 (bei OHG)
3.	A, B	KG	§ 15 Abs. 1 S. 1 Nr. 2 S. 2! (bei KG)

Grundfall einer Doppelgesellschaft:

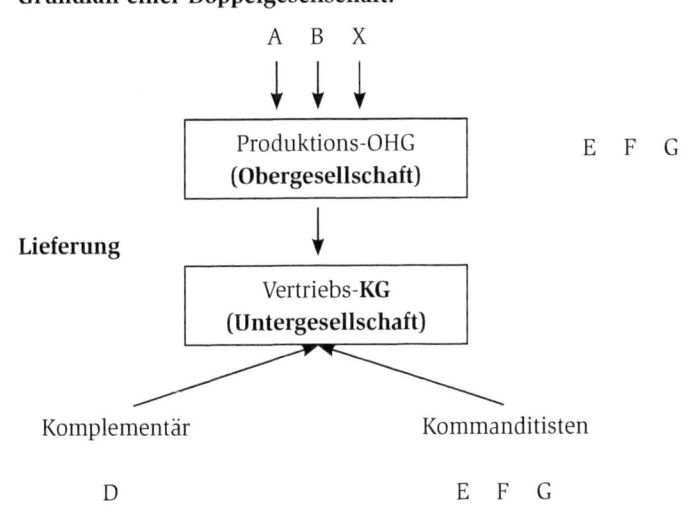

```
           A   B   X
           ↓   ↓   ↓
      ┌─────────────────┐
      │ Produktions-OHG │         E  F  G
      │ (Obergesellschaft)│
      └─────────────────┘
Lieferung       ↓
      ┌─────────────────┐
      │   Vertriebs-KG   │
      │ (Untergesellschaft)│
      └─────────────────┘
         ↗           ↖
  Komplementär    Kommanditisten
       D            E  F  G
```

G ist Prokurist der OHG, aber nicht deren Gesellschafter.

X ist leitender Angestellter der KG, aber nicht deren Gesellschafter.

Es stellen sich folgende **Fragen (Probleme)**:
1. Einkunftsart für **Vergütungen der Leistungen**, die Gesellschafter der Obergesellschaft gegenüber der Untergesellschaft erbringen (z.B. für Arbeit, Kapital, andere Wirtschaftsgüter);
2. Zugehörigkeit zum **Betriebsvermögen** für Wirtschaftsgüter, die von der Obergesellschaft aus ihrem Gesamthandsvermögen der Untergesellschaft zur betrieblichen Nutzung überlassen werden;
3. Zugehörigkeit zum **Sonderbetriebsvermögen** der Untergesellschaft für Wirtschaftsgüter, die von Gesellschaftern der Obergesellschaft der Untergesellschaft zur betrieblichen Nutzung überlassen werden.

Gestaltungen zum Grundfall

Beispiel 1:
Prokurist G erhält von der OHG ein angemessenes Gehalt von 60.000 € jährlich für die Leitung der Einkaufsabteilung. Da die OHG in erheblichem Umfang Material an die KG liefert, ist G mittelbar auch für die KG tätig.

Lösung:
Der Arbeitslohn des G stellt Einkünfte aus nichtselbständiger Arbeit (§ 19 EStG) dar, da G nicht Mitunternehmer **der OHG** ist. Die Beteiligung der OHG bei der KG spielt insoweit keine Rolle. G ist nicht mittelbarer Mitunternehmer der Obergesellschaft OHG.

Beispiel 2:
Der leitende Angestellte X erhält von der KG ein Gehalt von 84.000 € jährlich und eine gewinnabhängige Tantieme von 10 % des Handelsbilanzgewinns der KG.

Lösung:
Die Vergütungen der KG an X stellen Einkünfte des X aus Gewerbebetrieb gem. § 15 Abs. 1 S. 1 Nr. 2 S. 2 EStG bei der KG dar, weil X mittelbarer Mitunternehmer der KG ist. Da X nicht Gesellschafter der KG (sondern der beteiligten Gesellschaft OHG, der Obergesellschaft) ist, ist X nur mittelbar über die beteiligte Gesellschaft OHG Mitunternehmer der KG. Damit unterliegt die Vergütung an X bei der KG auch der Gewerbesteuer.

Beispiel 3:
Die beteiligte OHG verpachtet an die KG einen der OHG selbst gehörenden unbebauten Lagerplatz für angemessene 12.000 € jährlich. Die Vermietungsleistung wird als gewerbliche Leistung der OHG an die KG und damit als Fremdleistung behandelt. Die OHG bucht Vermietungserträge von 12.000 €, die KG bucht gleich hohen Aufwand.

Lösung:
Das Grundstück ist bei der KG als Sonderbetriebsvermögen I der OHG zu erfassen. Der von der KG zunächst gebuchte Aufwand stellt nach § 15 Abs. 1 Nr. 2 EStG eine Vorwegvergütung dar und wird dem Gewinnanteil der OHG zugerechnet.

> Die 12.000 € kommen damit wiederum deren Gesellschaftern (hier A B X) zugute; der Gesamtgewinn der OHG ändert sich aber nicht, da die Vermietungserträge jetzt Gewinnanteil der OHG von der KG darstellen.

Erbringt die Untergesellschaft ihrerseits eine Leistung an einen ihrer Gesellschafter, gilt weder § 15 Abs. 1 Satz 1 Nr. 2 Satz 1 noch Satz 2 EStG. Es sind vielmehr die allgemeinen Vorschriften anzuwenden.

Voraussetzungen im Einzelnen:
Nach § 15 Abs. 1 Satz 1 Nr. 2 Satz 2 EStG müssen folgende Voraussetzungen erfüllt sein, damit ein Gesellschafter der Obergesellschaft als (Sonder-)Mitunternehmer der Untergesellschaft anzusehen ist.

1. Obergesellschaft als Mitunternehmer
Die Obergesellschaft muss Mitunternehmer der Untergesellschaft sein, d.h., die Obergesellschaft muss gegenüber der Untergesellschaft alle Merkmale, die an eine Mitunternehmerschaft gestellt sind, erfüllen. Mitunternehmerschaft setzt nicht voraus, dass die Obergesellschaft eine Gesamthandsgemeinschaft ist.

Als Obergesellschaft kommen deshalb in Betracht:
- gewerblich tätige Personenhandelsgesellschaften und Gesellschaften bürgerlichen Rechts (GbR),
- gewerblich geprägte Personengesellschaften, egal welcher Rechtsform,
- vermögensverwaltende GbR oder Schein-KG, selbst dann, wenn sie sich darauf beschränken, die Beteiligung an der gewerblichen Untergesellschaft oder an einer Untergesellschaft, die ihrerseits nur an einer gewerblichen Personengesellschaft beteiligt ist (mehrstöckige Personengesellschaft), zu halten,
- nach außen auftretende „wirtschaftlich vergleichbare Gemeinschaftsverhältnisse", z.B. eine Erbengemeinschaft als Mitglied einer durch Tod eines Gesellschafters in Abwicklung befindlichen Personengesellschaft,
- Innengesellschaften, deren Gesellschafter Mitunternehmer sind (atypische stille Gesellschaften, z.B. auch eine atypische GmbH & Still), obwohl zivilrechtlich eine Innengesellschaft als solche nicht Gesellschafter einer anderen Personengesellschaft sein kann.

Aber:
Die mittelbare Mitunternehmerstellung tritt **nicht** ein, wenn und soweit Gesellschafterin der **Untergesellschaft eine Kapitalgesellschaft** (Obergesellschaft) ist und deren Anteilseigner zu der Personengesellschaft in Rechts- und Leistungsbeziehungen treten. Wegen der zwischengeschalteten juristischen Person kann die mit § 15 Abs. 1 Satz 1 Nr. 2 Satz 2 EStG verfolgte Absicht, die weit auszulegende Mitunternehmerschaft noch auszudehnen, nicht wirksam werden.

Nur bei der Betriebsaufspaltung kann etwas anderes gelten.

> **Beispiel:**
> An der H-KG sind die AH-GmbH als Komplementär mit 15 % und R mit 85 % als Kommanditist beteiligt.
> V ist alleiniger Gesellschafter der AH-GmbH und hat an die H-KG ein Grundstück für 60.000 € Jahresmiete vermietet.

> **Lösung:**
> V ist zwar mittelbar über die AH-GmbH an der H-KG beteiligt.
> Die Voraussetzungen des § 15 Abs. 1 Satz 1 Nr. 2 Satz 2 EStG liegen aber nicht vor, da ein „Durchgriff" durch die Kapitalgesellschaft unzulässig ist.
> Auch eine Betriebsaufspaltung liegt nicht vor. V erzielt folglich Einkünfte aus Vermietung und Verpachtung gem. § 21 EStG.

2. Untergesellschaft

Die Untergesellschaft muss eine **Außengesellschaft** sein.

Dies sind aktiv gewerblich tätige:
- Personenhandelsgesellschaften (OHG, KG, GbR),
- Personengesellschaften ausländischen Rechts und
- gewerblich geprägte Personengesellschaften, gleichgültig, welcher Rechtsform.

Die aktiv gewerblich tätigen Personengesellschaften brauchen nicht in vollem Umfang gewerblich tätig zu sein. Im Hinblick auf § 15 Abs. 3 Nr. 1 EStG reicht eine teilweise gewerbliche Tätigkeit aus.

Gesellschafter als Mitunternehmer der Unter- und Obergesellschaft

Ist ein Gesellschafter **sowohl Mitunternehmer bei der Obergesellschaft als auch – unmittelbar – Mitunternehmer bei der Untergesellschaft, greift § 15 Abs. 1 Satz 1 Nr. 2 Satz 2 EStG** deshalb **nicht** ein, weil der Gesellschafter bereits unmittelbar an der Untergesellschaft beteiligt ist und Rechtsbeziehungen zwischen der Obergesellschaft und dem Gesellschafter sowie der Untergesellschaft und dem Gesellschafter jeweils für sich gesehen unter § 15 Abs. 1 Satz 1 Nr. 2 **Satz 1 EStG** fallen.

> **Beispiel:**
> An einer OHG sind A und B je zur Hälfte beteiligt.
> Daneben besteht eine KG, an der A als Komplementär und die OHG als Kommanditist beteiligt sind. A vermietet der OHG ein unbebautes Grundstück und der KG ein bebautes Grundstück.
> Da A sowohl an der OHG als auch an der KG unmittelbar beteiligt ist, gilt für ihn bei beiden Personengesellschaften § 15 Abs. 1 Satz 1 Nr. 2 Satz 1 EStG.
> Das unbebaute Grundstück gehört zum notwendigen Sonderbetriebsvermögen I der OHG und das bebaute Grundstück zum notwendigen Sonderbetriebsvermögen I der KG.

> **Lösung:**
> Die Mieterträge des A stellen zum Teil Sonderbetriebseinnahmen bei der OHG und bei der KG dar und sind bei der jeweiligen Gewinnermittlung der OHG und der KG zu erfassen. Die Aufwendungen des A im Zusammenhang mit der Vermietung stellen Sonderbetriebsausgaben dar und sind, je nachdem, für welches Grundstück sie anfallen, entweder im Rahmen der Gewinnermittlung der OHG oder der KG gewinnmindernd zu erfassen.

Abgrenzung Doppelgesellschaft-Schwesterpersonengesellschaft

Von einer Doppelgesellschaft bzw. einer mehrstöckigen Personengesellschaft kann nur gesprochen werden, wenn eine **Personengesellschaft unmittelbar an einer anderen Personengesellschaft beteiligt ist** (Beteiligungsidentität nicht erforderlich).

Von **Schwesterpersonengesellschaften** spricht man, wenn an zwei Personengesellschaften zwar nicht die Personengesellschaft als solche, aber – ganz oder teilweise – dieselben Gesellschafter als Mitunternehmer beteiligt sind.

Beispiele für Schwesterpersonengesellschaften:

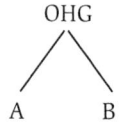

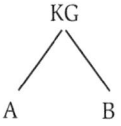

```
    OHG             KG
   /   \           /   \
  A     B         A     B
```

XVIII. Doppelstöckige Personengesellschaft

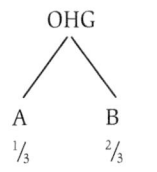

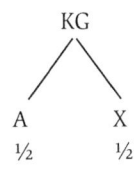

```
    OHG              KG
   /    \           /    \
  A      B         A      X
 1/3    2/3       1/2    1/2
```

Bei Schwesterpersonengesellschaften ist § 15 Abs. 1 Satz 1 Nr. 2 Satz 2 EStG nicht anwendbar. Es gelten somit die allgemeinen Vorschriften des § 15 Abs. 1 Satz 1 Nr. 1 EStG.

Umfang des Mitunternehmeranteils

Bei einer doppel- oder mehrstöckigen Personengesellschaft setzt sich der Mitunternehmeranteil bei den einzelnen Mitunternehmern der Untergesellschaft wie folgt zusammen:

- Bei der Obergesellschaft:
    1. Gesellschaftsanteil an der Untergesellschaft
    2. Sonderbetriebsvermögen bei der Untergesellschaft
- Bei den sowohl an der Obergesellschaft als auch an der Untergesellschaft beteiligten natürlichen oder juristischen Personen:
    - bei der Obergesellschaft:
        1. Gesellschaftsanteil Obergesellschaft
        2. Sonderbetriebsvermögen bei der Obergesellschaft
    - bei der Untergesellschaft:
        1. Gesellschaftsanteil Untergesellschaft
        2. Sonderbetriebsvermögen bei der Untergesellschaft
- Bei den nur an der Obergesellschaft beteiligten natürlichen oder juristischen Personen:
    - bei der Obergesellschaft:
        1. Gesellschaftsanteil Obergesellschaft
        2. Sonderbetriebsvermögen bei der Obergesellschaft
    - bei der Untergesellschaft:
        1. (nur) Sonderbetriebsvermögen bei der Untergesellschaft

Steuerliche Behandlung der Doppelgesellschaft

Beteiligung Obergesellschaft an Untergesellschaft

Die steuerliche Behandlung der Obergesellschaft richtet sich ausschließlich nach § 15 Abs. 1 Satz 1 Nr. 2 Satz 1 EStG. Die Ermittlung des Gewinns der Personengesellschaft auf der ersten und der zweiten Stufe gilt deshalb uneingeschränkt. Die Obergesellschaft muss ihre Beteiligung an der Untergesellschaft in ihrer Handels- und Steuerbilanz bilanzieren. In der Steuerbilanz ist dabei die Spiegelbildmethode anzuwenden.

Beispiel 1:

Eine OHG mit den Gesellschaftern A und B gibt einer KG, an der neben der OHG X und Y als Gesellschafter beteiligt sind, ein Darlehen i.H.v. 200.000 € zu 8 % Zinsen.

Lösung:

Der Darlehensvertrag zwischen der OHG und der KG wird auch mit steuerlicher Wirkung anerkannt. Bei der KG gehört die Verbindlichkeit zu ihrem negativen Gesamthandsvermögen, die Zinsaufwendungen von 16.000 € mindern ihren Gewinn und entsprechend der Beteiligung den Gewinnanteil der Gesellschafter der KG.

Bei der OHG gehört die Darlehensforderung zu ihrem notwendigen Sonderbetriebsvermögen I bei der KG und ist korrespondierend in ihrer Sonderbilanz zu aktivieren.

Die Zinsen stellen Sonderbetriebseinnahmen i.S.d. § 15 Abs. 1 Satz 1 Nr. 2 Satz 1 2. Halbsatz EStG dar mit der Folge, dass sich der steuerliche Gesamtgewinn der KG und der Gewinn der OHG um 16.000 € erhöht.

Beispiel 2:

Wie Beispiel 1, aber die KG gibt das Darlehen der OHG.

Lösung:

Dieser mit steuerlicher Wirkung anzuerkennende Geschäftsvorfall wird weder von § 15 Abs. 1 Satz 1 Nr. 2 Satz 1 noch von Satz 2 EStG erfasst.

Die KG aktiviert die Darlehensforderung, die OHG passiviert die Darlehensverbindlichkeit. Der Gewinn der KG erhöht sich um die Zinserträge, der Gewinn der OHG mindert sich um die Zinsaufwendungen.

Verhältnis Obergesellschafter – Untergesellschaft

Leistungen von der Obergesellschaft(er) für die Untergesellschaft

Die von der Untergesellschaft entrichteten Vergütungen stellen bei ihr im Rahmen ihrer handels- und steuerrechtlichen Gewinnermittlung Aufwand dar.

Bei der **Obergesellschaft** gehören sie zu den **Vergütungen für eine Tätigkeit i.S.d. § 15 Abs. 1 Satz 1 Nr. 2 S. 1 2. HS. EStG, stellen damit Sonderbetriebseinnahmen der Obergesellschaft bei der Untergesellschaft** dar und sind im Rahmen der steuerlichen Gewinnermittlung der Untergesellschaft zu erfassen.

Die Vergütung erhöht den steuerlichen Gesamtgewinn der Untergesellschaft und den Gewinnanteil der Obergesellschaft und damit des Obergesellschafters.

Stehen mit den Vergütungen Aufwendungen in einem unmittelbaren oder mittelbaren Zusammenhang, stellen diese Sonderbetriebsausgaben dar und sind bei der Gewinnermittlung der Untergesellschaft zu berücksichtigen.

Arbeits- und Dienstverträge zwischen dem Obergesellschafter und der Untergesellschaft

Sofern der Obergesellschafter nicht unmittelbar an der Untergesellschaft beteiligt ist, ist er deren mittelbarer Mitunternehmer (§ 15 Abs. 1 S. 1 Nr. 2 S. 2 EStG).

Beispiel:

An einer KG sind X als Komplementär mit 60 % und die AB-OHG als Kommanditist mit 40 % beteiligt. Gesellschafter der OHG sind A und B je zur Hälfte. A ist Geschäftsführer der KG und erhält dafür eine monatliche Vergütung von 10.000 €, die die KG als Lohnaufwand erfasst. Der Gewinn der KG beträgt 400.000 €, der Gewinn der OHG – ohne den Gewinnanteil an der KG – 600.000 €.

Lösung:

Die KG hat das Geschäftsführergehalt an A richtig behandelt. Da A jedoch über die OHG mittelbar an der KG beteiligt und damit (Sonder-)Mitunternehmer der KG ist, stellt das Gehalt für ihn eine Vergütung i.S.v. § 15 Abs. 1 Satz 1 Nr. 2 Satz 2 EStG bei der KG dar.

Der steuerliche Gesamtgewinn der KG beträgt somit 520.000 €. Davon entfallen auf A vorweg 120.000 €, auf X 60 % 240.000 € und auf die AB-OHG 40 % = 160.000 €.

Der steuerliche Gesamtgewinn der KG von 520.000 € unterliegt auch der Gewerbesteuer. Der Gewerbesteuer-Messbetrag der KG ist für Zwecke der Steuerermäßigung gem. § 35 EStG auf X und die OHG im Verhältnis 60:40 zu verteilen.

> Der steuerliche Gesamtgewinn der OHG beträgt 600.000 € + 160.000 € = 760.000 €. Der Gewerbeertrag der OHG beträgt jedoch nach der Kürzung gem. § 9 Nr. 2 GewStG um den Gewinnanteil an der KG von 160.000 € nur 600.000 €.

Mietverträge zwischen Obergesellschafter und Untergesellschaft
Die vorangehenden Ausführungen gelten entsprechend.

Darüber hinaus gehören die Wirtschaftsgüter, die der Obergesellschafter der Untergesellschaft überlässt, zum notwendigen **Sonderbetriebsvermögen I** des Obergesellschafters bei der Untergesellschaft und damit zum steuerlichen Gesamtbetriebsvermögen der Untergesellschaft, weil der mittelbar beteiligte Gesellschafter wie ein unmittelbar beteiligter Gesellschafter zu behandeln ist.

Das vom Obergesellschafter der Untergesellschaft überlassene Wirtschaftsgut dient auch der Beteiligung des Gesellschafters an der Obergesellschaft und stellt damit bei dieser Sonderbetriebsvermögen II dar.

Jedoch hat Sonderbetriebsvermögen I Vorrang vor Sonderbetriebsvermögen II, damit scheidet eine Bilanzierung dieser Wirtschaftsgüter als Sonderbetriebsvermögen II bei der Obergesellschaft aus.

> **Beispiel:**
> An der A-OHG sind A und die XY-KG je zur Hälfte, an der XY-KG X und Y je zur Hälfte beteiligt. X erwirbt ein Grundstück (Anschaffungskosten 800.000 €) und überlässt es der OHG für deren betriebliche Zwecke. Zur Bestreitung des Kaufpreises hat X ein Darlehen i.H.v. 500.000 € aufgenommen.

> **Lösung:**
> Das Grundstück des X dient unmittelbar der OHG (Untergesellschaft), stellt damit notwendiges Sonderbetriebsvermögen I des X bei der OHG dar und ist in einer Sonderbilanz des X bei der OHG zu bilanzieren. Das Grundstück dient zwar auch der Beteiligung des Gesellschafters X an der KG und wäre somit als notwendiges Sonderbetriebsvermögen II in einer Sonderbilanz des X bei der KG zu bilanzieren. Da aber Sonderbetriebsvermögen I Vorrang hat vor Sonderbetriebsvermögen II, ist das Grundstück zwingend in einer Sonderbilanz des X bei der OHG zu bilanzieren.
> Das Darlehen steht mit dem Grundstück in einem unmittelbaren Zusammenhang und muss deshalb als notwendiges Sonderbetriebsvermögen I in der Sonderbilanz des X bei der OHG passiviert werden.

Darlehensverträge zwischen Obergesellschafter und Untergesellschaft
Die Ausführungen zu den Mietverträgen zwischen Obergesellschafter und Untergesellschaft gelten entsprechend.

Darüber hinaus sind die Besonderheiten bei Darlehensverträgen zwischen der Personengesellschaft und ihren unmittelbar beteiligten Gesellschaftern auch bei Darlehensverträgen zwischen der Untergesellschaft und dem Obergesellschafter anzuwenden, und zwar auch dann, wenn bei der Gewährung eines Darlehens von der Untergesellschaft an den Obergesellschafter keine betriebliche Veranlassung vorliegt.

Die Entnahme ist in diesen Fällen grundsätzlich allen Gesellschaftern der Untergesellschaft zuzurechnen.

Verhältnis Untergesellschafter – Obergesellschaft
Ist ein Gesellschafter der Untergesellschaft zwar nicht an der Obergesellschaft beteiligt, bestehen aber geschäftliche Beziehungen zwischen ihm und der Obergesellschaft, ist weder § 15 Abs. 1 Satz 1 Nr. 2 Satz 1 noch Satz 2 EStG anzuwenden.

Der Untergesellschafter ist nicht über eine oder mehrere Personengesellschaften und damit nicht mittelbar beteiligt.

Vertragliche Vereinbarungen zwischen ihm und der Obergesellschaft unterliegen damit den normalen gesetzlichen Bestimmungen.

Das bedeutet:
- Steht der Untergesellschafter in einem Arbeitsverhältnis mit der Obergesellschaft, erzielt er Einkünfte aus nichtselbständiger Arbeit, unabhängig davon, ob er daneben Geschäftsführer der Untergesellschaft ist und insoweit gem. § 15 Abs. 1 Satz 1 Nr. 2 Satz 1 2. Halbsatz EStG Einkünfte aus Gewerbebetrieb erzielt,
- **besteht ein Dienstvertrag, ist der Untergesellschafter z. B. freiberuflich tätig, erzielt er Einkünfte aus selbständiger Arbeit,**
- vermietet er der Obergesellschaft ein Wirtschaftsgut, liegen Einkünfte aus Vermietung und Verpachtung bzw. gem. § 22 Nr. 3 EStG vor,
- gewährt er der Obergesellschaft ein Darlehen, erzielt er Einkünfte aus Kapitalvermögen.

Wird die Obergesellschaft allerdings nur vorgeschoben, um steuerliche Nachteile zu vermeiden, werden diese Verträge nicht anerkannt.

Übertragung von Wirtschaftsgütern

1. **Veräußerungen** mit allen sich daraus ergebenden Konsequenzen liegen vor, wenn:
    - der nur an der Obergesellschaft beteiligte Gesellschafter oder der nur an der Untergesellschaft beteiligte Gesellschafter oder
    - der sowohl an der Ober- als auch an der Untergesellschaft beteiligte Gesellschafter Wirtschaftsgüter seines Sonderbetriebsvermögens bei der Obergesellschaft oder der Untergesellschaft:
        - an einen anderen Gesellschafter,
        - an die Obergesellschaft oder
        - an die Untergesellschaft veräußert, bei der es Sonderbetriebsvermögen oder Gesamthandsvermögen wird.

Beispiel 1:
Gesellschafter X der OHG (Obergesellschaft) vermietet seit der Anschaffung das am 05.01.01 für 100.000 € Anschaffungskosten erworbene unbebaute Grundstück an die KG (Untergesellschaft). Zum 31.11.05 verkauft X das Grundstück zum Verkehrswert von 400.000 € an die KG.

Lösung:
Das Grundstück gehört zum notwendigen Sonderbetriebsvermögen I des mittelbar an der KG beteiligten X und ist mit den Anschaffungskosten von 100.000 € in einer Sonderbilanz des X bei der KG zu aktivieren. Bei der Veräußerung des Grundstücks an die KG im Jahre 05 entsteht ein einkommensteuer- und gewerbesteuerpflichtiger Gewinn von 300.000 €. Der Gewinn der KG und der Gewinnanteil des X erhöhen sich um je 300.000 €. X kann keine Rücklage gem. § 6b EStG bilden, weil die Sechsjahresfrist noch nicht abgelaufen ist. Die KG hat das Grundstück mit ihren Anschaffungskosten von 400.000 € in ihrer Bilanz zu aktivieren.

Beispiel 2:
Wie Beispiel 1, aber X veräußert das Grundstück an die OHG, die es ihrerseits an die KG vermietet. Bei X ergeben sich gegenüber Beispiel 1 keine Änderungen.

Lösung:
Bei der OHG gehört das von X erworbene Grundstück zu ihrem notwendigen Sonderbetriebsvermögen I bei der KG und muss mit den Anschaffungskosten von 400.000 € aktiviert werden.

XVIII. Doppelstöckige Personengesellschaft

2. Unentgeltliche Übertragung

Bei **unentgeltlicher Übertragung** müssen die übertragenen Wirtschaftsgüter gem. § 6 Abs. 5 Satz 3 EStG mit dem Buchwert angesetzt werden, wenn:
- der nur an der Obergesellschaft beteiligte Gesellschafter, oder
- der nur an der Untergesellschaft beteiligte Gesellschafter, oder
- der sowohl an der Ober- als auch an der Untergesellschaft beteiligte Gesellschafter
- Wirtschaftsgüter seines Sonderbetriebsvermögens bei der Untergesellschaft auf
- Gesellschafter der Untergesellschaft,
- Gesellschafter der Obergesellschaft,
- die Obergesellschaft unentgeltlich überträgt

und der jeweilige Erwerber das Wirtschaftsgut der Untergesellschaft vermietet oder unentgeltlich überlässt.

Beim übertragenden Gesellschafter entsteht dadurch kein Gewinn.

Beispiel:

Wie oben Beispiel 1, aber X überträgt das Grundstück unentgeltlich auf Mitgesellschafter G, der es der KG überlässt.

Lösung:

Die Übertragung des Grundstücks muss gem. § 6 Abs. 5 Satz 3 Nr. 3 EStG mit dem Buchwert angesetzt werden.
Dadurch ergibt sich bei X in seiner Sonderbuchführung kein Gewinn.
G aktiviert das Grundstück in seiner Sonderbilanz bei der KG mit dem Buchwert von 100.000 €.
Die übertragenen Wirtschaftsgüter müssen gem. § 6 Abs. 5 Satz 2 EStG ebenfalls mit dem Buchwert fortgeführt werden, wenn:
- der nur an der Obergesellschaft beteiligte Gesellschafter oder
- der sowohl an der Obergesellschaft als auch an der Untergesellschaft beteiligte Gesellschafter Wirtschaftsgüter seines Sonderbetriebsvermögens bei der Obergesellschaft nunmehr der Untergesellschaft überlässt.

In diesen Fällen liegt die Überführung eines Wirtschaftsguts aus einem Sonderbetriebsvermögen in ein anderes Sonderbetriebsvermögen des Unternehmers vor.

Ermittlung des Gesamtgewinns
1. Gesamtgewinn der Untergesellschaft

Der steuerliche Gesamtgewinn der Untergesellschaft ist wie folgt zu ermitteln:

    Gewinn/Verlust lt. Handelsbilanz/Steuerbilanz der Untergesellschaft
- Gewinn/Verlust lt. Ergänzungsbilanz der Obergesellschaft
- Gewinn/Verlust lt. Ergänzungsbilanzen der übrigen Untergesellschafter
- Gewinn/Verlust lt. Sonderbilanz der Obergesellschaft
- Gewinn/Verlust lt. Sonderbilanzen der übrigen Untergesellschafter

= **Zwischensumme**
- Gewinn/Verlust lt. Sonderbilanzen der (Nur-)Obergesellschafter

= **Steuerlicher Gesamtgewinn der Untergesellschaft**

Anmerkungen:
a) Der steuerliche Gesamtgewinn der Untergesellschaft ist die Grundlage für die Ermittlung des Gewerbeertrags der Untergesellschaft.

b) Der (eigentliche) Gewinn/Verlust lt. Handelsbilanz/Steuerbilanz der Untergesellschaft ist nach dem Gewinnverteilungsschlüssel auf die Gesellschafter der Untergesellschaft (einschließlich der Obergesellschaft) zu verteilen.
c) An dieser Gewinnverteilung nehmen die (Nur-)Gesellschafter der Obergesellschaft selbst dann nicht teil, wenn sie Sonderbetriebsvermögen bei der Untergesellschaft haben, denn diese Gesellschafter sind zwar neben der Obergesellschaft ebenfalls (Sonder-)Mitunternehmer der Untergesellschaft, nicht aber zivilrechtlich deren Gesellschafter.
d) Der auf die Obergesellschaft entfallende Anteil am Gewinn/Verlust der Untergesellschaft geht in den Gewinn/Verlust der Obergesellschaft ein und ist von den Gesellschaftern der Obergesellschaft als Teil ihres Anteils am Gesamtgewinn der Obergesellschaft zu versteuern.
e) Der Gewinn/Verlust lt. Ergänzungsbilanz bzw. Sonderbilanz der Obergesellschaft ist bei der Gewinnverteilung ausschließlich der Obergesellschaft zuzurechnen. Eine Ergänzungsbilanz ist für die Obergesellschaft in ihrer Eigenschaft als Gesellschafterin der Untergesellschaft wie bei natürlichen Personen z.B. bei der Gründung der Untergesellschaft oder beim Eintritt der Obergesellschaft in die Untergesellschaft im Rahmen eines Gesellschafterwechsels zu bilden.
f) Soweit die Wirtschaftsjahre von Untergesellschaft und Obergesellschaft nicht übereinstimmen, führt dies zu einer zeitversetzten Versteuerung, sofern kein Rechtsmissbrauch i.S.v. § 42 AO vorliegt. Entspricht z.B. das Wj. der Untergesellschaft dem Kalenderjahr, während das Wj. der Obergesellschaft davon abweicht, so geht der Anteil der Obergesellschaft am Steuerbilanzgewinn der Untergesellschaft gem. § 4a Abs. 2 Nr. 2 EStG bei den Obergesellschaftern erst in die Besteuerung im Folgejahr ein.
g) Die zum steuerlichen Gesamtgewinn der Untergesellschaft gehörenden Gewinn-/Verlustanteile des Obergesellschafters, der entweder nur oder auch an der Untergesellschaft beteiligt ist, erhöhen den Gewinnanteil der Obergesellschaft nicht. Sie gehen damit grundsätzlich nicht in die steuerliche Gewinnermittlung der Obergesellschaft ein.

Eine Ausnahme gilt nur dann, wenn der Gesellschafter, der sowohl an der Obergesellschaft als auch an der Untergesellschaft beteiligt ist, seinen Anteil an der Untergesellschaft (ausnahmsweise!) in der Sonderbilanz bei der Obergesellschaft aktiviert. In diesem Fall ist der Gewinnanteil dieses Obergesellschafters bei der Untergesellschaft in die Gewinnermittlung der Obergesellschaft einzubeziehen und ihm vorab zuzurechnen.
h) Zum steuerlichen Gesamtgewinn der Untergesellschaft und zum Gewinnanteil des Obergesellschafters gehören auch Gewinne und Verluste aus der Veräußerung oder Entnahme seines Sonderbetriebsvermögens bei der Untergesellschaft. Die Gewinne sind selbst dann nicht nach §§ 16, 34 EStG begünstigt, wenn zum Sonderbetriebsvermögen nur dieses Wirtschaftsgut gehört hat. Es liegt keine Veräußerung des Mitunternehmeranteils vor, denn der Obergesellschafter bleibt als Gesellschafter der Obergesellschaft weiterhin (Sonder-)Mitunternehmer des Betriebs der Untergesellschaft, unabhängig davon, ob er der Untergesellschaft Wirtschaftsgüter zur Nutzung überlässt oder nicht.

Der Veräußerungsgewinn bzw. Entnahmegewinn unterliegt folglich auch der GewSt.

2. Gesamtgewinn der Obergesellschaft

Der steuerliche Gesamtgewinn der Obergesellschaft ist wie folgt zu ermitteln:

    Gewinn/Verlust aus der eigenen gewerblichen Tätigkeit der Obergesellschaft
- Gewinn-/Verlustanteil lt. Gewinnverteilung Untergesellschaft

= **Gewinn/Verlust lt. Handelsbilanz/Steuerbilanz der Obergesellschaft**

- Gewinn/Verlust lt. Ergänzungsbilanzen der Obergesellschafter
- Gewinn/Verlust lt. Sonderbilanzen der Obergesellschafter

= **Steuerlicher Gesamtgewinn der Obergesellschaft**

XVIII. Doppelstöckige Personengesellschaft

Anmerkung

1. Sofern die Mitunternehmer der Obergesellschaft auch Mitunternehmer der Untergesellschaft sind, kann für sie sowohl bei der Obergesellschaft als auch bei der Untergesellschaft eine Ergänzungsbilanz und/oder eine Sonderbilanz zu erstellen sein.
Zu beachten ist die richtige Zuordnung des Sonderbetriebsvermögens zum Vermögen der Obergesellschaft oder der Untergesellschaft.
2. Der steuerliche Gesamtgewinn der Obergesellschaft ist die Grundlage für die Ermittlung des Gewerbeertrags der Obergesellschaft.

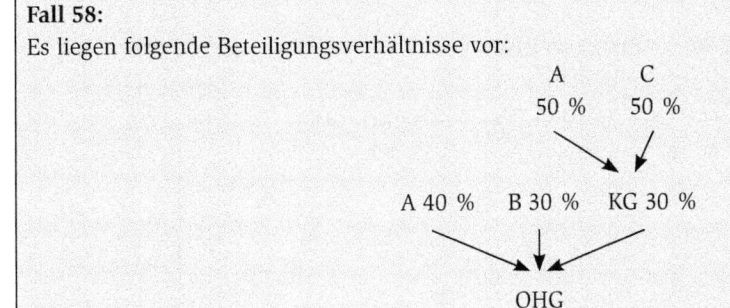

Fall 58:

Es liegen folgende Beteiligungsverhältnisse vor:

```
            A           C
           50 %        50 %
             ↘         ↙
A 40 %    B 30 %    KG 30 %
       ↘     ↓    ↙
            OHG
```

Für sämtliche Gesellschafter werden Sonder- und/oder Ergänzungsbilanzen geführt.
Die Ergebnisse der einzelnen Buchführungen betragen:

1. Gewinn der OHG lt. ihrer Steuerbilanz	600.000 €
2. Gewinn lt. Sonderbilanz A bei der OHG	100.000 €
3. Verlust lt. Ergänzungsbilanz B bei der OHG	./. 50.000 €
4. Gewinn lt. Sonderbilanz der KG bei der OHG	150.000 €
5. Verlust lt. Ergänzungsbilanz der KG bei der OHG	./. 30.000 €
6. Gewinn der KG lt. ihrer Steuerbilanz (ohne Gewinnanteil OHG)	800.000 €
7. Gewinn lt. Sonderbilanz A bei der KG	70.000 €
8. Verlust lt. Ergänzungsbilanz A bei der KG	./. 40.000 €
9. Gewinn lt. Sonderbilanz C bei der KG	80.000 €
10. Gewinn lt. Sonderbilanz C bei der OHG	50.000 €

Geschäftsführer der OHG und der KG ist C.
Er erhält dafür eine Vergütung von der OHG i.H.v. 180.000 € und von der KG i.H.v. 240.000 €.
Diese Beträge wurden von der OHG und der KG Gewinn mindernd gebucht und von C als Einkünfte aus nichtselbständiger Arbeit erklärt.
Der Gewinn der OHG und der KG ist nach dem Beteiligungsverhältnis zu verteilen.

XIX. Lösungen zu den Fällen
Lösung Fall 1:

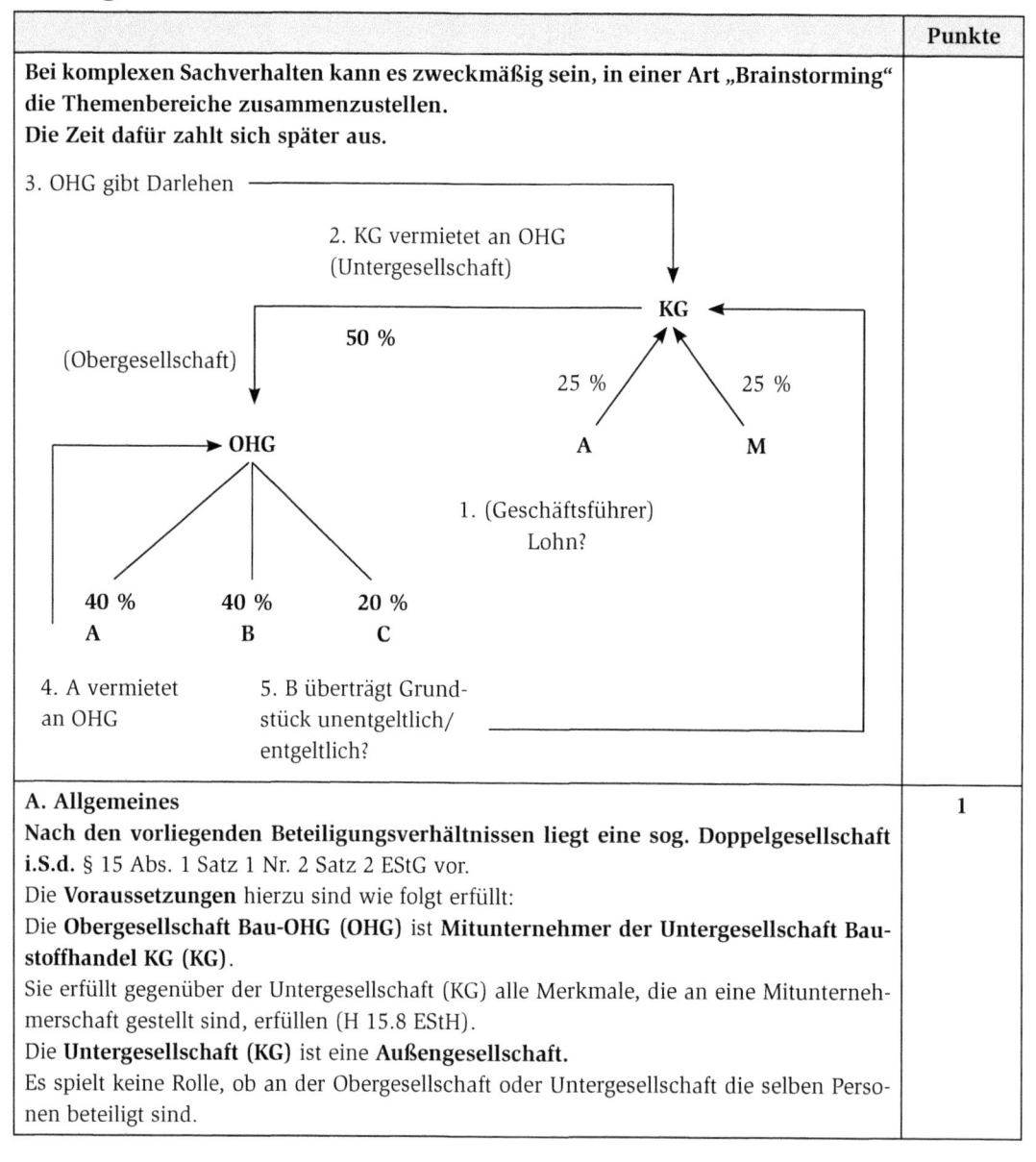

	Punkte
Bei komplexen Sachverhalten kann es zweckmäßig sein, in einer Art „Brainstorming" die Themenbereiche zusammenzustellen. **Die Zeit dafür zahlt sich später aus.** 3. OHG gibt Darlehen 2. KG vermietet an OHG (Untergesellschaft) KG (Obergesellschaft) 50 % 25 % 25 % OHG A M 1. (Geschäftsführer) Lohn? 40 % 40 % 20 % A B C 4. A vermietet an OHG 5. B überträgt Grundstück unentgeltlich/entgeltlich?	
A. Allgemeines Nach den vorliegenden Beteiligungsverhältnissen liegt eine sog. Doppelgesellschaft i.S.d. § 15 Abs. 1 Satz 1 Nr. 2 Satz 2 EStG vor. Die **Voraussetzungen** hierzu sind wie folgt erfüllt: Die **Obergesellschaft Bau-OHG (OHG)** ist **Mitunternehmer der Untergesellschaft Baustoffhandel KG (KG)**. Sie erfüllt gegenüber der Untergesellschaft (KG) alle Merkmale, die an eine Mitunternehmerschaft gestellt sind, erfüllen (H 15.8 EStH). Die **Untergesellschaft (KG)** ist eine **Außengesellschaft**. Es spielt keine Rolle, ob an der Obergesellschaft oder Untergesellschaft die selben Personen beteiligt sind.	1

Lösung Fall 1

	Punkte
Folge: Die **Gesellschafter der Obergesellschaft** (OHG) **gelten als** mittelbar an der Untergesellschaft Beteiligte zugleich als **Mitunternehmer der Untergesellschaft (KG)**. Daraus ergibt sich: • Die **Gesellschafter der Obergesellschaft** beziehen nach dem Grundgedanken des § 15 Abs. 1 Satz 1 Nr. 2 EStG sowohl von der **Obergesellschaft als auch** über diese mittelbar **von** der **Untergesellschaft** mit allen Vergütungen für ihre Gesellschaftsbeiträge **einheitlich und in vollem Umfang Gewinnanteile aus Gewerbebetrieb** gem. § 15 EStG (R 15.8 Abs. 2 EStR). • Sämtliche Regelungen für Sonderbetriebsvermögen (I und II) gelten sinngemäß. • Die **Gewinnermittlung und Gewinnverteilung** der Obergesellschaft bleibt von der Wirkung bei der Untergesellschaft **unberührt**. Die OHG muss ihre Beteiligung an der KG steuerlich nach der Spiegelbildmethode erfassen. • Bei der Untergesellschaft (KG) ist die (mittelbare) Mitunternehmerschaft der Gesellschafter der Obergesellschaft (OHG) in der gesonderten und einheitlichen **Gewinnfeststellung der Untergesellschaft zu erfassen**. • Alle **Gewinnanteile und Sonderbetriebsausgaben** der (mittelbaren) Mitunternehmer sind bei **der Untergesellschaft** den (mittelbaren) Mitunternehmern unmittelbar (also nicht der Obergesellschaft) **zuzurechnen**.	2
B. Beurteilung im Einzelnen **1. Geschäftsführervergütungen der KG an A** (Verhältnis Obergesellschafter – Untergesellschaft) Die von der Untergesellschaft entrichteten Vergütungen stellen bei ihr im Rahmen ihrer handels- und steuerrechtlichen Gewinnermittlung Aufwand dar. Die **KG hat das Geschäftsführergehalt an A richtig behandelt**. A ist sowohl Mitunternehmer der OHG (Obergesellschaft) als auch Mitunternehmer der KG (Untergesellschaft). Fraglich ist, ob die **Vergütungen für diese Tätigkeit könnte unter § 15 Abs. 1 Satz 1 Nr. 2 Satz 1 oder Satz 2** EStG fallen.	3
Ist ein Gesellschafter **sowohl Mitunternehmer bei der Obergesellschaft (OHG) als auch – unmittelbar – Mitunternehmer bei der Untergesellschaft (KG)**, greift § 15 Abs. 1 Satz 1 Nr. 2 Satz 2 EStG deshalb **nicht** ein, weil der Gesellschafter **bereits unmittelbar** an der Untergesellschaft beteiligt ist und Rechtsbeziehungen zwischen der Obergesellschaft und dem Gesellschafter sowie der Untergesellschaft und dem Gesellschafter **jeweils für sich gesehen unter § 15 Abs. 1 Satz 1 Nr. 2 Satz 1 EStG fallen**. Die **Vergütung erhöht** den **steuerlichen Gesamtgewinn** der KG (**Untergesellschaft**) und den **Gewinn des A bei der KG (12 × 10.000 € = 120.000 €)**. Stehen mit den Vergütungen Aufwendungen in einem unmittelbaren oder mittelbaren Zusammenhang, stellen diese **Sonderbetriebsausgaben** dar und sind bei der Gewinnermittlung **der Untergesellschaft (KG)** zu berücksichtigen, hier 2.000 €. Gesamtergebnis für A: 120.000 ./. 2.000 € = 118.000 €.	4

	Punkte
2. Vermietung Lagerplatz KG an OHG Erbringt die **Untergesellschaft** ihrerseits eine **Leistung an einen ihrer Gesellschafter**, gilt **weder § 15 Abs. 1 Satz 1 Nr. 2 Satz 1 noch Satz 2 EStG**. Es sind vielmehr die **allgemeinen Vorschriften** anzuwenden. Danach hat die **KG** (Untergesellschaft) zum 31.12.11 eine **Mietforderung** in Höhe von zu aktivieren (Gewinn + 2.000 €), während die **OHG** (Obergesellschaft) eine entsprechende **Mietverpflichtung** zu passivieren hat (Gewinn ./. 2.000 €).	5
3. Darlehen OHG an KG Die Darlehensgewährung wird als gewerbliche Leistung der OHG an die KG **und damit als** Fremdleistung **behandelt**. **Nach Handelsrecht bucht die** OHG Zinserträge von $^{6}/_{12}$ von 8 % × 200.000 € = 8.000 €, **die KG bucht gleich hohen** Zinsaufwand. Bei der KG gehört die Verbindlichkeit zu ihrem **negativen Gesamthandsvermögen**, die Zinsaufwendungen von 8.000 € mindern ihren Gewinn und entsprechend der Beteiligung den Gewinnanteil der Gesellschafter der KG.	6
Bei der OHG gehört die **Darlehensforderung steuerlich zu ihrem notwendigen Sonderbetriebsvermögen I bei der KG** und ist korrespondierend in ihrer **Sonderbilanz** zu aktivieren. Die **Zinsen** stellen **Sonderbetriebseinnahmen** i.S.d. § 15 Abs. 1 Satz 1 Nr. 2 Satz 1 2. Halbsatz EStG dar mit der Folge, dass sich der steuerliche Gesamtgewinn der KG wieder um 8.000 € erhöht. **Von der KG sind die** Zinsen unabhängig der Zahlung auch steuerlich als Aufwand **in 11 zu erfassen, sie stellen nach § 15 Abs. 1 Nr. 2 EStG eine** Vorwegvergütung **dar und werden dem Gewinnanteil der OHG zugerechnet**. Diese 8.000 € kommen damit wiederum deren Gesellschaftern (hier A und B) zugute; der Gesamtgewinn der OHG ändert sich aber nicht, da die Zinserträge jetzt Gewinnanteil der OHG von der KG darstellen.	7
Sonderbilanz OHG bei KG 31.12.11	8
Aktiva / Ausleihung 200.000 / Zinsforderung 8.000 — Passiva / Kapital 208.000	
4. Vermietung Verwaltungsgebäude von A an OHG Die handelsrechtliche Behandlung als **Mietaufwand** ist **nicht zu beanstanden**. Steuerlich liegen jedoch (Sonder-)**Vergütungen** i.S.d. § 15 Abs. 1 Nr. 2 S. 1 EStG vor. Bei A ist das Objekt als **Sondertriebsvermögen I bei der OHG** zu erfassen (R 4.2 Abs. 12 EStR). Die Mieterträge und -aufwendungen sind Bestandteil der gewerblichen Einkünfte des A aus seiner Beteiligung an der OHG.	9
A hätte bereits **ab Erwerb** das Grundstück in der **Sonderbilanz aktivieren** müssen, denn für das Sonderbetriebsvermögen gilt die **Gewinnermittlungsart der Gesellschaft**. Somit war die Bilanzierung (Nichtbilanzierung) falsch. Da die Steuerfestsetzungen bis 10 bestandskräftig sind, kann die Richtigstellung analog einer **Bilanzberichtigung grundsätzlich erst in 11** vollzogen werden.	10

Sonderbilanz OHG bei KG 31.12.11

Aktiva		Passiva	
Ausleihung	200.000	Kapital	208.000
Zinsforderung	8.000		

Lösung Fall 1

	Punkte
GruBo Die irrtümlich **unterlassene Aktivierung** der Anschaffungskosten des Grund und Bodens hatte **keine Auswirkung** auf das Ergebnis der Vorjahre. Die Korrektur des Bilanzansatzes Grund und Boden von 200.000 € kann daher durch **Rückwärtsberichtigung bis zur Fehlerquelle** vorgenommen werden (H 4.4 (Berichtigung ... 1. Strich) EStH). (**Aus Vereinfachungsgründen** ist **die Anfangsbilanz 01.01.11 zu korrigieren** (nur scheinbare Durchbrechung des Bilanzzusammenhangs).) **Buchung:** Grund und Boden 200.000 € an Kapital 200.000 €	11
Gebäude Auch das **Gebäudes** ist unzutreffend nicht **erfasst**. Die **Bilanzierungen ab Erwerb sind insoweit unzutreffend**, als sie das zum notwendigen **Sonderbetriebsvermögen I** gehörenden Gebäudes nicht ausweisen (R 4.2 Abs. 12 EStR). Die unzutreffende Bilanzierung hatte für diese Jahre infolge der **unterlassenen AfA Auswirkungen auf die Höhe der Steuer**. Die **erfolgsneutrale Einbuchung** in 11 hat mit dem Wert zu erfolgen, mit dem das Gebäude bei zutreffender Bilanzierung zu Buche stehen würde (H 4.4 (Bilanzberichtigung ... 3. Strich) EStH). Da eine Schlussbilanz nicht vorliegt, kann quasi als erster Geschäftsvorfall der zutreffende Wert über Kapital eingebucht werden.	12
Wurde bisher in der Bilanz nichts erfasst, geht damit die **AfA der zurückliegenden Jahre verloren** (vgl. H 4.4 (Richtigstellung ..., unterlassene Bianzierung), H 7.4 (unterlassene ..., Betriebsvermögen) EStH), soweit nicht – wie hier – eine AfA bei den Vermietungseinkünften berücksichtigt wurde. H 7.4 EStH und die zugrundeliegende Rechtsprechung des BFH greifen hier nicht.	13

Herstellungskosten	500.000 €
./. AfA bis 31.12.10 (bei VuV)	380.000 €
Ansatz zum 31.12.10 = 01.01.11	120.000 €
./. AfA 11 (offenes Jahr)	**20.000 €**
31.12.11	100.000 €

Punkte: 14

Sonderbilanz A bei der OHG 31.12.11

Aktiva			Passiva
Grund und Boden	200.000	Kapital AB	320.000
Gebäude	100.000	Gewinn	16.000
		Entnahme Miete	./. 36.000
		Kapital SB	300.000
	300.000		300.000

Mietertrag 36.000 ./. AfA 20.000 = Gewinn 16.000

Punkte: 15

	Punkte
5. Grundstücksübertragung von B auf die KG Das Grundstück gehörte zum notwendigen **Sonderbetriebsvermögen I** des **mittelbar an der KG beteiligten B** und war mit den Anschaffungskosten von 200.000 € in einer Sonderbilanz des B **bei der KG** zu aktivieren (**§ 15 Abs. 1 Nr. 2 EStG**). Die **Darlehenschuld** war negatives Sonderbetriebsvermögen. Das Grundstück ist **mit Ablauf des 31.12.11** nicht mehr im SBV des B zu erfassen.	16
Die **KG** war bis zum **31.12.11 weder zivilrechtlich noch wirtschaftlich Eigentümer** (§ 39 AO, § 246 Abs. 1 S. 2 HGB). Die unentgeltliche Überlassung führt nicht zu einem Bilanzposten. Unentgeltliche **Nutzungsrechte** sind **nicht einlagefähig** (H 4.2 < Nutzungsrechte > EStH). Mit der Übertragung zum **31.12.11** (Übergang von Nutzen und Lasten) hat die **KG das Grundstück mit dem Buchwert** von B **zu erfassen**. Es handelt sich nämlich um eine **unentgeltliche Grundstücksübertragung**, ohne dass B Gesellschaftsrechte gewährt werden. **Der Vorgang fällt unter** § 6 Abs. 5 Satz 3 Nr. 2 erste Variante (unentgeltlich). **Die KG hat den** Buchwert **des B zu übernehmen**.	17
Die bilanzielle Abwicklung könnte die KG über eine **gesamthänderisch gebundene Rücklage** vornehmen. Dann hat sie aber ihrem Ziel nach **hohem Handelsbilanzgewinn nicht** Rechnung getragen. Daher ist die **Buchung über außerordentlicher Ertrag** (200.000 €) zu empfehlen, der **steuerlich** bei der Einkommensbesteuerung wieder nach **Einlagegrundsätzen neutralisiert** wird. **Die bei B** zurückgebliebene Verbindlichkeit **bleibt** negatives Sonderbetriebsvermögen des B, **da keine Entnahme gegeben ist**. **Die von B für 11** geschuldeten Zinsen **sind noch als** Sonderbetriebsausgaben **zu erfassen**.	18

Sonderbilanz B bei KG 31.12.11				19
Aktiva			Passiva	
Minderkapital	200.000	Darlehen	200.000	
Verlust aus Zinsen	+ 12.000			
+ Einlagen	./. 12.000			
Minderkapital SB	200.000			
	200.000		200.000	

	Punkte

6. Mitunternehmeranteile und Gewinnverteilung
Die Mitunternehmeranteile setzen sich wie folgt zusammen:
 	
• **Bei der OHG (Obergesellschaft)**
  1. Gesellschaftsanteil der OHG an der KG (Untergesellschaft)
  2. Sonderbetriebsvermögen der OHG bei der KG (Untergesellschaft)
 	
• **Bei A (sowohl an der OHG – Obergesellschaft – als auch an der KG – Untergesellschaft – beteiligt)**
  – bei der OHG (Obergesellschaft)
    1. Gesellschaftsanteil an der OHG (Obergesellschaft)
    2. Sonderbetriebsvermögen A bei der OHG (Obergesellschaft)
	20

	Punkte

– bei der KG (Untergesellschaft)
     1. Gesellschaftsanteil an der KG (Untergesellschaft)
     2. Sonderbetriebsvermögen bei der KG (Untergesellschaft)
• **Bei B und C (nur an der OHG – Obergesellschaft – beteiligt)**
   – bei der OHG (Obergesellschaft)
     1. Gesellschaftsanteil an der OHG (Obergesellschaft)
     2. Sonderbetriebsvermögen bei der OHG (Obergesellschaft)
   – bei der KG (Untergesellschaft)
     1. Sonderbetriebsvermögen bei der KG (Untergesellschaft)	

7. Ermittlung des Gesamtgewinns **Gesamtgewinn der Untergesellschaft** Der steuerliche Gesamtgewinn der KG (Untergesellschaft) ist wie folgt zu ermitteln:	21

Gewinn/Verlust lt. Handelsbilanz/Steuerbilanz der KG (Untergesellschaft)
• Gewinn/Verlust lt. Ergänzungsbilanz der OHG (Obergesellschaft)
• Gewinn/Verlust lt. Ergänzungsbilanzen der übrigen KG-Gesellschafter
• Gewinn/Verlust lt. Sonderbilanz der OHG
• **Gewinn/Verlust lt. Sonderbilanzen der übrigen KG-Gesellschafter**
= Zwischensumme
• Gewinn/Verlust lt. Sonderbilanzen der (Nur-)OHG(Ober)-gesellschafter
= **Steuerlicher Gesamtgewinn der KG**

Der (eigentliche) Gewinn/Verlust lt. Handelsbilanz/Steuerbilanz der KG ist nach dem Gewinnverteilungsschlüssel auf die Gesellschafter der KG (einschließlich der OHG) zu verteilen.

An dieser Gewinnverteilung nehmen die (Nur-)Gesellschafter der OHG selbst dann nicht teil, wenn sie Sonderbetriebsvermögen bei der KG haben, denn diese Gesellschafter sind zwar neben der OHG ebenfalls (Sonder-)Mitunternehmer der KG, nicht aber zivilrechtlich deren Gesellschafter.

Der auf die OHG entfallende Anteil am Gewinn/Verlust der KG geht in den Gewinn/Verlust der OHG ein und ist von den Gesellschaftern der OHG als Teil ihres Anteils am Gesamtgewinn der OHG zu versteuern.

Der Gewinn/Verlust lt. Sonderbilanz der OHG ist bei der Gewinnverteilung ausschließlich der OHG zuzurechnen.

Die zum steuerlichen Gesamtgewinn der KG gehörenden Gewinn-/Verlustanteile des OHG-Gesellschafters, der entweder nur oder auch an der Untergesellschaft beteiligt ist, gehen grundsätzlich nicht in die steuerliche Gewinnermittlung der OHG ein.

(**Hinweis!** Eine Ausnahme gilt nur dann, wenn der Gesellschafter, der sowohl an der Obergesellschaft als auch an der Untergesellschaft beteiligt ist, seinen Anteil an der Untergesellschaft (ausnahmsweise!) in der Sonderbilanz bei der Obergesellschaft aktiviert. In diesem Fall ist der Gewinnanteil dieses Obergesellschafters bei der Untergesellschaft in die Gewinnermittlung der Obergesellschaft einzubeziehen und ihm vorab zuzurechnen.)

	Punkte
Gesamtgewinn der OHG (Obergesellschaft) Der steuerliche Gesamtgewinn der OHG ist wie folgt zu ermitteln: Gewinn/Verlust aus der eigenen gewerblichen Tätigkeit • Gewinn-/Verlustanteil lt. Gewinnverteilung aus der KG = Gewinn/Verlust lt. Handelsbilanz/Steuerbilanz der OHG (Obergesellschaft) • Gewinn/Verlust lt. Ergänzungsbilanzen der Gesellschafter der OHG • Gewinn/Verlust lt. Sonderbilanzen der Gesellschafter der OHG = **Steuerlicher Gesamtgewinn der OHG**	

Gesamtgewinn der KG (Untergesellschaft)			22, 23, 24
Gewinn/Verlust lt. HB/SB der KG	bisher	400.000 €	
Mietforderung, Tz. 2		+ 2.000 €	
Zinsaufwand, Tz. 3		./. 8.000 €	
Ertrag aus Einlage Grundstück		+ 200.000 €	
Gewinn/Verlust lt. Sonderbilanz der OHG (Obergesellschaft) Zinsen		8.000 €	
Gewinn/Verlust lt. Sonderbereich A (Tätigkeitsvergütung)		+ 118.000 €	
Gewinn/Verlust lt. Sonderbilanz B, Tz. 5		./. 12.000 €	
Steuerlicher Gesamtgewinn der Untergesellschaft		**708.000 €**	

Dieser Gewinn ist wie folgt zu verteilen:						25, 26
	Summe	**A**	**M**	**OHG**	**C**	
Gesamtgewinn	708.000 €					
− Sonderbilanz A	118.000 €	118.000 €				
− Sonderbilanz OHG	8.000 €			8.000 €		
verbleiben	582.000 €					
− Sonderbilanz C	12.000 €				./. 12.000 €	
verbleiben	594.000 €	148.500 €	148.500 €	297.000 €	–	
Gewinnanteil		266.500 €	148.500 €	305.000 €	./. 12.000 €	
davon nicht zu besteuern (Einlage 200.000 €, Tz. 5)		50.000 €	50.000 €	100.000 €		

Lösung Fall 1

	Punkte
Der steuerliche Gesamtgewinn der OHG ist wie folgt zu ermitteln:	27, 28

Gewinn lt. eigener gewerblicher Tätigkeit der OHG bisher	600.000 €	
Passivierung Mietverpflichtung	./. 2.000 €	
Abzüglich Zinsforderung	./. 8.000 €	
Gewinnanteil KG	305.000 €	
Gewinn lt. Steuerbilanz OHG	895.000 €	
Gewinn lt. Sonderbilanz A	16.000 €	
Steuerlicher Gesamtgewinn der OHG	**911.000 €**	

					Punkte
Dieser Gewinn ist wie folgt zu verteilen:					29, 30
	Summe	**A** (40)	**B** (40)	**C** (20)	
Gesamtgewinn	911.000 €				
– Sonderbilanz A	16.000 €	16.000 €			
– Sonderbilanz B	0 €			0 €	
Verbleiben	895.000 €	358.000 €	358.000 €	179.000 €	
Gewinnanteil		374.000 €	358.000 €	179.000 €	
davon nicht zu besteuern (100.000 €, s.o.)		40.000 €	40.000 €	20.000 €	

Lösung Fall 2:

	Punkte
Bei **umfangreichen verschachtelten Sachverhalten** kann eine Auflistung der abgefragten Themen in einer Art „**Brainstorming**" zweckmäßig sein. *Brainstorming-Diagramm mit folgenden Themen:* Abbruchkosten, Herstellungskosten, Abbruchmaterial, Gutachten, Sicherheitseinbehalt, Unterschiedliche Gebäudenutzung, Mieterzuschuss, AfA, Mietvorauszahlung, RAP, USt-Option, USt-Verbindlichkeit, Vorsteuer **Teilabbruch** Seitenflügel = Absetzung für außergewöhnliche Abnutzung nach § 253 Abs. 3 S. 2 und 3 HGB, § 7 Abs. 4 Satz 3 i.V.m. Abs. 1 S. 7 EStG, vergleiche H 6.4 EStH.	1
Ermittlung der AfA sowie des Bilanzansatzes Altgebäude:	2

HK 1/05	500.000 €
./. AfA 05–13 (9 × 10.000 €)	90.000 €
Bilanzansatz 31.12.13	410.000 €
./. 1–6/14	5.000 €
=	405.000 €
./. AfA A (25 % von 405.000 €)	101.250 €
=	303.750 €
./. AfA 7–12/14 (§ 11c Abs. 2 EStDV)	5.000 €
Bilanzansatz 31.12.14	**298.750 €**

Lösung Fall 2

	Punkte
Umbuchungen: Planmäßige AfA 10.000 € Außerplanmäßige AfA 101.250 € an Gebäude 111.250 €	3
Abbruchkosten (H 6.4 EStH) = sofort abzugsfähige Betriebsausgabe in 14. Wegen Zahlung in 15 sonstige Verbindlichkeit zum 31.12.14 in Höhe von 23.800 € (§§ 240, 242, 246, 253 Abs. 1 S. 2 HGB, §§ 5 Abs. 1 S. 1, 6 Abs. 1 Nr. 3 EStG). Das ergibt folgende **Umbuchung:** Gebäude 23.800 € an Sonstige Verbindlichkeiten 23.800 €	4
Mit Errichtung des neuen Gebäudes (HK) liegt wegen Fremdvermietung ein **neues Wirtschaftsgut** vor (R 4.2 Abs. 3 und 4 EStR). Getrennte steuerrechtliche Bilanzierung, weil neuer Gebäudeteil einer anderen AfA-Methode unterliegt (R 4.2 Abs. 6 EStR).	5
Bewertung: §§ 253 Abs. 1 und 3, 255 Abs. 2 HGB, §§ 5 Abs. 1 S. 1 1. Hs., 6 Abs. 1 Nr. 1 EStG; AfA nach § 7 Abs. 5a i.V.m. § 7 Abs. 4 S. 1 Nr. 1 EStG ($3/_{12}$ von 3 % der HK).	6
Zu den HK für den selbständigen Gebäudeteil Neubau gehören (§ 255 Abs. 2 HGB, R 6.3, 6.4 EStR, H 6.3 EStH):	7

Architektenhonorar	20.000 €
Gutachterkosten	10.000 €
Abbruchmaterial	10.000 €
Baukosten	300.000 €
Herstellungskosten	**340.000 €**

	Punkte
Die Aufwendungen **Architektenhonorar** gehören zu den Herstellungskosten des Neubaus, da sie für den Neubau aufgewendet wurden. Daher **Umbuchung:** Neubau 30.000 € an Aufwand 10.000 € Gebäude Weststraße 20.000 €	8
Abbruchmaterial = HK des Gebäudes – H 6.3 EStH. Die außerplanmäßige AfA ist um den Wert des Abbruchmaterials zu mindern. **Umbuchung:** Neubau 10.000 € an Ertrag 10.000 €	9
Sicherheitseinbehalt wegen künftiger Garantieleistungen mindern HK des Gebäudes nicht. Es besteht weiter eine Zahlungsverpflichtung = sonstige Verbindlichkeit i.H.v. 17.850 € Erhöhung des Vorsteuerabzugs um 2.850 € ohne Abzinsung, da Laufzeit weniger als 12 Monate (§ 6 Abs. 1 Nr. 3 EStG).	10
Umbuchung: Neubau 300.000 € Vorsteuer 2.850 € an Gebäude Weststraße 285.000 € sonstige Verbindlichkeiten 17.850 €	11

	Punkte
Abziehbare **Vorsteuer** gehört nicht zu den HK (§ 9b EStG), da von – zulässiger – Option zur Steuerpflicht (§ 9 UStG) auszugehen ist (Behandlung als steuerpflichtig reicht).	12
Verlorener **Zuschuss** mindert nicht HK, da unecht = Mietvorauszahlung. Passiv abzugrenzen (§ 250 Abs. 2 HGB, § 5 Abs. 1, Abs. 5 S. 1 Nr. 2 EStG, R 6.5 Abs. 1 S. 3, 21.5 Abs. 3 EStR). Umsatzsteuer zutreffend erfasst (§ 13 Abs. 1 Nr. 1a S. 4 UStG). **Umbuchung:** Gebäude Weststraße 10.000 € an Mieterträge 250 € passive RAP 9.750 €	13
Umsatzsteuer ist nach Option zu passivieren, § 13 Abs. 1 UStG, passive RAP für Jahresmiete Wirtschaftsjahr 15 (§ 250 HGB, § 5 Abs. 1, Abs. 5 S. 1 Nr. 2 EStG). **Umbuchung:** Mieterträge 5.640 € an Umsatzsteuer 1.140 € passive RAP 4.500 €	14
Nach alledem betragen die HK für das **selbständige Wirtschaftsgut Neubau** 340.000 €, AfA = $3/12$ von 3 %, § 7 Abs. 5a, Abs. 4 S. 1 Nr. 1 EStG = 2.550 €. **Umbuchung:** Planmäßige Abschreibung 2.550 € an Neubau 2.550 €	15

Lösung Fall 3:

	Punkte
Es kommt nicht auf die Bezeichnung durch die Vertragschließenden, sondern auf den wirtschaftlichen Gehalt an (BFH vom 03.08.2005, DStRE 2006, 240, H 15.8 Abs. 1 < verdeckte MU > EStH).	1
Die Vereinbarung könnte als **partiarisches Darlehen** (§§ 607 ff. BGB) **oder** als **stille Gesellschaft** (§§ 230 ff. HGB) zu beurteilen sein. Entscheidend ist, ob der Parteiwille auf eine **gesellschaftsrechtliche Bindung** (Erreichen eines gemeinsamen Zwecks) **oder** einen **schuldrechtlichen Leistungsaustausch** (Verfolgung nur jeweils der eigenen Interessen) gerichtet ist (BFH vom 21.06.1983, BStBl II 1983, 563 und vom 08.03.1984, BStBl II 1984, 623).	2
1. Abgrenzung(-skriterien) Darlehen/stille Gesellschaft Folgende Kriterien sprechen im vorliegenden Fall **gegen ein partiarisches Darlehen** und **für eine (stille) Gesellschaft**: • die Verlustbeteiligung (BFH vom 03.08.2005, DStRE 2006, 240), • Kontroll- und Widerspruchsrechte, • Mitbestimmung über die Verwendung des hingegebenen Geldbetrages, • Befugnis zur Abtretung des Rückzahlungsanspruchs nur mit Zustimmung des Schuldners.	3, 4

		Punkte
2. Prüfung, ob die stille Gesellschaft typisch oder atypisch ausgestaltet ist:		5, 6, 7
Typische stille Beteiligung (§§ 230 bis 237 HGB)	**Atypische stille Beteiligung** (§ 15 Abs. 1 Nr. 2 EStG)	
• Kapitalmäßige Beteiligung am Handelsgewerbe durch Leistung einer Einlage so, dass diese in das alleinige Vermögen des Inhabers des Handelsgeschäfts übergeht.	Wenigstens annäherungsweise die einem Kommanditisten nach dem Regelstatut des HGB über die KG zukommenden Rechte (GrS des BFH vom 25.06.1984, BStBl II 1984, 751):	
• Kontrollrecht – Bilanz- und Buchprüfungsrecht – (kein Informationsrecht im Sinne von § 716 BGB)	Entfaltung von Mitunternehmerinitiative	
	• Mitwirkungsrecht bei der Beschlussfassung – Stimmrecht – (§ 161 Abs. 1 i.V.m. § 119 Abs. 1 HGB)	
	• Kontrollrecht – Bilanz- und Buchprüfungsrecht im Sinne von § 166 HGB – (kein Informationsrecht im Sinne von § 716 BGB), • Widerspruchsrecht für außergewöhnliche Geschäfte (§ 164 HGB).	
	Tragung eines Mitunternehmerrisikos	
• Beteiligung an Gewinn und Verlust, aber Verlustbeteiligung ist dispositives Recht	• Beteiligung an Gewinn und Verlust, auch soweit negatives Kapitalkonto entsteht (§§ 167, 168 HGB) – dann Verlustausgleichsverbot nach § 15a EStG –	
• Verlustbeschränkung auf die geleistete oder rückständige Einlage ist dispositives Recht – dann Anwendungsfall des § 15a EStG –		
• Anspruch auf jährliche Auszahlung des Gewinnanteils	• Gewinnentnahmerecht (§ 169 Abs. 1 Satz 2 HGB)	
• Anspruch auf Auseinandersetzungsguthaben nach Auflösung der stillen Gesellschaft	• Anspruch auf Auseinandersetzungsguthaben (§§ 161 Abs. 2, 105 Abs. 2 HGB i.V.m. § 738 BGB)	
	– stille Reserven einschließlich Geschäfts- und Firmenwert –	
über die Rückzahlung der Einlage hinausgehende Abfindung ist in der Regel Einnahme im Sinne von § 20 Abs. 1 Nr. 4 EStG	* Haftungsbeschränkung auf die im Handelsregister eingetragenen Einlage (§ 171 Abs. 1 HGB)	

	Punkte
Entscheidend ist! Arbeiten die Beteiligten aufgrund der vertraglichen Beziehungen durch gemeinsame Ausübung von **Mitunternehmerinitiative und gemeinsame Übernahme von Mitunternehmerrisiko** auf einen bestimmten Zweck hin tatsächlich zusammen (H 15.8 Abs. 1 „Allgemeines" EStH). **1. Mitunternehmerinitiative** • A hat **(Mitwirkungs-)Stimmrechte,** die denen eines Kommanditisten nach § 161 Abs. 2 i.V.m. § 119 Abs. 1 HGB angenähert sind, indem die **Änderung des Unternehmensgegenstandes** sowie die Veräußerung, Verpachtung, Einstellung oder Umwandlung des Unternehmens seiner Zustimmung bedürfen. • A hat ein **Widerspruchsrecht** vergleichbar § 164 HGB gegen die über den gewöhnlichen Geschäftsbetrieb hinausgehenden Handlungen insofern, als die Übertragung der Geschäftsführung auf Dritte und der Abschluss von Miet-/Pacht- und Darlehensverträgen seiner Zustimmung bedürfen. • Ihm stehen die **Informations- und Kontrollrechte** eines BGB-Gesellschafters i.S.v. § 716 BGB zu, die über die Kontrollrechte des Kommanditisten nach § 166 HGB noch hinausgehen. **2. Mitunternehmerrisiko** • Für die Anerkennung eines Mitunternehmerrisikos ist nicht allein auf die Beteiligung an Gewinn und Verlust abzustellen. Die vorgesehene **Beschränkung der Verlustbeteiligung** auf den Betrag des vereinbarten Darlehens **entspricht der Regelung** des § 167 Abs. 3 HGB über die Verlustbeteiligung des **Kommanditisten.** • **Größere Bedeutung** für die Beurteilung kommt jedoch der **vermögensrechtlichen Stellung** zu. Die insofern vereinbarte Beteiligung des A am Zuwachs des Unternehmensvermögens unter Einschluss der **stillen Reserven** und eines Geschäftswerts genügt den an das Mitunternehmerrisiko zu stellenden Anforderungen (R 15.8 Abs. 3 S. 6 EStR). Der **Ausschluss** der Teilhabe am Vermögenszuwachs des Unternehmens für den Fall der **vorzeitigen Kündigung** durch den Darlehnsgeber **ist unbeachtlich.**	8, 9
Ergebnis: **1. Zuordnung der Einkünfte** Als Mitunternehmer erzielt A **Einkünfte aus Gewerbebetrieb** i.S.v. § 15 Abs. 1 Satz 1 Nr. 2 EStG. Der auf ihn entfallende Verlustanteil von 30 % von 225.000 € ist deshalb für das Jahr 01 zu erfassen.	10
2. Behandlung des Verlustes Die Mitunternehmerstellung von A ist der eines Kommanditisten vergleichbar, dessen **Haftung** auf den Betrag der rückständigen Einlage **beschränkt** ist (§ 171 Abs. 1 HGB), denn über seine Verpflichtung zur Darlehensgewährung im Gesamtbetrag von 300.000 € hinaus hat A für Betriebsschulden des B nicht einzustehen. Sein Verlustanteil 01 ist deshalb nicht ausgleichs- und abzugsfähig, soweit dadurch ein negatives Kapitalkonto entstanden ist (**§ 15a Abs. 1 Satz 1, Abs. 5 EStG**).	11
Nach den Verhältnissen am Bilanzstichtag 31.12.01 hat die Verlustzurechnung bei A zu einem negativen Darlehenskonto (Kapitalkonto) in Höhe von 25.000 € geführt. Da auf das Kapitalkonto abzustellen ist, wie es sich am Bilanzstichtag (Ende des Wirtschaftsjahres) darstellt, ist der am 27.02.02 gezahlte Betrag von 100.000 € außer Ansatz zu lassen.	12

	Punkte
Erweiterte Außenhaftung? Ein erweiterter Verlustausgleich wegen überschießender **Außenhaftung** i.S.v. § 15a Abs. 1 Sätze 2 und 3 EStG, nach der die Verluste des beschränkt haftenden Gesellschafters über seine geleistete Einlage hinaus bis zu der im Handelsregister eingetragenen Einlage ausgleichs- und abzugsfähig sind, kommt nicht in Betracht, denn B und A haben nur eine Innengesellschaft vereinbart, die nicht nach außen in Erscheinung tritt. Es fehlt bereits an der insoweit erforderlichen Eintragung im Handelsregister (R 15a Abs. 3 S. 1 EStR).	13, 14
Für A sind deshalb für das Jahr 01 festzustellen: • ausgleichs- und abzugsfähiger Verlust aus Gewerbebetrieb (§ 15 Abs. 1 Satz 1 Nr. 2 EStG) 200.000 € • verrechenbarer Verlust (§ 15a EStG) 25.000 €	15

Lösung Fall 4:

	Punkte
1. Mitunternehmerschaft Mitunternehmer kann nur sein, wer **zivilrechtlich Gesellschafter einer Gesellschaft** ist oder – in Ausnahmefällen – eine diesem **wirtschaftlich vergleichbare Stellung** innehat (BFH vom 25.02.1991, BStBl II 1991, 691). H 15.8 Abs. 1 „Allgemeines", „Gesellschafter" EStH.	1
Die Annahme einer rein faktischen Mitunternehmerschaft, also ohne zugrundeliegendes, gegebenenfalls verdecktes Gesellschaftsverhältnis oder ein wirtschaftlich vergleichbares Gemeinschaftsverhältnis scheidet danach aus (BFH vom 02.09.1985, BStBl II 1986, 10). Allerdings sind die zwischen den Beteiligten bestehenden **Rechtsbeziehungen** bei der Beurteilung der Gesellschaftereigenschaft sowohl zivil- als auch steuerrechtlich nicht allein nach formaler Beziehung zu würdigen, sondern nach den **gewollten Rechtswirkungen** und der sich danach ergebenden zutreffenden rechtlichen Einordnung. Dies ist nach dem **Gesamtbild** der Verhältnisse zu beurteilen (BFH vom 06.12.1988, BStBl II 1989, 705 m.w.N.). Die Beteiligten müssen den Rechtsbindungswillen besitzen, das Unternehmen auf der Grundlage einer partnerschaftlichen Gleichordnung für gemeinsame Rechnung zu führen.	2, 3
Dies kann zur Annahme eines sogenannten **verdeckten Gesellschaftsverhältnisses** führen, H 15.8 Abs. 1 „Verdeckte Mitunternehmerschaft" EStH.	4
Ein **Durchgriff durch die GmbH** ist aufgrund der rechtlichen Selbständigkeit auch im Hinblick auf die alleinige Geschäftsführung des X **nicht möglich** (BFH vom 12.12.1996, DStR 1997, 238). Anhaltspunkte für einen Gestaltungsmissbrauch (§ 42 AO sind nicht erkennbar).	5

	Punkte
Nach den Gesamtumständen kommt allenfalls eine Mitunternehmerschaft auf der Grundlage einer stillen Gesellschaft in Betracht. Ein **Gesellschaftsverhältnis** (§§ 705 ff. BGB) setzt nur voraus, dass sich mehrere Personen zur Erreichung eines **gemeinsamen Zweckes** vertraglich zusammenschließen und sich gegenseitig verpflichten, diesen durch ihre Beiträge (§ 706 BGB) zu fördern. Eine nach außen nicht in Erscheinung tretende und nicht über Gesamthandsvermögen verfügende **Innengesellschaft** genügt (BFH vom 19.05.1987, BStBl II 1988, 62). Diese kann schließlich durch schlüssiges Handeln zustande kommen, wenn sich ein entsprechender Verpflichtungswille feststellen lässt. Als Beitrag zum gemeinsamen Zweck sind auch Dienstleistungen, Überlassung von Gegenständen oder Darlehen geeignet.	6, 7
Der Begriff des Mitunternehmers erfordert **gemeinsames Handeln** zu einem gemeinsamen Zweck. Mitunternehmerinitiative und Mitunternehmerrisiko dürfen danach nicht lediglich auf einzelne Schuldverhältnisse als gegenseitige Austauschverträge zurückzuführen sein. Die bloße Bündelung von Risiken aus Leistungsaustauschverhältnissen bei Vereinbarung angemessener leistungsbezogener Entgelte führt noch nicht zu einem gesellschaftsrechtlichen Risiko.	8
2. Voraussetzungen, H 15.8 Abs. 1 „Mitunternehmerinitiative, -risiko" EStH **Mitunternehmerinitiative:** Mitunternehmerinitiative bedeutet Teilhabe an **unternehmerischen Entscheidungen**, wie sie Gesellschaftern oder vergleichbaren Personen als Geschäftsführern, Prokuristen oder anderen leitenden Angestellten obliegen. Die Möglichkeit, Gesellschaftsrechte auszuüben, die wenigstens den Stimm-, Kontroll- und Widerspruch**rechten eines Kommanditisten** nach dem HGB angenähert sind oder die den gesellschaftsrechtlichen Kontrollrechten nach § 716 Abs. 1 BGB entsprechen, **reicht** bereits aus.	9
Mitunternehmerrisiko Mitunternehmerrisiko bedeutet Teilhabe am **Erfolg oder Misserfolg** eines gewerblichen Unternehmens. Regelmäßig wird dieses Risiko durch Beteiligung am Gewinn und Verlust sowie an den stillen Reserven des Anlagevermögens einschließlich des Geschäftswertes vermittelt.	10
Beide Merkmale sind für das Gesellschaftsverhältnis konstitutiv und **müssen** kumulativ in mehr oder weniger ausgeprägter Form **gegeben sein.** Nach ständiger Rechtsprechung wird eine Mitunternehmerschaft nur durch ein Gesellschaftsverhältnis begründet, welches eine (allseitige) Beteiligung am Gewinn gewährt.	11
Ergebnis: **Mitunternehmerinitiative** Die Mitunternehmerinitiative dürfte aufgrund seines weitreichenden Einflusses gegeben sein. **Mitunternehmerrisiko** X ist weder Kommanditist noch persönlich haftender Gesellschafter. Ebenso wenig ist er Mitunternehmer aufgrund eines verdeckten Gesellschaftsverhältnisses geworden.	12

Lösung Fall 4

	Punkte
Ein Mitunternehmerrisiko kann nur angenommen werden, wenn sich der Erfolg oder Misserfolg einer geschäftlichen Tätigkeit unmittelbar im Gewinn oder Verlust niederschlägt. X ist weder an einem Verlust noch an den stillen Reserven des Anlagevermögens und einem Geschäftswert beteiligt, sondern nur am Jahresgewinn der KG als Bestandteil seiner Tätigkeitsvergütung. Das Vergütungsrisiko eines leitenden Angestellten für sein Gehalt und eine zusätzliche gewinnabhängige Tantieme entspricht grundsätzlich den bei Dienstverträgen üblichen Risiken. Leitenden Angestellten werden gewinnabhängige Bezüge zugestanden, um ihr Interesse am Unternehmenserfolg zu stärken.	13
Merkmal der Gewinnbeteiligung Gewinnabhängige übliche Tantiemen begründen grundsätzlich keine verd. Mitunternehmerschaft, sie sind auch bei leitenden Angestellten üblich. Auch eine Bindung mehrerer Verträge reicht nicht, solange diese angemessen und leistungsbezogen sind. Eine **ungewöhnlich hohe Gewinnbeteiligung spricht** jedoch unabhängig davon, ob der verbleibende Gewinn noch eine angemessene Verzinsung darstellt, **für ein verdecktes Gesellschaftsverhältnis** (BFH vom 26.04.1995, BStBl II 1996, 66).	14
Weder die Gewinntantieme allein betrachtet in Höhe von 33 ⅓ % des erwirtschafteten Jahresgewinnes der KG noch die Gesamtausstattung sind offensichtlich unangemessen oder ungewöhnlich. Die rechtlichen und geschäftlichen Beziehungen sind auch nicht darauf angelegt, dass seine angemessenen Bezüge den Gewinn der KG regelmäßig aufzehren.	15
Unerheblich ist für die Annahme eines Mitunternehmerrisikos, dass X als Geschäftsführer zwangsläufig maßgeblichen Einfluss auf die Höhe der ihm zustehenden Vergütung hatte. Einen solchen Einfluss besitzt jeder Fremdgeschäftsführer mit gewinnabhängigen Bezügen ebenfalls (BFH vom 13.07.1993, BStBl II 1994, 282).	16
Alternative: Bei einer Gewinnbeteiligung von 56 % hat der BFH vom 26.04.1995 (BStBl II 1996, 66) Mitunternehmerrisiko angenommen. **Ergebnis: Bei mehr als 50 % Gewinnbeteiligung und besonders starker Mitunternehmerinitiative** kann **Mitunternehmereigenschaft** angenommen werden. H 15.8 Abs. 1 „verdeckte Mitunternehmerschaft" letzter Satz EStH.	17, 18

Lösung Fall 5:

	Punkte
| a) <br><br> ```
              Freiberufler-GbR
         ┌─────────┼─────────┐
         A         B         C
         │
       stirbt
         │
       Erbe E
``` <br><br> Ab dem Eintritt der E erzielt die GbR gewerbliche Einkünfte (Tz. 5, 8 des BMF-Schreibens zur Erbauseinandersetzung vom 14.03.2006, BStBl I 2006, 253; Beck-Texte § 7.2). | 1 |
Ausnahme: Auseinandersetzung innerhalb von 6 Monaten.	2
b) Es liegt keine gewerbliche Vermietung vor. Die KG erzielt Einkünfte nach § 21 Abs. 1 Nr. 1 EStG.	3
Die Frage nach einer gewerblichen Betätigung ist allein nach § 15 Abs. 2 EStG zu beurteilen. Dabei ist das ungeschriebene Merkmal „keine private Vermögensverwaltung" zu prüfen.	4
Die Grenze von der privaten Vermögensverwaltung zum Gewerbebetrieb wird nach ständiger Rechtsprechung des BFH überschritten, wenn nach dem Gesamtbild der Betätigung und unter Berücksichtigung der Verkehrsauffassung die Ausnutzung substanzieller Vermögenswerte durch Umschichtung gegenüber der Nutzung der Vermögenswerte i.S.e. Fruchtziehung aus zu erhaltenden Substanzwerten (z.B. durch Selbstnutzung oder Vermietung) entscheidend in den Vordergrund tritt. Maßgebend sind dabei das Gesamtbild der Verhältnisse sowie die Verkehrsanschauung (also Einzelfallentscheidung).	5
Ob eine Tätigkeit noch der privaten Vermögensverwaltung zuzuordnen ist, lässt sich nicht für alle Bereiche nach einheitlichen Maßstäben beurteilen. Es sind die jeweigen artspezifischen Besonderheiten zu berücksichtigen. Eine gewerbliche Vermietung liegt vor, wenn im Einzelfall besondere Umstände hinzutreten, die der Tätigkeit als Ganzes das Gepräge einer gewerblichen Betätigung geben und die die eigentliche Gebrauchsüberlassung des Gegenstands in den Hintergrund treten lassen. Dies ist z.B. der Fall bei gewerblichen Beherbergungsbetrieben (wie einem Hotel oder einer Fremdenpension), die eine unternehmerische Organisation erfordern.	6
Leistungen wie die Pflege, Wartung und Versicherung des vermieteten Objekts rechnen allerdings noch zu einer normalen Vermietungstätigkeit. Auch die Vermietung umfangreichen Grundbesitzes stellt noch Vermögensverwaltung dar (siehe BFH-Urteil vom 06.03.1997, IV R 21/96, BFH/NV 1997, 762: Vermietung einschließlich Reinigung von 60 Einzelobjekten in einem Geschäfts- und Freizeitzentrum unter Zuhilfenahme von sechs Angestellten).	7
```

Lösung Fall 5

	Punkte
Darüber hinaus erfordert die Vermietung eines Einkaufszentrums auch ein gewisses Mindestmaß an Infrastruktur (z.B. Parkplätze, Abstellräume, Zugangssicherung sowie Sanitäranlagen, ohne die eine Vermietung schon öffentlich-rechtlich nicht möglich wäre). Dahingehende Leistungen sind keine Zusatzleistungen des Vermieters, sondern untrennbarer Bestandteil der Hauptleistung, also der Vermietung.	8
Ebenfalls nicht als „gewerbliche" Zusatzleistungen einzustufen ist die Bewachung des Gesamtobjekts. Hier handelt der Vermieter in seinem eigenen Interesse, um sein Eigentum vor Beschädigung durch Dritte zu schützen. Auch die Reinigung des Einkaufszentrums samt vorhandenen Sanitär- und Sozialräumen stufte der BFH als übliche Vermietungsleistung ein, weil dies die Nutzbarkeit des Einkaufszentrums fördert.	9
Gleiches sieht der BFH in Bezug auf die zur Verfügungstellung und Bewachung der Parkplätze. Schließlich geht der BFH so weit, dass auch werbe- und verkaufsfördernde Maßnahmen, die vom Vermieter des Einkaufszentrums oder einem vom Vermieter beauftragten Manager gegenüber den Mietern des Einkaufszentrums erbracht werden, noch als für die Vermietung von Flächen in einem Einkaufszentrum „übliche Sonderleistungen" anzusehen sind. Sie erhalten und sichern letztlich die Mieteinnahmen des Vermieters.	10
Die Vermietung eines Einkaufszentrums, das sich im Privatvermögen befindet, führt somit grundsätzlich zu Einkünften aus Vermietung und Verpachtung (§ 21 EStG). Dies gilt selbst dann, wenn der Steuerpflichtige (Vermieter) die für ein Einkaufszentrum üblichen Infrastruktureinrichtungen bereitstellt sowie werbe- und verkaufsfördernde Maßnahmen für das Gesamtobjekt durchführt (BFH-Urteil vom 14.07.2016, IV R 34/13).	11
c) Der Verkauf dieser Produkte stellt auch wenn er nur einen geringen Umfang hat – eine gewerbliche Tätigkeit dar.	12
Nach § 15 Abs. 3 Nr. 1 EStG ist damit die gesamte Tätigkeit der GbR als gewerblich anzusehen (H 15.6 < Heil- und Heilhilfsberufe > EStH).	13
d) **Gestaltungsmöglichkeit:** A und B gründen für den Verkauf eine zweite GbR, die wirtschaftlich, organisatorisch und finanziell von der Ärzte-GbR unabhängig ist. Dann greift § 15 Abs. 3 Nr. 1 EStG nicht ein (**Ausgliederungsmodell**).	14, 15
Voraussetzungen: Eigene Buchführung, eigene Rechnungsformulare, getrennte Lagerung der Materialien, Kostenaufteilung usw., BMF vom 14.05.1997, BStBl I 1997, 566 und BStBl I 1998, 603, H 15.8 Abs. 5 < Ärztliche Gemeinschaftspraxen > ; H 15.8 Abs. 1 < Bürogemeinschaft > EStH.	16
e) Die BC-GbR erzielt **insgesamt gewerbliche Einkünfte** (§ 15 Abs. 3 Nr. 1 EStG). Die Geringfügigkeitsgrenze (3 %, 24.500 € Umsatz) waren überschritten (BFH vom 03.11.2015, BStBl II 2016, 381).	17

	Punkte
Begründung: Ist ein Freiberufler nicht mehr leitend und eigenverantwortlich tätig, führt dies bei Einzelunternehmern regelmäßig punktuell (und bei Sozietäten insgesamt) zu einer gewerblichen Betätigung. Mit Urteil vom 08.10.2008 (BStBl II 2009, 143) befand der BFH, dass eine Aufteilung in teils gewerbliche und teils freiberufliche Einkünfte möglich ist, wenn ein selbständig tätiger Ingenieur und ein bei ihm angestellter Ingenieur jeweils einzelne Aufträge und Projekte eigenständig durchführen.	18
Sachverhalt des BFH-Urteils: Im Rahmen des Bauingenieurbüros (Einzelunternehmen, keine Mitunternehmerschaft) wurden die einzelnen Aufträge des Ingenieursbüros entweder durch B oder A eigenständig betreut (bis zur vollständigen Abwicklung). Sie betreuten keine Aufträge gemeinsam. Je nach Auftrag haben B und A noch eine ihnen unterstellte Anzahl von Mitarbeitern, an die sie Aufgaben delegieren. Vom Gewinn entfallen 80 % auf die von B und 20 % auf die von A abgewickelten Aufträge bzw. Projekte. Der BFH rechnete den Gewinn des B aus seiner selbständigen Ingenieurtätigkeit zu 80 % den freiberuflichen und im Übrigen den gewerblichen Einkünften zu. A erzielt nichtselbständige Einkünfte.	
f) Die GbR ist als **gewerblich geprägte Personengesellschaft** anzusehen. Die Qualifikation des Vermögens und der Einkünfte einer gewerblich geprägten Personengesellschaft (leistende Gesellschaft) bei ganz oder teilweise identischen Personengesellschaften (Schwestergesellschaften) hat Vorrang vor der Qualifikation des Vermögens als Sonderbetriebsvermögen bei der leistungsempfangenden Gesellschaft hat (BFH vom 22.11.1994, BStBl II 1996, 93).	19, 20

Lösung Fall 6:

	Punkte
Die kapitalistischen Steuerberater (Freiberufler GmbH & Co. KG) Die GmbH & Co. KG ist eine Personengesellschaft (Handelsgesellschaft i.S.d. § 6 HGB). Maßgebend sind die §§ 161 f. HGB und soweit nichts Gegenteiliges geregelt ist, die §§ 105 f. HGB der OHG (§ 161 Abs. 2 HGB). Die **GmbH haftet unbeschränkt**, die **Kommanditisten** grundsätzlich nur **bis zu ihrer Einlage**. Die Geschäftsführung erfolgt durch die GmbH, die Kommanditisten sind ausgeschlossen (§ 164 HGB).	1
Eine Personengesellschaft in der Rechtsform einer GmbH & Co. KG, die einer gewerblichen Betätigung i.S.d. § 15 Abs. 1 Nr. 1 EStG nachgeht, erzielt Einkünfte aus Gewerbebetrieb. Aber auch dann, wenn sie keiner gewerblichen Tätigkeit nachgeht, sind **gewerbliche Einkünfte** festzustellen, **wenn ausschließlich** eine oder mehrere Kapitalgesellschaften Komplementäre sind und nur diese oder Personen, die nicht Gesellschafter (Mitunternehmer) sind, zur Geschäftsführung befugt sind (**gewerblich geprägte Personengesellschaft**).	2

	Punkte
Fraglich ist, ob eine GmbH & Co. KG, die einer freiberuflichen Tätigkeit nachgeht und bei der **alle Kommanditisten die beruflichen Voraussetzungen des § 18 Abs. 1 Nr. 1 EStG** erfüllen, allein wegen des Umstandes, dass die nicht vermögensmäßig beteiligte GmbH Komplementärin und nur diese zur Geschäftsführung befugt ist, als gewerbliche Personengesellschaft einzustufen ist. Eine Personengesellschaft kann nur dann **freiberufliche Einkünfte** (§ 18 EStG) erzielen, wenn **alle Gesellschafter** die **Merkmale eines freien Berufes** erfüllen. Das Handeln der Gesellschaft darf kein Element einer nicht freiberuflichen Tätigkeit enthalten. Erfüllt nur einer der Gesellschafter die beruflichen Voraussetzungen nicht, erzielen alle Gesellschafter gewerbliche Einkünfte i.S.d. § 15 Abs. 1 Nr. 2 EStG (**Abfärbe- bzw. Infektionstheorie**).	3
Die mitunternehmerisch beteiligte GmbH ist als in diesem Sinne **berufsfremd** einzustufen. Hierfür spricht, dass eine **GmbH kraft Rechtsform** insgesamt **Einkünfte aus Gewerbebetrieb** erzielt (§ 8 Abs. 2 KStG). Sie kann kraft ihrer Rechtsnatur keine freiberuflichen Einkünfte haben. Dabei spielt es keine Rolle, ob die Geschäftsführer oder die Gesellschafter eine freiberufliche Qualifikation aufweisen können. Da die GmbH, ein eigenständiges Rechtssubjekt ist, kann **kein Durchgriff auf die Gesellschafter** erfolgen.	4
Diese Beurteilung erfolgt **ohne Rücksicht auf § 15 Abs. 3 Nr. 2 EStG**. D.h. selbst wenn die KG nicht gewerblich geprägt wäre, lägen dennoch gewerbliche Einkünfte vor, weil die GmbH als Berufsfremde beteiligt wäre. Allerdings ist **zu prüfen**, ob die GmbH lediglich zivilrechtlich Gesellschafterin oder ob sie auch **steuerlich als Mitunternehmerin** anzusehen ist. Ein Gesellschafter ist steuerlich als Mitunternehmer einzustufen, wenn er **Mitunternehmerinitiative** ausüben kann und **Mitunternehmerrisiko** trägt.	5
Diese Voraussetzungen sind bei einer **Komplementär-GmbH** erfüllt. Die **Kontrollrechte und auch die Vertretungsbefugnis** sprechen bereits für das Vorhandensein von Mitunternehmerinitiative. Für das Vorhandensein von Mitunternehmerrisiko spricht schon die **Übernahme des Haftungsrisikos** (BFH, Urteil vom 10.10.2012, VIII R 42/10, BStBl II 2013, 79). Somit erzielen **sämtliche Gesellschafter gewerbliche Einkünfte**.	6

Lösung Fall 7:

	Punkte
Das Grundstück gehört zwar nach wie vor zum **handelsrechtlichen Betriebsvermögen** (§§ 242, 246 Abs. 1 HGB).	1
Steuerlich lag bis 30.06.01 zweifelsfrei Betriebsvermögen vor, aber seit 01.07.01 gehört das **Grundstück zum Privatvermögen der OHG**.	2
Das Grundstück darf daher nicht mehr in der Steuerbilanz ausgewiesen werden, sondern muss zum **Teilwert** (§§ 4 Abs. 1 S. 2, 6 Abs. 1 Nr. 4 EStG entnommen werden.	3
Der Entnahmegewinn beträgt beim Grund und Boden 50.000 € und beim Gebäude 80.000 € (Buchwert Gebäude am 30.06.01 430.000 €) und ist **beiden Gesellschaftern je zur Hälfte zuzurechnen**.	4

	Punkte
Die konsequente buchungstechnische Lösung wäre das Grundstück am 30.06.01 in der Buchführung der OHG wie folgt auszubuchen: Privatentnahme A 350.000 an Grund und Boden 140.000 Privatentnahme B 350.000 Gebäude 430.000 sonst. betriebl. Erträge 130.000 Weitere Buchungen würden sich in diesem Zusammenhang nicht ergeben.	5

Alternative:
Es ist jedoch möglich, auf eine besondere Aufstellung der Steuerbilanz zu verzichten und die Folgen der Entnahme in Ergänzungsbilanzen beider Gesellschafter auszuweisen. Die Steuerbilanz der OHG entspricht dann ihrer Handelsbilanz.
In den Ergänzungsbilanzen A und B wäre dann in 01 **jeweils** zu buchen:
• am 01.07.01
   Privatentnahme   350.000   an   Minderwert Grund und Boden 70.000
                                     Minderwert Gebäude   215.000
                                     So. betriebliche Erträge   65.000
• am 31.12.01
   Minderwert Gebäude 5.000   an   Weniger-AfA   5.000
Die Ergänzungsbilanzen und die Gewinn- und Verlust-Rechnungen hätten dann **jeweils** folgendes Aussehen:	

Ergänzungsbilanz 31.12.01

Aktiva		Passiva	
Minderkapital	280.000 €	Minderwert Grund und Boden	70.000 €
		Minderwert Gebäude	210.000 €
	280.000 €		280.000 €

Ergänzungs-GuV 01

Aufwendungen		Erträge	
Gewinn	70.000 €	Sonstige betriebliche Erträge	65.000 €
		Weniger AfA	5.000 €
	70.000 €		70.000 €

Zieht man die Steuerbilanz und die beiden Ergänzungsbilanzen zu einer Gesamtbilanz der Mitunternehmerschaft zusammen, so ergibt sich ein Buchwert des Grundstücks von 0 €. Der Gewinn stimmt ebenfalls überein.

Er beträgt ohne Ergänzungsbilanzen in der Steuerbilanz 130.000 €, mit Ergänzungsbilanzen in der Steuerbilanz ./. 10.000 € und in den Ergänzungsbilanzen zusammen 140.000 € = saldiert 130.000 €.

Lösung Fall 8:

		Punkte
a)	Das Kfz gehört zum **notwendigen Sonderbetriebsvermögen I** des A, weil es an die OHG vermietet ist. Auf die Nutzung kommt es nicht an. Die Kosten für die private Nutzung stellen jedoch Privatentnahmen dar.	1
b)	Das Grundstück gehört zum **notwendigen Sonderbetriebsvermögen I** des Gesellschafters.	
c)	Bei einer **atypischen stillen Gesellschaft** kann der Inhaber des Geschäftsbetriebs **kein Sonderbetriebsvermögen** haben. Das von A überlassene Grundstück stellt Betriebsvermögen dar und ist in der Steuerbilanz des Inhabers des Geschäftsbetriebs, die der Steuerbilanz der stillen Gesellschaft entspricht, zu aktivieren. Dagegen gehört das Grundstück des **S** zu seinem **Sonderbetriebsvermögen I** und ist in seiner Sonderbilanz zu aktivieren.	2
d)	Das Darlehen gehört zum notwendigen Sonderbetriebsvermögen II. Folglich stellen Schuldzinsen Sonderbetriebsausgaben des Kommanditisten dar. Zum Sonderbetriebsvermögen eines Gesellschafters können auch negative Wirtschaftsgüter gehören. Der Gesellschafter wird damit einem Einzelunternehmer gleichgestellt.	3
e)	Die Anteile von A und B an der GmbH gehören zum **notwendigen Sonderbetriebsvermögen II**, es sei denn, die GmbH hat einen nicht ganz untergeordneten eigenen Geschäftsbetrieb.	4
f)	Das Grundstück gehört zum **notwendigen Sonderbetriebsvermögen II** des A bei der OHG, weil für die Vermietung an den Bruder Gründe ausschlaggebend waren, die der Beteiligung des Gesellschafters an der OHG unmittelbar zu dienen bestimmt sind.	
g)	Das Grundstück gehört zum **notwendigen Sonderbetriebsvermögen II** des Gesellschafters bei der OHG.	

Lösung Fall 9:

	Punkte
Überlassung von Wirtschaftsgütern bei Schwestergesellschaften	1
1. Grdst.　　　　　　　　　　　　　　　　　　A + B OHG 　　A　　　　　　　　　　　　　　　　　　　= Sonder-BV A 2. Grdst.　　　　　　　　　　　　　　　　　　A + B OHG 　　A + B　　　　　　　　　　　　　　　　　= Sonder-BV A + B	
3. Grdst.　　　　　　　　　　　　　　　　　　A + B OHG 　　A + C　　　　　　　　　　　　　　　　　= anteilig Sonder-BV A 4. Gewerbebetrieb A 　　Grdst.　　　　　　　　　　　　　　　　　A + B OHG 　　　　　　　　　　　　　　　　　　　　　= Sonder-BV A	2
5. Grdst.　　　　　　　　　　　　　　　　　　　OHG 　　　　　　　　　　　　　　　　　　　　　╱￣￣ 　　GmbH　　　　　　　　　　　　　　　　X + GmbH 　　　　　　　　　　　　　　　　　　　　= Sonder-BV GmbH	3

		Punkte
6. Grdst. A-B-C-OHG	A-B-D-OHG = **Sonder-BV** Vermietet eine **mitunternehmerische** Pers-Ges WG an eine ganz oder teilweise gesellschafteridentische andere Pers-Ges, sind die WG dem steuerlichen Vermögen der vermietenden Gesellschaft zuzurechnen. Mitunternehmerische Pers-Ges liegt auch bei Betriebsaufspaltung, bei einer gewerblich geprägten Schein-KG und der GmbH & Co. KG vor (BMF vom 11.01.1993, BStBl I 1996, 86; Beck-Texte § 15.4 EStG).	4, 5
7. Grdst. X-**OHG**	Y OHG B + X OHG = **Sonder-BV bei Y OHG** § 15 Abs. 1 Nr. 2 S. 2 EStG	6

Lösung Fall 10:

	Punkte
Da der anteilige **Restbuchwert in der Gesamthandsbilanz** zum 31.12.11: 68.750 € (= ¼ von 275.000 €) beträgt, ist für D zum 01.01.12 eine positive Ergänzungsbilanz von 31.250 € aufzustellen (100.000 € ./. 68.750 €).	1
In der **Gesamthandsbilanz** der ABD-OHG ist im Wj. 12 **wie bisher mit 25.000 €** abzuschreiben (2,5 % von einer AfA-BMG von 1.000.000 €). Der Restbuchwert zum 31.12.12 beträgt daher 250.000 €.	2
Die **personenbezogenen Voraussetzungen des § 7 Abs. 5 Satz 1 Nr. 1 EStG** sind jedoch in der Person des **D nicht erfüllt**, da für die Anwendung der degressiven Gebäudeabschreibung nach § 7 Abs. 5 EStG der einzelne Gesellschafter und nicht die Gesellschaft als Bauherr (Ersterwerber) angesehen wird:	3
• muss D damit die von ihm aufgewendeten Anschaffungskosten für den Erwerb des ideellen Anteils an der Produktionshalle **nach § 7 Abs. 4 Satz 1 Nr. 1 EStG** zwingend mit 3 % abschreiben. Der zutreffende AfA-Betrag des D • lautet daher 3.000 € (= 3 % von 100.000 € Anschaffungskosten). • D erhält jedoch aus der Gesamthandsbilanz bereits einen AfA-Betrag von 6.250 € zugeordnet (= ¼ von 25.000 €). Richtig wären – wie festgestellt – 3.000 €.	4, 5
Der **Mehrbetrag** muss also in der **Ergänzungsbilanz des D** durch **Ausweis eines Ertrags** i.H.v. 3.250 € neutralisiert werden. Gleichzeitig muss der ausgewiesene Mehrwert Produktionshalle um 3.250 € zugeschrieben werden (Buchungssatz: Mehrwert Produktionshalle an Ertrag aus Zuschreibung 3.250 €).	6

	Punkte
Die Ergänzungsbilanz des D ermittelt sich zum 31.12.12 wie folgt:	7, 8

Positive Ergänzungsbilanz D 31.12.12

Aktiva			Passiva		
Mehrwert Geb.			Mehrkapital D		
AB	31.250 €		AB	31.250 €	
Zuschreibung	3.250 €		Gewinn	3.250 €	
EB		34.500 €	EB		34.500 €
		34.500 €			34.500 €

	Punkte
Auch der Vergleich der Bilanzpositionen zeigt, dass der in der Ergänzungsbilanz zum 31.12.12 ausgewiesene Wert von 34.500 € zutreffend ist. Der zutreffende Buchwert des D zum 31.12.12 muss bei ihm 97.000 € betragen (100.000 € AK abzgl. AfA von 3.000 €). Dieser setzt sich wie folgt zusammen:	9

Anteil GHB (= ¼ von 250.000 €)	62.500 €
zzgl. Wert Ergänzungsbilanz	34.500 €
Summe	**97.000 €**

Lösung Fall 11:

	Punkte
Der neue Gesellschafter und seine AfA **Keine Auflösung** der KG, §§ 131 Abs. 1, 162 Abs. 2 HGB, **kein § 24 UmwStG**, da kein weiteres qualifiziertes BV eingebracht wird (vgl. Tz. 24.01 UE). Cäsar (C) führt das **Kapitalkonto** von Bruno (B) in der Gesamthandsbilanz **fort**. Seine **Mehr-AK** für die erworbenen **stillen Reserven** werden in einer **Ergänzungsbilanz** für C aktiviert.	1

Ergänzungsbilanz Cäsar 01.01.07

Aktiva		Passiva	
Mehrwert Geb.	25.000 €	Mehrkapital	100.000 €
Geschäftswert	75.000 €		
	100.000 €		100.000 €

Punkte: 2

	Punkte
Die Ergänzungsbilanz ist weiter zu entwickeln (Gewinnermittlung nach den Regeln der KG = Bilanzierung).	
Für C liegt eine Anschaffung seines – ideellen – Gebäudeteils vor. Für ihn ist der AfA-Satz im Zeitpunkt der Anschaffung maßgebend. Dieser beträgt nach § 7 Abs. 4 S. 1 Nr. 1 EStG **3 % auf seine anteiligen Anschaffungskosten**. Der Altgesellschafter A erhält weiterhin 4 %.	3

	Punkte
AfA für das Wirtschaftsgebäude in 07 a) **Gesamthandsbilanz und Gesamthands-GuV** AfA: 4 % aus 300.000 € = 12.000 €. Restbuchwert des Gebäudes 31.12.07 250.000 € ./. 12.000 € = 238.000 €.	4
b) **Ergänzungsbilanz und Ergänzungs-GuV** C erhält nur 3 % lineare AfA aus seinen anteiligen Anschaffungskosten. Diese betragen bei Erwerb des Mitunternehmeranteils 50 % des Buchwerts 250.000 € = 125.000 € + entgeltlich erworbene stille Reserven = 25.000 € **insgesamt AfA Cäsar 3 % von** 150.000 € = 4.500 €	5
Da in der Gesamthand anteilig 6.000 € Gebäude-AfA abgezogen werden, erfolgt in der **Ergänzungsbilanz eine Gewinn erhöhende Zuschreibung** mit 1.500 €.	6
c) **Gewinnauswirkung**	7

	A	C
AfA Gesamthands-GuV	./. 6.000 €	./. 6.000 €
Zuschreibung Ergänzungsbilanz		+ 1.500 €
	./. 6.000 €	**./. 4.500 €**

| Der **Mehrwert Gebäude in der Ergänzungsbilanz** beträgt zum 31. Dezember 07 26.500 €. In der Gesamthandsbilanz beträgt die **Restnutzungsdauer ab 1. Januar** ca. 21 Jahre (25 ./. 4 Jahre), in der Ergänzungsbilanz 33 $\frac{1}{3}$ Jahre.
Solange in der Gesamthandsbilanz abgeschrieben wird, werden in der Ergänzungsbilanz 1.500 € jährlich zugeschrieben. | 8 |
| Ferner ergibt sich für C noch eine **AfA für den erworbenen Firmenwert von** $\frac{1}{15}$ von 75.000 € = 5.000 €. | 9 |

Bilanz der KG 31.12.07

Aktiva		Passiva	
Firmenwert	0 €	Kapital A	144.000 €
Gebäude (HK 300.000)	238.000 €	Kapital B	144.000 €
So. Aktiva	350.000 €	Verbindlichkeiten	300.000 €
	588.000 €		**588.000 €**

Lösung Fall 12

Ergänzungsbilanz Cäsar 31.12.07				Punkte
Aktiva			Passiva	10
Mehrwert Gebäude	26.500 €	Mehrkapital	96.500 €	
Geschäftswert	70.000 €			
	96.500 €		96.500 €	
Ergänzungs-GuV Cäsar 07				
Aufwand			Ertrag	
Mehr-AfA Geschäftswert	5.000 €	Mehr-Verlust	3.500 €	
		Weniger-AfA Gebäude	1.500 €	
	5.000 €		5.000 €	

Lösung Fall 12:

				Punkte
1. Eröffnungsbilanz SBV 01.03.02				1, 2
Aktiva			Passiva	
GruBo	75.000 €	Kapital	262.500 €	
Gebäude	225.000 €	Verbindlichkeiten	37.500 €	
	300.000 €		300.000 €	
2. Sonderbilanz für Uli Husch zum 31.12.02				3, 4, 5, 6
GruBo		75.000 €	Kap. (01.01.02 0 €)	
Gebäude	225.000 €		Einlagen	
./. AfA	3.750 €	221.250 €	– 01.03.02	262.500 €
§ 7 Abs. 1 S. 4			– Tilgung	5.000 €
+ 5,			– Zinsen	2.750 €
Abs. 4 S. 1			– Reparatur	5.950 €
Nr. 2 EStG			– Grdst. etc.	1.000 €
(fortgeführte AK)			– USt-VZ	21.375 €
			Entnahmen	148.750 €
			Gewinn	112.500 € 262.325 €
			Darlehen	37.500 €
			./. Tilgung	5.000 € 32.500 €
			Sonst. Verb. weg. USt	
			Zugang	23.750 €
			./. VSt	950 €
			./. VZ	21.370 € 1.425 €
		296.250 €		296.250 €

				Punkte
Sonder-GuV				7, 8
AfA	3.750 €	Mieterträge ($^{10}/_{12}$ × ½)	125.000 €	
Zinsaufwand	2.750 €			
Grdst./Vers.	1.000 €			
Reparaturkosten	5.000 €			
Gewinn	112.500 €			
	125.000 €		125.000 €	

3. Einheitliche und gesonderte Feststellung für 02 (€)					9, 10
		M. Busch	U. Husch	Gesamt	
KG-Gewinn	234.545				
– Vorab TV	150.000	+ 150.000		+ 150.000	
– Vorab KV	27.845	+ 16.725	+ 11.120	+ 27.845	
Rest 50 : 50	56.700	+ 28.350	+ 28.350	+ 56.700	
		+ 195.075	+ 39.470	+ 234.545	
§ 15 Abs. 1 Ziff. 2 1. HS EStG Tätigkeitsvergütung			+ 84.000	+ 84.000	
Sonder-BE (Grdst.)			+ 125.000		
Sonder-BA (Grdst.)			./. 12.500	+ 112.500	
§§ 179, 180 AO		195.075	235.970	431.045	

Lösung Fall 13:

	Punkte
Die **Maklerprovision** ist eine Vergütung im Dienste der Personengesellschaft i.S.v. § 15 Abs. 1 Satz 1 Nr. 2 EStG. Sie erhöht den Gesamtgewinn der OHG sowie den Gewinnanteil von A um 30.000 €.	1
Das **Architektenhonorar** ist ebenfalls mit 80.000 € als Sondervergütung i.S.d. § 15 Abs. 1 Nr. 2 EStG zu erfassen. Um diesen Betrag erhöhen sich der Gesamtgewinn der Mitunternehmerschaft und der Gewinnanteil des B.	2
Maklerprovision und das Architektenhonorar gehören einschließlich der nicht abzugsfähigen USt zu den Anschaffungs- bzw. Herstellungskosten von Grundstück und Gebäuden/Eigentumswohnungen. Der OHG-Gewinn bei der OHG ist deshalb um 110.000 € (30.000 € + 80.000 €) + 20.900 € nichtabzugsfähige USt zu erhöhen, um die bisherige Behandlung als sofort abzugsfähige Betriebsausgaben rückgängig zu machen.	3

Lösung Fall 14

		Punkte
Gewinn bisher	50.000 €	4, 5
Bilanzberichtigung (AK/HK)	+ 130.900 €	
Jahresüberschuss	180.900 €	
Sondervergütungen*	+ 110.000 €	
Gesamtgewinn der Mitunternehmerschaft	**290.900 €**	
Zur Vermeidung einer doppelten Besteuerung von Maklerprovision und Architektenhonorar ist der Gewinn in den jeweiligen Einzelunternehmen von A und B entsprechend zu kürzen.		

Gewinnverteilung				6, 7
Sachverhalt	insgesamt	A	B	
Gewinn Verteilung je ½	180.900 €	90.450 €	90.450 €	
Sondervergütung A* Sondervergütung B*	30.000 € 80.000 € 290.900 €	+ 30.000 €	+ 80.000 €	
Gewinnanteile		**120.450 €**	**170.450 €**	
* A: 30.000 + 5.700 USt = 35.700 ./. 5.700 USt als Sonderbetriebsausgabe. * B: 80.000 + 15.200 USt = 95.200 ./. 15.200 USt als Sonderbetriebsausgabe.				8

Lösung Fall 14:

				Punkte
1. Ermittlung des Hinzurechnungsbetrags aufgrund Überentnahmen				1, 2, 3
	Gesamt	A	B	
Gewinn Gesamthandsbilanz	80.000 €	40.000 €	40.000 €	
Sondervergütung	36.000 €	36.000 €		
Sonderbetriebsausgaben	./. 4.000 €		./. 4.000 €	
Steuerlicher Gewinn	112.000 €	76.000 €	36.000 €	
abzgl. Entnahmen (GHB)		50.000 €	90.000 €	
abzgl. Entnahmen (SBV)		36.000 €		
zzgl. Einlagen (SBV)			4.000 €	
Überentnahmen		10.000 €	50.000 €	
davon 6 %		**600 €**	**3.000 €**	

2. Ermittlung der Schuldzinsenquote und des Hinzurechnungshöchstbetrags				4, 5
	Gesamt	A	B	
Schuldzinsen OHG	5.000 €	2.500 €	2.500 €	
Schuldzinsen SBV (soweit kein Investitionsdarlehen)	1.600 €		1.600 €	
Summe Schuldzinsen	6.600 €	2.500 €	4.100 €	
Sockelbetrag (Aufteilung anhand Schuldzinsenquote)	2.050 €	777 €*	1.273 €**	
Hinzurechnungshöchstbetrag		1.723 €	2.827 €	
* 2.050 : 6.600 × 2.500 = 777 ** 2.050 : 6.600 × 4.100 = 1.273				
3. Vergleich Hinzurechnungsbetrag mit Hinzurechnungshöchstbetrag Ansatz des niedrigeren Werts aus 1. 600 oder 2. 2.827. Bei B wird die Hinzurechnung der nicht abziehbaren Schuldzinsen auf 2.827 € begrenzt, es bleiben bei ihm Schuldzinsen i.H.d. anteiligen Sockelbetrags von 1.273 € abzugsfähig. (Für Wirtschaftsjahre, die vor dem 01.05.2008 beginnen Übergangsregelung vergleiche BMF-Schreiben vom 04.11.2008, BStBl I 2008, 967; Steuererlasse Beck § 4.10 EStG.)				6

Lösung Fall 15:

		Punkte
Behandlung A:		1
Veräußerungserlös	50.000 €	
Entnahmewert	17.000 €	
Kapitalkonto Gesamthandsvermögen	./. 20.000 €	
Kapitalkonto Sonderbetriebsvermögen	./. 16.000 €	
Veräußerungsgewinn	31.000 €	
Behandlung OHG und E: In der Gesamthandsbilanz der B C D E-OHG erfolgt keine Änderung aufgrund der Veräußerung des Mitunternehmeranteils bei den Sammelposten 01 und 02.		2
Die Sammelposten in der Gesamthandsbilanz werden in den Folgejahren wie bisher jeweils um ein Fünftel (für 01 je 20.000 € und für 02 je 5.000 €) Gewinn mindernd aufgelöst.		3
Den Mehrwert für die im Sammelposten der Gesamthandsbilanz erfassten Wirtschaftsgüter (24.000 € abzgl. 20.000 € = 4.000 €) hat E in einem Sammelposten neben dem Geschäfts- oder Firmenwert (26.000 €) in seiner Ergänzungsbilanz zu erfassen.		4
E muss im Jahr 03 in seiner Ergänzungsbilanz den Mehrwert für die im Sammelposten erfassten Wirtschaftsgüter entsprechend § 6 Abs. 2a Satz 2 EStG um ein Fünftel (= 800 €) Gewinn mindernd auflösen.		5

Lösung Fall 16: Die leichtsinnige XYZ-GmbH & Co. KG

	Punkte
Darlehensforderung **Handelsbilanz der KG** Die Darlehensforderung der XYZ-GmbH & Co. KG gegenüber dem Kommanditisten Y ist als **Vermögensgegenstand des Finanzanlagevermögens** zu bilanzieren (§§ 242, 246 Abs. 1 und 247 Abs. 2 HGB) und mit den **Anschaffungskosten i.H.v. 800.000 €** zu bewerten (§§ 253 Abs. 1 Satz 1, 255 Abs. 1 HGB). Die bisherige Buchung auf einem sog. Verrechnungskonto entspricht nicht handelsrechtlichen Grundsätzen ordnungsmäßiger Buchführung. Danach sind **Forderungen gegenüber dem Gesellschafter** einer GmbH & Co. KG als solche auszuweisen oder im Anhang anzugeben (§ 264c Abs. 1 HGB).	1
Um eine **außerplanmäßige Abschreibung nach § 253 Abs. 3 Satz 3**, ggf. Satz 4 HGB rechtfertigen zu können, müsste eine **Wertminderung der Forderung** als solcher nachgewiesen werden können. Dies ist vorliegend möglich, denn spätestens seit dem 15.12.2013 war absehbar, dass Y seiner Verpflichtung zur Rückzahlung nicht mehr nachkommen würde. Unter Berücksichtigung der **Insolvenzquote von 5 %** beträgt die **voraussichtlich dauernde Wertminderung 760.000 €**.	2
Umbuchung (Korrekturbuchung): Darlehensforderungen gegenüber Y 40.000 an Abschreibungen auf Finanzanlagen 40.000	3
Die **Refinanzierungszinsen** für 2013 sind **zutreffend als Aufwand** gebucht worden. Neben der Darlehensforderung hat die KG den **Anspruch auf Zinszahlung** als sonstigen Vermögensgegenstand des Umlaufvermögens zu aktivieren (§§ 242, 246, 252 Abs. 1 Nr. 4 HGB). Diese Forderung beträgt am 31.12.2013 zum (800.000 € × 8 % × $^{10}/_{12}$) **Nennwert 53.333,33 € (§ 253 Abs. 1 HGB)**.	4
Auch diese Forderung ist zum Bilanzstichtag nach **§ 253 Abs. 4 HGB zu bewerten** und unter Berücksichtigung des drohenden Forderungsausfalls aufgrund Eröffnung des Insolvenzverfahrens auf den niedrigeren beizulegenden Wert i.H.v. **5 % der Forderung abzuschreiben**. **Anmerkung!** die Eröffnung des Insolvenzverfahrens, die grundsätzlich nach § 131 Abs. 3 Nr. 2 HGB zum Ausscheiden von Y führen würde, liegt noch nicht vor.	5
Umbuchung (Korrekturbuchung): 	Zinsforderungen ggü. Y	53.333,33	an Zinserträge	53.333,33	 	Abschreibungen auf Forderungen	50.666,67	an Zinsforderungen ggü. Y	50.666,67	 Das Refinanzierungsdarlehen ist als Verbindlichkeit (§§ 242, 246 HGB) mit dem Erfüllungsbetrag von 800.000 € (§ 253 Abs. 1 S. 2 HGB) zutreffend erfasst. Die Refinanzierungszinsen sind Betriebsausgaben.	6
Steuerbilanz der KG Anders als sog. aktivische Verrechnungskonten ist bei Darlehen, die auf besonderen Vereinbarungen zwischen Gesellschaft und Gesellschafter beruhen, zu prüfen, ob Absprachen über eine **fremdübliche Verzinsung, Sicherheit und Tilgung** getroffen wurden. Die Darlehensgewährung an Y hält diesem **Fremdvergleich nicht stand**.	7

	Punkte
Für die Prüfung der Marktüblichkeit sind neben der tatsächlichen Durchführung und Besicherung der Vereinbarungen insbesondere die Zinsvereinbarung sowie die eigene Zinsbelastung der Gesellschaft im Rahmen der **Refinanzierung** zu würdigen. **Die Gestellung oder Nichtgestellung von Kreditsicherheiten hat für die Beurteilung der Marktüblichkeit keine allein entscheidende Bedeutung.**	8
Die Vereinbarung zwischen der KG und Y lässt indes angesichts der bedeutenden Darlehenssumme nicht nur eine Besicherung vermissen, was angesichts der prekären finanziellen Lage des Y mehr als geboten gewesen wäre, sondern regelt eine Verzinsung, die mit 8 % unterhalb der Zinsbelastung aufgrund der Refinanzierung (10 %) liegt.	9
Nach allem hält der Darlehensvertrag im Rahmen der gebotenen Gesamtbetrachtung einem Fremdvergleich nicht stand, sodass die **Darlehnsforderung (natürlich) weiterhin zum Gesellschaftsvermögen gehört, aber nicht dem steuerlichen Betriebsvermögen** zugeordnet werden kann (§ 5 Abs. 1 Satz 1 EStG bzw. § 5 Abs. 6 EStG).	10
Damit verbunden ist die **Entnahme der Darlehensvaluta aus dem Betriebsvermögen** der Gesellschaft (§§ 4 Abs. 1 S. 2, 6 Abs. 1 Nr. 4 EStG mit dem Teilwert = Nennwert in deren gesamthänderisch gebundenes Privatvermögen mit allen steuerlichen Folgen, insbesondere auch hinsichtlich § 15a EStG).	11
Die **Entnahme** ist mangels einer abweichenden Vereinbarung **allen Gesellschaftern** nach Maßgabe ihres jeweiligen Anteils am Gesamthandsvermögen zuzurechnen. Umgekehrt sind die zu zahlenden Zinsen des Darlehensnehmers Y **keine Betriebseinnahmen der KG**, sondern **Einlagen aller Gesellschafter**. Gleiches gilt für den Fall der Tilgung (§§ 4 Abs. 1 S. 8, 6 Abs. 1 Nr. 5 EStG).	12
Die wirtschaftlich dieser Darlehensgewährung zuzurechnenden **Refinanzierungszinsen der KG** sind **nicht betrieblich veranlasst** und deshalb keine Betriebsausgaben i.S.d. § 4 Abs. 4 EStG. Damit verbunden ist als Folge, dass die Darlehensschuld in der Steuerbilanz der KG nicht passiviert werden darf. Insoweit liegt eine Einlage aller Gesellschafter vor.	13
Der Aufgabenstellung folgend, wonach ausdrücklich eine von der Handelsbilanz abweichende Steuerbilanz nach § 60 Abs. 2 Satz 2 EStDV (§ 5b Abs. 1 Satz 3 EStG) aufzustellen ist und im Rahmen der Finanzbuchführung ein eigenständiger Buchungskreis für steuerliche Zwecke geführt wird, sind folgende Buchungen geboten:	14

	Punkte
Umbuchungen (Korrekturbuchungen) nur für Zwecke der Steuerbilanz:	15

Entnahmen X   320.000
 Entnahmen Y   160.000
 Entnahmen Z   320.000   an   Darlehensforderungen   40.000
                                                    Abschreibungen auf Finanzanlagen   760.000
 	
 Zinserträge   53.333,33   an   sonstige Forderungen   2.666,66
                                                    Abschreibungen   50.666,67
 	
 Darlehens-
schulden   800.000   an   Einlagen X   320.000
                                                    Einlagen Y   160.000
                                                    Einlagen Z   320.000
 	
 Entnahmen X   26.666,40
 Entnahmen Y   13.333,20
 Entnahmen Z 26.666,40 an Zinsaufwendungen 66.666	

Lösung Fall 17: Nebentätigkeiten

	Punkte
Gewinnverteilung: Handelsrecht: §§ 120–122 HGB bzw. Vertrag, Steuerlich § 15 Abs. 1 Nr. 2 HS. 2 EStG A erhält noch eine Tantieme von 14.000 € (= 5 % von 280.000 € oder 280.000 € = 105 %, dann 100 % = 267.619 €, 5 % von 260.000 € = 13.000 €). In der Steuerbilanz ist eine **gewinnmindernde Rückstellung** (§ 249 Abs. 1 HGB, § 5 Abs. 1 S. 1 EStG) zu bilden. Der endgültige Gewinn der Steuerbilanz beträgt 267.000 €.	1
Der steuerliche Gesamtgewinn der ABC-OHG ist wie folgt zu ermitteln:	2, 3

Gewinn lt. Steuerbilanz (268.000 €)	267.000 €
Tätigkeitsvergütung für A (§ 15 Abs. 1 Nr. 2 HS. 2 EStG)	+ 72.000 €
Tantieme für A (13.000 €)	+ 14.000 €
Gewinn lt. Sonderbilanz B I	+ 25.420 €
Verlust lt. Sonderbilanz C II	./. 4.520 €
Steuerlicher Gesamtgewinn	**373.900 €**

					Punkte
Es ergibt sich ein steuerlicher Gesamtgewinn der ABC-OHG von 373.900 €, der einheitlich und gesondert festzustellen ist. Die Gewinnverteilung auf die einzelnen Gesellschafter ist wie folgt vorzunehmen:					4, 5, 6, 7
		A	B	C	
Sachverhalt:					
HB Gewinn	281.000 €				
./. Tantieme A (s.o.)	14.000 €				
berichtigter HB Gewinn	267.000 €				
Kapitalverzinsung	./. 60.000 €	+ 32.000 €	+ 16.000 €	+ 12.000 €	
Restgewinn (stl. Gewinn 1. Stufe)	207.000 €	+ 103.500 €	+ 62.100 €	+ 41.400 €	
Tätigkeitsvergütung A	./. 72.000 €	+ 72.000 €			
Tantieme A	./. 14.000 €	+ 14.000 €			
Gewinn lt. Sonderbilanz B	./. 25.420 €		+ 25.420 €		
Verlust lt. Sonderbilanz C	+ 4.520 €			./. 4.520 €	
Steuerlicher Gewinn 2. Stufe	**373.900 €**	**221.500 €**	**103.520 €**	**48.880 €**	
§§ 179, 180 AO einheitliche und gesonderte Feststellung Gesamt				373.900 €	

Lösung Fall 18:

	Punkte
Die OHG muss sowohl in ihrer Handelsbilanz als auch in ihrer Steuerbilanz eine Pensionsrückstellung bilden (§ 249 Abs. 1 HGB, §§ 5 Abs. 1 S. 1, 6a EStG). Dies führt zu einer anteiligen Gewinnminderung aller Gesellschafter.	1
In einer Sonderbilanz für den Gesellschafter E muss der Anspruch in der Höhe aktiviert werden, wie in der Steuerbilanz eine Pensionsrückstellung gebildet worden ist (korrespondierende Bilanzierung).	2
Vor Eintritt des Versorgungsfalles **HB/StB OHG**	3

Aktiva		Passiva
	31.12.01 Pensionsrückstellung	30.000
	31.12.02 Pensionsrückstellung	34.000
	31.12.03 Pensionsrückstellung	40.000

Lösung Fall 18

	Punkte
GuV OHG	4

Aktiva		Passiva
Jahr 01 Zuführung Pensionsrückstellung 30.000		
Jahr 02 Zuführung Pensionsrückstellung 4.000		
Jahr 03 Zuführung Pensionsrückstellung 6.000		

	Punkte
Sonderbilanz E	5

Aktiva		Passiva
31.12.01 Sonstige Forderung 30.000		
31.12.02 Sonstige Forderung 34.000		
31.12.03 Sonstige Forderung 40.000		

GuV zur Sonderbilanz E		
Aufwand		Ertrag
	Jahr 01 Sonder-BE	30.000
	Jahr 02 Sonder-BE	4.000
	Jahr 03 Sonder-BE	6.000

		Punkte
Steuerlicher Gesamtgewinn (Darstellung nur Jahr 03)		6
HB-Gewinn (Jahresüberschuss) = StB-Gewinn	150.000 €	
Ergebnis Sonderbilanz E	+ 6.000 €	
Steuerlicher Gesamtgewinn	**156.000 €**	

Gewinnverteilung (Darstellung nur Jahr 03)					Punkte
					7
Gesellschafter Beteiligung	E 25 %	F 25 %	G 25 %	H 25 %	
StB-Gewinnanteil Ergebnis Sonderbilanz	37.500 € + 6.000 €	37.500 € –	37.500 € –	37.500 € –	
Gewinnanteil	**43.500 €**	**37.500 €**	**37.500 €**	**37.500 €**	

	Punkte
Nach Eintritt des Versorgungsfalles	8

HB/StB OHG

Aktiva	Passiva
	31.12.04 Pensionsrückstellung 38.000
	31.12.05 Pensionsrückstellung 35.600

GuV OHG

Aufwendungen	Ertrag
Jahr 04 Pensionszahlung 6.000	Jahr 04 Auflösung Pensionsrückst. 2.000
Jahr 05 Pensionszahlung 6.000	Jahr 05 Auflösung Pensionsrückst. 2.400

	Punkte
Sonderbilanz E	9

Aktiva	Passiva
31.12.04 Sonstige Forderung 38.000	
31.12.05 Sonstige Forderung 35.600	

GuV zur Sonderbilanz E

Aufwendungen	Ertrag
Jahr 04 Auflösung Sonst. Ford. 2.000	Jahr 04 Pensionszahlung 6.000
Jahr 05 Auflösung Sonst. Ford. 2.400	Jahr 05 Pensionszahlung 6.000

	Punkte
Steuerlicher Gesamtgewinn	10

(Darstellung nur Jahr 05)

HB-Gewinn (Jahresüberschuss) = StB-Gewinn	160.000 €
Ergebnis Sonderbilanz E	+ 3.600 €
Steuerlicher Gesamtgewinn	**163.600 €**

Gewinnverteilung
(Darstellung nur Jahr 05)

Gesellschafter Beteiligung	E 25 %	F 25 %	G 25 %	H 25 %
StB-Gewinnanteil	40.000 €	40.000 €	40.000 €	40.000 €
Ergebnis Sonderbilanz	+ 3.600 €	–	–	–
Gewinnanteil	**43.600 €**	**40.000 €**	**40.000 €**	**40.000 €**

Lösung Fall 19:

			Punkte
Gewinnverteilung:			1, 2
Handelsbilanz-Gewinn		175.600 €	
Tätigkeitsvergütung Müller	60.000 €		
Kapitalkontenverzinsung Müller: 5 % von 127.200 € = Kurz: 5 % von 88.600 € = Lang: 5 % von 102.800 € =	6.360 € 4.430 € 5.140 €		
		./. 75.930 €	
nach Verteilungsschlüssel aufzuteilen		99.670 €	
Steuerlicher Gewinn:			3
Handelsbilanzgewinn + Vergütung für Tätigkeit Kurz + Vergütung für Raumüberlassung (siehe Sonderbilanz) + Gewinn laut Sonderbilanz Lang		175.600 € 35.200 € – 4.400 €	
Steuerlicher Gewinn		215.200 €	
Zugleich Gewinn aus Gewerbebetrieb i.S.d. § 7 GewStG.			
Verteilt auf:			4, 5

Müller	Kurz	Lang
116.195 €	59.564 €	35.041 €
		4.400 € Sonderbilanz

	Müller	Kurz	Lang	gesamt	
Gewinn HB 175.600 €					
TV Müller ./. 60.000 €	60.000 €			60.000 €	
KV ./. 15.930 €	6.360 €	4.430 €	5.140 €	15.930 €	
99.670 €					
Rest 50/20/30	49.835 €	19.934 €	29.901 €	99.670 €	
Steuerbilanzgewinn 1. Stufe	**116.195 €**	**24.364 €**	**35.041 €**	**175.600 €**	
Sonder-BE 35.200 €		35.200 €		35.200 €	6
Sonderbilanz			4.400 €	4.400 €	
Steuerbilanzgewinn 2. Stufe	**116.195 €**	**59.564 €**	**39.441 €**	**215.200 €**	

				Punkte
Kapitalkontenentwicklung:				7
	Müller	Kurz	Lang	
Stand 31.12.03	127.200 €	88.600 €	102.800 €	
./. Entnahmen	49.700 €	12.300 €	25.900 €	
+ Einlagen	–	–	–	
	77.500 €	76.300 €	76.900 €	
Gewinnanteile 04:				8
	Müller	Kurz	Lang	
+ Tätigkeitsvergütung	60.000 €	–	–	
+ Zins für Kapital	6.360 €	4.430 €	5.140 €	
+ laufender Gewinn	49.835 €	19.934 €	29.901 €	
	193.695 €	100.664 €	111.941 €	
Kapital 31.12.04 **Umsatzsteuer:** Der Komplementär ist regelmäßig selbständig i.S.d. § 2 UStG (vgl. A 1.6 und 2.2 Abs. 2 UStAE). Die steuerbare Tätigkeit ist auch steuerpflichtig. Die KG hat den Vorsteuerabzug erst mit Ausweis in der Rechnung.				9
Abwandlung: Der Mehrgewinn von 34.000 € ist nach dem Gewinnverteilungsschlüssel aufzuteilen und erhöht das ausgewiesene variable Kapital.				10
	Müller	Kurz	Lang	
Kapital laut Bilanz	193.695 €	100.664 €	111.941 €	
+ st. Mehrgewinn	17.000 €	6.800 €	10.200 €	
berichtigtes Kapital	**210.695 €**	**107.464 €**	**122.141 €**	

Lösung Fall 20: Die Gewinnverteilung der VW-AG

	Punkte
KG (§ 161 Abs. 1 HGB): Der **Komplementär** haftet nach den gesetzlichen Vorgaben für Verbindlichkeiten der KG voll, der **Kommanditist** dagegen nur bis zur Höhe seiner Einlage (§ 161 Abs. 1 HGB). Gleichwohl nimmt er am **Verlust darüber hinaus** teil. Spätere Gewinnauszahlungen können aber nicht von ihm gefordert werden, solange sein Kapitalkonto wegen Verluste negativ ist (§ 169 Abs. 1 HGB). Der Gewinnverteilung liegt §§ 167, 168 i.V.m. § 121 HGB zugrunde, sofern keine abweichenden Regelungen individuell vereinbart werden. In der Regel ist den getroffenen Vereinbarungen auch steuerlich zu folgen. Aus dem Sachverhalt sind keine Gesichtspunkte erkennbar, nach denen die Gewinnverteilung (Kapitalverzinsung und Verteilung des Rests) steuerlich nicht anzuerkennen wäre. Insbesondere entspricht die Kapitalverzinsung der gesetzlichen Regelung des § 167 HGB. Reicht der Gewinn für die vorgesehene Kapitalverzinsung nicht aus, ist der Zinssatz entsprechend zu kürzen, bei Verlust entfällt eine Verzinsung (vgl. §§ 1211 Abs. 1, 167 HGB).	1
Siehe nachfolgende Berechnung am Ende. Der Anspruch des geschäftsführenden Gesellschafters auf Vergütung für seine Geschäftsführertätigkeit ergibt sich nicht aus dem Gesetz, daher bedarf es einer besonderen Abrede zwischen den Gesellschaftern. Dies kann im Gesellschaftsvertrag oder in einem Dienstvertrag getroffen werden. Der Vereinbarung, dass die Geschäftsführervergütung als Aufwand verbucht werden soll, ist auch steuerrechtlich zu folgen, denn für die steuerliche Beurteilung ist – in den Grenzen des § 42 AO – unabhängig von der gewählten Vertragsform ausschlaggebend, was die Vertragspartner im Rahmen der ihnen nach § 109 HGB zustehenden Vertragsfreiheit inhaltlich vereinbaren wollten (vgl. auch H 15.8 < Tätigkeitsvergütung > EStH).	2
Einkommensteuerrechtlich liegt eine **Mitunternehmerschaft i.S.d. § 15 Abs. 1 Nr. 2 EStG** vor (vgl. H 15.8 < Mitunternehmerinitiative, -risiko > EStH). Das bedeutet, dass der von der KG ermittelte Gewinn bzw. Verlust weder handelsrechtlich noch steuerrechtlich zu beanstanden ist. Tätigkeitsvergütungen, die in einem **Dienstvertrag** vereinbart sind, stellen – ohne weitere Prüfung – **Vergütungen i.S.v. § 15 Abs. 1 Satz 1 Nr. 2 Satz 1 2. Halbsatz EStG** dar und sind dem steuerlichen Gesamtgewinn der KG (Stufe 2) hinzuzurechnen. Dagegen sind Tätigkeitsvergütungen, die in einem **Gesellschaftsvertrag** vereinbart sind, **nur dann als Sondervergütung** i.S.d. § 15 Abs. 1 Satz 1 Nr. 2 Satz 1 2. Halbsatz EStG zu qualifizieren, **wenn** sie handelsrechtlich nach den Bestimmungen des Gesellschaftsvertrags **als Aufwand zu behandeln** sind, insbesondere im Gegensatz zu einem Gewinnvorab auch zu zahlen sind, wenn kein Gewinn erwirtschaftet wird.	3

	Punkte
V: Als **Komplementär ist der Geschäftsführer regelmäßig Unternehmer** i.S.d. UStG (vgl. A 1.6 Abs. 4 Beispiel 4, 7, Abs. 5, Abs. 6 UStAE). Da aufgrund der Höhe der Vergütung **§ 19 UStG nicht anzuwenden** ist, bestehen insoweit **steuerbare und steuerpflichtige Umsätze**, d.h. V schuldet aus seiner Vergütung 19 % USt (= 19.160 € gerundet), die sich mindernd auswirken. Gleichwohl hat die **KG mangels Rechnung** i.S.d. § 14 UStG **keinen Vorsteuerabzug**. Eine mögliche Entgelts- oder Rechnungsberichtigung nach § 17 UStG würde auch erst zu diesem Zeitpunkt zum Vorsteuerabzug führen (§ 15 Abs. 1 Nr. 1 UStG).	4, 5
Ergebnis: Der steuerliche Gesamtgewinn der KG ist in den Varianten a) bis e) auf der Stufe 2 um jeweils 120.000 € (Sonderbetriebseinnahmen) zu erhöhen und um die USt (19.160 €) als Sonderbetriebsausgaben zu vermindern (zusammen: + 100.840 €). **W:** Nach § 166 Abs. 1 HGB ist ein Kommanditist berechtigt, eine abschriftliche Mitteilung des Jahresabschlusses zu verlangen und dessen Richtigkeit unter Einsicht der Bücher und Papiere zu prüfen bzw. von einem Dritten prüfen zu lassen. Die Aufwendungen für das Gutachten stellen **keine Betriebsausgaben der KG** dar, weil sie nicht von ihr veranlasst sind. Die Aufwendungen stehen jedoch mit der Gesellschafterstellung von W in Zusammenhang und sind deshalb betrieblich veranlasst.	6
Daher sind sie als **Sonderbetriebsausgaben** (II) des Kommanditisten zu behandeln (§ 4 Abs. 4 EStG) und mindern den steuerlichen Gesamtgewinn der KG und den Gewinnanteil von W.	
Umsatzsteuerlich hat der Leistungsaustausch nicht zwischen dem Steuerberater und der KG, sondern zwischen dem Steuerberater und W stattgefunden. W ist kein Unternehmer i.S.d. UStG. Damit steht **weder der KG noch W ein Vorsteuerabzug** zu (§ 15 Abs. 1 UStG). Der **Betriebsausgabenabzug beträgt folglich 5.950 € (§ 9b Abs. 1 EStG).** Diese Sonderbetriebsausgaben des W sind bei der gesonderten und einheitlichen Gewinnfeststellung nach § 180 Abs. 1 Nr. 2a AO zu berücksichtigen.	7
Da die KG den Gewinn durch **Betriebsvermögensvergleich** ermittelt, gilt diese Gewinnermittlungsart auch für den einzelnen Gesellschafter. Das Wirtschaftsjahr der KG ist das Kalenderjahr. Die Sonderbetriebsausgaben des W sind Aufwendungen des laufenden Jahres und somit in die gesonderte und einheitliche Feststellung dieses Jahres einzubeziehen. Während beim Komplementär sämtliche Verluste ausgleichsfähig sind (Vollhafter), ist beim **Kommanditisten W § 15a EStG zu beachten**. Soweit seine Verluste zu einem negativen Kapitalkonto führen **(Gewinnermittlungsstufe 1)**, sind diese nicht ausgleichsfähig, sondern in den Folgejahren nur mit künftigen Gewinnen aus der KG **verrechenbar** (§ 15a Abs. 1, Abs. 2 EStG; gesonderte Feststellung, § 15a Abs. 3 EStG). Dies trifft in den Alternativen c–d, insbesondere bei d und e zu. Maßgebend ist dabei der Stand des **konkreten Kapitalkontos** nicht seine Einlageverpflichtung (beachte aber § 15a Abs. 1 S. 2 EStG; **Außenhaftung**).	8

Lösung Fall 20: Die Gewinnverteilung der VW-AG

Der steuerliche Gesamtgewinn der KG (**einheitliche und gesonderte Feststellung nach §§ 179 Abs. 2, 180 Abs. 1 Nr. 2 AO**) ist wie folgt zu ermitteln:

Punkte: 9, 10

	a)	b)	c)	d)	e)
Erklärter Gewinn der KG (1. Stufe, § 15 Abs. 1 Nr. 2 1. HS.)	180.000 €	30.000 €	./. 100.000 €	./. 200.000 €	./. 380.000 €
+ Sonderbetriebseinnahmen V	120.000 €	120.000 €	120.000 €	120.000 €	120.000 €
./. Sonderbetriebsausgaben V	19.160 €	19.160 €	19.160 €	19.160 €	19.160 €
./. Sonderbetriebsausgaben W	5.950 €	5.950 €	5.950 €	5.950 €	5.950 €
Steuerlicher Gesamtgewinn KG (2. Stufe, § 15 Abs. 1 Nr. 2 2. HS.)	274.890 €	124.890 €	./. 5.110 €	./. 105.110 €	./. 285.110 €

Punkte: 11–15

Verteilung	Stl. Gesamtgewinn KG	V	W
a)			
./. Sonderergebnis V	274.890 €		
+ Sonderbetriebsausgaben W	100.840 €	100.840 €	
Gewinn KG	5.950 €		./. 5.950 €
	180.000 €		
./. Kapitalverzinsung	100.000 €	90.000 €	10.000 €
Restgewinn	80.000 €	32.000 €	48.000 €
Gewinnanteil		**222.840 €**	**52.050 €**

Verteilung	Stl. Gesamt-gewinn KG	V	W
b)	124.890 €		
./. Sonderergebnis V	100.840 €	100.840 €	
+ Sonderbetriebsausgaben	5.950 €		./. 5.950 €
Gewinn KG	30.000 €		
./. Kapitalverzinsung	30.000 €	27.000 €	3.000 €
Restgewinn	0 €	0 €	0 €
Gewinnanteil		**127.840 €**	**./. 2.950 €**
c)	./. 5.110 €		
./. Sonderbetriebseinnahmen	100.840 €	100.840 €	
+ Sonderbetriebsausgaben	5.950 €		./. 5.950 €
Gewinn KG	./. 100.000 €		
./. Kapitalverzinsung	0 €	0 €	0 €
Restgewinn	./. 100.000 €	./. 40.000 €	./. 60.000 €
Gewinn-/Verlustanteil		**60.840 €**	**./. 65.950 €**
d)	./. 105.110 €		
./. Sonderbetriebseinnahmen	100.840 €	100.840 €	
+ Sonderbetriebsausgaben	5.950 €		./. 5.950 €
Gewinn KG	./. 200.000 €		
./. Kapitalverzinsung	0 €	0 €	0 €
Restgewinn	./. 200.000 €	./. 80.000 €	./. 120.000 €
Gewinn-/Verlustanteil		**20.840 €**	**./. 125.950 €**
e)	./. 285.110 €		
./. Sonderbetriebseinnahmen	100.840 €	100.840 €	
+ Sonderbetriebsausgaben	5.950 €		./. 5.950 €
Gewinn KG	./. 380.000 €		
./. Kapitalverzinsung	0 €	0 €	0 €
Restgewinn	./. 380.000 €	./. 152.000 €	./. 228.000 €
Verlustanteil		**./. 51.160 €**	**./. 233.950 €**

Lösung Fall 21:

	Punkte
B kann die Bürgschaftszahlungen in 07 **nicht als Sonderbetriebsausgaben** abziehen. Die teilweise Inanspruchnahme aus der Bürgschaft bleibt in 07 erfolgsneutral.	1
Die **Bürgschaftsaufwendungen erhöhen** im Zeitpunkt der Inanspruchnahme lediglich das **steuerliche Kapitalkonto**.	2

Lösung Fall 22

	Punkte
Dem gegenüber ging die Forderung der Hausbank gegenüber der KG auf B über. In seiner **Sonderbilanz** ist daher die **Forderung gegenüber der KG** zum 31.12.07 mit 100.000 € auszuweisen. **Gesamthand:** Darlehen Bank 100.000 an Darlehen Gesellschafter = Kapital 100.000	3
Sonderbilanz: Forderung 100.000 an Einlage 100.000	4

Lösung Fall 22:

					Punkte
a) Nach Handelsrecht					1, 2

Sachverhalt		A	B	C
Gewinn	281.000 €	32.000 €	+ 16.000 €	+ 12.000 €
Kapitalverzinsung	./. 60.000 €	+ 14.000 €		
Tantieme	./. 14.000 €			
Restgewinn		+ 69.000 €	+ 69.000 €	+ 69.000 €
(nach Köpfen)	207.000 €	**115.000 €**	**85.000 €**	**81.000 €**

		Punkte
b) Nach Steuerrecht Der Gewinn ist wie folgt zu ermitteln:		3, 4
Gewinn lt. Handelsbilanz	281.000 €	
Tätigkeitsvergütung für A	+ 72.000 €	
Zwischensumme	**353.000 €**	
Gewinn lt. Sonderbilanz B	+ 25.420 €	
Verlust lt. Sonderbilanz C	./. 4.520 €	
Steuerlicher Gewinn	**373.900 €**	
Dies entspricht dem einheitlich und gesondert festzustellenden Gewinn der OHG.		5, 6

Sachverhalt		A	B	C
Zwischensumme = Gewinn lt. HB	281.000 €			
Kapitalverzinsung	./. 60.000 €	+ 32.000 €	+ 16.000 €	+ 12.000 €
Tantieme A	./. 14.000 €	+ 14.000 €		
Restgewinn/Gewinnanteil	207.000 €	+ 69.000 €	+ 69.000 €	+ 69.000 €
Tätigkeitsvergütung A	+ 72.000 €	+ 72.000 €		
Gewinn lt. Sonderbilanz B	+ 25.420 €		+ 25.420 €	
Verlust lt. Sonderbilanz C	./. 4.520 €			./. 4.520 €
Gewinn lt. Steuerbilanz	**373.900 €**	**187.000 €**	**110.420 €**	**76.480 €**

Lösung Fall 23:

	Punkte
1. **a) Allgemeines zur Geschäftsführervergütung** Unabhängig vom Anstellungsvertrag (schuldrechtlicher Vertrag) gehört die Vergütung an B zu den **Sondervergütungen im Sinne von § 15 Abs. 1 Satz 1 Nr. 2, 2. Halbsatz EStG.** Neben dem Gewinnanteil des Gesellschafters rechnet die Sondervergütung zu den Einkünften aus Gewerbebetrieb. Sie erhöht den steuerlichen Gesamtgewinn der Personengesellschaft (**2. Stufe Gewinnermittlung**).	1
b) Buchmäßige Behandlung bei der OHG Die buchmäßige Behandlung der OHG ist **dem Grunde nach richtig**. Der Bilanzbuchhalter hat jedoch folgende Fehler gemacht: Der Gesellschafter **B ist weder steuerrechtlich noch sozialversicherungsrechtlich Arbeitnehmer.**	2
Die Einbehaltung und Abführung der **Sozialversicherungsbeiträge** war **unzutreffend**. Die OHG hat deshalb den Betrag von 26.400 € zu Recht vom Sozialversicherungsträger zurückgefordert. Da die Überweisung erst am 18.01.09 erfolgte, hat die OHG in ihrer Handels- und Steuerbilanz **zum 31.12.08** eine **sonstige Forderung** in Höhe von 26.400 € zu aktivieren.	3
Nach dem Sachverhalt ist auch davon auszugehen, dass **B nicht Unternehmer** i.S.d. § 2 UStG ist. Die fälschlicherweise **einbehaltenen Arbeitnehmeranteile** zur Sozialversicherung **stehen dem B zu.**	4
Die **OHG** hat somit am 31.12.08 eine **Schuld gegenüber ihrem Gesellschafter B** in Höhe von 13.200 €, die in ihrer Bilanz auszuweisen ist. Die OHG hätte in 08 buchen müssen: Sonstige Forderungen 26.400 € an Sonst. Verbindlichk. 13.200 € Gesetzl. soz. Aufwend. 13.200 €	5
2. **a) Rückwirkende Vereinbarungen** zwischen einer Personengesellschaft und ihren Gesellschaftern können nach der Rechtsprechung des BFH mit **steuerlicher** Wirkung **nicht anerkannt** werden (H 15.8 Abs. 3 „Rückwirkende Änderung" EStH). Die Buchung der OHG ist zu stornieren.	6

Bilanzberichtigung der OHG	Änderung	Gewinnauswirkung	7
Sonstige Forderungen	+ 26.400 €	+ 26.400 €	
Sonstige Verbindlichkeiten	+ 13.200 €	./. 13.200 €	
Rückstellungen	./. 24.000 €	+ 24.000 €	
		+ 37.200 €	

			Punkte
GuV-Berichtigung der OHG	Änderung	Gewinnauswirkung	8
Gesetzl. soz. Aufwendungen	./. 13.200 €	+ 13.200 €	
Gehälter	./. 24.000 €	+ 24.000 €	
		+ 37.200 €	
b) Buchmäßige Behandlung beim Gesellschafter Die Sondervergütung an B ist gem. § 15 Abs. 1 Satz 1 Nr. 2 EStG dem Gesamtgewinn der OHG und dem Gewinnanteil des B hinzurechnen. Die **Forderung des B gegenüber der OHG** muss in seiner **Sonderbilanz aktiviert** werden. Die **rückwirkende Erhöhung des Geschäftsführergehalts** ist für die Sonderbuchführung **ohne Bedeutung**.			9
In der Sonderbuchführung des B hätte gebucht werden müssen: Privatentnahme 106.800 € an Geschäftsführervergütung 120.000 € Sonstige Forderungen 13.200 €			10

Lösung Fall 24:

	Punkte
Zu 1. Der **laufende Gewinnanteil** des A in 03 **erhöht sich** um 20.000 €. Sein **Veräußerungsgewinn vermindert sich** entsprechend.	1
Beim Ausscheiden erhält der ausscheidende Gesellschafter in der Regel eine Abfindung, mit der alle stillen Reserven einschließlich Geschäftswert abgegolten sind. Das sind hier (50.000 € + Buchwert Kapitalkonto von 300.000 € =) 350.000 €.	2
Stellt der Betriebsprüfer später einen höheren Gewinn fest, ist der **Mehrgewinn anteilig** auch dem **ausgeschiedenen Gesellschafter bis** zum Zeitpunkt seines **Ausscheidens** zuzurechnen. Der Gewinnanteil des A erhöht sich somit in 03 um (⅓ des Bp-Mehrgewinns von 60.000 € =) 20.000 €.	3
Für die Berechnung des Veräußerungsgewinns sind die Buchwerte maßgeblich, wie sie sich im Veräußerungszeitpunkt aufgrund der steuerlichen Bewertungsvorschriften ergeben. Sind durch eine Außenprüfung die steuerlich maßgeblichen Werte z.B. durch zusätzliche Aktivierungen geändert worden, ist das bei der Ermittlung des Veräußerungsgewinns zu berücksichtigen. Durch die Zuaktivierung erhöhen sich die Buchwerte und damit der laufende Gewinn. In gleicher Höhe wird aber durch das höhere Buchkapital im Zeitpunkt der Veräußerung der bisherige Veräußerungsgewinn gemindert.	4

			Punkte
Erhöhung laufender Gewinnanteil des A in 03		20.000 €	5, 6
Entwicklung des Kapitalkontos A zum 31.12.03:			
bisher	300.000 €		
Mehrgewinn	20.000 €		
Kapitalkonto nach Außenprüfung	320.000 €		
Abfindung	350.000 €		
berichtigter Veräußerungsgewinn	30.000 €		
Veräußerungsgewinn bisher	50.000 €		
weniger Veräußerungsgewinn	20.000 €		
Ist der Bp-Mehrgewinn durch Einnahmeerhöhungen entstanden, die von den Gesellschaftern bereits entnommen worden sind, hat dies durch die gleichzeitig festgestellte höhere Entnahme keine Auswirkung auf die Höhe des Buchkapitals in der Bilanz. In diesem Fall bleibt der Veräußerungsgewinn unverändert.			7
Zu 2.: Die **Erhöhung** des **laufenden Gewinnanteils** um 20.000 € führt auch hier zu einer entsprechenden **Verminderung** seines **Veräußerungsgewinns**. Erhält der ausgeschiedene Gesellschafter nur eine pauschale Abfindung, die über dem Buchwert liegt, ist der **Mehrgewinn** ebenso nach dem für das Berichtigungsjahr maßgebenden **Gewinnverteilungsschlüssel** zu verteilen, unabhängig von der pauschal vereinbarten Abfindung. Die Erhöhung des laufenden Gewinnanteils in 03 von 20.000 € führt aber gleichzeitig zu einer entsprechenden Verminderung des Veräußerungsgewinns.			8
Zu 3.: Der anteilige **Mehrgewinn** von 20.000 € ist A als **laufender Gewinn** zuzurechnen. Durch die Erhöhung seines ursprünglichen Kapitalkontos führt das bei ihm in Höhe des **Mehrgewinnanteils** zu einem **Veräußerungsverlust**. Da der Gesellschafter nicht an den stillen Reserven der Gesellschaft beteiligt sein soll, bedarf es beim Ausscheiden insoweit auch **keiner besonderen Auseinandersetzungsvereinbarung**.			9
Die nachträgliche Aufdeckung steuerlicher Mehrgewinne durch Aufdeckung stiller Reserven gibt dem ausscheidenden Gesellschafter **keinen Anspruch auf Nachbesserung** seiner Abfindung. Der anteilige Mehrgewinn ist ihm als laufender Gewinn zuzurechnen. Dadurch erhöht sich sein ursprüngliches Kapitalkonto. Das führt bei ihm in Höhe des Mehrgewinnanteils zu einem Veräußerungsverlust.			10

		Punkte
Erhöhung laufender Gewinnanteil des A in 03	20.000 €	11
Entwicklung des Kapitalkontos A zum 31.12.03:		
bisher	300.000 €	
Mehrgewinn	20.000 €	
Kapitalkonto nach Außenprüfung	320.000 €	
Abfindung in Höhe des Buchkapitalanteils	300.000 €	
Veräußerungsverlust	20.000 €	
Minderung gegenüber bisher	0 €	
Veräußerungsverlust A	**20.000 €**	
Die Gesellschafter B und C müssen den **Minderbetrag** in einer **Ergänzungsbilanz** für **Abstockungen auf die Wirtschaftsgüter** der Gesellschaft verwenden. Dadurch **mindert sich künftig der Aufwand** bei Verbrauch/Veräußerung dieser Wirtschaftsgüter durch die Gesellschaft entsprechend. Sind die Wirtschaftsgüter **aber nicht weniger Wert**, erzielen die Gesellschafter B und C einen **Ertrag**.		12

Lösung Fall 25:

	Punkte
Aufgrund der teilweisen Verbuchung auf dem Kapitalkonto I liegt insgesamt ein tauschähnlicher Vorgang vor.	1, 2
Die AfA-Bemessungsgrundlage für das Gebäude ist nicht nach § 7 Abs. 1 Satz 5 EStG zu kürzen. Sie beträgt daher 250.000 €.	3, 4
Bei A sind die Rechtsfolgen des § 23 Abs. 1 Nr. 1 EStG zu prüfen.	5, 6
Hinweis! Handelt es sich bei dem betreffenden Gesellschafterkonto nicht um ein Kapitalkonto, ist regelmäßig von einem Darlehenskonto auszugehen.	

Lösung Fall 26:

	Punkte
Es handelt sich um einen vollentgeltlichen Veräußerungsvorgang. Sowohl die Schuldübernahme als auch die Gutschrift auf dem Kapitalkonto II ist ein Veräußerungstatbestand i.S.v. § 23 Abs. 1 Satz 1 Nr. 1 EStG:	1

		Punkte
Veräußerungserlös:		2, 3
Gutschrift Kapitalkonto II	+ 1.000.000 €	
+ Schuldübernahme	500.000 €	
=	+ 1.500.000 €	
Anschaffungskosten (voll)	./. 1.000.000 €	
privater Veräußerungsgewinn zusammen	**500.000 €**	
Hinweis! Die Gewinnrealisierung wegen der Schuldübernahme durch die KG kann vermieden werden, wenn die Darlehensverbindlichkeit nicht ins Gesamthandsvermögen der KG eingebracht wird und der Grundstückswert insoweit als Kapitalrücklage ausgewiesen wird. Die Darlehensverbindlichkeit wird dann notwendiges (negatives) Sonderbetriebsvermögen von A und B.		

Lösung Fall 27:

	Punkte
Wäre das Grundstück nach den Bestimmungen der Einbringungsvereinbarung in der Bilanz der OHG mit 600.000 € angesetzt und der Differenzbetrag von 540.000 € auf einem gesamthänderisch gebundenen Rücklagenkonto gebucht worden, würde es sich um einen in vollem Umfang entgeltlichen Übertragungsvorgang handeln.	1
Im vorliegenden Fall aber, in dem das Grundstück nach den Bestimmungen in der Einbringungsvereinbarung bewusst nur mit 60.000 € angesetzt und der Differenzbetrag von 540.000 € durch die Beteiligten buchungstechnisch zunächst überhaupt nicht erfasst wird, ist von einem teilentgeltlichen Vorgang auszugehen, da das Grundstück nach dem ausdrücklichen Willen der Beteiligten unter Wert eingebracht werden sollte.	2
Für diesen Fall der Einbringung unter Wert gelten die bisherigen Ausführungen im BMF-Schreiben vom 29.03.2000 (a.a.O., Abschnitt II 1 c)) weiterhin.	3
Somit liegt ein teilentgeltlicher Vorgang vor, weil das Grundstück zu 10 % (60.000 €/600.000 €) entgeltlich und zu 90 % (540.000 €/600.000 €) unentgeltlich übertragen wird.	4
Hinsichtlich des entgeltlich übertragenen Teils ist das Grundstück deshalb in der Bilanz der OHG mit dem Veräußerungspreis von 60.000 € (= Wert der hingegebenen Gesellschaftsrechte) anzusetzen. Insoweit liegen Anschaffungskosten vor, die bezüglich eines Gebäudes die Bemessungsgrundlage für die AfA darstellen.	5
Hinsichtlich des unentgeltlich übertragenen Teils ist das Grundstück nach Einlagegrundsätzen gemäß § 4 Abs. 1 S. 8 i.V.m. § 6 Abs. 1 Nr. 5 Satz 1 EStG dem anteiligen Teilwert in Höhe von 540.000 € (90 % von 600.000 €) anzusetzen.	6
Insoweit ist wegen der AfA-Bemessungsgrundlage ggf. § 7 Abs. 1 S. 5 EStG zu beachten. Das Grundstück ist deshalb auch bei einer teilentgeltlichen Übertragung mit 600.000 € in der Bilanz der OHG zu erfassen.	7

	Punkte
Aufgrund der Teilentgeltlichkeit des Übertragungsvorgangs ist der den Wert der auf dem Kapitalkonto I verbuchten Gesellschaftsrechte übersteigende Betrag von 540.000 € innerhalb der Bilanz der OHG als Ertrag zu behandeln. Diese Ertragsbuchung ist durch eine entsprechende gegenläufige **außerbilanzielle Korrektur** zu neutralisieren.	8
Aufgrund der ausdrücklichen Bestimmungen in der Einbringungsvereinbarung (Einbringung unter Wert) kommt hier eine Buchung des übersteigenden Betrags von 540.000 € auf einem gesamthänderischen Rücklagenkonto oder auf einem variablen Kapitalkonto (Kapitalkonto II) nicht in Betracht, weil diese Vorgehensweise zur Annahme eines voll entgeltlichen Übertragungsgeschäfts führen würde, was nach der zugrunde liegenden Einbringungsvereinbarung von den Beteiligten gerade nicht gewollt war.	9

Lösung Fall 28:

	Punkte
Zu 1.: § 6 Abs. 5 S. 3 Nr. 2 EStG Es handelt sich um eine **teilentgeltliche Grundstücksübertragung**.	1
Die Schuldübernahme ist das Entgelt. Nach der Trennungstheorie ist die Grundstücksübertragung in einen Veräußerungsvorgang ($1/3$) und eine unentgeltliche Übertragung ($2/3$) aufzuteilen. Es entsteht ein Übertragungsgewinn i.H.v. 33.333 €.	2
Dieser berechnet sich wie folgt: Übertragungserlös (Schuldübernahme) 100.000 € ./. anteiliger Buchwert des Grundstücks $1/3$ (100.000/300.000) von 200.000 € = **66.667 €** Übertragungsgewinn = **33.333 €**	3

Bei der KG ist die Grundstücksübertragung von A wie folgt zu buchen:
 Grundstück   233.333   an   Rücklage oder Ertrag   133.333
                                                    (nicht steuerbar)
                                                    Verbindlichkeiten   100.000
	4

Zu 2.: § 6 Abs. 5 S. 3 Nr. 2 EStG: die Übertragung hat **zwingend** zum **Buchwert** zu erfolgen. Bei der KG kann die Grundstücksübertragung von A wie folgt verbucht werden:	5

Gesamthandsbilanz
 Grundstück   1 Mio.   an   Kapitalkonto I des A   1 Mio.
                                                  (wenn Gesellschaftsrechte)
                                                  oder Kapitalrücklage bzw. Ertrag
                                                  oder Kapital II des A
                                                  (wenn keine Gesellschaftsrechte
                                                  also unentgeltlich)
	6

Ergänzungsbilanz A Minder-Kapital 500.000 an Minderwert Grundstück 500.000	7

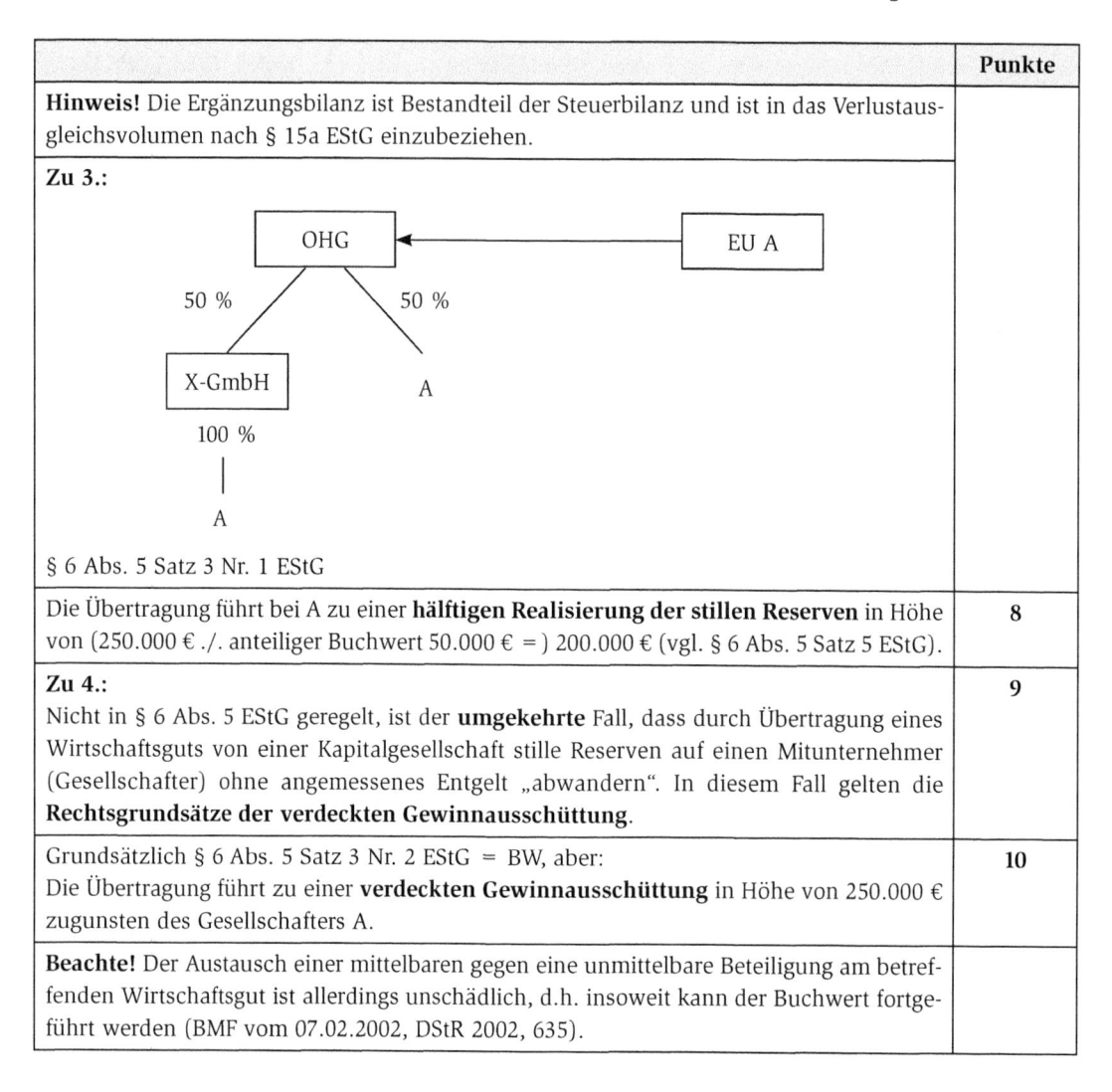

	Punkte
Hinweis! Die Ergänzungsbilanz ist Bestandteil der Steuerbilanz und ist in das Verlustausgleichsvolumen nach § 15a EStG einzubeziehen.	
| **Zu 3.:**<br><br>```
        OHG  ◄──────  EU A
       /    \
    50%      50%
     /        \
  X-GmbH       A
     |
   100%
     |
     A
```<br><br>§ 6 Abs. 5 Satz 3 Nr. 1 EStG | |
Die Übertragung führt bei A zu einer **hälftigen Realisierung der stillen Reserven** in Höhe von (250.000 € ./. anteiliger Buchwert 50.000 € =) 200.000 € (vgl. § 6 Abs. 5 Satz 5 EStG).	8
Zu 4.: Nicht in § 6 Abs. 5 EStG geregelt, ist der **umgekehrte** Fall, dass durch Übertragung eines Wirtschaftsguts von einer Kapitalgesellschaft stille Reserven auf einen Mitunternehmer (Gesellschafter) ohne angemessenes Entgelt „abwandern". In diesem Fall gelten die **Rechtsgrundsätze der verdeckten Gewinnausschüttung**.	9
Grundsätzlich § 6 Abs. 5 Satz 3 Nr. 2 EStG = BW, aber: Die Übertragung führt zu einer **verdeckten Gewinnausschüttung** in Höhe von 250.000 € zugunsten des Gesellschafters A.	10
Beachte! Der Austausch einer mittelbaren gegen eine unmittelbare Beteiligung am betreffenden Wirtschaftsgut ist allerdings unschädlich, d.h. insoweit kann der Buchwert fortgeführt werden (BMF vom 07.02.2002, DStR 2002, 635).	

Lösung Fall 29:

	Punkte
Frage 1: Zwischen der KG und B ist bürgerlich-rechtlich ein **wirksamer Kaufvertrag** nach § 433 BGB zustande gekommen. Die Gesellschaft kann unter ihrer Firma Rechte erwerben und Verbindlichkeiten eingehen (§§ 161 Abs. 2, 124 Abs. 1 HGB). Die Gesellschaft wird durch ihren Komplementär vertreten (vgl. §§ 161 Abs. 2, 125 Abs. 1, 170 HGB). Der Kaufvertrag wurde formwirksam nach § 313 BGB geschlossen.	1
```

	Punkte
Frage 2: Die Vertragsparteien sind verpflichtet, den geschlossenen **Kaufvertrag zu erfüllen** (vgl. §§ 362 Abs. 1, 433 BGB). Die Gesellschaft hat das Grundstück B übergeben; ihm ist im Vertrag das Recht eingeräumt worden, ab 01.12.08 alle Nutzungen aus dem Grundstück zu ziehen. B ist als Käufer verpflichtet, den vereinbarten Kaufpreis zu entrichten (§ 433 Abs. 2 BGB). Dieser Verpflichtung ist er durch Kaufpreiszahlung i.H.v. 75.000 € bei Fälligkeit am 10.01.09 nachgekommen.	2
Frage 3: Nach § 1 Abs. 1 Nr. 1 GrEStG unterliegt ein Kaufvertrag, der den Anspruch auf Übereignung eines inländischen Grundstücks begründet, der **Grunderwerbsteuer**. Der zwischen der KG und B am 10.12.08 geschlossene Kaufvertrag begründet den Anspruch auf Übereignung eines der Gesellschaft gehörenden Grundstücks.	3
Da jedoch das Grundstück von einer Gesamthand, der KG (vgl. § 161 Abs. 1 HGB) in das Alleineigentum des an der Gesamthand beteiligten Kommanditisten B übergeht, wird die **Steuer in Höhe des Anteils nicht erhoben**, zu dem Erwerber am Vermögen der Gesamthand beteiligt ist (§ 6 Abs. 2 GrEStG).	4
Die Steuer wird vom **Wert der Gegenleistung** berechnet (§ 8 Abs. 1 GrEStG). Nach § 9 Abs. 1 Nr. 1 GrEStG gilt als Gegenleistung bei einem Kauf der Kaufpreis. Die Vertragsparteien haben 75.000 € als Kaufpreis vereinbart. Der Steuersatz beträgt 3,5 % (§ 11 Abs. 1 GrEStG unterschiedlich nach Belegenheit). Die Grunderwerbsteuer beträgt demnach 2.625 €. Da jedoch der Kommanditist B zu 50 % am Vermögen der KG beteiligt ist, wird die Grunderwerbsteuer in Höhe von 50 % = 1.312,50 € nicht erhoben.	5
Steuerschuldner sind nach § 13 Nr. 1 GrEStG die an dem Erwerbsvorgang als Vertragsteile beteiligten Personen. B als Käufer hat jedoch vertraglich alle Kosten, also auch die Grunderwerbsteuer übernommen, die mit dem Grundstücksübergang anfallen. Nur wenn die festgesetzte Steuer vom Erwerber, der die Zahlung dieser Kosten vertraglich übernommen hat, nicht zu erlangen wäre, wird das Finanzamt die Gesellschaft als anderen Vertragsteil in Anspruch nehmen.	6
Hinweis! Beachte seit 01.01.2000 § 1 Abs. 2a GrEStG bei Gesellschafterwechsel und Sperrfrist nach §§ 5 Abs. 3, 6 Abs. 4 GrEStG.	
Frage 4: Zwischen der KG und B vollzieht sich ein **umsatzsteuerbarer Leistungsaustausch**. Demnach liefert die Gesellschaft als Unternehmerin (§ 2 Abs. 1 UStG) ein Grundstück im Inland gegen Entgelt im Rahmen ihres Unternehmens (§§ 1 Abs. 1 Nr. 1, 3 Abs. 1 UStG). Da dieser Rechtsvorgang jedoch bereits der Grunderwerbsteuer unterliegt, bleibt dieser Umsatz nach **§ 4 Nr. 9a UStG steuerfrei**.	7
Die KG kann auch nicht nach **§ 9 UStG auf die Steuerbefreiung verzichten**, da dies einen steuerfreien Umsatz an einen anderen Unternehmer für dessen Unternehmen voraussetzen würde. B will jedoch das Grundstück privat nutzen. Insoweit ist **B kein Unternehmer** und eine **Option** nach § 9 UStG ist **nicht möglich**.	8

	Punkte
Frage 5: Bei Mitunternehmern sind Wertbewegungen zwischen der betrieblichen und der privaten Sphäre grundsätzlich auch dann nach den für Entnahmen und Einlagen geltenden Grundsätzen zu behandeln, wenn ihnen ein gegenseitiger Vertrag mit der Personengesellschaft zugrunde liegt. Veräußert aber – wie im vorliegenden Fall – die KG das Grundstück an den Gesellschafter B, bei dem das Wirtschaftsgut zum Privatvermögen gehört, zu Bedingungen, die denen der **Veräußerung** des Wirtschaftsguts an einen **Fremden entsprechen**, so ist hiernach das Rechtsgeschäft **ertragsteuerlich als Veräußerung** anzusehen. Aus dem Veräußerungsgeschäft entsteht somit ein Gewinn in Höhe von (Differenz zwischen Kaufpreis von 75.000 € und Buchwert von 50.000 € =) 25.000 €.	9
Nach **§ 6b EStG** kann der Gewinn aus dem Veräußerungsgeschäft in Höhe von 25.000 € neutralisiert werden, denn das Grundstück hat im Zeitpunkt der Veräußerung mindestens 6 Jahre ununterbrochen zum Anlagevermögen der KG gehört (§ 6b Abs. 4 Nr. 2 EStG). Das Grundstück ist im Jahre 01 von der KG angeschafft und im Jahre 08 veräußert worden.	10
Frage 6: Es entsteht ein **Ertrag** in Höhe des Unterschieds zwischen dem Buchwert von 50.000 € (Abgang) und dem Veräußerungserlös von 75.000 € = 25.000 €. Unerheblich ist die Eintragung. Da der Kaufpreis von 75.000 € erst 10.01.09 fällig wird, hat die Gesellschaft in ihrer Schlussbilanz zum 31.12.08 eine **Kaufpreisforderung** von 75.000 € **zu bilanzieren** (Zahlung 10.01.09 keine Gewinnauswirkung).	11
Frage 7: Veräußert der Mitunternehmer ein Wirtschaftsgut seines Privatvermögens zu Bedingungen, die denen der Veräußerung an einen fremden Dritten entsprechen, so ist das Rechtsgeschäft bei der Gesellschaft ein Anschaffungsgeschäft, beim Gesellschafter ein Veräußerungsgeschäft; das gesamte Geschäft ist also einheitlich als Veräußerungsgeschäft zu behandeln. Die Gesellschaft kann, soweit sie eine Rücklage nach § 6b EStG gebildet hat, diese Rücklage auf das angeschaffte Wirtschaftsgut Grundstück übertragen.	12
Frage 8: Durch die Veräußerung des Grundstücks **aus dem Gesamthandsvermögen** und die weitere Nutzungsüberlassung wird das Grundstück ein Wirtschaftsgut des **Sonderbetriebsvermögens** von B. Die Veräußerung erfolgt zu Bedingungen, die denen für fremden Dritten entsprechen; insoweit tritt Gewinnrealisierung in vollem Umfang ein. Die stillen Reserven in Höhe von 25.000 € sind gewinnwirksam zu erfassen. Bei Übertragung mit Belastung des Kapitalkontos des Gesellschafters B (d.h. **Minderung der Gesellschaftsrechte**) ergibt sich: **Buchwertverknüpfung § 6 Abs. 5 S. 3 Nr. 2 mit Behaltefrist**.	13
Frage 9: Das Grundstück, das bisher ein Wirtschaftsgut des Sonderbetriebsvermögens war, kann Gesamthandsvermögen dadurch werden, in dem B das Eigentum gegen Entgelt auf die Gesellschaft überträgt – entgeltliche Veräußerung. Bei angemessener Kaufpreisvereinbarung von 75.000 € tritt Gewinnrealisierung in Höhe von (75.000 € ./. 50.000 € Buchwert) 25.000 € ein.	14

	Punkte
B kann aber auch das Grundstück gegen Gewährung von Gesellschaftsrechten (Einbringung) übertragen. Die durch die Übertragung eintretende Erhöhung des Vermögens der Gesellschaft ist in diesem Fall dem Kapitalkonto des Gesellschafters, das für seine Beteiligung maßgebend ist, gutzuschreiben. Der Buchwert ist fortzuführen, § 6 Abs. 5 S. 3 Nr. 2 EStG mit Behaltefrist.	15
Frage 10: Hat der Kommanditist als Eigentümer des Grundstücks dieses Wirtschaftsgut der Gesellschaft zur Nutzung überlassen, ist das Grundstück ein Wirtschaftsgut seines **Sonderbetriebsvermögens.** Überträgt er das Eigentum an diesem Grundstück auf den **Komplementär A** zur Nutzung, so bleibt das Grundstück Betriebsvermögen der Gesellschaft, wird aber steuerrechtlich nicht mehr dem Veräußerer, sondern dem **Erwerber als Sonderbetriebsvermögen** zugerechnet.	16
Veräußert B das Wirtschaftsgut entgeltlich zu einem Kaufpreis von 75.000 € an A, so erzielt er einen Gewinn in Höhe des Unterschieds zwischen dem Veräußerungspreis von 75.000 € und dem Buchwert des Wirtschaftsguts von 50.000 € (= 25.000 €). **Überlässt er es unentgeltlich, gilt** § 6 Abs. 5 S. 3 Nr. 3 EStG = BW mit Behaltefrist.	17

Lösung Fall 30:

	Punkte
Spiegelbildtheorie Steuerlich ist die Beteiligung (notwendiges BV) – entsprechend den für S bei der OHG geführten Kapitalkonten – mit (250.000 € + 215.400 € =) 465.400 € anzusetzen.	1

Lösung Fall 31:

	Punkte
Mit dem Erwerb der Mitunternehmeranteile an der S-KG hat die R-GmbH abweichend vom Handelsrecht steuerlich kein Wirtschaftsgut Beteiligung erlangt, sondern das anteilige Eigentum an den einzelnen Wirtschaftsgütern der S-KG. Bei der S-KG sind die Anschaffungskosten der R-GmbH, soweit sie von den (anteiligen) Buchwerten abweichen, in einer Ergänzungsbilanz zugunsten der R-GmbH auszuweisen.	1
Ergänzungsbilanz R-GmbH 01.01.06 | Aktiva | | | Passiva | |---|---|---|---| | Mehrwerte | | Mehrkapital | 150.000 | | Unbebautes Grundstück | 60.000 | | | | Firmenwert | 90.000 | | | | | 150.000 | | 150.000 |	2
Der Firmenwert ist in 15 Jahren mit jährlich 6.000 € abzuschreiben (§ 7 Abs. 1 S. 3 EStG). Insoweit ergibt sich eine Mehr-AfA aus Ergänzungsbilanz. Die Ergänzungsbilanz ist zum 31.12.06 wie folgt weiter zu entwickeln:	3

		Punkte
Ergänzungsbilanz R-GmbH 31.12.06		4

Aktiva		Passiva	
Mehrwerte		Mehrkapital	144.000
Unbebautes Grundstück	60.000		
Firmenwert	90.000		
./. AfA 6.000	84.000		
	144.000		144.000

Ergänzungs GuV 06		5

Aufwand		Ertrag	
Mehr-AfA	6.000	Verlust	6.000
	6.000		6.000

	Punkte
Behandlung der Beteiligung in der HB der R-GmbH: Beteiligung ist Vermögensgegenstand (§ 246 HGB), Nicht abnutzbares Anlagevermögen (§ 247 Abs. 2 HGB), Gem. § 266 Abs. 2 HGB unter Finanzanlagen (Beteiligungen Aktivseite) und Bewertung mit Anschaffungskosten in Höhe von 400.000 €.	6
Nicht entnehmbare Gewinnanteile erhöhen die AK auf 425.000 € zum 31.12.06 ist Gewinnanteil aus der HB der S-KG in Höhe von 25.000 € als sonstige Forderung und Beteiligungsertrag 50.000 € zu erfassen.	7
Behandlung der Beteiligung in der StB der R-GmbH: Beteiligungskonto entspricht spiegelbildlich dem steuerlichen Kapitalkonto der R-GmbH bei S-KG. Die R-GmbH hat bei der S-KG zum 31.12.06 folgendes steuerliches Kapitalkonto: Kommanditkapital lt. HB 250.000 € Gewinnanteil für 06 50.000 € Mehrkapital lt. Ergänzungsbilanz 144.000 € **Summe** **444.000 €**	8
Dem entspricht auch das Beteiligungskonto bei der R-GmbH zum 31.12.06: Anschaffungskosten Kommanditanteil 400.000 € Zugang Gewinnanteil für 06 50.000 € Minderung AfA Firmenwert ./. 6.000 € **Stand 31.12.06** **444.000 €**	9
Die Spiegelbildmethode bewirkt auch, dass Teilwertabschreibungen auf die Beteiligung oder spätere Zuschreibungen nicht möglich sind.	10
Denn für die steuerliche Gewinnermittlung hat der Bilanzansatz „Beteiligungen an einer Personenhandelsgesellschaft" keine selbständige Bedeutung, weil für die Personengesellschaft gem. §§ 179, 180 AO eine selbständige Gewinnermittlung vorzunehmen ist und der Anteil am Gewinn dem Mitunternehmer unmittelbar zugerechnet wird.	11

Lösung Fall 32:

	Punkte
Sachverhalt 1: Das Veräußerungsgeschäft ist für steuerliche Zwecke zu ⅓ **als entgeltliche Übertragung** und zu ⅔ **als Übertragung gegen Gewährung von Gesellschaftsrechten** zu betrachten. • **Behandlung des entgeltlichen Teils der Übertragung:**	1
In Höhe des Veräußerungspreises von 180.000 € liegen bei der OHG Anschaffungskosten vor. B erzielt einen sonstigen betrieblichen Ertrag von 180.000 € ./. 60.000 € (⅓ von BW 180.000 €) = 120.000 €.	2
Die Voraussetzungen des § 6b EStG sind erfüllt. B kann eine Rücklage i.H.v. 120.000 € bilden. B kann aber auch die aufgedeckten stillen Reserven von 120.000 € auf das von der OHG erworbene Grundstück übertragen (§ 6b Abs. 1 EStG, R 6b.2 Abs. 6 EStR).	3
Die Übertragung ist erfolgsneutral vorzunehmen (R 6b Abs. 8 EStR). Die Anschaffungskosten i.S.v. § 6b Abs. 1 EStG der OHG betragen nur 180.000 €. Auf B entfallen davon nur ⅓ = 60.000 €. B kann nur diesen Betrag in der Gesamthandsbilanz der OHG übertragen.	4
• **Behandlung der Übertragung gegen Gewährung von Gesellschaftsrechten:** Die OHG muss das Grundstück insoweit gem. § 6 Abs. 5 Satz 3 Nr. 2 EStG mit dem anteiligen Buchwert von (⅔ von 180.000 €) = 120.000 € ansetzen. Bei B scheidet das Wirtschaftsgut insoweit mit dem anteiligen Buchwert von 120.000 € aus dem Sonderbetriebsvermögen aus. Eine Gewinnauswirkung tritt nicht ein.	5
Buchungen: (Anmerkung: Das bis 2008 zwingend anzuwendende BMF-Schreiben (BStBl I 2008, 495) wegen § 5 Abs. 1 S. 2 EStG a.F., hat ab 2009 keine Gültigkeit mehr.) **Bei der OHG:** Grundstücke 540.000 € an Sonstige Verbindlichkeiten 180.000 € Kapital B 360.000 € **Buchung in Ergänzungsbilanz B:** Minderkapital 240.000 € an Minderwert Grundstück 240.000 € Minderkapital 60.000 € an Minderwert Grundstück 60.000 €	6, 7

In der Sonderbuchführung des B:
Sonstige Forderungen 180.000 € an Grundstücke 180.000 €
Privat   120.000 € an Sonstige betriebliche
                                     Erträge § 6b EStG 120.000 €
Sonstige betriebliche Aufwendungen 120.000 € an Sonderposten mit
                                                     Rücklageanteil 120.000 €
(Rücklageanteil   60.000 € an Kapital   60.000 €)
	8

Sachverhalt 2: Das Veräußerungsgeschäft ist für steuerliche Zwecke zu ¼ **als entgeltliche Übertragung** und zu ¾ **als Übertragung gegen Minderung von Gesellschaftsrechten** zu betrachten.	9

	Punkte
• Behandlung des entgeltlichen Teils der Übertragung: In Höhe des Veräußerungspreises von 210.000 € liegen bei C Anschaffungskosten vor. Die OHG erzielt einen sonstigen **betrieblichen Ertrag** von 210.000 € ./. 52.500 € (¼ von 210.000 €) = 157.500 €.	10
Dieser Gewinn ist nach § 3 Nr. 40 Buchst. a) i.V.m. **§ 3c Abs. 2 EStG** zu 40 % steuerfrei, Trotzdem wird in der Buchführung der OHG der gesamte Gewinn von 157.500 € ausgewiesen. **Außerhalb der Buchführung** wird der steuerpflichtige Gewinn der OHG um 40 % von 157.500 € = 63.000 € gemindert. Da die Sechsjahresfrist des § 6b EStG nicht erfüllt ist (05) kann keine Rücklage gebildet werden.	11
• Behandlung der Übertragung gegen Minderung von Gesellschaftsrechten: C muss die Beteiligung in seiner Sonderbilanz gem. § 6 Abs. 5 Satz 3 EStG mit den Anschaffungskosten von 210.000 € und dem anteiligen Buchwert von (¾ von 210.000 € =) 157.500 € ansetzen.	12
Buchmäßige Behandlung Bei der OHG: Forderungen 210.000 € an Beteiligung 210.000 € Kapital C 630.000 € an Sonstige betriebliche Erträge 630.000 €	13
Kürzung außerhalb Abrechnung i.H.v. 630.000 € ./. 157.500 € = 472.500 €. In der Sonderbuchführung des C: Beteiligung 367.500 € an Sonstige Verbindlichkeiten 210.000 € Privat (Kapital) 157.500 €	14

Lösung Fall 33:

	Punkte
Die Einbringungsspiele **Allgemeines:** Bei Einbringung eines Betriebs, Teilbetriebes oder Mitunternehmeranteils in eine Personengesellschaft gegen Gewährung von Gesellschaftsrechten handelt es sich **grundsätzlich um einen Tausch.** Allerdings fällt dieser zwar nicht unter das UmwG aber unter die **Vorschriften des UmwStG**, die dem § 6 Abs. 6 EStG **vorgehen.** Das UmwStG ist nach § 1 Abs. 3 Nr. 4 i.V.m. Abs. 4 Nr. 2 bb UmwStG anwendbar. Es handelt sich um einen Fall der **Einzelrechtsnachfolge.**	1
A. Einbringung zum Gemeinen Wert **Grundsätzlich** ist nach § 24 Abs. 1, Abs. 2 S. 1 UmwStG der **gemeine Wert** anzusetzen.	2

Lösung Fall 33

	Punkte
Setzt die aufnehmende Personengesellschaft das eingebrachte Betriebsvermögen mit dem Gemeinen Wert an, sieht die Eröffnungsbilanz wie folgt aus. **Eröffnungsbilanz A + B-OHG** | Aktiva			Passiva | |---|---|---|---| | Von A eingebrachtes Betriebsvermögen | 300.000 | Kapital A | 300.000 | | Bareinlage B | 300.000 | Kapital B | 300.000 | | | 600.000 | | 600.000 |	3
Der Ansatz zum Gemeinen Wert erfordert, dass **sämtliche stille Reserven, auch der selbstgeschaffene (originäre) Geschäfts- oder Praxiswert aufgedeckt** werden. Einzubeziehen in den Ansatz der Sacheinlage sind auch die Wirtschaftsgüter, die bei der aufnehmenden Personengesellschaft **Sonderbetriebsvermögen** werden. Ein Ansatz zum Gemeinen Wert liegt nur vor, wenn auch diese Wirtschaftsgüter mit dem gemeinen Wert angesetzt werden.	4
Der Einbringungsgewinn muss auf der Grundlage einer Einbringungs- und einer Eröffnungsbilanz ermittelt werden. Ein durch Ansatz des Gemeinen Werts entstehender **Gewinn gilt als laufender Gewinn, soweit der Einbringende selbst an der Personengesellschaft beteiligt** ist (§ 24 Abs. 3 Satz 3 UmwStG, § 16 Abs. 2 Satz 3 EStG); im Übrigen ist der Einbringungsgewinn steuerbegünstigt (§§ 16, 34 EStG).	5
Im Beispielsfall gilt der **Einbringungsgewinn** von 200.000 € in Höhe von ½ von 200.000 € = 100.000 € **als laufender Gewinn.**	6
Für die eingebrachten Wirtschaftsgüter beginnt bei **Einbringung zum Gemeinen Wert ein neuer Abschreibungszeitraum,** da vom Standpunkt der aufnehmenden Personengesellschaft her gesehen ein **Anschaffungsgeschäft** vorliegt (§ 24 Abs. 4 i.V.m. § 23 Abs. 4 UmwStG).	7
B. Buchwertansatz Sie darf das **eingebrachte Betriebsvermögen** in ihrer Bilanz **einschließlich Ergänzungsbilanzen** für ihre Gesellschafter auch **mit dem Buchwert** ansetzen (§ 24 Abs. 1, 2 UmwStG). Dies setzt voraus, dass das **Besteuerungsrecht von Deutschland** nicht verloren geht oder beschränkt wird.	8
1. Buchwertansatz in der Gesamthandsbilanz mit Kapitalangleichung Wird in der Gesamthandsbilanz der Buchwert angesetzt und werden die Kapitalanteile der Gesellschafter an die Beteiligungsquote angepasst (**Kapitalangleichung**), sind **positive und negative Ergänzungsbilanzen** zu bilden. Bei einer Einbringung zum Buchwert muss die OHG das eingebrachte Betriebsvermögen mit seinem Buchwert von 100.000 € ausweisen. A erhält folglich ein **Kapitalkonto** von 100.000 €. Die **Bareinlage des B** muss die OHG mit 300.000 € ansetzen. B hat somit ein Kapitalkonto von 300.000 €.	9

	Punkte
Nach der Einbringung ergäbe sich ohne Kapitalanpassung zunächst folgende Eröffnungsbilanz: **Eröffnungsbilanz A + B-OHG** 	Aktiva		Passiva	
---	---	---	---
Von A eingebrachtes Betriebsvermögen	100.000	Kapital A	100.000
Bareinlage B	300.000	Kapital B	300.000
	400.000		400.000		10, 11
Die in der Eröffnungsbilanz ausgewiesenen **Kapitalkonten** stehen im Verhältnis 1 (A) : 3 (B). Sie **spiegeln** damit **nicht das Beteiligungsverhältnis** wider, das A und B vereinbart haben, nämlich 1:1. Sollen die Kapitalkonten – wie vorliegend vereinbart – das Beteiligungsverhältnis widerspiegeln, ergeben sich **zwei Ansatzmöglichkeiten**, je nachdem, ob die **Buch- oder Teilwerte in der Gesamthandsbilanz angesetzt werden** sollen. Sollen die **Buchwerte in der Gesamthandsbilanz** angesetzt werden, muss für B eine **positive** und für A eine **negative Ergänzungsbilanz** aufgestellt werden, wie es § 24 Abs. 2 Satz 1 UmwStG vorschreibt.	12
Die Hauptbilanz und die Ergänzungsbilanzen zeigen dann folgende Werte: **Eröffnungsbilanz A + B-OHG** 	Aktiva		Passiva	
---	---	---	---
Von A eingebrachtes Betriebsvermögen	100.000	Kapital A	200.000
Bareinlage B	300.000	Kapital B	200.000
	400.000		400.000		13
Negative Ergänzungsbilanz A 	Aktiva		Passiva	
---	---	---	---
Minderkapital	100.000	Minderwerte	100.000
	100.000		100.000 | **Positive Ergänzungsbilanz B** | Aktiva		Passiva	
---	---	---	---
Mehrwerte	100.000	Mehrkapital	100.000
	100.000		100.000		14

Lösung Fall 33

	Punkte
Der Wert des **eingebrachten Betriebsvermögens des A** entspricht der Summe aus seinem steuerbilanziellen Eigenkapital in der Gesamthandsbilanz und seinem Minderkapital in seiner Ergänzungsbilanz: 200.000 € ./. 100.000 € = 100.000 €. **B weist seine Einlage von 300.000 €** in der Gesamthandsbilanz mit 200.000 € und das Mehrkapital in der Ergänzungsbilanz mit 100.000 € ausweist. 200.000 € + 100.000 € = 300.000 €.	15
Bei Buchwertansatz sind die bisherigen Abschreibungen weiter zu führen, Besitzzeiten werden angerechnet (§ 24 Abs. 4 i.V.m. § 23 Abs. 1 i.V.m. § 4 Abs. 2 S. 3 und § 12 Abs. 3 UmwStG).	16
2. Gemeiner Wertansatz in der Gesamthandsbilanz Wird in der Gesellschaftsbilanz der **Gemeine Wert** für das eingebrachte Betriebsvermögen gewählt, um die Kapitalkonten der Gesellschafter im zutreffenden Verhältnis zueinander auszuweisen, würde dies an sich beim einbringenden Gesellschafter A zur **Realisierung eines Veräußerungsgewinns** führen. Nach § 24 Abs. 2 UmwStG kann dieses Ergebnis jedoch dadurch vermieden werden, dass in Höhe des Aufstockungsbetrags für den **Altgesellschafter eine negative Ergänzungsbilanz** erstellt wird.	17
Die **sofortige Versteuerung** des durch den Ansatz der Sacheinlage mit dem Teilwert entstehenden Einbringungsgewinns wird durch die **Erstellung einer negativen Ergänzungsbilanz des Einbringenden** vermieden. Die **negative Ergänzungsbilanz dokumentiert die Buchwertfortführung**.	18
In der Hauptbilanz der OHG wird das eingebrachte Betriebsvermögen auf 300.000 € aufgestockt, sodass die Hauptbilanz wie folgt aussieht:	19

Eröffnungsbilanz A + B-OHG

Aktiva		Passiva	
Von A eingebrachtes Betriebsvermögen	300.000	Kapital A	300.000
Bareinlage B	300.000	Kapital B	300.000
	600.000		600.000

	Punkte
Um den zu hohen Ausweis des eingebrachten Betriebsvermögens zu korrigieren, wird für **A eine negative Ergänzungsbilanz mit einem Minderkapital von 200.000 €** aufgestellt. Die Bedeutung der für A aufzustellenden Ergänzungsbilanz besteht darin, dass jetzt das steuerbilanzielle Kapitalkonto des A nur 100.000 € (Hauptbilanz 300.000 € ./. Ergänzungsbilanz 200.000 €) beträgt und dass für ihn die Buchwerte des von ihm eingebrachten Betriebsvermögens nicht wie in der Hauptbilanz ausgewiesen 300.000 €, sondern nur 100.000 € betragen.	20

	Punkte
Negative Ergänzungsbilanz A	21
Aktiva · Passiva Minderkapital 200.000 · Minderwerte 200.000 200.000 · 200.000	
Beide Vorgehensweisen führen zum **gleichen steuerlichen Ergebnis.** Der **Gemeine Wertansatz** hat gegenüber dem Buchwertansatz den Vorteil, dass **nur eine Ergänzungsbilanz** erstellt werden muss und demjenigen, der die Bareinlage erbringt, auch ein seiner Bareinlage entsprechendes Kapitalkonto in der Gesellschaftsbilanz zugewiesen wird. Die sich aufgrund von Einbringungen ergebenden **Ergänzungsbilanzen** sind so lange in den Folgejahren **fortzuschreiben**, bis die ausgewiesenen Mehr- bzw. Minderwerte entfallen, oder der Mitunternehmer, für den die Ergänzungsbilanz geführt wird, aus der Personengesellschaft ausscheidet.	22
Zwischenwertansatz Wird ein Betrieb zu Zwischenwerten, d.h. zwischen Buch- und Gemeiner Wert liegenden Werten, in eine Personengesellschaft eingebracht, **entfällt die Tarifvergünstigung** vollends. Der vom Einbringenden erzielte Gewinn ist **in vollem Umfang als laufender Gewinn** zu versteuern.	23
Beim Zwischenwertansatz erkennt die Finanzverwaltung eine selektive Aufstockung bestimmter stiller Reserven nicht an, sondern verlangt, dass alle **stillen Reserven prozentual gleichmäßig aufgelöst** werden einschließlich eines **originären Geschäfts- oder Praxiswerts**.	24
Aber auch bei einem Zwischenwertansatz entscheidet erst die Zusammenfassung von Gesamthands- und Ergänzungsbilanz, ob tatsächlich zu Zwischenwerten eingebracht wurde. Beim Zwischenwert (in der Praxis selten) kann der Einbringende den durch die Aufstockung in der **Hauptbilanz entstehenden Veräußerungsgewinn** durch Erstellung einer **negativen Ergänzungsbilanz neutralisieren.** Der die **Bareinlage erbringende Gesellschafter** muss dann den über sein **Kapitalkonto in der Hauptbilanz hinausgehenden Betrag seiner Einlage in einer positiven Ergänzungsbilanz** aktivieren.	25
Anmerkung: Im Ergebnis besteht dann ein **3-faches Wahlrecht**.	

Lösung Fall 34:

	Punkte
Sachverhalt 1: Es liegt kein Ansatz mit dem gemeinen Wert vor, da im Sonderbetriebsvermögen nur die Buchwerte angesetzt worden sind (UE Tz. 24.15). Vielmehr liegt insgesamt nur ein Zwischenwertansatz vor, sodass der durch den Ansatz des gemeinen Wertes im Gesamthandsvermögen entstandene Gewinn nicht den Begünstigungen der §§ 16, 34 EStG unterliegt.	1

Lösung Fall 35

	Punkte
Zu beachten ist, dass das bei einer Einbringung aller Wirtschaftsgüter zum gemeinen Wert in das Gesamthandsvermögen sowie zum gemeinen Wert in das Sonderbetriebsvermögen zwar insgesamt ein Ansatz des gemeinen Wertes gem. § 24 Abs. 1 S. 1 UmwStG vorliegt, die Begünstigungen der §§ 16, 34 EStG aber für den Gewinn aus der Aufdeckung der stillen Reserven der in das Sonderbetriebsvermögen überführten Wirtschaftsgüter mangels **Rechtsträgerwechsel** gem. § 24 Abs. 3 S. 3 UmwStG i.V.m. § 16 Abs. 2 S. 3 EStG nicht in Betracht kommen können.	2, 3
Sachverhalt 2: Es liegt in diesem Fall ein Ansatz mit dem gemeinen Wert vor, da auch im Sonderbetriebsvermögen die gemeinen Werte angesetzt worden sind.	4
Der Einbringungsgewinn von insgesamt 500.000 € ist wie folgt gem. §§ 16, 34 EStG begünstigt:	5
Gewinn aus der Einbringung in das Gesamthandsvermögen — 300.000 €	
davon begünstigt nach §§ 16, 34 EStG gem. § 24 Abs. 3 S. 3 i.V.m. § 16 Abs. 2 S. 3 EStG (²/₃ von 300.000 €, da ²/₃ des Vermögens auf B und C übergehen und insofern A nicht mehr beteiligt ist) — 200.000 €	
Nicht begünstigt sind: 300.000 € (¹/₃ des Gewinns aus der Einbringung ins Gesamthandsvermögen – 100.000 € – und der gesamte Gewinn aus dem Sonder-BV – 200.000 € –).	6

Lösung Fall 35:

	Punkte
1. B muss 40.000 € in das Gesellschaftsvermögen einbringen. Es ist wie unter Fremden davon auszugehen, dass bei der Gesellschaftsgründung von dem Zeitwert des Betriebs ausgegangen worden ist. Dem entspricht die Summe der Teilwerte der Wirtschaftsgüter des Betriebs.	1
Es sind 160.000 € (80.000 € Buchwert Kapitalkonto + 16.000 € Firmenwert + 24.000 € stille Reserven Grund und Boden + 18.000 € stille Reserven Gebäude + 6.000 € stille Reserven Maschinenanlagen + 16.000 € stille Reserven geringwertige Wirtschaftsgüter). Da das Verhältnis der einzubringenden Werte 4 (A) zu 1 (B) oder 80 % zu 20 % sein soll, ist B zu einer Bareinlage von **40.000 €** (¼ von 160.000 €) verpflichtet.	2
2. Die Gesellschaft hat den gemeinen Wert anzusetzen, auf Antrag jedoch im Ergebnis das 3-fache Wahlrecht nach § 24 Abs. 2 UmwStG.	3

	Punkte
2.1 Ansatz Buchwert **Eröffnungsbilanz OHG zum 01.01.07** | Aktiva | | Passiva | | |---|---|---|---| | Grund und Boden | 30.000 | Kapital A | 80.000 | | Gebäude | 85.000 | Kapital B | 40.000 | | Maschinen | 18.000 | Verbindlichkeiten und | | | Sonst. Anlagevermögen | 17.000 | sonstige Passiva | 100.000 | | Umlaufvermögen einschl. Zahlung B | 70.000 | | | | | 220.000 | | 220.000 | Die §§ 24 Abs. 4 und 23 Abs. 1 UmwStG sind zu beachten.	4, 5
A hat keinen Veräußerungsgewinn erzielt. Die AfA wird weitergeführt (Fußstapfentheorie).	6
Hinweis! Eine **Buchwerteinbringung** liegt auch vor, wenn in der **Eröffnungsbilanz der OHG die Gemeinen Werte** angesetzt werden, jedoch gleichzeitig für A eine **negative Ergänzungsbilanz** aufgestellt wird (siehe hierzu Tz. 2.2).	
2.2 Ansatz Gemeiner Wert (Aufdeckung aller stiller Reserven) **Eröffnungsbilanz der Gesellschaft zum 01.01.07** | Aktiva | | Passiva | | |---|---|---|---| | Firmenwert | 16.000 | Kapital A | 160.000 | | Grund und Boden | 54.000 | Kapital B | 40.000 | | Gebäude | 103.000 | Verbindlichkeiten und | | | Maschinenanlage | 24.000 | sonstige Passiva | 100.000 | | Sonst. Anlagevermögen (einschl. GWG) | 33.000 | | | | Umlaufvermögen einschl. Zahlung B | 70.000 | | | | | 300.000 | | 300.000 |	7, 8
A hat einen **Veräußerungsgewinn (§ 24 Abs. 3 S. 1 UmwStG)** von 80.000 € (160.000 € ./. 80.000 €) erzielt, der zu 20 % nach §§ 16, 34 EStG i.V.m. § 24 UmwStG begünstigt ist (§ 24 Abs. 3 S. 3 UmwStG).	9
Bei der Fortführung der Eröffnungsbilanzwerte bei vollständiger Aufdeckung der stillen Reserven sind die §§ 24 Abs. 4 und 23 Abs. 4 UmwStG zu beachten. Danach gelten die **Wirtschaftsgüter als im Zeitpunkt der Einbringung von der Gesellschaft zum Gemeinen Wert** als angeschafft. Die **Werte** für die abnutzbaren Anlagegüter sind zum 01.01.07 **aufzustocken**.	10

Lösung Fall 35

	Punkte
§§ 24 Abs. 4, 23 Abs. 4 UmwStG: **Gebäude** Die Abschreibung erfolgt nach § 7 Abs. 4 EStG mit 3 % von 103.000 €. **Maschinenanlage** Die AfA ist für AK (GW) von 24.000 € nach der **Restnutzungsdauer neu** zu bemessen. Sie muss ab 2011 linear vorgenommen werden.	11
Geringwertige Wirtschaftsgüter § 6 Abs. 2, 2a EStG ist zu beachten. **Firmenwert** Siehe § 7 Abs. 1 Satz 3 EStG.	12
Für die Frage der Einbringung zu Buch-, Zwischen- oder Gemeiner Wert, sind auch Ergänzungsbilanzen einzubeziehen. Die Versteuerung eines Gewinns könnte vermieden werden, wenn A eine **negative Ergänzungsbilanz** über den **gesamten Veräußerungsgewinn** aufstellt. Im Ergebnis ist dann **zu Buchwerten eingebracht**.	13

Negative Ergänzungsbilanz A 01.01.07 — Punkte 14, 15

Aktiva		Passiva	
Minderkapital	80.000	Minderwerte Aktiva	
		Firmenwert	16.000
		Grund und Boden	24.000
		Gebäude	18.000
		Maschinen	6.000
		GWG	16.000
	80.000		80.000

Die höheren AfA-Beträge werden in der Ergänzungsbilanz spiegelbildlich über Ertrag aufgelöst (BW-Fortführung!).

	Punkte
2.3 Ansatz Zwischenwert (teilweise Aufdeckung der stillen Reserven) Ein Zwischenwert ist anzunehmen, wenn in der Eröffnungsbilanz der OHG zwar die Buchwerte fortgeführt werden, das Kapitalkonto des A jedoch gegenüber dem Kapital in der Schlussbilanz des Einzelunternehmens zum 31.12.06 erhöht ausgewiesen wird.	16
Die OHG könnte eine den Beteiligungsverhältnissen entsprechende Kapitalverteilung vornehmen und folgende Bilanz aufstellen:	17, 18

Eröffnungsbilanz OHG zum 01.01.07

Aktiva		Passiva	
Grund und Boden	30.000	Kapital A	96.000
Gebäude	85.000	Kapital B	24.000
Maschinen	18.000	Verbindlichkeiten und	
Sonst. Anlagevermögen	17.000	sonstige Passiva	100.000
Umlaufvermögen einschl. Zahlung B	70.000		
	220.000		220.000

	Punkte
Das Kapital des A ist gegenüber dem Ansatz in der Schlussbilanz des Einzelunternehmens zum 31.12.06 um 16.000 € höher. Dieser Betrag entspricht dem Wert, der auf B übertragenen stillen Reserven (⅕ von 80.000 €).	19
A hat einen **nicht tarifbegünstigten Gewinn** von 16.000 € erzielt (da nur zu einem **Zwischenwert** eingebracht wurde (Tz. 24.15 UmwStE)).	20
B muss diese 16.000 € als Anschaffungskosten der auf ihn übergegangenen Anteile an den stillen Reserven in einer (positiven) Ergänzungsbilanz ausweisen. Als Aktivwerte sind in der Ergänzungsbilanz nur Teile der stillen Reserven des Betriebsvermögens auszuweisen. Der Betrag von 16.000 € ist entsprechend den Verhältnissen der stillen Reserven der einzelnen Wirtschaftsgüter zueinander auf die Wirtschaftsgüter zu verteilen.	21
B hat demnach als zusätzliche Werte auszuweisen: • **Firmenwert:** 3.200 € (⅕ von 16.000 €) = 3.200 € • **Grund und Boden:** 4.800 € (⅕ von 24.000 €) = 4.800 € • **Gebäude:** 3.600 € (⅕ von 18.000 €) = 3.600 € • **Maschinen:** 1.200 € (⅕ von 6.000 €) = 1.200 € • **Geringwertige Wirtschaftsgüter:** 3.200 € (⅕ von 16.000 €) = 3.200 €	22

B hat folgende Ergänzungsbilanz zum 01.01.07 aufzustellen: 23, 24

(Positive) Ergänzungsbilanz B 01.01.07

Aktiva (Mehrwerte)			Passiva
Firmenwert	3.200	Mehrkapital	16.000
Grund und Boden	4.800		
Gebäude	3.600		
Maschinenanlage	1.200		
GWG	3.200		
	16.000		16.000

	Punkte
Aus der Fortschreibung der **Ergänzungsbilanz** ergibt sich bei B ein **zusätzliches AfA-Volumen**. **AfA im Einzelnen:** Da die OHG Zwischenwerte angesetzt hat, erhöhen die aufgedeckten stillen Reserven die Bemessungsgrundlage bei § 7 Abs. 4 EStG, sonst den Buchwert und Verteilung auf Rest-ND/Tz. 04.10 UmwStE. **Firmenwert** ¹⁄₁₅ von 3.200 € = 214 € **Gebäude** 100.000 € + 3.600 € = 103.600 € × 3 % = 3.108 € bisher 3.000 € **Differenz mehr** 108 €	25

		Punkte
Maschine 18.000 € + 1.200 € = 19.200 € : 3 (Rest-ND) bisher Differenz mehr GWG: sofort Betriebsausgabe AK nicht größer als 410 € (§ 6 Abs. 2 EStG, ab 2018 neu 800 €)	6.400 € 6.000 € 400 € 3.200 €	26
A hat einen **nicht tarifbegünstigten Gewinn** von 16.000 € erzielt (s.o.).		27
A könnte jedoch eine negative Ergänzungsbilanz aufstellen. Dann hätte A zu Buchwerten eingebracht.		28
(Negative) Ergänzungsbilanz A		29, 30
Aktiva	(Minderwerte) Passiva	
Minderkapital 16.000	Firmenwert 3.200 Grund und Boden 4.800 Gebäude 3.600 Maschinenanlage 1.200 GWG 3.200	
16.000	16.000	
Aus der kongruenten Fortschreibung der Ergänzungsbilanz ergibt sich für **A** eine **Minderung des AfA-Volumens**.		

Lösung Fall 36:

	Punkte
1. Anwendbarkeit von § 24 UmwStG Da A und B jeweils ihren **ganzen Betrieb** in die **neue OHG** einbringen und deren Mitunternehmer werden, ist bei ihnen **§ 24 UmwStG anwendbar** (nach § 27 Abs. 1 UmwStG in der Neufassung).	1
C bringt lediglich ein **einzelnes Wirtschaftsgut** entgeltlich gegen Gewährung von Gesellschaftsrechten und Schuldübernahme ein. Es liegt **kein Anwendungsfall des § 24 UmwStG** vor.	2
Soweit Gesellschaftsrechte für C gewährt werden (Ausweis seines Kapitalkontos mit 160.000 €, s.u.), muss nach **§ 6 Abs. 5 S. 3 Nr. 1 EStG** der Buchwert weitergeführt werden.	3
Soweit er es „normal"-entgeltlich überträgt (**Schuldübernahme mit 840.000 €**), hat die OHG das Grundstück nach **§ 6 Abs. 1 S. 2 EStG mit den Anschaffungskosten** ansetzen. Sie entsprechen dem anteiligen **gemeinen Wert** des Grundstücks.	4
Damit wird das Grundstück zu 84 % „normal"-entgeltlich, zu 16 % gegen **Gewährung von Gesellschaftsrechten übertragen**.	5

	Punkte
2. Bewertungswahlrechte Die Möglichkeit, auf Antrag nach § 24 Abs. 2 UmwStG das eingebrachte Betriebsvermögen weiterhin mit dem **Buchwert** anzusetzen, kann die OHG **nur für das von A übertragene Vermögen** ausüben.	6
Da die für die eingebrachten Wirtschaftsgüter **angesetzten Werte** nach § 24 Abs. 3 UmwStG als **Veräußerungserlös** gelten und **Gewinnauswirkungen vermieden werden** sollen, setzt die OHG weiterhin die **Buchwerte** aus dem Einzelunternehmen des A an. Die **Gewinnrealisierung** im Zeitpunkt der Einbringung kann durch Aufstellung einer **negativen Ergänzungsbilanz verhindert** werden (Tz. 24.13 ff. UmwStE).	7
Da A die Buchwerte weiterführt, muss die in seinem Einzelunternehmen gebildete **Rücklage nicht aufgelöst** werden (§§ 24 Abs. 4, 23 Abs. 1, 12 Abs. 3 UmwStG). Sie wird in einer Ergänzungsbilanz für ihn ausgewiesen (R 6b.2 Abs. 9 EStR; s.u.).	8
B hat keine Möglichkeit, durch **Aufstellung einer Ergänzungsbilanz** um Gewinnauswirkungen zu vermeiden, weil die **gemeinen Werte** (vgl. Tz. 01.57 UmwStE) nach § 24 Abs. 2 S. 2 UmwStG die **Wertobergrenze** für die eingebrachten Wirtschaftsgüter darstellen.	9
Der Ansatz des eingebrachten Vermögens mit den **gemeinen Werten** verlangt auch die **Auflösung der steuerfreien Rücklage** für Ersatzbeschaffung (Tz. 01.57 UmwStE). Ihre Auflösung ist mit im **Veräußerungsgewinn** (hier: -verlust) zu erfassen (H 16 Abs. 9 „Rücklage" EStH).	10
Deshalb erzielt B durch die **Einbringung einen Veräußerungsverlust** nach § 16 Abs. 1 EStG: Kapital 01.07. (OHG) 160.000 € Kapital 30.06. (Einzelunternehmen) 220.000 € **Verlust aus § 16 Abs. 1 EStG** ./. 60.000 € Soweit sich der Verlust aus der **Einbringung der Aktien** ergibt (./. 20.000 €), bleibt er nach § 3c Abs. 2 EStG mit 40 % ohne steuerliche Auswirkung.	11
Bei der Einbringung der Grundstücke fällt **GrESt** an, die nach **§ 5 Abs. 2 GrEStG** nicht erhoben wird, soweit der Einbringende in der OHG am Grundstück beteiligt bleibt.	12
Da die Einbringung auf gesellschaftsvertraglicher Grundlage erfolgt (§ 8 Abs. 2 GrEStG), wird sie nach dem **Bedarfswert** (§§ 138 ff. BewG) berechnet:	13, 14

	Grundstück A	Grundstück C
Bedarfswert	210.000 €	810.000 €
GrESt 3,5 %	7.350 €	28.350 €
erhoben werden ²⁄₃ =	4.900 €	18.900 €
davon Grund und Boden	4.900 €	(20 %) 3.780 €
davon Gebäude		(80 %) 15.120 €
GrESt insgesamt	**23.800 €**	

Diese Beträge sind objektbezogene Kosten und deshalb als **Anschaffungskosten der Grundstücke** in der **Eröffnungsbilanz der OHG zu erfassen** und als Verbindlichkeiten zu passivieren.	15

Lösung Fall 36

	Punkte
3. Eröffnungsbilanz OHG Da in der Gemeinschaftsbilanz der **Ansatz der Verkehrswerte** (gemeinen Werte) vereinbart ist und die **Kapitalkonten die Beteiligungsverhältnisse** widerspiegeln sollen, müssen die Kapitalkonten insgesamt 480.000 € und für die **Gesellschafter gleich hoch** sein (je 160.000 €).	16

Eröffnungsbilanz der OHG zum 01.07.10						17, 18, 19
			GrESt-Verbindlichkeiten		23.800	
(von A:)						
Grund und Boden	220.000					
GrESt	4.900	224.900	Kapital A.		160.000	
Maschinen		400.000	Verbindlichkeiten		800.000	
Waren		120.000				
Div. Aktiva		220.000				
(von B:)						
Maschinen		170.000				
Aktien		100.000	Kapital B.		160.000	
Waren		190.000	Verbindlichkeiten		490.000	
Forderungen		190.000				
(von C:)						
Grund und Boden	300.000					
GrESt	3.780	303.780	Kapital C.		160.000	
Gebäude	700.000		Darlehen		840.000	
GrESt	15.120	715.120				
		2.633.800			2.633.800	

Damit haben sich die Buchwerte des von A eingebrachten **Betriebsvermögens insgesamt erhöht**. Für ihn werden die Erhöhungen durch Aufstellung einer **negativen (spiegelbildlichen) Ergänzungsbilanz** neutralisiert:	20

Negative Ergänzungsbilanz A zum 01.07.10 (€)				21
Minderkapital	180.000	Rücklage § 6b EStG	40.000	
		Wertberichtigung:		
		Grund und Boden	40.000	
		Maschinen	100.000	
	180.000		180.000	

	Punkte
Umsatzsteuerlich liegt bei A und B eine **Geschäftsveräußerung im Ganzen** vor, die nach § 1 Abs. 1a UStG nicht steuerbar ist. Da die Grundstückslieferung des C umsatzsteuerfrei ist (§ 4 Nr. 9 UStG), ergeben sich aus der Gründung bei der OHG **keine Vorsteuerabzüge**. Da bei dem von C **eingebrachten Grundstück** mit 16 % **die Buchwerte weiterzuführen** sind, muss für ihn eine **negative Ergänzungsbilanz** mit entsprechenden Wertberichtigungen aufgestellt werden:	22

Negative Ergänzungsbilanz C zum 01.07.10 (€)				23
Minderkapital	63.360	Wertberichtigung Grund und Boden Gebäude	12.800 50.560	
	63.360		63.360	

Berechnung:	Grund und Boden	Gebäude	24
Verkehrswert	300.000 €	700.000 €	
Buchwert	220.000 €	384.000 €	
stille Reserve	80.000 €	316.000 €	
davon 16 % Wertberichtigung	12.800 €	50.560 €	

	Punkte
Da A die Buchwerte weiterführt, richtet sich die weitere Behandlung nach §§ 24 Abs. 4, 23 Abs. 1, 12 Abs. 3 I UmwStG. Danach müssen im Ergebnis seine **Abschreibungsreihen weitergeführt** werden.	25
In der **Gesamthandsbilanz** werden die Maschinen ausgehend von dem angesetzten Wert abgeschrieben: 400.000 € : 3 Jahre × ½ Jahr = 66.667 €. Insgesamt darf aber nur die bisherige AfA 100.000 € × 6/12 = 50.000 € berücksichtigt werden. Die **Differenz** in Höhe von (66.667 € ./. 50.000 €) 16.667 € ist in **der Ergänzungsbilanz des A zu neutralisieren**.	26

Negative Ergänzungsbilanz A zum 31.12.10 (€)					27, 28
Minderkapital Gewinn	180.000 ./. 16.667	163.333	Rücklage § 6b EStG Wertberichtigung: Grund und Boden Maschinen AfA-Korrektur	100.000 ./. 16.667	40.000 40.000 83.333
		163.333			163.333

	Punkte
Die von **B eingebrachten Wirtschaftsgüter** sind mit gemeinen Werten angesetzt worden und gelten deshalb als von der OHG als zu gemeinen Werten angeschafft (§§ 24 IV, 23 IV 1. Alt. UmwStG). Die OHG muss daher **Restnutzungsdauern** bestimmen und **neue Abschreibungsreihen** beginnen.	29

	Punkte
Das von **C** eingebrachte Grundstück wird im **Gesamthandsbereich** nach § 7 Abs. 4 S. 1 Nr. 1 EStG mit 3 % von 715.120 € jährlich abgeschrieben, für 10 ($^6/_{12}$) also mit 10.727 €.	30
Insgesamt muss die steuerlich zulässige AfA berücksichtigt werden, nämlich für den „normal"-entgeltlichen Teil: 840.000 € Gebäude 70 % 588.000 € zzgl. GrESt 15.120 € $^6/_{12}$ von 3 % von Bemessungsgrundlage 603.120 € = 9.047 € für den gegen Gesellschaftsrechte übertragenen Teil: 16 % von 600.000 € = 96.000 €; × 4 % × $^6/_{12}$ = 1.920 € **Mehr AfA in der Ergänzungsbilanz des C:** 240 € (Gewinn ./. 240 €)	31

Negative Ergänzungsbilanz C zum 31.12.10				32, 33
Minderkapital	63.360	Wertberichtigung:		
Verlust	+ 240 63.600	Grund und Boden	12.800	
		Gebäude	50.560	
		Mehr AfA	+ 240 50.800	
	63.600		63.600	

Einheitliche und gesonderte Feststellung 10:					34, 35
	A	B	C	Gesamt	
Gewinn lt. Sachverhalt	60.000 €	60.000 €	60.000 €	180.000 €	
Ergänzungsbilanz A	16.667 €			16.667 €	
Ergänzungsbilanz C			./. 240 €	./. 240 €	
Gewinnanteil	**76.667 €**	**60.000 €**	**59.760 €**	**196.427 €**	

Lösung Fall 37:

	Punkte
Die Gewährung der Darlehensforderung stellt eine sonstige Gegenleistung dar. Das übernommene Betriebsvermögen kann nur mit dem Buchwert angesetzt werden, soweit der gemeine Wert der Darlehensforderung (1.000.000 €) nicht mehr beträgt als 25 % des Buchwerts des eingebrachten Einzelunternehmens (1.500.000 € × 25 % = 375.000 €) oder 500.000 €, höchstens jedoch der Buchwert des eingebrachten Einzelunternehmens (1.500.000 €).	1
Gemeiner Wert der sonstigen Gegenleistung 1.000.000 € 25 % des BW des EU 375.000 € 500.000 €, maximal BW des EU 500.000 € Höherer Betrag 500.000 € „schädlicher Teil" der sonstigen Gegenleistung 500.000 € = 10 % von 5.000.000 €	2

		Punkte
BW des EU	1.500.000 €	3
stille Reserven des EU 3.500.000 €		
davon aufzudecken 10 % 350.000 €	+ 350.000 €	
Wertansatz bei der aufnehmenden Pers-Ges	**1.850.000 €**	
Die Personengesellschaft hat das übernommene Betriebsvermögen in der Gesamthandsbilanz also zu 90 % mit dem Buchwert (90 % von 1.500.000 € = 1.350.000 €) und zu 10 % mit dem gemeinen Wert (10 % von 5.000.000 € = 500.000 €) anzusetzen.		4
Der Wertansatz bei der Personengesellschaft (1.850.000 €) gilt für A als Veräußerungspreis. Nach Abzug des Buchwerts des eingebrachten Betriebsvermögens (1.500.000 €) ergibt sich ein nicht begünstigter Veräußerungsgewinn i.H.v. 350.000 €. Der Veräußerungsgewinn kann nicht durch die Erstellung einer (negativen) Ergänzungsbilanz verhindert werden.		5

Lösung Fall 38:

		Punkte
Steuerliche Folgen für A **Jahr 01:** § 24 Abs. 2 S. 2, Abs. 3 S. 1 UmwStG: Veräußerungspreis i.H.d. Buchwerts, somit kein Veräußerungsgewinn bei A.		1
Jahr 04: § 24 Abs. 5 i.V.m. § 22 Abs. 2 S. 1 UmwStG: Rückwirkende Besteuerung des Einbringungsgewinns II ohne § 16 Abs. 4 EStG in 01 im (Halb-)Teileinkünfteverfahren, insoweit als die GmbH an der Wertsteigerung teilnimmt:		2
Gemeiner Wert der Anteile im Einbringungszeitpunkt	800	3, 4
abzgl. Wertansatz bei der Einbringung (Buchwert)	./. 100	
	700	
abzgl. § 22 Abs. 2 S. 3 UmwStG $2/7$ von 700 (2 Zeitjahre)	./. 200	
verbleibender Gewinn	500	
davon auf GmbH entfallend 50 %	**250**	
Die Veräußerung gilt gem. § 22 Abs. 2 S. 2 i.V.m. § 22 Abs. 1 S. 2 UmwStG als rückwirkendes Ereignis i.S.d. § 175 Abs. 1 S. 1 Nr. 2 AO.		5
Steuerliche Folgen für OHG **Jahr 01:** § 24 Abs. 2, Abs. 5 UmwStG: Bewertung des eingebrachten BV mit Buchwert 100. **Jahr 04:** § 22 Abs. 2 S. 3, 4 UmwStG: Einbringungsgewinn II führt zu nachträglichen AK der OHG für Anteile an der B-GmbH i.H.v. 250.		6

	Punkte
Voraussetzung ist die nachgewiesene Steuerentrichtung des Einbringungsgewinns II durch A. **Nachweispflicht des § 22 Abs. 3 UmwStG** Der Einbringende hat gem. § 22 Abs. 3 UmwStG in den dem Einbringungszeitpunkt folgenden 7 Jahren jährlich spätestens bis zum 31.05. den Nachweis darüber zu erbringen, wem mit Ablauf des Tages, der dem maßgebenden Einbringungszeitpunkt entspricht, die Anteile wirtschaftlich zuzurechnen sind. Erbringt er den Nachweis nicht, gelten die Anteile als an diesem Tag veräußert. Zu Einzelheiten vgl. BMF vom 04.09.2007 (BStBl I 2007, 698).	7
Alternative: Hier nimmt die GmbH nur in Höhe von 50 % von 100 an der Wertsteigerung teil, da nur insoweit Gewinn auf die GmbH entfällt. Die Wertsteigerung beruht aber auf der Zeit nach der Einbringung. Insoweit dürfte § 24 Abs. 5 UmwStG nicht anzuwenden sein (vgl. Dötsch, KStG, § 24 UmwStG Rd. 222).	8

Lösung Fall 39:

	Punkte
AA kündigt zwar den Gesellschaftsvertrag, aber nach § 131 Abs. 3 S. 3 HGB wird die **Gesellschaft nicht aufgelöst**, sondern von NN und JJ **fortgeführt**. JJ erwirbt zivilrechtlich das Gesellschaftsrecht, aufgrund dessen ihm die Beteiligung am **Gesamthandsvermögen der Gesellschaft zuwächst** (§ 105 III HGB, § 738 BGB analog: die Abfindungsverpflichtung hat nicht die Gesellschaft, sondern JJ, und das Vermögen wächst nicht den übrigen Gesellschaftern, sondern JJ zu).	1, 2
Ertragsteuerlich übernimmt JJ für seine **Zahlung von 500.000 €** entgeltlich die Anteile (§ 39 Abs. 2 Nr. 2 AO) **an den einzelnen Wirtschaftsgütern**, die vorher auf AA entfielen.	3
Da er **Anschaffungskosten** insgesamt in Höhe des übernommene Kapitalkontos (500.000 €, s.u.) hatte und die auf ihn entfallenden **Buchwerte** ebenfalls 500.000 € betragen, sind insoweit für ihn **keine Ergänzungsbilanzen** erforderlich.	4
Problematisch sind allerdings die **personenbezogenen Steuervergünstigungen** (BFH vom 13.08.1987, BStBl II 1987, 782): **a) Reinvestitionsrücklage** Die in der Bilanz ausgewiesene Reinvestitionsrücklage stellt Gewinn dar, den NN und AA bisher nicht versteuert haben.	5
Die passivierte Rücklage entfällt auf NN　　　　　　　mit 60 %　　=　　240.000 € AA　　　　　　　mit 40 %　　=　　160.000 € Damit betrug das Kapital AA 340.000 € zuzüglich 160.000 € = 500.000 €. Dieses Kapital in Höhe von 500.000 € muss JJ in der Gesellschaft fortführen.	6

	Punkte
Es handelt sich bei der Rücklage um eine **personenbezogene Steuervergünstigung**. Daher darf JJ den Anteil AA an der Rücklage nicht übernehmen, sondern **AA muss seinen Anteil selbst versteuern**. Nach R 6b.2 Abs. 10 EStR darf er die anteilige Rücklage auch bei der Veräußerung des Gesellschaftsanteils bis zum Ende der gesetzlichen Auflösungszeiträume, hier also grundsätzlich bis zum 31.12.10 (§ 6b Abs. 3 EStG) weiterführen.	7
Ggf. ergibt sich später noch der Zinszuschlag nach § 6b Abs. 7 EStG (wenn AA die Rücklage nicht auf ein Wirtschaftsgut in einem gewerblichen Betriebsvermögen überträgt). Da **AA** seinen Gesellschaftsanteil für 500.000 € veräußert, ergibt sich für ihn (bei Fortführung der Rücklage) nach § 16 Abs. 2 EStG ein **Veräußerungsverlust** nach § 16 Abs. 1 S. 2 EStG:	8
Erlös 500.000 € Kapital ./. 500.000 € Veräußerungskosten ./. 2.380 € **Ergebnis** ./. 2.380 €	9
AA ist allein in seiner Eigenschaft als Gesellschafter **nicht Unternehmer** i.S.d. § 2 UStG. Damit steht ihm **kein Vorsteuerabzug** zu (§ 15 Abs. 1 Nr. 1 UStG). Für die Behandlung der Rücklage bei der OHG ergeben sich verschiedene Behandlungsmöglichkeiten:	10
Nach Teilumbuchung der Rücklage in der Gesellschaftsbilanz ergibt sich die **Bilanz der OHG zum 01.01.09**	11, 12

Aktiva		Passiva	
Gebäude	288.000	Kapital NN	260.000
Sonstige Aktiva	2.712.000	Kapital JJ	500.000
		Rücklage	240.000
		Sonstige Passiva	2.000.000
	3.000.000		3.000.000

Zukünftig ist hier bei der Gewinnverteilung zu beachten, dass die ausgewiesene **Reinvestitionsrücklage nur noch auf NN** entfällt und bei Auflösung bzw. Übertragung der Rücklage entstehende Erträge nur ihm zustehen.	13
Übersichtlicher ist eine andere Behandlung: JJ führt das bisherige Kapital AA in der Gesellschaftsbilanz mit 340.000 € fort und die Gesellschaft passiviert die Rücklage weiterhin mit 400.000 €. Damit der in der Rücklage enthaltene anteilige Gewinn bei ihrer Auflösung von JJ nicht fälschlicherweise versteuert wird, weist er in einer Ergänzungsbilanz eine aktive Wertberichtigung der Rücklage und ein entsprechendes **Mehrkapital** aus:	14

Lösung Fall 39

		Punkte
Bilanz der OHG zum 01.01.09		15

Aktiva		Passiva	
Gebäude	288.000	Kapital NN	260.000
Sonstige Aktiva	2.712.000	Kapital JJ	340.000
		Rücklage	400.000
		Sonstige Passiva	2.000.000
	3.000.000		**3.000.000**

		Punkte
Ergänzungsbilanz JJ zum 01.01.09		16

Aktiva		Passiva	
Rücklage § 6b EStG	160.000	Mehrkapital	160.000

Auch bei dieser Behandlung sind in der steuerlichen Gesamtbilanz für ihn 500.000 € Kapital ausgewiesen.

Die aktivierte Wertberichtigung wird in der Ergänzungsbilanz für ihn in der Folgezeit Gewinn mindernd aufgelöst – parallel zu der Behandlung der Rücklage in der Gesamthandsbilanz (dort Gewinn erhöhend). — 17

Übertragung Rücklage — 18

Wenn die Reinvestitionsrücklage in der Gesamthandsbilanz in voller Höhe auf das von der Gesellschaft in 09 angeschaffte Gebäude übertragen wird, hat JJ die Wertberichtigung als Mehrwert des Gebäudes auszuweisen und mit (6/12 von 3 %) 2.400 € Gewinn mindernd aufzulösen (zusätzliche AfA):

		Punkte
Ergänzungsbilanz JJ zum 31.12.09		19, 20

Aktiva		Passiva	
Rücklage § 6b EStG	160.000	Mehrkapital	160.000
Umbuchung Gebäude	160.000	Mindergewinn	./. 2.400
Gebäude	160.000		
Mehr-AfA	2.400		
	157.600		
	157.600		**157.600**

b) Gebäudeabschreibung nach § 7 Abs. 4 Nr. 1 EStG — 21

Die **AfA für Wirtschaftsgebäude** steht nicht der Gesellschaft, sondern dem einzelnen Beteiligten zu. Danach erfüllt JJ für den übernommen Gebäudeanteil **nicht die zeitliche Voraussetzung des § 7 Abs. 4 Nr. 1 EStG**: er hat seinen Gebäudeteil nicht mit vor dem 01.01.2001 abgeschlossenem Vertrag erworben.

Deshalb steht ihm lediglich die **AfA mit 3 %** zu.

	Punkte
Seine anteiligen Anschaffungskosten betragen 40 % vom Buchwert (= Teilwert) von 288.000 €, also 115.200 €; davon AfA 3 % jährlich = 3.456 €. Wenn die Gesellschaft in der Gesamthandsbilanz auch in 09 weiterhin mit 32.000 € abschreibt, entfallen davon auf JJ 40 % = 12.800 € **Die für ihn zu viel berücksichtigte AfA in Höhe von** 9.344 € wird zweckmäßigerweise durch Gewinn erhöhende Aktivierung in einer Ergänzungsbilanz für ihn neutralisiert:	22

<table>
<tr><td colspan="4" align="center">Ergänzungsbilanz JJ zum 31.12.09</td><td>23</td></tr>
<tr><td colspan="2">Aktiva</td><td colspan="2">Passiva</td><td></td></tr>
<tr><td>Mehrwert Gebäude</td><td>9.344</td><td>Mehrkapital</td><td>9.344</td><td></td></tr>
</table>

Dieser Mehrwert erhöht sich (Gewinn erhöhend) um die AfA-Differenz von Jahr zu Jahr, bis in der Gemeinschaftsbilanz die 4 %-AfA endet; dann löst JJ den Mehrwert Gewinn mindernd wieder auf.

Zusammenfassung beider Ergänzungsbilanzen:

<table>
<tr><td colspan="5" align="center">Ergänzungsbilanz JJ zum 31.12.09</td><td>24, 25</td></tr>
<tr><td colspan="3">Aktiva</td><td colspan="2">Passiva</td><td></td></tr>
<tr><td>Gebäude</td><td>160.000</td><td></td><td>Mehrkapital</td><td>160.000</td><td></td></tr>
<tr><td>Mehr-AfA</td><td>2.400</td><td>157.600</td><td>Mehrgewinn</td><td>6.944</td><td></td></tr>
<tr><td>Minder-AfA</td><td></td><td>9.344</td><td></td><td></td><td></td></tr>
<tr><td></td><td></td><td>166.944</td><td></td><td>166.944</td><td></td></tr>
</table>

	Punkte
Anmerkung zur Ergänzungsbilanz Jung zum 31.12.09 Der Gebäudewert muss in der Ergänzungsbilanz vorzeitig gewinnwirksam aufgelöst werden, wenn die Gesellschaft das Grundstück oder JJ seinen Gesellschaftsanteil veräußert. Dann wirken sich seine Mehr-Buchwerte bei JJ Gewinn mindernd aus.	26

Lösung Fall 40:

		Punkte
Behandlung A:		1
Veräußerungserlös	50.000 €	
Entnahmewert	17.000 €	
Kapitalkonto Gesamthandsvermögen	./. 20.000 €	
Kapitalkonto Sonderbetriebsvermögen	./. 16.000 €	
Veräußerungsgewinn	**31.000 €**	

Lösung Fall 41

	Punkte
Behandlung OHG und E: In der **Gesamthandsbilanz der BCDE-OHG** erfolgt **keine Änderung** aufgrund der Veräußerung des Mitunternehmeranteils bei den Sammelposten 01 und 02. Die Sammelposten in der Gesamthandsbilanz werden in den Folgejahren **wie bisher jeweils um ein Fünftel** (für 01 je 20.000 € und für 02 je 5.000 €) Gewinn mindernd **aufgelöst**.	2
Den **Mehrwert für die im Sammelposten** der Gesamthandsbilanz erfassten Wirtschaftsgüter (24.000 € abzgl. 20.000 € = 4.000 €) hat E **in einem Sammelposten** neben dem Geschäfts- oder Firmenwert (26.000 €) in seiner **Ergänzungsbilanz** zu erfassen.	3
E muss im Jahr 03 in seiner Ergänzungsbilanz den **Mehrwert für die im Sammelposten** erfassten Wirtschaftsgüter, entsprechend § 6 Abs. 2a S. 2 EStG um **ein Fünftel** (= 800 €) Gewinn mindernd **auflösen**.	4

Lösung Fall 41:

	Punkte
Sachverhalt 1 (A scheidet für 250.000 € aus): 1. Der Gesellschafter **A** erzielt in Höhe von 60.000 € (250.000 € ./. 190.000 €) einen **tarifbegünstigten Veräußerungsgewinn** (§§ 16, 34 EStG), die Gesellschafter **B und C** haben Anschaffungskosten in Höhe der aufgelösten stillen Reserven.	1
Im vorliegenden Fall wurden nicht sämtliche stille Reserven, soweit sie auf A entfallen (¹/₃ von 600.000 € = 200.000 €), sondern nur 10 % sämtlicher stiller Reserven aufgelöst. Nach dem Sachverhalt sind hierfür betriebliche Gründe anzunehmen.	2
Da es sich um einen **entgeltlichen Erwerb** handelt, sind die anteilig erworbenen **Wirtschaftsgüter** mit dem Teilwert (höchstens den Anschaffungskosten) anzusetzen (§ 6 Abs. 1 Nr. 7 EStG).	3
Die **Aufteilung der stillen Reserven** muss sich **prozentual gleichmäßig** auf das Anlage- und Umlaufvermögen erstrecken. Es besteht **kein Wahlrecht**.	4

	Punkte
2. Die aufgelösten stillen Reserven betragen insgesamt 60.000 € (= 10 %). Sie verteilen sich wie folgt auf die einzelnen Wirtschaftsgüter:	5, 6

Bilanzposition	Stille Reserven €	Prozentsatz aufgelöste stille Reserven %	Aufzustockender Betrag €
Grund und Boden I	40.000		4.000
Grund und Boden II	50.000		5.000
Bürogebäude	140.000		14.000
Lagerhalle	200.000		20.000
Einrichtung	10.000	10	1.000
GWG	10.000		1.000
Fuhrpark	20.000		2.000
Vorräte	30.000		3.000
Firmenwert	100.000		10.000
	600.000		60.000

3. Zum 01.01.14 entsteht ein Rumpfwirtschaftsjahr für den Ausscheidungsvorgang. Die **Eröffnungsbilanz** der OHG zum 02.01.14 zeigt folgende Werte auf: 7–10

Eröffnungsbilanz 02.01.14

Aktiva			Passiva	
Firmenwert (Aufstockung)		10.000	Kapital B	190.000
Grund und Boden I	30.000		Kapital C	190.000
Aufstockung	+ 4.000	34.000	Abfindungs-	
Grund und Boden II	40.000		schuld A	250.000
Aufstockung	+ 5.000	45.000	Bankverbind-	
Bürogebäude	430.000		lichkeiten	265.000
Aufstockung	+ 14.000	444.000	Hypotheken-	
Lagerhalle	700.000		darlehen	500.000
Aufstockung	+ 20.000	720.000	Lieferanten	460.000
Einrichtung	50.000		Sonst. Verbind-	
Aufstockung	+ 1.000	51.000	lichkeiten	120.000
GWG (Aufstockung)		1.000		
Fuhrpark	105.000			
Aufstockung	+ 2.000	107.000		
Vorräte	250.000			
Aufstockung	+ 3.000	253.000		
Kundenforderungen		270.000		
Finanzkonten		40.000		
		1.975.000		1.975.000

Lösung Fall 41

	Punkte
Die Aufstockung erfolgt in der Gesamthandsbilanz, weil die verbleibenden Gesellschafter entsprechend ihrer Beteiligungsquote erwerben.	11
3. Zusätzlicher Aufwand im Jahr 14 Hinsichtlich der AfA aus den angeschafften stillen Reserven (Aufstockung) gelten die allgemeinen Grundsätze: • AfA für Gebäude mit den typisierten AfA-Sätzen (ggf. § 7 Abs. 4 S. 2 EStG), • AfA für Einrichtung und Fuhrpark entsprechend Restnutzungsdauer, • Bewertungsfreiheit für GWG nach § 6 Abs. 2 EStG bzw. § 6 Abs. 2a EStG Sammelposten)*, * nach Zimmermann sind die Grenzen **anteilig nach Beteiligungsverhältnissen** zu berechnen. • Firmenwert 15 Jahre ND.	12

Dies führt zu **folgenden Abschreibungen**: | 13

Bürogebäude (§ 7 Abs. 4 S. 1 Nr. 2a EStG):	
2 % aus (500.000 € × ²⁄₃) 333.333 € =	6.667 €
+ 2 % aus (430.000 € × ¹⁄₃) 143.333 € + 14.000 € =	3.147 €
=	9.814 €

Lagerhalle (§ 7 Abs. 4 S. 1 Nr. 1 EStG):		14
3 % aus (1.000.000 € × ²⁄₃) 666.667 € =	20.000 €	
+ 3 % aus (700.000 € × ¹⁄₃) = 253.333 € + 20.000 € =	7.600 €	
=	27.600 €	

Siehe BMF vom 19.12.2016, BStBl I 2017, 34 | 15

** Finanzverwaltung BW toleriert, dass Folgerungen nur bezüglich Mehr-AK, da keine Änderung des AfA-Satzes, siehe auch unten.

Bürogebäude	2 % aus 14.000 €	= 280 **
Lagerhalle	3 % aus 20.000 €	= 600 **

Anmerkung:
Wäre das Bürogebäude nach § 7 Abs. 4 S. 1 Nr. 1 i.V.m. § 52 Abs. 21b EStG (**Bauantrag oder Kaufvertrag vor 2001**) mit 4 % abgeschrieben worden, **müsste für den erworbenen Teil von ¹⁄₃ mit 3 %** abgeschrieben werden (Bemessungsgrundlage siehe oben).

Einrichtung 10–5 Jahre 20 % aus 50.000 € + 1.000 € =	10.200 €
Fuhrpark 4–2 Jahre 50 % aus 105.000 € + 2.000 € =	53.500 €
Firmenwert 15 Jahre 66 % aus 10.000 € =	666 €

GWG, Sammelposten
Darstellung in der Annahme, es seien 10.000 € stille Reserven aufgedeckt und vom Erwerber gezahlt.

	Punkte
Gruppe A: AK 4.000 € : 8 = 500 € § 6 Abs. 2a EStG: ⅓ von 1.000 € = 333,33 € Aktivierung und Abschreibung auf Rest-ND = 2 Jahre **AfA gesamt** 2.000 € **Gruppe B**: AK 3.000 € : 10 = 300 € § 6 Abs. 2a EStG Wahl Sammelposten 1.000 € : 3 = 333,33 € Abschreibung ⅕ **AfA gesamt** 600 € **oder planmäßige Abschreibung gesamt 50 % =** 1.500 € **Gruppe C**: AK 2.000 € : 20 = 100 € § 6 Abs. 2 EStG : ⅓ von 410 € = 136,67 € **Sofortabschreibung** 2.000 € oder bei Wahl des Sammelpostens in den Sammelposten mit ⅕ Abschreibung (§ 6 Abs. 2a S. 5 EStG). **Gruppe D**: AK bis 50 € § 6 Abs. 2 EStG: ⅓ von 150 € = 50 € **Sofortabschreibung unabhängig von § 6 Abs. 2a EStG** 1.000 €	
Lösung für den Fall: Aufgedeckte stille Reserven 10 % von 10.000 € = 1.000 € **Gruppe A:** 4.000 € : 8 = 500 € × 10 % = 50 €; ⅓ von 150 € (§ 6 Abs. 2 und 2a EStG) = 50 € = → **sofort Aufwand** **das gilt dann auch für die übrigen Posten** 1.000 € **Wareneinsatz zusätzlich** 3.000 €	16
Sachverhalt 2: (A scheidet aus für 250.000 €, **Sachwertabfindung Grundstück**) 1. Nach der Rechtsprechung des BFH (H 16 Abs. 9 < Sachwertabfindung > EStH), wird der einheitliche Vorgang aufgeteilt in:	17

Zwei-Stufentheorie
 • **1. Stufe**
    Die **Veräußerung des Mitunternehmeranteils an die verbleibenden Gesellschafter gegen** Entstehung eines **Abfindungsanspruchs** und
 • **2. Stufe**
    Veräußerung eines Wirtschaftsguts an den ausscheidenden Gesellschafter zur **Tilgung** dieses **Abfindungsanspruchs**.
	18

Durch den Erwerb des in Höhe von 190.000 € zu Buch stehenden Kapitalkontos des Gesellschafters A für 250.000 € durch die Gesellschafter B und C werden die bisher auf A entfallenden stillen Reserven angeschafft.	19

Lösung Fall 41

		Punkte
Die **stillen Reserven** sind in Höhe von 60.000 € **aufzustocken**. Der Erwerb des Grundstücks wurde von A gezahlt durch: <table><tr><td>Verrechnung Kaufpreisschuld mit</td><td></td></tr><tr><td>Abfindungsanspruch</td><td>250.000 €</td></tr><tr><td>Ausgleichszahlung</td><td>+ 390.000 €</td></tr><tr><td>Veräußerungspreis = Teilwert Grundstück</td><td>640.000 €</td></tr><tr><td>Buchwert Grundstück nach Aufstockung</td><td>./. 478.000 €</td></tr><tr><td>**Veräußerungsgewinn**</td><td>162.000 €</td></tr></table>		20, 21
A und B können insoweit, unabhängig einer Reinvestitionsabsicht, eine **Rücklage nach § 6b EStG in Höhe von** ⅔ **von 180.000 €** bilden (Zugehörigkeitsfrist für ⅔ Gebäude erfüllt (§ 6b Abs. 4 Nr. 2 EStG)).		22

2. Von den stillen Reserven entfallen anteilig auf das veräußerte Grundstück:
    Grund und Boden I   10 %   =   4.000 €
    Bürogebäude   10 %   =   14.000 €
		23

3. **Bilanz OHG nach Ausscheiden von A (Stufe 1)**		24, 25, 26

Bilanz OHG nach Ausscheiden von A (Stufe 1)

Aktiva			Passiva	
Firmenwert (Aufstockung)		10.000	Kapital B	190.000
Grund und Boden I	30.000		Kapital C	190.000
Aufstockung	+ 4.000	34.000	Bankverbindlich-	
Bürogebäude	430.000		keiten	265.000
Aufstockung	+ 14.000	444.000	Hypotheken-	
Grund und Boden II	40.000		darlehen	500.000
Aufstockung	+ 5.000	45.000	Lieferanten	460.000
Lagerhalle	700.000		Sonst. Verbind-	
Aufstockung	+ 20.000	720.000	lichkeiten	120.000
Einrichtung	50.000		Abfindungs-	
Aufstockung	+ 1.000	51.000	verpflichtung A	250.000
GWG (Aufstockung)		1.000		
Fuhrpark	105.000			
Aufstockung	+ 2.000	107.000		
Vorräte	250.000			
Aufstockung	+ 3.000	253.000		
Kundenforderungen		270.000		
Finanzkonten		40.000		
		1.975.000		**1.975.000**

	Punkte
4. Bilanz OHG nach Ausscheiden von A (Stufe 2)	27, 28, 29

Aktiva			Passiva	
Grund und Boden II	40.000		Kapital B	190.000
Aufstockung	+ 5.000	45.000	Kapital C	190.000
Lagerhalle	700.000		Bankverbindlichkt.	265.000
Aufstockung	+ 20.000	720.000	Hypothekendarlehen	500.000
Einrichtung	50.000		Lieferanten	460.000
Aufstockung	+ 1.000	51.000	Sonst. Verbindlichkt.	120.000
GWG (Aufstockung)		1.000	**Rücklage 6b***	**120.000**
Fuhrpark	105.000		* ²⁄₃ von 180.000 = 120.000	
Aufstockung	+ 2.000	107.000	laufender Gewinn	42.000
Firmenwert (Aufstockung)		10.000		
Vorräte	250.000			
Aufstockung	+ 3.000	253.000		
Kundenforderungen		270.000		
Finanzkonten		430.000		
		1.887.000		**1.975.000**

Sachverhalt 3 (C = lästiger Gesellschafter): 1. Nach dem Sachverhalt ist C als „**lästiger Gesellschafter**" anzusehen. Die verbleibenden Gesellschafter zahlen C eine Abfindung über dem Buchwert seines Kapitalkontos. 2. **Abfindungen** an einen lästigen Gesellschafter sind **aktivierungspflichtig**, soweit sie auf Anteile des ausscheidenden Gesellschafters an den **stillen Reserven** in den materiellen und immateriellen Wirtschaftsgütern des Betriebs, einschließlich des Firmenwerts, entfallen.	30
3. Im vorliegenden Fall sind an stillen Reserven insgesamt 600.000 € vorhanden. Sofort abzugsfähige Betriebsausgaben in Höhe der Abfindung an den lästigen Gesellschafter C können nur vorliegen, wenn C mehr erhalten hätte, als die auf ihn entfallenden stillen Reserven insgesamt betragen. 3.1 Nur soweit **stille Reserven** und/oder ein Geschäftswert **nicht festzustellen** sind und außerbetriebliche Gründe für die Mehrleistung ausscheiden, ist die **Mehrzahlung sofort als Betriebsausgabe** abzugsfähig (BFH vom 29.10.1991, BStBl II 1992, 647). Auf C entfallen stille Reserven mit ²⁄₃ = 200.000 €. Das Kapitalkonto des C beträgt am Ausscheidungsstichtag 190.000 €. C hat jedoch nur eine Abfindung von 250.000 € erhalten. Insoweit liegt in Höhe von 60.000 € keine sofortige Betriebsausgabe vor.	31
4. Für C entsteht ein tarifermäßigter Veräußerungsgewinn (§§ 16, 34 EStG). 5. Die verbleibenden Gesellschafter A und B haben Anschaffungskosten und stocken die Buchwerte in Höhe der Mehrzahlung auf, wo für stille Reserven bezahlt worden ist. 6. Technische Abwicklung wie Sachverhalt 1.	32

Lösung Fall 41

	Punkte
Sachverhalt 4 (A scheidet aus für 100.000 €): Die Gründe für das **Ausscheiden unter Buchwert** können verschieden sein: 1. Die Wirtschaftsgüter in der Bilanz sind nicht mit dem niedrigeren Teilwert bilanziert. 2. Es sind zwar stille Reserven vorhanden, der ausscheidende Gesellschafter verzichtet jedoch aus **betrieblichen Gründen** auf einen Ausgleich. 3. Der ausscheidende Gesellschafter verzichtet aus **privaten Gründen** auf einen Ausgleich der stillen Reserven.	33
Auswirkungen: • **Bei der Gesellschaft:** Zu 1.: Ist der **Teilwert der Wirtschaftsgüter niedriger** und erfolgt insoweit eine Abfindung unter Buchwert, sind die Buchwerte herabzusetzen (Abstockung). Buchung: Kapital an verschiedene Aktiva. **Dieser Vorgang ist steuerlich zunächst ohne Auswirkung.** **Künftig geringere AfA wegen geringeren AK.**	34
Zu 2.: **Verzichtet** der ausscheidende Gesellschafter aus **betrieblichen Gründen auf** einen **Ausgleich der stillen Reserven** und lässt sich somit unter Buchwert abfinden, liegt ein entgeltlicher **Veräußerungsvorgang** vor. Für den Ausscheidenden ergibt sich ein Veräußerungsverlust. Bei den verbleibenden Gesellschaftern tritt eine Gewinnerhöhung des Unterschiedsbetrags zwischen der Abfindung und dem Buchwert des Kapitalkontos des ausscheidenden Gesellschafters ein.	35
Zu 3.: Wird aus privaten Gründen eine **Abfindung unter Buchwert geleistet**, liegt ein **teilentgeltlicher** Erwerb vor. Die **Buchwerte** sind **nach § 6 Abs. 3 EStG fortzuführen** (Einheitstheorie). Dies gilt auch dann, wenn der Teilwert des Kapitalkontos höher ist als der Buchwert des Kapitalkontos des ausscheidenden Gesellschafters. • **Beim ausscheidenden Gesellschafter:** Zu 1.: Der ausscheidende Gesellschafter hat einen Veräußerungsverlust Zu 2.: **Verzicht aus betrieblichen Gründen** Abfindung 100.000 € Kapitalkonto 190.000 € **Veräußerungsverlust** **90.000 €** Der Veräußerungsverlust kann mit anderen positiven Einkünften verrechnet werden.	36
Zu 3.: **Verzicht aus privaten Gründen** Dies ist beim ausscheidenden Gesellschafter steuerlich unbeachtlich. Es entsteht bei ihm kein steuerlich berücksichtigungsfähiger Veräußerungsverlust.	37

Lösung Fall 42:

	Punkte
Zu 1.: (Bilanzielle Folgen des Gesellschafterwechsels) Der neu eintretende Gesellschafter B hat in der Gesamthandsbilanz der KG das negative **Kapitalkonto des A wertmäßig fortzuführen.** Die von B gewährte Gegenleistung übersteigt das negative Kapitalkonto. Es kommt zur anteiligen Aufdeckung der im Betriebsvermögen enthaltenen stillen Reserven. Zu diesem Zweck wird für B eine **(positive) Ergänzungsbilanz** aufgestellt.	1
Die auf B entfallenden stillen Reserven betragen 40 % von 400.000 € = 160.000 €. B hat 300.000 € für den übernommenen Anteil gezahlt (Negatives Kapitalkonto 200.000 € + Barzahlung 100.000 €). Der Differenzbetrag zur Höhe der stillen Reserven beträgt 140.000 € (300.000 € ./. 160.000 €).	2
In der BFH-Rechtsprechung wird dieser Vorgang unterschiedlich behandelt (**H 15a „Übernahme des negativen Kapitalkontos" EStH**). • Der **IV. Senat** des BFH vom **21.04.1994** (BStBl II 1994, 745) hat entschieden, dass ein **Ausgleichsposten in der Ergänzungsbilanz zu aktivieren** ist, wenn die anteiligen stillen Reserven nicht ausreichen. Auf der Passivseite ergibt sich in entsprechender Höhe eine Verbindlichkeit. • Der **VIII. Senat** des BFH vom **14.06.1994** (BStBl II 1995, 246) ist der Meinung, dass für die Verpflichtung, ein negatives Kapitalkonto aus zukünftigen Gewinnen zu tilgen, ein Passivierungsverbot besteht. Stattdessen genüge ein „**außerbilanzieller Merkposten**".	3
Ergebnis: In beiden Fällen mindern sich die **zukünftigen Gewinne** des **Neugesellschafters B** durch die korrespondierende Auflösung des Ausgleichs- bzw. Merkpostens. Auf diese Weise wird der Mehrbetrag, den B über die anteiligen stillen Reserven hinaus geleistet hat, allmählich kompensiert. Durch den Differenzbetrag hat B ein Verlustausgleichspotenzial in Höhe des übernommenen negativen Kapitalkontos erworben. Faktisch entspricht dies einer Abschreibung.	4
Den sofortigen Abzug des Differenzbetrages als Sonderbetriebsaufwand im Jahr der Zahlung, wie es beispielsweise bei Abfindungen an einen lästigen Gesellschafter möglich sein kann, hält der BFH allerdings für unzulässig.	5
Folgende Ergänzungsbilanzen sind für B möglich: **Nach BFH-Urteil vom 21.04.1994 (IV. Senat):**	6

Ergänzungsbilanz B 01.01.02

Aktiva			Passiva
Mehrwerte Aktiva	160.000	Mehrkapital	160.000
Ausgleichsposten	140.000	Mehrkapital	140.000
	300.000	(„Verbindlichkeit")	300.000

Lösung Fall 42

	Punkte
→ **Nach BFH-Urteil vom 14.06.1994 (VIII. Senat):** Ergänzungsbilanz B 01.01.02 | Aktiva | | Passiva | | |---|---|---|---| | Mehrwerte Aktiva | 160.000 | Mehrkapital | 160.000 | **Außerbilanzieller Merkposten: 140.000 €.**	7
Zu 2.: (Welchen Gewinn hat B in 02 zu versteuern?) Der Gewinnanteil des B ergibt sich aus seinem Anteil am Gesamthandsergebnis und der Fortführung seiner Ergänzungsbilanz. In Bezug auf die Gesamthandsbilanz verringert sich sein negatives Kapitalkonto in dem Maße, wie ihm Gewinnanteile aus der Ergebnisverteilung gutgeschrieben werden. Auf diese Weise kommt B seiner Verpflichtung nach, das übernommene (negative) Kapitalkonto des A auszugleichen. Korrespondierend verringert sich die Verbindlichkeit in der Ergänzungsbilanz des B. Weiterhin reduziert sich der Ausgleichsposten in Höhe des Betrages, der als Gesamthandsergebnis dem B zugeteilt wird. Der Ausgleichsposten wirkt im Ergebnis wie eine Abschreibung. Der ursprünglich geleistete Mehrbetrag des B in Höhe von 140.000 € führt auf diese Weise jährlich zu einer Gewinnminderung.	8
Buchung: Mehr-Aufwand 40.000 an Ausgleichsposten 40.000 Die Verbindlichkeit kann in der Ergänzungsbilanz B wie folgt gemindert werden:	9
Alternative 1 (Auflösung Verbindlichkeit): **Buchung:** Verbindlichkeit 40.000 an Mehr-Ertrag 40.000 In diesem Fall würde der Mehr-Aufwand aus der Auflösung des Ausgleichspostens wieder neutralisiert und der von B zu versteuernde Gewinn zu hoch ausgewiesen werden. Es muss deshalb noch eine **außerbilanzielle Abrechnung** in Höhe des Mehr-Ertrages erfolgen, um das steuerlich richtige Ergebnis zu ermitteln.	10
Alternative 2: **Buchung:** Verbindlichkeit 40.000 an Mehr-Kapital 40.000 Bei letzterer Lösung entfällt eine außerbilanzielle Abrechnung. Das Mehr-Kapital erhöht sich in beiden Fällen um den Betrag der aufgelösten Verbindlichkeit, entweder über einen Mehr-Gewinn (wie bei 1.) oder über eine Direktbuchung (wie bei 2.). Wird der Lösung des VIII. Senats (= außerbilanzieller Merkposten) der Vorrang eingeräumt, so erübrigen sich durch den außerbilanziellen Merkposten weitere Buchungen in der Ergänzungsbilanz.	11

		Punkte
Das steuerliche Ergebnis für B ist außerhalb der Bilanz wie folgt zu ermitteln:		12
Gewinnanteil Gesamthandsbilanz	40.000 €	
Verlust aus Ergänzungsbilanz	./. 10.000 €	
Zwischensumme	30.000 €	
Verringerung der Merkposten	./. 40.000 €	
Steuerlicher Verlust	./. 10.000 €	
Die Verringerung des Ausgleichs bzw. Merkpostens richtet sich nach dem Ergebnis der KG-Bilanz. Dieser Posten ist inhaltlich mit der Verringerung des negativen Kapitalkontos identisch.		13
Zu 3.: (B übernimmt nicht negatives Kapitalkonto des A) Hat B lediglich 100.000 € für den Anteil des A gezahlt, ohne dessen negatives Kapitalkonto zu übernehmen und ohne dass A sein Kapitalkonto nach dem Ausscheiden aus der CA-KG ausgleichen muss, ergibt sich für den Mitgesellschafter C (= Komplementär) in Höhe von 200.000 € ein laufender Verlust.		14
Da unter diesen Voraussetzungen der Gesellschafter C weder gegen B noch gegen A ein Anspruch auf Ausgleich des negativen Kapitalkontos hat, kann dieses auch nicht mit zukünftigen Gewinnanteilen des B verrechnet werden. Die ursprüngliche Forderung gegen den Mitgesellschafter A geht mithin unter, ohne dass die CA-KG hierfür einen Gegenwert erhält. Für den verbleibenden Mitgesellschafter C (= Komplementär) entsteht demnach ein laufender Verlust, der in der Ergebnisverteilung auch nur ihm zuzurechnen ist (§ 52 Abs. 33 S. 3 EStG).		15
A versteuert einen **Veräußerungsgewinn** von 150.000 €. B hat den Betrag von 100.000 € in einer (positiven) **Ergänzungsbilanz** zu aktivieren.		16
Zu 4.: (Welchen Gewinn hat A zu versteuern?) Die Veräußerung eines Mitunternehmeranteils fällt unter § 16 Abs. 1 Nr. 2 EStG. A erhält für seinen Anteil eine Barzahlung. Zusätzlich übernimmt B für ihn die Verpflichtung, das negative Kapitalkonto durch zukünftige Gewinne wieder aufzufüllen. Die hiernach übernommene Verbindlichkeit ist ebenfalls Teil der Gegenleistung von B und erhöht entsprechend den Veräußerungspreis. Nach der Systematik des § 16 Abs. 2 EStG wird für die Ermittlung des Veräußerungsgewinns der negative Buchwert des Kapitalkontos vom Veräußerungspreis abgezogen. Hiervon ist der verrechenbare Verlust zum 31.12.01 abzuziehen.		17
Barzahlung des B	100.000 €	18
Buchwert negatives Kapitalkonto	200.000 €	
Zwischensumme	300.000 €	
Verrechenbarer Verlust (§ 15a Abs. 2 EStG)	./. 150.000 €	
Steuerpflichtiger Veräußerungsgewinn Anwendung § 34 EStG	150.000 €	

Lösung Fall 43:

	Punkte
1. Alternative Einbringung Personengesellschaft 3 in Personengesellschaft 4. Es liegt ein Fall von **§ 24 UmwStG** vor (**3-faches Wahlrecht**).	1
2. Alternative Da in der Übernahme des Anteils eines ausscheidenden Gesellschafters gegen Entgelt ein Erwerbsgeschäft zu sehen ist, muss der Käufer den Betrag, um den die Anschaffungskosten den ihm eingeräumten Kapitalanteil in der Gesellschaftsbilanz übersteigen, in einer Ergänzungsbilanz ausweisen. Er übernimmt den in der Bilanz zum 31.12.06 mit 30.000 € ausgewiesenen Kapitalanteil des S. Im Übrigen ist in der Gesellschaftsbilanz keine Änderung gegenüber den Ansätzen zum 31.12.06 vorzunehmen.	2

Ergänzungsbilanz zum 01.01.07				Punkte
Aktiva		**Passiva**		3, 4
Firmenwert	7.000	Mehrkapital	20.000	
Zusätzlicher Wert Grund und Boden	6.000			
Zusätzlicher Wert Gebäude	4.000			
GWG	2.000			
Zusätzlicher Wert Waren	1.000			
	20.000		**20.000**	

	Punkte
N, dem in der Gesellschaftsbilanz der Kapitalanteil des S in Höhe von 30.000 € zugerechnet wird, muss die restlichen 20.000 € (das sind die Anschaffungskosten des N für seinen Anteil an den stillen Reserven, $\frac{1}{3}$ von 60.000 €) in der Ergänzungsbilanz ausweisen.	5
S hat einen steuerlich begünstigten Veräußerungsgewinn von 20.000 € in 06 erzielt. Bei der Fortführung ist von den aufgestockten Werten auszugehen. Die Anschaffungskosten des N sind mit 2 % (§ 7 Abs. 4 S. 1 Nr. 2a aus $\frac{1}{3}$ Buchwert (30.000) + 4.000 € = 34.000 €) abzuschreiben (ggf. § 7 Abs. 4 S. 2 EStG) → **AfA 680**.	6
Die Differenz zur Gesamthandsbilanz 2 % von 100.000 = 2.000 × $\frac{1}{3}$ = 667, also 13 ist in der Ergänzungsbilanz zu neutralisieren. → **Mehr-AfA Ergänzungsbilanz 13**. Der Anteil des N an den geringwertigen Wirtschaftsgütern kann im Jahr 07 voll abgeschrieben werden, soweit der auf den einzelnen Gegenstand entfallende Betrag nicht $\frac{1}{3}$ von 410 € (§ 6 Abs. 2 EStG) = 137 € übersteigt. → **Somit sofort Aufwand 2.000**.	7
Der Abgang des Warenwerts ist als Aufwand zu erfassen. → **Wareneinsatz 1.000**. Der Firmenwert ist nach § 7 Abs. 1 Satz 3 EStG mit 6,66 % linear abzuschreiben. $\frac{1}{15}$ von 7.000 € → **AfA 467**.	8

	Punkte
Ergänzungsbilanz zum 31.12.07	9, 10, 11

Aktiva		Passiva	
Firmenwert	6.533	Kapital (20.000 ./. 3.480)	16.520
Zusätzlicher Wert			
Grund und Boden	6.000		
Zusätzlicher Wert Gebäude*	3.987		
	16.520		**16.520**

* 2 % von (90.000 : 3) 30.000 + 4.000 = 680
lt. OHG-Bilanz 2 % von 100.000 = 2.000 : 3 = 667 13 Mehr-AfA

		Punkte
Im Rahmen seiner Ergänzungs-GuV weist N für das Jahr 07 einen **Verlust** von		12
AfA Firmenwert	467 €	
AfA Gebäude	13 €	
Abschreibung GWG	2.000 €	
Wareneinsatz	1.000 €	
	3.480 €	
aus.		

3. Alternative — 13

Es ist steuerlich von einer Veräußerung des Anteils des S an B und K auszugehen. S hat einen begünstigten Veräußerungsgewinn in 06 erzielt. B und K haben auch den Anteil des S an den stillen Reserven erworben.

Darauf entfällt der das Buchkapital des S zum 31.12.06 übersteigende Teil des Kaufvertrags, also 20.000 € (⅓ des Werts der gesamten stillen Reserven zum 31.12.06 von 60.000 €). B und K haben diese 20.000 € Anschaffungskosten zusätzlich zu aktivieren. — 14

Eröffnungsbilanz zum 01.01.07				15, 16, 17

Aktiva		Passiva		
Firmenwert	7.000	Kapital B	31.000	
Grund und Boden	36.000	Kapital K	29.000	
Gebäude	94.000	Verbindlichkeiten		
Sonstiges Anlagevermögen		und sonstige Passiva	150.000	
(einschl. GWG)	20.000			
Waren	13.000			
Sonstiges Umlaufvermögen				
(nach Zahlung der Abfindung)	40.000			
	210.000		210.000	

Ergänzungsbilanzen sind hier nicht erforderlich.
Die Abschreibungen sind von den aufgestockten Werten vorzunehmen (ursprüngliche Anschaffungskosten zuzüglich der aufgedeckten stillen Reserven).
Die sich daraus ergebende **Mehr-AfA** ergibt sich nach denselben Berechnungen wie bei Alternative 2. — 18

Lösung Fall 43

	Punkte
4. Alternative **Sachwertabfindung** S erhält zur Abgeltung seines Auseinandersetzungsanspruchs in Höhe von 50.000 € das Grundstück, dessen Wert insgesamt 150.000 € beträgt (48.000 € Grund und Boden, 102.000 € Gebäude). Er hat deshalb einen Ausgleichsbetrag von 100.000 € zurückzuzahlen. Es liegen zwei Veräußerungsgeschäfte vor (Veräußerung eines OHG-Anteils, Veräußerung eines Grundstücks).	19
2-Stufentheorie Bei dem Erwerb des Gesellschaftsanteils des S ist der erworbene Anteil an den stillen Reserven zu aktivieren. S hat einen steuerlich begünstigten Veräußerungsgewinn von 20.000 € in 06 erzielt.	20
Durch die Veräußerung des Grundstücks ist **für B und K** ein **Nettoertrag von 20.000 €** entstanden (Buchwert des Grundstücks nach Übernahme des Anteils des S und Zuaktivierung der bisher S zustehenden Anteile an den stillen Reserven; 30.000 € zuzüglich 6.000 € Grund und Boden, 90.000 € zuzüglich 4.000 € Gebäude, insgesamt 130.000 €; der Verkaufserlös von B und K beträgt 150.000 € (Befreiung von der Ausgleichsverbindlichkeit i.H.v. 50.000 € und Barzahlung i.H.v. 100.000 € des S = 150.000 €)).	21
§ 6b EStG ist zu prüfen („alte" stille Reserven 20.000).	22, 23, 24

Eröffnungsbilanz zum 01.01.07

Aktiva		Passiva	
Grundstück	–	Kapital B	41.000
Firmenwert	7.000	Kapital K	39.000
Sonstiges Anlagevermögen (einschl. GWG)	20.000	Verbindlichkeiten und sonst. Passiva	150.000
Waren	13.000		
Sonstiges Umlaufvermögen (nach Zahlung S)	190.000		
	230.000		230.000

	Punkte
Die weitere zusätzliche Abschreibung bzw. der Wareneinsatz ergibt sich wie Alternative 1.	
5. Alternative S ist ein „**lästiger**" Gesellschafter.	25
Bei seinem Ausscheiden wird ihm im Hinblick darauf ein dem Wert seines Anteils übersteigender Betrag gezahlt. Auch beim Ausscheiden eines „lästigen" Gesellschafters sind die erworbenen stillen Reserven zu aktivieren. Der den Teilwert der Beteiligung des S **übersteigende Abfindungsbetrag** (= 10.000 €) ist für die verbleibenden Gesellschafter ein **sofort abzugsfähiger Aufwand**.	26
Er vermindert in der Eröffnungsbilanz zum 01.01.07 deren Kapital. S hat einen steuerlich begünstigten Veräußerungsgewinn von 30.000 € in 06 erzielt.	27

	Punkte
Eröffnungsbilanz zum 01.01.07	28, 29, 30

Aktiva		Passiva	
Firmenwert	7.000	Kapital B	26.000
Grund und Boden	36.000	Kapital K	24.000
Gebäude	94.000	Verbindlichkeiten	
Sonstiges Anlagevermögen	20.000	und sonst. Passiva	150.000
Waren	13.000		
Sonstiges Umlaufvermögen			
(nach Abzug der Zahlung an S)	30.000		
	200.000		200.000

Bei der Fortführung der anderen Werte ist nach den Grundsätzen in der 3. Alternative zu verfahren.

6. Alternative — 31

Wenn ein ausscheidender Gesellschafter einen geringeren Betrag erhält, als es seinem Kapitalkonto entspricht, kann dies **verschiedene Gründe** haben.
- der Teilwert der Gegenstände des Betriebs der Gesellschaft kann tatsächlich geringer sein als deren Buchwerte;
- es kann sich aus dem Gesellschaftsvertrag eine Verpflichtung des Ausscheidenden ergeben, sich mit einer geringeren Abfindung zu begnügen;
- Ferner kann eine gemischte Schenkung des Ausscheidenden oder
- ein billiger Verkauf des Gesellschaftsanteils ohne Schenkungselemente vorliegen.

Im vorliegenden Sachverhalt bestand für S nach dem Gesellschaftsvertrag kein Anlass, sich mit einer unter dem Buchwert seines Kapitals liegenden Abfindung zu begnügen. Wegen des großen Missverhältnisses kann auch ein schlichter billiger Verkauf nicht angenommen werden.
Es ist daher davon auszugehen, dass eine **gemischte Schenkung** vorliegt. — 32

Da diese aus **betrieblichem Anlass** erfolgte, hat S einen **Veräußerungsverlust von 2.000 €** in 06 erzielt, B und K einen entsprechenden **steuerlich nicht begünstigten Gewinn**.
In der Eröffnungsbilanz zum 01.01.07 sind die stillen Reserven, auch soweit ein Entgelt an den Ausscheidenden gezahlt wird, nicht aufzudecken. — 33

Eröffnungsbilanz 01.01.07	34, 35

Aktiva		Passiva	
Grund und Boden	30.000	Kapital B	32.000
Gebäude	90.000	Kapital K	30.000
Sonstiges Anlagevermögen	18.000	Verbindlichkeiten	
Waren	12.000	und sonst. Passiva	150.000
Sonstiges Umlaufvermögen			
(nach Abzug der Zahlung an S)	62.000		
	212.000		212.000

Weiter AfA wie bisher.

	Punkte
7. Alternative Bei Veräußerungen ab 2002 liegt insoweit laufender Gewinn vor (vgl. § 16 Abs. 1 S. 2 EStG). In der **Gesellschaftsbilanz** wird lediglich der **Buchwert des übertragenen Kapitalanteils** beim Erwerber zusätzlich angesetzt, beim Veräußerer abgezogen.	36
Das sind im vorliegenden Fall 15.000 €. Da K seine **gesamten Anschaffungskosten ausweisen** muss, wird er den 15.000 € **übersteigenden Teil des Kaufpreises** (10.000 €) in einer **Ergänzungsbilanz** führen. Die in der Ergänzungsbilanz auszuweisende Summe stellt die auf den verkauften Anteil des S an den stillen Reserven entfallenden Anschaffungskosten dar ($\frac{1}{2}$ von $\frac{1}{3}$ = $\frac{1}{6}$ von 60.000 €). Es sind deshalb $\frac{1}{6}$ der zu einzelnen Gütern bestehenden stillen Reserven aufzudecken.	37

Gesellschaftsbilanz zum 01.01.07				38, 39
Aktiva		Passiva		
Grund und Boden	30.000	Kapital B	31.000	
Gebäude	90.000	Kapital K	44.000	
Sonstiges Anlagevermögen	18.000	Kapital S	15.000	
Waren	12.000	Verbindlichkeiten		
Sonstiges Umlaufvermögen	90.000	und sonst. Passiva	150.000	
	240.000		**240.000**	

Ergänzungsbilanz K zum 01.01.07				40, 41
Aktiva		Passiva		
Firmenwert	3.500	Kapital	10.000	
Zusätzlicher Wert Grund und Boden	3.000			
Zusätzlicher Wert Gebäude	2.000			
GWG	1.000			
Zusätzlicher Wert Waren	500			
	10.000		**10.000**	

| Zur weiteren Entwicklung vergleiche 1. Alternative. | |

Lösung Fall 44:

	Punkte
CD-KG ├─────────────┬─────────────┤ C 40 % D 60 % │ Übertragung eines Bruchteils ↓ C-GmbH Die Regelungen zur **verdeckten Einlage haben Vorrang vor dem Buchwertprivileg des** § 6 Abs. 3 EStG.	1
In Rz. 2 ist klargestellt, dass in Bezug auf Kapitalgesellschaften bei unentgeltlichen Übertragungen **von einer oder auf eine andere Kapitalgesellschaft** die Regelungen zur **verdeckten Gewinnausschüttung (vorrangig)** zu beachten. In allen drei Alternativen kann die Übertragung nicht nach § 6 Abs. 3 Satz 1 EStG zu Buchwerten erfolgen.	2
Zwar liegt in allen drei Varianten eine unentgeltliche Übertragung vor. Der Anteil am Mitunternehmeranteil wird aber nicht auf eine natürliche Person, sondern eine Kapitalgesellschaft übertragen. In jeder Übertragungsvariante sind die anteiligen stillen Reserven aufzudecken und von C zu versteuern.	3
Der Übertragungsgewinn ist nicht nach §§ 16, 34 EStG begünstigt, weil nur ein Bruchteil am Mitunternehmeranteil und nicht der gesamte Mitunternehmeranteil übertragen wurde. **Bei der GmbH:** Die Anschaffungskosten der GmbH-Anteile erhöhen sich um den Wert der verdeckten Einlage (Auswirkung auch auf Gesellschafterebene, § 17 EStG).	4

Lösung Fall 45:

	Punkte
Jahr 06: Es liegt eine unentgeltliche Übertragung des Bruchteils am Mitunternehmeranteil des Q mit unterquotaler Übertragung des Sonderbetriebsvermögens vor (quotengleich wäre gewesen, wenn Q auch die Hälfte seines Sonderbetriebsvermögens, also 50 % übertragen hätte). Nach § 6 Abs. 3 Satz 2 EStG ist daher die fünfjährige Behaltefrist zu beachten.	1
Jahr 10: Der Verkauf des funktional wesentlichen Sonderbetriebsvermögens erfolgt innerhalb des Fünf-Jahreszeitraums (vorliegend vom 01.01.06 bis zum 31.12.10). Folglich ist rückwirkend für die gesamte Übertragung im Jahr 06 mit dem Teilwert anzusetzen.	2

	Punkte
Bei Q ist somit rückwirkend für das Jahr 06 ein laufender Gewinn (ggf. mit GewSt-Pflicht) zu versteuern. Bei der Nichte N ist zudem zu prüfen, ob aufgrund des nachträglichen Teilwertansatzes des Sonderbetriebsvermögens im Jahr 10 aus der Veräußerung ein geringerer laufender Gewinn entstanden ist.	3

Lösung Fall 46:

	Punkte
Zu a): Es liegt eine unentgeltliche Übertragung eines Bruchteils am Mitunternehmeranteil mit überquotaler Übertragung von funktional wesentlichem Sonderbetriebsvermögen vor. Die Übertragung ist steuerlich wie folgt zu beurteilen:	1
Vorgang 1: Übertragung des Bruchteils am Mitunternehmeranteil mit quotengleichem funktional wesentlichem Sonderbetriebsvermögen. Die Übertragung hat nach § 6 Abs. 3 Satz 1 2. Halbsatz EStG zu Buchwerten zu erfolgen.	2
Vorgang 2: Der überquotale Teil der Übertragung des funktional wesentlichen Sonderbetriebsvermögens ist als Übertragung von Einzelwirtschaftsgütern zwischen den Sonderbetriebsvermögen von Mitunternehmern derselben Mitunternehmerschaft zu werten.	3
Da laut Sachverhalt keine Schulden im Sonderbetriebsvermögen vorhanden waren, liegt auch insoweit ein unentgeltlicher Vorgang vor. Die Übertragung hat nach § 6 Abs. 5 Satz 3 Nr. 3 EStG zu Buchwerten zu erfolgen.	4
Zu b): Es liegt eine unentgeltliche Übertragung eines Bruchteils des Mitunternehmeranteils mit überquotaler Übertragung von funktional wesentlichem Sonderbetriebsvermögen in 08 vor. Die Übertragung ist steuerlich wie folgt zu beurteilen:	5
Vorgang 1: Übertragung des Bruchteils am Mitunternehmeranteil (15/30 = 50 %) mit quotengleichem funktional wesentlichem Sonderbetriebsvermögen (also zu 50 %). Die Übertragung hat nach § 6 Abs. 3 Satz 1 2. Halbsatz EStG zu Buchwerten zu erfolgen.	6
Vorgang 2: Der überquotale Teil der Übertragung des funktional wesentlichen Sonderbetriebsvermögens (also die restlichen 50 %) ist als Übertragung von Einzelwirtschaftsgütern zwischen den Sonderbetriebsvermögen von Mitunternehmern derselben Mitunternehmerschaft zu werten. Da laut Sachverhalt Schulden des Sonderbetriebsvermögens auf T übergingen, liegt insoweit ein teilentgeltlicher Vorgang vor.	7

	Punkte
Nach der Trennungstheorie ist somit der Vorgang in einen unentgeltlichen und in einen entgeltlichen Vorgang zu unterteilen: a) Soweit der überquotale Teil unentgeltlich übergegangen ist (also zu 50 % × 65 % = 32,5 %), hat die Übertragung nach § 6 Abs. 5 Satz 3 Nr. 3 EStG zu Buchwerten zu erfolgen,	8
b) Soweit der überquotale Teil entgeltlich übergegangen ist (also zu 50 % × 35 % = 17,5 %), führt die Übertragung zur Aufdeckung der anteiligen stillen Reserven. Folglich sind 17,5 % der stillen Reserven aufzudecken und von R als laufender Gewinn (ggf. plus GewSt) zu versteuern.	9

Lösung Fall 47:

	Punkte
Vorbemerkung Der BFH hat entschieden (vom 18.08.2005, BStBl II 2005, 830) dass auch eine **Bruchteilsgemeinschaft ohne Gesamthandsvermögen Besitzgesellschaft** einer mitunternehmerischen Betriebsaufspaltung sein kann. Sowohl **Gesamthandseigentum als auch Bruchteilseigentum** bei dem Besitzunternehmen führen zur Begründung einer **mitunternehmerischen Betriebsaufspaltung** (vgl. BMF vom 07.12.2006, BStBl I 2006, 766). Bei beiden Alternativen finden die jeweiligen **Übertragungsvorgänge** ohne Gewinnrealisierung, also **zu Buchwerten**, statt, allerdings mit **unterschiedlichen Rechtsgrundlagen**. Folgende zwei Fälle sind zu unterscheiden: a) Übertragung von Sonderbetriebsvermögen, das **nach der Übertragung im Gesamthandseigentum** des Übertragenden und des Übernehmenden steht. b) Übertragung von Sonderbetriebsvermögen, das **nach der Übertragung im Bruchteilseigentum** des Übertragenden und Übernehmenden steht. **Beispiel zu a): (quotale Übertragung des Sonderbetriebsvermögens)** **Sachverhalt:** A ist zu 60 % an der AB-OHG beteiligt, der er auch ein im Sonderbetriebsvermögen befindliches Grundstück zur Nutzung überlässt.	1, 2
Vorher: Besitzunternehmen Betriebsgesellschaft Grundstück ─────────► OHG Vermietung ╱ ╲ A A B 100 % 40 % 60 % Grundstück = Sonder-BV A **Später überträgt A die Hälfte seines Mitunternehmeranteils (½ des Gesamthandsanteils und ½ des Sonderbetriebsvermögens) unentgeltlich auf C.** Die AC-GbR überlässt das Grundstück der ABC-OHG entgeltlich zur Nutzung.	3

	Punkte
Nachher: Besitzunternehmen　　　　　　　　　　Betriebsgesellschaft 　　Grundstück ──────────────▶ OHG 　　　　　　　　　　Vermietung 　　A　　　B　　　　　　　　　A　　　B　　　C 　50 %　50 %　　　　　　　　30 %　40 %　30 % 　　　　　　　→ Betriebsaufspaltung **Lösung zum Beispiel zu a):** **a) Das Grundstück steht im Gesamthandsvermögen von A und C** **Übertragung ins Gesamthandeigentum der Besitzgesellschaft** Begründen der Übertragende und der Übernehmer hinsichtlich des anteilig übertragenen Sonderbetriebsvermögens nach der Übertragung zivilrechtlich eine Gesamthandsgemeinschaft (§§ 718 ff. BGB), wird diese unmittelbar zur Besitzpersonengesellschaft.	
1. Schritt: Zunächst liegt eine unentgeltliche Teil-Mitunternehmeranteilsübertragung nach **§ 6 Abs. 3 Satz 1 EStG** vor, die zwingend eine Buchwertfortführung vorschreibt.	4
2. Schritt: Im zweiten Schritt ändert sich aufgrund der steuerlichen Beurteilung des neu entstandenen Gebildes als mitunternehmerische Betriebsaufspaltung die bisherige Zuordnung des Grundstücks als Sonderbetriebsvermögen bei der OHG. Das Grundstück wird Gesamthandsvermögen bei der AC-GbR. Die damit verbundene Übertragung des Sonderbetriebsvermögens in das Gesamthandsvermögen der AC-GbR erfolgt nach **§ 6 Abs. 5 Satz 3 Nr. 2 EStG** zum Buchwert. **Anmerkung!** Entsteht die mitunternehmerische Betriebsaufspaltung infolge einer Übertragung nach § 6 Abs. 3 Satz 2 EStG, so führt eine unterquotale Übertragung des Sonderbetriebsvermögens in die Besitzpersonengesellschaft zu keiner schädlichen Veräußerung oder Aufgabe i.S.d. § 6 Abs. 3 Satz 2 EStG; für die einer Übertragung nach § 6 Abs. 3 Satz 2 EStG nachfolgenden Übertragungen (siehe Tz. 11 und 13 des BMF Schreibens). **b) Das Grundstück steht im Bruchteilseigentum von A und C** **Beibehaltung von Bruchteilseigentum**	5
1. Schritt: Zunächst liegt eine unentgeltliche Teil-Mitunternehmeranteilsübertragung nach **§ 6 Abs. 3 Satz 1 EStG** vor, die zwingend eine Buchwertfortführung vorschreibt.	6
2. Schritt: Im zweiten Schritt ändert sich aufgrund der steuerlichen Beurteilung des neu entstandenen Gebildes als mitunternehmerische Betriebsaufspaltung die bisherige Zuordnung des Grundstücks als Sonderbetriebsvermögen bei der OHG. Das Grundstück wird – wegen des fehlenden Rechtsträgerwechsels bei dem Bruchteilseigentum – zu Sonderbetriebsvermögen der Gesellschafter bei der gesamthandsvermögenslosen AC-GbR.	7

	Punkte
Die damit verbundene Überführung des Sonderbetriebsvermögens bei der OHG auf das Sonderbetriebsvermögen bei der AC-GbR erfolgt nach § 6 Abs. 5 Satz 2 EStG zum Buchwert.	8

Lösung Fall 48:

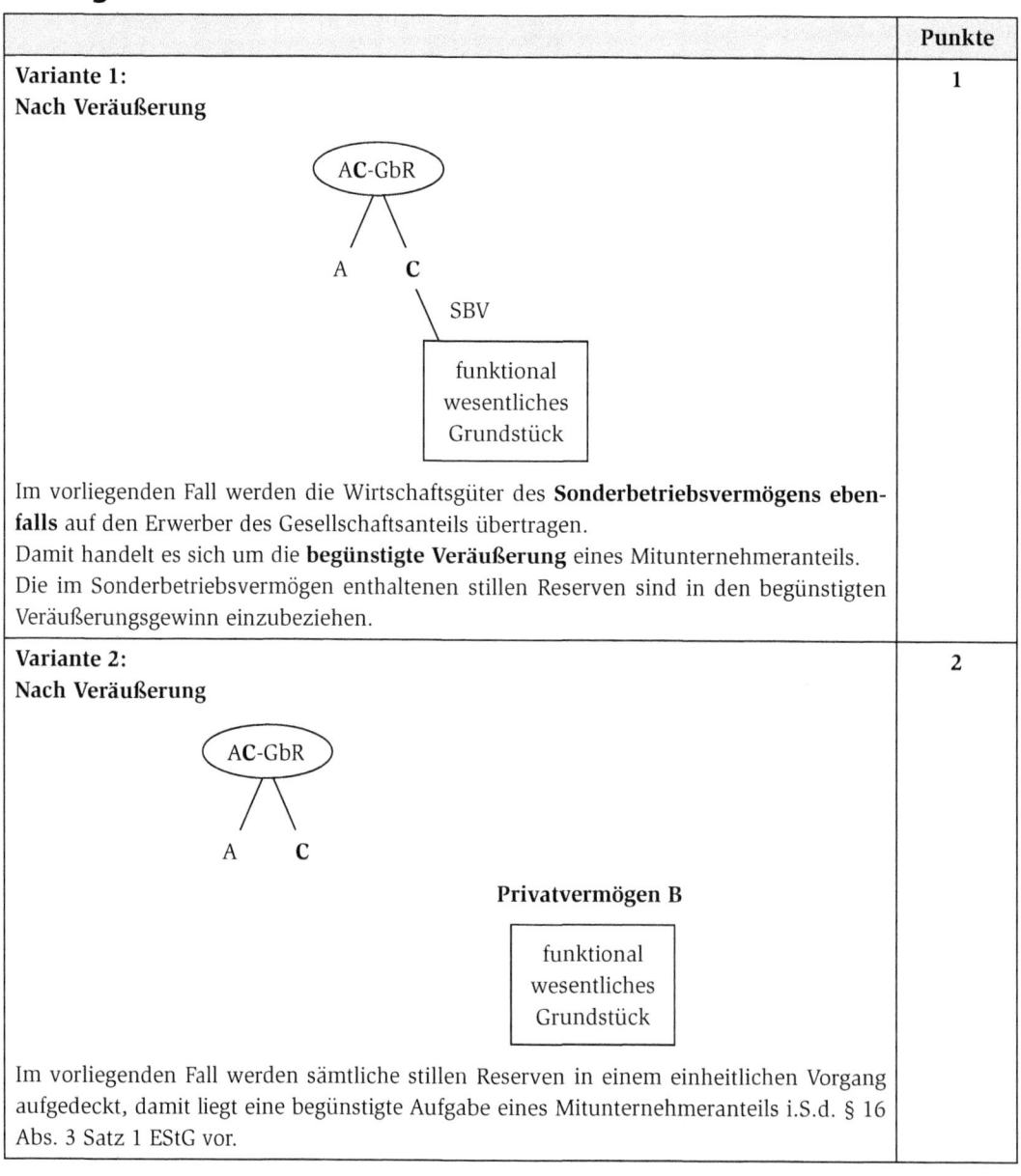

	Punkte

Variante 1:
Nach Veräußerung
 	
AC-GbR
/ \\
A   C
     \\ SBV
      funktional wesentliches Grundstück
 	
Im vorliegenden Fall werden die Wirtschaftsgüter des **Sonderbetriebsvermögens ebenfalls** auf den Erwerber des Gesellschaftsanteils übertragen.
Damit handelt es sich um die **begünstigte Veräußerung** eines Mitunternehmeranteils.
Die im Sonderbetriebsvermögen enthaltenen stillen Reserven sind in den begünstigten Veräußerungsgewinn einzubeziehen.
	1

Variante 2: Nach Veräußerung AC-GbR / \\ A C **Privatvermögen B** funktional wesentliches Grundstück Im vorliegenden Fall werden sämtliche stillen Reserven in einem einheitlichen Vorgang aufgedeckt, damit liegt eine begünstigte Aufgabe eines Mitunternehmeranteils i.S.d. § 16 Abs. 3 Satz 1 EStG vor.	2

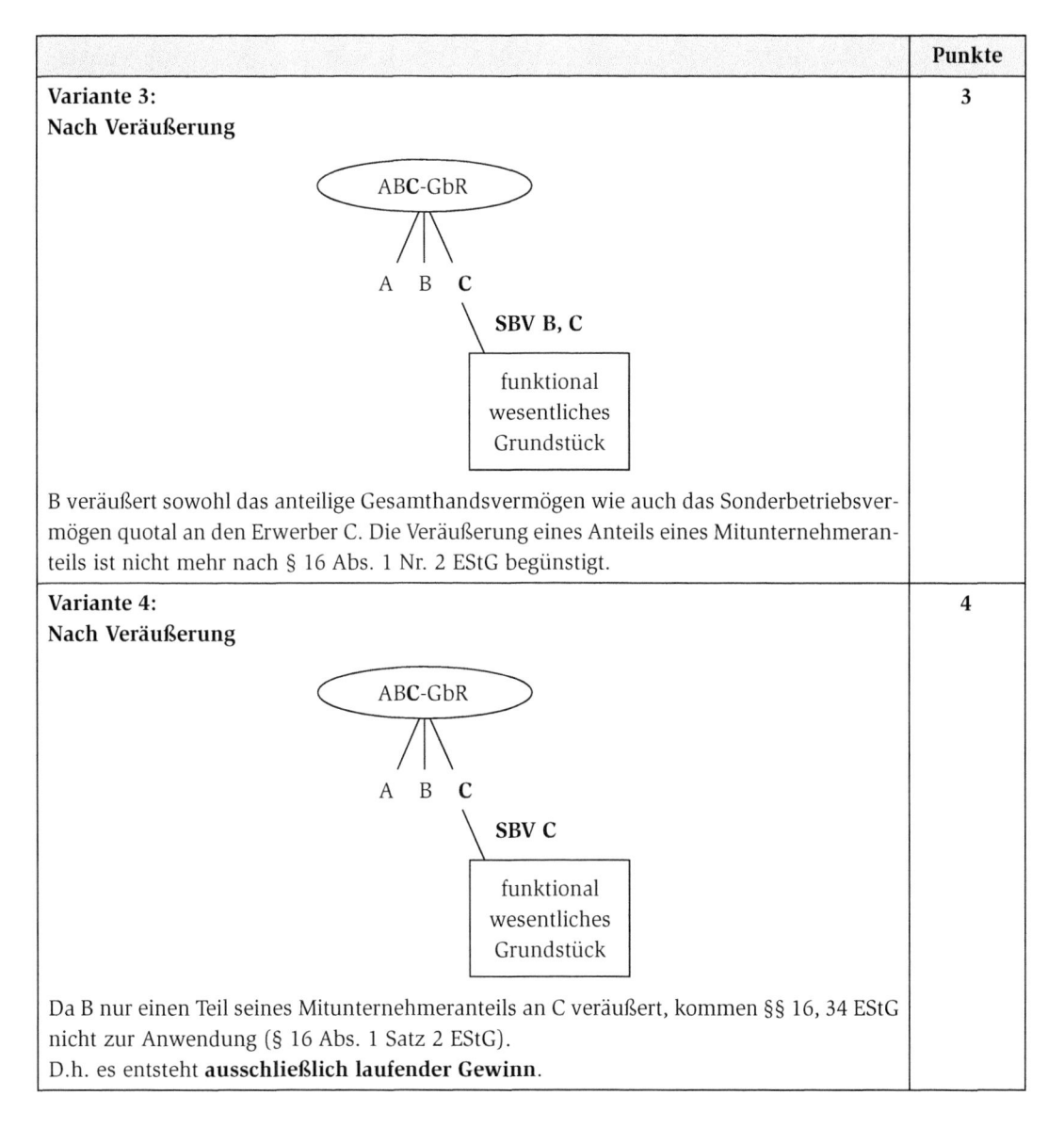

	Punkte
Variante 3: Nach Veräußerung ABC-GbR A B C SBV B, C funktional wesentliches Grundstück B veräußert sowohl das anteilige Gesamthandsvermögen wie auch das Sonderbetriebsvermögen quotal an den Erwerber C. Die Veräußerung eines Anteils eines Mitunternehmeranteils ist nicht mehr nach § 16 Abs. 1 Nr. 2 EStG begünstigt.	3
Variante 4: Nach Veräußerung ABC-GbR A B C SBV C funktional wesentliches Grundstück Da B nur einen Teil seines Mitunternehmeranteils an C veräußert, kommen §§ 16, 34 EStG nicht zur Anwendung (§ 16 Abs. 1 Satz 2 EStG). D.h. es entsteht **ausschließlich laufender Gewinn**.	4

	Punkte
Variante 5: **Nach Veräußerung** 　　　　AC-GbR 　　　／　＼ 　　A　　　C 　　　　　　　　　　**Einzelunternehmen B** 　　　　　　　　　　funktional 　　　　　　　　　　wesentliches 　　　　　　　　　　Grundstück Die Tarifvergünstigung der §§ 16, 34 EStG finden keine Anwendung, da nicht alle stillen Reserven in einem Vorgang aufgelöst wurden.	5
Variante 6: **Nach dem Ausscheiden** 　　　　AC-GbR 　　　Grundstück 　　　　3 und 4 　　　／　＼ 　　A　　　C 　　　　　　　　　　**Privatvermögen B** 　　　　　　　　　　Grundstück 1 　　　　　　　　　　und 　　　　　　　　　　Grundstück 2 A und C erzielen aus der Übertragung des Grundstücks 2 einen laufenden nicht begünstigten Gewinn (tauschähnlicher Vorgang). B veräußert seinen Mitunternehmeranteil unter Zurückbehaltung des Sonderbetriebsvermögens; da jedoch in einem einheitlichen Vorgang sämtliche stillen Reserven realisiert werden, liegt eine tarifbegünstigte Aufgabe des Mitunternehmeranteils vor.	6

	Punkte
Variante 7: **Nach dem Ausscheiden** AC-GbR Grundstück 3 und 4 A C **Einzelunternehmen B** Grundstück 2 **Privatvermögen B** Grundstück 1 Da B das Grundstück 2 in sein Einzelunternehmen überführt, ist die Übertragung gem. § 6 Abs. 5 Satz 3 Nr. 1 EStG zwingend zu Buchwerten vorzunehmen. Das Grundstück 1 wird in das Privatvermögen überführt und damit zum Teilwert entnommen. Es entsteht laufender nicht begünstigter Gewinn.	7

Lösung Fall 49:

	Punkte
a) Es liegt **kein Fall der Realteilung** vor, weil die **OHG nicht aufgelöst** wurde. Vielmehr liegt ein Fall der Veräußerung des gesamten Mitunternehmeranteils (§ 16 Abs. 1 Nr. 2 EStG) vor.	1
1. Stufe: In beiden Fällen erzielt A einen Veräußerungsgewinn i.H.v. 400.000 € nach § 16 Abs. 1 Nr. 2 EStG aus der Veräußerung seines Mitunternehmeranteils, der ggf. tarifbegünstigt (§ 34 EStG) ist.	2
Im Gegenzug stocken B und C die Buchwerte um die von ihnen in der ersten Stufe erworbenen stillen Reserven auf. Im gesamten Betriebsvermögen der OHG waren stille Reserven i.H.v. 1.200.000 € enthalten. Davon entfallen 450.000 € auf das Verwaltungsgrundstück. ⅓ aller stillen Reserven wird aufgedeckt.	3
Bei dem Verwaltungsgrundstück sind das (⅓ von 450.000 € =) 150.000 €. Der Buchwert des Grundstücks wird damit auf 200.000 € aufgestockt. **2. Stufe:** Im Falle der Grundstücksübertragung auf A entsteht bei der BC-OHG ein **laufender (ggf. gewerbesteuerpflichtiger) Gewinn** i.H.d. Unterschieds zwischen dem Verkehrswert des hingegebenen Verwaltungsgrundstücks (500.000 €) und dem zuvor aufgestockten Buchwert (200.000 €), d.h. es entsteht ein laufender Gewinn i.H.v. 300.000 €.	4
b) **Bei B:** **Fall der Realteilung, § 16 Abs. 2 S. 3 EStG.**	5

	Punkte
B stehen bei der Realteilung wertmäßig 1,8 Mio. € (50 % von 3,6 Mio. €) zu. Da er aber 2 Mio. € erhält, also 200.000 € mehr, zahlt er diesen Betrag für (10 % von 2 Mio. € = 200.000 €) $^1/_{10}$ des Grundstücks 1, das er mehr erhält.	6
B erwirbt also $^9/_{10}$ des Grundstücks 1 unentgeltlich und $^1/_{10}$ entgeltlich. Auf diese $^1/_{10}$ entfällt ein Buchwert von 20.000 €, sodass B die Aktivwerte (200.000 € Abfindung abzgl. anteiligem Buchwert von 20.000 €) um 180.000 € aufstocken muss.	7
Bei S: S hat einen laufenden Gewinn i.H.v. (Abfindung 200.000 € ./. anteiliger Buchwert 20.000 €) 180.000 € zu versteuern.	8

Lösung Fall 50:

	Punkte
Es gilt die Buchwertfortführung (§ 16 Abs. 3 S. 2 EStG).	1
Für B entsteht infolge des Spitzenausgleichs ein nicht begünstigter Gewinn. A muss die Buchwerte der übernommenen Wirtschaftsgüter des Teilbetriebs I aufstocken. Voraussetzung einer Realteilung mit Buchwertfortführung ist, dass die Kapitalkonten der Gesellschafter, die sie in der Schlussbilanz der Gesellschaft hatten,	2
durch Auf- oder Abstockung dahin angepasst werden, dass ihre Höhe der Summe der Buchwerte der übernommenen Wirtschaftsgüter entspricht. **(Kapitalkontenanpassungsmethode)**	3
A und B müssen die Buchwerte der ihnen zugeteilten Teilbetriebe I und II in ihren eigenen Betrieben demzufolge nur fortführen. A hat sein Kapitalkonto erfolgsneutral von 200.000 € auf 300.000 € aufzustocken und B sein Kapitalkonto erfolgsneutral von 200.000 € auf 100.000 € abzustocken.	4
Ein Wertausgleich (Spitzenausgleich) steht der gewinnneutralen Realteilung des Geschäftsvermögens nicht entgegen. Auch in einem solchen Fall sind in der Realteilungsbilanz die Buchwerte der steuerlichen Schlussbilanz der Personengesellschaft fortzuführen. **Nach BMF ist in entgeltlichen und unentgeltlichen Teil aufzuteilen.**	5
A stehen wertmäßig $^1/_2$ von 800.000 € + 600.000 € = 700.000 € zu. Da er den Teilbetrieb I erhält – also 100.000 € mehr – zahlt er 100.000 € für $^1/_8$ des Betriebsvermögens I, das er mehr erhält. Er erwirbt somit $^1/_8$ entgeltlich und $^7/_8$ unentgeltlich.	6
Auf diese $^1/_8$ entfallen 37.500 Buchwerte (300.000 : 8). Damit sind die Aktivwerte um 62.500 € (100.000 € ./. 37.500 €) aufzustocken. **Fortführungsbilanz A** Teilbetrieb I 300.000 | Kapital 262.500 Aufstockung 62.500 | Verbindlichkeiten 100.000	7
A hat somit 2 AfA-Reihen (unentgeltlicher und entgeltlicher Teil).	8

	Punkte
B hat einen **nicht steuerbegünstigten Veräußerungsgewinn** von 62.500 €. Er führt die Buchwerte fort.	9

Lösung Fall 51:

	Punkte
Da die Beteiligten das vorhandene **Betriebsvermögen** unter sich **aufteilen** und beide mit den Fahrzeugen anschließend eine **gewerbliche Tätigkeit** ausüben, liegt der Fall der **Realteilung** vor.	1
Die Beendigung der OHG führt **grundsätzlich nicht** zur **Aufdeckung der vorhandenen stillen Reserven,** da die spätere **Erfassung** in den Einzelunternehmen sichergestellt ist. Nach § 16 Abs. 3 S. 1, 2 EStG müssen grundsätzlich die **Buchwerte fortgeführt** werden.	2
Die Realteilung wird nach dem BMF-Schreiben vom 28.02.2006, BStBl I 2006, 228; Beck Texte § 16.3 EStG beurteilt.	3
Zur Fortführung der Buchwerte ist eine erfolgsneutrale Anpassung der Kapitalkonten erforderlich **(Kapitalkontenanpassungsmethode)**.	4
Soweit aber **stille Reserven entgeltlich** übertragen werden **(Spitzenausgleich)**, kommt es dagegen zu **Gewinnrealisierung**.	5
Y erwirbt den LKW unentgeltlich, X erwirbt seinen LKW teilweise entgeltlich. Bei X fallen deshalb Anschaffungskosten an, bei Y entsprechende Erträge.	6
Da X und Y **nur einzelne Wirtschaftsgüter** erhalten, müssen sie die **Behaltefrist** nach § 16 Abs. 3 S. 3 EStG (3 Jahre ab Abgabe der Feststellungserklärung 11) beachten, wenn sie nicht die bei Auflösung der OHG vorhandenen stillen Reserven des übernommenen Wirtschaftsgutes rückwirkend versteuern wollen.	7
Es betrugen die Werte der Gesellschaftsanteile:	8, 9, 10

Vorhandene stille Reserven:	X	Y
Lkw Fiat 100.000 € Lkw MB 160.000 € 260.000 €, davon je 50 % =	130.000 €	130.000 €
zuzüglich Kapitalkonto am 30.06.07	260.000 €	240.000 €
Anteilswert	**390.000 €**	**370.000 €**
Erhaltenes Vermögen:	(Fiat) 400.000 €	(MB) 560.000 €
abzüglich übernommene Verbindlichkeit	–	200.000 €
Übernommenes Betriebsvermögen	400.000 €	360.000 €
Geldausgleich	./. 10.000 €	+ 10.000 €
entspricht Anteilswert (wie oben)	**390.000 €**	**370.000 €**

	Punkte
X war lediglich mit 390.000 € am Gesamthandsvermögen beteiligt. Da er Vermögen von 400.000 € erhält und 10.000 € Ausgleichszahlung leistet, übernimmt er den Fiat zu $^{390}/_{400}$ unentgeltlich und zu $^{10}/_{400}$ entgeltlich.	11

	Punkte
Bilanz X zum 01.07.07	12, 13

Aktiva		Passiva	
LKW Fiat:		Kapital	292.500
Buchwert ($^{390}/_{400}$)	292.500	Verbindlichkeit an Y	10.000
Anschaffungskosten	10.000		
	302.500		
	302.500		302.500

	Punkte
Bei X ergeben sich **2 AfA-Reihen**: 390/400 der AfA der OHG, neu berechnete AfA von 10.000 €.	14
Y wird mit 370.000 € abgefunden, da er lediglich Vermögen von 360.000 € erhält. Er übernimmt den MB und die Verbindlichkeit unentgeltlich und hat die Buchwerte und AfA-Reihe weiterzuführen.	15
Bilanz Y zum 01.07.07	16

Aktiva		Passiva	
LKW MB:	400.000	Kapital	210.000
Forderung an X	10.000	Verbindlichkeit	200.000
	410.000		410.000

	Punkte
Y erzielt aus der entgeltlichen Übertragung der stillen Reserven auf X einen **Ertrag** in Höhe von 10.000 € abzüglich 7.500 € (= $^{10}/_{400}$ des Buchwertes von 300.000) = 2.500 €. Im Übrigen ist die **Anpassung der beiden Kapitalien** von der OHG-Bilanz am 30.06. zu den Eröffnungsbilanzen zum 01.07.07 **erfolgsneutral**.	17
Umsatzsteuer: Da weder X noch Y ein in der Gliederung des Unternehmens gesondert geführter Betrieb übertragen wird, ist **§ 1 Abs. 1a UStG nicht anzuwenden**. Die OHG bewirkt mit den Lieferungen der beiden Fahrzeuge steuerbare und steuerpflichtige Hilfsumsätze. Die sich daraus bei ihr ergebende USt und die Vorsteuern bei X und Y sind hier vernachlässigt.	18

Lösung Fall 52:

	Punkte
Sachverhalt 1: Veräußerungsgeschäft zu fremdüblichen Bedingungen. Erwerber hat AK, Veräußerer hat Veräußerungserlös (ggf. Veräußerungsgewinn).	1

Lösung Fall 52

	Punkte
1. Sonder-Buchführung A Sonst. Forderungen 290.000 € an Grund und Boden 50.000 € Gebäude 160.000 € Sonst. betriebl. Erträge 80.000 € Sonst. betriebl. Aufw. 80.000 € an Rücklage § 6b EStG 80.000 €	2
2. Buchführung OHG Grund und Boden 90.000 € an Sonst. Verbindl. 290.000 € Gebäude 200.000 € AfA (Abschreibung 2 % von 200.000 €) 4.000 € an Gebäude 4.000 €	3
Übertragung § 6b EStG-Rücklage aus Sonderbetriebsvermögen auf Investition im Gesamthandvermögen möglich. **(Vgl. Übertragungsmöglichkeiten nach R 6b.2 Abs. 6 und 7 EStR.)**	4
Buchung Sonderbilanz A: Rücklage 80.000 € an Kapital 80.000 €	5

Ergänzungsbilanz A		6
Aktiva	Passiva	
Minderkapital 80.000	Minderwert GruBo 40.000 Minderwert Geb. 40.000	
80.000	**80.000**	

	Punkte
Buchung: Minderwert Gebäude 800 € an Ertrag aus Minder-AfA 800 € (2 % aus 40.000)	
Sachverhalt 2: Buchungen wie bei **Sachverhalt 1.** **Zahlung** des **Mehr**erlöses von 60.000 € ist Entnahme bei OHG: Entnahme A 60.000 € an Bank 60.000 €. Bezüglich Rücklage § 6 b EStG wie bei Sachverhalt 1.	7
Sachverhalt 3: **1. Sonder-Buchführung A** Sonst. Forderungen. 290.000 € an Grund und Boden 50.000 € Gebäude 160.000 € Sonst. betriebl. Erträge 80.000 € Sonst. betriebl. Aufw. 80.000 € an Rücklage § 6b EStG 80.000 €	8
2. Sonder-Buchführung B Grund und Boden 90.000 € an Sonst. Verbindl. 290.000 € Gebäude 200.000 €	9

	Punkte
Zu Gesellschafter A: Die Rücklage § 6b EStG kann A für folgende Investitionen verwenden: **R 6b Abs. 6 EStR:** Investitionen im Gesamthandvermögen (entsprechend seiner Beteiligungsquote), Investitionen im Sonderbetriebsvermögen oder Einzelunternehmen.	10

Sachverhalt 4:
Aufteilung in entgeltlich und unentgeltlich
1. Sonder-Buchführung A
Sonst. Forderungen 145.000 €   an   Grund und Boden   25.000 €
                                             Gebäude   80.000 €
                                             Sonst. betriebl. Erträge 40.000 €
Sonst. betriebl. Aufw. 40.000 €   an   Rücklage § 6b EStG   40.000 €
 	
Kapital   25.000 €   an   Grund und Boden   25.000 €
Kapital   80.000 €   an   Gebäude   80.000 €
	11, 12

2. Sonder-Buchführung B Grund und Boden 45.000 € an Sonst. Verbindl. 145.000 € Gebäude 100.000 € Kapital 105.000 € Grund und Boden 25.000 € Gebäude 80.000 €	13
Sachverhalt 5: **Unentgeltliche Übertragung** Ansatz Buchwert (§ 6 Abs. 5 S. 3 Nr. 3 EStG)	
1. Sonder-Buchführung A Kapital 210.000 € an Grund und Boden 50.000 € Gebäude 160.000 € **2. Sonder-Buchführung B** Grund und Boden 50.000 € an Kapital 210.000 € Gebäude 160.000 €	14

Lösung Fall 53:

	Punkte
Der Veräußerungsgewinn (800.000 €) ist zu 40 % steuerfrei.	1
→ Anstatt den steuerpflichtigen Teil des Veräußerungsgewinns (480.000 €) im Jahr 09 voll zu versteuern, kann D vom Gesamtgewinn (800.000 €) eine Rücklage in Höhe von 500.000 € bilden, d.h. er muss 09 nur 180.000 € versteuern (300.000 € × 60 %).	2
→ Erwirbt D bis Ende 11 eine andere Beteiligung (GmbH, Aktien), kann er die Rücklage (500.000 €) auf deren Anschaffungskosten übertragen.	3

	Punkte
→ Erwirbt D bis Ende 13 ein Gebäude (oder z.B. ein LKW), kann er den steuerpflichtigen Teil der Rücklage (300.000 €) von Gebäude-(LKW-)Anschaffungskosten absetzen. Der steuerfreie Teil ist Gewinn erhöhend aufzulösen (Kürzung außerhalb der Bilanz).	4
→ Investiert D bis Ende 13 nicht, muss er die Rücklage insgesamt auflösen. Davon sind (200.000 €) steuerfrei und 300.000 € steuerpflichtig. Zusätzlich fallen (4 × 6 % =) 24 % Gewinnzuschlag (300.000 € × 24 %) = 72.000 €) an.	5

Lösung Fall 54:

	Punkte
Sachverhalt 1: § 6b EStG ist personenbezogen. **Personenbezogene Steuervergünstigungen** sind solche, bei denen die Voraussetzungen für die Inanspruchnahme in der Person des betreffenden Gesellschafters erfüllt sein müssen.	1
Erfüllt z.B. nur ein Gesellschafter der Personengesellschaft die Voraussetzungen für eine personenbezogene Steuervergünstigung, z.B. nach § 6b EStG, kann durch Aufstellung einer positiven oder negativen Ergänzungsbilanz die zutreffende Berücksichtigung der Steuervergünstigung für jeden einzelnen Gesellschafter erreicht werden.	2
B ist vor drei Jahren als Gesellschafter in die KG eingetreten und **erfüllt somit nicht die Voraussetzung der Sechsjahresfrist** (§ 6b Abs. 4 Nr. 2 EStG).	3
Es sind **zwei bilanzielle Darstellungen möglich**, je nachdem, wie die KG das erworbene Grundstück in ihrer Gesellschaftsbilanz ausweist. **Variante 1:** Die KG setzt das neue Grundstück in ihrer Steuerbilanz nach Übertragung des Veräußerungsgewinns mit 300.000 € ./. 100.000 € = 200.000 € an. Hinsichtlich des Mitunternehmers B wird die Gewinnübertragung in einer **positiven Ergänzungsbilanz** in Höhe von 20 % von 100.000 € = 20.000 € rückgängig gemacht:	4

Positive Ergänzungsbilanz B			
Aktiva			Passiva
Ersatzgrundstück	20.000	Mehrkapital	20.000
	20.000		20.000

Punkte: 5

	Punkte
B versteuert also im Ergebnis den auf ihn entfallenden Gewinn aus dem Verkauf des Grundstücks von 20 % von 100.000 € = 20.000 € sofort im Jahr des Verkaufs.	6

	Punkte
Sachverhalt 2: Für **C** ist eine **positive Ergänzungsbilanz** aufzustellen, was dazu führt, dass C im Zeitpunkt der Grundstücksveräußerung den auf ihn entfallenden Veräußerungsgewinn versteuern muss: **Positive Ergänzungsbilanz C** | Aktiva | | Passiva | | |---|---|---|---| | Rücklage § 6b EStG | 50.000 | Mehrkapital | 50.000 | | | **50.000** | | **50.000** |	7
Die weitere buchmäßige Behandlung, d.h. die Fortentwicklung der positiven Ergänzungsbilanz des C, hängt davon ab, was mit der 6b-Rücklage bei der KG geschieht. Ist die in der Gesamthandsbilanz ausgewiesene **6b-Rücklage wegen Zeitablaufs Gewinn erhöhend aufzulösen**, entsteht für jeden Gesellschafter ein Gesamthandsgewinn von ⅓ von 150.000 € = 50.000 €.	8
In diesem Fall ist die in der Ergänzungsbilanz des **C ausgewiesene 6b-Rücklage Gewinn mindernd aufzulösen**, woraus sich für C eine Minderung seines anteiligen Gesamthandsgewinns von 50.000 € ergibt.	9
Im Auflösungszeitpunkt hat C damit keinen Gesamthandsgewinn zu versteuern, seinen anteiligen Veräußerungsgewinn von 50.000 € hat er ja bereits im Zeitpunkt der Grundstücksveräußerung versteuert, da er die Voraussetzungen zur Bildung einer 6b-Rücklage nicht erfüllte. **Überträgt die KG die 6b-Rücklage** auf ein neu angeschafftes **begünstigtes Reinvestitionsgut**, tritt an die Stelle der 6b-Rücklage in der **positiven Ergänzungsbilanz** des C der nur auf C entfallende **Mehrwert** des neu angeschafften Wirtschaftsguts von 50.000 €.	10
Über die Fortentwicklung des Mehrwerts werden dem C im Vergleich zu A und B höhere AfA-Beträge oder ein niedrigerer Veräußerungsgewinn zugewiesen.	11
Sachverhalt 3: § 6b EStG ist bei Mitunternehmerschaften gesellschafterbezogen anzuwenden. Das bedeutet, dass stille Reserven, die bei Mitunternehmerschaften realisiert worden sind, auf **Reinvestitionen des Gesellschafters im Sonderbetriebsvermögen**, im eigenen Betriebsvermögen sowie bei einer anderen Mitunternehmerschaft, an der er beteiligt ist, übertragen werden können (jeweils anteilig in Höhe der Beteiligungsquote des einzelnen Mitunternehmers); vgl. R 6b.2 Abs. 6 und Abs. 7 EStG.	12
Umgekehrt können Mitunternehmer – wie vorliegend A –, die im eigenen Betrieb reinvestitionsfähige Veräußerungsgewinne erzielen, diese in Höhe ihrer **Beteiligungsquote auf Reinvestitionen einer Mitunternehmerschaft** übertragen, an der sie beteiligt sind. A kann also die stillen Reserven von 100.000 €, die er in dem ihm zuzurechnenden Einzelunternehmen durch Veräußerung des nach § 6b Abs. 1 EStG begünstigten Wirtschaftsguts erzielt hat, auch auf begünstigte Wirtschaftsgüter übertragen, die zum Gesellschaftsvermögen der X-KG gehören, an der er als Mitunternehmer beteiligt ist, aber nur soweit diese Wirtschaftsgüter ihm anteilig zuzurechnen sind.	13

	Punkte
Bei dem von der KG erworbenen Grundstück handelt es sich um ein begünstigtes Reinvestitionsobjekt i.S.d. § 6b Abs. 1 Satz 2 Nr. 1 EStG. A kann daher den Veräußerungsgewinn von 100.000 € maximal 30 % von 250.000 € = 75.000 € von den Anschaffungskosten des von der KG im Jahr 09 erworbenen Grundstücks abziehen.	14
A weist in seiner Bilanz des Einzelunternehmens zum 31.12.08 Gewinn mindernd eine 6b-Rücklage von 100.000 € aus. Die X-KG **aktiviert** das von ihr im Februar 09 angeschaffte und zu ihrem Gesamthandsvermögen gehörende **Reinvestitionsgut mit den Anschaffungskosten** von 250.000 €.	15
A überträgt über Kapitalbuchung den Gewinn in Höhe von 75.000 € vom Einzelunternehmen in seine Ergänzungsbilanz bei der KG. **Buchung:** EU: Rücklage 75.000 € an Kapital 75.000 € Erg.Bil. KG: Minderkapital 75.000 € an Minderwert Grundstück 75.000 € **Ergänzungsbilanz A** 	Aktiva		Passiva	
---	---	---	---
Minderkapital	75.000	Minderwert Grdst.	75.000 | Die restliche Rücklage im EU ist nach § 6b Abs. 2 EStG zu behandeln.	16

Lösung Fall 55:

	Punkte
Angemessenheit: 1. Umrechnung der höchstmöglichen Rendite in einen fiktiven Gewinnanteil: 15 % vom tatsächlichen Wert der Beteiligung = 15.000 € 2. Fiktiver Gewinnanteil in Prozent des nachhaltig erzielbaren Restgewinns abzgl. Vorabvergütung = 5 % (15.000 € von 300.000 €)	1
3. Höchstmöglicher Gewinnanteil in 06: 5 % von 325.000 € = 16.250 €	2
Damit wird steuerlich folgende Gewinnverteilung anerkannt:	3, 4

		A	B
Gewinn lt. GuV	400.000 €		
Vorabgewinn A	./. 75.000 €	+ 75.000 €	
Restgewinn	325.000 €	308.750 €	16.250 €
Gewinnanteile		**382.750 €**	**16.250 €**

Lösung Fall 56:

	Punkte
Gewinnverteilung bei der KG	1, 2

Sachverhalt	insgesamt	GmbH	G	H
		10 %	45 %	45 %
Gewinn lt. Handelsbilanz	200.000 €	20.000 €	90.000 €	90.000 €
Sonderbetriebseinnahmen	100.000 €	+ 100.000 €		
Sonderbetriebsausgaben	./. 100.000 €	./. 100.000 €		
Zusammen	200.000 €	20.000 €	90.000 €	90.000 €

	Punkte
Erhält der Geschäftsführer dagegen das Gehalt unmittelbar von der GmbH & Co. KG, berühren diese Aufwendungen die GmbH nicht. Der Gehaltsaufwand bildet bei der GmbH & Co. KG eine Betriebsausgabe.	3
Gewinnverteilung bei der KG:	4, 5

Sachverhalt	insgesamt	GmbH	G	H
Gewinn lt. Handelsbilanz	200.000 €	20.000 €	90.000 €	90.000 €
Sonderbetriebseinnahmen GmbH	100.000 €	+ 100.000 €		
Sonderbetriebsausgaben GmbH	./. 100.000 €	./. 100.000 €		
Sonderbetriebseinnahmen G	+ 100.000 €		+ 100.000 €	
Zusammen	300.000 €	20.000 €	190.000 €	90.000 €

Lösung Fall 57:

	Punkte
An der handelsrechtlichen Gewinnverteilung von je 50.000 € für K1 und K2 ist nichts zu ändern. Ihnen stehen steuerlich an sich nur je 47.500 € und der GmbH 5.000 € zu, jedoch ist den Kommanditisten bereits die vGA in Form des Gewinnverzichts (= 5.000 €) zugeflossen. Da die GmbH-Anteile zum Sonderbetriebsvermögen der Gesellschafter gehören, sind die „Ausschüttungen" dem Grunde nach Sonderbetriebseinnahmen.	1
Diese 5.000 € Sonderbetriebseinnahmen sind aber vor ihrer „Ausschüttung" an die GmbH Gesellschafter-Kommanditisten auch bei der GmbH als Ertrag steuerlich zu erfassen. Es muss also so getan werden, als hätte die GmbH diesen Gewinnanteil von 5.000 € erhalten, versteuert und dann sofort an die Gesellschaft ausgekehrt.	2

Lösung Fall 58

	Punkte
Die Gewinnfeststellung hat daher folgendes Bild:	3, 4

HB-Gewinnanteil (einschl. vGA)	Steuerliche Korrektur wegen vGA	Sonderbetriebs-vermögen	Gesamt
GmbH -	+ 5.000 €		5.000 €
K1 50.000 €	./. 2.500 €	+ 2.500 €	50.000 €
K2 50.000 €	./. 2.500 €	+ 2.500 €	50.000 €
			105.000 €

	Punkte
Wenn die vGA in Höhe von 5.000 € als Sonderbetriebseinnahmen erfasst wird, ist zu berücksichtigen, dass sie schon im höheren Handelsbilanzgewinnanteil enthalten und deshalb dort zu kürzen ist, damit es nicht zu einer doppelten Erfassung käme.	5
Damit erhöht sich der steuerliche **Gesamtgewinn** der KG um die vGA. Die Folgen des Halb(Teil-)einkünfteverfahrens sind außerbilanziell zu ziehen.	6

Lösung Fall 58:

		Punkte
Der steuerliche Gesamtgewinn der OHG ist wie folgt zu ermitteln:		1, 2, 3
Gewinn der OHG lt. Steuerbilanz	600.000 €	
• Gewinn lt. Sonderbilanz A	100.000 €	
• Gewinn lt. Sonderbilanz KG bei OHG	150.000 €	
Zwischensumme	850.000 €	
Verlust lt. Ergänzungsbilanz B	./. 50.000 €	
Verlust lt. Ergänzungsbilanz KG bei OHG	./. 30.000 €	
Zwischensumme	770.000 €	
• Gewinn lt. Sonderbilanz C bei OHG (50.000 € + 180.000 €)	230.000 €	
Steuerlicher Gesamtgewinn der OHG	**1.000.000 €**	

						Punkte
Dieser Gewinn ist wie folgt zu verteilen:						4, 5, 6
		Summe	A 40 %	B 30 %	KG 30 %	C
	Gesamtgewinn	1.000.000 €				
−	Sonderbilanz A	100.000 €	100.000 €			
−	Sonderbilanz KG	150.000 €			150.000 €	
+	Ergänzungsbilanz B	50.000 €		./. 50.000 €		
+	Ergänzungsbilanz KG	30.000 €			./. 30.000 €	
	Verbleiben	830.000 €				
−	Sonderbilanz C	230.000 €				230.000 €
	Verbleiben (Restgewinn)	600.000 €	240.000 €	180.000 €	180.000 €	–
	Gewinnanteil		**340.000 €**	**130.000 €**	**300.000 €**	**230.000 €**

		Punkte
Der steuerliche Gesamtgewinn der KG ist wie folgt zu ermitteln:		7, 8
Gewinn lt. eigener gewerblicher Tätigkeit der KG	800.000 €	
+ Gewinnanteil von der OHG	300.000 €	
= Gewinn lt. Steuerbilanz KG	1.100.000 €	
Verlust lt. Ergänzungsbilanz A	./. 40.000 €	
Gewinn lt. Sonderbilanz A	70.000 €	
Gewinn lt. Sonderbilanz C (80.000 € + 240.000 €)	320.000 €	
Steuerlicher Gesamtgewinn der KG	**1.450.000 €**	

				Punkte
Dieser Gewinn ist wie folgt zu verteilen:				9, 10
	Summe	A	C	
Gesamtgewinn	1.450.000 €			
Ergänzungsbilanz A	40.000 €	./. 40.000 €		
Sonderbilanz A	70.000 €	70.000 €		
Sonderbilanz C	320.000 €		320.000 €	
Verbleiben (Restgewinn)	1.100.000 €	550.000 €	550.000 €	
Gewinnanteil		**580.000 €**	**870.000 €**	

Lösung Fall 58

		Punkte
Die **Einkünfte aus Gewerbebetrieb** betragen für:		11
A 340.000 € + 580.000 € =	920.000 €	
C 230.000 € + 870.000 € =	1.100.000 €	
B	130.000 €	
Insgesamt	**2.150.000 €**	

Stichwortverzeichnis

2-Stufentheorie 325
3-fach Wahlrecht 168, 299

A

Abbruchkosten 16, 249
Abbruchmaterial 16
Abfärbe- bzw. Infektionstheorie 259
Abfärbetheorie 41
– Nichtgreifen der 41
Abfärbung 42
Abfindung 149, 318
– Anspruch 148, 181
– für einen lästigen Gesellschafter 151
– unter Buchwert 319
– Verpflichtung 151
Abgeltungssteuer 32
Abgrenzung
– der gewerblichen Mitunternehmerschaft 39
– zwischen Außen- und Innengesellschaften 24
– zwischen laufendem Gewinn und Veräußerungsgewinn 149
Abschreibung
– außerplanmäßige 269
– bei Einbringungsvorgängen nach § 24 UmwStG 145
– nach Neubewertung des Betriebsvermögens 131
Absetzung für außergewöhnliche Abnutzung 248
Abstockung der Buchwerte 143
Abziehbare Vorsteuer 250
Abzinsung 83
– bei Gesellschaftsdarlehen in einer Personengesellschaft 83
Additive Gewinnermittlung mit korrespondierender Bilanzierung 76
AfA
– für Gebäude 145
– für Wirtschaftsgebäude 311
– Gesellschafterwechsel 144
Aktien
– Anschaffung 204
Aktivische Verrechnungskonten 269
Anlagevermögen
– abnutzbar, beweglich 144
Ansatz
– der gemeinen Werte 131
– des eingebrachten Betriebsvermögens 125
– unter dem Gemeinen Wert 125
– -wahlrecht 7
Anschaffungsgeschäft 148

Anspruch
– auf Nachbesserung einer Abfindung 284
– auf Zinszahlung 269
– des geschäftsführenden Gesellschafters auf Vergütung für seine Geschäftsführertätigkeit 277
Anwachsung
– des Gesellschaftsanteils 151
– kraft Gesetzes 147
Arbeitsleistungen
– Buchung 74
– Vergütung 73
Arbeits- und Dienstverträge zwischen dem Obergesellschafter und der Untergesellschaft 234
Architektenhonorar 249, 266
Arten von Personengesellschaften/-gemeinschaften 23
– Abgrenzung zwischen Außen- und Innengesellschaften 24
– EWIV 29
– GbRmBH 29
– Partnerschaft 30
– Partnerschaftsgesellschaft mit beschränkter Haftung 30
– Stille Gesellschaft 30
Atypisch stille Beteiligung 251
– steuerliche Auswirkungen 31
Aufgabenarten 17
Auflösung der Personengesellschaft 147
Aufstellung einer Handelsbilanz 59
Aufstockungsbetrag
– Verteilung bei Zwischenwertansatz 136
Aufteilung in tauschähnlichen Vorgang und Einlage 100
Auftreten der Gesellschaft nach außen 24
Aufwendungen Architektenhonorar 16
Ausarbeitung der Lösung 15
Auseinandersetzungsbilanz 148
Ausgleich
– durch Zuzahlung 135
– über Ergänzungsbilanzen 133
Ausscheiden
– eines Gesellschafters 147
– eines Gesellschafters aus einer Personengesellschaft 153
– eines Gesellschafters mit negativem Kapitalkonto 156
– eines Mitunternehmers aus einer zweigliedrigen Mitunternehmerschaft unter Fortführung des Betriebes 181
– über Buchwert 150
– unter Buchwert 319
– Zeitpunkt 149
– zum Buchwert 149

Ausscheiden eines Gesellschafters aus einer bestehenden Personengesellschaft 147
- Abfindung 149
- steuerliche Folgen 147
- Zeitpunkt 149

Ausscheiden über Buchwert 150
- ausscheidener Gesellschafter 150
- verbleibende Gesellschafter 151

Außengesellschaft 23, 232
- Abgrenzung zur Innengesellschaft 24

Außenhaftung 253

Außenprüfung
- Mehrgewinne 90

Ausweis von Forderungen und Verbindlichkeiten gegenüber Gesellschaftern 227

B

Bargründung
- einer Personengesellschaft 119

Bedarfswert 304

Begünstigte Realteilung 181

Behaltefrist 108, 109
- nach § 16 Abs. 3 S. 3 EStG 337

Beitrittsjahr 90

Besitzzeitanrechnung 131

Beteiligung 115
- an einer Personenhandelsgesellschaft 292
- Bilanzierung bei Personengesellschaft 93
- eines Mitunternehmers an einer anderen Mitunternehmerschaft 49
- entgeltlich erworbene 219
- minderjähriger Kinder 215
- Obergesellschaft an Untergesellschaft 233
- schenkweise überlassene 218
- Veräußerung 94

Beteiligung an einer Personengesellschaft
- Bilanzierung 115

Betriebsaufspaltung
- Bilanzierung 84
- Vorrang vor § 15 Abs. 1 Nr. 2 EStG 56

Betriebsgrundlagen
- Zurückbehalten wesentlicher 169

Betriebsvermögen 221
- Sonderbetriebsvermögen 221
- steuerliches 221

Betriebsvermögensvergleich
- Gewinnermittlung 278

Betriebsverpachtung nach Realteilung 182

Bewachung
- der Parkplätze 257
- des Gesamtobjekts 257

Bewertung
- mit Zwischenwerten 128
- unter dem gemeinen Wert 131

Bewertungsgrundsätze
- handelsrechtliche 120

Bewertungswahlrechte 62, 304

Bilanzierung
- bei Betriebsaufspaltung 84
- der Beteiligung an einer Personengesellschaft 115
- Gesellschaftsvermögen 118
- Grundsatz ordnungsgemäßer 21
- korrespondierende 224
- -swahlrechte 62
- von Beteiligungen und Dividenden bei Personengesellschaften 93

Bilanzierungskonkurrenz 54
- Einzelbetriebsvermögen 54
- gesonderte Feststellung bei Vermietung an eine mitunternehmerische Personengesellschaft 57

Bilanzklausuren Personengesellschaften
- Themen 17

Bruchteilseigentum 330

Bruchteilsgemeinschaft 26
- ohne Gesamthandsvermögen 330
- Wirtschaftsgüter 48

Buchführungspflicht
- Stille Gesellschaft 31
- und Gewinnermittlung für Sonderbetriebsvermögen 53

Buchwert
- Abstockung 143

Buchwertanpassungsmethode 184

Buchwertansatz 158, 183, 295
- in der Gesamthandsbilanz mit Kapitalangleichung 295

Buchwertfortführung 106, 131, 336
- Voraussetzung 182
- zwingende 180

Buchwertprivileg 164
- rückwirkender Wegfall 169

Buchwertübertragung
- persönliche Voraussetzungen 159
- von Einzelwirtschaftsgütern 108

Buchwertverknüpfung 160
- mit Behaltefrist 290

Bürgschaften des Mitunternehmers 49

Bürgschaftsaufwendungen 280

Bürgschaftsinanspruchnahme 85

Bürgschaftszahlungen 280
- eines Mitunternehmers 85

D

Darlehen
- der Gesellschaft an den Gesellschafter 82
- partiarisches 32, 250

Stichwortverzeichnis

- stille Gesellschaft 250
- vom Gesellschafter an seine Gesellschaft 81
- zur Finanzierung des Erwerbs des Mitunternehmeranteils 64

Darlehensforderung 269, 307
Darlehenskonto 99, 134
Darlehensvaluta
- Zuordnung 83

Dienstleistungen 77
Dispositives Recht 88
Dividende
- Bilanzierung bei Personengellschaft 93

Doppelgesellschaft 8, 229, 240
- Abgrenzung Schwesterpersonengesellschaft 232
- steuerliche Behandlung 233

Doppelstöckige Personengesellschaft 112, 228, 229, 231, 233, 235, 237, 239
- Umfang des Mitunternehmeranteils 233

Durchgriff durch die GmbH 253

E

Eheliche Gütergemeinschaft 26
Eigentümer
- wirtschaftlicher 6

Einbringender 124
- im Sinne des § 24 UmwStG 124

Einbringung 291
- aller Wirtschaftsgüter zum gemeinen Wert in das Gesamthandsvermögen 299
- der Aktien 304
- der Grundstücke 304
- eines Betriebs, Teilbetriebs oder Mitunternehmeranteils in eine Personengesellschaft 58, 294
- eines Teilbetriebes 131
- einzelner Wirtschaftsgüter aus dem Betriebsvermögen eines Gesellschafters gegen Gewährung von Gesellschaftsrechten 121
- Freiberufliche Praxis 124
- Gegenstand 124
- mit Zuzahlung 124
- unter Wert 286, 287
- von betrieblichen Sachgesamtheiten 137
- von Wirtschaftsgütern des Privatvermögens 120
- zum Gemeinen Wert 294, 295

Einbringung eines Einzelunternehmens
- Bilanzierungsmöglichkeiten 129

Einbringungsgewinn
- II für Veräußerung miteingebrachter Anteile an Kapitalgesellschaften 137
- Vermeidung durch negative Ergänzungsbilanz 132

Einbringungszeitpunkt 135

Einheitliche und gesonderte Feststellung nach §§ 179 Abs. 2, 180 Abs. 1 Nr. 2 AO 279
Einheitstheorie 158, 172, 179
Einkünfte aus Gewerbebetrieb 71, 347
Einlage
- in das Gesamthandsvermögen 168
- schlichte 100
- verdeckte 97, 100

Eintritt
- eines Gesellschafters in eine bestehende Personengesellschaft 138, 139
- und Ausscheiden von Gesellschaftern einer Personengesellschaft 156

Einzelbetriebsvermögen 54
Einzelunternehmen
- unentgeltliche Aufnahme einer natürlichen Person 167

Einzelunternehmer
- Mitunternehmer 115

Einzelwirtschaftsgüter
- Buchwertübertragung 108
- entgeltliche Übertragung 96
- Überführung 102
- Übertragung 102
- Übertragungsmöglichkeiten 103

Entgelt
- angemessenes 96
- überhöhtes 97
- zu niedriges 97

Entgeltliche Übertragung von Einzelwirtschaftsgütern 96
Entgeltlicher Erwerb eines Mitunternehmeranteils 58
Entnahme 83
- aus dem Gesamthandsvermögen 90
- Ausweis 227
- der Darlehensvaluta aus dem Betriebsvermögen 270
- der Realteilungsgemeinschaft 180
- unberechtigte 93
- verdeckte 97

Erbengemeinschaft 26, 29
Erfassen der Aufgabenstellung 4
Ergänzungsbilanz 58, 118, 263
- negative 58
- positive 58

Ermittlung
- des Hinzurechnungsbetrags aufgrund Überentnahmen 267
- des Veräußerungsgewinns 147

Eröffnung des Insolvenzverfahrens 269
Eröffnungsbilanz 118
- Korrektur 118

Erstellung
- einer Ergänzungsbilanz 109
- einer negativen Ergänzungsbilanz des Einbringenden 297

EWIV 29

F

Faktische Mitunternehmerschaft 253
Familiengesellschaften 215
- Voraussetzungen für die steuerliche Anerkennung 215
- zivilrechtliche Voraussetzungen 215

Forderungen gegenüber dem Gesellschafter einer GmbH & Co. KG 269

Forderungen und Verbindlichkeiten
- Ausweis gegenüber Gesellschaftern 227

Forderungsausfall 148
Forderungsverzicht durch Personengesellschafter 84
Fortführung in der Ergänzungsbilanz 58
Freiberufler 30
Freibetrag nach § 16 Abs. 4 EStG 170
Freibetragsgrenze 170
Fremdvergleich 269
Funktionale Betrachtungsweise 124, 179
Fußstapfentheorie 300

G

GbR
- Beendigung 28

GbRmbH 29

Gebäude
- Abschreibung 311
- Anschaffung oder Herstellung 205
- Gebäudeteile 7

Gebäudeteile
- unterschiedlich genutzte 7

Gegenleistung 106
Gemeiner Wertansatz in der Gesamthandsbilanz 297
Gemeinschaften 23, 26
- Bruchteilsgemeinschaft 26
- eheliche Gütergemeinschaft 26
- Eigenschaften 27
- Erbengemeinschaft 26

Gemischt genutzte Wirtschaftsgüter 6
Gesamtgewinn
- Ermittlung 237

Gesamthandseigentum 330
Gesamthandsvermögen 25, 45, 46, 59, 141, 157, 177
- Außengesellschaft 25
- Einlage 168
- gewillkürtes 45

Gesamtplanstrategie 162
Geschäftsbeziehungen 221

Geschäftsführerbefugnis 42
Geschäftsführergehälter 224
Geschäftsführervergütung 282
Geschäftsveräußerung im Ganzen 306
Gesellschaft
- Auftreten nach außen 24
- Eigenschaften 27

Gesellschaft bürgerlichen Rechts 27
- konkludent vereinbarte GbR 27

Gesellschafter
- als Mitunternehmer der Unter- und Obergesellschaft 232
- ausscheidener 150
- Eigenkapital 81
- Eintritt in eine bestehende Personengesellschaft 138, 139
- lästiger 318
- Pensionszusagen 76
- Sonderbetriebsvermögen 81
- verbleibende 148, 151
- Wahlrecht 138

Gesellschafterdarlehen
- Wertlosigkeit 148

Gesellschafterwechsel 58, 141, 156
- Abfindungsanspruch 148
- abweichendes Wirtschaftsjahr 148
- Auswirkungen auf die AfA 144
- bilanzielle Folgen 320
- Buchwert des Kapitalkontos des Ausscheidenden 148
- entgeltlich 198
- Fortführungsbilanz nach der Auseinandersetzung 148
- Kaufpreis 141, 142
- kein Fall des § 24 UmwStG 141
- laufender Gewinn 148
- Rumpfwirtschaftsjahr 148
- Schenkung 143
- teilentgeltlich 198
- verbleibende Gesellschafter 148
- während der Vorbesitzzeit 63

Gesellschaftsrechte 134
- Gewährung 98, 107
- Minderung 107

Gesellschaftsverhältnis
- keines 23

Gesellschaftsvermögen 45
- Bilanzierung 118

Gesellschaftsvertrag
- Kündigung 309
- Tätigkeitsvergütung 277
- vereinbarte Tätigkeitsvergütungen 72

Stichwortverzeichnis

Gestellung oder Nichtgestellung von Kreditsicherheiten 270
Gewährung
- von Gesellschaftsrechten 98
- von Stimmrechten 98

Gewerbebetrieb
- Abgrenzung zur Land- und Forstwirtschaft 40
- Abgrenzung zur selbständigen Arbeit 40
- Abgrenzung zur Vermögensverwaltung 40

Gewerbeerträge
- negative 95

Gewerbesteuer 94
- -Messbetrag 94

Gewerblich geprägte Personengesellschaft 258
Gewerbliche Betätigung 256
Gewerbliche Einkünfte
- Steuerermäßigung 94

Gewerbliche Einkünfte eines Mitunternehmers 71
- Umfang 71

Gewerbliche Prägung 29, 31
Gewillkürtes Sonderbetriebsvermögen 52

Gewinn
- aus der Veräußerung von Anteilen an Kapitalgesellschaften 201
- eines Gesellschafters 71
- nach Köpfen 88
- nicht tarifbegünstigter 302
- -tantieme 255
- vorab 72, 277

Gewinnanteil 71
Gewinnausschüttungen 223
- offene 223
- verdeckte 223

Gewinnbeteiligung 255
Gewinnbezugsrecht 99, 107
Gewinnermittlung 59
- additive 71
- bei Personengesellschaften 60
- Gewinnermittlungadditive 76
- GmbH & Co. KG 224
- -sart 53
- -szeitraum 53

Gewinnmindernde Teilwertabschreibungen 115
Gewinnneutrale Realteilung 189
Gewinnverteilung 89
- bei der KG 344
- -sabrede 88
- -sschlüssel 284
- steuerliche 89
- Technik 88
- Veränderung 219
- vertragliche 88

Gleichstellungsgeld 106

GmbH-Anteile
- Anschaffung 204

GmbH & Co. KG 258
- Besonderheiten 220
- Betriebsvermögen 221
- Geschäftsführung 220
- Gewinnermittlung 224
- Gewinnverteilung 225
- Haftung 220
- im engeren Sinn 220
- Mitunternehmerschaft 220
- typische 220
- Umwandlung 226
- Vertretung 220

Grenze von der privaten Vermögensverwaltung zum Gewerbebetrieb 256
Grunderwerbsteuer 289
- ertragsteuerliche Behandlung 113
- Mitunternehmerschaften 112

Grundstück
- steht im Bruchteilseigentum 331
- steht im Gesamthandsvermögen 331

Grundstücksübertragung
- teilentgeltliche 107, 287

Gründung
- einer Personengesellschaft 118

Gütergemeinschaft 29
Gütertrennung 29

H

Hafteinlage
- Volleinzahlung 119

Handelsbilanz 59, 115
- -gewinn der Personengesellschaft 71

Handelsgesetzbuch
- Aufbau Drittes Buch 20

Handelsgewerbe 28
Handelsregister 28
Hinzurechnung
- gesellschafterbezogene Ermittlung 64
- -sbetrag 268
- -shöchstbetrag 268
- -svorschrift des § 15 Abs. 1 S. 1 Nr. 2 EStG 72

I

Infektionstheorie 40, 41
Informations- und Kontrollrechte eines BGB-Gesellschafters 252
Innengesellschaft 23
- Abgrenzung zur Außengesellschaft 24

Insolvenzquote 269
Investitionsabzugsbetrag nach § 7g EStG bei Mitunternehmerschaften 63

Investitionsdarlehen 64

K
Kapitalanpassung 184
Kapitaleinsatz
– Verzinsung 225
Kapitalgesellschaft
– Mitunternehmer 116
– Übertragung auf neu angeschaffte Anteile an 204
Kapitalistische Steuerberater (Freiberufler GmbH & Co. KG 258
Kapitalkontenanpassung 184
– -smethode 183, 336, 337
Kaufpreis
– -forderung 290
– liegt unter dem Buchwert der Beteiligung 142
Kaufvertrag 288
– unter fremden Dritten 96
Klausur
– Beginn 1
Klausurtechnik 1
– Beginn der Klausur 1
– Häufige Fehler 2
Kommanditgesellschaft
– auf Aktien 23
– Besonderheiten 28
– Besonderheiten Ehegatten 29
– Besonderheiten Erbengemeinschaften 29
Kommanditisten 277
– Haftung 29
– Mitunternehmerschaft 220
Komplementär 277
Komplementär-GmbH 220, 259
– Anteile 221
– Beherrschung 221
– Sonderposten für aktivierte Anteile an der 226
– Zuordnung der Anteile von Kommanditisten an – zum Sonder-BV 222
Körperschaftsklausel 181

L
Leibrente 171
Lineare Gebäudeabschreibung
– Absenkung 63

M
Maklerprovision 266
Maschinenanlage 301
Maßgeblichkeit
– Durchbrechung 7
Mehrstöckige Personengesellschaft
– Umfang des Mitunternehmeranteils 233

Mietverträge
– zwischen Obergesellschafter und Untergesellschaft 235
Minderung der Gesellschaftsrechte 290
Mischentgelt 134
Mischgründung 120
Missbrauchsregelung
– § 42 AO 135
Mitunternehmer 37
– Anteil am Steuerbilanzgewinn 71
– Ausscheiden 181
– Bürgschaften 49
– Bürgschaftszahlungen 85
– Einzelunternehmer 115
– gewerbliche Einkünfte 71
– Gewinn 71
– Kapitalgesellschaft 116
– Nebentätigkeiten 75
Mitunternehmeranteile
– begünstigte Veräußerung 332
– Erwerb 176, 291
– Sonderbetriebsvermögen 157
– Tausch 173
– teilentgeltliche Übertragung 173
– Übertragung 157
– Übertragung eines Bruchteils 163
– Übertragung eines (Teil-)Mitunternehmeranteils bei Sonder-BV 167
– Übertragung und Veräußerung 65
– unentgeltliche Übertragung 158, 173
– unentgeltliche Übertragung des gesamten 159
– unentgeltliche Übertragung eines Bruchteils mit quotengleichem Sonderbetriebsvermögen 163
– unentgeltliche Übertragung eines Bruchteils mit überquotaler Übertragung des Sonderbetriebsvermögens 165
– unentgeltliche Übertragung eines Bruchteils ohne oder mit unterquotaler Übertragung des Sonderbetriebsvermögens 164
– unentgeltliche Übertragung mit Sonderbetriebsvermögen und Entstehen einer Betriebsaufspaltung 163
– Veräußerung 170
– Veräußerung eines Teils gegen Leibrente 171
– Veräußerung eines Teiles 171
– Verkauf oder Aufgabe 181
Mitunternehmerinitiative 252, 254
Mitunternehmerrisiko 252, 254
Mitunternehmerschaft 253, 277
– Abgrenzung der gewerblichen 39
– gewerbliche 39
– keine gewerbliche 39
– Realteilung 177

- Sonderabschreibungen und erhöhte Absetzungen 64
- Übertragungsmöglichkeiten 63
- und Grunderwerbsteuer 112
- versteckte 37

Mitunternehmerschaft bei einer GmbH & Co. KG 220
- Mitunternehmerschaft der Kommanditisten 220
- Mitunternehmerstellung der Komplementär-GmbH 220

N

Nachträgliche Änderung des Veräußerungspreis 149
Nachweispflicht des § 22 Abs. 3 UmwStG 309
Nebentätigkeiten 271
- des Mitunternehmers 75

Negativer Geschäftswert 143
Notfallklausel 163
Notwendiges Sonderbetriebsvermögen
- I 48
- II 49, 261

O

Obergesellschaft 112, 228
- als Mitunternehmer 231
- Beteiligung an Untergesellschaft 233
- Gesamtgewinn 238
- Gesellschafter als Mitunternehmer 232
- Mitunternehmeranteil 233

Obergrenze 218
Offene Handelsgesellschaft 28
- Besonderheiten 28

Option zur Steuerpflicht 17
Ordnungsgemäße Bilanzierung 21

P

Partiarisches Darlehen 32, 33, 250
Partnerschaft 30
Partnerschaftsgesellschaft mit beschränkter Haftung 30
Pensionsrückstellung 136, 272
Pensionszusage 224
- Gesellschafter 76

Personen
- übertragungsfähige 203

Personenbezogene Steuervergünstigungen 62
Personengesellschaft 23
- § 6b EStG 19, 198
- Arten 23
- Bargründung 119
- betriebliche 98
- Bilanzierung von Beteiligungen und Dividenden 93
- doppelstöckige 112, 181, 228, 229, 231, 233, 235, 237, 239
- Eintritt eines Gesellschafters in eine bestehende 138, 139
- Fortführung der bisherigen 141
- Freiberuflichkeit 40
- gewerblich geprägte 42, 258
- Gründung 118, 129
- Mitunternehmer 110
- Realteilung mit Spitzenausgleich 196
- Verlustabzug 95
- Verschmelzung 176

Personengesellschafter
- Forderungsverzicht 84
- Veruntreuung von Geldern 92

Personenhandelsgesellschaften 59
Pflichteinlage 119
- ausstehende 119
- eingeforderte 119
- nicht eingeforderte 119

Positive Ergänzungsbilanz 263
Prinzip der additiven Gewinnermittlung mit korrespondierender Bilanzierung 71
Private Vermögensverwaltung 256
Privatvermögen
- steuerliches 46
- Übertragung ins Gesamthandsvermögen 98

Prüfungsschema 6
Prüfungssystematik nach HGB 20

Q

Qualifikationsnorm 73
Quotale Übertragung von Sonderbetriebsvermögen 330

R

Realteilung 177, 335, 337
- Abgrenzung von der Veräußerung bzw. Aufgabe eines Mitunternehmeranteils 181
- Beginn 182
- begünstigte 181
- Betriebsverpachtung 182
- Definition 177
- einer Mitunternehmerschaft 177
- einer Personengesellschaft mit Spitzenausgleich 196
- freiberuflicher Gemeinschaftspraxen 194
- Gegenstand 182
- kein Fall 335
- mit Spitzenausgleich 190
- nach Handelsrecht 177
- nach Steuerrecht 177
- ohne Spitzen- oder Wertausgleich 183
- Personengesellschaften und Erbengemeinschaften 177
- -sbilanz 183

- Sonderbetriebsvermögen 186
- Teilung der Personengesellschaft 177
- und Ergänzungsbilanzen 187

Rechtsfolgen bei fehlender betrieblicher Veranlassung 83
Rechtsgrundlagen bei Personengesellschaften 25
Rechtsträgerwechsel gem. § 24 Abs. 3 S. 3 UmStG 299
Refinanzierungsdarlehen 269
Refinanzierungszinsen 269
Reinvestitionsfrist 202
Reinvestitionen des Gesellschafters im Sonderbetriebsvermögen 342

Reinvestitionsobjekte
- begünstigte 201

Reinvestitionsrücklage 310
Rückfallklausel 163

Rücklage
- Auflösung der steuerfreien 304
- steuerfreie 136
- Übertragung 311

Rückstellung
- gewinnmindernde 271

Rückwirkende Besteuerung des Einbringungsgewinns II 308
Rückwirkungsverbot 90
Ruhegehaltsverbindlichkeit 224

S

Sacheinlage 120
- offene 120

Sachgründung 120
Sachwertabfindung 181, 325
Sammelposten nach § 6 Abs. 2a EStG 65, 131

Schenkung 143
- einer Beteiligung am Gesamthandsvermögen 215
- eines Mitunternehmeranteils 143

Schuldrechtlicher Leistungsaustausch 250
Schuldübernahme 106
Schuldzinsenquote 268

Schwesterpersonengesellschaft 232
- Abgrenzung zur Doppelgesellschaft 232

Sicherheitseinbehalt 17, 249
Sockelbetrag 64
Sonderabschreibungen und erhöhte Absetzungen bei Mitunternehmerschaften 64
Sonderbetriebseinnahmen 79

Sonderbetriebsvermögen 47, 157, 221, 291
- Abgrenzung 48
- Begriff 47
- Buchführungspflicht und Gewinnermittlung 53
- der Gesellschafter 59
- des Einbringenden 125
- gewillkürtes 48, 51, 52
- I 50, 261
- II 50
- notwendiges 48, 221
- notwendiges - I 48
- notwendiges - II 49
- Überführung in einen anderen Betrieb 158
- Unterteilung 48

Sonderbuchführung 74

Sondervergütung 72, 79, 282
- für besondere Vertragsbeziehungen 71

Sozialversicherungsbeiträge
- Einbehaltung und Abführung 282

Sperrfrist 191
- bzw. Vermeidung durch negative Ergänzungsbilanz 104

Spiegelbildmethode 115, 292
Spiegelbildtheorie 291

Spitzenausgleich 191
- Möglichkeiten zur Vermeidung 189

Steuerbefreiung
- Verzicht 289

Steuerbegünstigungen
- Einschränkungen bei Veräußerungsgewinnen 136

Steuerbilanz 115
- Aufstellung 62

Steuerermäßigung für gewerbliche Einkünfte 94
Steuerliche Gewinnverteilung 89
Steuerlicher Gesamtgewinn der OHG 345
Steuern 226

Steuervergünstigungen
- Ausnahmen personenbezogene 62
- personenbezogene 341

Stille Beteiligung 33
- typisch 251

Stille Gesellschaft 30
- atypisch 30
- typisch 30

Stille Reserven 128
- Aktivierung 128
- Aufdeckung aller 300
- Aufstockung 317
- Aufteilung 313
- Ausgleich unter den Gesellschaftern der aufnehmenden Personengesellschaft 133
- kein Übergang auf Kapitalgesellschaft 181
- Realisierung 180, 288
- Sicherstellung der Versteuerung 182
- Übergang auf Kapitalgesellschaften 109
- Verzicht auf einen Ausgleich des ausscheidenden Gesellschafters 319

Stimmrechte 252

Stichwortverzeichnis

T
Tätigkeit
- im Dienst der Gesellschaft 73
- -svergütung 71

Tausch 294
- von Mitunternehmeranteilen 173

Tauschähnlicher Vorgang 285, 334
Teilabbruch 15
Teilbetrieb 124
Teileinkünfteverfahren 93
Teilwertabschreibung 82

Teilwertansatz
- anteiliger 109
- nachträglicher 111
- rückwirkend 198

Tilgungsleistungen 83
Trennungstheorie 101, 106, 159, 166, 179, 287, 330
Typische stille Beteiligung 251

U
Überführung
- vom Sonderbetriebsvermögen des Steuerpflichtigen bei einer Personengesellschaft in sein Sonderbetriebsvermögen bei einer anderen Personengesellschaft 104
- von Einzelwirtschaftsgütern 102

Übergang
- auf eine Gesamthand 113
- des wirtschaftlichen Eigentums 163
- von einer Gesamthand 112

Überlassung
- gemieteter und angepachteter Wirtschaftsgüter 80

Überlassung von Wirtschaftsgütern
- bei Schwestergesellschaften 261
- Vergütung 79

Übernahme
- des Haftungsrisikos 259
- von Betriebsschulden 158
- von Verbindlichkeiten 97
- zum Teilwert 136

Übertragung
- auf Gebäude oder abnutzbare bewegliche Wirtschaftsgüter 205
- auf neu angeschaffte Anteile an Kapitalgesellschaften 204
- auf Schwestergesellschaft 105
- aus einem Betriebsvermögen eines Mitunternehmers in das Gesamthandsvermögen einer Personengesellschaft 104
- des Teils eines Mitunternehmeranteils 65
- einer 100 %igen Beteiligung an einer Kapitalgesellschaft 182
- entgeltliche 170
- entgeltlicher Teil 294
- gegen Gewährung von Gesellschaftsrechten 106, 293
- gegen Minderung von Gesellschaftsrechten 294
- in das Betriebsvermögen der Realteiler 179
- in umgekehrter Richtung 107
- teilentgeltliche 97, 172
- unentgeltliche 105, 237, 340
- von betrieblichen Einheiten 103
- von Einzelwirtschaftsgütern 102
- von Mitunternehmeranteilen 157
- von Privatvermögen ins Gesamthandsvermögen 98
- zwischen dem Sonderbetriebsvermögen eines Mitunternehmers in das Gesamthandsvermögen einer anderen Mitunternehmerschaft des Steuerpflichtigen 105
- zwischen dem Sonderbetriebsvermögen eines Mitunternehmers und dem Gesamthandsvermögen derselben Mitunternehmerschaft 104
- zwischen den Sonderbetriebsvermögen verschiedener Mitunternehmer bei derselben Mitunternehmerschaft 105

Übertragung von Wirtschaftsgütern 236
- unentgeltliche 237

Übertragungsvorgänge
- begünstigte 201

Umsatzsteuer
- Passivierung 250

Umsatzsteuerbarer Leistungsaustausch 289

Umwandlung
- GmbH & Co. KG 226

Unentgeltliche Aufnahme einer natürlichen Person in ein Einzelunternehmen 167
Unentgeltliche Überführungen und Übertragungen 103

Unentgeltliche Übertragung
- eines Bruchteils am Mitunternehmeranteil 329
- eines Mitunternehmeranteils 173

Unentgeltlichkeit 106
Ungewöhnlich hohe Gewinnbeteiligung 255
Untergesellschaft 112, 228, 232
- Gesamtgewinn 237
- Gesellschafter als Mitunternehmer 232
- Mitunternehmeranteil 233

V
Veräußerung
- des Grundstücks aus dem Gesamthandsvermögen 290
- Übertragungsmöglichkeiten 198
- von Beteiligungen 94

Veräußerung von Mitunternehmeranteilen 170

- entgeltliche Übertragung 170
- Kaufpreisforderung Stundung 148
- Veräußerung eines Teils des Mitunternehmeranteils 171

Veräußerungsgewinn
- begünstigter 203
- Berechnung 148
- Obergrenze des übertragbaren 204
- tarifbegünstigter 141, 313

Veräußerungsobjekte
- begünstigte 201

Veräußerungspreis
- nachträgliche Änderung 149
- über dem Buchwert 173
- unter dem Buchwert 173

Veräußerungsverlust 142, 304

Veräußerungsvorgang
- vollentgeltlich 285

Verbleibensvoraussetzungen 64
Verdeckte Einlage 106
Verdeckte Gewinnausschüttung 328
Verdeckte Mitunternehmerschaft 37
Verdecktes Gesellschaftsverhältnis 253

Vergütungen
- aufgrund von Werkleistungen 79
- für Arbeitsleistungen 73
- für die Hingabe von Darlehen 81
- für die Überlassung von Wirtschaftsgütern 79

Verlorener Zuschuss 250
Verlustabzug 136
Verlustanteile 227

Verlustbeteiligung
- Ausschuss 219

Vermietung eines Einkaufszentrums 257
Vermietungstätigkeit 256

Vermögensverwaltende Gesellschaft
- Vermietung eines ein Wirtschaftsgut an eine mitunternehmerische Personengesellschaft 57

Vermögensverwaltung 40
Verschmelzung von Personengesellschaften 176

Verträge
- zwischen Eltern und ihren (minderjährigen) Kindern 215

Vertragliche Gewinnverteilung 88
- buchmäßige Behandlung 88

Veruntreuung von Geldern durch einen Personengesellschafter 92

Vorabvergütung 72
Vorbesitzzeit 62, 203
Vorsichtsprinzip 92
Vorsteuer 17

W

Wahlrecht bei Veräußerung eines Teils eines Mitunternehmeranteils gegen Leibrente 171
Werkvertrag 79
Wertbewegungen zwischen der betrieblichen und der privaten Sphäre 290
Wert der Gegenleistung 289
Wertlosigkeit des Gesellschafterdarlehens 148
Wertminderung der Forderung 269

Wesentliche Betriebsgrundlagen 179
- Zurückbehaltung 158

Widerrufsvorbehalte 163
Widerspruchsrecht 252

Wirtschaftsgüter 6
- abnutzbare 109
- Alleineigentum eines Gesellschafters 47
- Bruchteilsgemeinschaft 48
- des abnutzbaren Anlagevermögens 151
- des nicht abnutzbaren Anlagevermögens 151
- des Privatvermögens, Einbringung 120
- Einbeziehung negativer 185
- Einbringung in das Privatvermögen 98
- Einbringung in ein betriebliches Gesamthandsvermögen 98
- Handelsbilanz 108
- im Teileigentum 79
- Übertragung 236
- Zurückbehaltung 124

Z

Zebragesellschaft 57
Zinsleistungen 83
Zinszuschlag 310
Zugewinngemeinschaft 29
Zurechnungsnorm 73
Zuwendungsabsicht 100

Zwei-Stufen
- -Modell 171
- -Theorie 316

Zwischenwert 302
- -ansatz 131, 298